해커스변호사

민법

Civil Law

핵심
正지문의 脈

 해커스변호사

본서는 선택형 문제의 고득점을 목적으로 한 가성비의 극대화를 위해 집필하였습니다. 틀린 지문이 왜 틀렸는지를 분석하고 맞는 지문과 구별해내려는 노력은 탐구자에게 요구되는 덕목일지는 모르겠으나 수험생에게는 자충수일 수 있습니다. 어설프게 옳은 지문과 틀린 지문이 머릿속에서 혼재되어있다면 시험장에서 신속하게 정답을 맞힐 수 없습니다. 옳은 지문만 정확히 알면 나머지는 틀린 겁니다. "틀린 것을 알아서 무얼 할까?"라는 근원적인 물음을 통해서도 올바른 학습방향이 무엇인지 아실 수 있을 것입니다. 틀린 지문은 옳은 지문의 변형이며, 변형의 방법은 수없이 많습니다. 정지문 한 가지만 정확히 알면 변형된 틀린 지문은 자연스럽게 정리가 됩니다. 아무쪼록 변호사시험을 준비하시는 수험생들에게 적지 않은 도움을 줄 수 있기를 간절히 기대합니다.

본서의 특징은 아래와 같습니다.

1. **중요기출지문, 최신판례, 중요사례를 빠짐없이 소개 그리고 강약조절**
   본서는 11회에 걸친 변호사시험은 물론 법전협 모의고사와 11년간의 사법시험, 법원행정고시, 변리사시험, 저자의 모의고사 기출지문 중에서 **중요지문만을 엄선**하여 정지문으로 구성한 교재입니다. 8지선다로 출제되는 사법시험, 사법행정과 관련된 지문이 다수 출제되는 법원행정고등고시 등 출제경향이 다른 시험 중에서도 중요한 지문을 선별하였으므로 변호사시험은 물론 기타 시험을 준비하는 수험생에게도 도움이 되리라 믿습니다.

2. **2022년 상반기 중요판례 및 법전협 모의시험까지 반영**
   출제비율로 따지면 최신판례의 중요성은 아무리 강조해도 지나치지 않습니다. 본서는 **2022년 7월 15일까지 최근 판례** 중 출제가능성이 높은 판례를 정지문으로 구성하여 반영하였습니다. 별도의 최신판례교재를 학습하지 않아도 단권화 효과를 거두실 수 있습니다. **다만 올해 개정판에는 학습적인 편의를 위해 1개년 최신판례는 각 편 말미에 별도로 정리를 해 두었습니다.**

3. **절제된 분량 350page로 민법 선택형 완벽대비 및 주관식 사례형도 동시대비**
   불필요한 해설은 지양하고 꼭 필요한 부분에만 판례 등을 소개하여 분량을 최소화 했습니다. 정지문 교재만 꾸준히 학습한다면 다른 과목을 공부하면서도 적은 시간투자로 민법의 복습효과를 거두실 수 있습니다. 또한 기출누적표시가 되어있어 시험 막판에는 하루 만에 전범위를 중요내용만 학습하실 수 있도록 하였습니다. 그리고 **중요한 판례는 객관식 사례 문제화하여 주관식 사례형도 동시에 대비되도록 구성**하였습니다.

2022년 10월 연구실에서
윤 동 환

제 1 편

민법 총칙

제1장	민법 서론

제1관 관습법과 종중

01 乙은 파평 윤씨 소정공파(이하 甲 종중이라고 한다)에 속하는 여성이다. 甲 종중은 종중규약에서 정한 목적달성을 위해 丙에게 종중재산인 X부동산을 처분하려고 한다. [핵심사례 A-01.]

① 공동선조의 후손 중 성년 남자만을 종중의 구성원으로 하고 여성은 종중의 구성원이 될 수 없다는 종래의 관습은 전체 법질서에 부합하지 아니하여 정당성과 합리성이 있다고 할 수 없다(대판 2005.7.21. 전합2002다1178). [12모의유사, 06·10법행 유사]

② 인위적인 조직행위를 거쳐 성립된 종중 유사단체가 회칙이나 규약에서 남성만으로 구성원을 한정하고 있는 경우에도 그 회칙이나 규약은 양성평등 원칙을 정한 헌법 제11조 및 민법 제103조를 위반하여 무효라고 볼 수 없다. [사시 15]

> **해설** ※ 사적 단체에서 헌법상 평등권이 보장되는지 여부(소극)
> 종중 유사단체의 경우에는 사적 임의단체로서 기본적으로 사적 자치의 원칙과 결사의 자유가 보장되므로 사적단체의 구성원에 대한 평등권 침해의 문제는 일어나지 않는다(대판 2011.2.24. 2009다17783).

③ 다른 사정이 없는 한 X부동산의 처분시 종중총회의 절차를 거쳐야 하며 이러한 절차를 밟지 않으면 무효이고, 이는 처분권한 없이 처분한 경우에 해당하므로 표현대리가 적용될 여지도 없다. [모의 15(1)유사, 사시 05,07,12,14, 법행 15]

> **해설** ※ 종중재산의 처분
> 종중재산은 종중원의 '총유'라고 보는 것이 통설 및 判例의 입장인바, 이러한 종중재산의 처분에 관하여는 '종중규약'에 정한 바가 있으면 그에 의하고, 종중규약이 없으면 적법한 '종중총회의 결의'가 있어야 한다(제275조 2항, 제276조 1항)(대판 1994.1.14. 92다28716). 判例에 따르면 총회결의를 거치지 않은 총유물의 관리 및 처분행위는 '무효'이고(대판 2001.5.29. 2000다10246), 이는 처분권한 없이 처분한 경우에 해당하므로 표현대리가 적용될 여지도 없다고 한다(대판 2003.7.11. 2001다73626).

④ ③.과 관련하여 만약 甲종중이 X부동산을 처분하기 위하여 종중총회를 소집하면서 甲종중에 속하는 乙을 여성이라는 이유로 소집통지를 하지 않았다면, 乙에게 소집통지를 결한 채 이루어진 甲종중의 총회결의는 무효이다.

> **해설** ☞ 결국 종중 구성원의 자격을 성년 남자로 제한하는 종래 관습법은 그 효력을 상실하였고, 따라서 조리(제1조)에 의하여 여성인 乙도 당연히 甲종중의 구성원이 된다고 보는 것이 타당하다. 그리고 일부 종중원에게 소집통지를 결여한 채 개최된 종중총회의 결의는 효력이 없으므로(대판 2007.9.6. 2007다34982), 乙에게 소집통지를 결한 채 이루어진 甲종중의 총회결의는 무효이다.

⑤ 공동선조의 후손 중 특정 범위 내의 종원만으로 조직체를 구성하여 활동하고 있다면 이는 본래의 의미의 종중으로는 볼 수 없으나, 종중 유사의 권리능력 없는 사단은 될 수 있다(대판 2019.2.14. 2018다264628). [모의 20(2)유사, 19법무, 19년 최신판례]

제2장 법률관계와 권리의무

제1관 권리의 경합

01 동일한 법률행위에 따른 채무불이행책임과 불법행위책임이 경합할 경우 권리자는 그 중 어느 하나의 손해배상청구권을 행사할 수 있는데 그 경우 당사자 사이에 계약상의 면책약관을 명시적이거나 묵시적으로 불법행위를 원인으로 하는 손해배상청구에까지 적용하기로 하는 약정이 없는 이상 불법행위책임에는 적용되지 않는다(대판 2021.6.10. 2019다226005). [21년 최신판례]

02 계약 위반으로 인한 채무불이행이 성립한다고 하여 그것만으로 바로 불법행위가 성립하는 것은 아니다(대판 2021.6.24. 2016다210474). [21년 최신판례]

제2관 신의칙 일반

01 변호사의 소송위임사무에 관한 약정 보수액이 부당하게 과다하여 신의성실의 원칙이나 형평의 관념에 반한다고 볼 만한 특별한 사정이 있는 경우, 변호사의 보수 청구가 적당하다고 인정되는 범위 내로 제한되는바, 이와 같이 민법 제2조의 신의칙 또는 형평의 관념은 당사자 사이에 체결된 계약을 무효로 선언할 수 있는 근거가 될 수 있다(대판 2018.5.17. 전합2016다35833). [18년 최신판례]

02 노사가 정기상여금을 통상임금에서 제외하기로 합의하고 이를 전제로 임금수준을 정한 경우와 같이 노사합의의 내용이 근로기준법의 강행규정을 위반하여 무효인 경우라도, 근로자가 노사합의의 무효를 주장하며 정기상여금을 통상임금에 포함하여 산정한 추가 법정수당을 청구하는 것이 사용자에게 새로운 재정적 부담을 지워 중대한 경영상의 어려움을 초래하거나 기업의 존립을 위태롭게 하는 경우라면 신의성실의 원칙에 위배되어 허용될 수 없다(대판 2019.2.14. 2015다217287). [민법표준판례, 19년 최신판례]

03 근저당권자가 담보로 제공된 건물에 대한 담보가치를 조사할 당시 대항력을 갖춘 임차인이 그 임대차 사실을 부인하고 그 건물에 관하여 임차인으로서의 권리를 주장하지 않겠다는 내용의 무상임대차 확인서를 작성해 주었다면, 비록 매각물건명세서 등에 위 건물에 대항력 있는 임대차 관계가 존재한다는 취지로 기재되었다하더라도 경락인의 건물인도청구에 대하여 대항력 있는 임대차를 주장하여 임차보증금 반환과의 동시이행의 항변을 하는 것은 금반언 또는 신의성실의 원칙에 반하여 허용될 수 없다. [최신판례]

해설 ※ 묵비 또는 묵인행위와 금반언(대판 2016.12.1. 2016다228215)

> **비교판례** "은행직원이 근저당권실행의 경매절차와는 아무런 관련도 없이 행한 담보건물에 대한 임대차 조사에서 임차인이 그 임차사실을 숨겼다고 하더라도 그 후의 경매절차에서 임대차 관계가 분명히 된 이상은 은행이 경매가격을 결정함에 있어서 신뢰를 준 것이라고는 할 수 없는 것이므로, 위와 같이 일시 임대차관계를 숨긴 사실만을 가지고서 은행의 건물명도청구에 대하여 임차인이 주택임대차보호법 제3조 소정의 임차권의 대항력에 기하여 하는 임차보증금 반환과의 동시이행의 항변이 신의성실의 원칙에 반하는 것이라고는 볼 수 없다"(대판 1987.1.20. 86다카1852).

04 추심명령 또는 전부명령이나 확정일자 있는 증서에 의하여 채권양도를 받은 다수의 다른 채권자들이 제3채무자 甲을 상대로 추심금청구 등의 소송을 제기하여 재판이 진행중인 사실을 알고 있는 전부채권자 乙이 甲으로부터 소를 제기하여 다른 채권자들과 같은 기회에 배당받을 것을 권유받았음에도 불구하고 아무런 조치를 취하지 않고 있다가, 다른 채권자들이 제기한 소송이 모두 법원의 조정에 갈음하는 결정으로 확정되어 甲이 다른 채권자들에게 전부채권 전액에 상당하는 조정금액을 전부 지급한 후에서야 비로소 乙이 甲에게 자신의 전부채권액의 지급을 청구하는 것이라 하더라도 신의성실의 원칙에 위배되지 않는다. [모의 14(3)유사, 사시 16, 법행 09]

> 해설 ※ 단순히 부작위 후 나중에 권리행사 자체만으로는 신의칙 위반은 아님(대판 2001.7.13. 2000다5909)

05 일제 강제동원 피해자의 일본기업에 대한 손해배상청구권은 한일 청구권협정의 적용대상에 포함되지 않으므로 포기 또는 소멸되었거나 행사할 수 없게 된 것이 아니다(대판 2018.10.30. 전합2013다61381). [18년 최신판례]

06 甲이 주택건설사업을 위한 견본주택 건설을 목적으로 임대인 乙과 토지에 관하여 임대차계약을 체결하면서 임대차계약서에 특약사항으로 위 목적을 명시하였는데, 지방자치단체장으로부터 가설건축물 축조신고 반려통보 등을 받고 위 토지에 견본주택을 건축할 수 없게 되었다면, 甲은 乙을 상대로 임대차계약의 '해지' 및 임차보증금 반환을 구할 수 있다. [20년 최신판례]

> 해설 ※ 사정변경을 이유로 한 계약 해제(해지) 인정여부 (대판 2020.12.10. 2020다254846)

제3관 권리남용

07 판례는 권리남용을 인정하기 위하여 권리의 행사가 상대방에게 고통이나 손해를 주기 위한 것이라는 주관적 요건을 요구하지만, 그것은 객관적 사정에 의하여 추인될 수 있다고 본다. [변호 14]

> 해설 ※ 권리남용의 주관적 요건(대판 1993.5.14. 93다4366 등)

08 채무자 소유의 목적물에 '이미 저당권 기타 담보물권이 설정'되어 있는데 채권자가 자기 채권의 우선적 만족을 위하여 채무자와 의도적으로 유치권의 성립요건을 충족하는 내용의 거래를 하고 목적물을 점유함으로써 유치권이 성립한 경우, 유치권을 저당권자 등에게 주장하는 것은 다른 특별한 사정이 없는 한 신의칙에 반하는 권리행사 또는 권리남용으로서 허용되지 않는다. [변호 15, 모의 15(3)유사]

> 해설 ※ 사실상 최우선순위담보권인 유치권의 한계(유치권 주장의 권리남용)(대판 2011.12.22. 2011다84298)

09 임차인이 금 326,000원이 소요되는 전기시설의 원상회복을 하지 아니한 채 건물의 명도이행을 제공한 경우, 임대인이 동시이행의 항변권의 행사로서 금 125,226,670원의 임대차보증금 전액의 반환을 거부하는 것은 동시이행항변권의 남용으로 허용되지 않는다. [사시 10, 변리 09유사]

> 해설 ※ 항변권(동시이행항변권)의 남용(임차인이 불이행한 원상회복의무가 사소한 부분이고 그로 인한 손해배상액 역시 근소한 금액인 경우: 대판 1999.11.12. 99다34697).

> **참고판례** "동시이행의 항변권의 행사가 주로 자기 채무의 이행만을 회피하기 위한 수단이라고 보여지는 경우에는 그 항변권의 행사는 권리남용으로서 배척되어야 할 것이다"(대판 2001.9.18. 2001다9304).

10 甲이 乙백화점의 부도로 인하여 乙이 발행한 약속어음의 가치가 현저하게 하락된 사정을 잘 알면서 오로지 자신이 乙에 대하여 부담하는 임대차보증금반환채무와 상계할 목적으로 乙이 발행한 약속어음 20장을 액면가의 40%에도 미치지 못하는 가격으로 할인·취득하고, 그 약속어음채권을 자동채권으로 하여 상계를 하였다면 이는 상계권의 남용에 해당하여 허용되지 않는다.

[법행 13,14유사, 변리 14유사]

> **해설** 상계권 행사의 남용여부 판단에는 일반적인 권리남용의 경우에 요구되는 주관적 요건을 필요로 하지 않다 (대판 2003.4.11. 2002다59481).

11 법원을 기망하고 부정한 방법으로 실체의 권리관계와 다른 내용의 확정판결을 취득하여 그 판결에 기하여 강제집행을 하는 것은 권리남용에 해당한다고 할 것이지만, 피해자는 확정판결이 취소되지 아니한 이상 확정판결에 기한 강제집행으로 취득한 채권을 부당이득으로 반환청구할 수 없고, 다만 위와 같이 위 확정판결에 기한 강제집행이 권리남용에 해당하는 이상 위 강제집행은 피해자에 대한 관계에서 불법행위를 구성한다.

[모의 11(1)유사, 사시 13]

> **해설** 소송당사자가 불법한 수단으로 법원과 상대방을 속여 부정한 내용의 확정판결을 취득한 경우 그 구제수단으로 '소송법적 구제수단인 재심'과 '집행법적 구제수단인 권리남용을 이유로 하는 청구이의의 소'가 있다. 다만 확정판결에 기한 강제집행이 경료된 경우에, 그 확정판결이 취소되지 않은 이상 부당이득의 성립은 부정된다. 그러나 불법행위에 기한 손해배상청구의 경우는 긍정하고 있다(대판 2001.11.13. 99다32905). 아울러 최근 判例에 따르면 확정판결에 기한 집행이 권리남용에 해당하여 청구이의의 소에 의하여 집행의 배제를 구할 수 있는 정도의 경우라면 그러한 판결금 채권에 기초한 다른 권리의 행사, 예를 들어 판결금 채권을 피보전 채권으로 하여 채권자취소권을 행사하는 것 등도 허용될 수 없다고 한다(대판 2014.2.21. 2013다75717).

12

> 한국전력공사(이하 '乙'이라 한다)는 1980년 1월 3일부터 토지 소유자 A의 동의를 받지 않고 (동의가 없는 사정을 알면서 무단으로) X토지 일부의 상공에 고압 송전선을 통과하도록 설치하여 사용하고 있었다(乙은 사전에 공법상의 토지수용절차를 밟거나, 그 사용에 대한 손실을 보상한 사실이 전혀 없었다). 그 후 1983년 1월 3일 甲은 이러한 사정을 알면서도 A로부터 당해 토지를 매수하고 등기까지 경료하였다. 그러나 그 후 2001년의 시점에서 甲은 건축법상 송전선과의 법정이격거리로 말미암아 X토지에는 건물을 일체 축조할 수 없음을 알게 되었다. 甲은 乙에게 송전선의 철거 및 토지인도를 구하는 소를 제기하여 2001년 1월 3일 乙에게 소장부본이 송달되었다.

[민법표준판례, 핵심사례 A-02.참고]

㉠ 종전 토지 소유자가 자신의 권리를 행사하지 않았다는 사정은 甲의 권리행사에 실효의 원칙을 적용함에 있어서 고려하여야 할 것은 아니다(대판 1995.8.25. 94다27069). [변호 14]

㉡ 甲이 송전선이 토지 위를 통과하고 있다는 점을 알고서 토지를 취득하였다고 하여 그 토지에 대한 소유권의 행사가 제한된 상태를 용인하였다고 할 수 없으므로, 甲이 송전선 철거를 구하는 것은 신의성실의 원칙에 반하지 않는다(대판 1995.8.25. 94다27069). [사시 04, 법행 10,15]

ⓒ 만약 甲의 청구가 인용될 수 있고 부당이득도 청구하였다면 甲은 乙에 대해 1991년 1월 3일 이후부터 송전선철거시점까지의 임료 상당의 부당이득 및 연 5%의 이율로 계산한 이자액 및 2001년 1월 3일의 다음 날부터 향후 지급할 때까지 위 부당이득금 및 이자액에 대한 지연이자의 지급을 구할 수 있다. [변호 15, 모의 15(1)유사, 사시 09,10,16, 법행 11,12,13]

해설 ▶ 判例에 따르면 악의의 점유자의 반환에 관한 제201조 2항은 제748조 2항의 특칙이 아니어서 악의의 점유자는 제201조 2항에 따라 과실을 반환하는 외에 다시 제748조 2항을 적용하여 ⅰ) 임료 상당의 부당이익(사용이익) 및 ⅱ) 그에 따른 법정이자와 ⅲ) 위 부당이득 및 이자액에 대한 지연이자도 지급해야 한다(제387조 2항 참조)고 한다(대판 2003.11.4. 2001다61869).

ⓔ 만약 위 ⓒ.의 부당이득청구가 인용될 경우, 송전선 이외의 부분이 과소토지로 남아 이용할 수 없다면 甲은 乙에게 송전선이 지나가는 상공에 해당하는 토지부분 외의 X토지 '전부'에 대하여는 임료 상당의 사용이익의 반환을 청구할 수 있다.

해설 ▶ "토지의 소유자는 당해 토지 전부에 대한 사용불능으로 인한 손해를 입게 되었다 할 것이고, 이와 같은 경우 토지 소유자의 과소토지 부분에 대한 사용불능은 당해 시설물의 설치로 인하여 발생한 것이므로 사회통념상 그 과소토지 부분도 당해 시설물을 설치·소유한 자가 사용·수익하고 있다고 봄이 상당하다"(대판 2001.3.9. 2000다70828).

| 제3장 | 권리의 주체 |

제1절 권리주체 총설

제2절 자연인

제1관 권리능력

01 甲은 강도 乙을 만나 격투를 벌이던 중 乙이 휘두른 칼에 즉사하였다. 甲의 사망 당시 甲의 유족으로는 친모(親母) A, 법률상의 배우자 B, B의 배 속에 태아 C가 있었다. 그 후 태아 C는 살아서 출생하였다.

㉠ 태아 C가 살아서 출생하였으므로 태아의 권리능력 취득시기에 관한 어느 견해에 따르더라도 B와 C가 甲의 공동상속인이 된다.

해설 태아 C는 살아서 출생하였으므로 어느 견해에 따르더라도 상속능력이 인정된다(제1000조 3항, 동조 1항 1호). 다만 논리전개 과정에서는 차이가 있다. ⅰ) 정지조건설에 의하면 C는 태아로 있는 동안 아직 권리능력을 취득하지 못하므로 그 동안은 甲의 처 B와 모 A가 공동상속인이 되나, C가 살아서 출생하면 甲의 사망 시점에 소급하여 상속권을 취득하므로 B와 C가 공동상속인이 되고 후순위인 A는 상속권이 소급적으로 없게 된다. ⅱ) 그러나 해제조건설에 의하면 태아 C는 상속순위에 관하여는 이미 출생한 것으로 보므로, C는 태아인 상태에서 B와 공동상속인이 된다. 다만 C가 사산한 경우에는 甲의 사망시점에 '소급'하여 권리능력을 잃는다.

㉡ B와 C는 甲의 재산상 손해배상청구권 및 정신상 손해배상청구권을 상속한다. [사시 14]

해설 "위자료청구권은 피해자가 이를 포기하거나 면제했다고 볼 수 있는 특별한 사정이 없는 한 생전에 청구의 의사를 표시할 필요없이 원칙적으로 상속되는 것이다"(대판 1966.10.18. 66다1335).

㉢ A, B, C는 정신적 고통을 입증하지 않고도 당연히 위자료를 乙에게 청구할 수 있다.

해설 判例는 "태아가 피해 당시 정신상 고통에 대한 감수성을 갖추고 있지 않다 하더라도 장래 감수할 것임을 현재 합리적으로 기대할 수 있는 경우에 있어서는 즉시 그 청구를 할 수 있다"(대판 1962.3.15. 61다903)라고 하여 이를 긍정하고 있다. 따라서 살아서 출생한 C도 乙에게 위자료청구를 할 수 있다(제762조, 제752조).

㉣ 만약 C가 아직 출생하지 않은 상태에서 C의 위자료청구권에 대하여 B가 C를 대리하여 乙과의 사이에 위자료액수에 관하여 합의하였다면 태아의 권리능력 취득시기에 관한 정지조건설은 물론, 해제조건설에 따르더라도 무효하다.

해설 ※ 태아의 권리능력 인정여부-손해배상청구, 화해계약-
태아는 손해배상의 청구에 관하여는 이미 출생한 것으로 본다(제762조). ⅰ) 그러나 태아의 권리능력 취득시기에 관한 判例의 태도인 정지조건설에 의하면 C는 태아인 동안에는 권리능력을 가지지 못하므로 법정대리의 개념이 성립할 여지가 없다. ⅱ) 한편 해제조건설에 의하더라도 권리관계가 아직 확정된 것은 아니므로, 태아의 법정대리인의 권한은 권리를 보전하기 위하여 필요한 행위에 한정되어야 한다 (제118조). 따라서 가령 손해배상청구에서 법정대리인이 합의(화해)를 하는 것 등은 허용되지 않는다.

02 母의 교통사고의 충격으로 태아가 조산되고 또 그로 인하여 제대로 성장하지 못하고 사망하였다면 위 불법행위는 한편으로 산모에 대한 불법행위인 동시에 한편으로는 태아 자신에 대한 불법행위라고 볼 수 있으므로 따라서 죽은 아이는 생명침해로 인한 재산상 손해배상청구권이 있다.

> **해설** 임산부에 대한 교통사고, 의사가 임산부에게 잘못된 처치를 한 경우 이는 동시에 태아에 대한 불법행위가 성립한다(대판 1968.3.5. 67다2869).

03 태아는 대습상속과 유류분권의 경우에도 권리능력이 인정된다. [모의12(2)유사 ,사시 08]

> **해설** 태아는 상속순위에 관하여는 이미 출생한 것으로 본다(제1000조 3항). 대습상속(제1001조)과 그것을 준용하는 유류분권(제1118조, 제1001조)의 경우에도 태아의 권리능력이 인정된다.

04 태아에 대한 생전증여에 있어서도 태아의 수증행위가 필요한바, 상속 또는 유증의 경우를 유추하여 태아의 수증능력을 인정할 수 없다. [모의 12(2)유사, 변리 11]

> **해설** 判例는 '생전증여'와 관련하여 "태아에 대한 증여에 있어서도 태아의 수증행위가 필요한바, 상속 또는 유증의 경우를 '유추'하여 태아의 수증능력을 인정할 수 없다"고 판시하고 있다(대판 1982.2.9. 81다534).

05 父는 태아를 인지할 수 있고, 반대로 태아는 살아서 출생한 경우 강제인지는 가능하다. [모의12(2)유사 ,사시 08]

> **해설** 父는 태아를 인지할 수 있으나(제858조), 태아에게도 인지청구권이 인정되는지에 대하여는 학설은 대체로 제858조의 반대해석상 허용되지 않는다는 부정설의 입장이다. 다만, 태아가 살아서 출생한 경우 강제인지는 가능하다(제863조, 제864조). 따라서 태아 쪽에서 적극적으로 태아의 성장에 필요한 비용을 父에게 청구할 수는 없다.

06 제3자를 위한 계약에서 제3자는 계약 성립시에 현존·특정되지 않아도 무방하므로, 태아나 설립 중의 법인 등도 제3자가 될 수 있다. [사시 05,11유사]

> **해설** 그러나 수익의 의사표시를 할 때에는 권리능력을 가지고 현존·특정되어야 한다.

07 태아를 상해보험의 피보험자로 하는 상해보험계약도 상법 제663조 및 민법 제103조에 위반되지 않는 유효한 계약이다(대판 2019.3.28. 2016다211224). [19년 최신판례]

> **해설** 보험사가 보험상품을 판매할 때는 태아보험이라고 홍보해 임신·출산 과정에서 발생한 사고를 보장하는 것처럼 했다가 정작 보험금 지급을 청구하면 "사람은 출생시부터 권리·의무 주체가 될 수 있으므로, 분만중인 태아는 상해보험의 피보험자가 될 수 없다"며 지급을 거절하는 행태가 위법하다는 점을 확인한 판례이다. 다만, 태아의 권리능력문제가 아니라 인보험인 상해보험에서 '보험사고의 객체'에 해당하는 피보험자적격이 인정되었다는 점에 주의해야 한다.

제2관 의사능력

08

> 서울에 사는 甲은 1978년생으로 어릴 때부터 지능지수가 낮아 80 정도에 불과하고, 사회연령은 8세 수준으로서 자신의 이름도 정확하게 쓰지 못하고 아주 간단한 셈 정도만 가능한 상태였대(이러한 상태는 이후 계속되었다). 그런데 1996년 甲은 A로부터 5,000만원을 빌리면서 자신의 소유로 되어 있는 ×부동산에 근저당권을 설정하여 주기로 약속하였다. 그러나 甲은 근저당권은 설정하여 주지 않은 채 위 대출금 5,000만원을 수령하여 4,000만원은 자신의 친한 형인 B의 사업자금으로 빌려주었고, 1,000만원은 도박에 사용하여 모두 탕진하였다. 다만 한동안 甲은 위 대출금에 대한 월 이자를 A에게 변제하였으나, 甲이 근저당권을 설정하여 주지 않자 A는 계속해서 근저당권의 설정을 요구하여 1999년에 甲은 A에게 채권 최고액 6,000만원의 근저당권을 ×부동산에 설정하여 주었다. 단, 위 甲의 모든 법률행위에는 법정대리인의 동의는 없었다.
>
> 의사무능력 리딩사례

㉠ 甲의 A와의 금전소비대차 및 저당권설정계약에서 甲이 의사능력이 있는지는 개별적으로 판단해야 하고, 의사능력이 인정되기 위하여는 그 행위의 일상적인 의미뿐만 아니라 법률적인 의미나 효과에 대하여도 이해할 수 있을 것을 요한다(대판 2009.1.15. 2008다58367).

㉡ 甲은 A와의 금전소비대차 및 저당권설정계약을 제한능력을 이유로 취소할 수 없다.

해설 甲은 ⅰ) 성년이 된 후(1999년), ⅱ) 이의를 보류하지 않고, ⅲ) 금전소비대차계약은 담보를 제공함으로써(제145조 4호), 근저당권설정계약은 이행행위(제145조 1호)를 하였으므로 법정추인사유에 해당한다. 따라서 甲의 금전소비대차 계약 등에 대한 취소권은 소멸하였다.

㉢ 만약 甲의 A와의 금전소비대차 및 저당권설정계약이 의사무능력을 이유로 무효라면, 제한능력을 이유로 취소한 경우에 현존이익만 반환하면 된다는 제141조 단서가 유추적용된다.

[법행 11유사]

해설 설문의 경우 甲은 실질적인 제한능력자(피성년후견인, 피한정후견인)라고 할 수 있으므로 이러한 자들도 제141조 단서의 유추적용을 통해 보호할 필요가 있다(대판 2009.1.15. 2008다58367).

㉣ 만약 甲의 A와의 금전소비대차 및 저당권설정계약이 의사무능력을 이유로 무효라면, 무효인 금전소비대차계약에 기해 수령한 대출금 중 甲이 반환해야할 현존이익이 있다.

해설 의사무능력자 甲은 무효인 금전소비대차계약에 기해 수령한 대출금 5,000만원 중 4,000만원을 C에게 대여하였으므로 대출로써 받은 이익이 C에 대한 부당이득반환채권(이러한 대여행위 역시 甲의 의사무능력을 이유로 무효가 될 것이기 때문이다)의 형태로 현존하므로, A는 금전소비대차계약 등의 무효에 따른 원상회복으로서 위 대출금 자체의 반환을 구할 수는 없더라도 현존이익인 위 채권의 양도는 구할 수 있다(대판 2009.1.15. 2008다58367). 그러나 도박에 탕진한 1,000만원은 소비한 경우이므로 현존이익이 없다.

제3관 행위능력

09 18세인 미성년자 甲이 법정대리인인 친권자의 동의 없이 乙과 매매계약을 체결하고 2년 후, 乙은 성년자가 된 甲에 대하여 2개월의 기간을 정하여 추인여부의 확답을 최고하였다. 甲이 2개월 이내에 확답을 발하지 않은 경우, 甲은 매매계약을 취소할 수 없다. [변호 15, 사시 06,13, 법행 14, 변리 12]

> **해설** 유동적 유효가 확정적 유효로 되었기에 甲은 더 이상 매매계약을 취소할 수가 없다(제15조 1항 참조).

10 특정후견의 심판이 있더라도 피특정후견인의 행위능력은 제한되지 않는다. [사시 16, 변리 14유사]

11 피성년후견인의 법률행위는 성년후견인의 동의가 있더라도 원칙적으로 언제나 취소할 수 있다. 따라서 성년후견인은 피성년후견인의 법률행위에 대한 동의권을 가지지 않고, 대리권과 취소권을 가질 뿐이다(제10조 1항) [13.7.1.시행 개정민법]

12 가정법원은 피한정후견인의 정신적 제약의 상태에 따라 한정후견인의 '동의를 받아야 하는' 행위의 범위를 탄력적으로 정할 수 있다. 다만 일용품의 구입 등 일상생활에 필요하고 그 대가가 과도하지 아니한 법률행위는 피한정후견인이 단독으로 할 수 있다(제13조 1항, 4항) [13.7.1.시행 개정민법]

13

> 월 20만원의 용돈을 받고 있던 미성년자 甲은 거리를 지나가다가 신용카드 회원모집을 하고 있는 A카드회사를 보자 회원가입신청을 하고 싶어졌다. 그러나 미성년자는 회원가입신청시 부모 중 일방의 동의서가 있어야 하는 것을 알고 주저하다가, 甲은 A카드회사 직원이 보는 앞에서 어머니의 이름을 쓰고 동의서를 제출하였다. 이에 신용카드를 수령받은 직후 甲은 신용카드를 이용하여 200만원 상당의 컴퓨터를 丙가맹점에서 2개월 할부로 계산하였다(단, 丙은 미성년자 甲의 법정대리인의 동의가 없었음을 알았으나 취소하지는 않으리라 신뢰했다). 그 후 A카드회사는 가맹점 약정에 따라 丙에게 200만원을 지급하였다.
> [민법표준판례, 핵심사례 A-3.참고]

㉠ 甲이 법정대리인의 동의서를 위조한 것은 적극적 사기수단에 해당하여 학설대립에 상관없이 속임수에 해당하나, 속임수에 의한 취소권 배제규정(제17조)이 적용되지는 않는다. 따라서 甲은 신용카드이용계약을 취소할 수 있다. [변호 16, 변리 09]

> **해설** ※ 甲의 동의서 위조가 취소권 배제사유로서 제17조에 해당하는지 여부(소극)
> 이 때 '속임수'의 의미와 관련하여 判例는'성년자로 군대에 갔다 왔다'고 말하거나, '자기가 사장이라고 말한 것'만 가지고는 속임수라고 할 수 없고(대판 1971.12.14. 71다2045), 생년월일을 허위로 기재한 인감증명을 제시하는 등의 '적극적인 사기수단'을 써야 속임수에 해당한다고 판시하여 협의설(적극설)의 입장을 취하고 있다(대판 1971.6.22. 71다940).
> ☞ 사안은 미성년자가 법정대리인의 동의서를 위조한 사안이므로 학설 대립에 상관없이 제17조 '속임수'의 의미에 포함된다. 그러나 미성년자 甲은 A사 직원이 보는 앞에서 어머니의 이름을 쓰고 동의서를 제출하는 행위를 하였으므로 A사 직원이 법정대리인의 동의가 있는 것으로 '오신'을 하였다고 보기는 어렵다.

㉡ 신용카드 이용계약이 제한능력을 이유로 취소되는 경우, 甲측이 A에게 반환하여야 할 부당이득반환의 대상은 컴퓨터 대금채무 200만원 상당액이다. [모의 13(2)유사, 사시 10,12유사]

> **해설** ※ 신용카드이용계약의 취소에 따른 부당이득반환의 대상 및 증명책임 등
> "신용카드 이용계약이 취소됨에도 불구하고 신용카드회원과 해당 가맹점 사이에 체결된 개별적인 매매계약은 특별한 사정이 없는 한 신용카드 이용계약취소와 무관하게 유효하게 존속한다 할 것이고, 신용카드발행인이 가맹점들에 대하여 그 신용카드사용대금을 지급한 것은 신용카드 이용계약과는 별개로 신용카드발행인과 가맹점 사이에 체결된 가맹점 계약에 따른 것으로서 유효하므로, 신용카드발행인의 가맹점에 대한 신용카드이용대금의 지급으로써 신용카드회원은 자신의 가맹점에 대한 매매대금 지급채무를 법률상 원인

없이 면제받는 이익을 얻었으며, 이러한 이익은 금전상의 이득으로서 특별한 사정이 없는 한 현존하는 것으로 추정된다"(대판 2005.4.15. 2003다60297). 따라서 甲측의 부당이득반환의 대상은 신용카드사가 가맹점에 대신 지급함으로써 면제받은 물품대금채무 상당액이다.

ⓒ **甲과 丙사이의 신용구매계약은 민법 제6조의 법정대리인이 처분을 허락한 재산의 범위 내의 처분행위라고 볼 수 없다.**　　　　　　　　　　　　　　　　　　　　　　　　[모의 13(1)유사, 사시 13, 변리 11]

해설 ※ 신용구매계약이 법정대리인의 묵시적 허락에 의한 재산의 처분인지 여부

甲이 당시 월 용돈 20만 원에 대하여는 법정대리인의 묵시적 처분허락이 있었고 丙과의 200만원 상당의 신용구매계약은 2개월 할부임을 고려하더라도 甲의 월 용돈 20만원의 범위를 벗어나는 것으로 볼 수 있어 처분허락을 받은 재산범위 내의 처분행위에 해당한다고 볼 수 없다(제6조).

判例는 미성년자가 월 소득범위 내에서 신용구매계약을 체결한 사안에서, "스스로 얻고 있던 소득에 대하여는 법정대리인의 묵시적 처분허락이 있었다고 보아 위 신용구매계약은 처분허락을 받은 재산범위 내의 처분행위에 해당한다"(대판 2007.11.16. 2005다71659,71666,71673)고 하였다.

ⓔ **甲이 丙과의 신용구매계약을 법정대리인의 동의 없었음을 들어 취소하는 것은 신의칙(금반언)에 위반된 것이 아니다.**　　　　　　　　　　　　　　　　　　　　　　　　[변호 18, 모의 14(2),11(1)유사]

해설 "신용구매계약을 미성년자 스스로 취소하는 것을 신의칙(금반언) 위반을 이유로 배척한다면, 무능력자 보호라는 행위무능력자 제도의 입법 취지를 몰각시킬 우려가 있다"(대판 2007.11.16. 2005다71659).

제4관 부재와 실종

14　甲은 이혼하고 母인 乙과 함께 살던 중 2008년 7월 혼자서 아프리카 여행을 하다가 갑자기 행방불명되었다. 乙은 2010년 5월 甲의 채권자들이 빚을 갚을 것을 독촉하자 甲소유의 X부동산을 甲을 대리하여 A에게 매각하여 甲의 채무를 변제하였다. 그 후 2012년 2월 가정법원은 乙을 甲의 재산관리인으로 선임하였다. 그리고 乙은 甲소유의 X부동산과 Y부동산의 매각처분에 관한 법원의 허가를 받은 다음 A에게 X부동산의 소유권이전등기를 해주고, Y부동산은 甲의 채무와 아무런 관련이 없는 B의 C은행에 대한 채무의 담보를 위해 C은행에게 저당권을 설정해 주었다. 그런데 그 후 甲이 2009년 5월에 사망한 것으로 판명되어 출가한 딸 丙이 재산상속인으로 확정되었다.　　　　　　　　　　　　　　　　[민법표준판례, 핵심사례 A-4.참고]

ⓐ **법원에 의하여 선임된 乙은 법정대리인이다.**　　　　　　　　　　[모의 13(1)유사, 사시 05,07유사, 변리 07]

해설 ※ 부재자재산관리인의 법적성질

乙이 부재자 甲이 선임한 관리인이라면 임의대리인이나, 법원이 선임한 재산관리인이기에 일종의 법정대리인이다(대판 1976.12.21. 75마551).

ⓑ **법원의 재산관리인 선임결정이 취소될 때까지 乙이 재산관리인의 자격에서 행한 X부동산에 대한 처분행위는 자격요건에 있어서의 흠결은 없다.**　　　　　　　　　　　　　　　[사시 05, 법행 09]

해설 ※ 재산관리인으로서 乙의 지위 소멸 여부(소극)

"법원에 의하여 일단 부재자의 재산관리인의 선임결정이 있었던 이상, 부재자가 그 이전에 사망하였

음이 판명되거나 사망한 것으로 간주되더라도 법원의 별도의 결정에 의하여 선임결정이 취소되지 않는 한 재산관리인의 권한이 소멸되지 않을 뿐만 아니라, 그 취소의 효력도 장래에 향해서만 미친다"(대판 1970.1.27. 69다719). 그래서 '실종기간이 만료된 뒤 실종선고 전'(당해 사안의 경우 甲의 사망 후)에 재산관리인이 권한 초과행위의 허가를 받고 그 선임결정이 취소되기 전에 재산관리인의 위와 같은 법률행위의 효과는 부재자의 상속인에게 미친다(대판 1991.11.26. 91다11810).

ⓒ 재산관리인의 처분행위에 대한 법원의 허가는 그 허가받은 재산에 대한 장래의 처분행위를 위한 경우뿐만 아니라 기왕의 처분행위를 추인하는 행위로도 할 수 있으므로 乙의 X부동산 처분행위는 유효이다(대판 1982.9.14. 80다3063).   [모의 13(1)유사, 사시 05,06, 변리 09]

ⓔ 乙의 Y부동산 처분행위 당시 甲은 이미 사망하였으나 乙의 처분행위는 甲의 상속인 丙에게 효력이 있다.   [모의 14(1)유사, 사시 11, 법행 09, 변리 07]

> **해설**▶ 법원의 선임결정이 취소될 때까지 乙이 재산관리인의 자격에서 행한 X, Y부동산에 대한 처분행위는 일단 자격요건에 있어서의 흠결은 없고 그에 따른 효과는 甲의 상속인 丙에게 미친다(ⓒ 해설참고).

ⓜ 乙의 Y부동산에의 저당권설정행위는 부재자 甲과는 관련이 없는 B의 채무의 담보를 위한 것이므로 법원의 허가가 있더라도 무효이다.   [사시 05,07, 변리 13]

> **해설**▶ 재산관리인이 관리행위(제118조)를 넘어 처분행위 등과 같이 권한을 초과하는 행위를 하려면 법원의 허가를 얻어야 한다(제25조). 그러나 재산의 매각에 관해 허가를 받은 경우, 그 재산을 담보로 제공할 때에 다시 허가를 받아야 하는 것은 아니다(대판 1957.3.23. 4289민상677). 다만 判例는 부재자 재산관리인이 법원으로부터 처분행위에 대한 허가를 얻었다 하더라도 그 처분은 '부재자를 위하는 범위'에서 행하여져야 한다고 한다(대판 1976.12.21. 75마551).

제3절 법 인

제1관 법인 일반

01

> A고교 동창생들은 모교를 후원하는 활동을 계속하여 오다가, 甲과 乙을 이사로 하는 丙 사단법인을 설립하고 그 설립등기를 마쳤다. 위 법인의 정관에 의하면, 법인의 목적은 A고교의 정보화 교육을 지원하는 것이고, 대표권은 이사가 공동으로 행사하도록 되어 있다. 법인의 이러한 목적은 등기되어 있으나, 대표권의 행사와 관련한 사항은 등기되어 있지 않다. 그 후 甲은 법인을 운영하는 과정에서 단독으로 丙 법인을 대표하여 법인기금 중 1억 원을 이자 연 25%, 변제기 1년 후로 정하여 丁에게 대여하는 계약을 체결하였다.   [10년 사시 1차 변형]

ⓞ 甲이 丙 법인의 기금을 증식하기 위하여 丁과 위 소비대차계약을 체결하였다면 그 계약은 적어도 그 목적을 수행함에 간접으로라도 필요한 행위로서 유효이다.   [사시 10,13]

> **해설**▶ ※ 제34조의 '목적범위'에 대한 해석론
> 判例는 "목적을 수행하는 데 있어서 직접·간접으로 필요한 행위는 모두 포함한다"고 하며(대판 1991.11.22. 91다8821 등). 또한 "목적수행에 필요한지 여부도 행위의 객관적 성질에 따라 추상적으로 판단할 것이지 행위자의 주관적, 구체적 의사에 따라 판단할 것은 아니다"(대판 1987.9.8. 86다카1349)라고

판시하고 있다. ☞ 법인의 목적인 모교의 정보화 교육의 지원을 위한 기금을 증식하기 위한 이자부 소비대차계약은 적어도 그 목적을 수행함에 간접으로라도 필요한 행위라고 할 수 있다.

ⓛ 甲과 乙의 공동대표에 관하여 정관에는 기재되어 있으나 등기되어 있지 않았으므로, 乙은 甲이 '무권대표'임을 제3자에게 대항하지 못한다.

ⓒ 丁이 위 계약 체결 당시 丙 법인의 목적과 대표행위의 방법에 관한 정관 규정을 알았다고 하더라도 丁은 丙 법인에 대하여 소비대차계약에 기한 이행청구를 할 수 있다.

[모의 12(2),14(1),14(3)유사, 사시 04,05, 법행07, 변리 06,07]

해설 민법은 '이사의 대표권에 대한 제한은 정관에 기재하여야 효력이 있다'(제41조)고 하여 정관의 기재를 효력요건으로 하고 있고, '이사의 대표권제한은 이를 등기하지 않으면 제3자에게 대항하지 못한다'(제49조 2항 9호, 제60조)고 하여 등기를 대항요건으로 하고 있다. 이 때 제60조의 제3자의 범위와 관련하여 判例는 "등기가 되어 있지 않는 한, 악의의 제3자에게도 대항할 수 없다"(대판 1992.2.14. 91다24564)고 하여 무제한설의 입장이다. ☞ 따라서 甲과 乙의 공동대표에 관하여 정관에는 기재되어 있으나 등기되어 있지 않으므로, 甲이 단독으로 체결한 소비대차계약이라 하더라도 '무권대표'임을 제3자에게 대항하지 못한다(즉, 제3자에 대한 관계에서는 유효하다). 설령 다른 공동대표자 乙이 이에 대하여 이의를 제기한다고 하여 그 계약이 효력을 상실하는 것은 아니다.

ⓔ 만약 A고교의 대표이사 B가 사립학교법 제28조의 규정을 위반하여 관할청의 허가없이 은행으로부터 금전차용행위를 한 것이 효력규정 위반이라면, 은행은 관할청의 허가가 없다는 사실에 선의·무과실이더라도 표현대리법리에 의해 보호를 받을 수 없다.

해설 ※ 사립학교법 제28조에 정한 관할청의 허가를 받지 않은 대표행위의 효력(확정적 무효)
이 경우 判例는 이에 위반된 대표행위를 '확정적' 무효로 보아 표현대리책임으로 다루지 않고 제35조의 불법행위책임의 성립만을 인정하고 있다. 따라서 설령 乙은행이 관할청의 허가가 없다는 사실에 선의·무과실이라고 하더라도 표현대리가 성립할 여지는 없다(대판 1983.12.27. 83다548).

02

甲은 생전처분으로 2001.4.10. 그가 소유하고 있던 ×토지를 乙재단법인의 설립을 위하여 출연을 하였고, 그 후 乙은 2002.5.9. 설립허가를 얻어 같은 해 5.20. 그 설립등기를 마쳤다. 그런데 그 토지에 대하여 乙명의로 등기를 하지 않고 있던 중 甲은 ×토지를 2003.4.5. 악의의 丙에게 매도하고 丙은 동월 20일에 소유권이전등기를 경료하고 점유하고 있다.

[민법표준판례, 핵심사례 A-5]

① 법인성립시설에 의하면 ×토지의 소유권은 현재 乙재단법인에 귀속되어 있다. [사시 04유새]

② 법인성립시설에 의하면 乙은 丙에게 소유권에 기한 물권적 청구권을 행사할 수 있고, 丙은 甲에게 담보책임으로 손해배상은 청구할 수 없고 계약해제만을 할 수 있다.

해설 ※ 법인성립시설(제48조 1항 적용 ; 물권적 귀속설)에 따른 법률관계
법인성립시설에 의하면 ×토지에 대한 소유권은 법인이 성립한 때(제33조), 즉 乙법인의 설립등기시인 2002.5.20.에 재단법인에 귀속하게 된다(제48조). 토지에 관하여 乙명의로 소유권이전등기를 하였을 필요도 없다. 그리하여 2002.5.20. 이후에는 특별한 사정이 없는 한 토지의 등기명의에도 불구하고 소유권은 乙에게 있다. ×토지에 대한 소유권은 乙에게 있으므로 甲의 丙에 대한 매매계약은 타인권리매매로서

유효하다 하더라도(제569조) 처분행위는 무효이다. 따라서 丙 명의의 소유권등기는 원인무효의 등기이다. 그러므로 乙은 丙의 등기의 말소청구와 소유물반환청구권을 행사할 수 있다. 丙은 악의의 매수인으로 담보책임에 기한 손해배상은 청구할 수 없고, 계약해제만을 할 수 있다(제570조 단서).

③ 이전등기시설과 판례에 의하면 丙이 단순악의를 넘어 甲의 배임행위에 적극 가담했다는 등의 특별한 사정이 없는 한 최종적으로 丙이 소유권을 취득한다. [변호 13, 사시 12]

해설 ※ 이전등기시설(제186조 적용 ; 채권적 귀속설)에 따른 법률관계

이전등기시설에 의하면 출연한 재산을 타인에게 매도함으로써 일종의 이중매매 구조가 만들어 지는데, 제2매수인(사안의 丙)이 악의라고 하더라도 적극 가담하는 정도가 아닌 한 甲의 처분은 유효하여 丙이 소유권을 취득한다. 判例는 출연자와 법인 사이의 내부관계와 외부관계를 분리하여 출연자와 법인 사이에는 등기 없이도 법인성립시에 법인에게 귀속되나, 법인이 제3자에게 소유권 취득을 주장하기 위해서는 등기를 하여야 한다고 본다(대판 1979.12.11. 전합78다481). 사안에서는 제3자 丙이 등장했으므로 이전등기시설과 법률관계의 결론을 같이한다.

④ 만일 甲이 재단법인 설립을 위해 지명채권을 출연한 경우라면 법인성립시에 법인에 당연히 귀속한다는 데 견해대립이 없다.

해설 지명채권과 같이 당사자의 합의 외에 권리이전에 별도의 형식을 요하지 않는 권리를 출연하는 경우 제48조에서 정한 시기에 법인에 귀속한다는 데 견해대립이 없다.

⑤ 만일 甲이 출연의사를 서면으로 표시하였더라도 출연의사에 착오가 있는 경우 취소할 수 있고, 법인이 설립되어 출연된 재산이 기본재산이 된 경우라도 취소할 수 있다. [모의 12(2),13(3)유사]

해설 ※ 출연행위를 착오를 이유로 취소할 수 있는지 여부(적극)

'서면에 의한 출연'이더라도 민법 총칙규정에 따라 출연자가 착오에 기한 의사표시라는 이유로 출연의 의사표시를 취소할 수 있고(제555조에서 서면에 의한 증여의 해제를 제한하고 있으나 이는 해제에 있어서만 적용되는 것이고 이와 요건·효과가 다른 민법총칙상의 취소에는 적용이 될 수 없다), 상대방 없는 단독행위인 재단법인에 대한 출연행위라고 하여 달리 볼 것은 아니다. 이 경우 출연자는 재단법인의 성립 여부나 출연된 재산의 '기본재산인 여부와 관계없이' 그 의사표시를 취소할 수 있다(대판 1999.7.9. 98다9045). 즉, 주무관청의 허가가 필요없다(제45조 3항, 제42조 2항 참고).

03 법인의 대표자가 법인에 대하여 불법행위를 한 경우에는, 적어도 법인의 이익을 정당하게 보전할 권한을 가진 다른 대표자, 임원 또는 사원이나 직원 등이 손해배상청구권을 행사할 수 있을 정도로 이를 안 때에 비로소 소멸시효가 진행한다(대판 2015.1.15. 2013다50435). [최신판례]

04 민법상 재단법인의 기본재산에 관한 저당권 설정행위는 특별한 사정이 없는 한 정관의 기재사항을 변경하여야 하는 경우에 해당하지 않으므로, 그에 관하여는 주무관청의 허가를 얻을 필요가 없다(대결 2018.7.20. 2017마1565). [18년 최신판례]

05 민법상 재단법인의 '정관'에 기본재산은 담보설정 등을 할 수 없으나 주무관청의 허가·승인을 받은 경우에는 이를 할 수 있다는 취지로 정해져 있고, 정관 규정에 따라 주무관청의 허가·승인을 받아 민법상 재단법인의 기본재산에 관하여 근저당권을 설정한 경우, 그와 같이 설정된 근저당권을 실행하여 기본재산을 매각할 때에는 주무관청의 허가를 다시 받을 필요는 없다(대결 2019.2.28. 2018마800). [19년 최신판례, 19모의(2), 20모의(2)]

06 법인 대표자의 직무행위로 타인에게 손해가 발생한 경우에 그러한 직무행위가 법령의 규정에 위배된 것이거나 대표자 개인의 사리를 도모하기 위한 것이었다고 하더라도 법인의 불법행위책임이 성립할 수 있다(대판 2004.2.27. 2003다15280). [모의 13(2),14(1)유사, 사시 06, 법행 04, 변리11]

07 이사에 대한 불신임(해임) 사유를 '정관'에 정한 경우, 그 규정은 주의적 규정으로 볼 수 없다. 따라서 법인의 정관에 이사의 해임사유에 관한 규정이 있는 경우 법인으로서는 이사의 중대한 의무위반 또는 정상적인 사무집행 불능 등의 특별한 사정이 없는 이상, 정관에서 정하지 아니한 사유로 이사를 해임할 수 없다(대판 2013.11.28. 2011다41741). [변호19, 20모의(2)]

08 법인은 정당한 이유 없이도 이사를 해임할 수 있으나(제689조) 불리한 시기에 부득이한 사유 없이 해지한 경우에는 이사에게 손해배상책임을 질 뿐이다(대결 2014.1.17. 2013마1801) [변호19, 20모의(2)]

제2관 비법인사단

09 교회가 총유재산에 대한 보존행위로서 소송을 하는 경우는 교인 총회의 결의를 거치거나 정관이 정하는 바에 따른 절차를 거쳐야 한다. [최신판례, 모의 11(1),13(1),14(1),17(1), 사시 16]

> **해설** 총유의 경우에는 공유나 합유의 경우처럼 보존행위는 구성원 각자가 할 수 있다(제265조 단서, 제272조)는 규정이 없으므로 보존행위를 함에도 제276조 1항에 따른 사원총회의 결의를 거치거나 정관이 정하는 바에 따른 절차를 거쳐야 한다(대판 2014.2.13. 2012다112299).

10 아파트 단지의 입주자대표회의의 단체적 성질은 법인 아닌 사단이다. [변호 12, 법행 15]

11 법인 아닌 사단에서 이사의 대표권에 대한 제한이 정관에 기재되어 있는 경우, 거래 상대방이 그와 같은 대표권 제한 및 그 위반 사실을 알았거나 과실로 인하여 이를 알지 못한 때에는 그 거래행위가 무효로 된다. [변호 17]

> **해설** ※ 비법인사단에서 정관에 의한 이사의 대표권 제한의 문제(제60조 vs 제126조)
> "임원회의의 결의 등을 거치도록 한 규약은 대표권을 제한하는 규정에 해당하는 것이므로, 거래 상대방이 그와 같은 대표권 제한 및 그 위반 사실을 알았거나 과실로 인하여 이를 알지 못한 때에는 그 거래행위가 무효로 된다"(대판 2007.4.19. 전합2004다60072,60089). ☞ 判例가 거래 상대방의 악의·과실을 문제삼은 것은 법인 대표에 준용되는(제59조 2항) 대리규정 가운데 제126조를 준용한 것으로 보인다.

12 판례는 종중의 점유에 의한 시효취득을 인정하고, 종중의 사회적 평가(명예권)가 저하된 것에 대해 불법행위로 인한 손해배상청구권을 인정한다(대판 1997.10.24. 96다17851). [모의 12(2)유사, 사시 14]

13 甲이 등기서류를 위조하여 A 종중 소유의 토지에 관하여 甲 명의로 소유권이전등기를 해 버린 경우, 위 종중의 대표자 乙은 종중재산의 보존을 위한 소 제기에 관하여 종중총회의 결의를 거쳤더라도 대표기관 乙 개인 명의로는 위 소유권이전등기의 말소를 구하는 소를 제기할 수 없다. [변호 13,14, 사시 08,12,16, 변리 10]

> **해설** 총유의 경우에는 공유나 합유의 경우처럼 보존행위는 구성원 각자가 할 수 있다(제265조 단서, 제272조)는 규정이 없으므로 보존행위를 함에도 총회의 결의를 요한다. 특히 총유재산에 관한 소송행위와 관련(당사자적격의 문제)하여 최근 判例는 "총유재산에 관한 소송은 법인 아닌 사단이 그 명의로 사원총회의 결의를 거쳐 하거나 또는 그 구성원 전원이 당사자가 되어 필수적 공동소송의 형태로 할 수 있을 뿐 총회의 결

의를 거치더라도 (설령 대표자라도)구성원 개인이 할 수는 없다"(대판 2005.9.15. 전합2004다44971)고 판시하고 있다. 그럼에도 불구하고 비법인사단의 대표자 개인이 총유재산의 보존행위로서 소를 제기한 때에는 법원은 당사자적격 흠결을 이유로 부적법 각하하여야 한다.

14 비법인사단이 총유재산에 관한 권리를 행사하지 아니하고 있어 비법인사단의 채권자가 비법인사단의 총유재산에 관한 권리를 대위행사하는 경우, 사원총회의 결의를 거칠 필요가 없다(대판 2014.9.25. 2014다211336).
[변호 17]

15 종중의 규약이나 관례에 의하여 종중원이 매년 1회씩 일정한 일시에 일정한 장소에서 정기적으로 회합하여 종중의 대소사를 처리하기로 미리 정해져 있는 경우에는 따로 소집통지나 의결사항을 통지하지 아니하였다고 하여 그 종중총회의 결의를 무효라고 할 수 없다. 이는 종중 유사의 단체에도 적용된다(대판 2014.2.13. 2012다98843).
[최신판례]

16 비법인사단인 채무자 명의로 제기된 제3채무자를 상대로 한 소가 '사원총회 결의가 없었다는 이유'로 각하되어 판결이 확정된 경우, 채무자가 스스로 제3채무자에 대한 권리를 행사하였다고 볼 수 없다(대판 2018.10.25. 2018다210539).
[18년 최신판례, 변호 20]

제4장 권리변동

제1절 법률행위 총설

01

> 甲은 乙에게 자기소유 주택 X, Y, Z의 관리를 부탁하면서, 그 주택을 임대하여 임대료를 받는 업무의 처리도 위임하였다. 乙은 甲으로부터 위임받은 사무의 처리로 그 동안 수차례에 걸쳐 위 주택을 임대하고, 임대료 등을 甲에게 송금하는 업무를 처리하여 왔다(단, 사실관계 1, 2 모두 丙은 乙이 甲으로서 甲의 권한을 행사하는 것으로 믿었고, 이에 과실이 없었다고 가정한다)
>
> 사실관계 1. 그러던 중 乙은 丙에게 甲 소유 주택 중 X주택을 임대하고 보증금으로 1억원을 수령하였다. 다만 乙은 자신을 甲이라고 말하면서 임대차계약을 체결하였고, 임대보증금을 자신의 개인사업자금으로 활용하였다.
>
> 사실관계 2. 그러던 중 乙은 자신을 甲이라고 말하면서 丙에게 甲 소유 주택 중 X주택을 처분하고 매매대금으로 1억원을 수령하였다.

① 타인명의를 사용한 법률행위에 있어 최근 판례는 대리에 관한 논의(유·무효 판단)에 앞서 계약의 성립 여부와 관련하여 당사자가 누구인지를 먼저 확정해야 한다고 본다.
[변호 17]

② 사실관계 1. 2.에서 상대방인 丙은 乙이 甲인 것으로 믿고 있었으므로 임대차계약 및 매매계약은 甲과 丙 사이에 성립했다.

해설 계약의 일방당사자가 丙임은 의문의 여지가 없다. 그런데 상대방이 甲과 乙 중 누구인가는 법률행위의 해석에 의하여 결정되어야 한다. 먼저, ㉠ 자연적 해석방법에 따르면 乙과 丙 사이에, 甲 또는 乙을 당사자로 한다는 의사의 일치는 없다. ㉡ 그러므로 규범적 해석방법에 따라 사안에서 상대방인 丙은 乙이 甲인 것으로 믿고 있었으므로 임대차계약 및 매매계약은 甲과 丙 사이에 성립했다고 할 것이다.

③ 사실관계 1.에서 비록 乙이 丙에게 임대할 당시 대리관계를 표시하지 않고 본인 甲의 성명만 표시하였다고 하더라도 '현명'이 있었다고 할 것이다. 따라서 乙이 행한 X주택에 관한 임대차계약의 효력은 원칙적으로 甲에게 미친다. [사시 13유사, 법행 12]

해설 ※ 행위자에게 대리권이 있거나 명의사용을 허락받은 경우

이 경우에는 일반적으로 행위자에게 대리의사가 있고, 判例는 현명의 경우 반드시 대리인임을 표시하여 행위하여야 하는 것은 아니고 '본인명의'로도 할 수 있다고 하므로(대판 1963.5.9. 63다67), 결국 유권대리의 법률관계로 처리된다. 따라서 제114조에 의하여 명의인이 권리를 취득하고 의무를 부담한다.

④ 사실관계 2.에서 甲으로부터 주택에 관한 '임대' 등 관리권한을 위임받은 乙이 자신을 甲으로 가장하여 그 아파트를 丙에게 임대한 후, 다시 甲으로 가장하여 丙에게 그 아파트를 '매도'하기로 약정한 경우이므로, 권한을 넘은 표현대리가 성립할 수 있다. [사시 10,15, 법행 13,15]

해설 ※ 행위자에게 대리권이 없거나 타인명의를 무단으로 모용한 경우

"사술을 써서 대리행위의 표시를 하지 아니하고 단지 본인의 성명을 모용하여 자기가 마치 본인인 것처럼 상대방을 기망하여 본인 명의로 직접 법률행위를 한 경우에는 특별한 사정이 있는 경우에 한하여 민법 제126조의 표현대리의 법리를 유추적용할 수 있다"고 하며 "여기서 특별한 사정이란 ⅰ) 본인을 모용한 사람에게 본인을 대리할 '기본대리권'이 있었고, ⅱ) 상대방으로서는 위 모용자가 본인 자신으로서 본인의 권한을 행사하는 것으로 믿은 데 '정당한 사유'가 있었던 사정을 의미한다"(대판 2002.6.28. 2001다49814).

제2절 법률행위의 목적

제1관 강행규정

01 '계약명의신탁'에서 매매계약을 체결한 '선의의 매도인'이 명의수탁자 앞으로 부동산 소유권이전등기를 마친 후, 사후적으로 명의수탁자가 명의신탁자와 매수자금반환의무의 이행에 갈음하여 명의신탁된 부동산을 양도하기로 약정하고 명의신탁자 앞으로 소유권이전등기를 마쳐준 경우, 위 소유권이전등기는 원칙적으로 유효이다. [모의 15(3), 사시 04, 09]

해설 "그 소유권이전등기는 새로운 소유권 이전의 원인인 대물급부의 약정에 기한 것이므로 약정이 무효인 명의신탁약정을 명의신탁자를 위하여 사후에 보완하는 방책에 불과한 등의 다른 특별한 사정이 없는 한 유효하고, 대물급부의 목적물이 원래의 명의신탁부동산이라는 것만으로 유효성을 부인할 것은 아니다"(대판 2014.8.20. 2014다30483).

> **비교판례** 매도인이 선의인 계약명의신탁 사안(부동산실명법 제4조 2항 단서 참조)에서 명의신탁약정이 부동산실명법에 위배되어 무효이면(부동산실명법 제4조 1항), 명의신탁자는 명의수탁자를 상대로 명의신탁약정에 기하여 명의신탁 부동산 자체의 반환을 구할 수 없음은 물론이고(제공한 매수대금을 부당이득으로 반환 청구할 수는 있다), 나아가 명의신탁약정이 유효함을 전제로 하는 별개의 반환약정에 기하여도 명의신탁 부동산 자체의 반환을 구할 수 없다(대판 2006.11.9. 2006다35117).

02 부동산중개업자인 乙은 甲의 중개의뢰를 받아 이를 성사시키고 甲으로부터 부동산중개업법에서 정한 법정 중개수수료를 초과하여 받았는데, 나중에 법정수수료의 한도를 알게 된 甲은 乙을 상대로 법정수수료를 초과하는 부분에 대해서만 반환을 청구할 수 있다.

> **해설** 대법원은 "부동산중개업법(시행규칙) 규정들은 부동산중개의 수수료 약정 중 소정의 한도액을 초과하는 부분에 대한 사법상의 효력을 제한함으로써 국민생활의 편의를 증진하고자 함에 그 목적이 있는 것이므로 이른바 '강행법규'에 속하는 것"(대판 2007.12.20. 전합2005다32159)이라고 한다. 대법원의 취지대로 부동산중개업법의 중개수수료규정이 효력규정(강행법규)이라고 하더라도 이는 제746조의 '불법'에 해당하지 않으므로 甲은 그 반환을 청구할 수 있다.

03 강행법규에 위반하여 무효인 수익보장약정이 투자신탁회사가 먼저 고객에게 제의하여 체결된 경우, 투자신탁회사 스스로 그 약정의 무효를 주장하는 것은 신의칙에 위반되지 않는다.

[모의 14(2),15(1)유사, 사시 04,05,13, 법행 15, 변리 07,08,10,16]

> **해설** ※ 강행법규와 자기모순금지의 원칙의 관계(우선관계)
> "강행법규에 위반하여 무효인 수익보장약정이 투자신탁회사가 먼저 고객에게 제의를 함으로써 체결된 것이라고 하더라도, 이러한 경우에 강행법규를 위반한 투자신탁회사 스스로가 그 약정의 무효를 주장함이 신의칙에 위반되는 권리의 행사라는 이유로 그 주장을 배척한다면, 이는 오히려 강행법규에 의하여 배제하려는 결과를 실현시키는 셈이 되어 입법취지를 완전히 몰각하게 되므로, 달리 특별한 사정이 없는 한 위와 같은 주장이 신의성실의 원칙에 반하는 것이라고 할 수 없다"(대판 1999.3.23. 99다4405).

제2관 제103조, 제104조

04 업무상 재해로 사망한 근로자의 직계가족 등을 특별채용하기로 하는 단체협약은 선량한 풍속 기타 사회질서에 반하여 무효라고 볼 수 없다(대판 2020.8.27. 전합2016다248998). [20년 최신판례]

05 양도소득세의 일부를 회피할 목적으로 매매계약서에 실제로 거래한 가액을 매매대금으로 기재하지 아니하고 그보다 낮은 금액을 매매대금으로 기재한 경우 그 매매계약은 제103조에 위반된다고 할 수 없다(대판 1991.9.13. 96다16334,16341). [사시 11,12,13, 법행 08, 변리 04]

06 민사사건과 달리 형사사건에 관하여 체결된 변호사 성공보수약정은 민법 제103에서 정하는 선량한 풍속 기타 사회질서에 위반되는 것으로서 무효이다. [최신판례]

> **해설** 종전 判例는 민사 및 형사사건 모두 성공보수약정은 원칙적으로 유효하고, 다만 약정된 보수액이 부당하게 과다한 경우에는 예외적으로 상당한 범위 내의 보수액만을 청구할 수 있다고 보았는데(대판 2009.7.9. 2009다21249), 형사사건의 성공보수약정에 대해서는 제103조에 의해 무효가 되는 것으로 견해를 바꾸었다(대판 2015.7.23. 전합2015다200111).

07 공동상속인(甲과 乙) 중 甲이 丙에게 상속부동산을 매도한 후 소유권이전등기를 경료하기 전에, 그 매매사실을 알고 있는 乙이 甲을 교사하여 그 부동산을 乙의 소유로 하는 상속재산 협의분할을 하여 그 명의로 소유권이전등기를 한 경우, 丙은 甲을 대위하여 '甲의 상속분에 한하여' 소유권이전등기말소를 청구할 수 있다. [모의 15(1)유사, 사시 11, 법행15]

> **해설** "상속재산 협의분할로 부동산을 단독으로 상속한 자가 협의분할 이전에 공동상속인 중 1인이 그 부동산을 제3자에게 매도한 사실을 알면서도 상속재산 협의분할을 하였을 뿐 아니라, 그 매도인의 배임행위(또는 배신행위)를 유인·교사하거나 이에 협력하는 등 적극적으로 가담한 경우에는 그 상속재산 협의분할 중

그 '매도인의 법정상속분에 관한 부분'은 민법 제103조 소정의 반사회질서의 법률행위에 해당한다"(일부무효 ; 대판 1996.4.26. 95다54426,54433).

08 도박채무의 변제를 위하여 채무자로부터 부동산의 처분을 위임받은 채권자가 그 부동산을 제3자에게 매도한 경우, 도박채무 부담행위 및 그 변제약정이 민법 제103조의 선량한 풍속 기타 사회질서에 위반되어 무효라 하더라도, 그 무효는 변제약정의 이행행위에 해당하는 위 부동산을 제3자에게 처분한 대금으로 도박채무의 변제에 충당한 부분에 한정되고, 위 변제약정의 이행행위에 직접 해당하지 아니하는 부동산 처분에 관한 대리권을 도박 채권자에게 수여한 행위 부분까지 무효라고 볼 수는 없다(대판 1995.7.14. 94다40147).

09 소송사건에 증인으로 출석하여 증언하는 것과 연계하여 어떤 급부를 하기로 약정한 경우 급부의 내용에 기존 채무의 변제를 위한 부분이 포함되어 있더라도, 전체적으로 통상 용인될 수 있는 수준을 넘는 급부를 하기로 한 것이라면, 약정은 민법 제103조가 규정한 반사회질서행위에 해당하여 '전부'가 무효이다(대판 2016.10.27. 2016다25140). [최신판례]

해설 ※ 원래는 정당한 행위임에도 불구하고 그에 대한 '대가가 결합'함으로써 정의 관념에 반하는 행위

10 보험계약자가 타인의 생활상의 부양이나 경제적 지원을 목적으로 보험자와 사이에 타인을 보험수익자로 하는 생명보험이나 상해보험 계약을 체결하였으나, 만약 위 보험계약이 민법 제103조 소정의 선량한 풍속 기타 사회질서에 반하여 무효라도 보험자가 이미 보험수익자에게 급부한 것은 불법원인급여가 아니므로 반환을 구할 수 있다(대판 2018.9.13. 2016다255125). [18년 최신판례]

해설 불법의 원인은 보험계약자에게만 있고, 보험자와 보험수익자에게는 불법의 원인이 없으므로 제746조가 아니라 제741조가 적용된 사례이다.

11 보험계약자가 다수의 보험계약을 통하여 보험금을 부정취득할 목적으로 보험계약을 체결한 경우 보험계약은 민법 제103조의 선량한 풍속 기타 사회질서에 반하여 무효이다. 민법 제103조 위반으로 인한 보험계약의 무효와 고지의무 위반을 이유로 한 보험계약의 해지나 취소는 그 요건이나 효과가 다르지만 각각의 요건을 모두 충족한다면 위와 같은 구제수단이 병존적으로 인정되고, 이 경우 보험자는 보험계약의 무효, 해지 또는 취소를 선택적으로 주장할 수 있다(대판 2017.4.7. 2014다234827). [민법표준판례, 모의 18(2)유새]

12 甲이 乙회사 직원의 배임행위에 적극가담하여 그에게 별도의 대가제공을 약속하면서 원래 공매대상이었던 乙회사 소유 X건물을 2012.12.21. 저렴하게 매수하고 甲명의로 소유권이전등기를 마쳤다. 그 후 甲이 2007.6.12.부터 X건물을 제과점으로 무단사용하고 있는 丙을 상대로 소유권에 기해 X건물의 인도를 구하는 소를 제기한 경우, 甲의 청구는 인용될 수 없다. [최신판례]

해설 ※ 반사회질서 법률행위의 효과
(1) 무 효
사회질서에 위반된 법률행위는 무효이다(제103조). 이에 따른 무효는 '절대적'이고 '확정적'이어서, 당사자의 추인에 의하여 유효로 될 수 없고(대판 1973.5.22. 72다2249), 이러한 법률행위의 무효는 이를 주장할 이익이 있는 자는 누구든지 무효를 주장할 수 있다. 따라서 예컨대 반사회질서 법률행위를 원인으로 하여 부동산에 관한 소유권이전등기를 마쳤다 하더라도 그 등기는 원인무효로서 말소될 운명에 있으므로 등기명의자가 소유권에 기한 물권적 청구권을 행사하는 경우에, 그 권리행사의 상대방(계약당사자 이외의 제3자도) 위와 같은 법률행위의 무효를 항변으로서 주장할 수 있다(대판 2016.3.24. 2015다11281).

(2) 부당이득반환

사회질서에 위반된 법률행위의 결과 상대방에게 부동산 소유권이전등기를 한 경우 이는 제746조의 불법원인급여에 해당하여 반환청구가 허용되지 않으며, 그 결과 상대방에게 그 소유권이 귀속된다(4회 사례형). 그러나 주의할 것은 그렇다고 불법원인 급여를 받은 상대방이 제3자에게 소유권에 기한 물권적 청구권을 행사할 수 있는 것은 아니다(대판 2016.3.24. 2015다11281).

13 공사 수급인이 도급한도를 초과하여 공사대금을 지급받은 사실을 알게 된 제3자가 이를 행정기관에 진정하고 진정을 취하하는 조건으로 수급인이 받는 공사대금채권 중 5,000만원을 지급받기로 약정한 경우는 제103조에 위반된다. [변호 12, 모의 13(3),14(2)유사, 법행 05,10]

해설 "증여계약과 같이 아무런 대가관계 없이 당사자 일방이 상대방에게 일방적인 급부를 하는 법률행위는 그 공정성 여부(제104조)를 논의할 수 있는 성질의 법률행위가 아니다. 다만 행정기관에 진정서를 제출하여 상대방을 궁지에 빠뜨린 다음 이를 취하하는 조건으로 거액의 급부를 제공받기로 약정한 경우, 민법 제103조 소정의 반사회질서의 법률행위에 해당한다"(대판 2000.2.11. 99다56833).

14 대리인에 의하여 이루어진 법률행위가 민법 제104조 소정의 불공정한 법률행위에 해당하는지 여부를 판단함에 있어서, 경솔·무경험은 대리인을 기준으로 하여야 하고, 궁박은 본인을 기준으로 하여야 한다(대판 1972.4.25. 71다2255).

15 매매대금의 과다로 말미암아 매매계약이 민법 제104조가 정하는 불공정한 법률행위로서 무효가 된 경우라도 무효행위의 전환에 관한 민법 제138조가 적용될 수 있다(대판 2010.7.15. 2009다50308). [변호 12,13 모의 15(2)]

16 '계약 체결 당시'를 기준으로 불공정한 법률행위가 아니라면, 사후에 외부적 환경의 급격한 변화에 따라 계약당사자 일방에게 큰 손실이 발생하고 상대방에게는 그에 상응하는 큰 이익이 발생할 수 있는 구조라고 하여 그 계약이 당연히 불공정한 계약에 해당한다고 말할 수 없다(대판 2013.9.26. 전합2012다13637 등 ; 불공정성 판단시기) [모의13(1)유사, 사시 08,10, 변리16]

17 구속된 남편을 구하기 위하여 채무자인 회사에 대한 물품외상대금채권을 포기한 것은 불공정한 법률행위에 해당한다(대판 1975.5.13. 75다92).

해설 ※ 불공정한 법률행위의 적용범위(단독행위 : 적극)

제3절 의사표시

제1관 비진의표시

01 비록 표의자가 의사표시의 내용을 진정으로 마음속에서 바라지는 아니하였다고 하더라도 당시의 상황에서는 그것을 최선이라고 판단하여 그 의사표시를 하였을 경우에는 이를 내심의 효과의사가 결여된 진의 아닌 의사표시라고 할 수 없다. [모의 13(1)유사, 사시04, 법행 09, 변리 06]

해설 ※ 제107조의 '진의'의 의미(대판 2001.1.19. 2000다51919,51926)

02 근로자가 사용자의 '지시'에 좇아 일괄하여 사직서를 작성·제출할 당시에 그 사직서에 기하여

의원면직처리될지도 모른다는 점을 인식하였다고 하더라도, 이것만으로 그의 내심에 사직의 의사가 있는 것이라고 할 수 없다(대판 1991.7.12. 90다11554). [사시 12]

해설 ※ 사용자의 지시 내지 강요에 의하여 근로자가 사직서를 낸 경우

> 관련판례 "사용자가 사직의 의사 없는 근로자로 하여금 어쩔 수 없이 사직서를 작성 제출하게 한 후 이를 수리하는 이른바 의원면직의 형식을 취하여 근로계약관계를 종료시키는 경우에, 그 의사표시는 비진의표시 또는 허위표시에 해당하므로 무효이고, 그러한 사직서의 수리는 실질적으로 사용자의 일방적 의사에 의하여 근로계약관계를 종료시키는 해고에 해당한다"(대판 2001.1.19. 2000다51919,51926).

03 공무원들이 임용권자 앞으로 일괄사표를 제출하였다가 임용권자가 선별수리하는 형식으로 의원면직된 경우, 민법상 비진의 의사표시의 무효에 관한 규정은 사인의 공법행위에 적용되지 않으므로 그 의원면직처분을 당연무효라고 할 수 없다(대판 2000.11.14. 99두5481). [사시 04,12, 변리 07]

해설 "민법상 비진의 의사표시의 무효에 관한 규정은 사인의 공법행위에 적용되지 않는다"

04 甲은, 은행으로부터 대출을 받을 수 없는 신용불량자 乙을 위하여 자신의 명의를 빌려주고, 그 경위를 모르는 丙은행으로부터 1,000만 원을 대출 받게 해주었다. 변제기에 이르자 丙이 甲에게 반환청구를 한 경우, 원칙적으로 甲은 乙이 실질적인 채무자라고 주장하면서 丙의 청구를 거절할 수 없다(대판 1997.7.25. 97다8403 등). [모의 12(2)유사, 사시 11, 변리 06]

해설 ※ 차명대출의 경우 비진의표시로 무효인지 여부(소극)
"제3자(명의대여자)가 채무자(명의차용자)로 하여금 제3자를 대리하여 금융기관으로부터 대출을 받도록 하여 그 대출금을 채무자가 부동산의 매수자금으로 사용하는 것을 승낙하였을 뿐이라고 볼 수 있는 경우, 제3자의 의사는 특별한 사정이 없는 한 대출에 따른 '경제적인 효과'는 채무자에게 귀속시킬지라도 '법률상의 효과'는 자신에게 귀속시킴으로써 대출금채무에 대한 주채무자로서의 책임을 지겠다는 것으로 보아야 하므로, 제3자가 대출을 받음에 있어서 한 표시행위의 의미가 제3자의 진의와는 다르다고 할 수 없고"

05 법정대리인인 친권자의 대리행위가 객관적으로 볼 때 미성년자 본인에게는 경제적인 손실만을 초래하는 반면, 친권자나 제3자에게는 경제적인 이익을 가져오는 행위이고 행위의 상대방이 이러한 사실을 알았거나 알 수 있었을 때에는 그 행위의 효과가 자(子)에게는 미치지 않지만, 그에 따라 외형상 형성된 법률관계를 기초로 하여 새로운 법률상 이해관계를 맺은 선의의 제3자에 대하여는 누구도 그와 같은 사정을 들어 대항할 수 없으며, 제3자가 악의라는 사실에 관한 주장·증명책임은 무효를 주장하는 자에게 있다(대판 2018.4.26. 2016다3201). [18년 최신판례]

해설 ※ 친권남용의 경우 제107조 2항의 유추적용 가부(적극)

제2관 통정허위표시

06 甲은 乙상호신용금고에서 3억원을 대출받았다. 그런데 당해 3억원의 대출은 甲이 아닌 A의 필요(동일인대출한도 초과)에 의하여 체결된 것으로, 乙이 대출명의를 甲으로 할 뿐 甲에게 법적 책임을 지우지 않는다는 양해를 하고 대출을 한 경우이다. 그러나 이후 乙은 파산하였고 이에 관계법령에 따라 한국자산관리공사(이하 丙이라고 한다)에게 乙의 위 3억원의 대출금

채권을 양도하고 이를 甲에게 통지하였다. 그 후 丙이 甲을 상대로 채무이행을 구하고 있다 (단, 대출금 채권을 양도할 당시, 甲은 乙에 대해 변제기에 도달한 4,000만원의 채권이 있었다).

[민법표준판례, 대판 1999.3.12. 98다48989 변형]

① 甲은 乙에 대해 위 대출계약이 통정허위표시로서 무효라고 주장할 수 있다.

[변호 18, 모의 12(2)유사, 사시 11, 변리 06]

해설 判例는 원칙적으로는 차명대출의 경우에도 통정허위표시로 볼 수 없다고 한다. 그러나 사안과 같이 乙이 대출명의를 甲으로 할 뿐 甲에게 법적 책임을 지우지 않는다는 '양해'를 하고 대출을 한 경우라면 甲을 당사자로 한 의사표시는 통정허위표시로 무효가 되어 甲이 책임을 면할 수 있다고 한다(대판 1999.3.12. 98다48989).

② 丙은 제108조 2항의 제3자에 해당한다.

해설 대법원은 통정허위표시에 의하여 금융기관과의 사이에 대출명의인이 된 자는 제108조 2항에 의해 그 금융기관으로부터 그 채권을 양수한 한국자산관리공사(丙)에 대하여 대출계약의 무효를 주장할 수 없다고 한다(대판 2004.1.15. 2002다31537).

③ 甲은 원칙적으로 A에 대해 보증의 의사가 있는 것으로 볼 수는 없다.[모의 12(2)유사, 사시 11, 변리 06]

해설 "대출절차상 편의를 위하여 명의를 대여한 것으로 인정되어 채무자로 볼 수 없는 경우, 그 형식상 주채무자가 실질적인 주채무자를 위하여 보증인이 될 의사가 있었다는 등의 특별한 사정이 없는 한 그 형식상의 주채무자에게 실질적 주채무자에 대한 보증의 의사가 있는 것으로 볼 수는 없다"(대판 1996.8.23. 96다18076).

> **비교판례** "주채무 명의자인 제3자가 실질적 주채무자가 아니라는 사실을 연대보증인이 알고서 보증을 하였거나 보증책임을 이행한 경우라 할지라도, 그 제3자가 실질상의 주채무자를 연대보증한 것으로 인정할 수 있는 경우에는 제3자는 연대보증인에 대하여 공동보증인 간의 구상권 행사 법리에 따른 구상의무는 부담한다 할 것이고, 제3자가 금융기관으로부터 대출을 받음에 있어 자신을 주채무자로 하도록 승낙한 경우의 제3자의 의사는 특별한 사정이 없는 한 대출에 따른 경제적인 효과는 실질상의 주채무자에게 귀속시킬지라도 법률상의 효과는 자신에게 귀속시킬 의사로서, 최소한 연대보증의 책임은 지겠다는 의사였다고 보아야 한다"(대판 2002.12.10. 2002다47631).

④ 만약 丙이 허위의 채권의 '계약당사자의 지위'를 이전받은 자라면 제108조 2항의 제3자에 해당하지 않는다(대판 2004.1.15. 2002다31537).

⑤ 甲은 (자신의) 乙에 대한 채권을 자동채권으로 하여 丙에게 상계의 항변으로 대항할 수 있다.

[변호 15,16유사, 사시 13유새]

해설 양도인이 양도통지만을 한 때에는 채무자는 그 통지를 받은 때까지 양도인에 대하여 생긴 사유로써 양수인에게 대항할 수 있다(제451조 2항). 따라서 甲은 이를 자동채권으로 양수인 丙에게 상계의 항변으로 대항할 수 있다.

07 실제로는 전세권설정계약을 체결하지 아니하였으면서도 담보의 목적 등으로 당사자 사이의 합의에 따라 전세권설정등기를 마친 경우, 전세권부채권의 가압류권자는 선의의 제3자에 해당한다 (대판 2010.3.25. 2009다35743).

[변호 18, 모의 15(1)유사, 사시 13, 법행 12, 변리 12]

해설 ※ 제108조 2항의 제3자-가장양수인으로부터 담보권을 설정받은 자-(적극)

08 파산자가 파산선고 전에 허위의 가장채권을 보유한 경우, 파산관재인이 민법 제108조 제2항 소정의 제3자에 해당하는데, 총파산채권자 중 1인이라도 선의이면 파산관재인은 선의로 다루어진다(대판 2006.11.10. 2004다10299). [변호 12,14,18, 사시 04, 법행 05,12,14, 변리 04]

09 통정한 허위표시에 의하여 외형상 형성된 법률관계로 생긴 채권을 가압류한 경우, 그 가압류권자는 허위표시에 기초하여 새로운 법률상 이해관계를 가지게 되므로 제108조 2항의 제3자에 해당한다(대판 2004.5.28. 2003다70041). [변호 18, 사시 08, 법행 03,05,09,10]

해설 ※ 제108조 2항의 제3자-가장채권을 가압류한 채권자-(적극)

> **관련판례** "임대차보증금반환채권이 양도된 후 양수인의 채권자가 임대차보증금반환채권에 대하여 채권압류 및 추심명령을 받았는데 임대차보증금반환채권 양도계약이 허위표시로서 무효인 경우 채권자는 그로 인해 외형상 형성된 법률관계를 기초로 실질적으로 새로운 법률상 이해관계를 맺은 제3자에 해당한다"(대판 2014.4.10. 2013다59753).

10 A가 B로부터 금전을 차용하고 그 담보로 A의 부동산에 가등기를 하기로 약정하였는데, 채권자들의 강제집행을 우려하여 C에게 가장양도하고 이를 B 앞으로 가등기를 해 준 경우 B는 제108조 2항의 제3자에 해당하지 않는다. [변호 14 · 18, 법행 12]

해설 B는 형식상은 가장양수인(C)으로부터 가등기를 한 것이지만 실질적으로 새로운 법률원인에 의한 것이 아니므로 제3자에 해당하지 않는다. 다만 B의 가등기는 실체관계에 부합하는 것으로서, C 앞으로의 소유권등기가 허위표시임을 B가 알았건 몰랐건 간에, 실제의 소유자인 A는 B에 대한 채무를 이행하지 않고서는 B 명의의 가등기의 말소를 구할 수 없다(즉 B가 보호받는 것은 제108조의 선의의 제3자 보호와는 별개의 것이다 ; 대판 1982.5.25. 80다1403).

11 허위표시의 무효는 선의의 제3자에게 대항하지 못하는데, 이 경우 '채권의 가장양도에 있어서 채무자'는 그 제3자에 포함되지 않는다. [변호 14, 변리 04]

해설 ※ 제108조 2항의 제3자-채권의 가장양도에서 채무자-(원칙적 소극)
채권의 가장양도에서 채무자는 ⅰ) 채권의 양도인이 채무자에게 채무의 이행을 청구할 때 선의의 채무자는 채권 양수인에게 변제하여야 함을 이유로 거절할 수 없다. 이 경우 채무자는 가장양도에 터 잡아 새로운 이해관계를 맺은 바가 없기 때문이다(대판 1983.1.18. 82다594 ; 이 판결은 채무자가 가장양수인에게 지급하지 않고 있는 동안에 양도가 허위표시에 기한 것임이 밝혀진 경우를 전제로 하고 있음을 주의해야 한다). ⅱ) 그러나 채권의 가장양도인이 채무자에게 채무의 이행을 청구하였는데 채무자는 이미 채권의 양도가 유효한 것으로 믿고 채권 양수인에게 채무를 이행해 버린 경우, 채무자는 채권의 가장양도에 터 잡아 '채무의 변제'라는 새로운 이해관계를 맺었기 때문에 제3자에 해당하는 것으로 보아야 한다(다수설). 따라서 채무자는 이를 이유로 변제를 거절할 수 있다. 물론 채무자는 그 밖에 제452조 1항에 의한 항변, 채권의 준점유자에 대한 변제(제470조) 항변 등을 할 수도 있다.

> **비교판례** 가장매매에 기한 대금채권의 양수인 기타 가장채권의 양수인은 제3자에 해당한다고 할 것이다(제548조 1항 단서와 비교). 이와 관련하여 대법원은 "통정허위표시에 의하여 금융기관과의 사이에 대출명의인이 된 자는 제108조 2항에 의해 그 금융기관으로부터 그 채권을 양수한 한국자산관리공사에 대하여 대출계약의 무효를 주장할 수 없다"고 한다(대판 2004.1.15. 2002다31537).

12 제108조 2항의 제3자는 허위표시의 당사자를 상대로 하여 직접 법률상 이해관계를 가지는 경우 외에도 그 법률상 이해관계를 바탕으로 하여 다시 새로이 법률상 이해관계를 가지게 되는 경우도 포함된다. 그러므로 甲이 乙의 임차보증금반환채권을 담보하기 위하여 통정허위표시로 乙에게 전세권설정등기를 마친 후 丙이 이러한 사정을 알면서도 乙에 대한 채권을 담보하기 위하여 위 전세권에 대하여 전세권근저당권설정등기를 마쳤는데(제371조 참조), 그 후 丁이 丙의 전세권근저당권부 채권을 가압류하고 압류명령을 받았다면, 丁이 통정허위표시에 관하여 선의라면 비록 丙이 악의라 하더라도 허위표시자는 丁에 대하여 전세권이 통정허위표시에 의한 것이라는 이유로 대항할 수 없다.   [최신판례]

> **해설** ※ 제108조 2항의 '제3자' -전전양수인-
> "실제로는 전세권설정계약을 체결하지 아니하였으면서도 임대차계약에 기한 임차보증금반환채권을 담보할 목적 또는 금융기관으로부터 자금을 융통할 목적으로 임차인과 임대인 사이의 합의에 따라 임차인 명의로 전세권설정등기를 경료한 경우에, 위 전세권설정계약이 통정허위표시에 해당하여 무효라 하더라도 위 전세권설정계약에 의하여 형성된 법률관계에 기초하여 새로이 법률상 이해관계를 가지게 된 제3자에 대하여는 그 제3자가 그와 같은 사정을 알고 있었던 경우에만 그 무효를 주장할 수 있다. 그리고 여기에서 선의의 제3자가 보호될 수 있는 법률상 이해관계는 위 전세권설정계약의 당사자를 상대로 하여 직접 법률상 이해관계를 가지는 경우 외에도 그 법률상 이해관계를 바탕으로 하여 다시 위 전세권설정계약에 의하여 형성된 법률관계와 새로이 법률상 이해관계를 가지게 되는 경우도 포함된다"(대판 2013.2.15. 2012다49492).

13 통정한 허위의 의사표시에 기하여 허위 가등기가 설정된 후 그 원인이 된 통정허위표시가 당사자 간에 철회되었으나 그 외관인 허위 가등기가 미처 제거되지 않고 잔존하는 동안에 가등기 명의인이 임의로 소유권이전의 본등기를 마친 것이라면, 위 본등기를 토대로 다시 소유권이전등기를 마친 자는 민법 제108조 제2항 소정의 '제3자'에 해당하지 않는다.   [20년 최신판례]

> **해설** "원인무효의 본등기가 중간에 개재되어 있으므로, 이를 기초로 마쳐진 지분소유권이전등기는 가등기와는 서로 단절된 것으로 평가된다"(대판 2020.1.30. 2019다280375).

14
> B는 채권자 A가 B 자신 소유의 X부동산을 강제집행하는 것을 면탈하기 위해 戊와 통정하여 근저당권설정계약서를 작성하고 X부동산에 대해 戊명의로 허위의 근저당권을 설정하여 주었는데 B와 戊는 채권을 발생시키는 행위는 따로 하지 않았다. 그 후 戊의 채권자 己가 戊의 B에 대한 근저당권부채권을 가압류하여 가압류결정이 근저당권설정등기에 기입되었다. 이에 B는 戊와 己를 상대로 위 戊 명의 근저당권설정등기가 원인 없이 경료되었음을 이유로 戊명의 근저당권설정등기의 말소등기절차의 이행을 구하고, 己에 대하여는 戊를 근저당권자로 한 근저당권설정등기의 말소등기에 관하여 승낙의 의사표시를 하라는 청구의 소를 제기하였다(단, 己는 B와 戊의 통정에 관해 선의라고 전제한다).   [핵심사례 A-8]

㉠ 戊와 己는 통상공동소송인의 관계에 있다.

> **해설** 戊와 己는 실체법적으로 관리처분권이 공동귀속 되는 관계가 아니므로 고유필수적 공동소송인이 아니다. 또 판결의 효력이 확장되는 관계에 있는 것도 아니므로 유사필수적 공동소송도 아니다. 결국 戊와 己는 통상공동소송인의 관계에 있다.

ⓛ B의 乙에 대한 근저당권설정등기 말소등기청구에 관하여 피고 乙는 등기명의자가 아니므로 등기의무자가 아니다. 따라서 법원은 B의 乙에 대한 당해 청구에 대해서는 소각하판결을 선고해야 한다.

[모의 12(3),17(1)]

해설 ※ 이행의 소에 있어 당사자적격

이행의 소에서는 원칙적으로 자기에게 이행청구권이 있음을 '주장'하는 자가 원고적격을 가지며 그로부터 이행의무자로 '주장'된 자가 피고적격을 가진다. 즉 주장 자체로 당사자적격 여부를 판단한다. 다만 判例는 사안과 같은 '말소등기청구'사건에서는 "등기의무자, 즉 등기부상의 형식상 그 등기에 의하여 권리를 상실하거나 기타 불이익을 받을 자(등기명의인이거나 그 포괄승계인)가 아닌 자를 상대로 한 등기의 말소절차이행을 구하는 소는 당사자적격이 없는 자를 상대로 한 부적법한 소이다"(대판 1994.2.25. 93다39225)라고 판시하여 등기의무의 존부를 당사자적격의 문제로 파악한다(대판 2009.10.15. 2006다43903).

ⓒ B와 戊 사이의 근저당권설정계약은 성립하였으나 민법 제108조에 해당하여 무효이다.

[모의 14(3)유사, 사시 11,13, 변리 12]

해설 ※ B와 戊 사이의 근저당권설정계약이 성립하고 유효한지 여부

(1) 성립 여부

B와 戊은 비록 실제로 채권을 담보하기 위한 것은 아닐지라도 근저당권을 설정하는데 합의하고 있다. 따라서 B과 戊 사이의 '근저당권설정계약'은 성립하였다.

(2) 유효 여부

① B는 채권자 甲이 B 자신 소유의 X부동산을 강제집행하는 것을 면탈하기 위해 戊와 통정하여 근저당권설정계약서를 작성하였으므로, 이는 제108조 1항에 해당하여 무효이다. ② 그러나 강제집행을 면할 목적으로 부동산에 허위의 근저당권설정등기를 경료하는 행위는 제103조의 선량한 풍속 기타 사회질서에 위반한 사항을 내용으로 하는 법률행위로 볼 수 없다(대판 2004.5.28. 2003다70041).

ⓔ 근저당권의 성립에는 근저당권설정행위와 별도로 근저당권의 피담보채권을 성립시키는 법률행위가 필요한바, 당해 사안에서는 이러한 법률행위가 없었으므로 戊의 근저당권설정등기는 무효이다(대판 2004.5.28. 2003다70041).

ⓜ 乙는 민법 제108조 2항의 제3자에 해당하지만 B는 乙에게 戊를 근저당권자로 한 근저당권설정등기의 말소등기에 관하여 승낙의 의사표시를 하라고 청구할 수 있다.

[변호 18, 사시 08, 법행 03,05,09,10]

해설 ※ 乙의 보호여부

判例는 통정한 허위표시에 의하여 외형상 형성된 법률관계로 생긴 채권(사안에서는 근저당권부채권)을 가압류한 경우, 그 가압류권자는 허위표시에 기초하여 새로운 법률상 이해관계를 가지게 되므로 제108조 2항의 제3자에 해당한다고 한다. 다만 사안과 같이 근저당권설정행위에 대해서만 허위의 의사표시가 있었고, 그 근저당권의 피담보채권을 성립시키는 허위의 의사표시는 없었던 경우는 결국 제3자는 보호받을 수 없다고 한다. 즉 '기본계약의 부존재와 가압류결정의 무효'를 이유로 乙는 등기상 이해관계 있는 제3자로서 근저당권의 말소에 대한 승낙의 의사표시를 할 의무가 있다(대판 2004.5.28. 2003다70041).

15

> A건물과 당해 건물의 B대지의 소유권자인 甲은 채권자들의 강제집행을 피하기 위하여 B대지에 대하여 친척 乙과 허위의 매매계약을 체결하고 2005.9.8. 乙명의로 소유권이전등기청구권 보전을 위한 가등기를 하였다. 그러던 2006.3.8. 甲은 A건물과 B대지를 丙에게 매도하기로 하는 계약을 체결하면서 그날 계약금 및 중도금을 받고, 위 부동산에 대한 소유권이전등기 및 인도를 하였다. 그러나 2006.6.20. 乙은 위 B대지에 관한 가등기에 기하여 乙명의로 본등기를 하였다. 이에 따라 丙명의의 소유권이전등기는 직권으로 말소되었다. 그 후 乙은 자신의 명의로 있는 B대지를 戊에게 매도하고 소유권이전등기를 경료해 주었다.
>
> [민법표준판례, 대판 1996.4.26. 94다12074변형]

㉠ 甲과 乙 사이의 매매계약은 통정허위표시로서 무효인바, 이러한 무효는 제108조 2항의 제3자를 제외한 누구에 대하여서나 무효이고, 또한 누구든지 그 무효를 주장할 수 있다(대판 2003.3.28. 2002다72125)   [변호 15, 모의 15(2)유사]

㉡ 戊는 제108조 2항의 제3자에 해당하고, 등기추정력의 부수적 효과로 戊는 선의로 추정된다.
                                                [사시 08, 법행 03,05,09,10, 변리 13]

㉢ 丙이 戊를 상대로 소유권이전등기말소청구의 소를 제기하면, 이는 제108조 2항의 선의의 제3자를 상대로 한 것이어서 戊가 선의의 제3자라는 항변을 하는 경우 丙이 戊의 악의를 증명하지 못하는 한 인용될 수 없다.   [변호 12, 사시 16, 법행 12]

해설 제108조 2항의 제3자에 대하여는 허위표시의 당사자뿐만 아니라 그 누구도 허위표시의 무효를 대항하지 못하는바, 가장양수인인 乙로부터 B대지를 취득한 戊명의의 소유권이전등기는 甲은 물론 丙에 대한 관계에서도 유효하다. 따라서 丙이 제기한 戊 명의의 소유권이전등기말소청구의 소는 제108조 2항의 선의의 제3자를 상대로 한 것이어서 戊가 선의의 제3자라는 항변을 하는 경우 丙이 戊의 악의를 증명하지 못하는 한 인용될 수 없다(대판 1996.4.26. 94다12074).

㉣ 만약 위 乙명의의 가등기가 진정한 매매계약에 기한 것이고, 이에 따라 戊가 丙에게 A건물의 철거 및 B대지의 인도를 청구하더라도 이는 인용될 수 없다.   [변리 14]

해설 ※ 丙의 관습법상 법정지상권 취득여부

"대지에 관한 乙명의의 가등기가 경료된 후 그에 기한 본등기가 이루어지기 전까지 대지와 건물은 모두 丙의 소유에 속해 있다가 乙이 대지에 관하여 소유권이전등기를 경료함으로써 대지와 건물이 각기 소유자를 달리하게 된 것이니, 다른 사정이 없는 한 丙은 대지상의 건물의 소유를 목적으로 하는 관습상의 법정지상권을 취득하였다"(대판 1982.6.22. 81다1298).

> **관련판례** 判例는 (가등기담보법이 적용되지 않는) 담보가등기의 경우에는 "원래 채권을 담보하기 위하여 나대지상에 가등기가 경료되었고, 그 뒤 대지소유자가 그 지상에 건물을 신축하였는데, 그 후 그 가등기에 기한 본등기가 경료되어 대지와 건물의 소유자가 달라진 경우에 관습상 법정지상권을 인정하면 애초에 대지에 채권담보를 위하여 가등기를 경료한 사람의 이익을 크게 해하게 되기 때문에 특별한 사정이 없는 한 건물을 위한 관습상 법정지상권이 성립한다고 할 수 없다"(대판 1994.11.22. 94다5458)고 하여 부정하고 있다.

16

> 건설업자 甲은 乙에게 5억원의 대여금반환채무가 있었으나, 채무를 이행하지 못하고 있었다. 乙은 10억원을 들여 신축한 건물을 소유하고 있었는데, 2000.4.1. 甲과 乙은 공모하여 乙이 甲에게 건물보수공사를 10억원에 발주하고, 乙은 선급금으로 5억원을 甲에게 지급하며, 공사를

착공하지 못할 경우 선급금을 반환하기로 하는 내용의 허위의 도급계약을 체결하였다. 2000.5. 1. 甲은 건설공제조합 丙에게 甲의 선급금반환채무를 담보하기 위한 보증을 부탁하였고, 丙은 별다른 의심 없이(중과실) 乙에게 甲의 선급금반환채무를 연대보증하였다. 이때 甲·乙 간의 가장도급계약에 관하여 알지 못하는 丁이 甲의 부탁으로 丙과 구상보증계약도 함께 체결하였다. 그 뒤 공사가 착수조차도 하지 않은 상태에서 2000.5.15. 甲이 부도가 나자, 乙은 丙에게 선급금반환채무에 대한 보증채무의 이행을 청구하였고, 이에 丙은 乙에게 5억원을 지급하였다. [민법표준판례, 대판 2006.3.10. 2002다1321변형]

① 丙은 제108조 2항의 제3자로 甲에게 구상권을 행사할 수 있다.

해설 丙은 甲의 선급금반환채무가 존재하는 것으로 믿고 乙에게 보증채무를 이행하였는바, 보증채무의 이행 자체를 구상권 취득에 관한 실질적으로 새로운 법률상 이해관계를 맺은 것으로 파악할 수 있다(대판 2000.7.6. 99다51258). 그리고 당시 丙이 甲의 선급금반환채무의 유효 여부를 제대로 확인하지 않은 과실이 있고, 설령 그것이 중대한 과실이라 하더라도 丙이 '선의'라는 데 영향이 없다. 그러므로 丙은 제108조 2항의 '선의의 제3자'에 해당한다.

② 丙은 주채무가 허위채무임을 알 수 있었는데도 중과실로 이를 알지 못해 보증채무를 이행하였다면, 선의에 해당하여 제108조 2항에 의해 보호되더라도 신의칙상 丁에게 구상보증채무의 이행을 청구할 수 없다. [모의 12(2)유사, 사시 08, 법행 09]

해설 ※ 선의의 제3자인 丙과 역시 선의이면서 허위표시의 당사자가 아닌 丁의 이익이 충돌하는 경우
통설과 判例에 의하면 허위표시를 토대로 실질적으로 새로운 법률상 이해관계를 맺은 선의의 제3자에 대하여는 허위표시의 당사자뿐만 아니라 그 누구도 허위표시의 무효로 대항하지 못한다고 한다(제108조 2항, 대판 1996.4.26. 94다12074 등). 그러므로 丁은 허위표시의 무효로서 丙의 보증채무의 이행청구에 대항할 수 없는 것이 원칙이다. 문제는 丙이 건설공제조합이라는 전문가임에도 별다른 의심 없이 연대보증계약을 체결한바, 이와 같이 丙에게 '과실'이 있는 경우까지 丁이 대항할 수 없느냐는 것이다.
이에 대해 대법원은 "보증인이 채권자에 대하여 보증채무 전부를 부담하지 아니함을 주장할 수 있었는데도 중과실로 그 주장을 하지 아니한 채 보증채무를 이행한 경우, 그 주장을 할 수 있었던 범위 내에서는 '신의칙상' 구상보증인에게 구상보증채무의 이행을 청구할 수 없다"(대판 2006.3.10. 2002다1321)고 판시하였다.

③ 丙이 甲의 기망을 이유로 乙과의 보증계약을 취소하기 위해서는 乙이 그 기망 사실을 알고 있거나 알 수 있었어야 한다. [사시 13]

해설 ※ 제3자의 사기(제110조 2항)에 의한 취소권 발생 여부(적극)
丙은 보증계약에 있어 제3자의 지위에 있는 주채무자 甲의 사술에 의하여 채권자 乙과 보증계약을 체결한바, 보증계약의 상대방인 乙은 주채무에 대하여 甲과 통정행위를 한 당사자라는 점에서 甲의 사술을 알았거나 알 수 있었다. 따라서 丙은 제110조 2항에 기해 보증계약을 취소할 수 있다.

④ 甲의 기망으로 乙과의 보증계약을 체결한 丙은, 그 계약을 취소하지 않고도 甲에 대하여 불법행위로 인한 손해배상청구를 할 수 있다. [모의 14(1),15(3)유사, 사시 11, 변리 05,09]

해설 ※ 취소권과 손해배상청구권의 관계
"제3자의 사기행위로 인하여 피해자가 주택건설사와 사이에 주택에 관한 분양계약을 체결하였다고 하더라도 제3자의 사기행위 자체가 불법행위를 구성하는 이상, 제3자로서는 그 불법행위로 인하여 피해자가 입은 손해를 배상할 책임을 부담하는 것이므로, 피해자가 제3자를 상대로 손해배상청구를 하기 위하여 반드시 그 분양계약을 취소할 필요는 없다"(대판 1998.3.10. 97다55829).

제3관 착오에 의한 의사표시

17 장래의 불확실한 사실자체'에 관한 것이라도 착오에 해당하나, 단순히 '장래의 미필적 사실의 발생에 대한 기대나 예상'이 빗나간 것에 불과한 것은 착오라고 할 수 없다. [20년 최신판례]

18 매매계약 내용의 중요 부분에 착오가 있는 경우, 매수인이 매도인의 하자담보책임이 성립하는지와 상관없이 착오를 이유로 매매계약을 취소할 수 있다(대판 2018.9.13. 2015다78703). [20변호, 19법행]

> 해설 ※ 하자담보책임과 착오취소와의 경합(적극)
> 착오로 인한 취소 제도와 매도인의 하자담보책임 제도는 취지가 서로 다르고, 요건과 효과도 구별된다.

19 상대방이 표의자의 착오를 알면서 이를 이용한 경우라면, 표의자에게 중대한 과실이 있다고 하더라도 표의자는 그 의사표시를 취소할 수 있다(대판 2014.11.27. 2013다49794). [변호 16·18, 사시 16]

20 동기를 당해 의사표시의 내용으로 삼을 것을 상대방에게 표시한 경우 그 착오를 이유로 계약을 취소할 수 있다. 다만, 의사표시의 해석상 그 동기가 법률행위의 내용으로 되어 있다고 인정되면 충분하고, 당사자들 사이에 별도로 그 동기를 의사표시의 내용으로 삼기로 하는 합의까지 이루어질 필요는 없다(대판 2000.5.12. 2000다12259). [사시 10,11,12,16, 법행 07,12, 변리 04]

21 동기의 착오가 상대방의 부정한 방법에 의하여 유발되었거나 상대방으로부터 제공된 경우에는 동기가 표시되지 않았더라도 표의자는 착오를 이유로 의사표시를 취소할 수 있다(대판 1997.8.26. 97다6063 등). [변호 13, 사시 08, 변리 04,06,08]

22 甲은 국유지인 X 대지 위에 Y 건물을 신축하여 국가에 기부채납하는 대신 X 대지 및 Y 건물에 대한 사용수익권을 받기로 약정하였다. 사용수익허가의 조건은 건물의 감정평가액 8억 원을 기부채납금액으로 하고 대지 및 건물의 연간사용료를 2억 원으로 하여 사용료 합계가 기부채납액에 달하는 기간 동안의 사용료를 면제하는 것이었다. 그 과정에서 甲과 국가는 기부채납이 부가가치세 부과대상인 줄을 모르고 계약조건을 결정하였다. 후에 甲에게 기부채납에 대하여 1억 원의 부가가치세가 부과되었다. 判例는 이러한 경우에 당사자가 부가가치세에 관한 착오가 없었더라면 약정하였을 것으로 보이는 내용으로 당사자의 의사를 보충하여 계약을 해석할 가능성이 있다는 입장이다. [변호 17]

> 해설 ※ 당사자 쌍방의 공통하는 동기의 착오(보충적 해석)
> 判例의 경우 최근에 명시적으로 '보충적 해석'에 의한 수정가능성을 인정하였으나, 실제로 대부분의 判例에서는 의사표시가 법률행위의 중요부분일 경우 취소를 인정하여 왔다(대판 2006.11.23. 2005다13288).

23 주채무자의 차용금반환채무를 보증할 의사로 공정증서에 연대보증인으로 서명·날인하였으나 그 공정증서가 주채무자의 기존의 구상금채무 등에 관한 준소비대차계약의 공정증서이었던 경우, 연대보증인에게 주채무자가 채권자에게 부담하는 차용금반환채무를 연대보증할 의사가 있었던 이상 착오로 인하여 경제적인 불이익을 입었거나 장차 불이익을 당할 염려도 없으므로 위와 같은 착오는 연대보증계약의 중요 부분의 착오가 아니다(대판 2006.12.7. 2006다41457). [사시 08, 법행 08]

> 해설 ※ 중요부분의 착오가 아닌 경우—경제적 불이익을 입지 않은 경우—

제4관 사기·강박에 의한 의사표시

24 매수인이 목적물의 시가를 묵비하여 매도인에게 고지하지 아니하거나 혹은 시가보다 낮은 가액을 시가라고 고지하였더라도 원칙적으로 불법행위가 성립하지 않는다. [모의 15(2), 사시 10,12, 변리 05]

> **해설** "일반적으로 매매거래에서 매수인은 목적물을 염가로 구입할 것을 희망하고 매도인은 목적물을 고가로 처분하기를 희망하는 이해상반의 지위에 있으며, 각자가 자신의 지식과 경험을 이용하여 최대한으로 자신의 이익을 도모할 것으로 예상되기 때문에, 매수인이 목적물의 시가를 묵비하여 매도인에게 고지하지 아니하거나 혹은 시가보다 낮은 가액을 시가라고 고지하였다 하더라도, 상대방의 의사결정에 불법적인 간섭을 하였다고 볼 수 없으므로 불법행위가 성립한다고 볼 수 없다"(대판 2014.4.10. 2012다54997).
>
> > **비교판례** 백화점의 변칙세일광고, 즉 상품의 판매가격을 실제보다 높이 책정한 후 이 가격을 기준으로 할인가격을 정하여 실제는 상품의 정상가격으로 판매한 사안에서, 이러한 변칙세일은 물품 구매동기에서 중요한 요소인 가격조건에 관하여 기망이 이루어진 것으로서 그 사술의 정도가 사회적으로 용인될 수 있는 상술의 정도를 넘어선 위법한 것으로 사기를 이유로 한 취소할 수 있다고 판시하였다(대판 1993.8.13. 92다52665).

25 수분양자의 전매이익에 영향을 미칠 가능성이 있는 사항들에 관하여 분양자가 가지는 정보를 밝혀야 할 신의칙상의 의무가 있다거나, 나아가 그러한 정보를 밝혀 고지하지 아니하면 그것이 부작위에 의한 기망에 해당하여 민법 제110조 제1항에서 정하는 사기가 된다고 쉽사리 말할 수 없다(대판 2010.2.25. 2009다86000).

> > **비교판례** 判例에 따르면 우리 사회의 통념상으로는 공동묘지가 주거환경과 친한 시설이 아니어서 분양계약의 체결 여부 및 가격에 상당한 영향을 미치는 요인일 뿐만 아니라, 대규모 공동묘지 가까이에서 조망할 수 있는 곳에 아파트단지가 들어선다는 것은 통상 예상하기 어렵다는 점을 감안할 때, 아파트 분양자는 아파트단지 인근에 공동묘지가 조성되어 있는 사실을 수분양자에게 고지할 신의칙상의 의무가 있다고 하면서, 그 고지를 하지 않은 경우 부작위에 의한 기망행위에 해당한다고 한다(대판 2007.6.1. 2005다5812,5829,5836). 같은 취지의 것으로, 아파트 분양자는 아파트 단지 인근에 쓰레기 매립장이 건설예정인 사실을 분양계약자에게 고지할 신의칙상 의무가 있다고 한다(대판 2006.10.12. 2004다48515).

26 사기·강박에 의한 의사표시가 취소되면, 그 의사표시를 요소로 하는 법률행위는 소급적으로 무효로 된다. 그러나 근로계약의 의사표시의 경우 이를 사기에 의한 것으로 취소를 주장할 수 있다 하더라도 근로계약에 따라 그동안 행하여진 근로자의 노무 제공의 효과를 소급하여 부정하는 것은 타당하지 않으므로, 이미 제공된 근로자의 노무를 기초로 형성된 취소 이전의 법률관계까지 효력을 잃는다고 보아서는 아니 되고, 취소의 의사표시 이후 장래에 관하여만 근로계약의 효력이 소멸된다고 보아야 한다(대판 2017.12.22. 2013다25194,25200). [18법무, 18년 최신판례]

27 A가 B를 기망하여 B에게 시가 7,000만 원의 X부동산을 1억 원에 매도한 경우, B는 위 매매를 취소하지 않고도 A에게 불법행위를 원인으로 3,000만 원의 손해배상을 청구할 수 있다. 그리고 부동산의 시가가 그 뒤 상승하여 매수가격을 상회하게 되었더라도 B에게 손해가 발생하지 않았다고 할 수 없다.

> **해설** "불법행위로 인한 재산상 손해는 위법한 가해행위로 인하여 발생한 재산상 불이익, 즉 그 위법행위가 없었더라면 존재하였을 재산상태와 그 위법행위가 가해진 현재의 재산상태의 차이를 말하는 것이며, 그 손해액은 원칙적으로 불법행위시를 기준으로 산정하여야 한다"(대판 2010.4.29. 2009다91828) ☞ 부동산의 시가가 그 뒤 상승하여 매수가격을 상회하게 되었다고 하여 B에게 손해가 발생하지 않았다고 할 수 없다.

28 영업양도계약이 양수인의 사기를 원인으로 취소되는 경우에 양수인의 기망이 불법행위를 구성하는 때에는 양도인은 취소의 효과로 생기는 부당이득반환청구권과 불법행위로 인한 손해배상청구권 중 선택하여 행사할 수 있다. [모의 14(1),15(3)유사, 사시 11, 변리 05,09]

해설 법률행위를 취소하여 부당이득반환을 받은 때에는 그 반환받은 범위 내에서는 손해가 회복되므로 그 반환받은 범위 내에서는 손해배상청구권을 중첩적으로 행사할 수 없다(대판 1993.4.27. 92다56087). 그러나 **법률행위를 취소하지 않은 경우에도 불법행위를 원인으로 한 손해배상청구권은 가지나, 그 손해액을 계산함에 있어서는 피기망자(피강박자)가 법률행위의 효력으로써 보유하게 된 급부의 가액을 공제하여야 할 것이다**(대판 1980.2.26. 79다1746).

29 甲은 乙은행으로부터 대출을 받는 데 연대보증인이 필요하자, 글을 읽지 못하는(文盲) 丙에게 대출서류를 甲의 아들을 위한 신원보증서류라고 속이며 신원보증을 부탁하였고, 이에 丙은 신원보증서류로 알고 대출계약서의 연대보증인란에 서명날인 하였다. 그 뒤 乙은행은 甲에게 대출을 해 주었는데, 甲의 무자력으로 인하여 변제기가 지나도록 대출금을 회수하지 못하자, 丙에게 연대보증채무의 이행을 청구하였다. 丙은 신원보증서류로 잘못 알고 서명날인 하였을 뿐 연대보증계약을 체결한 사실이 없다고 주장하고 있다.

[민법표준판례, 대판 2005.5.27. 2004다43824변형]

㉠ 丙의 의사는 규범적 해석 방법에 의하면 甲의 대출금채무에 대한 연대보증 의사가 있었던 것으로 해석된다. 따라서 일단 乙은행과 丙 사이에는 甲의 대출금채무에 대한 연대보증계약이 유효하게 성립한다. [변호 16, 사시 07, 변리 09]

㉡ 丙은 법률행위 내용의 착오를 이유로 위 연대보증계약을 취소할 수 있다.

해설 ⅰ) 丙의 진의는 甲의 아들을 위해 신원보증 한다는 것이기 때문에 丙에게는 이른바 의미의 착오 또는 표시의 착오(법률행위 내용의 착오)가 존재한다. 즉, 사안은 동기의 착오가 존재하는 경우가 아니다. ⅱ) 그리고 丙은 착오에 빠지지 않았더라면 위 연대보증계약을 체결 하지 않았을 것이고, 일반인이 丙의 입장에 있었더라도 마찬가지일 것이므로 위 착오는 중요부분의 착오에 해당한다. ⅲ) 또한 문맹인 丙이 다른 방법을 통하여 서류의 내용을 정확히 확인하지 않은 것이 잘못이라 하더라도 이를 중과실로 보기는 어렵다. 따라서 丙은 동기의 착오가 아닌 법률행위 내용의 착오를 이유로 위 연대보증계약을 취소할 수 있다(제109조 1항).

㉢ 丙은 사기를 이유로 위 연대보증계약을 취소할 수 없다. [변호 18]

해설 대법원은 사기에 의한 의사표시란 타인의 기망행위로 말미암아 의사의 형성과정 즉 의사표시의 동기에 착오가 있는 것이라고 하여 타인의 기망행위에 의하여 '표시상의 착오'가 발생한 경우에는 사기를 이유로 취소할 수 없고(제110조), 착오를 이유로만 취소할 수 있다고 한다(대판 2005.5.27. 2004다43824).

㉣ 만약 丙이 사기를 이유로 위 연대보증계약을 취소할 수 있다면, 그 법적근거는 제110조 1항이 아닌 제110조 2항이다.

해설 ※ 보증계약의 주채무자가 제110조 2항의 제3자에 해당되는지 여부(적극)
보증계약은 주계약과는 별개의 독립된 계약으로서, 보증계약의 당사자는 보증인과 채권자이며 주채무자를 채권자와 '동일시할 수 있는 자'로 볼 수 없다. 만약 丙이 사기를 이유로 위 연대보증계약을 취소할 수 있다면, 그 법적근거는 제110조 2항이다.

ⓓ 만약 丙이 착오를 이유로 위 연대보증계약을 취소할 수 있다고 하더라도, 乙은행은 丙에게 서류를 제대로 읽지 않은 과실을 들어 손해배상을 청구할 수 없다. [변호 16,18, 사시 07,16, 법행 08.]

해설 ※ 丙의 경과실로 착오 취소시 신뢰이익 배상책임 인정 여부(소극)

判例는 제750조의 요건을 검토하였으나, ⅰ) (경)과실로 인하여 착오에 빠져 계약을 체결한 것과, ⅱ) 그 착오를 이유로 계약을 취소한 것 모두 '위법'하다고는 할 수 없다고 하여 불법행위 책임을 부정하고 있다(대판 1997.8.22. 97다카13023).

30

> 甲건설회사에 고용된 계약체결 담당(직원)인 A는 ×아파트 단지 인근에 쓰레기 매립장이 건설예정인 사실을 알면서도 이를 분양계약자(수분양자)인 乙에게 고지하지 않았다. 그러나 이러한 사실에 대해 선의·무과실이었던 乙은 주변 자연환경이 뛰어나다는 A의 말을 믿고 甲건설회사와 ×아파트에 대한 분양계약을 3억원에 체결하였다. 그 후 乙은 입주와 함께 잔대금까지 모두 甲에게 지급하였고, 동시에 등기에 필요한 서류를 교부받은 후 곧바로 ×아파트에 대한 등기도 경료하였다. 그러나 乙이 입주한지 1년 후 예정대로 ×아파트 단지 인근에 쓰레기 매립장 공사가 시작되었다.(단, 甲은 분양대금으로 받은 3억원을 펀드에 투자하여 1년 동안 연 30% 이익을 얻었다고 가정한다. 아울러 담보책임은 논외로 한다).

① 乙이 부작위에 의한 기망을 이유로 분양계약을 취소함에 있어 甲의 고지의무의 대상이 되는 것은 직접적인 법령의 규정 뿐 아니라 널리 계약상·관습상 또는 조리상 일반원칙에 의하여도 인정될 수 있다(대판 2006.10.12. 2004다48515). [사시 13]

② A의 기망행위로 乙이 법률행위의 동기에 착오를 일으킨 경우에는 중요부분에 해당하는지 여부와 상관없이 乙은 사기를 이유로 취소할 수 있다.

해설 "기망행위로 인하여 법률행위의 중요부분에 관하여 착오를 일으킨 경우뿐만 아니라 법률행위의 내용으로 표시되지 아니한 의사결정의 동기에 관하여 착오를 일으킨 경우에도 표의자는 그 법률행위를 사기에 의한 의사표시로서 취소할 수 있다"(대판 1985.4.9. 85도167).

③ 乙이 사기를 이유로 분양계약을 취소함에 있어 A가 제110조 2항의 제3자에 해당하는지 여부를 판단함에 있어 판례는 대리인 등 상대방과 동일시할 수 있는 자는 제3자에 해당하지 않지만, 단순히 상대방의 피용자에 지나지 않는 자는 제3자에 해당한다고 한다(대판 1998.1.23. 96다41496). [변호 13,15 사시 06,07,10,11, 법행 15, 변리 04,11]

④ 乙은 착오를 이유로 분양계약을 취소함에 있어 법률행위의 내용에 착오가 있었다는 사실과 함께 그 착오가 의사표시에 결정적인 영향을 미쳤다는 점, 즉 만약 그 착오가 없었더라면 의사표시를 하지 않았을 것이라는 점을 증명하여야 한다. 그러나 乙에게 중과실이 있었다는 점에 대한 증명책임은 의사표시를 취소하게 하지 않으려는 상대방 甲이 부담한다. [변호 16, 모의 13(2)유사, 변리 09]

⑤ 乙이 착오를 이유로 분양계약을 취소한 경우, 甲이 펀드에 투자하여 얻은 연 30% 이익은 반환하지 않아도 된다.

해설 수익자가 특수한 재능이나 기회에 편승하여 일반적·합리적으로 예상되는 이상의 이익(운용이익)을 얻은 때에는 반환하지 않아도 된다(대판 2008.1.18. 2005다34711).

제4절 법률행위의 대리

01 계약의 체결에 관한 대리권을 수여받은 대리인은 특별한 사정이 없는 한, 자신이 대리하여 체결한 계약의 해제권을 가지고 있다고 볼 수 없다. [변호 17, 모의 12(3),13(3)유사, 사시 12,15, 법행 11, 변리 05,10,12]

02 부동산의 소유자로부터 매매계약을 체결할 대리권을 수여받은 대리인은 특별한 사정이 없는 한 그 매매계약에서 약정한 바에 따라 중도금이나 잔금을 수령할 권한도 있다. [변호 13, 법행 12]

03 부동산 입찰절차에서 동일물건에 관하여 이해관계가 다른 2인 이상의 대리인이 된 경우에는 그 대리인이 한 입찰은 원칙적으로 무효이다(제124조 : 대결 2004.2.13. 2003마44). [변호 13, 법행 11, 변리 10]

04 甲의 대리인 乙이 丙과 매매계약을 체결하였다. 乙이 매매대금을 횡령할 생각을 가지고 계약을 체결하였더라도 이는 원칙적으로 유효한 대리행위이다.

> 해설 ※ 대리권남용이론
> 대리행위의 현명주의는 대리인이 '본인의 이익을 위한 의사'가 있을 것까지 요구하고 있지 않기 때문에 대리권이 남용된 경우라도 일단 본인에게 법률효과가 귀속된다(제114조).

05 대리권을 수여하는 수권행위는 불요식의 행위로서 명시적인 의사표시에 의함이 없이 묵시적인 의사표시에 의하여 할 수도 있으며, 어떤 사람이 대리인의 외양을 가지고 행위하는 것을 본인이 알면서도 이의를 하지 아니하고 방임하는 등 사실상의 용태에 의하여 대리권의 수여가 추단되는 경우도 있다(대판 2016.5.26. 2016다203315) [최신판례]

06
> 미성년자 甲(만 18세)의 단독 친권자인 乙은 자신이 대주주로 있는 丙 주식회사의 채무를 담보하기 위하여 甲 소유의 Y부동산을 甲을 대리하여 丁은행에게 소유권이전등기를 경료하여 주었다(단, 丁은행은 乙의 의도를 잘 알고 있었다). 그 후 丙 주식회사가 채무를 이행하지 못하자 丁은 담보권을 실행하여 戊에게 Y부동산을 처분하고 소유권이전등기를 경료하여 주었다. [친권남용 리딩사례, A-40C]

⑦ 대리인이 수인인 때에는 '각자대리'가 원칙이나, 친권행사는 '공동대리'가 원칙이다.

> 해설 대리인이 수인인 때에는 각자가 본인을 대리함이 원칙이나(제119조), 친권은 부모가 혼인중인 때에는 공동으로 행사함이 원칙이다(제909조 2항, 3항)

ⓛ 미성년자 甲의 단독 친권자인 乙이 丙 주식회사의 채무를 담보하기 위하여 甲 소유의 Y부동산을 甲을 대리하여 丁은행에게 소유권이전등기를 경료한 행위는 이해상반행위에 해당하지 않는다.

> 해설 判例는 "제921조 1항의 이해상반행위란 행위의 객관적 성질상 친권자와 子 사이에 이해의 대립이 생길 우려가 있는 행위를 가리키는 것으로서 친권자의 의도나 그 행위의 결과로 실질적 이해의 대립이 생겼는가의 여부는 묻지 아니하는 것이라"(대판 1991.11.26. 91다32466)고 하여 원칙적으로 형식적 판단설을 취하고 있다. 즉, "미성년자의 친권자인 모가 자기 오빠의 제3자에 대한 채무의 담보로 미성년자 소유의 부동산에 근저당권을 설정하는 행위가, 채무자를 위한 것으로서 미성년자에게는 불이익만을 주는 것이라고 하더라도, 민법 제921조 제1항에 규정된 법정대리인인 친권자와 그 자 사이에 이해상반되는 행

위라고 볼 수는 없다"(대판 1991.11.26. 91다32466)고 한다.

ⓒ 乙의 행위에 대해 상대방인 丁은 乙의 의도를 잘 알고 있었으므로 乙의 부동산양도담보 설정행위는 친권남용으로 무효이다.

해설 사안에서 ⅰ) 단독친권자 乙이 제3자인 丙회사의 채무를 담보하기 위하여 미성년자 甲소유 Y부동산을 甲을 대리하여 丁에게 이전하는 행위는 친권을 남용한 행위에 해당하고, ⅱ) 사안에서 상대방인 丁은 乙의 의도를 잘 알고 있었다고 하므로 이는 친권남용행위로서 무효이다(제107조 1항 단서 유추적용설).

ⓔ 만약 ⓒ이 타당하다고 하더라도 甲은 戊 앞으로 경료된 소유권이전등기의 무효를 주장할 수는 없다.

해설 戊는 당사자인 甲과 丁 이외의 자로서 비진의표시(유추)에 의하여 외형상 형성된 丁명의 Y부동산의 등기를 기초로 '매매계약'이라는 ⅰ) 실질적으로 ⅱ) 새로운 ⅲ) 법률상 이해관계를 맺은 자이며, 선의로 추정되므로 戊는 제107조 2항의 유추적용에 의해 보호되는 제3자이다. 결국 乙의 대리행위는 제921조에 해당하지 않아 유권대리이지만, 제107조 1항 단서의 유추적용에 따라 甲은 악의의 丁에게 무효를 주장할 수 있다. 그러나 丁으로부터 새로운 이해관계를 맺은 선의로 추정되는 매수인 戊에게는 무효를 주장할 수 없다(제107조 2항 유추적용)(대판 2018.4.26. 2016다3201).

07 일방 당사자가 대리인을 통하여 계약을 체결하는 경우, 대리인을 통하여 본인과의 사이에 계약을 체결하려는 계약 상대방의 의사만 인정되면, 대리권의 존부와 관계없이 본인과 상대방이 계약의 당사자가 된다(대판 2003.12.12. 2003다44059). [사시 11,15, 법행 13]

08 甲이 부동산을 금융기관에 담보로 제공함에 있어 乙에게 그에 관한 대리권을 주었더라도 乙이 금융기관과 근저당권 설정계약을 체결하면서 대리관계를 표시함이 없이 마치 자신이 甲 본인인 양 행세하였다 하더라도 위 근저당권설정계약은 대리인인 위 乙이 그의 권한범위 안에서 한 것인 이상 그 효력은 본인인 甲에게 미친다(대판 1987.6.23. 86다카1411). [사시 13유사, 법행 12]

해설 ※ 대리행위에 있어 본인의 표시─본인의 이름만 드러나는 경우─
判例는 반드시 대리인임을 표시하여 행위하여야 하는 것은 아니고 '본인명의'로도 할 수 있다는 입장이다(대판 1963.5.9. 63다67 등).

09 '매매위임장'을 제시하고 매매계약을 체결하면서 매매계약서에 대리인의 이름만을 기재하더라도, 그것은 소유자를 대리하여 매매계약을 체결한 것으로 보아야 한다(대판 1982.5.25. 81다1349).

해설 ※ 대리행위에 있어 본인의 표시─대리인의 이름만 드러나는 경우(제115조 단서)─

10 매수인이 대리인을 통하여 분양택지 매수지분의 매매계약을 체결한 경우, 대리인이 그 계약 내용, 잔금의 지급 기일, 그 지급 여부 및 지연손해금 액수에 관하여 잘 알고 있었다고 인정되는 때에는, 설사 매수인이 지연손해금 여부 및 그 액수에 관하여 모른 채로 대리인에게 대리권을 수여하였더라도, 매수인으로서는 자신의 착오를 이유로 그 매매계약을 취소할 수 없다. [사시 04]

해설 ※ 대리행위의 하자─대리인을 기준(제116조 1항)─

11 丙의 대리인 A가 甲이 그 소유 부동산을 乙에게 매도한 사실을 알면서도 甲의 배임행위에 적극 가담하여 丙을 대리하여 이중으로 매수한 경우, 丙이 그러한 사정을 몰랐더라도 甲과 丙의 매매계약은 사회질서에 반하여 무효이다. [변호 17, 모의 15(1)유사, 사시 13, 법행 12, 변리 10]

> 해설 ※ 대리행위의 하자-대리인을 기준(제116조 1항)-

12 甲의 대리인 乙이 그 대리권한의 범위를 넘어 甲을 대리하여 丙과 계약한 경우, 丙이 甲에게 유권대리 행위임을 주장하면서 계약이행을 구하더라도 유권대리에 관한 주장 가운데 무권대리에 속하는 표현대리의 주장이 포함되어 있다고 볼 수 없으므로, 표현대리에 관한 주장이 없는 한 법원은 나아가 표현대리의 성립여부를 심리 판단할 필요가 없음은 물론 당사자에게 표현대리에 관한 요건사실의 주장이나 입증을 촉구할 의무도 없다(대판 2001.3.23. 2001다1126). [변호 12유사, 법행 13]

13 표현대리가 성립하는 경우에 본인은 표현대리행위에 대하여 책임이 있는바, 이 경우 상대방에게 과실이 있다고 하더라도 과실상계의 법리를 유추적용하여 본인의 책임을 경감할 수는 없다.
[변호 13,18, 모의 12(3),15(1)유사, 사시 06,12, 법행 05,10,12 변리 08]

> 해설 ※ 과실상계의 적용범위-채무내용에 따른 본래의 급부의 이행을 구하는 경우(소극)-

14 피한정후견인 甲의 후견인 乙이 후견감독인의 동의를 얻지 않고 甲의 부동산을 丙에게 처분한 경우, 丙이 후견감독인의 동의가 있다고 믿은 데에 정당한 사유가 있는 때에는 乙의 대리행위는 甲에게 그 효력이 미친다. [변호 13, 사시 10,13, 법행 05,07,10, 변리 07]

> 해설 제한능력자를 위한 법정대리에 제126조의 표현대리가 성립할 수 있는지 여부와 관련하여 判例는 "한정치산자의 후견인이 친족회(현행 후견감독인)의 동의 없이 피후견인의 부동산을 처분한 경우에도 거래의 상대방이 친족회의 동의가 갖추어진 것이라고 믿을만한 정당한 이유가 있는 때에는, 본인인 한정치산자에게 그 효력이 있고 제950조 2항(현행 제950조 3항)에 따른 취소권을 행사할 수 없다"(대판 1997.6.27. 97다3828)고 판시하여 긍정설을 취하고 있다.

15 무권대리인의 상대방에 대한 책임(제135조)은 무과실책임으로서 대리권의 흠결에 관하여 대리인에게 과실 등의 귀책사유가 있어야만 인정되는 것이 아니고, 무권대리행위가 제3자의 기망이나 문서위조 등 위법행위로 야기되었다고 하더라도 책임은 부정되지 아니한다(대판 2014.2.27. 2013다213038). [법행 14,15]

> 해설 甲은 A를 사칭하는 X로부터 대리권을 수여받아 선의, 무과실의 乙에게 A소유 토지에 관하여 근저당권설정등기를 마쳐주었다. 그런데 실제 A가 나타나 乙을 상대로 근저당권설정등기가 무효라는 이유로 말소청구소송을 제기하여 승소판결을 받음으로써 乙이 손해를 입게 되었다. 이에 甲에게 별도의 과실이 없다고 하더라도 乙은 甲을 상대로 민법 제135조 1항에 의한 무권대리인의 책임을 물을 수 있다.

16 민법 제135조는 무과실책임으로 제1항에서 상대방이 계약의 이행을 선택한 경우 무권대리인은 마치 자신이 계약의 당사자가 된 것처럼 계약에서 정한 채무를 이행할 책임을 지는 것이고, 무권대리인이 계약에서 정한 채무를 이행하지 않으면 상대방에게 채무불이행에 따른 손해를 배상할 책임을 진다. 위 계약에서 채무불이행에 대비하여 손해배상액의 예정에 관한 조항(제398조)을 둔 때에는 특별한 사정이 없는 한 무권대리인은 그 조항에서 정한 바에 따라 산정한 손해액을 지급하여야 한다(대판 2018.6.28. 2018다210775). [18년 최신판례]

17 제135조 2항의 상대방이 대리권이 없음을 알았다는 사실 또는 알 수 있었는데도 알지 못하였다는 사실에 관한 주장·증명책임은 무권대리인에게 있다. [18년 최신판례, 19모의(2), 20모의(2), 19법행]

18 권한을 넘은 표현대리에 있어서 정당한 이유의 유무는 원칙적으로 대리행위 당시를 기준으로 제반사정을 고려하여 객관적으로 판단하여야 한다(대판 1989.4.11. 88다카13219). [변호 12, 사시 05, 법행 05,09]

19 무권대리의 상대방이 민법 제134조에 기해 유효한 철회를 하면 무권대리행위는 확정적으로 무효가 되어 그 후에는 본인이 무권대리행위를 추인할 수 없다(대판 2017.6.29. 2017다213838). [최신판례]

20
> 甲은 1994.6.20. 乙에게 자기의 ×부동산을 담보로 2,000만원의 차용을 부탁하면서 담보설정용 인감증명서, 등기필증, 인감인장을 교부하였다. 乙은 1994.7.20. 대출대행을 전문적으로 하는 丙에게 2,000만원의 대출건에 대한 복임행위를 하였는데, 丙은 甲의 대리인 자격으로 丁은행으로부터 1억원을 대출받으면서 그 담보로 丁은행 앞으로 ×부동산에 근저당권을 설정해 주었다. 그런데 甲은 乙이 丙에게 복임행위를 하기 이전인 1994.7.1. 사망하였다. 그 후 丁은행이 변제기 도래 후 대출금의 변제를 받기 위해 ×부동산에 대해 경매를 신청하자, 甲의 유일한 상속인 戊는 위 근저당권설정계약이 무효라고 주장하며 그 설정등기의 말소를 청구하고 있다 (다만, 丁은행은 甲의 사망을 모르는 것에는 과실이 없었으나, 丙의 대리권한의 범위와 관련해서는 과실이 있었다고 가정한다). [핵심사례 A-12.참고]

① 복대리인 선임행위는 대리행위가 아니라 수권행위이므로 乙은 자신의 이름으로 복대리인 丙을 선임한다.

② 본인 甲이 사망한 후, 乙이 복대리인 丙을 선임하였으므로 丙은 처음부터 대리권을 갖지 못한다(제127조).

③ 위 ②.의 경우, 제129조에 의한 표현대리를 적용할 수 있다는 것이 판례이다.
[변호 17,18 사시 06,12, 법행 10,15, 변리 06,11]

해설▶ 처음부터 전혀 대리권이 없었던 경우에는 원칙적으로 제129조가 적용될 수 없다(통설). 그러나 判例는 "대리인이 대리권 소멸 후 복대리인을 선임하여 대리행위를 시킨 경우에도, 표현대리의 법리는 거래의 안전을 위하여 일반적인 권리외관 이론에 그 기초를 두고 있는 것인 점에 비추어 볼 때 제129조에 의한 표현대리가 성립할 수 있다"(대판 1998.5.29. 97다55317)고 한다. ☞ 따라서 복대리인 丙의 대리권한의 범위인 2,000만원 대출부분에 대해서는 제129조의 표현대리가 성립한다.

④ 복임권이 없는 대리인이 복대리인을 선임하여 복대리인이 권한 외의 행위를 한 경우에 제129조와 제126조가 중첩적으로 적용될 수 있다. 그러나 사안에서는 丁은행에게 과실이 있었기 때문에 제126조의 표현대리가 성립하지 않는다.

해설▶ 제129조의 표현대리가 성립할 수 있다면 그에 기하여 대리권이 존재하는 것처럼 다루어지므로, 표현대리제도의 취지에 비추어 볼 때 제129조의 범위를 넘는 때에는 제126조가 중첩적으로 적용된다(대판 1979.3.27. 79다234). ☞ 그러나 丁은행은 丙의 대리권한의 범위와 관련해서는 과실이 있었기 때문에(설문에서 丙의 대리권한의 범위와 관련해서는 과실이 있었다고 가정하고 있다) 丙의 대리권한(2,000만원 대출)을 넘는 8,000만원 대출에 대해서는 제126조의 표현대리가 성립하지 않는다.

⑤ 戊의 근저당권등기말소청구는 인용될 수 없다.

해설▶ ※ 근저당권 설정계약의 효력범위(일부무효)

2,000만원의 범위내에서는 위 근저당권설정계약이 甲에게 그 효력을 미치게 되는바, 甲의 유일한 상속인 戊는 2,000만원을 변제를 하기 전에는 담보물권의 불가분성(제370조, 제321조)에 의해 丁에게 위 근저당권설정등기의 말소를 청구할 수 없다.

21 甲의 대리인이라고 주장하는 乙은 甲 소유의 X토지를 丙에게 매도하는 계약을 체결하였다. 그러나 실제로 甲은 乙에게 대리권을 수여한 적이 없었고, 계약 당시 丙은 이러한 사실을 알지 못하였다.　　　　　　　　　　　　　　　　　　　[16년 사시 2차 변형, A-144]

ㄱ 甲은 乙에게 위 매매계약을 추인한다는 의사표시를 하였는데, 丙은 乙이 무권대리인임을 알게 된 후, X토지의 시가가 하락할 것으로 예상되자 매매계약을 철회하였다. 丙이 매매계약을 철회할 당시에 丙은 甲이 乙에게 추인의 의사표시를 하였음을 알지 못하였다면, 甲이 丙에게 매매대금의 지급을 청구하는 경우 丙은 매매계약의 철회를 이유로 대금지급의무가 없다고 주장할 수 있다(제132조, 제134조).

ㄴ 丙이 계약 당시 乙에게 대리권이 없음을 알지 못했지만 알지 못한 데 과실이 있었던 경우에도 丙은 철회권을 행사할 수 있으며, 甲에게 추인여부를 최고할 수도 있다(제134조, 제131조).

ㄷ 甲은 乙이 체결한 매매계약을 추인하기 전에 X토지를 丁에게 매도하는 계약을 체결하였다. 이후 甲은 乙의 丙에 대한 매도행위를 추인하고 丙 명의로 소유권이전등기를 마쳐 주었더라도 丁은 甲을 대위하여 丙에게 위 소유권이전등기의 말소를 청구할 수 없다.

해설▶ 무권대리행위의 추인은 계약시에 소급하여 그 효력이 생긴다(제133조 본문). 그러나 제3자의 권리는 해하지 못하는데(제133조 단서), 소급효가 제한되는 것은 무권대리행위의 상대방이 취득한 권리와 제3자가 취득한 권리가 모두 배타적 효력을 가지는 경우에 한하므로 丁이 채권계약만 체결한 상태에서는 제133조 단서에 의해서 보호받을 수 없다(대판 1963.4.18. 62다223 참조). 따라서 丁이 甲을 대위하여 소유권이전등기의 말소를 청구할 수는 없다고 할 것이다(피보전권리는 있으나 丁이 제133조 단서에 의해 보호받지 않기 때문에 甲이 丙에게 말소청구권을 가지지 않아 피대위권리가 없음).

제5절 법률행위의 무효와 취소

제1관 일부무효와 일부취소

01 법률행위의 일부가 강행법규의 위반으로 무효인 경우, 그 법규가 일부무효의 효력을 규정하는 경우에는 그에 의하고, 그 규정이 없으면 원칙적으로 일부무효에 관한 민법 제137조의 규정이 적용될 것이나, 당해 효력규정과 그 규정을 둔 법의 입법 취지를 고려하여 나머지 부분의 효력을 결정하여야 한다(대판 2013.4.26. 2011다9068).　　　　　　　　　　　[사시 11, 변리 06,10]

02 복수의 당사자가 중간생략등기의 합의를 한 경우, 그 합의는 전체로서 일체성을 가지며, 그 중 한 당사자의 의사표시가 무효일 경우 나머지 당사자 사이의 합의의 유효성은 민법의 일부무효의 법리에 의하여 결정한다(대판 1996.2.27. 95다38875).

03 토지의 매매가를 감정기관의 착오로 가격을 지나치게 높게 초과해서 청구한 경우, 정당한 감정 가 보다 초과된 부분의 일부 착오취소가 긍정된다(대판 1998.2.10. 97다44737)

04 기망행위에 의해 소비대차계약을 체결하고 이를 담보하기 위해 근저당권을 설정한 경우, 기망행 위를 이유로 하는 근저당권설정계약의 취소의 효력은 소비대차에도 미친다(제137조 본문의 유추적용 에 따른 전부취소 ; 대판 1994.9.9. 93다31191).   [변리 11]

05 점포 임차권의 양수인 甲이 양도인 乙의 기망행위(매출액을 적극적으로 과장)를 이유로 乙과 체결 한 권리금계약을 각 취소 또는 해제하면, 임차권양도계약까지도 취소된다(제137조 본문의 유추적용에 따른 전부취소 ; 대판 1994.9.9. 93다31191).   [최신판례]

제2관 토지거래허가와 유동적 무효

06 토지거래허가 없이 체결된 토지거래허가구역 내 토지에 관한 매매예약에 기하여 소유권이전등 기청구권의 보전을 위한 가등기가 마쳐진 상태에서 위 토지가 제3자에게 낙찰되어 소유권이 이 전된 경우, 위 가등기에 기한 본등기의 효력은 '확정적 무효'이다(대판 2013.2.14. 2012다89900)

07 매도인의 토지거래허가 신청절차에 협력할 의무와 매수인의 매매대금 지급의무는 동시이행관계 에 있지 않다(대판 1996.10.25. 96다23825).   [사시 11유사, 법행 13]

08 제3자가 토지거래허가를 받기 전의 토지 매매계약상 매수인 지위를 인수하는 경우와 달리 매도 인 지위를 인수하는 경우에는 최초매도인과 매수인 사이의 매매계약에 대하여 관할 관청의 허 가가 있어야만 매도인 지위의 인수에 관한 합의의 효력이 발생한다고 볼 것은 아니다(대판 2013.12.26. 2012다1863).   [최신판례]

09 토지거래허가 전의 매매계약의 매수인이 매도인에 대한 토지거래허가 신청절차 협력청구권을 피보전권리로 하여 매매목적 토지의 처분을 금하는 가처분을 신청할 수 있다(대판 1998.12.22. 98다 44376).   [사시 11, 법행 11]

10 토지거래허가구역 내의 토지에 관한 거래계약이 확정적으로 무효가 된 경우에는, 거래계약이 확 정적으로 무효로 됨에 있어서 귀책사유가 있는 자도 그 계약의 무효를 주장할 수 있다(대판 1998.3.27. 97다36996).   [모의 14(2), 사시 05,06, 법행 11, 변리 07,09]

제3관 무권리자 처분행위

11 甲은 평소에 자신 소유의 ×토지에 대한 등기권리증 및 자신의 인감도장을 자신의 유일한 혈 육인 아들 乙에게 맡겨두었는데, 乙은 이를 기화로 관계서류를 위조하여 ×토지에 대해 자기 앞으로 소유권이전등기를 마치고 시가 2억원인 위 부동산을 이러한 사정을 모르는 丙에게 2 억 5,000만원에 매도하고, 매매대금을 지급받음과 동시에 위 부동산에 대한 소유권이전등기 를 경료하여 주고 위 부동산을 인도하여 주었다.

⑦ 乙에게 처분권이 없다는 사실에 대해 丙이 선의·무과실이어도 丙은 원칙적으로 ×토지에 대한 소유권을 취득할 수 없고, 제126조의 표현대리가 적용되어 유효로 될 여지도 없다.

[해설] ※ 제126조의 표현대리의 유추적용 가부(소극)

대리인이 자기 명의로 원인무효의 등기를 한 후 이를 제3자에게 매도하는 경우, 判例는 "그 계약의 당사자는 대리인과 제3자로서 그 대리인이 본인의 대리인으로서 그러한 계약을 하였다고는 볼 수 없으므로, 본 조의 표현대리가 적용될 여지가 없다"(대판 1972.5.23. 71다2365 등)고 한다.

ⓛ 만약 甲이 사망하여 乙이 甲을 단독상속하였다면 추인은 문제되지 않고 丙은 유효하게 소유권을 취득한다.

[해설] ※ 무권리자인 매도인이 권리자를 상속한 경우

소유자(甲)가 사망하여 乙이 甲을 단독 상속하였다면, 乙은 상속으로 인해 甲 소유의 부동산을 취득하게 된다(제1005조). 소유자가 된 乙은 이제 매수인(丙)에게 소유권이전등기의무를 이행할 수 있는 지위에 있게 되었으므로, 丙에 대한 소유권이전채무를 이행할 수 있게 되었다(대판 1966.4.6. 66다267). 그러나 매수인(丙) 명의로 소유권이전등기가 이미 경료되었기 때문에, 乙이 다시 소유권이전등기를 경료해 줄 필요는 없다. 따라서 丙명의의 소유권등기는 이 시점에서는 실체관계에 부합하는 등기로 인정될 수 있다.

ⓒ 甲이 乙의 처분행위를 추인하면 乙의 처분행위는 민법 제130조, 제133조 등을 유추적용하여 '계약체결시부터' 유효로 되어 丙이 ×토지의 소유권을 취득하는데, 유효로 되는 근거는 '사적자치의 원칙'이다(대판 2017.6.8. 2017다3499). [최신판례]

[해설] [유사지문] 무권리자가 타인의 권리를 처분한 경우 권리자는 무권리자의 처분을 추인할 수 있고, 이 경우 무권대리의 추인에 관한 민법 제130조, 제133조 등을 유추적용할 수 있으므로 계약의 효과는 계약체결시로 소급하여 권리자에게 귀속된다.

ⓔ 만약 甲이 乙의 처분행위를 추인하지 않았다면, 丙은 乙에게 불법행위로 인한 손해배상청구권을 행사할 수 있는바, 丙이 입은 손해의 범위는 무효의 소유권이전등기를 유효한 등기로 믿고 부동산을 매수하기 위하여 출연한 금액 즉, 매매대금상당액(2억 5천)이지, ×토지의 소유권 상실에 따른 손해(2억)가 아니다. [사시 14유사]

[해설] ※ 丙의 乙에 대한 불법행위로 인한 손해배상청구권

"타인 소유의 토지에 관하여 매도증서, 위임장 등 등기관계서류를 위조하여 원인무효의 소유권이전등기를 경료하고 다시 이를 다른 사람에게 매도하여 순차로 소유권이전등기가 경료된 후에 토지의 진정한 소유자가 최종 매수인을 상대로 말소등기청구소송을 제기하여 그 소유자 승소의 판결이 확정된 경우 위 불법행위로 인하여 최종 매수인이 입은 손해는 무효의 소유권이전등기를 유효한 등기로 믿고 위 토지를 매수하기 위하여 출연한 금액, 즉 매매대금으로서 이는 기존이익의 상실인 적극적 손해에 해당하고, 최종 매수인은 처음부터 위 토지의 소유권을 취득하지 못한 것이어서 위 말소등기를 명하는 판결의 확정으로 비로소 위 토지의 소유권을 상실한 것이 아니므로 위 토지의 소유권상실이 그 손해가 될 수는 없다"(대판 1992.6.23. 전합91다33070).

제6절 법률행위의 부관

01 법률행위 효력의 발생 또는 소멸을 장래의 불확실한 사실의 성부에 의존케 하는 조건을 법률행위에 붙이고자 하는 의사가 있다 하더라도 이를 외부에 표시하지 않으면 법률행위의 동기에 불과한 것이다(대판 2003.5.13. 2003다10797). [변호 15, 사시 13, 법행 05]

02 당사자들이 조건을 약정할 당시에 미처 예견하지 못했던 우발적인 상황에서 상대방의 이익에 대해 적절히 배려하지 않거나 상대방이 합리적으로 신뢰한 선행 행위와 모순된 태도를 취함으로써 형평에 어긋나거나 정의관념에 비추어 용인될 수 없는 결과를 초래하는 경우 신의성실에 반한다.(제150조 2항) [21년 최신판례]

03 조건부 법률행위에 있어 조건의 내용 자체가 불법적인 것이어서 무효일 경우 또는 조건을 붙이는 것이 허용되지 아니하는 법률행위에 조건을 붙인 경우 그 조건만을 분리하여 무효로 할 수는 없고 그 법률행위 전부가 무효로 된다(제151조 1항). [법행 11,15, 변리 14]

04 법률행위에 조건이 붙어 있는지 여부에 대한 증명책임은 그 조건의 존재를 주장하는 자에게 있다(대판 2006.11.24. 2006다35766). [변호 15, 사시 09, 법행 06]

05 해제조건부 증여에 있어서 조건성취 전에 수증자가 한 처분행위는 조건성취의 효과를 제한하는 한도 내에서는 무효이고, 다만 그 조건이 등기되어 있지 않은 한, 그 처분행위로 인하여 권리를 취득한 제3자에게 그 무효를 대항할 수 없다. [사시 05, 법행 05,09, 변리 14]

> **해설** '의무자'가 조건부 권리를 침해하는 '처분행위'(물권행위 등)를 한 경우에 그 처분행위의 효력이 어떻게 되는지와 관련하여 判例(대판 1992.5.22. 92다5584)에 따르면 그러한 처분행위는 조건부 권리를 침해하는 범위에서 무효이다. 이렇게 새겨도 제3자를 해치지는 않는바, 제3자에 대한 관계에서는 조건부 권리가 (가)등기되어야 무효를 주장할 수 있기 때문이다(부동산등기법 제54조, 제88조).

06 기한의 이익상실 특약은 특별한 사정이 없는 한 형성권적 기한이익 상실의 특약으로 추정된다. [변호 18, 사시 09,13, 변리 06]

07 정지조건부 기한이익 상실약정을 하였을 경우에는 그 약정에 정한 기한이익 상실사유가 발생함과 동시에 이행기 도래의 효과가 발생하고, 채무자는 특별한 사정이 없는 한 그때부터 이행지체의 상태에 놓이게 된다. 따라서 채권의 소멸시효도 그때부터 진행된다(대판 1999.7.9. 99다15184). [모의 14(1),15(1)유사, 사시 04,11,12,14, 법행 06,08,09]

08 형성권적 기한이익 상실의 특약이 있는 할부채무에 있어서는 1회의 불이행이 있더라도 각 할부금에 대해 그 각 변제기의 도래시마다 그 때부터 순차로 소멸시효가 진행하고 채권자가 특히 '잔존 채무 전액'의 변제를 구하는 취지의 의사를 표시한 경우에 한하여 전액에 대하여 그 때부터 소멸시효가 진행한다(대판 2002.9.4. 2002다28340). [모의 14(1)유사, 사시 12,14, 법행 09]

09 임대인의 임대차보증금반환채무는 장래에 실현되거나 도래할 것이 확실한 임대차계약의 종료시점에 이행기에 도달하는 것이 원칙이나, 임대인은 임대차계약 존속 중 기한의 이익을 포기하고 임대차보증금반환채권을 수동채권으로 하여 상계할 수 있고, 임대차 존속 중 임대인이 상계의 의사표시를 한 경우 임대차보증금반환채무에 관한 '기한의 이익'을 포기한 것으로 볼 수 있다(대판 2017.3.15. 2015다252501). [최신판례]

10 소송 진행 중 원고가 피고로부터 물품대금 해당 금액을 지급받으면, 소를 취하하고 어떠한 이의도 제기하지 않기로 하면서 '위 모든 합의사항의 이행은 원고가 피고로부터 돈을 모두 지급받은 후 그 효력이 발생한다'고 합의한 사안은 불확정기한을 정한 것이 아니라 조건을 정한 것으로 보아야 한다. [18년 최신판례]

> **해설** 부관에 표시된 사실이 발생하지 않으면 채무를 이행하지 않아도 된다고 보는 것이 합리적인 경우에는 조건으로 보

아야 한다. 그러나 부관에 표시된 사실이 발생한 때에는 물론이고 반대로 발생하지 않는 것이 확정된 때에도 그 채무를 이행하여야 한다고 보는 것이 합리적인 경우에는 표시된 사실의 발생 여부가 확정되는 것을 불확정기한으로 정한 것으로 보아야 한다. 이러한 부관이 화해계약의 일부를 이루고 있는 경우에도 마찬가지이다"(대판 2018.6.28. 2018다201702).

제5장 | 소멸시효

제1관 제척기간

01 미성년자의 법률행위 취소권의 행사기간, 수급인의 하자담보책임의 존속기간은 제척기간이지만 출소기간은 아니며(대판 2000.6.9. 2000다15371), 점유보호청구권의 행사기간은 제척기간이면서 출소기간이다(대판 2002.4.26. 2001다8097,8103). [시시 10, 법행 11, 변리 09,11,14,16]

02 하자담보책임에 따른 손해배상청구권과 관련하여 채권양도의 통지는 양도인이 채권이 양도되었다는 사실을 채무자에게 알리는 것에 그치는 행위이므로, 그것만으로 제척기간 준수에 필요한 권리의 재판외 행사에 해당한다고 볼 수 없다(대판 2012.3.22. 전합2010다28840). [변호 18, 사시 13]

03 매매예약의 완결권은 형성권이므로 당사자 사이에 그 행사기간을 약정한 때에는 그 기간 내에 행사하여야 하고, 그러한 약정이 없는 때에는 그 '예약이 성립한 때'로부터 10년의 제척기간에 걸린다. [변호 15, 사시 04,10,14, 법행 08,10]

> 해설 예약완결권의 '행사기간'은 당사자가 임의로 약정할 수 있지만(제564조 2항의 반대 해석), 그에 따른 '제척기간의 기산점'은 당사자가 임의로 약정할 수 없음을 주의해야 한다(대판 1995.11.10. 94다22682,22699).

04 사해행위취소소송에 있어서 제척기간의 도과에 관한 입증책임은 채권자취소소송의 상대방에게 있다(대판 2009.3.26. 2007다63102).

05 부동산 매수인이 매도인을 상대로 하자담보책임에 기한 손해배상을 청구하는 경우, 매수인의 하자담보에 기한 손해배상청구권은 부동산을 인도받은 날부터 소멸시효가 진행하므로 그로부터 10년이 경과한 후 소를 제기하였다면 이미 배상청구권은 소멸되었다고 보아야 한다. [모의 14(2)유사, 사시 16, 변리 15]

> 해설 ※ 제척기간과 소멸시효의 중첩적용 가부(적극)
> 判例에 따르면 하자담보책임에 기한 매수인의 손해배상청구권은 매수인이 그 사실을 안 때부터 6월의 제척기간(제582조)에 걸리는 동시에 매수인이 매매의 '목적물을 인도받은 때부터' 10년의 소멸시효(제162조 1항)에도 걸린다고 한다(대판 2011.10.13. 2011다10266).

제2관 소멸시효의 기간과 기산점

06 부동산실명법 제11조의 유예기간이 경과한 후에도 실명화 등의 조치를 취하지 아니한 명의신탁자가 명의수탁자에 대하여 부당이득법리에 따라 가지는 소유권이전등기청구권의 소멸시효기간

은 10년이고, 명의신탁자가 명의신탁 부동산을 계속 점유·사용하여 온 경우에도 명의수탁자에 대한 부당이득반환청구권에 기한 등기청구권의 소멸시효는 진행한다. [사시 13]

해설 "부동산실명법 시행일로부터 1년의 기간(유예기간)이 경과하기 전까지는 명의신탁자는 언제라도 명의신탁을 해지하여 해당 부동산의 소유권을 취득할 수 있었다는 점에서, 명의수탁자는 명의신탁자에게 자신이 취득한 해당 '부동산 자체'를 부당이득으로 반환할 의무가 있다"(대판 2008.11.27. 2008다62687). 그리고 무효로 된 명의신탁 약정에 기하여 처음부터 명의신탁자가 그 부동산의 점유 및 사용 등 권리를 행사하고 있다 하여 위 부당이득반환청구권 자체의 실질적 행사가 있다고 볼 수 없으므로 위 등기청구권은 명의신탁자가 목적물을 점유하고 있더라도 소멸시효에 걸린다(대판 2009.7.9. 2009다23313).

07 주택임대차보호법에 따른 임대차에서 임차인이 임대차 종료 후 동시이행항변권을 근거로 임차목적물을 계속 점유하고 있는 경우, 보증금반환채권에 대한 소멸시효는 진행하지 않는다.
[20년 최신판례]

해설 "채권을 일정한 기간 행사하지 않으면 소멸시효가 완성하지만(민법 제162조, 제163조, 제164조), 채권을 계속 행사하고 있다고 볼 수 있다면 소멸시효가 진행하지 않는다. 나아가 채권을 행사하는 방법에는 채무자에 대한 직접적인 이행청구 외에도 채권이 가지는 다른 권능을 행사하는 것도 포함된다. 따라서 채권을 행사하여 실현하려는 행위를 하거나 이에 준하는 것으로 평가할 수 있는 객관적 행위 모습이 있으면 권리를 행사한다고 보는 것이 소멸시효 제도의 취지에 부합한다. 임대차가 종료함에 따라 발생한 임차인의 목적물반환의무와 임대인의 보증금반환의무는 동시이행관계에 있다. 임차인이 임대차 종료 후 동시이행항변권을 근거로 임차목적물을 계속 점유하는 것은 임대인에 대한 보증금반환채권에 기초한 권능을 행사한 것으로서 보증금을 반환받으려는 계속적인 권리행사의 모습이 분명하게 표시되었다고 볼 수 있다. 소멸시효 제도의 존재 이유와 취지, 임대차기간이 끝난 후 보증금반환채권에 관계되는 당사자 사이의 이익형량, 주택임대차보호법 제4조 제2항의 입법 취지 등을 종합하면, 주택임대차보호법에 따른 임대차에서 그 기간이 끝난 후 임차인이 보증금을 반환받기 위해 목적물을 점유하고 있는 경우 보증금반환채권에 대한 소멸시효는 진행하지 않는다고 보아야 한다"(대판 2020.7.9. 2016다24424,244231).

08 3자간 등기명의신탁에 의한 등기가 유효기간 경과로 무효로 된 경우, 명의신탁자의 매도인에 대한 소유권이전등기청구권은 명의신탁자가 목적 부동산을 인도받아 점유하고 있다면 소멸시효가 진행되지 않는다. [변호 13, 사시 13]

해설 3자간 명의신탁약정과 그에 의한 등기가 무효로 되는 결과, 명의신탁된 부동산이 매도인 소유로 복귀하더라도 그들 사이의 매매계약은 유효하므로 명의신탁자는 매도인에 대하여 매매계약에 기한 소유권이전등기를 청구할 수 있고, 그 경우 목적 부동산을 인도받아 점유하고 있는 명의신탁자의 매도인에 대한 소유권이전등기청구권은 소멸시효가 진행되지 않는다(대판 2013.12.12. 2013다26647).

09 부동산의 매수인이 매매목적물인 부동산을 인도받아 사용·수익하다가 제3자에게 그 부동산을 처분하고 그 점유를 승계하여 준 경우, 매수인의 매도인에 대한 위 부동산에 관한 소유권이전등기청구권의 소멸시효는 진행되지 않는다(대판 1999.3.18. 전합98다32175).
[변호 15,16, 모의 13(1), 사시 06,07,12,13,15, 법행 08,12]

10 점유자가 취득시효기간의 만료로 일단 소유권이전등기청구권을 취득한 이상, 그 후 점유를 상실하였다고 하더라도 이를 시효이익의 포기로 볼 수 있는 경우가 아닌 한 이미 취득한 소유권이

전등기청구권이 바로 소멸되는 것은 아니나, 그 점유자가 점유를 상실한 때로부터 10년간 등기 청구권을 행사하지 아니하면 소멸시효가 완성된다(대판 1996.3.8. 95다34866).

[사시 05,09, 법행 07,12, 변리 04,08,09]

11 토지매매계약에 따라 소유권이 이전된 경우, 계약의 합의해제에 따른 매도인의 원상회복청구권 은 소멸시효의 대상이 되지 아니한다. [변호 14]

해설 "매매계약이 합의해제된 경우에도 매수인에게 이전되었던 소유권은 당연히 매도인에게 복귀하는 것이므로 합의해제에 따른 매도인의 원상회복청구권은 소유권에 기한 물권적 청구권이라고 할 것이고 이는 소멸시효의 대상이 되지 아니한다"(대판 1982.7.27. 80다2968).

12 소멸시효는 객관적으로 권리가 발생하여 그 권리를 행사할 수 있는 때로부터 진행하고 그 권리 를 행사할 수 없는 동안만은 진행하지 않는바, '권리를 행사할 수 없는' 경우라 함은 그 권리행 사에 법률상의 장애사유, 예컨대 기간의 미도래나 조건불성취 등이 있는 경우를 말하는 것이고, 사실상 권리의 존재나 권리행사 가능성을 알지 못하였고 알지 못함에 과실이 없다고 하여도 이 러한 사유는 법률상 장애사유에 해당하지 않는다(대판 2005.4.28. 2005다3113).

[모의 12(3),13(1),14(1),(2)유사, 사시 06,13, 법행 05,12]

13 청구권자가 권리의 발생 여부를 객관적으로 알기 어려운 상황에 있고 청구권자가 과실 없이 이를 알지 못한 경우에는, 청구권의 발생을 알았거나 알 수 있게 된 때로부터 소멸시효가 진행 된다(대판 2001.4.27. 2000다31168 ; 대판 2003.4.8. 2002다64957,64964). [사시 08, 법행 05,12, 변리 07]

14 동시이행의 항변권이 붙은 채권은 이행기부터 소멸시효가 진행한다(대판 1991.3.22. 90다9797).

[변호 15,16,17 모의 13(1)유사, 사시 07,12, 변리 05,12]

15 토지매매로 인한 소유권이전등기의무가 이행불능된 경우, 손해배상청구권의 소멸시효는 채무불 이행이 발생한 때로부터 진행한다. [모의 12(2),14(1)유사, 사시 12]

해설 채권이 '채무불이행'으로 인하여 손해배상청구권으로 바뀐 때에는, 그 동일성이 유지되므로 그 손해배상청 구권의 시효기간은 원채권의 시효기간에 따른다(통설, 대판 2010.9.9. 2010다28031). 문제는 그 기산점인데, 손 해배상청구권은 채무불이행시에 비로소 발생한 것인 만큼 채무불이행시부터 소멸시효가 진행한다(대판 1990.11.9. 90다카22513).

16 법인의 불법행위책임의 경우 기산점은 대표자가 안 날부터 기산될 것이나, 법인의 대표자가 법 인에 대해 불법행위를 한 경우에는 다른 임원 등이 안 때부터 기산하여야 한다. 만약 임원 등 이 법인 대표자와 공동불법행위를 한 경우에는 그 임원 등을 배제하고 단기소멸시효의 기산점 을 판단하여야 한다. [변호 14, 법행 15]

해설 법인의 불법행위책임(제35조 1항 1문)의 경우 기산점은 대표자가 안 날부터 기산될 것이나, 법인의 대표자 가 법인에 대해 불법행위를 한 경우에는 다른 임원 등이 안 때부터 기산하여야 한다(대판 2002.6.14. 2002다 11441). 만약 임원 등이 법인 대표자와 공동불법행위를 한 경우에는 그 임원 등을 배제하고 단기소멸시효 의 기산점을 판단하여야 한다(대판 2012.7.12. 2012다20475).

17 반환시기의 약정이 없는 소비대차계약상의 반환청구권은 대주가 최고를 할 수 있는 때로부터 상당기간이 경과한 때 시효가 진행한다.

해설 ※ 각종 권리에서 기산점

(1) 기한을 정한 채권

① '확정기한부 채권'은 그 기한이 도래한 때부터 소멸시효가 진행한다. ② '불확정기한부 채권'은 기한이 객관적으로 도래한 때이다.

(2) 기한을 정하지 않은 채권

기한을 정하지 않은 채권은 그 채권 성립(발생)시부터 시효가 진행한다. 그러나 최고 후 상당한 기간이 경과한 후에 청구할 수 있는 채권(제603조 2항)은 최고를 할 수 있는 때로부터 상당기간이 경과한 때 시효가 진행한다.

18 건설업을 하는 甲 주식회사가 공사에 투입한 인원이 공사 기간 중에 리조트의 객실과 식당을 사용한 데에 대한 사용료를 乙에게 매월 말 지급하기로 약정하였는데, 숙박료와 음식료로 구성되어 있는 위 리조트 사용료 채권의 소멸시효기간은 제164조 1호에 따라 1년이다. [20년 최신판례]

해설 이와 달리 민법 제163조 제1호의 '사용료 기타 1년 이내의 기간으로 정한 금전의 지급을 목적으로 한 채권'으로서 소멸시효기간이 3년이라고 본 원심판결을 파기한 사례(대판 2020.2.13. 2019다271012)

19 보험계약이 선량한 풍속 기타 사회질서에 반하여 무효인 경우 보험회사가 보험계약자 등을 상대로 이미 지급한 보험금의 반환을 구하는 청구권은 5년의 상사 소멸시효기간이 적용된다.

해설 이와 달리 공제회사가 선량한 풍속 기타 사회질서에 반하여 무효인 공제계약에 기초하여 지급한 공제금의 반환을 구하는 사안(이러한 사안에도 보험계약의 무효에 관한 법리가 그대로 적용된다. 상법 제664조 참조)에서 부당이득반환청구권의 소멸시효기간을 10년이라고 본 대법원 2016. 10. 27. 선고 2014다233596 판결은 이 판결의 견해에 배치되는 범위에서 이를 변경하기로 한다"(대판 2021.7.22. 전합2019다277812). [21년 최신판례]

20 2014. 1. 1. 甲의 소유인 건물에 화재가 발생하여 1층 임차인 乙과 2층 임차인 丙이 더 이상 임차건물을 사용수익할 수 없게 되었다. 이에 丙이 甲을 상대로 임대차계약상 수선의무 불이행을 원인으로 한 손해배상청구소송을 제기하여 2014. 12. 11. 甲의 손해배상책임을 인정하는 내용의 제1심판결이 선고되었으나, 이에 대하여 甲이 항소 및 상고를 제기하여 2016. 4. 15.에야 丙의 승소 판결이 확정되었다. 그 후 乙이 2019. 1. 11. 甲을 상대로 공작물책임을 원인으로 한 손해배상청구소송을 제기하였다면 甲은 소멸시효완성의 항변을 할 수 없다. [19년 최신판례]

해설 ※ 공작물 점유·소유자의 책임에 기한 손해배상 채권이 단기소멸시효완성으로 소멸하였는지와 관련하여, 소멸시효의 기산점이 관련사건의 제1심 판결 선고일인지, 상고심 판결 선고일인지 문제되는 사건(상고심 판결 선고일)

비록 丙의 손해배상청구권은 채무불이행에 따른 손해배상청구권이지만(제390조), 乙의 공작물책임에 따른 손해배상청구권(제758조)의 기초가 된 사건은 丙의 손해배상청구와 동일한 '건물화재'이다. 따라서 丙에 대한 소송이 확정된 때가 乙이 '손해 및 가해자를 현실적이고 구체적으로 인식한 날'이다(제766조 1항). 그러므로 丙의 소송이 확정된 2016. 4. 15.부터 아직 3년이 지나지 않은 2019. 1. 11.에는 乙은 불법행위에 따른 손해배상을 청구할 수 있다(대판 2019.12.13. 2019다259371).

제3관 소멸시효 중단과 시효완성

21

> 甲은 乙에게 변제기를 1987년 6월 2일로 정하여 1,000만원을 빌려 주었다. 乙의 채무에 대하여 丙은 甲과 연대보증계약을 체결하였고 丁은 자신의 부동산에 저당권을 설정하여 주었다. 1998년 7월 5일에 甲은 자신의 대여금채권을 행사하려고 한다. 甲의 乙에 대한 대여금 반환청구에 대하여 乙이 500만원을 변제하였다.

① 절대적 소멸설과 상대적 소멸설 어느 학설에 의하든 乙은 甲에게 500만원의 반환청구를 할 수 없다.

해설 ※ 시효완성 후 일부변제의 효과(일부변제의 반환청구 가부)

甲의 채권은 확정기한부 채권이므로 변제기 다음날인 1987.6.3.부터 소멸시효가 진행되어(제166조 1항, 제157조 본문) 10년 후인 1997.6.2. 24:00에 소멸시효가 완성되었다(제162조 1항). 시효완성 후에 乙이 500만원을 변제한 경우, 상대적 소멸설에서는 유효한 변제로 보며, 절대적 소멸설에서는 알고 변제한 경우 악의의 비채변제(제742조)로, 모르고 변제한 경우 도의관념에 적합한 변제(제744조)로 보아 양 학설 모두 반환청구가 부정된다.

② 乙이 소멸시효가 완성된 사실을 알고 500만원을 변제한 경우라면, 乙은 甲의 잔금지급청구를 거절할 수 없다. [변호 13, 법행 12]

해설 ※ 시효완성 후 일부변제의 효과(잔금지급의무의 존부)

乙이 소멸시효가 완성된 사실을 알고 일부변제한 경우라면, 乙의 채무의 일부변제는 시효이익의 포기(제184조 1항)로써 채무 전부에 미치므로 乙은 甲의 잔금지급청구를 거절할 수 없다.

"채무자가 소멸시효 완성 후 채무를 일부 변제한 때에는 그 액수에 관하여 다툼이 없는 한 그 채무 전체를 묵시적으로 승인한 것으로 보아야 하고, 이 경우 시효완성의 사실을 알고 그 이익을 포기한 것으로 추정된다"(대판 2001.6.12. 2001다3580).

③ 乙의 일부 변제는 시효이익의 포기가 되나, 주채무자의 항변포기는 보증인에게 효력이 없으므로 연대보증인 丙은 독자적으로 시효소멸을 원용할 수 있다. [사시 06, 법행 06,09,13, 변리 04]

해설 "주채무가 시효로 소멸한 때에는 보증인도 그 시효소멸을 원용할 수 있으며, 주채무자가 시효의 이익을 포기하더라도 보증인에게는 그 효력이 없다"(제433조 2항 ; 대판 1991.1.29. 89다카1114).

④ 만약 甲이 저당권을 실행하려 하자 丁이 변제기한유예요청을 한 경우라면, 나중에 丁은 저당권등기의 말소청구를 할 수 없다.

해설 기한의 유예를 요청한 경우 시효완성사실을 알고 그 이익을 포기한 것으로 추정된다(대판 1967.2.7. 66다2173).

⑤ 만약 戊가 채무자 乙의 일반채권자라면, 戊는 乙의 甲에 대한 채무의 시효소멸을 간접적으로라도 원용할 수 있다. [변호 17]

해설 소멸시효의 이익을 받겠다고 항변할 수 있는 자는 권리의 소멸에 의하여 '직접 이익을 받는 자'에 한정되는바, '채무자에 대한 일반채권자'는 자기의 채권을 보전하기 위하여 필요한 한도 내에서 채무자를 대위하여 소멸시효 주장을 할 수 있을 뿐 채권자의 지위에서 독자적으로 (다른 채권자의 채무자에 대한 채권에 대해) 소멸시효의 완성을 주장 할 수 없다(대판 1997.12.26. 97다22676).

22 소멸시효기간에 관한 주장에는 변론주의가 적용되지 않는다.

해설 "특정시점에서 당해 권리를 행사할 수 있었던 사실은 소멸시효의 기산점에 관한 사실로서 '주요사실'이므로 당사자가 주장하지 않은 때를 기산점으로 하여 소멸시효의 완성을 인정하게 되면 변론주의 원칙에 위배된다"(대판 1995.8.25. 94다35886). 그러나 "어떤 권리의 소멸시효기간이 얼마나 되는지에 관한 주장은 단순한 법률상의 주장에 불과하므로 변론주의의 적용대상이 되지 않고 법원이 직권으로 판단할 수 있다"(대판 2008.3.27. 2006다70929,70936).

23 기존 채권의 존재를 전제로 새로운 약정을 하고 그에 따른 권리를 재판상 청구의 방법으로 행사하였으나 새로운 약정이 무효로 되는 등의 사정으로 그에 근거한 권리행사가 저지된 경우에도, 기존 채권의 소멸시효는 새로운 약정에 의한 권리를 행사한 때에 중단되었다(대판 2016.10.27. 2016다25140). [최신판례]

24 인수참가인의 소송목적 양수 효력이 부정되어 인수참가인에 대한 청구기각 또는 소각하 판결이 확정된 날부터 6개월 내에 탈퇴원고가 다시 탈퇴 전과 같은 재판상의 청구 등을 한 때에도 탈퇴 전에 원고가 제기한 재판상의 청구로 인하여 발생한 시효중단의 효력은 그대로 유지된다(대판 2017.7.18. 2016다35789). [최신판례]

25 이미 사망한 자를 피고로 하여 제기된 소에 대해서 법원이 이를 간과하고 판결을 하여 결국 무효인 판결인 경우에는 민법 제170조 2항이 적용되지 않는다(대판 2014.2.27. 2013다94312). [법행 15]

26 甲이 소장에서 乙의 불법행위로 인한 손해배상청구를 하였다가 환송 후 원심에서 비로소 예금청구를 선택적 청구로 추가한 경우, 甲은 그 주장의 5억 원 상당 채권의 목적을 달성하기 위하여 불법행위 손해배상청구권과 예금청구권 중 선택에 따라 권리를 행사할 수 있으나, 甲이 乙을 상대로 손해배상청구의 소를 제기하였다고 하여 이로써 예금채권을 행사한 것으로 볼 수는 없으므로, 甲의 乙에 대한 예금채권 청구의 소멸시효가 중단될 수는 없다. [20년 최신판례]

해설 ※ 복수의 채권 간 소멸시효 중단의 법리
"채권자가 동일한 목적을 달성하기 위하여 복수의 채권을 갖고 있는 경우, 채권자로서는 그 선택에 따라 권리를 행사할 수 있되, 그 중 어느 하나의 청구를 한 것만으로는 다른 채권 그 자체를 행사한 것으로 볼 수는 없으므로, 특별한 사정이 없는 한 그 다른 채권에 대한 소멸시효 중단의 효력은 없다. 따라서 공동불법행위자에 대한 구상금 청구의 소 제기로 사무관리로 인한 비용상환청구권의 소멸시효가 중단될 수 없고(대판 2001.3.23. 2001다6145 판결 참조), 부당이득반환청구의 소 제기로 채무불이행으로 인한 손해배상청구권의 소멸시효가 중단될 수 없고(대판 2011.2.10. 2010다81285 판결 참조), 보험자대위에 기한 손해배상청구의 소를 제기하였더라도 양수금 청구의 소멸시효가 중단될 수는 없다"(대판 2020.3.26. 2018다221867).

27 제174조가 시효중단 사유로 규정하고 있는 최고를 여러 번 거듭하다가 재판상 청구 등을 한 경우에 시효중단의 효력은 항상 최초의 최고 시에 발생하는 것이 아니라 재판상 청구 등을 한 시점을 기준으로 하여 이로부터 소급하여 6월 이내에 한 최고 시에 발생한다(대판 2019.3.14. 2018두56435). [19년 최신판례]

28 92년 11월에 시효가 완성되는 甲의 乙에 대한 채권에 대해 甲의 최후통첩(최고)이 92년 7월에 있었으나, 채무를 이행하지 않자 92년 12월 甲이 乙에 대해 재판상 청구를 하였다. 그러나 당해 소가 '각하'되자, 93년 3월 적법요건을 갖추어 다시 재판상 청구를 한 경우 이미 甲의 乙에 대한 채권은 소멸시효가 완성되었다. [19년 최신판례]

해설 92년 7월 최고(제174조)가 있었고, 92년 12월 재판상 청구가 각하되었으므로 이 또한 최고로 볼 수 있다 (제170조 2항 및 위 判例 참고). 결국 사안과 같이 최고를 여러 번 거듭하다가 93년 3월 적법하게 재판상 청구를 한 경우, 이를 기준으로 하여 소급하여 6월 이내에 한 92년 12월의 최고만 시효중단사유로 인정될 수 있으므로, 이때에는 이미 소멸시효(92년 11월)가 완성 된 후이다(대판 2019.3.14. 2018두56435).

29 채무자가 제3채무자를 상대로 제기한 금전채권의 이행소송이 압류 및 추심명령에 따른 당사자 적격의 상실로 각하되었으나 이행소송 계속 중 피압류채권에 대하여 당사자적격을 취득한 추심 채권자가 각하판결이 확정된 날로부터 6개월 내에 제3채무자를 상대로 추심의 소를 제기한 경 우, 채무자의 재판상 청구에 따른 시효중단의 효력이 추심채권자의 추심소송에서 그대로 유지된 다.　　　[19년 최신판례]

해설 "채무자가 권리주체의 지위에서 한 시효중단의 효력은 집행법원의 수권에 따라 피압류채권에 대한 추심권 능을 부여받아 일종의 추심기관으로서 그 채권을 추심하는 추심채권자에게도 미친다(대판 2019.7.25. 2019다 212945).

> **비교판례** ※ 최고로서 경매신청, 압류 또는 가압류
> 채권자가 채무자의 제3채무자에 대한 채권을 압류 또는 가압류한 경우 채권자의 채무자에 대한 채 권은 압류에 따른 시효중단의 효력이 확정적으로 발생하나, 이와 달리 압류의 대상인 채무자의 제3채 무자에 대한 채권은 확정적 시효중단이 되는 것은 아니고 다만 채권자가 채무자의 제3채무자에 대한 채권 에 관한 압류 및 추심명령을 받아 그 결정이 제3채무자에게 송달이 되었다면 채무자의 제3채무자 에 대한 채권은 최고로서의 효력에 의해 시효중단이 된다(대판 2003.5.13. 2003다16238).

30 甲회사는 乙은행으로부터 변제기를 1993.3.12.로 정하여 금전을 대여받았는데, 이 대여금채무 에 대해서 丙이 연대보증을 하였다. 丙은 1996.4.13. 사망하였고 상속인으로는 子 丁이 있었는 데, 丁은 이러한 사정을 알면서도 丙의 사망신고를 하지 않았고 상속부동산에 관하여 상속등 기를 마치지도 않았다. 그 후 乙은행은 1996.8.20. 甲회사를 상대로 위 대여금의 반환을 구하 는 소를 제기하여 승소판결을 받았고, 그 판결은 1997.12.14. 그대로 확정되기에 이르렀다. 그 뒤 乙은행은 위 대출금을 회수하지 못하자 채권확보를 위하여 2001.8.4. 丙이 사망한 것을 모 르고 丙을 상대로 하여 丙 명의로 남아 있는 부동산에 관하여 가압류를 신청하였고, 이에 법 원은 2001.8.18. 丙을 피신청인으로 하여 가압류결정을 하였으며, 그 무렵 위 부동산에 관하여 가압류등기까지 마쳐졌다. 2003.6.1. 현재 丁은 乙에 대한 연대보증채무가 시효로 소멸하였다 고 주장하고 있다(단, 甲회사의 대출금채무와 丙의 연대보증채무는 상법 제64조 본문에 의하 여 5년의 소멸시효에 걸린다고 전제한다). 　　　　　　　　　　[대판 2006.8.24. 2004다26287변형]

㉠ 채권자 乙이 주채무자 甲을 상대로 소를 제기함에 따라 丙의 연대보증채무의 시효도 중단된 다(제440조). 　　　　　　　　　　　　　　　　　　　　　　　　　　　　　　　　　　[사시 08, 변리 04]

㉡ 甲회사의 대출금채무의 소멸시효기간은 판결 확정일인 1997.12.14.부터 10년으로 연장된다(제 178조 2항, 제165조 1항). 　　　　　　　　　　　　　　　　　　　　　　　　　　　　　　　[사시 15]

㉢ 丁의 연대보증채무는 중단된 시효가 판결 확정일인 1997.12.14.부터 새로이 진행하는데, 그 소멸시효기간은 10년으로 연장되지 않고 원래대로 5년의 소멸시효기간이 적용된다. [모의 14(2)]

해설 제440조의 의미는 '보증채무의 부종성'에 기인한 것이라기보다는 '채권자보호를 위한 특별규정'으로서, 보증 인에 대한 별도의 시효중단조치가 불필요함을 의미하는 것일 뿐 중단된 이후의 시효기간까지도 당연

히 보증인에게 효력이 미친다는 취지는 아니라는 것을 들고 있다(대판 1986.11.25. 86다카1569).

☞ 따라서 丁의 연대보증채무는 2002.12.14. 24:00에 시효가 소멸된다.

> **비교판례** 이와 비교하여 담보목적물의 제3취득자 또는 물상보증인은 채권자에게 채무자의 채무와는 별개의 독립된 채무를 부담하는 것이 아니라 단지 채무자의 채무를 변제할 책임을 부담한다. 따라서 채권에 관하여 소멸시효가 중단되거나 소멸시효기간이 제165조에 따라 연장되더라도 그 효과가 그대로 미친다(대판 2009.9.24. 2009다39530).

31 채권자대위의 소가 피보전권리의 부존재를 이유로 각하된 경우에도 그때부터 6월 이내에 채무자가 제3채무자를 상대로 피대위권리에 관한 재판상 청구 등을 하면 시효는 최초의 재판상 청구로 인하여 중단된다.　　　　　　　　　　　　　　　　　　　　　　　　　　　　[법행 14]

해설 "채권자대위권 행사의 효과는 채무자에게 귀속되는 것이므로 채권자대위소송의 제기로 인한 소멸시효 중단의 효과 역시 채무자에게 생긴다"(대판 2011.10.13. 2010다80930).

32 채권자 丙이 제3채무자 乙에게 채권자대위권에 기해 청구를 하다가 피대위채권 자체를 채무자 甲으로부터 양수받아 양수금청구로 소를 변경한 경우, 대위권행사에 의한 시효중단은 이로 인하여 소멸하지 않는다(제169조 ; 대판 2010.6.24. 2010다17284).　　　　　　　　　[변호 14, 사시 16]

33 甲이 乙로부터 금원을 차용하면서 그 담보를 위하여 乙에게 A토지에 관한 소유권이전청구권 보전을 위한 가등기를 경료하여 준 후, 甲이 丙에게 A토지를 매도하여 그 소유권이전등기를 경료하여 주었는데, 그 후 위 가등기로 담보된 위 채권이 시효소멸하였다면, 丙은 甲을 대위하지 않고서도 乙에 대하여 위 채권의 시효소멸을 주장할 수 있다.　　　　　　　　[변호 17,18유새]

해설 ※ 소멸시효 완성을 주장할 수 있는 자의 범위
判例는 소멸시효의 완성을 원용할 수 있는 자는 권리의 소멸에 의하여 직접 이익을 받는 자에 한정된다고 한다(대판 1995.7.11. 95다12446). 判例는 ⅰ) 채무자뿐만 아니라 ⅱ) 물상보증인(대판 2004.1.16. 2003다30890), ⅲ) 담보물의 제3취득자(대판 1995.7.11. 95다12446)는 채권자에 대하여 물적 유한책임을 지고 있어 그 피담보채권의 소멸에 의해 직접 이익을 받는 관계에 있으므로 소멸시효의 완성을 주장할 수 있다고 한다(즉 피담보채무의 부존재 또는 소멸을 이유로 저당권설정등기의 말소를 청구할 수 있다).

34 물상보증인은 피담보채권에 대한 소멸시효의 완성을 주장할 수 있고, 물상보증인의 채권자도 물상보증인을 대위하여 피담보채권의 시효소멸을 주장할 수 있다(대판 2018.11.9. 2018다38782).
　　　　　　　　　　　　　　　　　　　　　　　　　　　[18년 최신판례, 20모의(1)]

35 소멸시효가 완성된 채무를 피담보채무로 하는 근저당권이 실행되어 채무자 소유의 부동산이 경락되고 대금이 배당되어 채무의 일부 변제에 충당될 때까지 채무자가 이의를 제기하지 아니한 경우 채무자가 시효의 이익을 묵시적으로 포기한 것으로 볼 수 있기는 하다. 그러나 다만 이때 채무자의 다른 채권자가 이의를 제기하고 채무자를 대위하여 소멸시효 완성의 주장을 원용하는 경우에는 시효의 이익을 묵시적으로 포기한 것으로 볼 수 없다.　　　　[민법표준판례, 18모의(3)]

해설 "소멸시효가 완성된 경우 채무자에 대한 일반채권자는 채권자의 지위에서 독자적으로 소멸시효의 주장을 할 수는 없지만 자기의 채권을 보전하기 위하여 필요한 한도 내에서 채무자를 대위하여 소멸시효 주장을 할 수 있으므로 채무자가 배당절차에서 이의를 제기하지 아니하였다고 하더라도 채무자의 다른 채권자가 이의를 제기하고 채무자를 대위하여 소멸시효 완성의 주장을 원용하였다면, 시효의 이익을 묵시적으로 포기한 것으로 볼 수 없다"(대판 2017.7.11. 2014다32458).

36 민법 제163조 각 호의 단기소멸시효에 해당하는 주채무의 소멸시효기간이 확정판결에 의하여 10년으로 연장된 상태에서 주채무를 보증한 경우, 특별한 사정이 없는 한 보증채무에 대하여는 민법 제163조 각 호의 단기소멸시효가 적용될 여지가 없고, 성질에 따라 보증인에 대한 채권이 민사채권인 경우에는 10년, 상사채권인 경우에는 5년의 소멸시효기간이 적용된다(대판 2014.6.12. 2011다76105). [최신판례, 모의 15(2), 법행 15]

37 국가가 국유재산의 무단점유자에 대하여 변상금부과·징수권을 행사함으로써 부당이득반환청구권의 소멸시효도 중단된다고 할 수 없다. [최신판례]

> 해설 "변상금 부과·징수권이 민사상 부당이득반환청구권과 법적 성질을 달리하는 별개의 권리인 이상 원고가 변상금 부과·징수권을 행사하였다 하더라도 이로써 민사상 부당이득반환청구권의 소멸시효가 중단된다고 할 수 없다"(대판 2014.9.4. 2013다3576).

38 채무자가 아닌 제3자가 채무자의 동산을 점유하고 있는 경우, 동산에 관한 인도청구권을 가압류하는 방법으로 가압류집행을 할 수 있고, 이 경우 가압류 효력의 발생시기는 가압류명령이 제3자에게 송달된 때이나, 가압류로 인한 소멸시효 중단의 효력은 가압류 신청시에 소급하여 발생한다(대판 2017.4.7. 2016다35451). [최신판례]

39 집행채권의 소멸시효가 채무자의 채권에 대한 압류로 중단된 후, 그 피압류채권이 소멸하면 집행채권의 소멸시효는 그때부터 다시 진행한다(대판 2017.4.28. 2016다239840). [최신판례]

40 집합건물의 관리를 위임받은 甲 주식회사가 구분소유자 乙을 상대로 관리비 지급을 구하는 소를 제기하여 승소판결을 받음으로써 乙의 체납관리비 납부의무의 소멸시효가 중단되었는데, 그 후 丙이 임의경매절차에서 위 구분소유권을 취득한 경우 시효중단의 효력이 丙에게도 미친다(제169조 ; 대판 2015.5.28. 2014다81474). [최신판례]

41 부진정연대채무에서 채무자 1인에 대한 재판상 청구 또는 채무자 1인이 행한 채무의 승인 등 소멸시효의 중단사유나 시효이익의 포기는 다른 채무자에게 효력을 미치지 않는다(제169조, 제416조 참조 ; 대판 2017.9.12. 2017다865). [최신판례]

42 소송고지의 요건이 갖추어진 경우에 그 소송고지서에 고지자가 피고지자에 대하여 채무의 이행을 청구하는 의사가 표명되어 있으면 제174조 소정의 최고로서의 효력이 인정되는바, 당사자가 소송고지서를 '법원에 제출한 때'에 시효중단의 효력이 발생한다. 아울러 당해 소송이 계속 중인 동안은 최고에 의하여 권리를 행사하고 있는 상태가 지속되고 있는 것으로서, 민법 제174조에 규정된 6개월의 기간은 '당해 소송이 종료된 때'(소송고지서를 제출한 때가 아님)로부터 기산하여야 한다(대판 2015.5.14. 2014다16494). [최신판례]

43 유체동산에 대한 가압류결정을 받았으나 집행절차에 착수하지 않은 경우에는 가압류에 의한 시효중단의 효력이 없으므로 임차인 甲이 임대인 乙에 대하여 임대차계약기간 만료일로부터 10년이 경과한 시점에 임대차보증금반환을 구하는 소를 제기한 경우, 乙의 甲에 대한 임대차보증금반환채무는 시효로 소멸하였고 甲이 乙소유의 '유체동산'에 대한 가압류결정을 받은 사실만으로는 가압류 집행보전의 효력이 존속하지 않는 한 시효가 중단되지 않는다. [최신판례]

> 해설 소멸시효는 압류, 가압류 또는 가처분으로 인하여 중단되는바(제168조 2호), 이러한 가압류 등은 집행되면 그 '집행을 신청한 때'에 소급하여 시효중단의 효력이 발생한다(통설, 대판 2017.4.7. 2016다35451). 가압류 등으로 시효가 중단되기 위해서는 ⅰ) 가압류 등이 집행될 것, ⅱ) 유효할 것, ⅲ) 취소되지 않을 것, ⅳ) 시효

이익을 받을 자에게 할 것을 요한다.

집행의 신청이 있었어도 채무자의 주소불명 등으로 '집행에 착수하지 못한 때'에는 시효중단의 효과가 소급적으로 소멸된다(대판 2010.10.14. 2010다53273). 그리고, '집행에 착수한 이상' (압류할 물건 등이 없어서) 집행불능상태가 된 경우에도 집행을 신청한 때 시효중단의 효력은 인정된다(대판 2001.7.27. 2001두3365). 또한 이 경우에는 '집행절차가 종료된 때'부터 시효가 새로이 진행된다(대판 2011.5.13. 2011다10044 ; 이와 비교하여 실제로 집행이 된 경우는 가압류집행보전의 효력이 존속하는 동안은 시효중단의 효력이 계속된다(대판 2000.4.25. 2000다11102 등)].

[참고] 가압류집행절차는 ⅰ) 가압류신청(집행신청)→ ⅱ) 가압류결정(집행개시)→ ⅲ) 가압류착수(집행착수 또는 집행절차개시)이다.

44 소장에서 청구의 대상으로 삼은 금전채권 중 일부만을 청구하면서 소송의 진행경과에 따라 나머지 부분에 대하여 장차 청구금액을 확장할 뜻을 표시하였으나 당해 소송이 종료될 때까지 실제로 청구금액을 확장하지 않은 경우, 나머지 부분에 대하여는 재판상 청구로 인한 시효중단의 효력이 발생하지는 않지만 특별한 사정이 없는 한 소송이 계속 중인 동안에는 최고에 의한 권리행사가 지속되는 것으로 볼 수 있으므로, 채권자는 '당해 소송이 종료된 때'부터 6월 내에 민법 제174조에서 정한 조치를 취함으로써 나머지 부분에 대한 소멸시효를 중단시킬 수 있다(대판 2020.2.6. 2019다223723). [21년 변호, 20년 최신판례]

45 소장에서 청구의 대상으로 삼은 채권 중 일부만을 청구하면서 소송의 진행경과에 따라 장차 청구금액을 확장할 뜻을 표시하였더라도 그 후 채권의 특정 부분을 청구범위에서 명시적으로 제외하였다면, 그 부분에 대하여는 애초부터 소의 제기가 없었던 것과 마찬가지이므로 재판상 청구로 인한 시효중단의 효력이 발생하지 않는다(대판 2021.6.10. 2108다44114). [21년 최신판례]

46 임대인이 임대차 존속 중 이미 소멸시효가 완성된 구상금채권을 자동채권으로 삼아 임차인의 유익비상환채권과 상계하는 것은 민법 제495조에 의하더라도 인정될 수 없다. [21년 최신판례]

해설 "민법 제495조가 적용되기 위하여는 '자동채권의 소멸시효 완성 전에 양 채권이 상계적상에 이르렀을 것'을 요건으로 하고, 민법 제626조 제2항은 임차인이 유익비를 지출한 경우에는 임대인은 임대차 종료 시에 그 가액의 증가가 현존한 때에 한하여 임차인의 지출한 금액이나 그 증가액을 상환하여야 한다고 규정하고 있으므로, 임차인의 유익비상환채권은 임대차계약이 종료한 때에 비로소 발생한다고 보아야 한다. 따라서 임대차 존속 중 임대인의 구상금채권의 소멸시효가 완성된 경우에는 위 구상금채권과 임차인의 유익비상환채권이 상계할 수 있는 상태에 있었다고 할 수 없으므로, 그 이후에 임대인이 이미 소멸시효가 완성된 구상금채권을 자동채권으로 삼아 임차인의 유익비상환채권과 상계하는 것은 민법 제495조에 의하더라도 인정될 수 없다"(대판 2021.2.10. 2017다258787).

제4관 소멸시효이익의 포기

47 원금채무는 소멸시효가 완성되지 않았으나 이자채무의 소멸시효가 완성된 상태에서 채무자가 채무를 일부 변제한 경우, 채무자의 변제가 채무 전체를 소멸시키지 못하고 당사자가 변제에 충당할 채무를 지정하지 아니한 때에는 이자의 일부에 충당된다. [변리 14]

해설 ※ 이자채무의 시효소멸과 일부변제

判例에 따르면 "원금채무는 소멸시효가 완성되지 않았으나 이자채무의 소멸시효가 완성된 상태에서 채무자가 채무를 일부 변제한 경우, 원금채무를 승인하고 이자채무의 시효이익을 포기한 것으로 추정되므로, 채무자의 변제가 채무 전체를 소멸시키지 못하고 당사자가 변제에 충당할 채무를 지정하지 아니한 때에는 제479조, 제477조에 따른 법정변제충당의 순서에 따라 충당되어야 한다"(대판 2013.5.23. 2013다12464)고 한다. 따라서 다른 사정이 없다면 일부변제한 것으로는 원본에 앞서 이자에 먼저 충당하며, 이행기가 도래한 이자 중에는 이행기가 먼저 도래한 순서에 따라 충당될 것이어서(제477조 3호 참조) 결국 먼저 시효로 소멸한 이자에 우선 충당하게 될 것이다.

48 시효이익의 포기에는 '효과의사'가 필요하므로, '관념의 통지'로 효과의사가 필요하지 않는 시효 중단사유로서의 승인과 다르며, 따라서 채무승인만으로 언제나 시효이익의 포기가 되는 것은 아니다(대판 2013.2.28. 2011다21556 ; 아래 지문 참고). [최신판례, 변호 17]

49 상계항변이 먼저 이루어지고 그 후 대여금채권의 소멸을 주장하는 소멸시효항변이 있는 경우, 상계항변 당시 채무자에게 수동채권인 대여금채권의 시효이익 포기로서 승인이 있었다고 할 수 없다. [최신판례, 변호 17]

해설 "소송에서의 상계항변은 일반적으로 소송상의 공격방어방법으로 피고의 금전지급의무가 인정되는 경우 자동채권으로 상계를 한다는 예비적 항변의 성격을 갖는다. 따라서 상계항변이 먼저 이루어지고 그 후 대여금채권의 소멸을 주장하는 소멸시효항변이 있었던 경우에, 상계항변 당시 채무자인 피고에게 수동채권인 대여금채권의 시효이익을 포기하려는 효과의사가 있었다고 단정할 수 없다"(대판 2013.2.28. 2011다21556).

50 A는 1992년 B로부터 5천만원을 차용하면서 그 담보로 A 소유 부동산에 대해 B 앞으로 제1근저당권을 설정해 주었다. 그 후 (이 채권의 소멸시효기간 10년이 지난 때인) 2004년에 A는 위 차용금채무의 이자를 3천만 원으로 확정하고, 이를 담보하기 위해 위 부동산에 대해 B 앞으로 제2근저당권을 설정해 주었다. 2013년에 C는 A로부터 위 부동산을 매수하여 소유권을 취득한 후, B를 상대로 근저당권의 피담보채권이 소멸시효로 인해 소멸하였다는 것을 이유로 제1, 제2근저당권의 말소를 청구할 수 없다. [최신판례, 변호 17]

해설 ※ 시효이익 포기의 상대적 효력의 제한법리

"소멸시효 이익의 포기는 상대적 효과가 있을 뿐이어서 다른 사람에게는 영향을 미치지 아니함이 원칙이나, 소멸시효 이익의 포기 당시에는 권리의 소멸에 의하여 직접 이익을 받을 수 있는 이해관계를 맺은 적이 없다가 나중에 시효이익을 이미 포기한 자와의 법률관계를 통하여 비로소 시효이익을 원용할 이해관계를 형성한 자는 이미 이루어진 시효이익 포기의 효력을 부정할 수 없다"(대판 2015.6.11. 2015다200227). ☞ A가 B 앞으로 제2근저당권을 설정해 준 것은 소멸시효의 이익을 포기한 것으로 볼 수 있는데, 이 효력은 C에게도 미쳐 C는 독자적으로 소멸시효를 주장할 수 없다.

21.6.1.~22.7.15. 민법총칙 최신판례

1 어떤 토지가 그 개설경위를 불문하고 일반 공중의 통행에 공용되는 도로, 즉 공로가 되면 그 부지의 소유권 행사는 제약을 받게 되며, 이는 소유자가 수인하여야만 하는 재산권의 사회적 제약에 해당한다. 따라서 공로 부지의 소유자가 이를 점유·관리하는 지방자치단체를 상대로 공로로 제공된 도로의 철거, 점유 이전 또는 통행금지를 청구하는 것은 법질서상 원칙적으로 허용될 수 없는 '권리남용'이라고 보아야 한다. 22년 법행 대판 2021.10.14. 2021다242154

2 사정변경에 대한 예견가능성이 있었는지는 추상적·일반적으로 판단할 것이 아니라, 구체적인 사안에서 여러 사정을 종합적으로 고려하여 개별적으로 판단하여야 한다. 이때 합리적인 사람의 입장에서 볼 때 당사자들이 사정변경을 예견했다면 계약을 체결하지 않거나 다른 내용으로 체결했을 것이라고 기대되는 경우 특별한 사정이 없는 한 예견가능성이 없다고 볼 수 있다. 대판 2021.6.30. 2019다276338

3 성년후견이나 한정후견 개시의 청구가 있는 경우 가정법원은 청구 취지와 원인, 본인의 의사, 성년후견제도와 한정후견제도의 목적 등을 고려하여 어느 쪽의 보호를 주는 것이 적절한지를 결정하고, 그에 따라 필요하다고 판단하는 절차를 결정해야 한다. 따라서 '한정후견'의 개시를 청구한 사건에서 의사의 감정결과 등에 비추어 '성년후견' 개시의 요건을 충족하고 본인도 성년후견의 개시를 희망한다면 법원이 성년후견을 개시할 수 있고, '성년후견' 개시를 청구하고 있더라도 필요하다면 '한정후견'을 개시할 수 있다. 즉, 후견심판에서 법원은 청구취지에 기속되지 않는다. 대결 2021.6.10. 2020스596

3-1 피성년후견인이나 피한정후견인이 될 사람의 정신상태를 판단할 만한 다른 충분한 자료가 있는 경우에는 가정법원은 의사의 감정이 없더라도 성년후견이나 한정후견을 개시할 수 있다. 대결 2021.6.10. 2020스596

4 민법 제781조 제6항에 따라 자녀의 복리를 위하여 자녀의 성과 본을 변경할 필요가 있어 자녀의 성과 본이 모의 성과 본으로 변경되었을 경우, 성년인 그 자녀는 모가 속한 종중의 공동선조와 성과 본을 같이 하는 후손으로서 당연히 종중의 구성원이 된다. 대판 2022.5.26. 2017다260940
"종중이 자연발생적 종족집단이기는 하나 종래 관습법에서도 입양된 양자가 양부가 속한 종중의 종원이 되는 등 종중 구성원의 변동이 허용되었으므로, 모의 성과 본을 따르게 되어 모가 속한 종중의 구성원이 되었다고 하더라도 이를 가지고 종원 자격이 인위적으로 변동된 것이라고 볼 수 없다"

5 민법 제766조 1항의 손해를 안다는 것은 현실로 손해가 발생한 것을 안 경우뿐만 아니라 손해 발생을 예견할 수 있을 때를 포함한다. 대판 2021.7.29. 2016다11257

5-1 일반적으로 상해의 피해자는 상해를 입었을 때 그 손해를 알았다고 보아야 할 것이지만, 그 후 후유증 등으로 불법행위 당시에는 전혀 예견할 수 없었던 새로운 손해가 발생하였다거나 예상 외로 손해가 확대된 경우에는 그러한 사유가 판명된 때에 새로이 발생하거나 확대된 손해를 알았다고 보아야 한다. 이와 같이 새로이 발생하거나 확대된 손해 부분에 대해서는 그러한 사유가 판명된 때부터 민법 제766조 제1항에서 정한 소멸시효기간이 진행된다. 대판 2021.7.29. 2016다11257

5-2 B는 미성년자인 A에게 성폭력을 행사하였고, A는 성년에 도달한 날로부터는 3년이 경과하였으나 B의 위 성폭력행위에 관한 형사사건의 제1심판결 선고일로부터는 3년이 경과하기 전의 시점에 손해배상을 청구하는 소를 제기하였다. 이 경우 불법행위로 인한 손해배상청구권의 단기소멸시효는 관련 형사재판의 제1심판결 선고일부터 진행된다. 대판 2021.7.29. 2016다11257

6 시효완성 전에 채무의 일부를 변제한 경우에는 그 수액에 관하여 다툼이 없는 한 채무 승인으로서의 효력이 있어 채무 전부에 관하여 시효중단의 효력이 발생하고, 이는 채무자가 시효완성 전에 채무의 일부를 상계한 경우에도 마찬가지로 볼 수 있다. 대판 2022.5.26. 2021다271732

★ 상사채권의 소멸시효

1) 일방적 상행위, 보조적 상행위

상행위로 생긴 채권의 소멸시효기간은 5년이다(상법 제64조 본문). 다만, 다른 법령에 5년보다 단기의 시효의 규정이 있는 때에는 그 규정에 의한다(상법 제64조 단서). 이는 당사자 일방에 대하여만 상행위에 해당하는 행위로 인한 채권에도 적용되고(대판 2006.4.27. 2006다1381), 상인이 영업을 위하여 하는 보조적 상행위도 적용된다(대판 2000.8.2. 2000다19922).

① **[5년]** ㉠ 예컨대 여관을 경영하던 甲이 여관을 신축하기 위하여 친구 乙로부터 돈을 빌린 경우 이 대여금채권은 상사채권에 해당하여 5년의 소멸시효에 걸린다. ㉡ 또한 判例는 "기부자가 상인인 경우 지방자치단체와 그 기부자 사이에 체결된 기부채납 약정은 상인이 영업을 위하여 한 '보조적 상행위'에 해당하므로, 그러한 기부채납 약정에 근거한 채권에는 5년의 상사 소멸시효기간이 적용된다"(대판 2022.4.28. 2019다272053)고 한다.

② **[10년]** 그러나 ㉠ "사용자가 상인으로서 영업을 위하여 근로자와 체결하는 근로계약이 보조적 상행위에 해당하더라도 사용자가 근로계약에 수반되는 신의칙상의 부수적 의무인 보호의무를 위반하여 근로자에게 손해를 입힘으로써 발생한 근로자의 손해배상청구와 관련된 법률관계는 근로자의 생명, 신체, 건강 침해 등으로 인한 손해의 전보에 관한 것으로서 그 성질상 정형적이고 신속하게 해결할 필요가 있다고 보기 어렵다. 따라서 근로계약상 보호의무 위반에 따른 근로자의 손해배상청구권은 특별한 사정이 없는 한 10년의 민사 소멸시효기간이 적용된다"(대판 2021.8.19. 2018다270876). ㉡ 이는 반대로 근로자의 근로계약상의 주의의무 위반으로 인한 사용자의 손해배상청구권도 위와 동일한 취지에서 10년의 민사 소멸시효기간이 적용된다(대판 2005.11.10. 2004다22742).

2) 손해배상청구권, 원상회복청구권

① **[5년]** 은행이 그 영업행위로서 한 대출금에 대한 변제기 이후의 지연손해금과 같이 상행위로 인해 생긴 채무불이행으로 인한 손해배상청구권은 원칙적으로 상사시효가 적용된다(대판 1979.11.13. 79다1453).

② **[5년]** 상행위인 계약의 해제로 인한 원상회복청구권 또한 상사시효가 적용된다(대판 1993.9.14. 93다21569).

3) 부당이득반환청구권

상행위인 계약의 무효로 인한 부당이득반환청구권은 제741조의 부당이득 규정에 따라 발생한 것으로서 특별한 사정이 없는 한 제162조 1항이 정하는 10년의 민사 소멸시효기간이 적용된다. 다만 부당이득반환청구권이 상행위인 계약에 기초하여 이루어진 급부 자체의 반환을 구하는 것으로서 법률관계를 상거래 관계와 같은 정도로 신속하게 해결할 필요성이 있는 경우 등에는 상법 제64조가 정하는 5년의 상사 소멸시효기간이 적용되거나 유추적용된다(대판 2021.7.22. 전합2019다277812). 그리고 이러한 법리는 상행위인 계약의 불성립으로 인한 부당이득반환청구권에도 그대로 적용된다(대판 2021.9.9. 2020다299122).

① [10년] 그리하여 ㉠ 예컨대 '상사계약의 만료에 따른 부당이득반환채권'은 상거래 관계에서와 같이 신속하게 해결할 필요성이 있는 것이 아니므로 특별한 사정이 없는 한 10년의 민사소멸시효가 적용된다고 한다(대판 2012.5.10. 2012다4633). ㉡ 이익의 배당이나 중간배당도 회사가 획득한 이익을 내부적으로 주주에게 분배하는 행위로서 회사가 영업으로 또는 영업을 위하여 하는 상행위가 아니므로 배당금지급청구권은 상법 제64조가 적용되는 상행위로 인한 채권이라고 볼 수 없고, 위법배당에 따른 부당이득반환청구권 역시 근본적으로 상행위에 기초하여 발생한 것이라고 볼 수 없으므로 10년의 민사소멸시효에 걸린다(대판 2021.6.24. 2020다208621 : 11회 선택형).

② [5년] 반면, ㉠ 보험계약이 선량한 풍속 기타 사회질서에 반하여 무효인 경우 보험회사가 보험계약자 등을 상대로 이미 지급한 보험금의 반환을 구하는 청구권은 5년의 상사 소멸시효기간이 적용된다(대판 2021.7.22. 전합2019다277812). ㉡ 또한 입원치료의 필요성이 없는데도 그 필요성을 가장하여 보험금을 받은 경우, 보험회사가 보험수익자를 상대로 이미 지급한 보험금의 반환을 구하는 부당이득반환청구권은 5년의 상사 소멸시효기간이 적용된다(대판 2021.8.19. 2019다269354).

★ 제한능력자가 피해자인 경우 소멸시효

불법행위의 피해자가 미성년자로 행위능력이 제한된 자인 경우에는 그 법정대리인이 손해 및 가해자를 알아야 소멸시효가 진행한다(대판 2010.2.11. 2009다79897 : 7회 선택형).
다만 미성년자가 성폭력, 성추행, 성희롱, 그 밖의 성적(性的) 침해를 당한 경우에 이로 인한 손해배상청구권의 소멸시효는 그가 성년이 될 때까지는 진행되지 아니한다(제766조 3항, 2020.10.20. 신설). 이와 관련하여 예컨대 B는 미성년자인 A에게 성폭력을 행사하였고, A는 성년에 도달한 날로부터는 3년이 경과하였으나 B의 위 성폭력 행위에 관한 형사사건의 제1심판결 선고일로부터는 3년이 경과하기 전의 시점에 손해배상을 청구하는 소를 제기하였다면 判例는 이 경우 불법행위로 인한 손해배상청구권의 단기소멸시효는 관련 형사재판의 제1심판결 선고일부터 진행된다고 한다(대판 2022.6.30. 2022다206384).

★ 일부청구와 소멸시효

① 일부의 청구(특히 일부를 특정하고 일부청구임을 명시하여 청구한 경우)는 나머지 부분에 대한 시효중단의 효력이 없다는 것이 判例의 기본적인 입장이다(대판 1967.5.23. 67다529).

② 그러나 비록 일부만을 청구한 경우에도 그 취지로 보아 채권 전부에 관하여 판결을 구하는 것으로 해석되는 경우에는 그 전부에 대해 시효중단의 효력이 발생한다(대판 1992.4.10. 91다43695). 다만, "소장에서 청구의 대상으로 삼은 채권 중 일부만을 청구하면서 소송의 진행경과에 따라 장차 청구금액을 확장할 뜻을 표시하였더라도 그 후 채권의 특정 부분을 청구범위에서 명시적으로 제외하였다면, 그 부분에 대하여는 애초부터 소의 제기가 없었던 것과 마찬가지이므로 재판상 청구로 인한 시효중단의 효력이 발생하지 않는다"(대판 2021.6.10. 2018다44114).

③ 또한 "소장에서 청구의 대상으로 삼은 채권 중 일부만을 청구하면서 소송의 진행경과에 따라 장차 청구금액을 확장할 뜻을 표시하였으나 당해 소송이 종료될 때까지 실제로 청구금액을 확장하지 않은 경우에는 소송의 경과에 비추어 볼 때 채권 전부에 관하여 판결을 구한 것으로 볼 수 없으므로, 나머지 부분에 대하여는 재판상 청구로 인한 시효중단의 효력이 발생하지 아니한다. 그러나 이와 같은 경우에도 소를 제기하면서 장차 청구금액을 확장할 뜻을 표시한 채권자로서는 장래에 나머지 부분을 청구할 의사를 가지고 있는 것이 일반적이라고 할 것이므로, 특별한 사정이 없는 한 당해 소송이 계속 중인 동안에는 나머지 부분에 대하여 권리를 행사하겠다는 의사가 표명되어 '최고'에 의해 권리를 행사하고 있는 상태가 지속되고 있는 것으로 보아야 하고, 채권자는 당해 소송이 종료된 때부터 6월 내에 민법 제174조에서 정한 조치를 취함으로써 나머지 부분에 대한 소멸시효를 중단시킬 수 있다"(대판 2020.2.6. 2019다223723 : 10회 선택형).

[구체적 예] 丁에 대해 각 2억 원의 집행채권을 가지고 있는 추심채권자 甲과 乙이 丁에 대해 2억 원의 채무(피압류채권)를 지고 있는 제3채무자인 丙을 상대로 추심금 청구의 소(선행소송)를 제기하면서, 각자 채권액 비율로 안분한 1억 원의 추심금만 청구하였는데, 甲의 청구는 인용되고 乙의 청구가 기각되자, 甲이 선행소송에서 기각된 나머지 피압류채권 부분(선행소송에서 乙의 청구금액에 해당하는 부분) 1억 원에 대하여 소멸시효기간 도과 후 재차 추심금 청구의 소(후행소송)를 제기한 경우, 甲이 선행소송에서 잔부 채권 1억 원까지 권리행사를 하였다고 볼 여지가 있더라도, 실제 잔부 채권을 청구하지는 않은 이상 잔부 채권까지 재판상청구로서의 시효중단 효력이 미치지 않고, 다만 선행소송 계속 중 잔부 채권에 '최고'로서의 효력이 지속될 수 있을 뿐이므로, 선행소송 종료 후 6월 내에 소멸시효를 중단시켰다는 등 특별한 사정이 없다면 잔부 채권은 후행소송의 소 제기 전에 소멸시효가 완성되었다고 보아야 한다(대판 2022.5.26. 2020다206625).

제 2 편

물권법

제1장 　　　　**물권법 서론**

제1절 물권의 본질

01 1필의 토지 일부 위에 용익물권의 설정은 가능하나 1필의 토지의 '공유지분'에 관하여는 용익물권(법정지상권 등)을 설정할 수 없다. 　　　　　　　　　　　　　　　　　　　　　[사시 05 · 13유사]

> **해설** 용익물권은 성질상 그 효과가 공유토지 전부에 미치는데, 지분에 관한 용익물권의 설정은 실질적으로 공유토지 전체를 처분하는 것과 마찬가지의 효과를 갖기 때문이다(대판 1987.6.23. 86다카2188 등 참고).

02 공유지분의 일부에 대한 시효취득도 가능하다. 그러나 공유자는 '공유물 전부'를 점유하더라도 공유지분만을 시효취득한다. 그리고 이때에는 일부만 점유하였다는 객관적 징표가 존재할 필요가 없다(대판 1975.6.24. 74다1877). 　　　　　　　　　　　　　　　　　　　　　　　[법행 04유사]

> **비교판례** ※ 취득시효의 객체─1필의 토지 일부─
> 분필되지 않은 1필의 '토지의 일부'에 대해서도 ⅰ) 그 부분이 다른 부분과 구분되어, ⅱ) 시효취득자의 점유에 속한다는 것을 인식하기에 족한 객관적인 징표(예컨대 담장이나 건물의 외벽)가 계속하여 존재하면 취득시효가 인정된다(대판 1997.3.11. 96다37428).

03 토지소유자가 자신소유 토지를 일반 공중의 통행로로 무상제공하거나 통행을 용인하는 등으로 토지이용상태가 형성되어 '독점적 · 배타적 사용 · 수익권'이 인정되지 않는 경우라도, 사용 · 수익권 자체를 '대세적 · 확정적'으로 상실하는 것은 아니다(대판 2013.8.22. 2012다54133). 　　　　[변리 14유사]

> **판례해설** '배타적 사용수익권 포기'는 타인의 토지를 도로 등으로 무단점용하는 자에 대하여 토지소유자의 부당이득반환청구를 제약하기 위해 대법원이 창출한 독특한 개념인바, 이러한 법리의 유효범위는 부당이득의 반환에 한정되고, 소유권에 기한 방해배제청구, 즉 건물철거 및 토지인도청구에는 적용될 수 없다고 한다. 따라서 判例는 '배타적 사용수익권의 포기'를 소유권의 권능으로서의 사용수익권의 포기가 아닌 '채권적 포기'로 보고, 이것은 '사용대차'와 다름 아니라고 한다.

04 토지 소유자의 독점적 · 배타적인 사용 · 수익권의 행사가 제한되는 경우, 위 토지를 상속받은 상속인의 독점적 · 배타적인 사용 · 수익권의 행사 역시 제한된다. 이는 위 토지를 특정승계받은 자도 마찬가지이다(대판 2019.1.24. 전합2016다264556). 　　　　　　　　　　　　[19년 최신판례]

제2절 물권의 객체

01 축사 건물 및 그 부지를 임의경매절차에서 매수한 사람이 부지 밖에 설치된 피해자 소유 소독시설을 통로로 삼아 위 축사건물에 출입한 경우, 위 소독시설은 축사출입차량의 소독을 위하여 설치한 것이기는 하나 별개의 토지 위에 존재하는 독립한 건조물로서 축사 자체의 효용에 제공된 종물이 아니다(대판 2007.12.13. 2007도7247). [사시 15·16, 법행 09, 변리 10·16]

02 주유기는 계속해서 주유소 건물 자체의 경제적 효용을 다하게 하는 작용을 하고 있고, 독립성이 있으므로 주유소건물의 상용에 공하기 위하여 부속시킨 종물이다(대판 1995.6.29. 94다6345). [사시 16, 법행 12·13, 변리 08]

03 저당권의 실행으로 부동산이 경매된 경우에 그 부동산에 부합된 물건은 그것이 부합될 당시에 제3자의 소유였던 때에도 선의취득의 요건을 갖추면 경매절차의 매수인이 그 소유권을 취득한다. [법행 10·12·15, 변리 10]

> **해설** ▶ "저당권의 실행으로 부동산이 경매된 경우에 그 부동산에 부합된 물건은 그것이 부합될 당시에 누구의 소유이었는지를 가릴 것 없이 그 부동산을 낙찰받은 사람이 소유권을 취득하지만, 그 부동산의 상용에 공하여진 물건일지라도 그 물건이 부동산의 소유자가 아닌 다른 사람의 소유인 때에는 이를 종물이라고 할 수 없으므로 부동산에 대한 저당권의 효력에 미칠 수 없어 부동산의 낙찰자가 당연히 그 소유권을 취득하는 것은 아니며, 나아가 부동산의 낙찰자가 그 물건을 선의취득하였다고 할 수 있으려면 그 물건이 경매의 목적물로 되었고 낙찰자가 선의이며 과실 없이 그 물건을 점유하는 등으로 선의취득의 요건을 구비하여야 한다"(대판 2008.5.8. 2007다36933).

04 종물은 주물의 처분에 수반된다는 민법 제100조 제2항은 임의규정이므로, 당사자는 주물을 처분할 때에 특약으로 종물을 제외할 수 있고 종물만을 별도로 처분할 수도 있다(대판 1978.12.26. 78다2028). [모의 15(2), 사시 15·16, 법행 10, 변리 12]

05

> 甲은 자신 소유 X토지와 그 지상 Y건물 중에서 Y건물만을 乙에게 양도하고 건물소유권이전등기를 경료해 주었다. 그 후 乙은 다시 丙에게 Y건물을 양도하고 건물소유권이전등기를 경료해 주었다(현재는 丙이 X토지와 Y건물을 사용·수익하고 있다). '甲과 乙사이에 Y건물 소유를 위한 X토지에 대한 아무런 계약관계를 맺은바가 없는 경우' 甲은 丙을 상대로 건물을 철거하고 토지를 인도할 것을 요구할 수 있는가? [민법표준판례, 주물·종물이론의 유추]

  ㉠ 乙은 관습법상의 법정지상권을 취득한다.

> **해설** ☞ 사안의 경우 비록 甲과 乙 사이에는 Y건물에 대한 X토지사용계약이 없었지만 乙은 관습법상 법정지상권의 취득을 통해 X토지에 대한 사용권을 취득한 것이 된다. 이러한 지상권은 관습법에 의하여 당연히 성립하는 것이므로 제187조에 의하여 등기를 요하지 않는다.

  ㉡ 乙과 丙사이에서는 건물의 소유권과 함께 법정지상권도 양도하기로 하는 채권적 계약이 있었다고 할 것이다.

  ㉢ 丙은 지상권을 취득하지 못하였으나 甲의 철거청구는 신의칙상 인정되지 않는다.

해설 ※ 丙의 관습법상 법정지상권 취득 여부(소극) 및 甲의 丙에 대한 청구의 인용 여부(소극)

(1) 乙과 丙 사이 채권계약의 내용

관습법상 법정지상권을 취득한 건물소유자 乙이 건물에 대한 소유권을 양도하는 경우에는 특별한 사정이 없는 한 제100조 2항의 유추적용에 의해 건물의 소유권과 함께 법정지상권도 양도하기로 하는 채권적 계약이 있었다고 할 것이다(대판 1988.9.27. 87다카279).

(2) 丙의 관습법상 법정지상권 승계취득 여부

乙의 지상권은 관습법에 의하여 당연히 성립하는 것이므로 제187조에 의하여 등기를 요하지 않으나, 사안과 같이 제3자 丙에게 법정지상권을 전득시키려면 제187조 단서에 의하여 등기를 하여야 한다.

(3) 甲의 丙에 대한 청구 인용 여부

乙은 법정지상권을 가지고 있으므로 甲은 그러한 지상권의 부담을 안고 있는 것이며, 한편 丙은 자신의 지상권이전청구권을 보전하기 위해 乙이 甲에 대하여 갖는 법정지상권에 기한 지상권설정등기청구권을 대위행사 할 수 있다(제404조). 따라서 그러한 의무있는 甲이 등기청구권자인 丙에게 건물철거를 청구하는 것은 '신의칙'상 허용될 수 없다는 것이 判例의 태도이다(대판 1988.9.27. 87다카279).

ⓔ **甲은 丙에게 ×토지의 사용에 대한 부당이득반환청구는 할 수 있으나, 불법행위로 인한 손해배상청구는 할 수 없다.**

해설 "법정지상권자라고 할지라도 대지소유자에게 지료를 지급할 의무는 있는 것이고 법정지상권을 취득할 지위에 있는 자 역시 지료 또는 임료상당이득을 대지소유자에게 반환할 의무를 면할 수는 없는 것이므로 이러한 임료상당 부당이득의 반환청구까지도 신의성실의 원칙에 반한다고 볼 수 없다"(대판 1988.10.24. 87다카1604). "대지점거사용으로 인한 부당이득의 반환을 구함은 별론으로 하고 피고의 점유가 불법점유임을 전제로 한 손해배상의 지급을 청구할 수는 없다"(대판 1988.9.27. 87다카279).

> 甲은 자신 소유 ×토지와 그 지상 Y건물 중에서 Y건물만을 乙에게 양도하고 건물소유권이전등기를 경료해 주었다. 그 후 乙은 다시 丙에게 Y건물을 양도하고 건물소유권이전등기를 경료해 주었다(현재는 丙이 ×토지와 Y건물을 사용·수익하고 있다). '甲과 乙이 Y건물 소유를 위한 ×토지에 관한 임대차계약을 맺은 경우' 甲이 乙과의 임대차계약을 해지하고 丙을 상대로 건물을 철거하고 토지를 인도할 것을 요구할 수 있는가?
>
> [민법표준판례, 주물·종물이론의 유추]

Ⓐ **乙은 대항력 있는 임차권을 취득한다.**

해설 甲과 乙은 Y건물 소유를 위한 ×토지에 관한 임대차계약을 맺었으므로 제622조 1항에 의해 이를 등기하지 아니한 경우에도 임차인 乙이 그 지상 Y건물에 대한 소유권이전등기를 하였으므로 제3자에 대한 대항력이 생긴다.

Ⓑ **甲과 乙사이에는 관습법상의 법정지상권을 포기하기로 하는 묵시적 특약이 있었다고 볼 수 있다.**

해설 判例는 토지와 건물 중 건물만을 양도하면서 따로 건물을 위해 대지에 대해 '임대차계약'을 체결한 경우에는, 그 대지에 성립하는 관습법상의 법정지상권을 포기한 것으로 본다(1992.10.27. 92다3984).

Ⓒ **乙과 丙사이에는 건물의 소유권과 함께 임차권도 양도하기로 하는 채권적 계약이 있었다고 할 것이다.**

ⓓ 乙은 대항력 있는 임차권을 취득하였으므로 주물·종물의 법리에 의해 丙도 대항력 있는 임차권을 취득하나, ×토지소유자 甲에게 대항할 수 있다는 의미는 아니다.

해설 ※ 丙의 대항력 있는 임차권 승계취득 여부(제622조의 대항력의 의미)

임대차에는 임대인의 동의 없이 그 권리를 양도하지 못한다는 제한이 있다(제629조). 따라서 대항력 있는 임차권이라고 해서 임대인의 동의 없이 양도할 수 있는 것은 아니다. 즉, 判例가 판시하는 바와 같이 제622조의 대항력은 토지에 관하여 권리를 취득한 제3자에 대하여 임대차의 효력을 주장할 수 있음을 규정한 취지임에 불과할 뿐, 건물의 소유권과 함께 건물의 소유를 목적으로 한 토지의 임차권을 취득한 사람이 토지의 임대인에 대한 관계에서 그의 동의가 없이도 임차권의 취득을 대항할 수 있는 것까지 규정한 것이라고는 볼 수 없다(대판 1993.4.13. 92다24950). 丙은 제3자에게 대항할 수 있는 임차권은 승계취득하였으나, 임대인 甲에게는 대항할 수 없다.

ⓔ 乙은 대항력 있는 임차권을 취득하였으나 임대인 甲의 동의가 없었으므로 丙은 甲에게 임차권을 주장할 수 없으며(제629조), 다만 배신적 양도가 아니라는 특별한 사정이 있음을 丙이 입증하면 甲에게 대항할 수 있다(대판 1993.4.13. 92다24950).

제3절 물권적 청구권(물권의 효력)

01 부동산에 설정된 근저당권의 피담보채권이 소멸한 후 그 부동산에 관하여 제3자에게 소유권이 이전된 경우, 현재의 소유자가 자신의 소유권에 기하여 피담보채무의 소멸을 원인으로 그 근저당권설정등기의 말소를 청구할 수 있고(=물권적 청구권), 근저당권설정자인 종전의 소유자도 '계약상 권리에 기초해' 근저당권자를 상대로 피담보채무의 소멸을 이유로 한 근저당권설정등기의 말소를 청구할 수 있다(=채권적 청구권). [모의14(1), 사시 07·09, 법행 08, 변리 06·13]

02 소유자가 민법 제214조에 기하여 방해배제 비용 또는 방해예방 비용을 청구할 수 없다. [최신판례]

해설 ※ 물권적 청구권에 있어서의 비용부담

최근에 判例는 명시적으로 "소유자가 침해자에 대하여 방해제거 행위 또는 방해예방 행위를 하는 데 드는 비용을 청구할 수 있는 권리는 민법 제214조 규정에 포함되어 있지 않으므로, 소유자가 제214조에 기하여 방해배제 비용 또는 방해예방 비용을 청구할 수는 없다"(대판 2014.11.27. 2014다52612)고 한다.

03 甲명의로 소유권이전등기가 되어 있던 X토지에 관하여 乙이 서류 등을 위조하여 乙 앞으로 소유권이전등기를 경료하고, 그 후 X토지 일부에 관하여 丙 명의의 소유권이전등기가 경료되었다. 그 후 甲은 A회사와 X토지의 도급공사계약을 체결하면서 사업시행 후의 잔여 X토지 등에 대하여 A회사가 지분권을 가지는 '처분권한 수여계약'을 체결하였다. 그러나 여전히 甲은 乙 및 丙 명의 등기가 원인무효임으로 이유로 乙 및 丙 명의의 소유권이전등기 말소청구를 할 수 있다.

해설 "소유자는 제3자에게 그 물건을 제3자의 소유물로 처분할 수 있는 권한을 유효하게 수여할 수 있다고 할 것인데, 그와 같은 이른바 '처분수권'의 경우에도 그 수권에 기하여 행하여진 제3자의 처분행위가 대세적으로 효력을 가지게 되고 그로 말미암아 소유자가 소유권을 상실하거나 제한받게 될 수는 있다고 하더라도, 그러한 제3자의 처분이 실제로 유효하게 행하여지지 아니하고 있는 동안에는 소유자는 처분수권이 제3자에게 행하여졌다는 것만으로 그가 원래 가지는 처분권능에 제한을 받지 아니한다. 따라서 그는 자신의 소유물을 여전히 유효하게 처분할 수 있고, 또한 소유권에 기하여 소유물에 대한 방해 등을 배제할 수 있는 민법 제213조, 제214조의 물권적 청구권을 가진다"(대판 2014.3.13. 2009다105215).

04 甲소유의 토지에 乙이 불법으로 건물을 지어, 甲이 乙를 상대로 소유권에 기해 건물의 철거와 그 대지의 명도를 청구하는 소를 제기하였다. 소송의 진행 중 甲이 위 토지를 丙에게 매도하여 丙 명의로 소유권이전등기가 마쳐졌다. 이 경우 甲이 乙을 상대로 제기한 위 청구는 인용될 수 없다.
[사시 11, 변리 06]

해설 判例의 일관된 입장은 물권적 청구권은 물권에 수반하는 것으로서 물권과 물권적 청구권의 분리는 어느 경우에도 허용되지 않는다는 것이다. 이러한 判例에 따르면 甲의 청구는 인용될 수 없고, 丙이 원고(甲)의 소송을 인수하거나(민사소송법 제82조), 따로 소를 제기하는 수밖에 없다.

제2장 　　　　　물권의 변동

제1절 물권변동 총설
제2절 부동산물권의 변동과 등기

제1관 등기말소청구권 등

01 근저당권의 양도에 의한 부기등기는 기존의 근저당권설정등기에 의한 권리의 승계를 등기부상 명시하는 것뿐으로, 그 등기에 의하여 새로운 권리가 생기는 것이 아닌 만큼 근저당권설정등기의 말소등기청구는 '양수인'만을 상대로 하면 족하고 '양도인'은 그 말소등기청구에 있어서 피고적격이 없다(대판 2003.4.11. 2003다5016).

해설 ※ 부기등기말소의 상대방(양수인을 상대로 주등기의 말소청구)

02 근저당권 이전의 부기등기는 기존의 주등기인 근저당권설정등기에 종속되어 주등기와 일체를 이루는 것이어서, 피담보채무가 소멸되었거나 근저당권 설정등기가 당초 원인무효인 경우 주등기인 근저당권설정등기의 말소만 구하면 되고 그 '부기등기'는 별도로 말소를 구하지 않더라도 주등기의 말소에 따라 직권으로 말소되는 것이므로 그 말소를 구할 소의 이익이 없다(대판 2000.10.10. 2000다19526).
[사시 09]

해설 ※ 부기등기만의 말소가부(원칙적 소극)

비교판례 그러나 근저당권의 주등기 자체는 유효하고 단지 부기등기를 하게 된 원인만이 무효로 되거나 취소 또는 해제된 경우에는, 그 부기등기만의 말소를 따로 구할 수 있다(대판 2005.6.10. 2002다15412,15429). 즉, 채권양도의 무효·취소·해제로 인하여 '근저당권의 이전원인'이 무효로 된 경우에는 근저당권의 '양도인'(근저당권설정자 또는 그로부터 소유권을 이전받은 제3취득자가 아님)이 '양수인'을 상대로 '근저당권이전의 부기등기'의 말소를 구해야 한다.

03 무효인 소유권이전등기청구권 가등기의 유용 합의에 따라 그 가등기에 기한 본등기가 마쳐지고, 그에 따라 가등기 이후 마쳐진 경매개시결정 기입등기가 직권말소된 경우, '강제경매 신청채권자'는 말소된 강제경매개시결정 기입등기의 회복등기절차의 이행을 소구할 이익은 없고, 말소 당시 소유자를 상대로 말소된 경매개시결정 기입등기의 회복절차에 대한 승낙청구의 소를 제기할 수 있다(대판 2019.5.16. 2015다253573). [19년 최신판례]

04 소유권이전등기의 말소를 구하는 자에게 말소를 청구할 수 있는 권원이 인정되지 않는 경우, 해당 소유권이전등기가 무효의 등기라도 그 청구를 인용할 수 없다. 따라서 종전 등기명의인으로부터 매매 등의 방법으로 부동산에 대한 권리가 순차적으로 이전되어 최종적으로 소유권이전등기를 마친 제3자가 시효취득을 원인으로 부동산에 대한 소유권을 취득함에 따라 당초 부동산의 소유자였던 사람이 소유권을 상실한 경우, 당초 소유자였던 사람이 종전 등기명의인에 대하여 소유권에 기한 등기말소청구를 할 수는 없다(대판 2019.7.10. 2015다249352). [19년 최신판례]

제2관 가등기

05
> A토지에 관하여 甲 명의로 소유권보존등기가 되어 있고, 乙 앞으로 甲과의 매매계약에 따른 소유권이전등기청구권 보전을 위하여 가등기가 설정되어 있었다. [사시 10 변형]

㉠ 乙이 가등기에 기한 본등기를 하면 乙은 '본등기'한 때 소유권을 취득한다.

[해설] 가등기에 기한 본등기가 행하여지면 본등기의 순위는 '가등기의 순위'에 의한다(부동산 등기법 제91조). 다만, 가등기에 기한 본등기를 하면 '물권변동의 효력은 그 본등기를 한 때' 발생하는 것이지 遡及하여 가등기가 행하여진 때 발생하는 것은 아니다(대판 1981.5.26. 80다3117).

㉡ 乙이 가등기를 한 후, 甲이 자기의 채권자인 丁을 위하여 설정한 저당권은 유효하나, 乙이 가등기에 기한 본등기를 하면 丁의 저당권은 직권으로 말소된다(부동산등기법 제92조).
[변호 17, 사시 05·10, 법행 07, 변리 05·06]

㉢ 가등기에는 '등기의 추정력'이 없어 乙 명의의 가등기가 되어 있더라도 甲과 乙 사이의 매매계약의 존재가 추정되지 않는다. 따라서 그 매매의 '존재'를 주장하는 사람이 증명책임을 부담한다(대판 1963.4.18. 63다114). [모의 15(3)유사, 사시 04·07, 법행 07, 변리 06·12]

㉣ 乙은 甲의 '동의나 승낙'을 얻어(통지만으로는 안됨) 그의 소유권이전등기청구권을 戊에게 양도할 수 있고, 乙과 戊는 공동신청으로 그 가등기상의 권리의 이전등기를 가등기에 대한 부기등기의 형식으로 경료할 수 있다. [모의 15(3)유사, 사시 05·10, 법행 07, 변리 06·11]

[해설] "매매로 인한 소유권이전등기청구권은 특별한 사정이 없는 이상 그 권리의 성질상 양도가 제한되고 그 양도에 채무자의 '승낙이나 동의'를 요한다고 할 것이다"(대판 2005.3.10. 2004다67653,67660).

㉤ 甲은 위 가등기가 있더라도 소유자로서 처분권능을 잃지 않아 A토지를 丙에게 매도할 수 있으며, 丙이 소유권이전등기를 하면 소유권을 취득한다. 그러나 乙이 본등기를 하려면 현재 등기명의자인 丙이 아닌 가등기의무자인 甲에게 등기청구권을 행사하여야 한다. [변호 17]

> **해설** 判例는 가등기 후에 제3자를 위한 중간처분의 등기가 있는 경우 가등기권리자는 '가등기의무자'를 상대로 본등기를 하여야 한다고 한다(대결 1962.12.24. 전합4294민재항675).

제3관 등기의 추정력 등

06 의용 민법과 의용 부동산등기법 적용 당시 행하여진 가등기의 구체적인 등기원인이 존재하는 것으로 추정할 수 없다. 가등기의 구체적인 등기원인의 추정력이 부정되는 것은 현행 민법과 부동산등기법에 따라 이루어진 가등기에 관해서도 마찬가지이다(대판 2018.11.29. 2018다200730).

[18년 최신판례]

07 전 등기명의인이 미성년자이고 당해 부동산을 친권자에게 증여하는 행위가 이해상반행위라 하더라도, 일단 친권자에게 이전등기가 마쳐졌다면 그 이전등기에 관하여 필요한 절차를 적법하게 거친 것으로 추정된다(대판 2002.2.5. 2001다72029).

[변호 12 · 18, 법행 04 · 11, 변리 12]

> **해설** ※ 추정력의 범위-절차상의 적법추정-

08 소유권보존등기 명의인을 상대로 한 소유권보존등기 말소청구 소송을 제기하여 '공시송달 절차'에 따라 승소판결을 받은 원고가 그 판결에 기하여 기존의 소유권보존등기를 말소한 후 자신의 명의로 마친 소유권보존등기도 일단 적법한 절차에 따라 마쳐진 소유권보존등기라고 추정할 수 있다(대판 2006.9.8. 2006다17485).

[사시 09, 법행 11]

09 근저당권설정등기가 경료되어 있으면 근저당권의 존재 자체뿐만 아니라 이에 상응하는 피담보채권의 존재도 추정된다. 그러나 근저당권설정등기가 경료되어 있다 하더라도 근저당권의 피담보채권을 성립시키는 기본계약이 존재한다고 추정되지는 않는다(대판 2009.12.24. 2009다72070).

[사시 04 · 15]

10 점유자의 권리의 적법추정(제200조)은 특별한 사정이 없는 한 부동산물권에 대하여는 적용되지 않는다.

[모의 13(3)유사, 변리 09]

> **해설** 민법 제200조의 점유의 권리추정 규정을 근거로 '미등기부동산의 점유'에도 추정력을 인정할 수 있는지 문제되나, 判例는 제200조는 동산에 관한 규정이므로 부동산에는 적용이 없다는 이유로 미등기토지의 점유자가 있는 경우에도 토지대장에 토지소유자로 등재된 자가 소유권자로 추정(다만 이는 등기의 추정력과는 달리 사실상 추정에 불과하다)을 받는다고 판시하였다(대판 1966.5.31. 66다677 ; 대판 1982.4.13. 81다780).

11 구 부동산소유권이전등기등에관한특별조치법(1982.4.3. 법률 제3562호로 개정되기 전의 것)에 위반된 소유권보존등기와 이에 기초한 소유권이전등기의 권리추정력은 번복되지만, 이 경우에도 실체관계에 부합하는 경우 유효한 등기로 인정받는다(대판 2018.6.15. 2016다246145). [18년 최신판례]

12 부동산소유권 이전등기 등에 관한 특별조치법에 의한 소유권이전등기의 전 등기명의인이 무권리자이기 때문에 그로부터의 소유권이전등기가 원인무효로서 말소되어야 할 경우에는, 등기의 추정력이 번복되고, 원인무효인 소유권보존등기를 기초로 마친 소유권이전등기는 위 특별조치법에 의하여 이루어진 등기라고 하더라도 원인무효이다(대판 2018.1.25. 2017다260117). [18년 최신판례]

13

> 甲은 Y토지의 소유자인데, 甲은 강제집행을 회피하기 위하여 乙과 상의하여 Y토지를 甲이 乙에게 매도하는 것처럼 허위의 매매계약서를 꾸미고 이에 기초하여 乙명의 소유권이전등기를 마쳐주었다. 그런데 이후에 乙이 이러한 사실을 모르는 丙에게 금전을 빌리고 Y토지에 丙명의 저당권등기를 해주었다.

㉠ 乙명의의 소유권이전등기는 무효이므로 甲은 乙에게 乙명의의 소유권이전등기의 말소를 청구할 수 있다. 단 이 경우 丙의 승낙이 있어야 하나, 丙은 승낙의무가 없다.

해설 등기의 말소를 신청하는 경우에 그 말소에 대하여 등기상 이해관계 있는 제3자가 있을 때에는 제3자의 승낙이 있어야 한다(부동산등기법 제57조). 判例에 따르면 "동조에서 말하는 '등기상 이해관계 있는 제3자'란, "말소등기를 함으로써 손해를 입을 우려가 있는 등기상의 권리자로서 그 손해를 입을 우려가 있다는 것이 등기부 기재에 의해 형식적으로 인정되는 자이고, 제3자가 승낙의무를 부담하는지 여부는 말소등기권리자에 대해 승낙을 하여야 할 '실체법상 의무'가 있는지 여부에 의해 결정된다"(대판 2007.4.27. 2005다43753). ☞ 따라서 甲이 乙 명의 소유권이전등기의 말소를 청구하려면 丙의 승낙이 있어야 하나, 丙은 제108조 2항에 의해 보호되는 제3자이므로 승낙의무가 없다.

> 甲은 X토지에 대하여 부동산소유권이전등기등에관한특별조치법에 따라 乙로부터의 매매를 원인으로 하여 3인의 보증서를 받아 보존등기를 마쳤다.

㉡ 보증서에 적힌 매매날짜와 실제 매매날짜가 달라도 보존등기의 추정력은 복멸되지 않고, 매매날짜 이전에 매도인 乙이 사망한 것으로 밝혀진 경우에도 마찬가지이다.

해설 ☞ 특조법에 기한 보존등기의 추정력은 보존등기가 매도인의 사망 후에 경료되었거나 매수날짜가 달라도 유지되고, 다른 사람이 사정받아 원시취득한 것으로 밝혀져도 추정력이 깨지지 않는다.

㉢ X토지를 丙이 사정받았다는 것이 후에 밝혀지더라도 甲명의 보존등기의 추정력은 깨지지 않으며, 보증서의 작성 당시에 보증인이 甲과 乙사이에 매매관계에 대해서 잘 모르면서 甲의 말만 믿고 보증서를 작성했었더라도 보존등기의 추정력은 깨지지 않는다. [사시 09, 법행 06·10]

해설 ☞ 특조법에 기한 보존등기는 진실이 아님이 증명되어야 추정력이 깨진다.

쟁점정리 ※ **특조법에 따른 등기의 추정력**
'농지의 소유권이전등기 등에 관한 특별조치법'(실효), '임야소유권이전등기 등에 관한 특별조치법'(실효)에 의한 이전등기·보존등기에도 추정력이 인정된다. 그러나 이러한 등기는 특별한 절차에 따라 엄격하게 이루어진 것이므로 判例는 일반등기의 추정력보다 강한 추정력을 인정하고 있다. 따라서 그 추정을 깨뜨리기 위하여는 등기절차상 소요되는 보증서 및 확인서가 허위 또는 위조되었다거나 기타 사유로 등기가 적법하게 이루어진 것이 아니라는 주장·입증이 있어야 한다는 것을 기본입장으로 하면서, ①'소유권보존등기' 이전에 다른 소유자가 있었던 것이 밝혀진 경우에도(대판 1987.10.13. 전합86다카2928), ②'소유권이전등기'를 마친 자가 보증서나 확인서에 기재된 취득원인(등기원인)이 사실과 다름을 인정한 경우라도[대판 2001.11.22. 전합2000다71388,71395 : 즉, 상대방이 등기의 기초가 된 보증서나 확인서의 실체적 기재내용이 허위임을 자백한 경우 자백에 구속되어 등기의 추정력은 깨지나(대판 1996.10.11. 95다47992), 취득원인(등기원인)이 허위임을 자백한 것만으로는 등기의 추정력은 깨지지 않는다], 각각 그 등기의 추정력은 깨지지 않는다고 한다.

14

> 甲 소유의 X토지에 관하여 2010. 4. 9. 같은 날짜 매매를 원인으로 하여 乙 명의로 소유권이
> 전등기가 경료되었고, 甲은 2010. 4. 30. 사망하였다. 甲의 배우자이자 단독상속인 丙은 간병
> 인에 불과한 乙이 토지를 매수할 능력이 없었으므로 乙 명의의 위 등기는 무효라고 생각하
> 고, 乙 명의의 인감도장 등을 위조한 후 2011. 5. 6. 위 토지에 관하여 같은 날짜 매매를 원인
> 으로 하여 친구인 丁 명의로 소유권이전등기를 경료하였다. 이 사실을 알게 된 乙은 자신이
> 甲을 간병하면서 불륜관계를 맺게 되었고 불륜관계 유지의 대가로 X토지를 증여받은 것이라
> 고 주장하면서, 丁을 상대로 丁 명의의 소유권이전등기의 말소를 구하는 소를 제기하였다.
>
> 사시 12

㉠ 乙은 등기부상 丁의 전소유자라 할지라도 매매 등 적법한 원인이 없거나 적법한 절차에 의
하지 아니하고 丁 명의의 소유권이전등기가 마쳐졌다는 사실을 주장, 입증해야 한다.

해설 ☞ 乙의 丁에 대한 물권적 청구권의 행사와 관련하여 乙은 자신에게 소유권이 있음을 증명해야 하는데,
현재 등기가 丁에게 이전되어 있고, 丁 명의 이전등기의 추정력은 전 소유자인 乙에게도 추정되므로 결국 乙
은 丁에게 자신에게 소유권이 있음을 스스로 입증해야 한다.

㉡ 등기부상 乙의 소유권취득 원인이 실질적 원인인 증여가 아닌 매매라고 기재되어 있어도, 乙
명의의 소유권이전등기는 그 추정력이 복멸되지 아니한다.

해설 ☞ 등기부상 乙의 소유권취득 원인이 실질적 원인인 증여가 아닌 매매라고 기재되어 있어도, 등기의 추정
력은 등기원인에도 미치는바 乙 명의의 소유권이전등기는 그 추정력이 복멸되지 아니한다.

㉢ 만약 甲이 사망한 후에 그 명의로 신청되어 乙 명의의 소유권이전등기가 경료되었다면, 특별
한 사정이 없는 한, 乙 명의의 등기는 원인무효의 등기라고 볼 수 있다.

해설 ☞ 만약 甲이 사망한 후에 그 명의로 신청되어 乙 명의의 소유권이전등기가 경료되었다면, 사망자 명의의
등기는 특별한 사정이 없는 한 추정력이 없으므로, 乙 명의의 등기는 원인무효의 등기라고 볼 수 있다.

㉣ 乙의 등기원인이 불륜관계의 유지대가로써의 증여이므로 이는 사회질서에 반하여 무효이지
만(제103조), 한편으로 제746조의 불법원인급여에 해당하여 그 말소가 불허되므로 반사적으
로 乙이 X토지의 소유권을 취득한다. 그러나 乙은 丁 명의의 소유권이전등기의 말소를 구할
수 없다.

[최신판례]

해설 ☞ 乙의 등기원인이 불륜관계의 유지대가로써의 증여이므로 이는 사회질서에 반하여 무효이지만(제103
조), 이는 한편으로 제746조의 불법원인급여에 해당하여 그 말소가 불허되므로 반사적으로 乙이 X토지의
소유권을 취득한다. 그러나 최근 判例에 따르면 乙은 丁 명의의 소유권이전등기의 말소를 구할 수 없다
(대판 2016.3.24. 2015다11281).
"반사회질서 법률행위를 원인으로 하여 부동산에 관한 소유권이전등기를 마쳤더라도 그 등기는 원인무
효로서 말소될 운명에 있으므로 등기명의자가 소유권에 기한 물권적 청구권을 행사하는 경우에, 권리 행
사의 상대방은 법률행위의 무효를 항변으로서 주장할 수 있다"(대판 2016.3.24. 2015다11281).

㉤ 丁이 乙의 대리인 A로부터 적법하게 매수하였다고 주장하면서 A가 乙의 적법한 대리인이라
는 점을 뒷받침할 증거를 제출하지 못하였어도 乙이 대리권 흠결의 점을 입증할 책임이 있다.

해설 ☞ 부동산을 매수하여 등기한 자는 전 소유자의 대리인으로부터 매수하였다고 주장하는 경우에 그 대리권
의 존재도 추정된다(대판 1999.2.26. 98다56072). ☞ 따라서 丁은 대리권의 존재를 증명할 필요가 없다.

제3절 법률행위에 의한 부동산물권의 변동

제1관 등기의 효력

01 신축건물의 물권변동에 관한 등기를 멸실건물의 등기부에 등재하여도 그 등기는 무효이고, 설령 신축건물의 소유자가 멸실건물의 등기를 신축건물의 등기로 전용할 의사로써 멸실건물의 등기부상 표시를 신축건물의 내용으로 표시변경등기를 하였더라도 그 등기가 무효임에는 변함이 없다.　　　　　　　　　　　　　　　　　　　　　　　　　　[모의 14(1)유사, 사시 04, 법행 07, 변리 05,06,14]

> **해설** 무효등기의 유용은 '권리등기'의 유용만 가능할 뿐 '사실등기'인 표제부등기의 유용은 허용되지 않는다. 따라서 멸실된 건물의 보존등기를 멸실 후에 신축한 건물의 보존등기로 유용할 수 없다(대판 1980.11.11. 80다441). 만일 이를 허용한다면 건물에 관한 중복등기가 발생할 가능성이 있기 때문이다.

02 저당권설정등기가 원인 없이 말소된 경우에 그 저당권자는 저당권을 상실하지 않고 말소된 등기의 회복등기를 할 수 있고, 그 회복등기가 마쳐지기 전에는 말소된 등기의 등기명의인은 적법한 권리자로 추정된다.　　　　　　　　　　　　　　　　　　　　　　　　[사시 07, 법행 09·10, 변리 10]

> **해설** "등기는 물권의 효력 발생 요건이고 존속 요건은 아니어서 등기가 원인 없이 말소된 경우에는 그 물권의 효력에 아무런 영향이 없고, 그 회복등기가 마쳐지기 전이라도 말소된 등기의 등기명의인은 적법한 권리자로 추정되므로 원인 없이 말소된 등기의 효력을 다투는 쪽에서 그 무효 사유를 주장·입증하여야 한다"(대판 1997.9.30. 95다39526).

제2관 이중보존등기

03 두 개의 이중보존등기가 그 부동산의 표시에 있어서 차이가 나는 경우, 실제상황에 합치하는 보존등기가 효력을 가진다. 그리고 이 경우 먼저 된 등기가 실제와의 현격한 차이가 있는 경우에는 그 후 실체관계와 부합하는 경정등기를 하였다 하더라도 그 경정등기는 무효이다.　　[사시 97]

04 동일인 명의로 동일 부동산에 보존등기가 중복된 경우에는 무조건 나중에 이루어진 보존등기가 무효이다.　　　　　　　　　　　　　　　　　　　　　　　　　　　　　　　　[변호 18, 변리 00]

> **해설** ※ 중복보존등기의 효력
> (1) 등기명의인이 동일인인 경우
> 　　이 경우 判例는 일관하여 절차법설에 따르고 있다(대판 1981.11.18. 81다1340등). 이는 동일인명의 보존등기 사이에는 실체적 권리관계에 부합하는지 여부를 가릴 필요가 없기 때문으로 보인다.
> (2) 등기명의인이 동일인이 아닌 경우
> 　　이 경우 判例는 많은 입장의 변천이 있었으나 전원합의체 판결을 통해서 "먼저 이루어진 소유권보존등기가 '원인무효가 되지 아니하는 한' 뒤에 된 보존등기는 비록 그 부동산의 매수인에 의하여 이루어진 경우에도 1부동산 1등기용지주의를 취하고 있는 부동산 등기법 아래에서는 무효"라고 판시한 후(대판 1990.11.27. 전합87다카2961), 이러한 절차법설에 가까운 절충설의 입장이 오늘날 계속 유지되고 있다.

05 X건물에 대하여 A명의·B명의의 소유권보존등기가 경료되어 있었는데, A명의의 소유권보존등기를 기초로 하여 C명의의 소유권이전등기가 경료되고, B명의의 소유권보존등기를 기초로 하여 D명의의 소유권이전등기가 경료되었다. 그 후 C·D의 등기가 기재된 등기부가 멸실되자, D가

먼저 멸실회복등기를 하고, 후에 C가 멸실회복등기를 하였다. 만약 A명의의 소유권보존등기가 B명의의 소유권보존등기보다 먼저 경료된 경우 C가 X토지에 대한 소유자가 된다.

[법행 07 · 14, 변리 06]

해설 判例는 소유권보존등기가 이중으로 경료되어 있고 소유권보존등기의 선후를 알 수 있는 경우에는, 멸실회복등기의 선후에 따라서 판단하는 것이 아니라 소유권보존등기의 선후에 따라서 판단해야 한다는 입장이다(대판 2001.2.15. 전합99다66915). ☞ 이러한 判例의 태도에 의하면 사안에서 멸실회복등기는 D가 먼저 경료하였지만 각 멸실회복등기가 터잡고 있는 소유권보존등기는 A가 먼저 경료하였으므로, A의 소유권보존등기에 터잡아 멸실회복등기를 경료한 C가 X토지에 대한 소유자가 된다.

06　위 지문의 경우 만약 A명의의 보존등기와 B명의의 소유권보존등기 중 누구의 보존등기가 먼저 경료된 것인지 알 수 없는 경우 D가 X토지에 대한 소유자가 된다.　　　[법행 07 · 14, 변리 06]

해설 "동일 부동산에 관하여 등기명의인을 달리하여 멸실회복에 의한 각 소유권이전등기가 중복등재되고 각 그 바탕이 된 소유권보존등기가 동일등기인지 중복등기인지, 중복등기라면 각 소유권보존등기가 언제 이루어졌는지가 불명인 경우에는 위 법리로는 중복등기의 해소가 불가능하므로 이러한 경우에는 적법하게 경료된 것으로 추정되는 각 회복등기 상호간에는 각 회복등기일자의 선후를 기준으로 우열을 가려야 한다"(대판 2001.2.15. 전합99다66915)라고 판시하고 있다. ☞ 이러한 判例의 태도에 의하면 사안에서 D명의의 멸실회복등기가 먼저 경료되었으므로 D가 X토지에 대한 소유자가 된다.

07　만약 A명의의 보존등기를 기초로 B, C로 순차 이전등기된 후 등기부가 멸실되어 B, C가 각각 소유권이전의 회복등기를 한 경우는 C가 X토지에 대한 소유자가 된다.

해설 ※ 하나의 보존등기에 대해 멸실회복등기가 중복으로 된 경우

"동일 부동산에 관하여 하나의 소유권보존등기가 경료된 후 이를 바탕으로 순차로 소유권이전등기가 경료되었다가 그 등기부가 멸실된 후 등기명의인을 달리하는 소유권이전등기의 각 회복등기가 중복하여 이루어진 경우에는 중복등기의 문제는 생겨나지 않는다"(대판 2001.2.15. 전합99다66915).

☞ 判例의 태도에 의하면 사안에서는 중복등기의 문제는 생겨나지 않고 멸실 전 먼저 된 소유권이전등기가 잘못 회복등재된 것이므로 그 회복등기 때문에 나중 된 소유권이전등기의 회복등기가 무효로 되지 아니한다. 따라서 C의 회복등기가 늦게 되어도 무효가 아니므로 C가 X토지에 대한 소유자가 된다.

08
> 甲은 X토지를 농지개혁법에 의하여 적법하게 분배받아 상환을 완료한 뒤 1962년 소유권보존등기를 경료하였다. 그러나 1983년 1월 3일 X토지의 주변토지가 분할되는 과정에서 등기공무원의 잘못으로 X토지에 대해 甲명의로 다시 이중으로 소유권보존등기가 경료되었고, 그 후 1983년 4월 3일 甲의 사망에 따라 1962년의 甲명의의 선행보존등기에 관해서는 1983년 5월 3일 진정한 상속인 乙명의로 상속을 원인으로 하는 이전등기가 경료되고, 1983년의 甲명의의 후행보존등기에 관해서는 1983년 6월 3일 상속인 아닌 丙명의로 상속을 원인으로 하는 이전등기가 경료되었다. 이에 2012년 1월 3일 현재 乙은 X토지에 乙과 丙 명의의 복수의 등기기록이 있음을 알고 丙을 상대로 甲명의의 후행 보존등기 자체가 무효임을 이유로 하여 丙명의의 소유권이전등기의 말소를 청구하고 있다(단, X토지는 1983년경부터 丙이 계속 사용·수익하고 있다).　　　　[민법표준판례, 이중보존등기와 취득시효]

㉠ 乙이 제기한 소는 상속회복청구권에 해당하지 않으므로, 丙이 상속권을 침해한 지 10년이 경과하였더라도 제척기간의 도과는 문제되지 않는다.

해설 判例는 원고가 선행 보존등기에 터 잡은 소유권이전등기(甲명의)로부터 상속을 원인으로 소유권이전 등기를 한 진정상속인이고, 피고가 후행 보존등기(甲명의)로부터 상속을 원인으로 소유권이전등기를 한 참칭상속인이라 하더라도, 원고가 피고를 상대로 '피고 명의의 소유권이전등기가 참칭상속인에 의한 것이어서 무효임'을 이유로 하지 않고 '후행 보존등기 자체가 무효임'을 이유로 하여 피고 명의의 소유권이전 등기의 말소를 청구하는 경우에는 이는 상속회복청구의 소에 해당하지 않는다고 한다(대판 2011.7.14. 2010다 107064).

☞ 따라서 상속회복청구권의 제척기간이 적용되지 않으므로 乙이 제기한 소는 적법하다.

ⓛ 乙이 제기한 소가 적법하다면, 비록 丙명의 등기가 원인무효라고 하더라도 '등기부취득시효' 가 인정되지 않으므로 乙의 소는 인용될 것이다.

해설 무효인 이중보존등기에 터잡은 등기부취득시효는 인정되지 않는다(대판 1996.10.17. 전합96다12511).

ⓒ 乙이 제기한 소가 적법하다면, 비록 丙명의 등기가 원인무효라서 '점유취득시효'가 완성되었 더라도 丙명의 등기가 실체관계에 부합한다는 이유로 유효로 될 수는 없다. 그러므로 乙의 소는 인용될 것이다.

[변호 18]

해설 判例는 "후행 보존등기가 무효인 경우 후행 보존등기에 기하여 소유권이전등기를 마친 사람이 그 부동산 을 20년간 소유의 의사로 평온·공연하게 점유하여 점유취득시효가 완성되었더라도, 후행 보존등기나 그에 기하여 이루어진 소유권이전등기가 실체관계에 부합한다는 이유로 유효로 될 수 없고, 선행 보존등기에 기한 소유권을 주장하여 후행 보존등기에 터잡아 이루어진 등기의 말소를 구하는 것이 실체적 권리 없는 말소 청구에 해당한다고 볼 수 없다"(대판 2011.7.14. 2010다107064)고 한다.

☞ 따라서 丙이 점유취득시효를 원인으로 乙에게 소유권이전등기청구를 할 수 있는지는 별론으로 하더 라도 무효인 甲의 후행보존등기를 기초로 해서는 丙이 점유취득시효완성을 이유로 유효한 등기임을 주 장할 수 없다. 그러므로 乙의 소는 인용될 것이다.

09 중복된 소유권보존등기가 무효이더라도 가등기권리자는 그 말소를 청구할 권리가 없다.

해설 ※ 청구권 보전의 가등기의 실체법상의 효력문제(청구권보전의 효력, 처분금지적 효력)
담보가등기의 경우에는 그 자체로 (담보권으로서) 실체법상 효력이 있다. 그러나 청구권보전의 가등기의 경우는 가등기에 기하여 본등기를 하기 전에 가등기 자체만으로 실체법적 효력을 인정할 것인지 문제되나, 判例 는 "가등기는 순위보전적 효력만이 있을 뿐이고, 가등기만으로는 아무런 실체법상 효력을 갖지 아니하고 그 본등 기를 명하는 판결이 확정된 경우라도 본등기를 경료하기까지는 마찬가지이므로, 중복된 소유권보존등기가 무효이더라도 가등기권리자는 그 말소를 청구할 권리가 없다"(대판 2001.3.23. 2000다51285)고 하여 실체적 효력 부 정설의 입장이다.

제3관 중간생략등기

10 甲, 乙, 丙 사이의 중간생략등기의 합의에 따라 甲이 X에 관하여 직접 丙 앞으로 소유권이전등 기를 마쳐주었는데, 그 후 甲과 乙 사이의 매매계약이 사기를 이유로 취소되었다면, 丙이 선의 인 경우 제110조 제3항의 제3자에 해당하므로 이 경우 甲은 丙에게 소유권이전등기의 말소를 청구할 수 없다.

해설 양도인과 중간자 3자 사이의 중간생략등기 합의는 각 계약에 부수하는 채무 이행의 방법에 관한 합의이므로(대 판 1996.6.28. 96다3982 참고), 어느 한 계약이 무효이거나 취소·해제되면, 종된 합의인 중간생략등기의 합의도 그 효력을 상실한다(대판 1996.2.27. 95다38875 참고 : 당해 판례는 일부무효법리에 따라 이론구성하였다). 따라서 이 경우 최종양수인에게 경료된 중간생략등기는 무효이나, 제3자 보호규정이 있는 경우에는 실체관계에 부합하여 유효할 수 있다(제108조 2항, 제548조 1항 단서 등).

11 乙은 전매차익을 얻을 목적으로 甲과 토지거래허가구역 내에 있는 甲소유의 Y대지와 그 지상의 X건물을 매수하는 계약을 체결하였고, 乙은 다시 위 대지와 건물을 丙에게 매도하는 매매계약을 체결하였다. 그리고 등기는 甲에게서 丙으로 직접 이전하기로 甲·乙·丙 3자간에 합의가 되었으며, 甲과 丙을 매매당사자로 하는 토지거래허가를 받은 후 丙 앞으로 대지와 건물에 대한 소유권이전등기가 경료되었다. [토지거래 허가와 중간생략등기, 핵심사례 A-14.]

㉠ 甲, 乙, 丙 사이의 중간생략등기의 합의가 부동산특별조치법에 위반되어 형사처벌을 받는 것이더라도 그 사법상 합의는 유효하다. [변리 06]

해설 ※ 부동산등기 특별조치법을 위반한 丙 명의의 중간생략등기의 효력
부동산등기 특별조치법 제8조 1호에서는 사안과 같이 (조세부과를 면하려 하거나) 시세차익을 얻으려 하는 등의 목적으로 중간생략등기를 한 경우 벌칙규정을 두고 있으나, 判例는 동법에 위반한 중간생략등기의 효력과 관련하여 미등기전매에 대한 형사처벌은 별론으로 하고, 위 벌칙규정을 효력규정이 아닌 '단속규정'으로 보고, 당사자 사이의 중간생략등기의 합의에 관한 '사법상의 효력'까지 무효로 한다는 취지는 아니라고 판단하였다(대판 1993.1.26. 92다39112).

㉡ Y대지에 대한 甲과 乙, 乙과 丙사이의 매매계약은 모두 '확정적 무효'이다. [사시 11, 법행 11]

해설 허가를 전제로 한 토지거래의 경우에는 투기거래에 대한 위험이 없다 할 것이므로 "허가가 있기 전에는 채권계약 자체도 무효이지만 허가를 받을 것을 전제로 한 계약은 유동적 무효로 보아 허가가 있으면 소급적으로 유효한 계약이 된다"(대판 19991.12.24. 전합90다12243)(유동적 무효설). 그러나 규제지역에서 토지거래허가를 받기 전의 거래계약이 처음부터 허가를 '배제'하거나 '잠탈'하는 내용의 계약일 경우 확정적 무효로서 유효로 될 여지가 없다(대판 19991.12.24. 전합90다12243).
☞ 따라서 사안과 같이 허가받을 의사 없이 중간생략등기의 합의아래 전매차익을 얻을 목적으로 전전매매한 경우 甲·乙, 乙·丙의 매매계약은 모두 확정적으로 무효이다(대판 1996.6.28. 96다3982).

㉢ 甲·乙·丙 3자간에 중간생략등기 합의가 있었고, 甲과 丙을 매매당사자로 하는 토지거래허가까지 있었더라도 Y대지에 대한 丙명의 등기는 무효이다. [사시 06, 법행 06·13유사, 변리 05]

해설 ☞ 甲·乙, 乙·丙 사이의 토지매매계약은 허가를 배제·잠탈하는 것을 내용으로 하여 확정적 무효가 되며, 그렇다고 중간생략등기의 합의에 의해 甲·丙 사이에 토지매매계약이 체결된 것으로 볼 수도 없다. 따라서 甲과 丙을 매매당사자로 하여 토지거래허가를 받을 수 없고, 설사 이러한 허가를 받아 등기를 경료했더라도 이는 적법한 허가없이 경료된 등기로서 무효라고 해야 한다(대판 1996.6.28. 96다3982).

㉣ X건물에 대한 매매계약에 대해서는 토지거래허가가 필요 없다고 하더라도 Y대지에 대한 丙명의 등기가 무효라면 X건물에 대한 丙명의 등기도 무효이다.

해설 ☞ 중간생략등기는 각각의 매매계약이 유효함을 전제로 하므로 앞서 살핀바와 같이 甲·乙, 乙·丙 사이의 토지매매계약은 허가를 배제·잠탈하는 것을 내용으로 하여 확정적 무효이므로, 이와 일체인 이 사건 매매계약 중 건물 부분도 무효이다(제137조 본문). 따라서 무효인 중간생략등기의 합의에 기초한 丙명의의 X건물에 대한 등기도 무효이다(대판 1994.1.11. 93다22043).

ⓜ 만일 Y대지에 대한 丙명의 등기는 무효이고, X건물에 대한 丙명의 등기는 유효여서 Y대지에 대한 甲명의 등기가 회복되더라도, X건물을 위한 관습법상 법정지상권이 인정되는 것은 아니다. [사시 09·15, 법행 05, 변리 11·13]

해설 동일인에게 원인무효로 소유권이 귀속되었다가 뒤에 그 원인무효임이 밝혀져 그 등기가 말소됨으로써 그 건물과 토지의 소유자가 달라진 경우 관습상의 법정지상권은 인정되지 않는다(대판 1999.3.26. 98다64189).

ⓗ 만일 甲이 丙명의의 등기의 무효를 주장하더라도, 이는 신의칙에 반하지 않는다. [모의 14(2), 사시 05·06, 법행 11]

해설 "강행법규인 국토이용관리법 제21조의3 제1항, 제7항을 위반하였을 경우에 있어서 위반한 자 스스로가 무효를 주장함이 신의성실의 원칙에 위배되는 권리의 행사라는 이유로서 이를 배척한다면 투기거래계약의 효력발생을 금지하려는 국토이용관리법의 입법취지를 완전히 몰각시키는 결과가 되므로, 거래당사자 사이의 약정내용과 취득목적대로 관할관청에 토지거래허가신청을 하였을 경우에 그 신청이 국토이용관리법 소정의 허가기준에 적합하여 허가를 받을 수 있었으나 다른 급박한 사정으로 이러한 절차를 회피하였다고 볼만한 특단의 사정이 엿보이지 아니하는 한, 그러한 주장이 신의성실의 원칙에 반한다고는 할 수 없다"(대판 1993.12.24. 93다44319).

ⓢ 만일 甲이 丙명의의 등기의 말소를 청구한다면, 丙명의의 등기는 불법원인급여에 해당하지 않으므로 甲의 청구는 인용될 수 있다.

해설 ☞ 사안에서 비록 丙 명의의 소유권이전등기가 강행법규인 국토의 계획 및 이용에 관한 법률 규정에 위반되어 무효이지만, 이는 선량한 풍속 기타 사회질서에 위반되는 행위라고는 볼 수 없으므로, 제746조의 불법원인급여에는 해당된다고 할 수 없다. 따라서 甲의 청구는 인용될 수 있다(대판 1983.11.22. 83다430).

12 甲과 乙은 1990년 1월 20일 甲 소유의 X부동산에 관하여 매매대금을 1억 원으로 하여 매매계약을 체결하였고 당일 乙은 매매대금을 모두 지급하고 X부동산을 인도받았다. 그 후 2010년 3월 5일 乙과 丙은 X부동산에 관하여 매매대금을 1억 2,000만 원으로 하여 매매계약을 체결하였고, 당일 丙은 매매대금을 모두 지급하고 X부동산을 인도받아 2016년 현재까지 점유하고 있다(현재까지 X부동산의 소유자는 甲으로 등기되어 있다. 각 지문은 독립적이다)

㉠ 만약 설문과 달리 丙이 乙로부터 甲에 대한 소유권이전등기청구권을 양수하고 이 사실을 乙이 甲에게 '통지'하였더라도, 丙은 甲에게 X부동산에 관하여 직접 자기 앞으로 소유권이전등기를 해줄 것을 청구할 수 없다. [변호 16, 사시 04·08·13·15, 법행 10·11, 변리 11]

해설 判例는 "매매로 인한 소유권이전등기청구권은 그 '이행과정에 신뢰관계'가 따른다는 것을 이유로 (특별한 사정이 없는 이상 권리의 성질상 양도가 제한되어) 통상의 채권양도와 달리 채무자에 대한 통지만으로는 채무자에 대한 대항력이 생기지 않으며 반드시 채무자의 동의나 승낙을 받아야 대항력이 생긴다"고 판시하고 있다(대판 2001.10.9. 2000다51216).

㉡ 만약 甲, 乙, 丙 사이에 중간생략등기에 관한 합의가 있었다면, 丙은 甲에게 X부동산에 관하여 직접 자기 앞으로 소유권이전등기를 해줄 것을 청구할 수 있고, 그 후 甲은 乙과 매매대금을 인상하기로 합의하였다면 그 인상분을 지급받지 아니하였음을 이유로 丙에게 소유권이전등기의무의 이행을 거절할 수 있다(대판 2005.4.29. 2003다66431). [변호 12, 모의 15(2)유사, 사시 08·15]

해설 ☞ 중간생략등기의 합의만으로 최초 매도인 甲의 乙에 대한 항변권을 상실하는 것은 아니다.

ⓒ 만약 이미 X토지에 관하여 甲에서 丙 앞으로 소유권이전등기까지 마쳐지고, 甲과 乙, 乙과 丙 사이에 각각 매매대금이 모두 지급되었다면, 위 소유권이전등기가 丙이 甲 명의의 등기신청서류를 위조하여 직접 丙 앞으로 마친 것이고, 甲, 乙, 丙 사이에 중간생략등기의 합의가 없었더라도, 甲은 丙에게 위 소유권이전등기의 말소를 청구할 수 없다. [변호 12, 법행 06·12]

해설 ☞ 丙명의 등기는 실체관계에 부합하는 등기이다(대판 2005.9.29. 2003다40651).

ⓔ 甲, 乙, 丙 전원이 중간생략등기의 합의를 하였더라도 乙의 甲에 대한 소유권이전등기청구권은 소멸하는 것이 아니므로, 丙은 乙의 甲에 대한 소유권이전등기청구권을 대위행사할 수 있다(대판 1991.12.13. 91다18316). [사시 06·07·15, 법행 05·06, 변리 07]

ⓜ 丙은 甲에게 취득시효완성을 원인으로 직접 소유권이전등기를 청구할 수 있다. [법행 04, 변리 09]

해설 ※ 취득시효의 기산점
"취득시효기간 중 계속해서 등기명의자가 동일한 경우에는 그 기산점을 어디에 두든지 간에 취득시효의 완성을 주장할 수 있는 시점에서 보아 그 기간이 경과한 사실만 확정되면 충분하므로, 전 점유자의 점유를 승계하여 자신의 점유기간을 통산하여 20년이 경과한 경우에 있어서도 전 점유자가 점유를 개시한 이후의 임의의 시점을 그 기산점으로 삼을 수 있다"(대판 1998.5.12. 97다8496,8502). 丙은 2016년의 현재시점부터 역산하여, 乙의 점유를 승계(제199조 1항)하여 자신의 점유기간과 통산 20년이 경과하였으므로 甲에게 제245조1항에 기해 소유권이전등기청구권을 가진다.

13 취득시효완성으로 인한 소유권이전등기청구권의 양도의 경우에는, 등기의무자의 동의 또는 승낙이 필요하다는 매매로 인한 소유권이전등기청구권의 양도제한의 법리가 적용되지 않는다(대판 2018.7.12. 2015다36167). [18년 최신판례]

14 부동산 명의신탁자가 유효한 명의신탁약정을 해지한 다음 제3자에게 '명의신탁 해지를 원인으로 한 소유권이전등기청구권'을 양도하였다고 하더라도 명의수탁자가 그 양도에 대하여 동의하거나 승낙하지 않고 있다면 그 양수인은 위와 같은 소유권이전등기청구권을 양수하였다는 이유로 명의수탁자에 대하여 직접 소유권이전등기청구를 할 수 없다. [21년 최신판례]

해설 "부동산이 전전 양도된 경우에 중간생략등기의 합의가 없는 한 그 최종 양수인은 최초 양도인에 대하여 직접 자기 명의로의 소유권이전등기를 청구할 수 없고, 최종 양수인이 중간생략등기의 합의를 이유로 최초 양도인에게 직접 그 소유권이전등기청구권을 행사하기 위하여는 관계 당사자 전원의 의사 합치가 요구된다. 그러므로 비록 최종 양수인이 중간자로부터 소유권이전등기청구권을 양도받았다 하더라도 최초 양도인이 그 양도에 대하여 동의하지 않고 있다면 최종 양수인은 최초 양도인에 대하여 채권양도를 원인으로 하여 소유권이전등기절차 이행을 청구할 수 없다(대판 1997.5.16. 97다485 판결 등 참조). 이와 같은 법리는 명의신탁자가 부동산에 관한 유효한 명의신탁약정을 해지한 후 이를 원인으로 한 소유권이전등기청구권을 양도한 경우에도 적용된다."(대판 2021.6.3. 2018다280316).

제4관 무효등기의 유용

15

> 甲은 乙로부터 금전을 빌리면서 자신이 소유하는 X 부동산에 乙 명의로 저당권을 설정해 주
> 었다. 甲이 채무를 모두 변제하였지만 저당권설정등기를 말소하고 있지 않은 상태에서 甲은
> 丙으로부터 금전을 빌리면서 甲, 乙, 丙은 甲의 丙에 대한 채무를 담보하기 위해서 乙 명의의
> 저당권을 丙에게 이전해 주기로 합의하였다.   [19년 10월 법전협모의, 판례연구 D-3.참고]

    ㉠ 甲이 乙에게 피담보채권의 소멸을 근거로 저당권의 말소를 청구하는 경우에 乙은 무효등기
의 유용에 대한 합의를 근거로 말소청구에 대항할 수 있다.

해설 甲, 乙, 丙 3자간 등기유용의 합의가 있었고, 甲과 丙간 피담보채권이 존재하며, 등기유용의 합의 이전
에 이해관계를 맺은 제3자가 존재하지 아니하므로, 무효등기유용의 합의는 유효하다. 따라서 乙은 무
효등기의 유용에 대한 합의를 근거로 甲의 말소청구에 대항할 수 있다.

    ㉡ 丙 명의로 저당권이전의 부기등기가 마쳐지지 않은 상태에서 X 부동산을 가압류한 甲의 채
권자는 甲을 대위하여 乙에게 피담보채권의 소멸을 근거로 저당권의 말소를 청구할 경우 乙
은 무효등기의 유용에 대한 합의를 근거로 말소청구에 대항할 수 있다.

해설 ※ 채권자와 제3채무자 사이의 독자적인 사정에 기한 사유(피대위채권의 범위)
사안의 경우 원칙적으로 甲의 채권자인 가압류권자는 무효등기의 유용에 따른 부기등기 전에 등기부상 이해
관계를 가진 자이므로 乙이나 丙에게 대항할 수 있다. 다만, 채권자인 가압류권자의 제3채무자 乙에 대한
이러한 독자적인 대항사유를 채권자대위소송에서 채권자가 제3채무자에게 주장할 수 있는지 문제된
다.
채권자가 무효인 소유권이전등기청구권 가등기의 유용 합의에 따라 부동산 소유자인 채무자로부터 그
가등기 이전의 부기등기를 마친 제3채무자를 상대로 채무자를 대위하여 가등기의 말소를 구한 사안에
서, 判例는 "채권자는 제3채무자에 대하여 채무자가 주장할 수 있는 범위 내에서 주장할 수 있을 뿐, 자기와
제3채무자 사이의 독자적인 사정에 기한 사유를 주장할 수는 없다"(대판 2009.5.28. 2009다4787)고 판시하여 채
권자가 그 부기등기 전에 부동산을 가압류한 사실을 주장하는 것은 채무자가 아닌 채권자 자신이 제3
채무자에 대하여 가지는 사유에 관한 것이어서 허용되지 않는다고 하였다.

제4절 법률행위에 의하지 않은 부동산물권변동

01
    甲이 乙, 丙과 1필의 토지를 공유하다가 乙, 丙을 상대로 공유물분할의 소를 제기하여 1필의 토
지를 세 부분으로 현물분할한다는 내용의 판결이 선고되고 그 판결이 확정된 경우, 甲은 등기를
경료하지 않아도 분할받은 토지 부분에 관하여 소유권을 취득한다(제187조). 그러나 X토지 공유자
甲, 乙, 丙이 공유물분할의 소송절차에서 X토지에 관한 현물분할에 관하여 합의하고 그 합의사
항을 조서에 기재함으로써 조정이 성립되었더라도, 그 분할등기를 하지 않는 한 각자의 단독소
유로 귀속되지 않는다.

해설 ※ 제187조의 적용범위-국가의 권력행위에 의한 직접적인 물권변동(판결)-
판결은 그 내용에 따라 이행판결·확인판결·형성판결로 나뉘는데, 본조 소정의 '판결'은 판결 그 자체만
으로 형성적 효력을 가져오는 형성판결에 국한된다(대판 1970.6.30. 70다568). 따라서 공유물분할판결은 형식

적 형성의 소로서 형성판결이므로 판결 확정시에 그에 따른 이전등기 없이도 물권변동의 효력이 발생한다 (제187조).

그러나 "공유물분할의 소송절차 또는 조정절차에서 공유자 사이에 공유토지에 관한 현물분할의 협의가 성립하여 그 합의사항을 조서에 기재함으로써 조정이 성립하였다고 하더라도, 그와 같은 사정만으로 재판에 의한 공유물분할의 경우와 마찬가지로 그 즉시 공유관계가 소멸하고 각 공유자에게 그 협의에 따른 새로운 법률관계가 창설되는 것은 아니라고 할 것이고, 공유자들이 협의한 바에 따라 토지의 분필절차를 마친 후 각 단독소유로 하기로 한 부분에 관하여 다른 공유자의 공유지분을 이전받아 등기를 마침으로써 비로소 그 부분에 대한 대세적 권리로서의 소유권을 취득하게 된다"(대판 2013.11.21. 전합2011두1917).

제5절 동산물권의 변동

01 동산의 선의취득은 양도인이 무권리자라는 점을 제외하고는 유효한 거래행위이여야 성립한다.
[변호 13, 사시 04 · 14, 법행 13]

> **해설** ※ 선의취득이 성립하기 위한 요건-유효한 거래행위-
> 선의취득이 성립하기 위해서는 ⅰ) 목적물이 동산이어야 하고, ⅱ) 처분자는 점유자이지만 무권리자이어야 하고, ⅲ) 유효한 거래행위에 의해 점유를 승계취득한 것이어야 하며, ⅳ) 선의취득자의 점유는 평온 · 공연 · 선의 · 무과실이어야 한다(제249조).

02 자동차 · 선박 · 건설기계 · 항공기 등 등기 · 등록으로 공시되는 동산은 원칙적으로 선의취득의 대상이 되지 않는다. 그러나 자동차가 자동차관리법이 정한 공시방법인 '등록'에 의하여만 소유권 변동을 공시할 것을 기대하기는 어려운 경우, 소유권을 취득함에는 민법상 공시방법인 '인도'에 의할 수도 있고 이때는 민법 제249조의 선의취득 규정이 적용될 수 있다(대판 2016.12.15. 2016다 205373). [최신판례]

03 제250조의 도품, 유실물이란 원권리자로부터 점유를 수탁한 사람이 적극적으로 제3자에게 부정 처분한 경우와 같은 위탁물횡령의 경우는 포함되지 않는다(대판 1991.3.22. 91다70). [변리 05]

04 민법 제249조가 규정하는 선의·무과실의 기준시점은 물권행위가 완성되는 때이므로, 물권적 합의가 동산의 인도보다 먼저 행하여지면 인도된 때를 기준으로 하여야 한다(대판 1991.3.22. 91다70).
[모의 13(3) · 15(2)유사, 사시 04, 법행 09, 변리 04 · 07 · 14]

05 민법 제249조 소정의 요건이 구비되어 동산을 선의취득한 자는 선의취득의 효과를 거부하고 종전 소유자에게 동산을 반환받아 갈 것을 요구할 수 없다(대판 1998.6.12. 98다6800).
[변호 13, 법행 09, 13, 변리 10 · 14]

06 저당권의 효력은 부합된 물건과 종물에 미치므로, 저당권의 실행으로 '부동산'이 경매되었다면 그 부동산의 상용에 공하여진 '동산'의 소유자가 그 부동산의 소유자가 아닌 경우에도 위 경매의 매수인은 선의취득의 요건을 갖춘다면 그 동산의 소유권을 취득한다. [사시 14, 법행 12]

> **해설** "저당권의 실행으로 부동산이 경매된 경우에 그 부동산에 부합된 물건은 그것이 부합될 당시에 누구의 소유이었는지를 가릴 것 없이 그 부동산을 낙찰받은 사람이 소유권을 취득하지만, 그 부동산의 상용에 공하여진 물건일지

라도 그 물건이 부동산의 소유자가 아닌 다른 사람의 소유인 때에는 이를 종물이라고 할 수 없으므로 부동산에 대한 저당권의 효력에 미칠 수 없어 부동산의 낙찰자가 당연히 그 소유권을 취득하는 것은 아니며, 나아가 부동산의 낙찰자가 그 물건을 선의취득하였다고 할 수 있으려면 그 물건이 경매의 목적물로 되었고 낙찰자가 선의이며 과실 없이 그 물건을 점유하는 등으로 선의취득의 요건을 구비하여야 한다"(대판 2008.5.8. 2007다36933).

07　선의취득에 관한 민법 제249조는 저당권 취득에 대해서는 유추적용되지 않는다.

[모의 13(3)유사, 사시 04, 법행 05]

해설　"민법 제249조의 선의취득은 점유인도를 물권변동의 요건으로 하는 동산의 소유권취득에 관한 규정으로서(동법 제343조에 의하여 동산질권에도 준용) 저당권의 취득에는 적용될 수 없다"(대판 1985.12.24. 84다카2428).

08　도품·유실물에 관한 특례규정인 제251조는 선의취득자에게 그가 지급한 대가의 변상을 받을 때까지 그 물건의 반환청구를 거부할 수 있는 항변권만을 인정한 것이 아니라 **청구권을 인정한 것이다**(대판 1972.5.23. 72다115).

[모의 15(2)유사, 사시 04, 변리 05]

해설　☞ 따라서 선의취득자가 일단 목적물을 반환청구권자에게 반환한 후에도 대가변상을 요구할 수 있고, 대가를 변상하지 않으면 다시 목적물의 반환을 청구할 수 있는 권리를 잃지 않는다.

09

> 甲은 乙에게 철강을 공급하면서, 乙이 철강의 대금을 모두 완납할 때까지 철강의 소유권은 甲에게 속한다고 乙과 약정하였다. 이후 乙은 철강에 대한 가공이 필요하여 丙과 임가공계약을 체결하고 丙이 철강을 가공하여 보관하고 있다.

㉠ 乙이 대금을 완납할 때까지는 乙이 공급받은 철강을 가공한 경우에도 대금을 완납할 때까지는 그것은 甲의 소유에 속하는 것으로 하는 특약이 있다면 그 특약은 '가공으로 인한 가액의 증가가 원재료의 가액보다 현저히 다액인 경우 가공자의 소유로 한다'는 민법 규정에 반하더라도 이는 임의규정이므로 효력이 있다.

해설　☞ 甲과 乙 사이에 乙이 공급받은 철강을 가공한 경우에도 대금을 완납할 때까지는 그것은 여전히 甲의 소유에 속하는 것으로 하는 특약이 있었으므로(이른바, 연장된 소유권유보), 丙이 가공하여 보관하고 있는 철강은 甲의 소유이다.

㉡ 乙이 대금을 지급하지 않아 甲이 매매계약을 해제한 경우, 乙은 甲에게 가공에 따른 비용상환청구권을 행사할 수 있으나, 丙은 甲에게 철강의 가치 증가를 이유로 부당이득반환청구권을 행사할 수는 없다.

해설　※ **乙의 甲에 대한 유익비상환청구권**
　　乙은 丙을 이용하여 甲소유의 철강을 가공하여 그 경제적 가치를 증가시켰으므로 甲에 대하여 유익비상환청구권을 갖는다. 甲은 그의 선택에 따라 乙의 지출금액 또는 증가액을 상환하면 된다(제203조 2항). 즉, 매매에는 임대차의 제626조와 같은 비용 상환에 대한 특별규정이 없으므로 제203조 2항 적용된다.

※ **부당이득반환의 일환으로 객관적 가치의 증가액 상당을 청구할 수 있는지 여부(소극)**
　　丙이 甲소유의 철강을 가공하여 그 경제적 가치를 증가시켰으므로 임가공계약의 당사자가 아닌 제3자인 甲에게 부당이득반환을 청구할 수 있는지 문제된다('轉用物訴權'의 문제). 그러나 丙의 甲에 대한 부당이득반환청구를 인정한다면, 判例와 같이 ⅰ) 자기책임하에 체결된 계약에 따른 위험부담을 제3자에게 전가시키는 것이 되어 계약법의 기본원리에 반하는 결과를 초래할 뿐만 아니라, ⅱ) 甲이 乙에게 가지는 항변권 행사

의 기회를 박탈하고, iii) 乙이 무자력일 경우 계약 당사자인 丙이 아니라, 제3자인 甲이 乙의 무자력 위험을 부담하게 된다는 점에서 부당하다(대판 2002.8.23. 99다66564,66571). 따라서 丙은 甲에게 철강의 가치 증가를 이유로 부당이득반환을 구할 수 없다.

ⓒ 乙이 甲에게 대금을 완납하기 전에 A에게 철강을 양도하는 계약을 체결하면서 丙에 대한 임가공계약상의 반환청구권을 A에게 양도하고 丙은 乙의 요청에 좇아 A를 위하여 철강을 보관한다는 보관증을 작성하여 A에게 교부하였다. 이 경우 A가 선의·무과실이라면 A는 철강의 소유권을 취득한다. [모의 13(3)·15(2)유사, 사시 04·14 변리 07·08, 법행 08]

해설 ※ 지명채권양도방식에 의한 선의취득 (적극)

乙에게는 철강의 처분권한(소유권)이 없으므로, 乙이 A에게 철강을 양도한 것은 무권리자의 처분행위로 효력이 없다. 다만 동산의 선의취득제도를 통해 예외적으로 A가 소유권을 취득할 수 있는지 문제되는바, 判例는 "동산의 선의취득에 필요한 점유의 취득은 현실적 인도가 있어야 하고 점유개정에 의한 점유취득만으로서는 그 요건을 충족할 수 없다"(대판 1964.5.5. 63다775)고 하여 점유개정에 의한 선의취득은 부정하지만, "양도인이 소유자로부터 보관을 위탁받은 동산을 제3자에게 보관시킨 경우에 양도인이 그 제3자에 대한 반환청구권을 양수인에게 양도하고 지명채권 양도의 대항요건을 갖추었을 때에는 동산의 선의취득에 필요한 점유의 취득요건을 충족한다"(대판 1999.1.26. 97다48906)고 하여 목적물반환청구권 양도에 의한 선의취득은 인정하고 있다.

☞ 따라서 사안에서 乙은 丙이 보관중인 철강 전부를 A에게 양도하고 반환청구권의 양도에 관하여 대항요건(丙이 A를 위하여 철강을 보관한다는 보관증을 작성하여 A에게 교부하였기에 직접점유자 丙의 승낙이 있음)을 갖추었기에 만약 A가 선의·무과실이라면 선의취득 가능하다.

제6절 물권의 소멸

10 종중 甲이 그 소유의 X토지를 종중원 乙에게 명의신탁하고 장래의 소유권이전청구권을 보전하기 위하여 자신의 명의로 가등기를 경료한 경우, 그 후 X토지에 乙의 채권자 A의 가압류등기가 경료되어 있었는데 甲이 가등기에 기한 본등기 절차에 의하지 아니하고, 乙로부터 별도의 소유권이전등기를 경료 받았더라도 혼동의 법리에 의하여 甲의 가등기에 기한 본등기 청구권이 소멸하는 것은 아니다. [모의 14(2)유사, 사시 05, 법행 08·10, 변리 10]

해설 ※ 특정물에 관한 채권을 가지는 자가 그 특정물의 소유권을 취득하는 경우에도 혼동의 법리가 적용되는지 여부(소극)

"동일한 물건에 관한 소유권과 다른 물권(제한물권)이 동일한 자에게 귀속되는 경우, 다른 물권은 혼동에 의하여 소멸하고(제191조 1항), 채권과 채무가 동일한 주체에 귀속되는 경우, 그 채권은 혼동에 의하여 소멸한다(제507조). 일반적으로 특정물에 관한 채권을 가지는 자가 그 특정물의 소유권을 취득하는 경우에 있어서 그 채권이 혼동으로 소멸하는 것과 같은 외관을 보이는 때가 많으나, 물권과 채권은 각기 그 소멸원인을 달리하는 것으로 채권은 채권과 채무가 동일한 주체에 귀속한 때에 한하여 혼동으로 소멸하는 것이 원칙이므로, 특정물에 관한 채권자가 특정물의 소유권을 취득하였다고 하더라도 그 특정물에 관한 채권이 혼동으로 소멸한다고 단정할 수는 없다"(대판 1995.12.26. 95다29888).

> **비교판례** ※ 만약 甲의 가등기 후 A의 가압류등기 등 제3자의 등기가 존재하지 않는다면 甲의 가등기에 기한 본등기청구권이 소멸하는지 여부(적극)
>
> 判例는 "가등기권자가 별도의 소유권이전등기를 경료받았다 하더라도, 가등기 경료 이후에 가등기된 목적물에 관하여 제3자 앞으로 처분제한의 등기가 되어 있거나 중간처분의 등기가 되어 있지

않고 가등기와 소유권이전등기의 등기원인도 실질상 동일하다면, 가등기의 원인이 된 가등기의무자의 소유권이전등기의무는 그 내용에 좇은 의무이행이 완료되었다 할 것이어서 가등기에 의하여 보전될 소유권이전등기청구권은 소멸되었다고 보아야 하므로, 가등기권자는 가등기의무자에 대하여 더 이상 그 가등기에 기한 본등기절차의 이행을 구할 수 없는 것이다"(대판 2007.2.22. 2004다59546)라고 판시하고 있다.

이 경우 가등기에 기한 본등기청구권이 소멸한 것은 혼동에 의한 소멸이 아니라 등기의무자의 의무내용에 좇은 등기의무의 이행이 완료되었기 때문임을 주의해야 한다.

제3장 기본물권

제1절 점유권

01 점유자가 점유를 침탈당한 경우, 침탈자의 특별승계인에 대하여 그 물건의 반환을 청구할 수 있고 손해배상도 청구할 수 있다. [변호 14]

해설 제204조(점유의 회수) ①항 점유자가 점유의 침탈을 당한 때에는 그 물건의 반환 및 손해의 배상을 청구할 수 있다. ②항 전항의 청구권은 침탈자의 특별승계인에 대하여는 행사하지 못한다. 그러나 승계인이 악의인 때에는 그러하지 아니하다. ③항 제1항의 청구권은 침탈을 당한 날로부터 1년내에 행사하여야 한다.

02 토지 소유자가 무권원 점유자의 토지점유를 실력으로 빼앗아 점유자가 소유자를 상대로 제기한 점유권에 기한 본소와 소유자의 소유권에 기한 예비적 반소가 모두 이유가 있어 양 청구가 모두 인용·확정된 경우, 집행단계에서 점유권에 기한 본소 집행이 허용됨이 원칙이나, 점유자의 점유회수의 집행이 무의미한 점유상태의 변경을 반복하는 것에 불과하다면 본권자는 청구이의의 소를 통해서 점유권에 기한 강제집행을 저지할 수 있다. [21년 최신판례]

해설 ※ 1. 토지소유자가 무권원 점유자의 토지점유를 실력으로 빼앗아 점유자가 소유자를 상대로 제기한 점유권에 기한 본소(민법 제204조의 점유물반환청구)와 소유자의 소유권에 기한 예비적 반소(민법 제213조의 소유물반환청구)가 모두 이유 있는 경우 법원이 취할 조치(=본소와 반소 모두 인용), 2. 양 청구가 모두 인용, 확정된 경우 집행단계에서 점유권에 기한 본소 집행을 허용해야하는지 여부(=원칙적 긍정)(대판 2021.2.4. 2019다202795,202801)

03 점유권에 기한 점유물 반환청구권은 그 행사기간에 제한이 있으나, 소유권에 기한 소유물반환청구권은 그 행사기간에 제한이 없다. [모의 15(1)유사, 사시 11, 법행 15]

해설 ※ 점유보호청구권과 소유권(본권)에 기한 물권적청구권의 비교

	점유보호청구권	소유권(본권)에 기한 물권적청구권
요건	점유자의 본권과는 무관^{모의14(1)}	점유자의 본권과 유관
권리행사기간	1년의 제척기간 제한 有	소유권이 존속하는 동안 언제든지 가능
침탈자의 특별승계인에 대한 행사 요건	악의인 경우에는 반환청구 가능	선 · 악 불문 반환청구 가능^{모의14(1)}

04 민법 제205조의 기산점이 되는 '방해가 종료한 날'은 방해 상태가 종료한 날이 아니라 방해행위가 종료한 날을 의미한다(대판 2016.7.29. 2016다214483,214490). [최신판례]

05 甲은 노트북을 절취하여 점유하다가 이를 고가에 팔아주겠다는 乙에게 속아 노트북을 乙에게 인도한 경우, 甲은 乙을 상대로 점유회수청구권을 행사할 수 없다. [사시 08, 변리 12]

해설▶ 점유물반환청구권을 행사하기 위하여는 점유의 '침탈'이 있어야 한다. 점유의 침탈이란 점유자의 의사에 반하여 점유를 상실함을 의미한다. 점유물을 잃어버리거나 기망 등 하자있는 의사표시에 기초하여 점유를 상실한 경우는 '침탈'에 해당하지 않아 점유물반환청구권은 행사 할 수 없다(대판 1992.2.28. 91다17443).

06 점유자가 점유의 침탈을 당한 때에는 간접점유자는 직접점유자가 그 물건의 반환받기를 원하지 아니하는 경우라면 간접점유자에게 반환할 것을 청구할 수 있다. [변호 14, 모의 14(1)유사, 법행 15]

해설▶ 제207조(간접점유의 보호) ①항 전3조의 청구권은 제194조의 규정에 의한 간접점유자도 이를 행사할 수 있다. ②항 점유자가 점유의 침탈을 당한 경우에 간접점유자는 그 물건을 점유자에게 반환할 것을 청구할 수 있고 점유자가 그 물건의 반환을 받을 수 없거나 이를 원하지 아니하는 때에는 자기에게 반환할 것을 청구할 수 있다.

07 전(前)점유자의 점유가 타주점유라 하더라도 점유자의 특정승계인은 자기의 점유만을 주장할 수 있으며, 이 경우 승계인의 점유는 자주점유로 추정된다. [사시 06 · 08 · 16, 법행 05,11]

해설▶ 제197조(점유의 태양) ①항 점유자는 소유의 의사로 선의, 평온 및 공연하게 점유한 것으로 추정한다.
제199조(점유의 승계의 주장과 그 효과) ①항 점유자의 승계인은 자기의 점유만을 주장하거나 자기의 점유와 전 점유자의 점유를 아울러 주장할 수 있다. ②항 전점유자의 점유를 아울러 주장하는 경우에는 그 하자도 계승한다.
"점유의 승계가 있는 경우 전 점유자의 점유가 타주점유라 하여도 점유자의 승계인이 자기의 점유만을 주장하는 경우에는 현 점유자의 점유는 자주점유로 추정된다"(대판 2002.2.26. 99다72743).

> [비교판례] "상속에 의하여 점유권을 취득한 상속인은 새로운 권원에 의하여 자기 고유의 점유를 시작하지 않는 한 피상속인의 점유의 성질과 하자를 떠나 자기의 점유만을 주장할 수 없다"(대판 1992.9.22. 92다22602).

08 민법 제201조 제1항은 "선의의 점유자는 점유물의 과실을 취득한다."라고 규정하고 있는데, 여기서 선의의 점유자라 함은 과실수취권을 포함하는 권원이 있다고 오신한 점유자를 말하고, 다만 그와 같은 오신을 함에는 오신을 할 만한 정당한 근거가 있어야 한다(대판 1996.1.26. 95다44290).
[모의 13(2)유사, 사시 09, 법행 11 · 15, 변리 04,09]

09 악의의 점유자가 수취한 과실을 반환하도록 규정한 민법 제201조 제2항의 규정은 민법 제748조 제2항의 특칙이 아니므로 악의의 수익자는 그 점유로 인한 이익 뿐만 아니라, 그 이외에 그 이익에 대한 법정이자도 반환하여야 할 의무가 있다(대판 2003.11.4. 2001다61869).
[변호 15, 모의 15(1)유사, 사시 10 · 16, 법행 12 · 13]

10 부동산 매매계약이 취소된 경우 당해 부동산을 인도받은 선의의 매수인에게 민법 제201조가 적용되어 과실취득권이 인정되는 이상 선의의 매도인에게도 민법 제587조의 유추적용에 의하여 대금의 운용이익 또는 법정이자의 반환을 부정하여야 한다"(대판 1993.5.14. 92다45025).

[변호 12, 사시 06 · 09 · 15, 법행 08 · 15]

11 점유자가 유익비를 지출할 당시 계약관계 등 적법한 점유의 권원을 가진 경우에 그 지출비용의 상환에 관하여는 그 계약관계를 규율하는 법조항이나 법리 등이 적용되는 것이어서, 점유자는 그 계약관계 등의 상대방에 대하여 해당 법조항이나 법리에 따른 비용상환청구권을 행사할 수 있을 뿐 계약관계 등의 상대방이 아닌 점유회복 당시의 소유자에 대하여 민법 제203조 제2항에 따른 지출비용의 상환을 구할 수는 없다(대판 2003.7.25. 2001다64752). [변호 18, 사시 09 · 13 · 15, 법행 10]

> **변형지문** 甲이 乙로부터 상가건물을 임차하여 화장실 개수공사를 하고 음식점을 운영하던 중, 丙이 위 건물을 양수하여 소유권이전등기를 마친 후 甲에게 인도를 청구하는 경우, 甲은 상가건물 임대차보호법을 적용받지 못하는 때에도 점유자의 상환청구권(민법 제203조 제2항)에 기하여 丙에게 유익비상환을 청구할 수 있다. [×]

12 타인의 물건의 매매에서 타인권리매매임을 알고 있는 매수인의 점유도 자주점유의 추정이 깨어지는 것은 아니다.

해설 判例는 매도인이 권리를 취득하여 이전할 수 없다는 사정을 매수인이 '알고서' 점유하였다는 등의 다른 특별한 사정이 입증되지 않는 한, 단순히 타인권리매매임을 알았다고 해서 매수인의 점유가 소유의 의사가 있는 점유라는 추정이 깨어지는 것이라고 할 수 없다고 한다(대판 2000.3.16. 전합97다37661).

13 권원의 성질이 분명하지 아니한 경우에도, 점유자가 타인의 소유권을 배척하고 점유할 의사를 갖고 있지 않다고 볼 '객관적인 사정'이 있는 때에는 자주점유의 추정이 깨진다.

[변호 16, 모의 11(1)유사, 법행 05 · 07]

해설 "(악의의 무단점유자는) 특별한 사정이 없는 한 점유자는 타인의 소유권을 배척하고 점유할 의사를 갖고 있지 않다고 보아야 할 것이므로 이로써 소유의 의사가 있는 점유라는 추정은 깨어졌다고 할 것이다"(대판 1997.8.21. 전합95다28625).

14 타주점유가 자주점유로 바뀌기 위해서는 타주점유자가 매매, 증여 등 새로운 권원에 기하여 소유의사로써 점유하여야 한다. 다만, 상속은 새로운 권원이 될 수 없다.

해설 ※ 타주점유에서 자주점유로의 전환
타주점유가 자주점유로 전환되려면 타주점유자가 ㉠ '새로운 권원에 의하여 소유의 의사를 가지고 점유를 시작'하거나, ㉡ '자기에게 점유시킨 자(타주점유를 하게 한 자)에게 소유의 의사가 있음을 표시'하여야 한다 (判例). 다만 判例는 "상속에 의하여 점유권을 취득한 상속인은 새로운 권원에 의하여 자기 고유의 점유를 시작하지 않는 한 피상속인의 점유의 성질과 하자를 떠나 자기의 점유만을 주장할 수 없다"고 하여 상속은 새로운 권원이 될 수 없다고 한다(대판 1992.9.22. 92다22602).

15 자주점유자가 시효취득기간 진행 중에 그 부동산의 전 소유자를 상대로 소유권이전등기 말소등기청구소송을 제기하였다가 패소 확정된 경우에도 자주점유가 타주점유로 전환되는 것은 아니다.

[모의 14(3)유사, 사시 16, 법행 08 · 11 · 12]

해설 ▶ ※ **자주점유에서 타주점유로의 전환**
점유자가 매매나 시효취득을 원인으로 소유권이전등기를 청구하였다가 패소 확정된 경우에도, 점유자가 소유자에 대하여 어떤 의무가 있음이 확정되는 것은 아니므로 악의의 점유자(제197조 2항)가 되는데 불과하고 타주점유로 전환되는 것은 아니다(대판 1981.3.24. 80다2226).

16 점유자를 상대로 한 점유자 명의의 소유권이전등기 말소청구소송에서 점유자가 패소하고 그 판결이 확정된 경우, 그 '소가 제기된 때'부터가 아니라 '패소확정 후'부터 그 점유자의 점유는 타주점유로 간주된다.
[모의 15(1)유사, 사시 08, 법행 11 · 15]

해설 ▶ "진정 소유자가 자신의 소유권을 주장하며 점유자 명의의 소유권이전등기는 원인무효의 등기라 하여 점유자를 상대로 토지에 관한 점유자 명의의 소유권이전등기의 말소등기청구소송을 제기하여 그 소송사건이 점유자의 패소로 확정되었다면, 그 점유자는 제197조 2항의 규정에 의하여 그 소송의 제기시부터는 토지에 대한 악의의 점유자로 간주되고, 나아가 패소판결의 확정으로 점유자로서는 토지에 관한 점유자 명의의 소유권이전등기에 관하여 정당한 소유자에 대하여 말소등기의무를 부담하게 되었음이 확정되었으므로, 단순한 악의점유의 상태와는 달리 객관적으로 그와 같은 의무를 부담하고 있는 점유자로 변한 것이어서 점유자의 토지에 대한 점유는 패소판결 확정 후부터는 타주점유로 전환되었다고 보아야 한다"(대판 2000.12.8. 2000다14934,14941).

제2절 소유권

제1관 부동산 소유권의 범위(건물의 구분소유권)

01 법률상 1개의 부동산으로 등기된 기존 건물이 '증축'되어 증축 부분이 구분소유의 객체가 될 수 있는 구조상 및 이용상의 독립성을 갖추었다고 하더라도 이로써 곧바로 그 증축 부분이 법률상 기존 건물과 별개인 구분건물로 되는 것은 아니고, 구분건물이 되기 위하여는 증축 부분의 소유자의 구분소유의사가 객관적으로 표시된 구분행위가 있어야 한다.
[사시 08, 법행 12]

해설 ▶ 증개축된 건물이 기존의 건물과 구조상·이용상 독립성이 있는 경우에 ⅰ) 기존 건물의 소유자가 증·개축한 경우(실무상 저당권의 효력(제358조)과 관련하여 가장 빈번히 문제된다)에는, 이로써 곧바로 그 증축부분이 법률상 기존 건물과 별개인 구분 건물로 되는 것은 아니고, 구분건물(구분소유권)이 되기 위해서는 증축부분의 소유자의 구분소유의사가 객관적으로 표시된 구분행위(구분등기)가 있어야 한다(대판 1999.7.27. 98다35020). ⅱ) 임차인 등 타인이 정당한 권원에 의하여 증·개축한 경우에는 제256조 단서에 의하여 증·개축한 자의 소유가 된다(대판 1999.7.27. 99다14518).

02 구분소유는 구분건물이 물리적으로 완성되기 전에도 건축허가신청이나 분양계약 등을 통하여 장래 신축되는 건물을 구분건물로 하겠다는 구분의사가 객관적으로 표시되면 구분행위의 존재를 인정할 수 있다.
[법행 05 유사]

해설 ▶ 대판 2013.01.17. 전합2010다7157.
위 전원합의체 판결은 "구분소유는 건물 전체가 완성되고 원칙적으로 집합건축물대장에 구분건물로 등록된 시점, 예외적으로 등기부에 구분건물의 표시에 관한 등기가 마쳐진 시점에 비로소 성립한다"는 취지의 과거 판결(대판 2006.11.9. 2004다67691 등)의 견해를 이 판결의 견해와 저촉되는 한도에서 변경하였다.

03 前 구분소유자의 특별승계인에게 前 구분소유자의 체납관리비를 승계하도록 한 관리규약 중 '공용부분' 관리비에 관한 부분은 유효하지만, 공용부분 관리비에 대한 '연체료'는 특별승계인에게 승계되는 공용부분 관리비에 포함되지 않는다. [법행 10·12, 감평 04·09]

> **해설** 判例는 체납관리비의 승계에 관한 관리규약은 특별승계인의 승인이 없는 한 무효이지만 '공용부분관리비'에 관한 부분은 유효하다는 입장이다(대판 2001.9.20. 전합2001다8677). 한편, 공용부분 관리비를 승계한다고 하여 전 구분소유자가 체납한 그 '연체료'까지 승계하는 것은 아니다(대판 2006.6.29. 2004다3598,3604).

04 집합건물의 건축자로부터 전유부분과 대지부분을 매수하여 소유권 취득의 실질적 요건은 갖추었으나, 전유부분에 대한 소유권이전등기만 경료받고 대지지분에 대하여는 소유권이전등기를 받지 못한 매수인은, 매매계약의 효력으로서 전유부분의 보유를 위하여 건물의 대지를 점유·사용할 권리가 있고, 이러한 점유사용권은 단순한 점유권과는 차원을 달리하는 본권이다(대판 2000.11.16. 전합98다45652,45669). [사시 08, 법행 05·09]

05 환지절차의 지연 등 특별한 사정으로 인하여 집합건물의 전유부분에 대하여만 소유권이전등기를 받은 매수인은, 대지지분에 대한 소유권이전등기를 받기 전에 대지에 대하여 가지는 점유·사용권인 대지사용권을 전유부분과 분리 처분하지 못한다. [사시 08, 법행 05·09]

> **해설** ※ 전유부분과 대지사용권의 일체성
>
> (1) 대지사용권의 수반성
>
> 구분소유자의 대지사용권은 그가 가지는 전유부분의 처분에 따른다(제20조 1항).
>
> 判例는 "구분건물의 전유부분에 대한 소유권보존등기만 마치고 대지지분에 대한 등기가 경료되기 전에, 전유부분에 관해서만 설정된 저당권의 효력 또는 가압류결정의 효력은 종물 내지 종된 권리인 대지사용권에까지 미친다"고 한다(대판 2001.9.4. 2001다22604 ; 대판 2006.10.26. 2006다29020).
>
> (2) 대지사용권의 분리처분금지
>
> 구분소유자는 그가 가지는 전유부분과 분리하여 대지사용권을 처분할 수 없다(제20조 1항 본문). 다만, 규약이나 공정증서로 달리 정한 경우에는 그러하지 아니하다(제10조 2항 단서, 4항, 제3조 3항). 이러한 예외에 해당하지 않아 분리처분이 금지되는 대지사용권을 특히 '대지권'이라 한다(부동산등기법 제40조 3항). 앞서 검토한 바와 같이 지적정리 등의 지연으로 전유부분에 관하여만 소유권이전등기를 한 집합건물의 수분양자가 매매계약의 효력으로써 전유부분의 소유를 위하여 건물의 대지를 점유·사용하는 권리도 대지사용권에 해당하므로(대판 2000.11.16. 전합98다45652,45669), 이 경우 "수분양자는 대지지분에 대한 소유권이전등기를 받기 전에 대지에 대하여 가지는 점유·사용권인 대지사용권을 전유부분과 분리 처분하지 못할 뿐만 아니라, 전유부분 및 장래 취득할 대지지분을 다른 사람에게 양도한 후 그 중 전유부분에 대한 소유권이전등기를 경료해 준 다음 사후에 취득한 대지지분도 전유부분의 소유권을 취득한 양수인이 아닌 제3자에게 분리 처분하지 못한다 할 것이고, 이를 위반한 대지지분의 처분행위는 그 효력이 없다"(대판 2000.11.16. 전합98다45652,45669).

06 상가건물 구분소유자가 그 건물 1층의 복도와 로비를 무단으로 점유하여 자신의 영업장 내부공간인 것처럼 사용하고 있는 경우 그 구분소유자에게 부당이득반환의무가 인정된다 [20년 최신판례]

> **해설** "해당 공용부분이 구조상 이를 별개 용도로 사용하거나 다른 목적으로 임대할 수 있는 대상이 아니더라도, 무단점유로 인하여 다른 구분소유자들이 해당 공용부분을 사용·수익할 권리가 침해되었고 이는 그 자체로 민법 제741조에서 정한 손해로 볼 수 있다"(대판 2020.5.21. 전합2017다220744).

제2관 취득시효

01 甲이 X토지에 관하여 적법·유효한 이전등기를 마치고 그 소유권을 취득하였음에도, 그때로부터 20년간 X토지를 점유하였으므로 점유취득시효가 완성되어 이를 원시취득하였다고 주장하면서, 甲의 소유권 취득 이전부터 존재하던 가압류에 기하여 이루어진 강제집행의 불허를 구하는 경우 甲의 위와 같은 점유는 취득시효의 기초로서의 점유에 해당하지 않는다. [최신판례]

해설 ※ 자기소유 부동산이 취득시효의 객체가 될 수 있는지 여부

(1) 대내외적으로 자기소유인 경우

判例는 대내외적으로 모두 자기 소유이었던 기간 동안의 점유는 취득시효의 기초로서 점유에 해당하지 않는다는 입장이다.

(2) 대내적으로만 자기소유인 경우

判例는 유효한 명의신탁에서 명의신탁자의 점유와 같이 소유권의 관계적 귀속이 인정되어 대내적으로는 자기소유이지만, 대외적으로는 타인 소유이었던 기간 동안의 점유는 점유취득시효의 기초로서의 점유에 해당한다고 본다(대판 2001.7.13. 2001다17572).

"부동산의 소유명의자는 그 부동산에 대한 소유권을 적법하게 보유하는 것으로 추정되어 소유권에 대한 증명의 곤란을 구제할 필요 역시 없으므로, 그러한 점유는 취득시효의 기초가 되는 점유라고 할 수 없다. 다만 그 상태에서 다른 사람 명의로 소유권이전등기가 되는 등으로 소유권의 변동이 있는 때에 비로소 취득시효의 요건인 점유가 개시된다고 볼 수 있을 뿐이다"(대판 2016.10.27. 2016다224596).

02 부동산에 관한 소유권이전의 원인행위가 사해행위로 인정되어 취소되는 경우에도 수익자의 점유는 타인소유 부동산에 대한 등기부 취득시효의 기초가 되는 점유로 될 수 없다. [최신판례]

해설 "사해행위가 취소되더라도 그 부동산은 여전히 수익자의 소유이고, 다만 채권자에 대한 관계에서 채무자의 책임재산으로 환원되어 강제집행을 당할 수 있는 부담을 지고 있는 데 지나지 않는다. 그러나 부동산에 관하여 적법·유효한 등기를 하여 그 소유권을 취득한 사람이 당해 부동산을 점유하는 경우에는 특별한 사정이 없는 한 사실상태를 권리관계로 높여 보호할 필요가 없고, 부동산의 소유명의자는 그 부동산에 대한 소유권을 적법하게 보유하는 것으로 추정되어 소유권에 대한 증명의 곤란을 구제할 필요 역시 없으므로, 그러한 점유는 취득시효의 기초가 되는 점유라고 할 수 없다"(대판 2016.10.27. 2016다224596).

03 집합건물의 공용부분은 취득시효의 대상이 될 수 없다. [법행 14·15]

해설 "집합건물법 제13조는 공용부분에 대한 공유자의 지분은 그가 가지는 전유부분의 처분에 따르고 분리하여 처분할 수 없도록 규정하고 있는데, 공용부분에 대해 취득시효를 인정하여 그 부분에 대한 소유권취득을 인정한다면 전유부분과 분리하여 공용부분이 처분되는 결과가 되어 집합건물법의 취지에 어긋나게 된다. 따라서 집합건물의 공용부분은 취득시효에 의한 소유권 취득의 대상이 될 수 없다"(대판 2013.12.12. 2011다78200,78217).

04 점유취득시효 완성 당시 부동산이 (구) 신탁법상 신탁계약에 따라 수탁자 명의로 소유권이전등기와 신탁등기가 되어 있었는데 점유취득시효 완성을 이유로 등기하지 아니하고 있는 사이에 제3자에게 처분되어 제3자 명의로 소유권이전등기가 마쳐졌다가 다시 별개의 신탁계약에 의해 동일한 수탁자 명의로 소유권이전등기와 신탁등기가 마쳐진 경우, 점유자는 수탁자에 대하여 취득시효 완성을 주장할 수 없다. [최신판례]

해설 "부동산에 대한 점유취득시효가 완성될 당시 부동산이 구 신탁법상의 신탁계약에 따라 수탁자 명의로 소

유권이전등기와 신탁등기가 되어 있더라도 수탁자가 신탁재산에 대하여 대내외적인 소유권을 가지는 이상 점유자가 수탁자에 대하여 취득시효 완성을 주장하여 소유권이전등기청구권을 행사할 수 있지만, 이를 등기하지 아니하고 있는 사이에 부동산이 제3자에게 처분되어 그 명의로 소유권이전등기가 마쳐짐으로써 점유자가 제3자에 대하여 취득시효 완성을 주장할 수 없게 되었다면 제3자가 다시 별개의 신탁계약에 의하여 동일한 수탁자 명의로 소유권이전등기와 신탁등기를 마침으로써 부동산의 소유권이 취득시효 완성 당시의 소유자인 수탁자에게 회복되는 결과가 되었더라도 수탁자는 특별한 사정이 없는 한 취득시효 완성 후의 새로운 이해관계인에 해당하므로 점유자는 그에 대하여도 취득시효 완성을 주장할 수 없다(대판 2016.2.18. 2014다61814).

05 점유취득시효 완성 당시의 소유권등기가 원인무효인 경우에 점유취득시효 완성자의 대위청구가 불가능한 사정이 있는 경우에는 원인무효의 등기명의자를 상대로 직접 소유권이전등기를 청구하는 것이 가능하다.

> [해설] ※ 점유취득시효 완성에 따른 등기청구의 상대방
> ① 취득시효 완성 당시의 진정한 소유자가 원칙적으로 등기청구의 상대방이다(대판 1993.9.14. 93다10989).
> ② 그러나 대법원은 점유취득시효 완성 당시의 소유권등기가 원인무효인 경우에 점유취득시효 완성자의 대위청구가 불가능한 특별한 사정이 있는 경우(예컨대, 현재 등기명의인의 등기가 확정판결에 기한 경우, 피대위자인 법률상 소유자를 확인할 수 없는 경우 등)에는 예외적으로 원인무효의 등기명의자를 상대로 직접 소유권이전등기를 청구하는 것도 가능하다고 한다(대판 1999.7.9. 98다29575).

06 등기부취득시효의 완성 후에 그 부동산에 관한 점유자 명의의 등기가 말소되거나 적법한 원인 없이 다른 사람 앞으로 소유권이전등기가 경료되었다 하더라도, 등기부취득시효 완성자는 등기부취득시효의 완성에 의하여 취득한 소유권에 기하여 현재의 등기명의자를 상대로 방해배제를 청구할 수 있을 뿐이고, 등기부취득시효의 완성을 원인으로 현재의 등기명의자를 상대로 소유권이전등기를 구할 수는 없다(대판 1999.12.10. 99다25785).   [법행 09, 변리 12]

07 甲은 X토지를 1965.4.1부터 점유하여 왔는바, X토지의 소유권자인 A는 1989.4.1. X토지를 B에게 양도하고 소유권이전등기를 마쳐주었고, 그 후에 X토지는 다시 2009.2.1 C명의로 소유권이전등기가 경료되었다. 그렇다면 2009.4.5. 甲은 C에게 X토지에 대해 점유취득시효 완성을 이유로 한 소유권이전등기청구권을 행사할 수 있다.   [변호 16, 모의 15(1)유사, 사시 15]

> [해설] "ⅰ) 취득시효기간이 경과하기 전에 등기부상의 소유명의자가 변경된다고 하더라도 그 사유만으로는 점유자의 종래의 사실상태의 계속을 파괴한 것이라고 볼 수 없어 취득시효를 중단할 사유가 되지 못한다(제247조 2항, 제168조 1호). ⅱ) 이러한 법리는 새로이 2차의 취득시효가 개시되어 그 취득시효기간이 경과하기 전에 등기부상의 소유명의자가 다시 변경된 경우에도 마찬가지로 적용된다고 봄이 상당하다"(대판 2009.7.16. 전합2007다15172,15189).

08 건물공유자 중 일부만이 당해 건물을 점유하고 있더라도 이로써 건물공유자들 전원이 건물부지에 대한 공동점유를 하는 것이 되고, 그 건물부지에 대한 점유취득시효가 완성되면, 그 취득시효 완성을 원인으로 한 소유권이전등기청구권은 당해 건물의 공유지분비율과 같은 비율로 건물공유자들에게 귀속된다(대판 2003.11.13. 2002다57935).   [변호 16, 모의 14(2)·15(1)유사, 사시 09·13, 변리 09]

09 甲과 乙이 X토지의 특정 부분을 소유하나 등기부상으로는 1/2지분씩 공유하는 것으로 등기를 마쳤는데 甲의 특정 구분소유 부분에 관하여 2012. 1. 5. 丙의 점유취득시효가 완성되었다. 乙이 2012. 2. 14. 자신의 특정 구분소유 부분을 丁에게 양도하고 그에 따라 丁 명의로 토지 전체의

공유지분에 관한 지분이전등기가 경료되었다 하더라도, 丙은 원칙적으로 丁을 상대로 甲의 특정 구분소유 부분에 관하여 2012. 1. 5.자 취득시효 완성을 원인으로 한 소유권이전등기절차의 이행을 구할 수 없다.

해설 "구분소유적 공유관계에 있는 토지 중 공유자 1인의 특정 구분소유 부분에 관한 점유취득시효가 완성된 경우 다른 공유자의 특정 구분소유 부분이 다른 사람에게 양도되고 그에 따라 토지 전체의 공유지분에 관한 지분이전등기가 경료되었다면 대외적인 관계에서는 점유취득시효가 완성된 특정 구분소유 부분 중 다른 공유자 명의의 지분에 관하여는 소유 명의자가 변동된 경우에 해당하므로"(대판 2006.10.12. 2006다44753=점유자는 취득시효의 기산점을 임의로 선택하여 주장할 수 없다), 등기청구를 할 수 없다.

☞ 따라서 丙은 甲을 상대로 甲의 특정 구분소유 부분 중 1/2 공유지분에 관하여 2012. 1. 5.자 취득시효 완성을 원인으로 한 소유권이전등기절차의 이행을 구할 수 있으나, 丁의 1/2 공유지분에 관하여는 丁이 점유취득시효 완성 후 새로운 이해관계를 가진 제3자에 해당하므로 취득시효 완성을 원인으로 한 소유권이전등기절차의 이행을 구할 수 없다.

> **참고판례** 구분소유적 공유자 중 1인이 자신의 특정 부분을 제3자에게 양도하고 지분에 관하여 이전등기를 마쳐준 경우, 그 제3자는 특정 부분의 소유권을 취득하고 구분소유적 공유관계를 그대로 승계한다(대판 1991.5.10. 90다20039). 이 경우 다른 구분소유자의 동의를 얻어야 하는 것은 아니다(대판 2003.10.24. 2003다21087). ☞ 따라서 사안에서 乙이 2012.2.14. 자신의 특정 구분소유 부분을 丁에게 양도하고 그에 따라 丁 명의로 토지 전체의 공유지분에 관한 지분이전등기가 경료되었으므로 甲과 丁 사이에는 구분소유적 공유관계가 그대로 승계된다.

10 임의경매개시결정에 따른 부동산 압류도 점유취득시효의 시효중단 사유가 되지 않는다.

해설 "민법 제247조 제2항은 '소멸시효의 중단에 관한 규정은 점유로 인한 부동산소유권의 시효취득기간에 준용한다.'라고 규정하고, 민법 제168조 제2호는 소멸시효 중단사유로 '압류 또는 가압류, 가처분'을 규정하고 있다. 점유로 인한 부동산소유권의 시효취득에 있어 취득시효의 중단 사유는 종래의 점유상태의 계속을 파괴하는 것으로 인정될 수 있는 사유이어야 하는데(대판 1997.4.25. 97다6186 등), 민법 제168조 제2호에서 정하는 '압류 또는 가압류'는 금전채권의 강제집행을 위한 수단이거나 그 보전수단에 불과하여 취득시효기간의 완성 전에 부동산에 압류 또는 가압류 조치가 이루어졌다고 하더라도 이로써 종래의 점유상태의 계속이 파괴되었다고는 할 수 없으므로 이는 취득시효의 중단사유가 될 수 없다"(대판 2019.4.3. 2018다296878).

11 소유자로부터 부동산을 증여받았으나 소유권이전등기를 하지 않고 있던 중에 소유자가 사망하여 상속이 개시되고 그 후 취득시효가 완성된 경우, 증여를 원인으로 한 소유권이전등기를 마친 수증자는 특별한 사정이 없는 한 취득시효 완성 후의 새로운 이해관계인이라 할 것이므로 점유자는 그에 대하여 취득시효 완성으로 대항할 수 없다. 다만 그 부동산을 증여받은 자가 상속인 중 한 사람이라면 그 상속인은 적어도 자기의 상속지분 범위 내에서는 취득시효 완성 후의 새로운 이해관계인이라 할 수 없다 할 것이고, 따라서 여전히 그 지분 범위 내에서는 점유자에 대하여 취득시효 완성을 원인으로 한 소유권이전등기의무를 부담한다.

해설 判例에 따르면 소유자로부터 부동산을 증여받았으나 소유권이전등기를 하지 않고 있던 중에 소유자가 사망하여 상속이 개시되고 그 후 취득시효가 완성된 경우, 증여를 원인으로 한 소유권이전등기를 마친 수증자는 제3자에 해당하나(취득시효 완성 후의 새로운 이해관계인에 해당), 이때 수증자가 상속인 중 한 사람인 경우 그 상속인이 가지고 있던 피상속인에 대한 증여를 원인으로 한 소유권이전등기청구권은 자기의 상속지분 범위 내에서는 상속에 의하여 혼동으로 소멸하므로(제507조 참조) 점유자에 대하여는 취득시효 기간이 경과된 때에 새로 취득시효 완성을 원인으로 한 소유권이전등기의무를 부담하게 된다고 한다(대판 2012.3.15. 2011다59445) 그렇다면 이 경우에는 결국 자기의 상속지분 범위 외에 대하여서만 제3자에 해당한다.

12

> 외국에 거주하는 A의 토지를 B가 자신소유의 토지라고 속이고서 C에게 매도하여 C는 등기
> 없이 12년간 점유를 하였다. 그 후 C는 문제의 토지를 D에게 매도하여 D는 이를 10년간 점
> 유하였다. 이 후 D는 이 토지를 E에 증여를 하여 E가 점유 중이다. 그 후 일시 귀국한 A는
> 이러한 사실을 우연히 알게 되었고 자신의 토지가 빼앗길 것을 우려하여 F에게 문제의 토지
> 를 매도하였고 등기까지 경료해 주었다(단, 현재 E는 9년째 점유 중이다).
>
> 점유취득시효 완성 후 원소유자 및 점유취득시효 완성자가 목적물을 처분한 경우, 핵심사례 D-4.

㉠ E는 D의 점유취득시효 완성의 법률효과를 직접 F에게 주장할 수 없을 뿐 아니라, D를 대위
하여서도 F에 대하여 시효취득으로 대항할 수 없다.

해설 (1) D의 점유취득시효 완성의 법률효과를 E가 직접 주장할 수 있는지 여부(소극)

判例는 "전 점유자의 점유를 승계한 자는 그 점유 자체와 하자만을 승계하는 것이지 그 점유로 인한 법률효과
까지 승계하는 것은 아니므로……전 점유자의 취득시효 완성의 효과를 주장하여 직접 자기에게 소유권
이전등기를 청구할 권원은 없다"라고 하여 전 점유자의 소유자에 대한 소유권이전등기청구권을 대위
행사할 수 있을 뿐이라고 보고 있다.

(2) D의 F에 대한 시효완성에 의한 소유권이전등기청구권을 E가 대위행사할 수 있는지 여부(소극)

判例의 다수견해(대위행사설)에 따르더라도 E는 D를 대위하여 F에게 토지에 관한 점유취득시효 완
성을 원인으로 한 소유권이전등기청구권을 행사할 수 없다. 왜냐하면 '이중양도'법리에 의해, 점유
취득시효 완성 후 채권적 청구권을 취득한 D는 소유권이전등기를 경료한 제3자 F에게 대항할 수
없기 때문이다.

㉡ E는 자신이 점유하는 현시점에서 역으로 기산점을 임의로 선택하여 F에 대하여 시효취득을
주장할 수 없다.

해설 判例는 이에 대해 소유자의 변동이 없는 경우에는 취득시효의 기산점을 임의로 선택할 수 있으나(대판
1992.11.10. 92다20774), 점유기간 중에 당해 부동산의 소유권자의 변동이 있는 경우에는 취득시효를 주장
하는 자가 임의로 기산점을 선택하거나 소급하여 20년 이상 점유한 사실만 내세워 시효완성을 주장할
수 없다고 판시하고 있다(대판 1995.5.23. 94다39987).

㉢ 만약 E가 토지에 대한 소유권을 취득할 수 없다고 하더라도 E는 A에게 이행불능에 의한 채
무불이행책임을 이유로 손해배상을 청구할 수 없다.

해설 "부동산 점유자에게 시효취득으로 인한 소유권이전등기청구권이 있다고 하더라도 이로 인하여 부동산
소유자와 시효취득자 사이에 계약상의 채권·채무관계가 성립하는 것은 아니므로, 그 부동산을 처분
한 소유자에게 채무불이행 책임을 물을 수 없다"(대판 1995.7.11. 94다4509).

㉣ 만약 E가 토지에 대한 소유권을 취득할 수 없다고 한다면 E는 A에게 이행불능 전에 점유취
득시효 기간이 완성되었음을 이유로 권리를 주장하거나 그 점유취득시효 완성을 원인으로
한 등기청구권을 행사하지 않는 한, 대상청구권을 행사하여 A가 취득한 이득의 반환을 청구
할 수는 없다.

해설 判例는 취득시효가 완성된 토지가 협의수용됨으로써 취득시효 완성을 원인으로 하는 소유권이전등기
의무가 이행불능이 된 경우에, 대상청구권을 행사하기 위한 요건으로 "수용으로 인한 불능 전에 시효완
성으로 인한 권리주장 또는 등기청구권의 행사가 있었어야 한다"(대판 1996.12.10. 94다43825)라고 한다.

ⓜ 만약 E가 A에게 취득시효를 주장하자 A가 F에게 처분하여 E가 토지에 대한 소유권을 취득할 수 없게 된 경우라면, E는 A에게 불법행위로 인한 손해배상을 청구할 수 있다.

해설 ⅰ) 취득시효가 완성된 후 점유자가 그 취득시효를 주장하거나 이로 인한 소유권이전등기를 청구하기 이전에는, 특별한 사정이 없는 한 등기명의인은 그 시효취득사실을 알 수 없으므로 이를 제3자에게 처분하였다고 하더라도 불법행위가 성립하지는 않는다(대판 1995.7.11. 94다4509). ⅱ) 그러나 등기명의인이 자신의 부동산에 대하여 취득시효가 완성된 사실을 알고도 제3자에게 처분하여 등기명의를 넘겨줌으로써 시효취득자에게 손해를 입혔다면 불법행위를 구성하며, 이 경우 부동산을 취득한 제3자가 부동산 소유자의 이러한 불법행위에 적극 가담하였다면 이는 사회질서에 반하는 행위로서 무효가 된다.

13 甲은 X토지를 적법하게 매수하고 1993. 1. 20. 소유권이전등기를 경료하고 점유를 시작하였다. 이후 甲은 乙에게 1994. 1. 20. 6억 원을 빌리면서 당시 시가가 3억 원정도였던 X토지의 양도담보 약정을 맺고 등기명의를 乙에게 이전해주었다. 다만 이후에도 甲이 2016년 현재까지 점유를 계속하였다.(가등기담보법의 적용은 없다고 전제할 것) 대판 2015.2.26. 2014다21649

㉠ 1994. 1. 20. 이후에는 甲의 취득시효의 기초가 되는 점유가 될 수 있는바, 甲의 점유취득시효는 2014. 1. 20. 완성된다.

해설 ☞ 대내외적으로 甲소유인 동안의 점유는 취득시효의 기초되는 점유라고 할 수 없다. 양도담보권자는 담보 목적의 범위 내에서 X토지의 소유권을 신탁적으로 취득할 뿐이고, 양도담보권설정자인 甲이 실질적 소유자로서 소유의 의사로 위 토지들을 점유·사용해 왔다고 할 것이므로 대외적으로 乙소유인 동안의 점유(1994.1.20.부터)는 甲의 취득시효의 기초가 되는 점유가 될 수 있다. 따라서 일단 2014. 1. 20. 되면 제245조 1항의 점유취득시효는 완성된다.

㉡ 甲이 X토지를 시효취득하게 되더라도 이를 이유로 甲은 乙에게 乙명의 등기의 말소를 청구할 수 없다.

㉢ 甲은 양도담보약정에 기해 대여금채권의 소멸시효 완성을 원인으로 하여 乙명의 등기를 말소할 것을 청구할 수 있다.

해설 ※ 취득시효 완성의 효과
"부동산점유취득시효는 '원시취득'에 해당하므로 특별한 사정이 없는 한 원소유자의 소유권에 가하여진 각종 제한에 의하여 영향을 받지 아니하는 완전한 내용의 소유권을 취득하는 것이지만, 진정한 권리자가 아니었던 채무자 또는 물상보증인이 채권담보의 목적으로 채권자에게 부동산에 관하여 저당권설정등기를 경료해 준 후 그 부동산을 시효취득하는 경우에는, 채무자 또는 물상보증인은 피담보채권의 변제의무 내지 책임이 있는 사람으로서 이미 저당권의 존재를 용인하고 점유하여 온 것이므로, 저당목적물의 시효취득으로 저당권자의 권리는 소멸하지 않는다. 이러한 법리는 부동산 양도담보의 경우에도 마찬가지이므로, 양도담보권설정자가 양도담보부동산을 20년간 소유의 의사로 평온, 공연하게 점유하였다고 하더라도, 양도담보권자를 상대로 피담보채권의 시효소멸을 주장하면서 담보 목적으로 경료된 소유권이전등기의 말소를 구하는 것은 별론으로 하고, 점유취득시효를 원인으로 하여 담보 목적으로 경료된 소유권이전등기의 말소를 구할 수 없고, 이와 같은 효과가 있는 양도담보권설정자 명의로의 소유권이전등기를 구할 수도 없다"(대판 2015.2.26. 2014다21649).

14 甲소유의 X토지에 관하여 乙이 등기에 필요한 서류를 위조하여 무효의 소유권이전등기를 한 다음 이를 모르는 丙에게 X토지를 매도하고 소유권이전등기를 해 준 상태에서 丙이 등기부 취득시효를 완성하였다. 대판 2008.6.12. 2007다36445 ; 핵심사례 D-5.참고

ⓐ 甲이 丙을 상대로 제기한 소유권이전등기 말소등기 청구의 소가 패소 확정되면 원래 소유자였던 甲은 乙에게 대상청구권 및 채무불이행을 원인으로 한 손해배상청구권을 행사할 수 없다.

해설 ※ 대상청구권의 인정여부

判例는 물권적 청구권이 이행불능된 경우에도 대상청구권이 인정될 수 있음을 전제로, 甲의 乙에 대한 소유권이전등기말소청구권이 불능이 된 것은 丙의 등기부취득시효가 완성되었기 때문인 반면 乙이 받은 매매대금은 乙과 丙사이의 매매계약에 의한 것이어서 '급부를 불가능하게 하는 사정'과 乙이 취득한 '대신하는 이익'사이에 상당인과관계가 존재한다고 할 수 없다는 이유로 甲의 청구를 기각하였다(대판 2003.11.14. 2003다35482).

※ 물권적 청구권의 이행불능으로 인한 전보배상청구가 인정되는지 여부

"채무불이행을 이유로 하는 손해배상청구권은 계약 또는 법률에 기하여 이미 성립하여 있는 채권관계에서 본래의 채권이 동일성을 유지하면서 그 내용이 확장되거나 변경된 것으로서 발생한다. 그러나 등기말소청구권 등의 물권적 청구권은 그 권리자인 소유자가 소유권을 상실하면 이제 그 발생의 기반이 아예 없게 되어 더 이상 그 존재 자체가 인정되지 아니하는 것이다"(대판 2012.5.17. 전합2010다28604).

ⓑ 甲이 丙을 상대로 제기한 소유권이전등기 말소등기 청구의 소가 패소 확정되면 원래 소유자였던 甲은 乙에게 부당이득반환청구권 및 불법행위를 원인으로 한 손해배상청구권을 행사할 수 있다.

[변호 18]

해설 ※ 불법행위를 원인으로 한 손해배상청구권(소유권 상실로 인한 손해배상청구권의 인정 여부)

"무권리자가 위법한 방법으로 그의 명의로 소유권보존등기를 경료한 후 그 부동산을 전전매수한 제3자의 등기부 시효취득이 인정됨으로써 소유자가 소유권을 상실하게 된 경우, 무권리자의 위법한 등기경료행위와 소유자의 소유권 상실 사이에는 상당인과관계가 있다"(대판 2008.6.12. 2007다36445).

※ 부당이득반환구권의 인정여부

일반적으로 물권적 청구권의 불능으로 인하여 '대신하는 이익'이 존재하는 경우에는 그 '대신하는 이익'은 원래부터 물권자에게 귀속하기 때문에 만일 다른 사람이 그 '대신하는 이익'을 수령하였다면 부당이득이 성립한다(침해부당이득).

ⓒ 만약 甲이 乙의 고의를 이유로 불법행위에 기한 손해배상을 청구할 수 있다면 甲의 乙에 대한 불법행위에 기한 손해배상청구의 손해배상액(부동산의 시가 상당액)의 기준시점은 丙이 등기부취득시효를 완성한 때가 아니라 甲의 丙에 대한 말소등기청구소송에서 패소확정된 때이다.

해설 判例에 따르면 甲은 乙을 상대로 불법행위를 원인으로 한 손해배상을 청구할 수 있다. 다만 손해배상액(부동산의 시가 상당액)의 기준시점은 소유권 상실의 결과가 '현실화된' 등기부취득시효 완성자를 상대로 한 말소등기청구소송에서 패소 확정된 때라고 한다(대판 2005.9.15. 2005다29474참고).

ⓓ 만약 甲이 乙의 고의를 이유로 불법행위에 기한 손해배상을 청구할 수 있다면 甲의 乙에 대한 불법행위에 기한 손해배상청구권의 소멸시효는 丙이 등기부취득시효를 완성한 때부터가 아니라 甲의 丙에 대한 말소등기청구소송에서 패소확정된 때부터이다.

해설 甲이 乙에 대하여 갖는 소유권 상실로 인한 손해배상청구권의 소멸시효(제766조 2항의 불법행위를 한 날부터 10년)가 언제부터 진행하는지 문제되는바, 判例는 "가해행위와 이로 인한 현실적인 손해의 발생 사이에 시간적 간격이 있는 불법행위에 기한 손해배상채권의 경우, 소멸시효의 기산점이 되는 '불법행위를 한 날'의 의미는 단지 관념적이고 부동적인 상태에서 잠재적으로만 존재하고 있는 손해가 그 후 현실화되었다고 볼 수 있는 때, 즉 손해의 결과발생이 현실적인 것으로 되었다고 할 수 있을 때로 보아야 할 것이

다"(대판 2008.6.12. 2007다36445)고 판시하여 원소유자 甲이 등기부취득시효 완성자 丙을 상대로 제기한 소유권이전등기 말소등기 청구의 소에서 패소 확정된 때부터 10년의 소멸시효가 진행한다는 입장을 취하고 있다.

15
> X토지의 소유자 甲은 아내 乙에게 탈법 목적 등이 없이 X토지의 명의를 신탁하였다. 그런데 A는 자신의 토지라고 거짓말한 B에게 속아서 B로부터 X토지를 매수하여 1993년에 인도받고 X토지 위에 Y건물을 신축하였다. 현재는 2016년이고, A는 B에게서 아직 X토지의 등기를 경료받지 않은 상태이다.

부부간의 명의신탁은 탈법목적이 없는 한 유효한 명의신탁(부동산 실명법 적용제외, 부실법 8조)이다. 따라서 명의신탁에 관한 判例이론이 적용되어 대외관계에서는 수탁자 소유 대내관계에서는 신탁자 소유가 된다. 또한 매수인의 점유는 권원의 객관적 성질상 자주점유이고, 타인권리매매라도 마찬가지이다.
"매도인이 권리를 취득하여 이전할 수 없다는 사정을 매수인이 '알고서' 점유하였다는 등의 다른 특별한 사정이 입증되지 않는 한, 매수인의 점유가 소유의 의사가 있는 점유라는 추정이 깨어지는 것이라고 할 수 없다"(대판 2000.3.16. 전합97다37661).
☞ 사안에서 A는 자신의 토지라고 속인 B로부터 X토지를 매수하여 1993년부터 점유하고 다른 사정이 없는 한 A는 2013년 점유취득시효가 완성한다. 이하의 지문은 判例가 ㉠ 점유취득시효 완성 전 소유자가 제3자에게 소유권을 이전한 경우에는 제3자 앞으로의 소유권등기 자체가 곧 취득시효의 중단을 가져오는 사유인 '청구' 등으로 평가되지는 않으므로(제247조 2항 참고), 취득시효기간 완성 후에 점유자는 소유권을 취득한 제3자를 상대로 취득시효를 원인으로 하여 소유권이전등기를 청구할 수 있다고 하나(대판 1977.8.23. 77다785), ㉡ 점유취득시효 완성 후 등기 전에 소유자가 제3자에게 소유권을 이전한 경우에는 '이중양도의 법리'에 따라 제3자가 설령 악의라 하더라도 그 소유권이전등기가 당연무효가 아닌 한 종전소유자의 소유권이전등기의무가 이행불능으로 되어 점유취득시효 완성자는 그 제3자에 대하여 시효취득을 주장할 수 없다고 하므로, 전자와 후자의 경우 중 어느 경우에 속하는지 '명의신탁'과 관련한 유력한 판례들을 묻고 있다.

㉠ 甲이 乙에게 X토지를 명의신탁한 것이 2015년이라면 시효 완성 후 등기 전에 등기 명의는 甲에서 乙로 변경되었으나, A는 甲에게 소유권이전등기청구권을 가지고 이를 피보전권리로 하여 甲의 乙에 대한 명의신탁 해지권을 대위하여 등기명의를 甲에게 회복한 후 甲에게 소유권이전등기청구를 할 수 있다.

해설 ※ 시효취득 완성 후 등기전에 유효한 명의신탁에 기하여 수탁자 명의로 등기된 경우
"부동산에 관한 점유취득시효기간이 경과하였다고 하더라도 그 점유자가 자신의 명의로 등기하지 아니하고 있는 사이에 먼저 제3자 명의로 소유권이전등기가 경료되어 버리면, 특별한 사정이 없는 한, 그 제3자에 대하여는 시효취득을 주장할 수 없으나, 그 제3자가 취득시효기간만료 당시의 등기명의인으로부터 신탁 또는 명의신탁받은 경우라면 종전 등기명의인으로서는 언제든지 이를 해지하고 소유권이전등기를 청구할 수 있고, 점유시효취득자로서는 종전 등기명의인을 대위하여 이러한 권리를 행사할 수 있으므로, 그러한 제3자가 소유자로서의 권리를 행사하는 경우 점유자로서는 취득시효완성을 이유로 이를 저지할 수 있다"(대판 1995.9.5. 95다24586).

㉡ 甲이 X토지를 乙에게 2003년에 명의신탁하였고, 2013년에 甲은 乙과 이혼하고 2014년에 乙과의 명의신탁을 해지하고 등기명의를 甲으로 회복하였다. 2015년에 甲은 丙과 재혼하고 X토지의 명의를 탈법목적 없이 丙에게 신탁하였다. A는 丙에게 취득시효 완성을 원인으로 하는 소유권이전등기를 청구할 수 없다.

해설 ※ 명의신탁된 부동산의 점유취득시효 완성 후 등기 전에 명의신탁이 해지된 경우

취득시효 완성 후 명의신탁 해지를 원인으로 명의수탁자에게서 명의신탁자에게 소유권이전등기가 마쳐진 경우 명의신탁자는 점유취득시효 완성자가 취득시효 완성을 주장할 수 없는 제3자에 해당한다(대판 1995.12.8. 95다38493). 또한 "명의신탁된 부동산에 관하여 그 점유자의 점유취득시효 완성 후 그 소유권이전등기를 경료하기 전에 위 명의신탁이 해지되고 새로운 명의신탁이 이루어져 그 소유 명의가 점유취득시효 완성 당시의 명의수탁자로부터 새로운 명의수탁자에게로 이전된 경우, 위 소유 명의의 이전이 무효가 아닌 이상 새로운 명의수탁자는 위 점유취득시효 완성 후에 소유권을 취득한 자에 해당하므로, 위 점유자는 그에 대하여 시효취득을 주장할 수 없다"(대판 2000.8.22. 2000다21987).

☞ ⅰ) A의 점유취득시효 완성 전 2003년에 甲이 乙에게 명의신탁한 것은 취득시효 중단사유가 될 수 없으며(대판 1977.8.23. 77다785참고), ⅱ) 2013년 명의신탁자 甲과 수탁자 乙이 이혼하더라도 명의신탁약정 및 이에 따른 부동산권권변동은 유효하고(아래 2001다42592 참고판례), ⅲ) 점유취득시효 완성(2013년) 후 등기 전인 2014년 명의신탁이 해지되고 등기명의가 신탁자 甲에게 회복된 시점에서 대외관계에서는 수탁자 乙에서 신탁자 甲으로 등기명의가 변경된 것이기 때문에 시효취득자 A는 신탁자 甲에게 대항하지 못한다. 따라서 이후 신탁자 甲으로부터 수탁자 丙에게 새로운 명의신탁이 이루어졌다고 하더라도 여전히 새로운 수탁자 丙에게도 대항하지 못한다. 이때는 이미 甲이 점유취득시효 완성 후 새로운 이해관계를 가진 제3자로 보호되기 때문에 ㄱ.번에서 검토한 判例와 같이 신탁자 甲의 수탁자 丙에 대한 명의신탁 해지권을 A가 대위할 수도 없다.

ⓒ 甲이 X토지를 乙에게 2011년에 명의신탁하였는데, 2014년에 甲과 乙이 이혼하면서 재산분할 과정에서 X토지를 乙 단독소유로 하였다. A는 乙에게 취득시효완성을 원인으로 하여 소유권이전등기를 청구할 수 있다.

해설 "명의신탁된 부동산의 소유권은 대외적으로 수탁자에게 귀속되는 것이므로 수탁자명의의 등기는 유효하고, 수탁자가 그 부동산 점유자의 취득시효완성후 명의신탁자로부터 그 부동산을 매수하였더라도 이는 내부적으로도 그 소유권을 취득하였다는 것을 의미할 뿐 대외적으로는 그 소유권이나 등기명의에 아무런 변동이 없는 만큼 시효취득자로서는 소유자를 상대로 취득시효완성을 원인으로 한 소유권이전등기절차의 이행을 청구할 수 있다"(대판 1989.10.27. 88다카23506).

☞ ⅰ) A의 점유취득시효 완성 전 2011년에 甲이 乙에게 명의신탁한 것은 취득시효 중단사유가 될 수 없으며(대판 1977.8.23. 77다785참고), ⅱ) 甲과 乙의 명의신탁이 유효하므로 대외적으로 乙소유였다가, 재산분할로 인해 대내외적으로 乙소유가 된 것인데 대외관계에서는 소유자의 변동이 없으므로 소유권이전등기청구가 가능하다.

16 甲은 자신 소유의 X대지위에 2008.6.5. A은행에 근저당권을 설정해 주고 변제기를 1년으로 하여 10억원을 차용하였다. 그런데 X토지는 이미 乙이 1987.10.1.부터 점유하여 사용·수익하여 오고 있었다. 2009.6.10. A은행은 甲이 대출금을 변제하지 않자 법원에 경매를 신청하였다. 이에 乙은 "피고 甲은 원고 乙에게 2007.10.1. 점유시효취득완성을 원인으로 한 소유권이전등기절차를 이행하라"는 청구취지의 소를 제기하였다.

㉠ 乙이 20년간 소유의 의사로 평온·공연하게 X대지를 점유했다면 乙의 甲에 대한 청구는 인용가능하다.

해설 다른 특별한 사정이 없는 점유자는 소유의 의사로 평온·공연하게 점유한 것으로 추정되므로(제197조), 乙은 2007.10.1. 점유취득시효를 완성한다. 따라서 乙의 甲에 대한 청구는 인용가능하다.

㉡ 乙이 취득시효 완성을 원인으로 X대지에 대한 소유권이전등기를 경료하면 시효취득의 소급효가 있더라도 乙은 A은행에게 취득시효 완성으로 대항할 수 없다.

해설 ※ 취득시효 완성에 따른 소급효 및 소급효의 제한

시효취득에 의한 권리취득의 효력은 '점유를 개시할 때'에 소급한다(제247조 1항). 시효제도가 계속된 사실상태를 보호하기 위한 제도이기 때문이다. 그러나 통설 및 判例는 본조의 소급효의 범위를 제한적으로 해석하여, 취득시효의 소급효가 모든 관계에 있어서 절대적으로 소급하거나 등기의 효력까지 소급하는 것은 아니라고 한다. 그리하여 원소유자가 취득시효 완성 이후 그 등기가 있기 전에 그 토지를 제3자에게 처분하거나 제한물권의 설정, 토지의 현상 변경 등 소유자로서의 권리를 행사한 경우 시효취득자로서는 원소유자의 적법한 권리행사로 인한 현상의 변경이나 제한물권의 설정 등이 이루어진 그 토지의 사실상 혹은 법률상 현상 그대로의 상태에서 등기에 의하여 그 소유권을 취득하게 된다(대판 2006.5.12. 2005다75910).

☞ 사안의 경우 乙은 2007.10.1. 취득시효를 완성하였지만 소유권이전등기를 이전받기 전인 2008.6.5. A은행 명의로 근저당권이 설정되었기 때문에 이러한 제한을 그대로 받는다. 따라서 乙은 甲에게 소유권이전등기를 청구할 수 있더라도 A은행의 권리실행에 대항할 수 없다. 설령 乙이 자신의 명의로 소유권이전등기를 이전받더라도 소급효가 제한되어 A은행이 가지고 있는 저당권이 계속하여 존속한 상태로 소유권을 취득한다.

ⓒ 만약 乙이 A은행을 피공탁자로 하여 이자를 포함한 10억원 상당액을 변제공탁하였고, A은행은 이를 수령한 뒤 경매신청을 취소하였더라도, 乙은 위 변제액 상당에 대하여 甲에게 구상권을 행사하거나 부당이득 반환청구권을 행사할 수 없다.

해설 判例는 "시효취득자가 원소유자에 의하여 그 토지에 설정된 근저당권의 피담보채무를 변제하는 것은 시효취득자가 용인하여야 할 그 토지상의 부담을 제거하여 완전한 소유권을 확보하기 위한 것으로서 그 자신의 이익을 위한 행위라 할 것이니, 위 변제액 상당에 대하여 원소유자에게 대위변제를 이유로 구상권을 행사하거나 부당이득을 이유로 그 반환청구권을 행사할 수는 없다"(대판 2006.5.12. 2005다75910)고 한다.

17 등기부취득시효에서 점유개시의 무과실에 관한 증명책임은 시효취득을 주장하는 사람에게 있으나, 매도인이 등기부상의 소유명의자와 동일인인 경우에는 일반적으로 등기부의 기재가 유효한 것으로 믿고 매수한 사람에게 과실이 있다고 할 수 없다. 그러나 만일 등기부의 기재 또는 다른 사정에 의하여 매도인의 처분권한에 대하여 의심할 만한 사정이 있거나, 매도인과 매수인의 관계 등에 비추어 매수인이 매도인에게 처분권한이 있는지 여부를 조사하였더라면 별다른 사정이 없는 한 그 처분권한이 없음을 쉽게 알 수 있었을 것으로 보이는 경우에는, 매수인이 매도인 명의로 된 등기를 믿고 매수하였다 하여 그것만으로 과실이 없다고 할 수 없다(대판 2017.12.13. 2016다248424).   [18년 최신판례]

해설 ※ 등기추정력의 부수적(파생적) 효과

㉠ 등기의 추정력이 인정되는 결과 등기를 신뢰하고 거래한 경우에는 과실이 없는 것으로 추정되고, 선의라도 등기를 조사하지 아니한 경우에는 과실이 있는 것으로 추정된다(대판 1964.10.20. 64다445). 예를 들어 등기부상 명의인과 매도인이 동일인인 경우에는 (매도인 명의의 등기가 원인무효라고 하더라도) 이를 소유자로 믿고 그 부동산을 매수한 자는 특별한 사정이 없는 한 (선의) 무과실의 점유자라고 할 것이나(대판 1983.3.8. 80다3198), 등기부상 명의인이 매도인 아닌 제3자인 경우에는 매수인이 부동산을 인도받아 선의로 점유하였다고 하여도 과실 없이 점유를 개시하였다고 볼 수 없다(대판 1986.2.25. 85다카771). ㉡ 또한 부동산물권을 취득하려는 자는 등기부를 조사하는 것이 일반적이므로 등기내용을 알고 있었던 것(악의)으로 추정된다.

제3관 첨부(부동산에의 부합)

01 지상권을 설정한 토지소유자로부터 토지를 이용할 수 있는 권리를 취득하였다고 하더라도 지상권이 존속하는 한 이와 같은 권리는 원칙적으로 민법 제256조 단서가 정한 '권원'에 해당하지 않지만, 금융기관이 대출금 채권의 담보를 위하여 토지에 저당권과 함께 지료 없는 지상권을 설정하면서 채무자 등의 사용·수익권을 배제하지 않은 경우 그러한 토지소유자로부터 토지를 사용·수익할 수 있는 권리를 취득하였다면 이러한 권리는 민법 제256조 단서가 정한 '권원'에 해당한다고 볼 수 있다. [18년 최신판례]

> **해설** "지상권을 설정한 토지소유자로부터 토지를 이용할 수 있는 권리를 취득하였다고 하더라도 지상권이 존속하는 한 이와 같은 권리는 원칙적으로 민법 제256조 단서가 정한 '권원'에 해당하지 아니한다. 그러나 금융기관이 대출금 채권의 담보를 위하여 토지에 저당권과 함께 지료 없는 지상권을 설정하면서 채무자 등의 사용·수익권을 배제하지 않은 경우(일명 담보지상권), 지상권은 저당권이 실행될 때까지 제3자가 용익권을 취득하거나 목적 토지의 담보가치를 하락시키는 침해행위를 하는 것을 배제함으로써 저당 부동산의 담보가치를 확보하는 데에 목적이 있으므로, 토지소유자는 저당 부동산의 담보가치를 하락시킬 우려가 있는 등의 특별한 사정이 없는 한 토지를 사용·수익할 수 있다고 보아야 한다. 따라서 그러한 토지소유자로부터 토지를 사용·수익할 수 있는 권리를 취득하였다면 이러한 권리는 민법 제256조 단서가 정한 '권원'에 해당한다고 볼 수 있다"(대판 2018.3.15. 2015다69907).

02 타인이 그 권원에 의하여 부동산에 부속시킨 물건이라도 그 부속된 물건이 분리되면 경제적 가치가 없게 되는 경우에는 원래의 부동산소유자의 소유에 귀속되는 것이다(제256조 본문). [변호 15, 사시 10·13, 법행 09·15]

03 증축된 건물부분이 기존 건물에 부합되어 별개의 독립물로서의 효용을 갖지 않는다면 경매절차에서 경매목적물로 평가되지 아니하였더라도, 경락인은 그 증축부분의 소유권을 취득할 수 있다. [사시 13, 법행 15]

> **해설** 경매의 목적이 되고 안되고는 경매절차의 평가목록으로 결정되는 것이 아니고 제358조에 따라 부합되었는가의 여부에 달린 것이다(대판 1991.4.12. 90다11967).

04 양도담보권의 목적인 주된 동산에 다른 동산이 부합되어 부합된 동산에 관한 권리자가 권리를 상실하는 손해를 입은 경우, 민법 제261조에 따라 보상을 청구할 수 있는 상대방은 양도담보설정자이다. [최신판례]

> **해설** "부당이득반환청구에서 이득이란 실질적인 이익을 의미하는데, 동산양도담보권은 담보물의 교환가치 취득을 목적으로 하는 것이다. 이러한 양도담보권의 성격에 비추어 보면, 양도담보권의 목적인 주된 동산에 다른 동산이 부합되어 부합된 동산에 관한 권리자가 권리를 상실하는 손해를 입은 경우 주된 동산이 담보물로서 가치가 증가된 데 따른 '실질적 이익'은 주된 동산에 관한 양도담보권설정자에게 귀속되는 것이므로, 이 경우 부합으로 인하여 권리를 상실하는 자는 양도담보권설정자를 상대로 민법 제261조에 따라 보상을 청구할 수 있을 뿐 양도담보권자를 상대로 보상을 청구할 수는 없다"(대판 2016.4.28. 2012다19659).

05 매도인에게 소유권이 유보된 채 매수인에게 인도된 건축자재가, 매매대금이 모두 지급되지 않은 상태에서 매수인과 제3자 사이에 체결된 도급계약의 이행에 따라 제3자 소유의 신축건물에 부합된 경우, 매도인은 제3자가 소유권 유보에 관하여 과실 없이 알지 못하였더라면 그에게 부당이득의 반환을 청구할 수 없다. [변호 12·15, 법행 10]

해설 부합한 물건의 소유권을 취득한 부동산소유자는 그 물건의 소유자에게 보상을 하여야 한다(제261조). 다만 이러한 보상청구가 인정되기 위해서는 제261조 자체의 요건만이 아니라, 부당이득 법리에 따른 판단에 의하여 부당이득의 요건이 모두 충족되었음이 인정되어야 한다.

"매도인에게 소유권이 유보된 자재가 제3자와 매수인 사이에 이루어진 도급계약의 이행으로 제3자 소유 건물의 건축에 사용되어 부합된 경우 보상청구를 거부할 법률상 원인이 있다고 할 수 없지만, 제3자가 도급계약에 의하여 제공된 자재의 소유권이 유보된 사실에 관하여 과실 없이 알지 못한 경우라면 선의취득의 경우와 마찬가지로 제3자가 그 자재의 귀속으로 인한 이익을 보유할 수 있는 법률상 원인이 있다고 봄이 상당하므로, 매도인으로서는 그에 관한 보상청구를 할 수 없다"(대판 2009.9.24. 2009다15602).

06 매도인에게 소유권이 유보된 자재가 제3자와 매수인 사이에 이루어진 도급계약의 이행으로 제3자 소유 건물의 건축에 사용되어 부합된 경우, 제3자가 도급계약에 의하여 제공된 자재의 소유권이 유보된 사실에 관하여 과실 없이 알지 못했다면 매도인으로서는 그에 관한 보상청구를 할 수 없고, 이는 매도인에게 소유권이 유보된 자재가 본인에게 효력이 없는 계약에 기초하여 매도인으로부터 무권대리인에게 이전되고, 무권대리인과 본인 사이에 이루어진 도급계약의 이행으로 본인 소유 건물의 건축에 사용되어 부합된 경우에도 마찬가지이다(대판 2018.3.15. 2017다282391).

[18년 최신판례]

07 독립한 부동산인 건물로서의 요건을 아직 갖추지 못한 단계에서 중단된 건물 신축공사를 제3자가 이어받아 진행함으로써, 건물의 소유권을 원시취득한 경우, 애초에 신축 중 건물에 대한 소유권을 상실한 자가 민법 제261조, 제257조, 제259조를 준용하여 건물의 원시취득자에 대하여 부당이득 관련 규정에 기하여 그 소유권의 상실에 관한 보상을 청구할 수 있다(대판 2010.2.25. 2009다83933).

[모의 14(1)유사, 사시 13]

08
> 甲은 2007. 5. 乙 은행에서 3억 원을 대출받으면서 같은 날 자기 소유의 A 토지와 그 지상의 주거용 B 건물에 대해 공동저당권을 설정하였다. 甲은 2008. 3. 공사업자 丙과 B 건물에 덧붙여 A 토지상에 상업용 C 건물을 신축하기로 하는 공사도급계약을 체결하였다. 신축에 들어가는 모든 비용은 丙이 먼저 지출하되, 건축허가는 甲 명의로 받고 완공 후 甲 명의로 보존등기를 마치는 즉시 공사대금 2억 원을 지급하기로 약정하였다. C 건물은 기존 B 건물과 구조상 그 경계가 명확하고, 용도와 기능면에서 B 건물과 구별되었다. C 건물이 완공된 후 甲은 2009. 5.경 C 건물에 대한 보존등기를 마쳤다. 한편, 甲이 변제기에 대출금을 상환하지 못하자, 乙 은행은 2010. 12. 자신의 저당권을 실행하였고, 그 경매절차에서 丁은 A 토지와 B 건물을 4억 원에 경락받았다.

㉠ 乙의 B 건물에 대한 저당권의 효력은 신축된 C 건물에 미치지 않는다.

해설 건물은 토지와는 별개의 부동산이므로 토지에 저당권이 설정되었다 하더라도 건물에는 그 저당권의 효력이 미치지 않는다(제358조). 사안에서 문제가 되는 것은 C 건물이 기존 B 건물에 부합되었는지 여부이다. 判例는 "건물이 증축된 경우에 증축 부분이 기존건물에 부합된 것으로 볼 것인가 아닌가 하는 점은 증축 부분이 기존건물에 부착된 물리적 구조뿐만 아니라, 그 용도와 기능의 면에서 기존건물과 독립한 경제적 효용을 가지고 거래상 별개의 소유권 객체가 될 수 있는지의 여부 및 증축하여 이를 소유하는 자의 의사 등을 종합"하여 판단하여야 한다는 입장이다(대판 2012.4.30. 2011마1525 등). ☞ C 건물은 기존 B 건물과 구조상 그 경계가 명확하고, 용도와 기능면에서 B 건물과 구별되므로 判例의 구별 기준에 의하면 C 건물은 B

건물에 부합되었다고는 볼 수 없고 독립된 건물이라고 볼 수 있다. 따라서 위 C 건물에는 저당권의 효력이 미치지 않는다. 그러므로 乙의 저당권 실행을 통해 丁이 A 토지와 B 건물에 대해 매각대금을 완납하여 소유권을 취득한 경우라 하더라도 저당권의 목적이 되지 않았던 C 건물에 대해서는 저당권의 효력이 미치지 않으므로 C 건물의 소유권이 경락권자인 丁에게 귀속되는 것은 아니다.

ⓛ **C 건물의 소유권은 甲에게 원시적으로 귀속된다.**

해설 判例는 '특약이 없는 한' 자기의 노력과 재료를 들여 건물을 건축한 사람은 그 건물의 소유권을 원시적으로 취득한다(대판 1990.2.13. 89다카11401)고 보아 수급인이 재료의 전부 또는 주요부분을 제공하는 제작물 공급계약의 경우에는 '수급인'에게 소유권이 귀속한다고 본다. 다만 判例는 특약의 범위를 넓게 인정하여 구체적인 사안에서는 도급인이 신축 건물의 소유권을 원시취득한다고 판단한 경우가 적지 않다.
☞ 따라서 신축에 들어가는 모든 비용은 丙이 지출하였더라도 건축허가를 甲 명의로 받고 완공 후 甲 명의로 보존등기를 마치기로 하는 등 완성된 C 건물의 소유권을 甲에게 귀속하기로 하는 '묵시적 합의'가 있다고 볼 수 있으므로 C 건물의 소유권은 甲에게 원시적으로 귀속될 것이다.

ⓒ **乙의 저당권 실행을 통해 丁이 A 토지와 B 건물에 대한 매각대금을 완납하더라도 C 건물의 소유권이 丁에게 귀속되는 것은 아니다.**

해설 C 건물은 기존 B 건물과 구조상 그 경계가 명확하고, 용도와 기능면에서 B 건물과 구별되므로 判例의 구별 기준에 의하면 C 건물은 B 건물에 부합되었다고는 볼 수 없고 독립된 건물이라고 볼 수 있다. 따라서 위 C 건물에는 저당권의 효력이 미치지 않는다. 그러므로 乙의 저당권 실행을 통해 丁이 A 토지와 B 건물에 대해 매각대금을 완납하여 소유권을 취득한 경우라 하더라도 저당권의 목적이 되지 않았던 C 건물에 대해서는 저당권의 효력이 미치지 않으므로 C 건물의 소유권이 경락권자인 丁에게 귀속되는 것은 아니다.

ⓔ **甲이 공사대금을 지급하지 않은 경우, 丙은 공사대금채권을 변제받을 때까지 C 건물을 점유하면서 甲에게 C 건물의 인도를 거절할 수 있다.**

해설 도급계약에서 수급인의 도급인에 대한 공사대금채권에 대하여도 채권과 목적물 사이에 견련성이 인정되어 수급인이 유치권을 행사할 수 있는지와 관련하여 判例는 긍정한다(대판 1995.9.15. 95다16202).

ⓜ **A 토지의 소유권을 취득한 丁은 甲에 대하여 C 건물의 철거를 청구할 수 있다.**

해설 사안에서는 甲과 乙 사이에 저당권이 설정될 당시 C 건물은 존재하지 않았으므로 C 건물에 대하여는 법정지상권이 성립하지 않는다(대판 1978.8.22. 78다630). 따라서 C 건물의 소유자인 甲은 A 토지를 점유할 정당한 권원이 없고 A 토지의 소유자인 丁은 이러한 甲에 대하여 C 건물의 철거를 청구할 수 있다(제214조).

제4관 소유권에 기한 물권적 청구권

01 甲소유의 건물을 乙이 무단으로 점유하다가 乙이 丙에게 임차를 한 경우에는 甲은 丙을 상대로 반환청구를 하여야 하나, 甲이 乙에게 임대차를 하고 乙이 다시 丙에게 임대차(전대차)를 한 때에는 甲과 乙의 임대차가 종료하면 甲은 丙뿐만 아니라 乙을 상대로도 반환청구를 할 수 있다.

> **해설** 判例는 불법점유를 이유로 한 인도청구와 그 밖의 인도청구 예컨대, 인도약정에 따라 그 이행을 구하는 경우를 나누어, ⅰ) 불법점유자에 대한 인도청구는 현실로 불법점유를 하고 있는 자만을 상대로 해야 한다고 하는 반면, ⅱ) 인도약정에 따른 이행청구의 경우에는 간접점유자에 대해서도 인도를 청구할 수 있다고 한다(위 81다187판결). 이러한 判例(81다187)에 따르면 甲소유의 건물을 乙이 무단으로 점유하다가 乙이 丙에게 임차를 한 경우에는 甲은 직접점유자 丙을 상대로 반환청구를 하여야 하나, 甲이 乙에게 임대차를 하고 乙이 다시 丙에게 임대차(전대차)를 한 때에는 甲과 乙의 임대차가 종료하면 甲은 직접점유자 丙뿐만 아니라 간접점유자인 乙을 상대로도 반환청구를 할 수 있는 것으로 된다.

02 건물의 소유자가 그 건물의 소유를 통하여 타인 소유의 토지를 점유하고 있다고 하더라도 그 토지 소유자로서는 그 건물의 철거와 그 대지 부분의 인도를 청구할 수 있을 뿐, 건물을 점유하고 있는 '건물소유자'에 대하여 그 건물에서 퇴거할 것을 청구할 수 없다. [법행 08, 모의 13(1),(2)유사]

> **해설** 토지를 점유하는 자는 지상물의 점유자가 아니라 지상물의 소유자이다. 따라서 토지소유자는 '지상물을 점유'하고 있는 건물임차인 등이 아닌, '토지를 (불법)점유'하고 있는 건물소유자에게 토지의 인도를 청구할 수 있다(제213조). 다만 토지소유자는 토지의 소유권에 기한 방해배제청구권(제214조)으로서 건물임차인 등에게 위 건물에서 '퇴거'할 것을 청구할 수 있다. 그러나 "건물의 소유자가 그 건물의 소유를 통하여 타인 소유의 토지를 점유하고 있다고 하더라도 그 토지 소유자로서는 그 건물의 철거와 그 대지 부분의 인도를 청구할 수 있을 뿐, 자기 소유의 건물을 점유하고 있는 자에 대하여 그 건물에서 퇴거할 것을 청구할 수는 없다(대판 1999.7.9, 98다57457,57464). 즉, '건물철거의무'에는 '퇴거의무'도 포함된 것으로 보므로 그 의무자에게 철거를 구하면서 별도로 퇴거를 구할 필요는 없다.

03 건물의 소유자가 그 건물의 소유를 통하여 타인 소유의 토지를 점유하고 있다고 하더라도 그 토지 소유자로서는 그 건물의 철거와 그 대지 부분의 인도를 청구할 수 있고, 건물을 점유하고 있는 '대항력 있는 건물임차인'에 대하여도 그 건물에서 퇴거할 것을 청구할 수 있다.

[모의 11(1)·13(1)·15(1)유사, 사시 14, 변리 11·14]

> **해설** "건물임차권의 대항력은 기본적으로 건물에 관한 것이고 토지를 목적으로 하는 것이 아니므로 이로써 토지소유권을 제약할 수 없고, 토지에 있는 건물에 대하여 대항력 있는 임차권이 존재한다고 하여도 이를 토지소유자에 대하여 대항할 수 있는 토지사용권이라고 할 수는 없다"(대판 2010.8.19. 2010다43801).

04 甲 소유의 X토지에 乙이 무단으로 Y건물을 신축하였다. 그 후 乙이 Y건물을 丙에게 매도하는 매매계약을 체결하였다. 그런데 Y건물이 미등기건물인 까닭에 아직 丙에게 이전등기는 경료되지 않았지만 丙이 대금을 완납하고 乙로부터 Y건물을 인도받아 점유 중인 경우, 甲은 乙을 상대로 토지의 차임 상당액에 대한 부당이득반환을 청구할 수 있다(대판 2011.7.14. 2009다76522,76539).

[모의 13(1)유사, 사시 15]

05 미등기 무허가건물의 양수인은 소유권이전등기를 마치지 않은 상태에서도 법률상·사실상 처분권이 있으나, 소유권에 기한 방해제거청구를 할 수는 없다(대판 2016.7.29. 2016다214483,214490). [최신판례]

06 甲 지방자치단체가 30여 년 전 쓰레기매립지에 쓰레기를 매립하는 과정에서 매립지와 경계를 같이하는 인접 토지에 상당한 양의 쓰레기가 매립되었고, 그 후 인접 토지의 소유권을 취득한 乙이 토지를 굴착한 결과 지하 1.5~4m 지점 사이에 건축폐기물 등 각종 생활쓰레기가 뒤섞여 혼합된 상태로 매립되어 있었고 주변 토양은 검게 오염되어 있었다면, 乙은 甲에게 불법행위에 따른 손해배상을 청구할 수 있어도 소유권에 기한 방해제거를 청구할 수는 없다. [19년 최신판례]

> 해설 ※ 소유물방해배제청구권에서 방해의 개념
> "소유권에 기한 방해배제청구권에 있어서 '방해'라 함은 현재에도 지속되고 있는 침해를 의미하고, 법익 침해가 과거에 일어나서 이미 종결된 경우에 해당하는 '손해'의 개념과는 다르다 할 것이어서, 소유권에 기한 방해배제 청구권은 방해결과의 제거를 내용으로 하는 것이 되어서는 아니 되며(이는 손해배상의 영역에 해당한다 할 것이다) 현재 계속되고 있는 방해의 원인을 제거하는 것을 내용으로 한다"(대판 2003.3.28. 2003다5917 ; 대판 2019.7.10. 2016다205540).

07 민법 제203조 제1항 단서에서 말하는 '점유자가 과실을 취득한 경우'란 점유자가 선의의 점유자로서 민법 제201조 제1항에 따라 과실수취권을 보유하고 있는 경우를 뜻한다고 보아야 한다. 선의의 점유자는 과실을 수취하므로 물건의 용익과 밀접한 관련을 가지는 비용인 통상의 필요비를 스스로 부담하는 것이 타당하기 때문이다. 따라서 과실수취권이 없는 악의의 점유자에 대해서는 위 단서 규정이 적용되지 않는다. [21년 최신판례]

> 해설 "민법 제201조 1항 및 2항, 민법 제203조 1항을 체계적으로 해석하면 민법 제203조 제1항 단서에서 말하는 '점유자가 과실을 취득한 경우'란 점유자가 선의의 점유자로서 민법 제201조 제1항에 따라 과실수취권을 보유하고 있는 경우를 뜻한다고 보아야 한다. 선의의 점유자는 과실을 수취하므로 물건의 용익과 밀접한 관련을 가지는 비용인 통상의 필요비를 스스로 부담하는 것이 타당하기 때문이다. 따라서 과실수취권이 없는 악의의 점유자에 대해서는 위 단서 규정이 적용되지 않는다."(대판 2021.4.29. 2018다261889).

08 부동산의 일부 지분 소유자가 다른 지분 소유자의 동의 없이 부동산을 다른 사람에게 임대하여 임대차보증금을 받았다면, 그로 인한 수익 중 자신의 지분을 초과하는 부분은 법률상 원인 없이 취득한 부당이득이 되고, 또한 다른 지분 소유자의 공유지분의 사용·수익을 침해한 불법행위가 성립된다. 다만 그 반환 또는 배상의 범위는 부동산 임대차로 인한 차임 상당액이고 부동산의 임대차보증금 자체에 대한 다른 지분 소유자의 지분비율 상당액을 구할 수는 없다. [21년 최신판례]

> 해설 원고가 피고의 건물 무단점유를 이유로 차임 상당액 이외에 피고가 임차인으로부터 받은 임대차보증금 자체를 부당이득으로 구하고, 피고는 자신이 지출한 관리비 등의 공제를 주장한 사건에서, 민법 제203조 제1항 단서가 악의의 점유자에게는 적용되지 않으므로 피고는 통상의 필요비 상환을 청구할 수 있고, 무단 점유자가 수령한 임대차보증금 자체는 부당이득으로 볼 수 없다고 한 사례(대판 2021.4.29. 2018다261889)

제5-1관 공동소유(공유)

01 과반수 지분권자가 공유지인 나대지 위에 건물을 신축하여 소유하거나 제3자에게 건물소유를 위하여 공유지를 임대하는 행위는 처분행위이므로 토지공유자 전원의 동의를 요한다. [변호 14]

해설 ⅰ) 과반수 지분권자가 공유지인 나대지 위에 건물을 신축하여 소유하거나 제3자에게 건물소유를 위하여 공유지를 임대하는 행위는 공유물의 현상을 변경하는 것으로 관리행위의 한계를 벗어난 '처분행위'이므로, 제264조에 의해 토지공유자 전원의 동의를 요한다(대판 2001.11.27. 2000다33638,33645). ⅱ) 다만 이미 공유토지 위에 건물이 존재하는 경우 과반수지분권자가 건물소유자에게 공유토지를 임대한 경우는 관리행위로서 적법하다(대판 2002.5.14. 2002다9738).

02 어떤 토지를 공유자 甲, 乙이 각 1/2 지분씩 공유하고 있는 경우, 乙이 甲과의 협의 없이 배타적으로 위 토지 위에 건물을 신축하여 사용하고 있다면 甲은 乙을 상대로 토지의 반환은 청구할 수 없으나 건물의 철거는 청구할 수 있다.
[20년 최신판례]

해설 ※ 공유물의 관리

공유물의 관리에 관한 사항은 공유자의 '지분의 과반수'로써 결정하는데(제265조 본문), 공유자의 과반수가 아니라 지분의 과반수이다. 따라서 1/2의 지분은 반수이지 과반수는 아니다.

※ 소수지분권자의 다른 소수지분권자에 대한 공유물 명도청구

소수지분권자의 배타적 점유의 경우 다른 소수지분권자는 자신의 지분침해를 이유로 손해배상청구 또는 부당이득반환청구를 할 수 있다(대판 2001.12.11. 2000다13948). 다만 '다른 소수지분권자에게 공유물인도청구'를 인정할 것인지 문제되는바, 기존 判例는 '공유물의 보존행위'로서 공유물의 인도나 명도를 청구할 수 있다"고 한다(대판 1994.3.22. 전합93다9392,9408). 그러나 바뀐 전원합의체 판결에 따르면 "제265조 단서가 공유자 각자가 다른 공유자와 협의 없이 보존행위를 할 수 있게 한 것은 그것이 다른 공유자에게도 이익이 되기 때문인바, 소수지분권자가 다른 소수지분권에게 공유물 인도를 청구하는 것은 다른 소수지분권자가 가지고 있는 '지분의 비율에 따른 사용·수익권'까지 근거 없이 박탈하는 것으로 다른 공유자에게도 이익이 되는 보존행위라고 볼 수 없다"는 것을 이유로 부정하였다. 다만 자신의 지분권에 기초한 공유토지 위의 지상물 철거청구나 공동점유에 대한 방해금지 등의 '방해배제청구'(제214조)는 가능하다고 보았다(대판 2020.5.21. 전합2018다287522).

03 집합건물의 구분소유자가 집합건물법의 관련 규정에 따라 관리단집회 결의나 다른 구분소유자의 동의 없이 공용부분의 전부 또는 일부를 독점적으로 점유·사용하고 있는 경우 다른 구분소유자는 공용부분의 보존행위로서 그 인도를 청구할 수는 없고, 특별한 사정이 없는 한 자신의 지분권에 기초하여 공용부분에 대한 방해 상태를 제거하거나 공동 점유를 방해하는 행위의 금지 등을 청구할 수 있다(대판 2020.10.15. 2019다245822).
[20년 최신판례]

04 A가 사망한 후 甲이 2/3, 乙이 1/3지분으로 A를 공동상속하였는데, 甲이 乙과의 협의 없이 A로부터 상속받은 X토지를 丙에게 임대하고 丙으로부터 차임을 지급받았다. 이 경우 乙은 甲이나 丙을 상대로 X토지의 인도를 구할 수 없으나, '丙이 아닌 甲'에게 X토지의 차임 상당액 중 자신의 지분에 상응하는 1/3 상당액을 부당이득으로 반환청구할 수 있다.
[변호 13, 모의 13(2)유사]

해설 ☞ 사안에서 과반수지분권자인 甲이 공유토지를 임대하는 행위는 제265조 본문의 '관리행위'에 해당하여 적법하다. 따라서 임차인의 점유는 적법한 점유이므로 乙은 임차인 丙에게 목적물의 반환을 청구할 수 없고, 부당이득반환도 청구할 수 없다. 그러나 甲의 임대차가 적법하더라도 乙은 甲에게 임대차로 얻은 이익 중 자신의 지분에 해당하는 범위 내에서 부당이득반환청구를 할 수는 있다(대판 2002.5.14. 2002다9738).

05 토지의 공유자인 A·B·C 간에 C가 그 토지 위에 건물을 건축하고 그 소유 및 사용을 위해 그 건물의 부지 부분을 점유·사용키로 하는 내용의 특약을 맺었는데, 그 후 경매를 통해 C의 토

지에 대한 지분과 건물소유권을 甲이 취득하였고, A는 B의 지분을 취득하여 과반수지분권자가
된 경우라도, 甲을 상대로 건물의 철거를 구할 수 없다. [모의 14(2)유사, 사시 06, 법행 05·07]

해설 ※ 공유자간의 공유물의 관리에 관한 특약이 공유자의 특정승계인에게 미치는지, 특약의 변경요건
判例는 "공유자간의 공유물에 대한 사용·수익·관리에 관한 특약은 공유자의 특정승계인에 대하여도 당연히 승
계된다고 할 것이나, 민법 제265조는 '공유물의 관리에 관한 사항은 공유자의 지분의 과반수로써 결정한
다'라고 규정하고 있으므로, 위와 같은 특약 후에 공유자에 변경이 있고 특약을 변경할 만한 사정이 있는 경우
에는 공유자의 지분의 과반수의 결정으로 기존 특약을 변경할 수 있다"고 판시하면서, 사안에서 A는 특약의 당
사자로서 그 내용을 잘 알고 있음에도 B의 지분을 증여받아 과반수지분권자가 된 것을 이유로 공유물의
분할을 청구하는 甲을 상대로 건물의 철거를 구하는 것은, 특약을 변경할 만한 사유가 되지 못하는 것으로
보아 A는 甲을 상대로 건물의 철거를 구할 수 없다고 하였다(대판 2005.5.12. 2005다1827).

> **비교판례** ※ 공유자 사이의 공유물에 관한 특약의 승계
> 공유자 간의 특약 중 공유자의 특정승계인에 대하여 승계되는 것은 '관리'에 관한 특약에 한정된
> 다. '공유지분권의 본질적 부분에 관한 것'은 특별한 사정이 없는 한 특정승계인에게 당연히 승계
> 되지 않는다(대판 2009.12.10. 2009다54294). 아울러 '지분처분의 약정'이 지분승계인에게 승계되는 것도
> 아니다(대판 2007.11.29. 2007다64167).

06 甲이 乙, 丙과 함께 토지를 각 1/3 지분으로 공유하고 있는 경우 공유물에 관한 보존행위를 이
유로는 乙 명의의 1/3 지분에 관하여 원인 없이 丁 앞으로 마쳐진 소유권이전등기의 말소를 구
할 수 없다. [변호 14, 법행 09·10·13]

해설 判例의 태도를 정리하자면 예를 들어 甲, 乙, 丙이 X토지를 각 1/3 지분으로 공유하고 있는 경우, 공유자
중 1인인 甲이 단독으로 공유물에 관한 보존행위를 이유로 제3자 명의의 원인무효 등기를 자신의 1/3지분
에 관하여서는 물론 제3자 명의 등기 전부의 말소를 청구할 수 있고(대판 1993.5.11. 92다52870), 甲, 乙, 丙에
게 각 1/3씩 진정명의회복을 원인으로 한 소유권이전등기를 이행할 것을 청구하는 것도 가능하다(대판
2005.9.29. 2003다40651). 그러나 甲은 공유물에 관한 보존행위를 이유로는 예를 들어 乙 명의의 1/3 지분에
관하여 원인 없이 丁 앞으로 마쳐진 소유권이전등기의 말소를 구할 수는 없다는 입장이다(대판 2010.1.14.
2009다67429).

07 공유물분할청구의 소에서 법원은 당사자의 주장에 구애받지 않고 재량에 따라 합리적 방법으로
분할을 명할 수 있으나, ㉠ 분할청구자들과 상대방 사이의 공유관계만 해소한 채 분할청구자들
을 여전히 공유로 남기는 방식으로 현물분할을 인정할 수 없고(대판 2015.7.23. 2014다88888), ㉡ 분할
청구자가 상대방들을 공유로 남기는 방식의 현물분할을 청구하고 있다면, 상대방들이 그들 사이
만의 공유관계의 유지를 원하고 있지 아니한데도 상대방들을 여전히 공유로 남기는 방식으로
현물분할을 할 수도 없으며(대판 2015.3.26. 2014다233428), ㉢ 분할청구자 지분의 일부에 대하여만 공
유물 분할을 명하고 일부 지분에 대하여는 이를 분할하지 아니하거나, 공유물의 지분비율만을
조정하는 등의 방법으로 공유관계를 유지하도록 하는 것도 허용될 수 없다(대판 2011.3.10. 2010다
92506). [최신판례]

08 A와 B가 2 : 3의 비율로 토지를 공유하고 있는데 A의 지분에 관하여 C 앞으로 근저당권이
설정되었고, 그 후 토지가 현물분할된 경우, 근저당권은 A가 취득한 부분에 대해서만 존속하
지 않고, A와 B가 각 취득한 부분의 각 2/5 지분에 관하여 존속한다. 그리하여 만약 B의 단독
소유가 된 토지부분에 대한 경매신청이 있었고, 그 매각대금으로부터 배당을 받는 경우, C는 저

당권자로서 매각대금 중 지분에 해당하는 경매대가에 대하여 우선변제를 받을 권리가 있고, 그 경우 공동저당 중 이른바 이시배당에 관하여 규정하고 있는 민법 제368조 2항의 법리에 따라 저당권의 피담보채권액 전부를 변제받을 수 있다. 이 경우 B는 물상보증인의 지위를 가지는 것으로 보아야 한다.

해설 ※ 공유물 분할의 효과-지분상의 담보물권-

(1) 현물분할의 경우 : 존속

判例는 "부동산의 일부 공유지분에 관하여 저당권이 설정된 후 부동산이 분할된 경우, 그 저당권은 분할된 각 부동산 위에 종전의 지분비율대로 존속하고, 분할된 각 부동산은 저당권의 공동담보(공동저당)가 된다"(대판 2012.3.29. 2011다74932)고 한다. ☞ 따라서 A가 취득한 부분에 대해서만 존속하지 않고, A와 B가 각 취득한 부분의 각 2/5 지분에 관하여 존속한다. 그리하여 만약 B의 단독소유가 된 토지부분에 대한 경매신청이 있었고, 그 매각대금으로부터 배당을 받는 경우, C는 저당권자로서 매각대금 중 지분에 해당하는 경매대가에 대하여 우선변제를 받을 권리가 있고, 그 경우 공동저당 중 이른바 이시배당에 관하여 규정하고 있는 민법 제368조 2항의 법리에 따라 저당권의 피담보채권액 전부를 변제받을 수 있다(대판 2012.3.29. 2011다74932). 이 경우 B는 물상보증인의 지위를 가지는 것으로 보아야 한다.

(2) 경매에 의한 대금분할 : 원칙적으로 소멸

현행 민사집행법은 소제주의(消除主義)를 원칙으로 하므로, 저당권은 그 설정시기가 압류등기(경매개시결정등기) 전이든 후이든 막론하고 전부 매각에 의하여 소멸한다(동법 제91조 2항, 가등기담보 등에 관한 법률 제15조). 그러므로 判例는 "공유물분할을 위한 경매도 강제경매나 담보권 실행을 위한 경매와 마찬가지로 목적부동산 위의 부담을 소멸시키는 것을 법정매각조건으로 하여 실시된다고 봄이 상당하다"(대판 2009.10.29. 2006다37908)고 한다. 따라서 C는 A가 교부받을 금전에서 순위에 따라 배당을 받게 된다.

09 민법 제267조의 '공유자가 그 지분을 포기한 경우 그 지분은 다른 공유자에게 각 지분의 비율로 귀속한다'는 부분을 해석함에 있어 공유지분의 포기는 제187조에 따라 등기 없이도 포기로서의 효력이 발생하는 것은 아니고, 다른 공유자는 자신에게 귀속될 공유지분에 관하여 소유권이전등기청구권을 취득하며, 이후 민법 제186조에 의하여 등기를 하여야 공유지분 포기에 따른 물권변동의 효력이 발생한다. 그리고 부동산 공유자의 공유지분 포기에 따른 등기는 해당 지분에 관하여 다른 공유자 앞으로 소유권이전등기를 하는 형태가 되어야 한다"(대판 2016.10.27. 2015다52978).
[최신판례]

> **관련판례** "합유지분 포기가 적법하다면 그 포기된 합유지분은 나머지 잔존 합유지분권자들에게 균분으로 귀속하게 되지만 그와 같은 물권변동은 합유지분권의 포기라고 하는 법률행위에 의한 것이므로 등기하여야 효력이 있고 지분을 포기한 합유지분권자로부터 잔존 합유지분권자들에게 합유지분권 이전등기가 이루어지지 아니하는 한 지분을 포기한 지분권자는 제3자에 대하여 여전히 합유지분권자로서의 지위를 가지고 있다고 보아야 한다"(대판 1997.9.9. 96다16896).

10 甲과 乙은 1/2씩 대금을 출연하여 丙으로부터 A 토지를 매수하고, 각자의 지분을 1/2씩으로 하여 A 토지에 대한 공유의 소유권이전등기를 마쳤다. 이 때 甲이 乙의 동의 없이 A 토지를 丁에게 매도하고, 乙의 등기필증 등을 소지하고 있음을 이용하여 A 토지 전부의 소유권이전등기를 해준 경우, 乙은 甲의 공유지분에 대하여는 丁에게 소유권이전등기의 말소를 구할 수 없다.

해설 "공유자 중 1인이 다른 공유자의 동의 없이 그 공유토지를 매도하여 타인 명의로 소유권이전등기가 마쳐졌다면, 그 매도토지에 관한 소유권이전등기는 처분공유자의 공유지분범위 내에서는 실체관계에 부합하는 유효한 등기라고 보아야 한다"(대판 2008.4.24. 2008다5073 ; 대판 1994.12.2. 93다1596).

11 위 지문의 경우 甲이 乙의 동의 없이 A 토지를 丁에게 임대하여 임대차보증금을 수령한 경우, 乙은 甲에게 임대차보증금 자체의 1/2을 부당이득으로서 반환청구할 수는 없다. [사시 08, 변리 04,10]

[해설] "이 경우 반환 또는 배상해야 할 범위는 위 부동산의 임대차로 인한 차임 상당액이라 할 것으로서 타 공유자는 그 임대보증금 자체에 대한 지분비율 상당액의 반환 또는 배상을 구할 수는 없다"(대판 1991.9.24. 91다23639 ; 대판 1995.7.14. 94다15318).

제5-2관 공동소유(합유)

12 합유물을 처분·변경하려면 합유자 전원의 동의가 있어야 하며, 합유자는 조합이 존속하는 한 합유물의 분할을 청구할 수 없다.

[해설] ※ 제272조(합유물의 처분, 변경과 보존) 합유물을 처분 또는 변경함에는 합유자 전원의 동의가 있어야 한다. 그러나 보존행위는 각자가 할 수 있다.
제273조(합유지분의 처분과 합유물의 분할금지) ① 합유자는 전원의 동의없이 합유물에 대한 지분을 처분하지 못한다. ② 합유자는 합유물의 분할을 청구하지 못한다.

13 甲이 동업계약(조합계약)에 의하여 토지의 소유권을 투자하기로 하였으나 아직 조합원의 합유로 하는 등기가 경료되지 않은 경우, 甲은 조합원이 아닌 제3자가 점유할 권원 없이 위 토지를 점유하고 있다면, 甲은 소유권에 기하여 제3자에게 위 토지의 반환을 청구할 수 있다. [모의 13(1)유사]

[해설] "부동산의 소유자가 동업계약(조합계약)에 의하여 부동산의 소유권을 투자하기로 하였으나 아직 그의 소유로 등기가 되어 있고 조합원의 합유로 등기되어 있지 않다면, 그와 조합 사이에 채권적인 권리의무가 발생하여 그로 하여금 조합에 대하여 그 소유권을 이전할 의무 내지 그 사용을 인용할 의무가 있다고 할 수는 있지만, 그 동업계약을 이유로 조합계약 당사자 아닌 사람에 대한 관계에서 그 부동산이 조합원의 합유에 속한다고 할 근거는 없으므로, 조합원이 아닌 제3자에 대하여는 여전히 소유자로서 그 소유권을 행사할 수 있다"(대판 2002.6.14. 2000다30622).

14 매수인들이 상호 출자하여 공동사업을 경영할 것을 목적으로 하는 조합이 조합재산으로서 부동산의 소유권을 취득하였다면 당연히 그 조합체의 합유물이 되고, 다만 그 조합체가 합유등기를 하지 않고 그 대신 조합원 1인의 명의로 소유권이전등기를 하였다면 이는 조합원들 상호간의 합의에 따른 것으로 유효하지 않고, 「부동산 실권리자명의 등기에 관한 법률」에 위반되는 명의신탁등기에 해당한다(대판 2002.6.14. 2000다30622). [변호 18, 사시 09, 15, 법행 15]

15 甲, 乙, 丙 3인이 전원주택 택지분양사업을 동업하기로 하고 A로부터 조합체로서 토지를 매수하였는데, 그 소유권이전등기를 경료하기 전에 甲이 사망하였고, 丁이 甲의 유일한 상속인이다. 이 경우 甲은 사망으로 그 조합관계로부터 당연히 탈퇴하고 상속인 丁도 조합원의 지위를 갖지 않으므로, 乙과 丙이 A에게 소유권이전등기절차의 이행을 구할 수 있다.

[변호 18유사, 모의 12(2)·14(3)유사, 사시 12, 법행 15, 변리 10]

[해설] 조합에 있어서 조합원의 1인이 사망한 때에는 민법 제717조에 의하여 그 조합관계로부터 당연히 탈퇴하고 특히 조합계약에서 사망한 조합원의 지위를 그 상속인이 승계하기로 약정한 바 없다면 사망한 조합원의 지위는 상속인에게 승계되지 아니한다(대판 1987.6.23. 86다카2951). ☞ 따라서 甲은 사망으로 그 조합관계로

부터 당연히 탈퇴하고 상속인 丁도 조합원의 지위를 갖지 않으므로, 乙과 丙이 A에게 소유권이전등기절차의 이행을 구할 수 있다.

16 조합재산의 처분·변경행위에 대하여 민법 제706조 제2항이 제272조에 우선하여 적용된다.

해설 ▶ 대법원은 "조합재산의 경우 그 처분·변경에 관한 행위는 조합의 특별사무에 해당하는 업무집행으로서, 이에 대하여는 특별한 사정이 없는 한 민법 제706조 제2항이 민법 제272조에 우선하여 적용되므로, 조합재산의 처분·변경은 업무집행자가 없는 경우에는 조합원의 과반수로 결정하고, 업무집행자가 수인 있는 경우에는 그 업무집행자의 과반수로써 결정하며, 업무집행자가 1인만 있는 경우에는 그 업무집행자가 단독으로 결정한다"(대판 2010.4.29. 2007다18911)고 한다. 다만 "조합의 업무집행 방법에 관한 업무집행에 관하여 조합원 전원의 동의를 요하도록 하는 등 그 내용을 달리 정할 수 있고, 그와 같은 약정이 있는 경우에는 조합의 업무집행은 조합원 전원의 동의가 있는 때에만 유효하다"고 판시하여 조합계약에 조합의 업무집행방법에 관하여 다른 약정이 있으면 그에 따르도록 하고 있다(대판 2000.10.10. 2000다28506,28513).

17 조합원들이 공동사업을 위하여 매수한 부동산에 관하여 합유등기를 하지 않고 조합원 중 1인 명의로 소유권이전등기를 한 경우 조합체가 조합원에게 명의신탁한 것으로 보아야 하고, 이 경우 조합재산은 소유권이전등기청구권 또는 부당이득반환채권이고, 신탁부동산 자체는 조합재산이 될 수 없다(대판 2019.6.13. 2017다246180). [19년 최신판례]

제5-3관 공동소유(총유)

18

> 내부적인 사정으로 A교단에 소속되어 있던 X교회의 일부교인들(이하 '乙'이라 한다)은 특별한 결의 절차 없이 종전 A교단 및 X교회를 탈퇴하고 Y교회라는 새로운 이름으로 B교단에 가입하였다. 그런데 탈퇴한 乙의 인원이 종전 X교회 세례교인의 2/3이상이어서 종전교회 건물을 배타적으로 사용하자, 남은 교인들(이하 '甲'이라 한다)이 乙을 상대로 교회건물의 명도를 청구하였다. [판례연구 D-7.참고]

㉠ 乙의 집단적 탈퇴로 인해 X교회가 2개의 교회로 분열되는 것은 아니다. 따라서 교회의 분열을 전제로 종전교회 건물이 분열된 각 사단들의 구성원들에게 각각 총유적으로 귀속하는 것도 아니다.

해설 ▶ "우리 민법이 사단법인에 있어서 구성원의 탈퇴나 해산은 인정하지만, 사단법인의 구성원들이 2개의 법인으로 나뉘어 각각 독립한 법인으로 존속하면서 종전 사단법인에게 귀속되었던 재산을 소유하는 방식의 사단법인의 분열은 인정하지 않는다"(대판 2006.4.20. 전합2004다37775).

㉡ 乙이 집단적으로 탈퇴하였다면 교회재산에 대한 권리를 가지지 못하며, 따라서 그들이 X교회 건물을 배타적으로 사용하는 것에 대한 甲의 청구는 타당하다.

㉢ 만약 乙이 의결권을 가진 교인 2/3 이상의 찬성에 의한 총회결의를 거쳐 A교단을 탈퇴하고 B교단에 가입한 경우라면, X교회의 실체는 乙로 옮겨지게 되고 X교회재산도 乙소속 교인들의 총유로 귀속된다.

해설 ▶ 判例는 탈퇴한 교인들의 종전교회 재산의 사용·수익권을 원천적으로 부정한다. 다만 소속 교단에서의 탈퇴 내지 소속 교단의 변경은 사단법인 정관변경에 준하여 의결권을 가진 교인 2/3 이상의 찬성에 의한 결의를 필요로 하고(제42조 1항의 유추적용), 그 결의요건을 갖춘 경우에 종전 교회의 실체는 이와 같이 교단을 탈퇴한 교회로서 존속하고 종전 교회 재산은 위 탈퇴한 교회 소속 교인들의 총유로 귀속된다(대판 2006.4.20. 전합2004다37775)고 한다. ☞ 변경된 判例의 태도에 따라 비록 탈퇴한 乙이 종전 ×교회 결의권자의 2/3에 이른다 하여도 적법한 소집절차에 따른 결의가 없는 이상 종전 ×교회의 재산에 대한 권리를 보유할 수 없다고 할 것이다. 따라서 甲의 청구는 정당하다.

제6-1관 유효한 명의신탁

01 명의신탁된 토지상에 수탁자가 건물을 신축한 후 명의신탁이 해지되어 토지소유권이 신탁자에게 환원된 경우, 수탁자는 관습법상의 법정지상권을 취득하지 못한다. [사시 13]

해설 ※ 명의신탁약정이 유효한 경우─대내적 법률관계(관습법상 법정지상권)─
"명의수탁자가 명의신탁관계 존속 중 신탁토지 위에 건물을 신축하였다가 명의신탁이 해지되어 등기명의가 환원된 경우, 신탁자와의 대내적 관계에서 자신의 소유권을 주장할 수 없기 때문에 관습법상 법정지상권을 취득할 수 없다"(대판 1986.5.27. 86다카62).

02 부동산의 명의신탁에 있어서 수탁자명의로 등기된 기간이 10년이 경과하였다고 하더라도 명의수탁자의 등기를 신탁자의 등기로 볼 수 없을 뿐만 아니라 명의수탁자의 등기를 통하여 그 등기명의를 보유하고 있다고 할 수도 없으므로 신탁자에게 위 부동산에 대한 시효취득은 인정될 수 없다. [법행 11]

해설 ※ 명의신탁약정이 유효한 경우─대내적 법률관계(취득시효)─
명의수탁자의 점유는 타주점유이므로 수탁자 또는 그 상속인은 등기부시효취득할 수 없고(대판 1992.4.14. 91다46533), 그렇다고 수탁자 명의의 등기를 신탁자의 등기로 볼 수도 없으므로 신탁자에게 등기부취득시효가 인정되는 것도 아니다(대판 1987.11.10. 85다카1644). 다만 신탁자의 점유취득시효는 가능하다(간접점유).

03 타인에게 적법하게 명의신탁한 토지에 대하여 제3자의 침해행위가 있는 경우에 명의신탁자는 명의수탁자를 대위하여 방해배제청구를 할 수 있을 뿐 직접 제3자에게 방해배제를 청구할 수 없다(대판 1979.9.25. 77다1079). [사시 11·14, 변리 08·14]

04 「부동산 실권리자명의 등기에 관한 법률」의 위반으로 무효인 명의신탁등기는 조세포탈, 강제집행의 면탈 또는 법령상의 제한의 회피를 목적으로 하지 않은 경우, 그 후 명의신탁자가 수탁자와 혼인하면 그때부터 유효가 된다(대판 2002.10.25. 2002다23840). [사시 09·11·16, 법행 14, 변리 05·06]

05 부동산 소유권의 명의신탁의 결과로 토지대장이나 건축물관리대장에 소유자로 등재되었을 뿐 아직 수탁자 명의로 소유권에 관한 등기를 취득하지 아니한 경우, 명의신탁이 해지되면 신탁자가 수탁자에 대하여 명의신탁된 부동산의 소유권이전등기를 구할 수 없다. [법행 07]

해설 "부동산소유권의 명의신탁의 결과로 토지대장이나 건축물관리대장에 소유자로 등재되었을 뿐 아직 수탁자 명의로 소유권에 관한 등기를 취득하지 아니한 경우에는 토지대장이나 건축물관리대장의 기재가 소유권의 변동을 공시하는 것이 아니기 때문에 명의신탁이 해지되면 그 효력으로 명의신탁 관계가 종료되어 수탁자는 바로 그 외부관계에 있어서의 소유권도 상실하는 것이므로, 신탁자가 수탁자에 대하여 명의신탁된 부동산의 소유권이전등기를 구할 수 없다"(대판 1999.6.25. 97다52882).

제6-2관 유효한 명의신탁(구분소유적 공유 ; 상호명의신탁)

06 여러 명이 한 필지의 토지를 각각 위치와 면적을 특정하여 그 일부씩 매수하고 편의상 그 소유권이전등기만을 공유지분 이전등기로 한 경우(구분소유적 공유), 매수인들 내부관계에서는 각각 특정매수 부분의 소유권을 취득하고, 각 공유지분등기는 각자 특정 매수한 부분에 관하여 상호명의신탁하고 있는 것이며, 이러한 등기도 '부동산 실권리자명의 등기에 관한 법률'상 유효하다(부동산실명법 제2조 제1호 단서 나목)

07 구분소유적 공유의 경우 사용 · 수익에 관해서는 자기의 특정매수부분만을 독점적 · 배타적으로 사용하고 나머지 부분에 대한 사용 · 수익권은 없다(대판 1968.7.30. 65다1221).

> 해설▶ ※ 상호명의신탁과 구분소유적 공유 – 대내적 관계(특정부분의 단독소유)–

08 1필지의 토지 중 일부를 특정하여 매수하고 다만 그 소유권이전등기는 그 필지 전체에 관하여 공유지분 이전등기를 한 경우 그 특정부분 이외의 부분에 관한 등기는 상호 명의신탁을 하고 있는 것이나, 제3자의 방해행위가 있는 경우에는 자신이 구분소유하는 특정부분뿐 아니라 전체 토지에 관하여 공유물의 보존행위로서 그 배제를 구할 수 있다(대판 1994.2.8. 93다42986).　　　　[변호 18]

> 해설▶ ※ 상호명의신탁과 구분소유적 공유 – 대외적 관계(토지 전부를 공유)–

09 구분소유적 공유관계에 있어서, 각 구분소유적 공유자가 자신의 권리를 타인에게 처분하는 경우 중에는 ⅰ) 구분소유의 목적인 특정 부분을 처분하면서 등기부상의 공유지분을 그 특정 부분에 대한 표상으로서 이전하는 경우와 ⅱ) 등기부의 기재대로 1필지 전체에 대한 진정한 공유지분으로서 처분하는 경우가 있을 수 있고, 이 중 전자의 경우에는 그 제3자에 대하여 구분소유적 공유관계가 승계되나, 후자의 경우에는 제3자가 그 부동산 전체에 대한 공유지분을 취득하고 구분소유적 공유관계는 소멸한다(대판 2008.2.15. 2006다68810,68827).

10 甲이 乙로부터 1필지 토지의 일부를 특정하여 매수하면서 편의상 그 토지 전체에 관하여 매수지분면적에 상응하는 비율로 공유지분이전등기를 마쳤으나 후에 乙이 위 공유관계의 해소에 불응하는 경우, 甲은 乙을 상대로 상호명의신탁을 해지하면서 공유물분할청구의 소를 제기하여 구분소유권 공유관계를 해소할 수는 없다.　　　　[변호 18, 사시 06, 법행 09 · 10]

> 해설▶ 내부관계에서는 각자가 특정 부분을 소유하며 상호명의신탁관계에 있기 때문에 공유물분할을 청구할 수는 없고, 상대방에 대하여 명의신탁을 해지하고 특정매수부분에 대한 소유권확인 또는 지분이전을 청구하면 된다(대판 1985.9.24. 85다카451,452).

11 1동 건물 중 각 일부분의 위치 및 면적이 특정되지 않거나 구조상 · 이용상 독립성이 인정되지 아니한 경우에는 공유자들 사이에 이를 구분소유하기로 하는 취지의 약정이 있더라도 공유지분등기의 상호명의신탁관계 내지 건물에 대한 구분소유적 공유관계가 성립한다고 할 수 없다(대판 2014.2.27. 2011다42430).　　　　[모의 14(3)유사]

12 甲과 乙은 X토지를 공동으로 매수하여 각 1/2씩 공유지분등기를 하면서, X토지 내의 위치 및 1/2의 면적을 특정하여(A ｜ B) 甲은 A부분을, 乙은 B부분을 배타적으로 각 사용수익하기로 하였다.

ⓐ 甲이 A지상에 Y건물을 신축하여 소유하고 오던 중 강제경매에 의하여 乙이 甲의 X토지에 대한 1/2지분을 취득하였다면, 甲은 Y건물을 위한 관습법상의 법정지상권을 취득한다.

해설 ※ 관습법상의 법정지상권 성립 여부(자신의 특정 소유부분에 건물을 신축한 경우)

구분소유적 공유관계에 있는 토지의 공유자들이 그 토지 위에 각자 독자적으로 별개의 건물을 소유하면서 그 토지 전체에 대하여 저당권을 설정하였다가 그 저당권의 실행으로 토지와 건물의 소유자가 달라지게 된 경우에도, 공유로 등기된 토지의 소유관계가 구분소유적 공유관계에 있는 경우에는 공유자 중 1인이 소유하고 있는 건물과 그 대지는 다른 공유자와의 내부관계에 있어서는 그 공유자의 단독소유로 되었다 할 것이므로, 제366조의 법정지상권이 성립한다(대판 2004.6.11. 2004다13533).

> **비교판례** ※ 관습법상의 법정지상권 성립 여부(자신의 특정 소유가 아닌 부분에 건물을 신축한 경우)
> 구분소유적 공유관계에 있는 자가 자신의 특정 소유가 아닌 부분에 건물을 신축한 경우 그 건물부분은 처음부터 건물과 토지의 소유자가 서로 다른 경우에 해당되어 그 후 구분소유적 공유관계가 해소되어 다른 구분소유자의 단독소유로 된 경우 당해 건물소유자에게는 관습법상의 법정지상권이 성립될 여지가 없다(대판 1994.1.28. 93다49871).

ⓑ 제3자 丙이 권원 없이 X토지 전체를 점유하고 있다면, 乙은 B부분뿐만 아니라 A부분에 대하여도 공유물의 보존행위로서 丙의 방해행위의 배제를 구할 수 있다.

해설 ※ 대외적 관계(보존행위)

대외적으로는 공유자가 토지 전부를 공유한다. 따라서 제3자가 불법점유하는 경우 각자는 자기 소유부분뿐만 아니라 전체 토지에 대하여 보존행위로서 그 배제를 구할 수 있다(대판 1994.2.8. 93다42986).

ⓒ 제3자 丁이 권원 없이 A부분을 점유함으로써 법률상 원인 없이 그 임료 상당의 이익을 얻었다면, 甲은 丁에 대하여 A부분에 대한 임료 상당액 전부를 부당이득으로 구할 수 없다.

해설 ※ 대외적 관계(부당이득반환청구)

대외적으로는 공유자가 토지 전부를 공유한다. 따라서 특정매수부분을 제3자가 불법점유하는 경우 불법점유당한 특정부분 소유자의 부당이득반환청구는 불법점유부분 전부가 아니라 지분의 비율의 범위 내에서만 인정된다. 나머지는 다른 구분소유적 공유자를 대위하여 청구할 수도 없다(대판 1993.11.23. 93다22326).

ⓓ 甲이 X토지의 1/2지분에 대하여 己에게 근저당권을 설정한 후에 X토지가 A부분과 B부분으로 각 분필되고, 甲과 乙이 상호간에 지분이전등기를 하여 甲이 A토지를, 乙이 B토지를 각 단독으로 소유하게 된 경우, 己의 근저당권은 甲 소유의 A토지에 집중되어 존속하는 것은 아니다.

해설 ※ 구분소유적 공유관계가 해소된 경우 담보물권의 운명

"1필지의 토지의 위치와 면적을 특정하여 2인 이상이 구분소유하기로 하는 약정을 하고 구분소유자의 공유로 등기하는 이른바 구분소유적 공유관계에 있어서, 1필지의 토지 중 특정 부분에 대한 구분소유적 공유관계를 표상하는 공유지분을 목적으로 하는 근저당권이 설정된 후 구분소유하고 있는 특정 부분별로 독립한 필지로 분할되고 나아가 구분소유자 상호 간에 지분이전등기를 하는 등으로 구분소유적 공유관계가 해소되더라도 그 근저당권은 종전의 구분소유적 공유지분의 비율대로 분할된 토지들 전부의 위에 그대로 존속하는 것이고, 근저당권설정자의 단독소유로 분할된 토지에 당연히 집중되는 것은 아니다"(대판 2014.6.26. 2012다25944).

제6-3관 무효인 명의신탁(부동산실명법이 적용되는 경우)

13

> 2015년 A는 친구 B와 명의신탁 약정을 맺고 甲소유의 X토지를 매수하여줄 것을 부탁하였다. B는 甲과 7억 원에 X토지의 매매계약을 체결하여 매매대금을 A가 준 돈으로 모두 지급하고 B 명의로 소유권이전등기를 마쳤다. 甲은 이러한 사실을 알고 있었다. (각 지문은 독립적이다).

㉠ 甲이 명의신탁자 A가 계약의 매수인으로 되는 것에 동의 내지 승낙을 함으로써 부동산을 A 에게 양도할 의사를 표시하였다면 별도의 양도약정이 체결된 것으로 보아 'B의 동의와 무관 하게' A는 甲에게 소유권이전등기의 청구를 할 수 있다. [모의 12(3)·14(2)·14(3)유사]

해설 ※ 악의의 매도인과 신탁자 간에 별도의 약정에 기한 신탁자의 소유권이전등기청구

"무효사실이 밝혀진 후에 계약상대방인 매도인이 계약명의자인 명의수탁자 대신 명의신탁자가 그 계약의 매수인으로 되는 것에 대하여 동의 내지 승낙을 함으로써 부동산을 명의신탁자에게 양도할 의사를 표시하였다 면, 명의신탁약정이 무효로 됨으로써 매수인의 지위를 상실한 명의수탁자의 의사에 관계없이 매도인과 명의신 탁자 사이에는 종전의 매매계약과 같은 내용의 양도약정이 따로 체결된 것으로 봄이 상당하고, 따라서 이 경우 명의신탁자는 당초의 매수인이 아니라고 하더라도 매도인에 대하여 별도의 양도약정을 원인으로 하는 소유권이전등기청구를 할 수 있다"(대판 2003.9.5. 2001다32120).

㉡ 신탁자 A는 甲을 대위하여 B명의 소유권이전등기에 대해 말소를 청구할 수 없다.

해설 ※ 계약명의신탁에서 신탁자가 매도인을 대위할 수 있는지 여부

甲은 B에게 소유권이전등기의 말소를 청구할 수 있다. 그러나 A는 소유자가 아니어서 B에게 소유권이 전등기의 말소를 직접 청구할 수 없고, 나아가 A와 甲간에는 계약관계가 없고, 부당이득반환도 A와 B 사이의 문제이다. 따라서 A는 甲에게 아무런 권리를 가지지 않기 때문에 피보전채권이 없어서 甲의 권 리를 대위할 수도 없다.

㉢ 사안과 달리 아직 B명의로 등기를 마치지 않은 경우 C가 X토지를 불법점유하는 경우에 B가 직접 소유권에 기하여 C에게 반환청구를 하지는 못하고, B는 甲에게 가지는 소유권이전등기 청구권을 피보전채권으로 하여 甲의 물권적반환청구권을 대위하여 X토지의 반환을 청구할 수도 없다.

해설 ※ 계약명의신탁에서 매도인이 악의인 경우 매도인과 수탁자 간 매매계약의 효력

매도인과 명의수탁자 사이의 매매계약은 무효이다(대판 2003.9.5. 2001다32120). 무효인 계약에 기해 B가 甲에게 소유권이전등기청구권을 가진다고 볼 수 없다. 매도인이 악의인 경우에는 매도인으로부터 명 의수탁자에게로의 소유권 이전이 무효가 되므로(부동산실명법 제4조 2항 본문) B에게 이미 등기가 경료 된 경우라면 甲은 B에게 소유권이전등기의 말소를 청구할 수 있다.

㉣ B가 C에게 X토지를 매도하고 등기를 마쳐주었다면, 甲에 대한 불법행위가 되나 매매대금을 수령한 甲에게 손해가 있다고 할 수 없어 甲은 불법행위에 기한 손해배상을 청구할 수 없다 (대판 2013.9.12. 2010다95185). [모의 15(3)유사, 사시 16유사, 변리14]

㉤ 사안과 달리 甲이 사안의 모든 사정에 대해서 선의인 경우, 여전히 명의신탁 약정은 무효이 므로 A는 B에게 매수자금에 대해 부당이득 반환을 청구할 수 있다. 이 경우 명의신탁 당사 자인 B가 매수자금이 명의신탁에 기한 것일 뿐만 아니라 그러한 명의신탁약정이 부동산실명

법에 의해 무효라는 것까지 알았다는 사정이 없는 한 B의 부당이득반환범위는 제748조 2항에 의해 정해져야 하는 것은 아니다(대판 2010.1.28. 2009다24187,24194).

ⓗ 사안과 달리 甲이 선의인 경우, 甲이 B앞으로 소유권이전등기를 마친 후 사후적으로 B가 A에게 받은 매수자금의 반환의무의 '이행에 갈음하여' 대신 X토지의 소유권을 양도하기로 약정하고 이에 따라 A 앞으로 X토지의 소유권이전등기를 마쳐준 경우 A명의의 소유권이전등기는 유효하다. [모의 15(3)유사]

해설 A와 B의 약정은 별도의 대물급부약정으로 보아야 하므로, 무효라고 할 수는 없고 다른 특별한 사정이 없는 한은 유효하다(대판 2014.8.20. 2014다30483).

> **비교판례** "부동산경매절차에서 매수대금의 실질적 부담자와 명의인 간에 명의신탁관계가 성립한 경우, 그들 사이에 매수대금의 실질적 부담자의 지시에 따라 부동산의 소유 명의를 이전하거나 그 처분대금을 반환하기로 약정하였다 하더라도, 이는 부동산 실권리자명의 등기에 관한 법률에 의하여 무효인 명의신탁약정을 전제로 명의신탁 부동산 자체 또는 그 처분대금의 반환을 구하는 범주에 속하는 것이어서 역시 무효라고 보아야 한다"(대판 2006.11.9. 2006다35117 ; 대판 2015.9.10. 2013다55300).

14 부동산 실권리자명의 등기에 관한 법률 제8조 제2호에 따라 부부간 명의신탁이 일단 유효한 것으로 인정된 후 배우자 일방의 사망으로 부부관계가 해소된 경우, 명의신탁약정이 사망한 배우자의 다른 상속인과의 관계에서도 여전히 유효하게 존속한다(대판 2013.1.24. 2011다99498). [최신판례]

15 양자간 등기명의신탁에서 명의수탁자가 신탁부동산을 처분한 후 명의수탁자가 우연히 신탁부동산의 소유권을 다시 취득한 경우 명의신탁자는 수탁자를 상대로 말소등기청구권이나 진정명의회복을 원인으로 한 이전등기청구권을 행사할 수 없다(대판 2013.2.28. 2010다89814). [최신판례, 사시 14]

16 명의수탁자가 무효인 양자간 명의신탁에 따라 명의신탁자로부터 소유권이전등기를 넘겨받은 부동산을 임의로 처분한 행위가 형사상 횡령죄로 처벌되지 않더라도, 위 행위는 명의신탁자의 소유권을 침해하는 행위로써 민법상 불법행위에 해당하여 명의수탁자는 명의신탁자에게 손해배상책임을 부담한다. [21년 최신판례]

해설 "대판 2021.2.18. 전합2016도18761 판결을 통해 명의수탁자가 신탁받은 부동산을 임의로 처분하여도 명의신탁자에 대한 관계에서 횡령죄가 성립하지 않는다고 하여 종전 대법원 판례를 변경하였다. 그러나 ① 민사책임과 형사책임은 지도이념 및 증명책임의 부담과 그 증명의 정도 등에서 서로 다른 원리가 적용된다는 점, ② 부동산실명법 제4조 제3항에 따라 명의신탁자는 명의수탁자가 제3자에게 부동산을 임의로 처분한 경우 제3자에게 자신의 소유권을 주장하여 그 소유권이전등기의 말소를 구할 수 없고, 명의수탁자로부터 부동산을 양수한 제3자는 소유권을 유효하게 취득하게 되므로 명의수탁자의 처분행위는 명의신탁자의 소유권을 침해하는 위법행위를 한 것이고 이로 인하여 명의신탁자에게 손해가 발생하였으므로, 명의수탁자의 행위는 민법 제750조에 따른 불법행위책임의 성립요건을 충족한다는 점, ③ 대판 2016도18761 전원합의체 판결은 횡령죄의 본질이 신임관계에 기초하여 위탁된 타인의 물건을 위법하게 영득하는 데 있고 명의신탁자와 명의수탁자의 관계는 형법상 보호할 만한 가치 있는 신임관계가 아니므로 명의수탁자의 임의처분행위에 대하여 횡령죄를 인정할 수 없다는 취지를 밝힌 것이지 명의신탁관계에서 신탁자의 소유권을 보호할 수 없다는 취지로 볼 수는 없는 점에 비추어 보면 형사상 횡령죄 성립 여부와 관계없이 명의수탁자는 명의신탁자에 대하여 민사상 불법행위책임을 부담한다고 봄이 타당하다."(대판 2021.6.3. 2016다34007)

17 부동산실명법이 적용되는 계약명의신탁약정은 원칙적으로 무효이고, 이와 함께 이루어진 부동산 매입의 위임 약정 또한 '제137조 본문'(일부무효 법리)에 따라 역시 무효이다(대판 2015.9.10. 2013다 55300).   [최신판례]

18 3자간 등기명의신탁에서 명의신탁자와 명의수탁자간의 명의신탁약정은 무효이므로, 명의수탁 자 앞으로 이전된 부동산 소유명의를 명의신탁자나 제3자 앞으로 이전하거나 가등기를 통해 보전하기로 약정하는 것은, 명의신탁약정의 유효를 전제로 해서 그 반환을 구하는 범주에 속 하는 것인데, 명의신탁약정은 무효이므로 그러한 약정도 무효이다(대판 2015.2.26. 2014다63315).

19 양자간 등기명의신탁의 경우 수탁자 명의의 소유권이전등기는 원인무효이므로, 신탁자는 소유권 에 기한 방해배제로서 수탁자에 대하여 소유권이전등기의 말소 또는 진정명의 회복을 위한 소 유권이전등기를 구할 수 있다(대판 2002.9.6. 2002다35157).   [사시 09·11, 법행 12, 변리 06]

20 명의신탁약정과 등기의 무효로써 대항하지 못하는 '제3자'라 함은 수탁자가 물권자임을 기초로 그와의 사이에 새로운 이해관계를 맺은 자를 말하는데, 이러한 제3자는 수탁자로부터 소유권이 나 저당권 등 물권을 취득한 자뿐만 아니라 대항력 있는 주택임차인이나 가압류 채권자도 이에 포함된다(대판 2007.12.27. 2005다54104).   [모의 11(1)·12(2)·14(3)·15(3)유사, 사시 09, 변리 05·06·08]

21 '부동산 실권리자명의 등기에 관한 법률' 시행 전에 명의신탁자 甲이 乙로부터 乙 소유의 X건물 을 매수하고 명의수탁자 丙 앞으로 소유권이전등기를 마쳤는데, 위 법이 시행된 후 같은 법 제 11조에 따른 유예기간 내에 실명등기가 이루어지지 아니한 경우, 丙의 등기는 무효이고 매도인 인 乙이 여전히 소유권자가 되어 丙은 소유권자가 될 수는 없다.   [모의 11(1)·13(1)유사, 사시 13·16]

> **해설** 위 지문의 경우 이른바 3자간의 명의신탁에 해당하는데 명의신탁자 甲과 명의수탁자 丙사이의 명의신탁 약정은 무효이고(부동산 실권리자명의 등기에 관한 법률 제4조 제1항), 매도인 乙로부터 명의수탁자 丙으 로의 소유권이전도 무효이다(동법 제4조 제2항). 따라서 丙의 등기는 무효이고 매도인인 乙이 여전히 소 유권자가 되어 丙이 소유권자가 될 수는 없다(대판 2002.3.15. 2001다61654).

22 부동산경매절차에서 부동산을 매수하려는 사람이 매수대금을 자신이 부담하면서 다른 사람의 명의로 매각허가결정을 받기로 그 다른 사람과 약정함에 따라 매각허가가 이루어진 경우, 그 경 매절차에서 매수인의 지위에 서게 되는 사람은 어디까지나 그 명의인이므로 경매 목적 부동산 의 소유권은 매수대금을 실질적으로 부담한 사람이 누구인가와 상관없이 그 명의인이 취득한다 고 할 것이고, 이 경우 매수대금을 부담한 사람과 이름을 빌려 준 사람 사이에는 (계약)명의신 탁관계가 성립한다(대판 2005.4.29. 2005다664).

23 명의신탁자와 명의수탁자가 계약명의신탁약정을 맺고 명의수탁자가 당사자가 되어 매도인과 부 동산에 관한 매매계약을 체결하는 경우 그 계약과 등기의 효력은 매매계약을 체결할 당시 매도 인의 인식을 기준으로 판단해야 하고, 매도인이 계약 체결 이후에 명의신탁약정 사실을 알게 되 었다고 하더라도 위 계약과 등기의 효력에는 영향이 없다(대판 2018.4.10. 2017다257715).   [18년 최신판례]

24

> 甲은 乙이 소유하는 X 토지에 대해서 2010. 7. 1. 매매계약을 체결하였다. 甲과 丙은 명의신탁약정을 맺어 甲을 대신하여 X 토지 소유권 등기를 丙 명의로 하기로 하였고, 이에 따라 甲이 乙에게 매매대금을 모두 지급한 후에 乙은 丙 명의로 소유권이전등기를 마쳐주었다.
>
> [민법표준판례, 19년 10월 법전협모의]

㉠ 甲과 丙의 명의신탁약정은 무효이지만, 甲과 乙이 체결한 매매계약이 무효로 되지는 않는다.

해설 ※ 3자간 등기명의신탁(중간생략형 명의신탁)

신탁자가 계약의 당사자가 되어 매도인과 매매계약을 체결하되, 매도인과의 합의 아래 등기를 매도인으로부터 (신탁자와 명의신탁약정을 맺은) 수탁자 앞으로 직접 이전하는 경우, 명의신탁약정과 그에 의한 등기가 무효로 되는 결과(부동산실명법 제4조 1항, 2항 본문), 명의신탁된 부동산은 매도인 소유로 복귀하고, 매도인은 원인무효를 이유로 수탁자 명의의 등기의 말소를 구할 수 있다.

그러나 부동산실명법은 매도인과 명의신탁자 사이의 매매계약의 효력을 부정하는 규정을 두고 있지 아니하므로 그들 사이의 매매계약은 유효한 것으로 되어(명의수탁자가 당사자로 등장하는 계약명의신탁에서와는 다름에 주의할 것), 명의신탁자는 매도인에 대하여 매매계약에 기한 소유권이전등기를 청구할 수 있고, 그 소유권이전등기청구권을 보전하기 위해 매도인을 대위하여 수탁자 명의의 등기의 말소를 구할 수 있다(대판 2002.3.15. 2001다61654 ; 이는 동법에서 정한 유예기간이 경과하여 명의신탁약정과 그에 따른 등기가 무효인 경우에도 마찬가지이다(대판 2011.9.18. 2009다49193,49209).

㉡ 丙이 丁에게 X 토지를 처분하였고 丁이 甲과 丙의 명의신탁약정을 알면서 매매계약을 체결하였더라도 丁은 X 토지의 소유권을 취득한다.

해설 명의신탁약정 내지 물권변동의 무효는 제3자에게 대항하지 못한다(부동산실명법 제4조 3항). 여기서 '제3자'라고 함은 선·악을 불문하고 명의신탁 약정의 당사자 및 포괄승계인 이외의 자로서 '명의수탁자가 물권자임'을 기초로 그와의 사이에 '직접' 실질적으로 새로운 이해관계를 맺은 자를 말하므로(대판 2000.3.28. 99다56529), 丁은 선악을 불문하고 X토지의 소유권을 취득한다.

㉢ 丙이 丁에게 X 토지를 매도하고 소유권이전등기를 마쳐준 경우에 丙이 무자력이더라도 丙의 채권자는 丁을 상대로 X 토지의 매매계약을 사해행위로 취소하고 소유권이전등기의 말소를 청구하는 사해행위 취소소송을 제기할 수 없다.

해설 ※ 3자간 등기명의신탁(수탁자의 처분행위가 수탁자의 일반채권자에게 사해행위가 되는지 여부)

X 토지는 애초에 丙의 책임재산이 아니었으므로 丙이 丁에게 X 토지를 처분한 행위는, 丙의 일반채권자에게 사해행위가 되지 않는다(대판 2008.9.25. 2008다41635).

㉣ 명의신탁 약정의 시점에 甲이 무자력이었다면 약정 당시 甲의 채권자는 丙을 상대로 甲과 丙의 명의신탁약정을 사해행위로 취소하고 丙 명의의 등기의 말소를 청구하는 사해행위 취소소송을 제기할 수 있다.

해설 ※ 3자간 등기명의신탁(명의신탁행위 자체가 신탁자의 일반채권자에게 사해행위가 되는지 여부)

채무자가 채무초과상태에서 매수한 부동산의 등기명의를 아들에게 신탁하고 이에 따라 소유권이전등기를 마친 사안에서, 判例는 "위 (중간생략형)명의신탁약정은 사해행위에 해당하고, 채권자가 수익자 및 전득자를 상대로 소유권이전등기의 말소를 구하고 매도인을 상대로 채무자를 대위하여 소유권이전등기절차의 이행을 구할 수 있다"(대판 2004.3.25. 2002다69358)고 판시하였다.

제4장	용익물권

제1절 지상권

제1관 담보지상권

01 甲은 乙로부터 1억 원을 빌리면서 자신의 X 토지에 대해 근저당권을 설정해 주고 乙은 그 담보가치를 확보하기 위해 甲의 사용·수익권을 배제하지 않으면서 X 토지 위에 지상권을 취득하였다. [민법표준판례, 19년 8월, 10월 법전협모의]

㉠ X토지 위에 건물을 신축하던 甲이 丙에게 위 건물에 대한 건축주 명의를 변경하여 준 경우, 乙은 방해배제청구로서 X토지 위에 건물을 축조하는 것을 중지하도록 丙에게 요구할 수 있다.

해설 ※ 담보지상권에 기한 방해배제청구권

"토지에 관하여 저당권을 취득함과 아울러 그 저당권의 담보가치를 확보하기 위하여 지상권을 취득하는 경우, 특별한 사정이 없는 한 당해 지상권은 저당권이 실행될 때까지 제3자가 용익권을 취득하거나 목적 토지의 담보가치를 하락시키는 침해행위를 하는 것을 배제함으로써 저당 부동산의 담보가치를 확보하는 데에 그 목적이 있다고 할 것이므로, 그와 같은 경우 제3자가 비록 토지소유자로부터 신축중인 지상 건물에 관한 건축주 명의를 변경받았다 하더라도, 그 지상권자에게 대항할 수 있는 권원이 없는 한 지상권자로서는 제3자에 대하여 목적 토지 위에 건물을 축조하는 것을 중지하도록 요구할 수 있다"(대결 2004.3.29. 2003마1753).

㉡ 甲이 제3자 丙에게 X 토지를 임대하여 丙이 점유·사용하는 경우 乙은 丙에게 저당권 침해를 이유로 한 임료 상당 손해배상을 청구할 수 있다.

해설 ※ 담보지상권 침해를 이유로 한 손해배상청구권의 인정 여부

乙은 甲의 사용·수익권을 배제하지 않으면서 X 토지 위에 지상권을 취득하였으므로, 丙의 점유·사용에 대해 손해배상을 청구할 수 없다. 다만 이 경우에도 그 사용으로 인하여 저당목적물의 가치가 감소되어 경매가격이 하락하는 등의 경우에는 '저당권 침해'를 이유로 손해배상청구를 할 수는 있다(대판 2008.1.17. 2006다586).

㉢ 乙의 피담보채권 전부가 시효로 인하여 소멸하면 乙의 지상권은 피담보채권에 부종하여 소멸한다.

해설 ※ 담보지상권의 소멸

"근저당권 등 담보권 설정의 당사자들이 그 목적이 된 토지 위에 차후 용익권이 설정되거나 건물 또는 공작물이 축조·설치되는 등으로써 그 목적물의 담보가치가 저감하는 것을 막는 것을 주요한 목적으로 하여 채권자 앞으로 아울러 지상권을 설정하였다면, 그 피담보채권이 변제 등으로 만족을 얻어 소멸한 경우는 물론이고 시효소멸한 경우에도 그 지상권은 피담보채권에 부종하여 소멸한다"(대판 2011.4.14. 2011다6342).

ⓔ 甲이 X 토지 위에 Y 건물을 축조한 후 근저당권등기가 말소되고 그 대신 다른 근저당권이 설정되었다가 그 실행에 의하여 X 토지와 Y 건물의 소유자가 달라진 경우, 그 건물을 위한 법정지상권이 발생한다.

해설 ※ 임의경매에서 담보지상권과 법정지상권의 관계

"토지에 관하여 담보권이 설정될 당시 담보권자를 위하여 동시에 지상권이 설정되었다고 하더라도, 담보권 설정 당시 이미 토지소유자가 그 토지 상에 건물을 소유하고 있고 그 건물을 철거하기로 하는 등 특별한 사유가 없으며 담보권의 실행으로 그 지상권도 소멸하였다면 건물을 위한 법정지상권이 발생하지 않는다고 할 수 없다"(대판 2014.7.24. 2012다97871).

ⓜ 丙이 甲으로부터 X토지의 사용을 허락받아 수목을 식재하였을 때, 수목의 소유권은 丙에게 있다.

해설 ※ 담보지상권을 설정한 토지소유자로부터 토지이용권을 취득한 경우

"지상권을 설정한 토지소유자로부터 토지를 이용할 수 있는 권리를 취득하였다고 하더라도 지상권이 존속하는 한 이와 같은 권리는 원칙적으로 민법 제256조 단서가 정한 '권원'에 해당하지 않지만, 금융기관이 대출금 채권의 담보를 위하여 토지에 저당권과 함께 지료 없는 지상권을 설정하면서 채무자 등의 사용·수익권을 배제하지 않은 경우(이른바, 담보지상권) 그러한 토지소유자로부터 토지를 사용·수익할 수 있는 권리를 취득하였다면 이러한 권리는 민법 제256조 단서가 정한 '권원'에 해당한다고 볼 수 있다"(대판 2018.3.15. 2015다69907).

☞ 따라서 수목은 제256조 본문에 의해 토지에 '부합'하는 것이 아니라 제256조 단서에 의해 소유권은 丙에게 있다.

> 관련쟁점 '수목'은 권원이 있는 사람이 식재한 경우에는 토지와 별개의 물건으로서 식재한 사람의 소유로 남지만, 그 이외의 경우에는 토지와 하나의 물건이 되어 토지 소유자가 소유권을 취득한다(대판 1970.11.30. 68다1995). 다만 명인방법을 갖춘 수목이나 입목은 토지와 독립된 별개의 물건으로 취급된다.

ⓗ 乙이 지상권설정등기에 관한 피담보채무의 범위 확인을 구하는 소를 제기한 경우에 그 소는 확인의 이익이 없어 각하된다.

해설 ※ 확인의 이익

"확인의 소에는 권리보호요건으로서 확인의 이익이 있어야 하고, 확인의 이익은 원고의 권리 또는 법률상의 지위에 현존하는 불안·위험이 있고 확인판결을 받는 것이 불안·위험을 제거하는 가장 유효·적절한 수단일 때에 인정된다. 지상권은 용익물권으로서 담보물권이 아니므로 피담보채무라는 것이 존재할 수 없다. 근저당권 등 담보권 설정의 당사자들이 담보로 제공된 토지에 추후 용익권이 설정되거나 건물 또는 공작물이 축조·설치되는 등으로 토지의 담보가치가 줄어드는 것을 막기 위하여 담보권과 아울러 설정하는 지상권을 이른바 담보지상권이라고 하는데, 이는 당사자의 약정에 따라 담보권의 존속과 지상권의 존속이 서로 연계되어 있을 뿐이고, 이러한 경우에도 지상권의 피담보채무가 존재하는 것은 아니다. 따라서 지상권설정등기에 관한 피담보채무의 범위 확인을 구하는 청구는 원고의 권리 또는 법률상의 지위에 관한 청구라고 보기 어려우므로, 확인의 이익이 없어 부적법하다"(대판 2017.10.31. 2015다65042).

제2관 (관습법상) 법정지상권

01 동일한 소유자에게 속한 대지와 건물 중 건물에 대해 전세권이 설정된 후, 그 대지소유권을 특별승계한 자는 '전세권자가 아닌 전세권설정자'에 대하여 지상권을 설정한 것으로 본다.

> **해설▶** 제305조(건물의 전세권과 법정지상권)

02 B는 A로부터 X토지와 지상의 Y건물의 소유권을 이전받았다가, 이후 선행 처분금지가처분에 기한 본등기가 경료되어 'X토지'에 관한 B의 소유권이전등기가 말소되었다면 B는 Y건물에 관하여 관습상의 법정지상권을 취득하였다고 할 것이고, 그 후 Y건물의 공매절차에서 C가 Y건물에 관한 소유권을 취득하였다면 C는 Y건물의 소유권과 함께 위 지상권도 취득하였다고 할 것이다.

[최신판례]

> **해설▶** 判例에 따르면 "B는 A로부터 X토지의 소유권과 Y건물의 소유권을 차례로 이전받았다가, 이후 선행 처분금지가처분에 기한 본등기가 경료되어 X토지에 관한 B의 소유권이전등기가 말소됨으로써 B는 토지에 관한 소유권취득을 가처분권자에게 대항할 수 없게 되었고, 이와 같은 경우 적어도 관습상 법정지상권 성립여부와 관련하여서는 X토지와 Y건물은 모두 A소유였다가 그 중 Y건물만 B에게 소유권이 이전된 것과 마찬가지로 봄이 상당하므로, 결국 B는 Y건물에 관하여 소유권을 취득함으로써 관습상의 법정지상권을 취득하였다고 할 것이고, 그 후 Y건물에 관하여 진행된 공매절차에서 C가 Y건물에 관한 소유권을 취득함으로써 C는 Y건물의 소유권과 함께 위 지상권도 취득하였다고 할 것이다"(대판 2014.9.4. 2011다13463)고 판시하고 있다. 건물을 양수한 제3자는 민법 제366조 소정의 법정지상권을 취득한다(대판 1999.11.23. 99다52602).

03 토지공유자 중의 1인이 공유토지 위에 건물을 소유하고 있다가 토지지분만을 전매한 경우에, 건물소유자는 당해 토지에 건물의 소유를 위한 법정지상권을 취득할 수 없다.

> **해설▶** "토지공유자 중의 1인이 공유토지 위에 건물을 소유하고 있다가 토지지분만을 전매한 경우에는, 법정지상권을 인정한다면 토지공유자 1인이 다른 공유자의 지분에까지 지상권을 설정하는 처분행위를 할 수 있음을 인정하는 셈이므로 법정지상권은 성립하지 않는다"(대판 1988.9.27. 87다카140).
>
> > **비교판례** "토지공유자간에 그 중 1인 또는 수인 소유의 건물이 있는 공유 대지를 협의분할하여 각기 단독소유로 귀속케 한 결과 그 대지와 건물의 소유자가 다르게 된 경우에도 법정지상권을 취득한다" (대판 1974.2.12. 73다353).

04 원래 채권을 담보하기 위하여 나대지상에 가등기가 경료되었고, 그 뒤 대지소유자가 그 지상에 건물을 신축하였는데, 그 후 그 가등기에 기한 본등기가 경료되어 대지와 건물의 소유자가 달라진 경우에도 특별한 사정이 없는 한 건물을 위한 관습상 법정지상권이 성립하지 않는다.

> **해설▶** ※ 나대지에 관하여 가압류, 압류가 되거나 담보가등기가 된 경우와 관습법상 법정지상권
> "원래 채권을 담보하기 위하여 나대지상에 가등기가 경료되었고, 그 뒤 대지소유자가 그 지상에 건물을 신축하였는데, 그 후 그 가등기에 기한 본등기가 경료되어 대지와 건물의 소유자가 달라진 경우에 관습상 법정지상권을 인정하면 애초에 대지에 채권담보를 위하여 가등기를 경료한 사람의 이익을 크게 해하게 되기 때문에 건물을 위한 관습상 법정지상권이 성립한다고 할 수 없다"(대판 1994.11.22. 94다5458).

비교판례 청구권 보전의 가등기의 경우 "대지에 관한 乙명의의 가등기가 경료된 후 그에 기한 본등기가 이루어지기 전까지 대지와 건물은 모두 丙의 소유에 속해 있다가 乙이 대지에 관하여 소유권이전등기를 경료함으로써 대지와 건물이 각기 소유자를 달리하게 된 것이니, 다른 사정이 없는 한 丙은 대지상의 건물의 소유를 목적으로 하는 관습상의 법정지상권을 취득하였다"(대판 1982.6.22. 81다1298).

05 토지와 지상 건물이 함께 양도되었다가 채권자취소권의 행사에 따라 그중 건물에 관하여만 양도가 취소되어 수익자 명의의 소유권이전등기가 말소된 경우, 그 건물을 위한 관습법상 법정지상권은 성립하지 않는다.

해설 ※ 채권자취소권의 행사로 토지와 건물의 소유자가 달라진 경우
"동일인의 소유에 속하고 있던 토지와 지상 건물이 매매 등으로 인하여 소유자가 다르게 된 경우에 건물을 철거한다는 특약이 없는 한 건물소유자는 건물의 소유를 위한 관습상 법정지상권을 취득한다. 그런데 민법 제406조의 채권자취소권의 행사로 인한 사해행위의 취소와 일탈재산의 원상회복은 채권자와 수익자 또는 전득자에 대한관계에 있어서만 효력이 발생할 뿐이고 채무자가 직접 권리를 취득하는 것이 아니므로, 토지와 지상 건물이 함께 양도되었다가 채권자취소권의 행사에 따라 그중 건물에 관하여만 양도가 취소되고 수익자와 전득자 명의의 소유권이전등기가 말소되었다고 하더라도, 이는 관습상 법정지상권의 성립요건인 '동일인의 소유에 속하고 있던 토지와 지상 건물이 매매 등으로 인하여 소유자가 다르게 된 경우'에 해당한다고 할 수 없다"(대판 2014.12.24. 2012다73158).

06 강제경매의 목적이 된 토지에 관하여 강제경매를 위한 압류가 있기 이전에 저당권이 설정되어 있다가 그 후 강제경매로 인해 그 저당권이 소멸하는 경우, 그 '저당권이 설정'된 때를 기준으로 그 토지와 그 지상 건물이 동일인에게 속하였는지를 판단하여야 한다.

해설 부동산 '강제경매'로 인해 토지와 건물의 소유자가 달라진 경우 "부동산강제경매절차에서 목적물을 매수한 사람의 법적 지위는 다른 특별한 사정이 없는 한 그 절차상 '압류의 효력이 발생하는 때'를 기준으로 하여 정하여지므로, 강제경매의 목적이 된 토지 또는 그 지상 건물의 소유권이 강제경매로 인하여 그 절차상의 매수인에게 이전된 경우에 건물의 소유를 위한 관습상 법정지상권이 성립하는가 하는 문제에 있어서는 그 매수인이 소유권을 취득하는 매각대금의 완납시(과거 판례의 태도)가 아니라 그 압류의 효력이 발생하는 때를 기준으로 하여 토지와 그 지상 건물이 동일인에 속하였는지 여부가 판단되어야 한다"(대판 2012.10.18. 전합2010다52140)고 판시하고 있다.
다만, 토지 또는 그 지상 건물에 관하여 강제경매를 위한 (가)압류가 있기 이전에 저당권이 설정되어 있다가 그 후 '강제경매'로 인해 그 저당권이 소멸하는 경우(소멸주의)에는 제366조의 법정지상권이 아니라 관습상의 법정지상권이 문제되며, 이 때 토지와 그 지상 건물이 동일인 소유에 속하였는지는 그 '저당권 설정 당시'를 기준으로 판단한다고 한다(대판 2013.4.11. 2009다62059).

07 법정지상권자가 2년 이상의 지료를 지급하지 아니한 때에는 지상권설정자의 지위에 있는 토지소유자가 법정지상권의 소멸을 청구할 수 있지만, 토지소유자 甲이 지상권의 소멸을 청구하지 않고 있는 동안 법정지상권자 乙로부터 연체된 지료의 일부를 지급받고 이를 이의 없이 수령하여 연체된 지료가 2년 미만으로 된 경우, 甲은 종전에 乙이 2년분의 지료를 연체하였다는 사유를 들어 乙에게 법정지상권의 소멸을 청구할 수 없다(대판 2014.8.28. 2012다102384). [최신판례]

해설 [참고조문] 제366조 (법정지상권) 저당물의 경매로 인하여 토지와 그 지상건물이 다른 소유자에 속한 경우에는 토지소유자는 건물소유자에 대하여 지상권을 설정한 것으로 본다. 그러나 지료는 당사자의 청구에 의하여 법원이 이를 정한다. [참고조문] 제287조(지상권소멸청구권) 지상권자가 2년 이상의 지료를 지급하지 아니한 때에는 지상권설정자는 지상권의 소멸을 청구할 수 있다.

08

> 甲은 ×대지와 그 지상의 미등기 Y건물의 소유자로서, 당해 대지와 건물을 乙에게 매도하였다. 이에 乙은 이를 인도받아 사용·수익하면서 대지에 관하여만 소유권이전등기를 마쳤다. 그 후 乙은 ×대지에 대하여 A에게 근저당권을 설정하여 주었다. 그 후 ×대지에 관한 저당권이 실행되어 丙에게 경락되었다.

㉠ 丙이 Y건물소유자(등기명의인)가 아닌 건물점유자 乙을 상대로 Y건물의 철거를 청구하는 것도 적법하다.

해설 判例는 "건물철거는 소유권의 종국적 처분에 해당하는 사실행위이므로 원칙으로는 소유자(등기명의자)에게만 그 철거처분권이 있다고 할 것이나, 건물을 매수하여 점유하고 있는 자는 등기부상 아직 소유자로서의 등기명의가 없다 하더라도 그 권리의 범위내에서 그 점유 중인 건물에 대하여 법률상 또는 사실상 처분을 할 수 있는 지위"에 있으므로 그 자를 상대로 건물철거를 구할 수 있다고 한다(대판 1986.12.23. 86다카1751). 따라서 丙은 비록 법률상의 소유자는 아니지만 건물을 현실적으로 점유하고 있는 乙을 상대로 소유권에 기한 건물철거를 청구할 수 있다.

㉡ 乙은 Y건물을 위한 제366조 소정의 법정지상권을 취득하지 못한다.

해설 乙이 A에게 근저당권을 설정할 당시에 대지의 소유권은 乙에게 있었으나 건물의 소유권은 여전히 甲에게 있었으므로, 저당권 설정 당시 이미 대지와 건물이 각각 다른 사람의 소유에 속한 것이 되어 乙에게 제366조의 법정지상권은 성립될 여지가 없다(대판 2002.6.20. 전합2002다9660).

㉢ 丙이 乙을 상대로 Y건물에 대한 철거를 청구한 경우 乙은 甲의 관습법상 법정지상권을 승계 취득할 수 있는 지위에 있음을 이유로 대항할 수 없다.

해설 "관습상의 법정지상권은 동일인의 소유이던 토지와 그 지상건물이 매매 기타 원인으로 인하여 각각 소유자를 달리하게 되었으나 그 건물을 철거한다는 등의 특약이 없으면 건물 소유자로 하여금 토지를 계속 사용하게 하려는 것이 당사자의 의사라고 보아 인정되는 것이므로 토지의 점유·사용에 관하여 당사자 사이에 약정이 있는 것으로 볼 수 있거나 토지 소유자가 건물의 처분권까지 함께 취득한 경우에는 관습상의 법정지상권을 인정할 까닭이 없다"(대판 2002.6.20. 전합2002다9660).

㉣ 만일 사안과 달리 甲이 ×대지와 그 지상의 미등기 Y건물의 소유자로서, ×대지에 대해 근저당권을 설정하여 丙이 경락을 받은 경우, 甲소유의 Y건물이 미등기건물이어도 甲은 제366조 소정의 법정지상권을 취득한다(대판 2004.6.11. 2004다13533).

09

> 甲은 대지와 그 지상에 건물을 소유하고 있던 중 대지와 건물에 관하여 乙에게 공동저당권을 설정하여 주었다. 그 후 甲은 乙의 동의 없이 위 건물을 헐고 위 대지 위에 새로 건물을 신축하였는데, 신축 건물에 관하여 乙에게 다시 저당권을 설정하여 주지는 않았다. 그 후 甲이 乙에 대한 채무를 이행하지 못하여 대지에 대하여만 저당권을 실행한 결과 丙이 이를 낙찰받고 매각대금을 완납하였다.
> [핵심사례 D-9.참고]

㉠ 사안에서 신축건물을 위한 제366조의 법정지상권이 인정되지 않는다.

해설 ※ 공동저당의 목적인 건물의 재건축과 법정지상권의 성부(소극)

判例의 다수의견(전체가치고려설)은 신축 건물을 위한 법정지상권은 성립하지 않는다고 한다. 왜냐하면 대지와 건물 중 대지에 관하여만 저당권을 취득하는 경우에 대지의 담보가치는 나대지로서의 담보가치에서 법정지상권으로 인한 부담을 공제한 만큼인 반면, 대지와 건물 모두에 공동저당권을 취득하는 경우에 대지의 담보가치는 나대지로서의 담보가치와 마찬가지이기 때문에, 이 경우 신축 건물을 위한 법정지상권의 성립을 인정하게 되면 저당권자가 예측하지 못한 손해를 입게 된다는 점을 근거로 한다(대판 2003.12.18. 전합98다43601).

ⓛ 저당권설정 당시에 그 지상에 건물이 있었더라도 乙은 대지와 건물에 대하여 일괄경매를 청구할 수 있다(대결 1998.4.28. 97마2935).

ⓒ 만약 위 사안이 단독저당의 경우라면 기존 건물과 신축 건물 사이의 동일성이 유지되는지와 상관없이 신축 건물을 위한 법정지상권이 성립한다. 다만 법정지상권의 내용인 존속기간, 범위 등은 구 건물을 기준으로 하여 그 이용에 일반적으로 필요한 범위 내로 제한된다.

해설 ※ 단독저당의 목적인 건물의 재건축과 법정지상권의 성부(적극)

민법 제366조 소정의 법정지상권이 성립하려면 저당권 설정 당시 저당권의 목적이 되는 토지 위에 건물이 존재하여야 하는데, 저당권 설정 당시의 건물을 그 후 개축·증축한 경우는 물론이고 그 건물이 멸실되거나 철거된 후 재건축·신축한 경우에도 법정지상권이 성립하며, 이 경우 신건물과 구건물 사이에 동일성이 있거나 소유자가 동일할 것을 요하는 것은 아니라 할 것이지만, 그 법정지상권의 내용인 존속기간·범위 등은 구건물을 기준으로 하여야 할 것이다(대판 2001.3.13. 2000다48517).

ⓔ 만약 사안에서 건물을 헐고 신축한 것이 아니라 건물이 그대로 존속함에도 등기부에 멸실의 기재가 이루어지고 이를 이유로 등기부가 폐쇄되었는데. 이후 토지에 대해서만 경매절차가 진행되어 토지와 건물의 소유자가 달라진 경우에도 건물을 위한 법정지상권이 성립한다.

해설 ※ 건물이 존속함에도 등기부가 폐쇄된 경우 제366조의 법정지상권 성부(적극)

"저당권자로서는 멸실 등으로 인하여 폐쇄된 등기기록을 부활하는 절차 등을 거쳐 건물에 대한 저당권을 행사하는 것이 불가능한 것이 아닌 이상 저당권자가 건물의 교환가치에 대하여 이를 담보로 취득할 수 없게 되는 불측의 손해가 발생한 것은 아니라고 보아야 하므로, 그 후 토지에 대하여만 경매절차가 진행된 결과 토지와 건물의 소유자가 달라지게 되었다면 그 건물을 위한 법정지상권은 성립한다"(대판 2013.3.14. 2012다108634).

10 다음의 사건이 순차로 일어났다. (ⅰ) A는 그 소유의 X 토지 위에 3층 규모의 다세대 주택을 신축하기 시작하였다. (ⅱ) A는 B로부터 1억 원을 차용하면서 위 차용금채무를 담보하기 위하여 B 앞으로 X토지에 관하여 1번 저당권을 설정하여 주었는데, 그 당시 위 다세대주택은 일부 내부공사만 남겨두고 골조공사를 비롯한 거의 모든 공사가 마쳐진 상태였다. (ⅲ) X 토지 위에는 1층, 2층, 3층으로 구분된 다세대주택 1동이 건축되었고, 각 층에 관하여 A 앞으로 각 소유권보존등기가 마쳐졌다. (ⅳ) 3층에 관하여는 이를 매수한 C 앞으로 소유권이전등기가 마쳐졌다. (ⅴ) X 토지에 관하여 강제경매개시결정 기입등기가 마쳐졌고, D는 위 경매절차에서 X 토지를 매수하여 매각대금을 완납하였다. (ⅵ) 1층에 관하여는 이를 매수한 E 앞으로 소유권이전등기가 마쳐졌고, 2층에 관하여는 F가 임차하여 거주하고 있다. (「집합건물의 소유 및 관리에 관한 법률」은 적용되지 않는다고 가정한다)　　　　　　　　　　　　[제3회 변호사시험]

※ 시간순서에 따라 간단히 재구성하면 ⅰ) A가 자신 소유 X토지 위에 3층 건물 거의 완성⇒ ⅱ) B가 X토지에 1번 저당권 ⇒ ⅲ) A가 3층 건물 완성 후 각 층에 보존등기 ⇒ ⅳ) C가 3층을 매수한 후 이전등기 ⇒ ⅴ) D가 '강제경매'에 따라 X토지 취득 ⇒ ⅵ) E가 1층을 매수한 후 이전등기, F가 2층에 건물임차

㉠ A는 2층 구분건물의 소유를 위한 관습상 법정지상권을 취득한다.

해설 **1. 2층에 대한 A의 관습상 법정지상권이 문제되는지 법정지상권이 문제되는지 여부**

判例는 토지 또는 그 지상 건물에 관하여 강제경매를 위한 (가)압류가 있기 이전에 저당권이 설정되어 있다가 그 후 '강제경매'로 인해 그 저당권이 소멸하는 경우에는 제366조의 법정지상권이 아니라 관습상의 법정지상권이 문제된다고 한다(대판 2013.4.11. 2009다62059).

☞ 사안에서 X토지의 소유권자가 A에게서 D로 바뀐 것은 저당권에 기한 '임의경매'가 아니라 일반적인 '강제경매'에 따른 것이므로 사안은 제366조가 아닌 관습상 법정지상권이 문제되는 사안이다.

2. 2층에 대한 A의 관습상 법정지상권 취득여부

(1) 건물의 존재

☞ 사안에서 X토지에 저당권 설정 당시 다세대주택은 일부 내부공사만 남겨두고 골조공사를 비롯한 거의 모든 공사가 마쳐진 상태이므로 관습상 법정지상권이 성립될 수 있는 건물이 존재하였던 것으로 볼 수 있다(대판 2013.4.11. 2009다62059)

(2) 소유자 동일성의 판단 기준시점…부동산 '강제경매'로 인해 토지와 건물의 소유자가 달라진 경우

"관습법상의 법정지상권이 성립되기 위하여는 토지와 건물 중 어느 하나가 '처분될 당시'에 토지와 그 지상건물이 동일인의 소유에 속하였으면 족하고 원시적으로 동일인의 소유였을 필요는 없다"(대판 1995.7.28. 95다9075,9082). 그러나 判例는 토지 또는 그 지상 건물에 관하여 강제경매를 위한 (가)압류가 있기 이전에 저당권이 설정되어 있다가 그 후 '강제경매'로 인해 그 저당권이 소멸하는 경우에는 제366 조의 법정지상권이 아니라 관습상의 법정지상권이 문제되며, 이 때 토지와 그 지상 건물이 동일인 소유에 속하였는지는 그 '저당권 설정 당시'를 기준으로 판단한다(대판 2013.4.11. 2009다62059).

☞ 사안에서 ⅰ) X토지에 대한 '저당권 설정 당시' 다세대주택은 독립된 부동산으로서 건물의 요건을 갖추고 있었으므로 신축건물 2층의 소유권은 제187조에 의해 A에게 귀속되고, X토지 또한 A의 소유이었고, ⅱ) 그 후 '강제경매'에 의해 X토지에 대한 소유권자가 D로 바뀌었으며, ⅲ) 당사자 사이에 건물을 철거한다는 특약 또는 토지의 점유·사용에 관하여 다른 약정이 없었으므로 A는 2층 구분건물의 소유를 위한 관습상 법정지상권을 취득한다.

㉡ E는 1층 구분건물을 매수함과 함께 1층 구분건물의 소유를 위한 관습법상 법정지상권도 양수하였다고 보아야 하나 등기가 없는 한 E는 그 관습상 법정지상권을 취득한 것은 아니다.

해설 **1. 1층에 대한 A의 관습상 법정지상권 취득여부**

ㄱ.에서 살펴 본 바와 같이 A는 1층 구분건물의 소유를 위한 관습상 법정지상권도 취득하였다.

2. 1층에 대한 E의 관습상 법정지상권 취득 여부

(1) A와 E 사이 채권계약의 내용

관습법상 법정지상권을 취득한 1층 건물소유자 A가 1층 건물에 대한 소유권을 양도하는 경우에는 특별한 사정이 없는 한 제100조 2항의 유추적용에 의해 건물의 소유권과 함께 법정지상권도 양도하기로 하는 채권적 계약이 있었다고 할 것이다(대판 1988.9.27. 87다카279).

(2) E의 관습법상 법정지상권 승계취득 여부

E가 법정지상권을 취득하기 위해서 건물소유권 등기 외에 지상권등기를 해야 하는지와 관련하여 본조의 규정은 물건의 경제적 효용이라는 관점에서 종물과 주물을 하나의 집합물로 다루고자 하는 취지이고, 공시방법은 이와 별개인 것으로 해석하는 것이 타당하다(대판 1985.4.9. 전합84다카1131). 따라서 A의 지상권은 관습법에 의하여 당연히 성립하는 것이므로 제187조에 의하여 등기를 요하지 않으나, 사안과 같이 제3자 E에게 법정지상권을 전득시키려면 제187조 단서에 의하여 등기를 하여야 한다.

ⓒ D는 F를 상대로 2층 구분건물에 퇴거하여 달라고 청구할 수 없다.

해설 "경락에 의하여 건물의 소유자와 그 토지의 소유자가 달라지게 되어 경매 당시의 건물의 소유자가 그 건물의 이용을 위한 법정지상권을 취득한 경우, 토지 소유자는 건물을 점유하는 자에 대하여 그 건물로부터의 퇴거를 구할 수 없다"(대판 1997.9.26. 97다10314 ; 대판 2013.4.11. 2009다62059).

☞ ㄱ.에서 살펴본 것과 같이 A는 2층 구분건물의 소유를 위한 관습상 법정지상권을 취득하였으므로 토지소유자 D는 2층 건물을 점유하는 임차인 F에게 퇴거를 구할 수 없다.

ⓔ 매각대금이 완납될 당시는 물론 강제경매개시결정 기입등기가 마쳐질 당시에도 X 토지의 소유자와 3층 구분건물의 소유자가 다르나, C는 3층 구분건물의 소유를 위한 관습상 법정지상권을 취득한다.

해설 3층 구분소유권의 경우 '강제경매'에 따라 토지 소유권이 D에게 이전되기 전에 3층 건물 소유권이 C에게 이전되었으므로 C에게 관습법상 법정지상권이 성립한다. 왜냐하면 토지와 건물이 동일인 A에게 속해 있다가 매매를 통해 3층 건물의 소유권만 C에게 이전되었기 때문이다.

> **관련쟁점** 만약 사안에서 '강제경매'가 아닌 '임의경매'에 따라 토지 소유권이 D에게 이전되었다면 C에게 관습법상 법정지상권이 성립하였다가, 이러한 용익권은 선순위 B의 저당권의 실행에 의한 매각으로 인하여 소멸되기 때문에 결국 C에게는 제366조 법정지상권이 성립된다(대판 1999.11.23. 99다52602). 제366조의 법정지상권의 경우 비록 '처분당시'(사안에서는 D의 경락대금 완납시)에 토지(A소유)와 건물(C소유)의 소유권자가 다르다 하더라도 저당권 설정 당시에만 토지(A소유)와 건물(A소유)의 소유권자가 동일하면 되기 때문이다.

11 구 장사 등에 관한 법률의 시행일인 2001. 1. 13. 이전에 타인의 토지에 분묘를 설치하여 20년간 평온·공연하게 분묘의 기지를 점유함으로써 분묘기지권을 시효로 취득한 경우에도, 분묘기지권자는 토지소유자가 지료를 청구하면 그 청구한 날부터의 지료를 지급할 의무가 있다.

[21년 최신판례]

해설 ※ 분묘기지권을 시효로 취득한 경우에도 토지 소유자가 지료를 청구한 때부터는 지료를 지급할 의무가 있는지 여부 (적극)

"이와 달리 분묘기지권을 시효로 취득하는 경우 분묘기지권자의 지료 지급의무가 분묘기지권이 성립됨과 동시에 발생한다는 취지의 대법원 1992. 6. 26. 선고 92다13936 판결 및 분묘기지권자가 지료를 지급할 필요가 없다는 취지로 판단한 대법원 1995. 2. 28. 선고 94다37912 판결 등은 이 판결의 견해에 배치되는 범위 내에서 이를 변경하기로 한다" (대판 2021.4.29. 전합2017다228007).

12 원고가 시효취득한 분묘기지권자인 피고에 부당이득반환을 청구한 경우 법원은 석명권을 행사하여 그 주장이 지료를 구하는 것인지를 밝혀 그에 따라 심리해야 한다(대판 2021.5.27. 2018다264420).

[21년 최신판례]

제2절 전세권

01

> A는 B에 대해 가진 금전채권을 담보할 목적으로 B소유의 주택에 전세권설정계약을 맺고 그 설정등기를 마쳤는데 목적 건물은 계속 B가 점유하고 있다. 이에 A(전세권자)의 채권자인 C 가 이 전세권 위에 저당권을 설정하였는데, 그 후 A의 전세권의 기간이 만료하였다.
>
> [민법표준판례, 판례연구 D-9.참고]

ⓐ A는 B에 대한 기존의 금전채권으로 전세금의 지급에 갈음하고 있는바, 전세금의 지급은 전세권 성립의 요소가 되는 것이지만, 그렇다고 하여 전세금의 지급이 반드시 현실적으로 수수되어야만 하는 것은 아니고 기존의 채권으로 전세금의 지급에 갈음할 수도 있으므로 이러한 전세권은 유효하다(대판 1995.2.10. 94다18508).

ⓑ 전세권자 A가 아닌 전세권설정자인 B가 목적물을 계속 점유하고 있더라도 장차 전세권자가 목적물을 사용·수익하는 것을 완전히 배제하는 것이 아니라면, 그 전세권의 효력을 부인할 수는 없다(대판 1995.2.10. 94다18508).

ⓒ 만약 전세권의 존속기간이 만료된 후에 C(전세권저당권자)가 전세금반환청구권을 '압류'하지 않았다면, B(전세권설정자)가 A(전세권자)에게 전세금을 반환할 경우 이는 유효하고, 그 결과 전세권을 목적으로 하는 저당권등기는 말소되어야 한다. [변호 18유사]

[해설] 判例는 "전세권에 대하여 저당권이 설정된 경우 그 저당권의 목적물은 물권인 전세권 자체이지 전세금 반환채권은 그 목적물이 아니"라는 것을 분명히 하고 있고, "전세권이 기간만료로 종료된 경우 전세권은 전세권설정등기의 말소등기 없이도 당연히 소멸하고, 저당권의 목적물인 전세권이 소멸하면 저당권도 당연히 소멸하는 것이므로 전세권을 목적으로 한 저당권자는 전세권의 목적물인 부동산의 소유자에게 더 이상 저당권을 주장할 수 없다"(대판 1999.9.17. 98다31301)라고 판시하여 물상대위설의 입장을 취하고 있다. 이 경우 전세금반환채권은 전세권에 갈음하여 존속하는 것으로서 저당권자는 전세금반환채권에 대하여 물상대위를 행사할 수 있다. ☞ 따라서 전세권의 존속기간이 만료된 후 C(전세권저당권자)가 전세금반환청구권을 '압류'하지 않았다면 B(전세권설정자)가 A(전세권자)에게 전세금을 반환한 것은 유효하고, 그 결과 전세권을 목적으로 하는 저당권등기는 말소되어야 한다.

02 전세권은 그 존속기간 내에는 주로 용익물권으로서의 성격을 갖고 담보물권으로서의 성격은 잠재되어 있다가, 존속기간 만료, 전세권 소멸통고 또는 소멸청구, 전세권의 합의해지 등의 사유가 있는 경우에는 용익물권으로서의 성격은 사라지고 전세금반환채권을 담보하는 담보물권으로서의 성질만 갖는다(대판 1989.9.26. 87다카2515 등).

03 전세권이 성립한 후 전세목적물의 소유권이 양도된 경우, 전세권이 소멸하면 전세권자는 전 소유자에 대해서는 전세금반환을 청구할 수 없다. [변호 12, 모의 15(2)]

[해설] "전세권이 성립한 후 목적물의 소유권이 이전되는 경우에 전세권은 전세권자와 목적물의 소유권을 취득한 신 소유자 사이에서 계속 동일한 내용으로 존속하게 된다고 보아야 할 것이고, 따라서 목적물의 신 소유자는 구 소유자와 전세권자 사이에 성립한 전세권의 내용에 따른 권리의무의 직접적인 당사자가 되어 전세권이 소멸하는 때에 전세권자에 대하여 전세권설정자의 지위에서 전세금반환의무를 부담하게 되고, 구 소유자는 전세권설정자의 지위를 상실하여 전세금반환의무를 면하게 된다고 보아야 한다"(대판 2006.5.11. 2006다6072).

04 존속기간의 경과로서 본래의 용익물권적 권능이 소멸하고 담보물권적 권능만 남은 전세권에 대해서도 그 피담보채권인 전세금반환채권과 함께 제3자에게 이를 양도할 수 있다 할 것이지만 이 경우에는 제450조 2항 소정의 확정일자 있는 증서에 의한 채권양도절차를 거치지 않는 한 위 전세금반환채권의 압류·전부 채권자 등 제3자에게 위 전세보증금반환채권의 양도사실로써 대항할 수 없다(대판 2005.3.25. 2003다35659). [변호 15, 모의 15(1)]

05 전세권설정계약이 합의해지된 경우, 전세권자는 전세권과 분리하여 전세금반환채권만을 확정적으로 양도할 수 있다. [변호 12, 모의 15(1)]

해설 ※ 전세금반환청구권의 분리양도
전세권과 분리해서 전세금반환채권을 독립적으로 양도할 수 있는지와 관련하여 전세권의 담보물권적 성격이 문제된다.

(1) 전세권 존속 중 분리양도 가능성
"전세권은 전세금을 지급하고 타인의 부동산을 그 용도에 따라 사용·수익하는 권리로서 전세금의 지급이 없으면 전세권은 성립하지 아니하는 등으로 전세금은 전세권과 분리될 수 없는 요소일 뿐 아니라, 전세권에 있어서는 그 설정행위에서 금지하지 아니하는 한 전세권자는 전세권 자체를 처분하여 전세금으로 지출한 자본을 회수할 수 있도록 되어 있으므로 전세권이 존속하는 동안은 전세권을 존속시키기로 하면서 전세금 반환채권만을 전세권과 분리하여 확정적으로 양도하는 것은 허용되지 않는 것이며, 다만 전세권 존속 중에는 장래에 그 전세권이 소멸하는 경우에 전세금 반환채권이 발생하는 것을 조건으로 그 장래의 조건부 채권을 양도할 수 있을 뿐이라 할 것이다"(대판 2002.8.23. 2001다69122).

(2) 전세권 소멸 후 분리양도 가능성
"전세권이 담보물권적 성격도 가지는 이상 부종성과 수반성이 있는 것이므로 전세권을 그 담보하는 전세금반환채권과 분리하여 양도하는 것은 허용되지 않는다고 할 것이나, 한편 담보물권의 수반성이란 피담보채권의 처분이 있으면 언제나 담보물권도 함께 처분된다는 것이 아니라, 채권 담보라고 하는 담보물권 제도의 존재 목적에 비추어 볼 때 특별한 사정이 없는 한 피담보채권의 처분에는 담보물권의 처분도 포함된다고 보는 것이 합리적이라는 것일 뿐이므로, ⅰ) 전세권이 존속기간의 만료로 소멸한 경우이거나, ⅱ) 전세계약의 합의해지 또는 ⅲ) 당사자 간의 특약에 의하여 전세권반환채권의 처분에도 불구하고, 전세권의 처분이 따르지 않는 경우 등의 특별한 사정이 있는 때에는 채권양수인은 담보물권이 없는 무담보의 채권을 양수한 것이 된다(대판 1997.11.25. 97다29790).

06 전세권의 목적물이 아닌 나머지 건물 부분에 대하여는 우선변제권은 별론으로 하고 경매신청권은 없고, 이는 그 전세권의 목적이 된 부분이 구조상 또는 이용상 독립성이 없어 독립한 소유권의 객체로 분할할 수 없고 따라서 그 부분만의 경매신청이 불가능하다고 하여 달리 볼 것은 아니다(대결 2001.7.2. 2001마212). [변호 15]

07 A는 B소유의 X건물에 대해 2011. 8. 12. B와 보증금 3억 원, 월차임 1천만 원, 임대차 기간은 3년으로 하여 임대차계약을 체결하였다. 한편 임대차보증금반환채권을 담보하기 위하여 같은 날 전세금 3억 원, 전세기간은 3년(만료일 2014. 8. 12.)으로 하는 허위의 전세권설정계약을 마치고 당일 A명의의 전세권등기까지 마쳤다. A의 채권자 甲은 2011. 8. 12. A에 대한 대출금 채권을 담보하기 위하여 A의 전세권에 대하여 저당권설정계약을 체결하고 저당권등기(채권액 2억 원)을 마쳤다. 이후 2013. 4. 4. A와 B는 X건물에 대한 임대차계약 중 일부에 대해서만 임대차를 합의해지하면서, 보증금은 1억 5천만 원으로 월차임은 500만 원으로 감액하기로 하고 B는 A에게 보증금 차액 1억 5천만 원을 반환하였다.

ⓐ A와 B의 전세권설정계약은 무효이나, 甲은 이들 사이의 전세권설정계약의 유효를 주장할 수 있다.

[변호 12, 모의 12(2),15(2)]

해설 대법원은 전세권설정계약이 없으면서도 임대차계약에 기한 임차보증금 반환채권을 담보할 목적으로 또는 금융기관으로부터 자금을 융통할 목적으로 임차인과 임대인이 합의하여 임차인 명의로 전세권설정등기를 마친 경우, 그 전세권설정은 통정허위표시에 해당하여 무효이나 i) 그 전세권에 근저당권을 설정한 채권자(대판 2008.3.13. 2006다58912)(제371조 참조), ⅱ) 그 전세권부채권을 가압류한 채권자(대판 2010.3.25. 2009다35743)에 대하여는 무효를 주장할 수 없다고 한다(제108조 2항).

ⓑ 甲은 전세권 존속기간이 만료되자 2014. 12. 11. 물상대위권을 행사하여 A의 전세금반환채권에 대하여 청구금액을 1억 6천만 원으로 하는 채권압류 및 전부명령을 받았고 위 명령은 2014. 12. 18. B에게 송달되어 2015. 1. 4. 확정되었다. A의 다른 일반채권자인 乙의 가압류결정이 2014. 12. 18. B에게 송달되었더라도 甲의 전부명령은 유효하다.

해설 ※ 압류가 경합된 경우 전부명령의 효력

"전세권부 근저당권자가 우선권 있는 채권에 기하여 전부명령을 받은 경우에는 형식상 압류가 경합되었다 하더라도 그 전부명령은 유효하다"(대판 2008.12.24. 2008다65396).

☞ 원칙적으로 "채권가압류나 압류가 경합된 경우에 있어서는 그 압류채권자의 한 사람이 전부명령을 얻더라도 그 전부명령은 무효"가 된다(채권자평등의 원칙, 대판 1995.4.8. 94다59868). 그러나 우선변제권이 있는 甲과 일반 채권자인 乙은 원래 대등한 지위가 아니므로, 甲이 전부명령을 받아도 '채권자평등의 원칙'에 위반되지 않으므로 전부명령은 유효하다.

ⓒ B는 보증금이 1억 5천만 원으로 감액되었음을 이유로 甲의 청구에 대항할 수 없다.

해설 제371조 2항에 기해 전세권설정자가 전세권의 일부 소멸을 주장할 수 없다(대판 2006.2.9. 2005다59864).

08 A는 Y건물을 신축하기 위하여 甲과 甲소유의 X토지에 대한 지상권 설정계약을 맺고 등기를 마쳤다. 이후 Y건물이 완공되자 A는 B와 Y건물에 대해 전세권설정계약을 맺고 B 명의로 전세권등기를 마쳤다.

ⓐ A가 2년 이상 지료를 지급하지 않은 경우에는 甲은 지상권의 소멸을 청구할 수 있다. 이 경우 甲이 A에게 Y건물의 철거를 청구하는 경우 B는 자신의 동의 없었음을 이유로 대항할 수 없다.

해설 B의 동의가 없었다고 하더라도 甲이 A에게 제287조에 기한 소멸청구를 할 수 없는 것은 아니다. 따라서 지상권은 소멸하게 되고 甲이 A에게 철거를 청구하면 B는 제304조 2항이 없었음을 이유로 대항할 수 없다(대판 2010.8.19. 2010다43801).

ⓑ B는 Y건물에 대해서만 전세권을 가지고 있으나 X토지를 사용할 권리가 있다.

해설 제304조(건물의 전세권, 지상권, 임차권에 대한 효력)

①항 타인의 토지에 있는 건물에 전세권을 설정한 때에는 전세권의 효력은 그 건물의 소유를 목적으로 한 지상권 또는 임차권에 미친다. ②항 전항의 경우에 전세권설정자는 전세권자의 동의없이 지상권 또는 임차권을 소멸하게 하는 행위를 하지 못한다.

> A는 자신의 X토지에 Y건물을 신축한 후에 Y건물에 대하여 B에게 전세권을 설정하여 주었다.
> 이후 X토지가 경매되어 C가 X토지의 소유권을 취득하였다.

ⓒ B가 전세권등기를 하지 않은 미등기전세권자인 경우 A는 제305조의 법정지상권을 취득할 수 없다.

해설 대지와 건물이 동일 소유자에 속한 경우에 그 건물에 전세권을 설정한 때에는 그 대지소유권의 특별승계인은 전세권설정자에 대하여 법정지상권을 설정한 것으로 본다(제305조). 따라서 전세권 설정 당시에 대지와 건물이 동일한 소유자에 속하여야 하고, 대지의 소유권이 변동되어야 한다. 제305조의 '전세권'은 물권인 전세권을 의미하는 것이고 채권 전세인 미등기 전세를 의미하는 것은 아니다.

ⓔ A가 법정지상권을 취득한 이후에 甲에게 Y건물을 매도하였다. 이후 甲은 C와 합의하여 법정지상권을 취득할 지위를 B의 동의 없이 소멸시켰다. 이 경우 甲은 물론 C도 그 사유를 들어 B에게 대항할 수 없다.
[변호 12, 모의 15(2)]

해설 甲은 전세권설정자의 지위를 승계한다(대판 2006.5.11. 2006다6072). 제304조 등에 비추어 甲은 C와의 합의로 B의 동의 없이 법정지상권을 취득할 지위를 소멸시킬 수는 없다(대판 2007.8.24. 2006다14684).

09
> 甲은 乙으로부터 X건물을 임차하면서 임대차보증금반환채권 1억 원의 담보를 위하여 2010. 9.
> 13. 전세금 1억 원, 존속기간을 2014. 4. 29.까지로 전세권설정등기를 마쳤다. A는 2010. 9. 14.
> 甲에게 1억 5,000만 원을 대출하면서 그 담보로 위 전세금반환채권을 양도받고, 2010. 9. 20.
> 위 전세권에 관하여 채권최고액 1억 원의 전세권근저당권설정등기를 마쳤다. 甲은 2011. 6. 15.
> 乙과 전세권설정계약을 해지하기로 합의하고 乙에게 X건물을 인도하였다. 그 후 A는 전세금
> 반환을 청구하였고, 이에 乙은 甲에게 2010. 8. 31. 7,000만 원(변제기 2011. 5. 31.)을 대여하였
> 다고 주장하면서 2012. 7. 6. 위 대여금채권을 자동채권으로 하여 상계한다는 항변하였다(단,
> A는 2012. 7. 5. 甲의 乙에 대한 전세금반환채권 중 8천만 원에 대하여 물상대위에 의한 채권
> 압류 및 추심명령을 받았고, 위 결정이 2012. 7. 9. 乙에게 송달되었다).
> [민법표준판례, 판례연구 D-8.참고]

① 만약 사안에서 전세권설정계약이 없으면서도 임대차계약에 기한 임차보증금 반환채권을 담보할 목적으로 임차인과 임대인이 합의하여 임차인 명의로 전세권설정등기를 마친 경우, 그 전세권설정은 통정허위표시에 해당하여 무효이나 그 전세권에 근저당권을 설정한 채권자는 제108조 2항에 의하여 보호된다.
[변호 12, 모의 12(2),15(2)]

② 전세금은 그 성격에 비추어 제315조에 정한 전세권설정자의 전세권자에 대한 손해배상채권 외 다른 채권까지 담보한다고 볼 수 없으므로, 전세권설정자가 전세권자에 대하여 위 손해배상채권 외 다른 채권을 가지고 있더라도 다른 특별한 사정이 없는 한 이를 가지고 전세금반환채권에 대하여 물상대위권을 행사한 제108조 2항의 선의의 제3자인 전세권저당권자에게 상계 등으로 대항할 수 없다.
[모의 13(3)]

③ 전세권저당권자 A가 전세금반환채권 8천만 원에 대하여 물상대위권을 행사한 경우, 전세권설정자 乙은 전세권자 甲에 대한 반대채권 7천만 원으로 상계의 항변을 할 수 있다. [모의 13(3)]

해설 ※ 전세권저당권자가 전세금반환채권에 대하여 물상대위권을 행사한 경우, 전세권설정자가 전세권자에 대한 반대채권으로 상계를 주장할 수 있는지 여부(적극)

"ⅰ) 전세권저당권자가 전세금반환채권에 대하여 물상대위권을 행사한 경우, 종전 저당권의 효력은 물상대위의 목적이 된 전세금반환채권에 존속하여 저당권자가 그 전세금반환채권으로부터 다른 일반채권자보다 우선변제를 받을 권리가 있으므로, 설령 전세금반환채권이 압류된 때(사안에서는 채권압류 및 추심명령이 제3채무자 乙에게 송달된 2012. 7. 9.)에 전세권설정자가 전세권자에 대하여 반대채권을 가지고 있고 그 반대채권과 전세금반환채권이 상계적상(사안에서는 수동채권인 전세금반환채권의 변제기 2011. 6. 15.보다 자동채권인 대여금채권의 변제기 2011.5.31.가 먼저 도래하므로 상계적상시점은 양 채권의 변제기가 모두 도래한 2011.6.15.)에 있다고 하더라도 그러한 사정만으로 전세권설정자가 전세권저당권자에게 상계로써 대항할수는 없다. ⅱ) 그러나 전세금반환채권은 전세권이 성립하였을 때부터 이미 그 발생이 예정되어 있다고 볼 수 있으므로, 전세권저당권이 설정된 때(사안에서는 전세권저당권설정등기가 경료된 2010. 9. 20.)에 이미 전세권설정자가 전세권자에 대하여 반대채권(사안에서는 전세권설정자 乙의 전세권자 甲에 대한 2010. 8. 31.자 대여금채권)을 가지고 있고 그 반대채권의 변제기(사안에서는 2011. 5. 31.)가 장래 발생할 전세금반환채권의 변제기(사안에서는 2011. 6.1 5.)와 동시에 또는 그보다 먼저 도래하는 경우와 같이 전세권설정자에게 합리적 기대 이익을 인정할 수 있는 경우에는 특별한 사정이 없는 한 전세권설정자는 그 반대채권을 자동채권으로 하여 전세금반환채권과 상계함으로써 전세권저당권자에게 대항할 수 있다. ⅲ) 원심이 내세운 대법원 2008. 3. 13. 선고 2006다29372, 29389 판결(위 ②.번 지문 판례)은 임대차보증금반환채권의 담보를 목적으로 전세권이 설정된 것임을 저당권자가 몰랐던 사안에서 임대차계약에 의하여 발생한 연체차임, 관리비, 손해배상 등의 채권을 자동채권으로 하여 전세금반환채권과 상계할 수 없다고 한 것으로, 이 사건과는 그 사안을 달리하여 원용하기에 적절하지 않다"(대판 2014.10.27. 2013다91672).

10 전세권저당권이 설정된 때에 이미 전세권설정자가 전세권자에 대하여 반대채권을 가지고 있고 그 반대채권의 변제기가 장래 발생할 전세금반환채권의 변제기와 동시에 또는 그보다 먼저 도래하는 경우에는 특별한 사정이 없는 한 전세권설정자는 그 반대채권을 자동채권으로 하여 전세금반환채권과 상계함으로써 전세권저당권자에게 대항할 수 있다. [최신판례, 변호 16,18]

해설 대판 2014.10.27. 2013다91672판시내용

11 2009. 9. 30. 동산 양도담보가 설정되고, 2010. 7. 16. 설정자가 보험회사에 대해 가지는 보험금청구권을 양도담보권자가 물상대위권을 행사하여 압류 및 추심명령을 받았는데, 보험회사가 2010. 4. 13. 설정자에 대해 갖게 된 채권으로 위 보험금청구권과 상계를 할 수 없다. [최신판례]

해설 "동산 양도담보권자는 양도담보 목적물이 소실되어 양도담보 설정자가 보험회사에 대하여 화재보험계약에 따른 보험금청구권을 취득한 경우 담보물 가치의 변형물인 화재보험금청구권에 대하여 양도담보권에 기한 물상대위권을 행사할 수 있는데, 동산 양도담보권자가 물상대위권 행사로 양도담보 설정자의 화재보험금청구권에 대하여 압류 및 추심명령을 얻어 추심권을 행사하는 경우 특별한 사정이 없는 한 제3채무자인 보험회사는 '양도담보 설정 후' 취득한 양도담보 설정자에 대한 별개의 채권을 가지고 상계로써 양도담보권자에게 대항할수 없다. 그리고 이는 보험금청구권과 본질이 동일한 공제금청구권에 대하여 물상대위권을 행사하는 경우에도 마찬가지이다"(대판 2014.9.25. 2012다58609).

제5장	담보물권

제1절 유치권

01 건물의 옥탑, 외벽 등에 설치된 '간판설치 공사대금채권'을 피담보채권으로 '건물'에 대해 유치권을 행사할 수는 없다.

> **해설** "특별한 사정이 없는 한 간판 설치공사 대금채권을 그 건물 자체에 관하여 생긴 채권이라고 할 수 없다"(대판 2013.10.24. 2011다44788).

02 매도인이 부동산을 점유하고 있고 소유권을 이전받은 매수인에게서 매매대금 일부를 지급받지 못하고 있다고 하여 매매대금채권을 피담보채권으로 매수인이나 그에게서 부동산 소유권을 취득한 제3자를 상대로 유치권을 주장할 수 없다(대결 2012.1.12. 2011마2380). [변호 14]

> **해설** ※ 견련관계가 부정되는 경우-매도인의 매매대금채권과 매매목적물(전득자의 매도인에 대한 인도 청구)-

03 다세대주택 12세대의 공사를 수급받은 자가 공사를 완성하였으나 그 대금을 받지 못하여 그 중 1세대의 주택을 점유하여 유치권을 행사하는 경우, 그 유치권은 점유하고 있는 1세대의 공사대금 뿐 아니라 12세대의 공사대금 전부를 피담보채권으로 하여 성립한다.

> **해설** 제321조는 '유치권자는 채권 전부의 변제를 받을 때까지 유치물 전부에 대하여 그 권리를 행사할 수 있다'고 규정하고 있으므로, 유치물은 그 각 부분으로써 피담보채권의 전부를 담보하며, 이와 같은 유치권의 불가분성은 그 목적물이 분할 가능하거나 수개의 물건인 경우에도 적용된다(대판 2007.9.7. 2005다16942).

04 유치권에 의한 경매도 강제경매나 담보권 실행을 위한 경매와 마찬가지로 목적부동산 위의 부담을 소멸시키는 것을 법정매각조건으로 하여 실시되고, 우선채권자뿐만 아니라 일반채권자의 배당요구도 허용되며, 유치권자는 일반채권자와 동일한 순위로 배당을 받을 수 있다(대결 2011.6.15. 2010마1059).

> **해설** 유치권자는 채권의 변제를 받기 위하여 유치물을 경매할 수 있다(제322조 1항). 유치권에 기한 경매는 담보권 실행을 위한 경매의 예에 따라 실시한다(민사집행법 제274조 1항). 다만, 이 경우의 경매는 환가에 목적이 있는 것일 뿐, 경매에 의한 배당절차에서 우선변제권은 없다(그러나 간이변제충당 또는 과실수취권을 통해 사실상 우선변제권이 인정된다). 따라서 유치권자라는 이유만으로는 배당에 참가할 수 없으나, 채권에 관하여 별도로 집행권원 등을 얻어 일반채권자의 지위에서 배당에 참가하는 것은 가능하다.

05 공사대금채권에 기하여 유치권을 행사하는 자가 스스로 유치물인 주택에 거주하며 사용하는 것은 특별한 사정이 없는 한 유치물의 보존에 필요한 사용이라 할 수 있다. [변시 14, 모의13(1),15(3)]

> **해설** 민법은 유치권자에게 보존에 필요한 사용을 허용하고 있을 뿐 그에 따른 이익까지 보장하고 있지는 않기 때문에(제324조 2항 단서), 이 경우 유치권자가 보존에 필요한 범위 내의 사용이 적법하더라도 사용이익에 대해서는 부당이득이 성립한다. 그러므로 공사대금채권에 기하여 유치권자 스스로 유치물인 주택에 거주하며 사용하는 경우 부당이득 내용은 차임에 상당한 이득이 기준이 되며, 유치권자가 목적물을 타인에게 전세를 주고 전세금을 받은 때에는 전세금에 대한 법정이자 상당액이 된다(대판 2009.12.24. 2009다32324).

06 甲회사가 건물신축 공사대금 일부를 지급받지 못하자 건물을 점유하면서 유치권을 행사해왔는데, 그 후 乙이 경매절차에서 건물 중 일부를 매수하여 소유권이전등기를 마친 다음 甲회사의 점유를 침탈하여 丙에게 임대한 경우 乙의 점유침탈로 甲회사의 유치권은 소멸하는바, 甲 회사가 점유회수의 소를 제기하여 점유를 회복할 수 있다는 사정만으로 甲회사의 유치권이 소멸하지 않았다고 볼 것은 아니다(대판 2012.2.9. 2011다72189).

해설▶ 유치권자가 목적물의 점유를 잃으면 유치권은 당연히 소멸한다(제328조).

07 건물임차인이 임대차계약이 적법하게 해지된 후에도 계속 건물을 점유하고 그 건물에 필요비를 지출하더라도 그 필요비상환청구권에 관하여는 유치권이 성립하지 않는다.

해설▶ 유치권의 점유는 불법행위로 인해 취득한 것이 아니어야 한다(제320조 2항 ; 불법점유자는 유치권을 주장할 수 없을 뿐 비용상환청구권 자체는 인정될 수 있다). 또한 권원에 의하여 점유를 개시하였다 하더라도 후에 권원이 소멸한 경우에는 유치권의 성립이 인정되지 않는다.

08 점유물에 대한 필요비 및 유익비 상환청구권을 기초로 하는 유치권의 주장을 배척하려면 적어도 그 점유가 불법행위로 인하여 개시되었거나 점유자가 필요비 및 유익비를 지출할 당시 이를 점유할 권원이 없음을 알았거나 '중대한 과실'로 알지 못하였다고 인정할만한 사유에 대한 상대방 당사자의 주장·입증이 있어야 한다(대판 2011.12.13. 2009다5162).

09 피담보채권이 목적물의 반환청구권과 동일한 법률관계 또는 사실관계로부터 발생한 경우에도 유치권은 성립할 수 있다(대판 2007.9.7. 2005다16942).

10 채무자 소유의 건물에 관하여 증·개축 등 공사를 도급받은 수급인이 경매개시결정의 기입등기가 마쳐지기 전에 채무자로부터 그 건물의 점유를 이전받았다 하더라도, 경매개시결정의 기입등기가 마쳐져 '압류'의 효력이 발생한 후에 공사를 완공하여 공사대금채권을 취득한 경우에는 그 때 비로소 유치권이 성립한다고 할 것이므로 수급인은 그 유치권을 내세워 경매절차의 매수인에게 대항할 수 없다(대판 2011.10.13. 2011다55214). [변호 14, 모의 14(3)]

11 ┌───
乙은 자신 소유의 토지 위에 건물을 신축하기 위하여 甲과 건물신축을 위한 도급계약을 체결하였다. 공사대금은 건물이 완공되면 甲에게 3억 원을 지급하기로 하였고, 완성된 건물의 소유권은 乙이 취득하기로 합의하였다. 이후 甲이 공사를 완료하여 X건물을 완공하였으나 乙이 공사대금을 지급하지 않고 있다. 甲은 현재까지 X건물을 점유·사용 중이다. (별도의 설명 없을 경우 각 지문은 독립적이다. 다툼이 있는 경우에는 判例에 의함)
└───

㉠ 乙이 丙에게 X건물을 매도한 경우, X건물의 소유권을 취득한 丙은 甲에게 불법점유로 인한 손해배상청구를 할 수 없다. [모의 15(3)]

해설▶ "유치권자가 유치물에 대한 보존행위로서 목적물을 사용하는 것은 적법행위이므로 불법점유로 인한 손해배상책임이 없다"(대판 1972.1.31. 71다2414).

㉡ 위 '㉠'에서 甲이 X건물을 사용함으로써 얻은 이익은 丙에게 반환되어야 하나, 甲이 공사대금채권에서 사용이익을 공제할 수는 있다. [변호 14유사, 모의 13(1),15(3)유사]

해설 "민법은 유치권자에게 보존에 필요한 사용을 허용하고 있을 뿐 그에 따른 이익까지 보장하고 있지는 않기 때문에, 이 경우 유치권자가 보존에 필요한 범위 내의 사용이 적법하더라도 사용이익에 대해서는 부당이득이 성립한다"(대판 1963.7.11. 63다235). 다만 이러한 사용이익은 유치물에서 생긴 과실과 동일시하여 민법 제323조 1항에 따라 유치권자가 과실수취권을 가지므로 유치권자는 사용이익을 자신의 채권의 변제에 충당할 수 있다. 유치물의 소유자가 채무자가 아닌 제3자인 경우에도 마찬가지이다. 따라서 공사대금채권에서 공제할 수 있다(대판 2009.9.24. 2009다40684).

ⓒ 만약 사안과 달리 甲이 적법하게 丙에게 하도급을 주어 X건물의 공사를 완공하고 丙이 X건물을 점유하는 경우에도 甲에게 유치권이 성립한다.

해설 "민법 제320조의 점유에는 직접점유뿐만 아니라 간접점유도 포함된다"(대판 2013.10.24. 2011다44788).

ⓔ 甲이 스스로 X건물에 거주하는 것이 아니라 자신의 점유보조자인 丙으로 하여금 X건물에 거주하도록 하면서 계속 사용하도록 하는 경우에도 보존에 필요한 사용의 범위를 벗어난 것이 아니므로 乙은 유치권의 소멸을 청구할 수 없다. [변호 14유사, 모의 13(1),15(3)유사]

해설 점유보조자로 하여금 사용하게 하는 경우에도 보존에 필요한 사용에 해당한다. 따라서 소멸청구가 불가능하다(대판 2013.4.11. 2011다107009).

ⓜ 완공된 X건물에 중대한 하자가 있어 乙은 甲에게 공사대금 이상의 하자보수에 갈음한 손해배상채권을 취득하게 되었다. 甲이 乙에게 공사대금의 지급을 청구하자, 乙은 공사대금채권 전부에 대하여 동시이행의 항변을 하였다. 이 경우 이미 공사대금지급 기일이 도과한 경우에도 甲은 하자보수나 그에 갈음한 손해배상금의 이행 제공 없이는 자신의 공사대금채권에 기하여 X건물에 대한 유치권을 적법하게 행사할 수 없다. [변호 17]

해설 "신축 건물의 하자에 상응하는 금액이 공사잔대금액 이상이어서 도급인이 하자보수청구권 등에 기하여 수급인의 공사잔대금 채권 전부에 대하여 '동시이행의 항변'을 한 때에는, 공사잔대금 채권의 변제기가 도래하지 아니한 경우와 마찬가지로 수급인은 도급인에 대하여 하자보수의무나 하자보수에 갈음한 손해배상의무 등에 관한 이행의 제공을 하지 아니한 이상 공사잔대금 채권에 기한 유치권을 행사할 수 없다"(대판 2014.1.16. 2013다30653).

12
> 乙은 상가건물을 실질적으로 소유할 의사로 친구 丙과의 사이에 명의신탁약정을 맺고, 丙을 내세워 이러한 사정을 모르는 상가건물 소유자 甲으로부터 상가건물을 乙이 丙에게 지급한 20억원에 매수하여 丙명의로 소유권이전등기를 마쳤다. 나아가 乙은 丙과 통모하여 형식상 임대차계약서를 작성하여 상가건물의 임차인인 것처럼 가장한 채 상가건물을 무상으로 사용·수익하였고, 이에 대해서 丙은 어떠한 이의제기도 하지 않았다. 그러던 중 乙은 상가건물에 도시가스공사, 상가개량공사 등을 하여 공사비용 5천만원을 지출하였다. 그러던 중 丙의 채권자 A가 자신의 채권으로 위 상가건물에 대해서 경매신청을 하여 경매가 개시되어 丁이 낙찰받았다. 그 후에 丁은 乙에게 상가건물의 명도를 청구하고 있다. [민법표준판례]

① 상가건물 매매계약의 당사자는 甲과 丙이라고 보아야 한다. [모의 12(3),14(2),(3)]

해설 ※ 매매계약의 당사자 확정(명의자)
乙과 丙사이에는 계약명의신탁약정이 있으며, 위 상가건물 매매계약의 당사자는 甲과 丙으로 보아야 한다. "어떤 사람이 타인을 통하여 부동산을 매수함에 있어 매수인 명의 및 소유권이전등기 명의를 그 타인 명의로 하기로 하였다면 이와 같은 매수인 및 등기 명의의 신탁관계는 그들 사이의 내부적인 관계에 불과한 것이므로 특별한 사정이 없는 한 대외적으로는 그 타인을 매매 당사자로 보아야 한다"(대판 2003.9.5. 2001다32120).

② **甲에서 丙으로의 소유권이전은 유효하다.** [변호 15유사]

③ **丁은 부동산실명법 제4조 3항의 제3자 보호규정과 무관하게 승계취득의 법리에 의해 상가건물의 소유권을 취득한다.**

해설 乙과 丙 사이에는 계약명의신탁 관계에 있으므로 이러한 계약명의신탁약정은 무효이다(부동산실명법 제4조 1항). 따라서 그러한 명의신탁약정에 따라 행하여진 등기에 의한 부동산에 관한 물권변동은 무효이나, 매도인이 명의신탁약정이 있다는 사실을 알지 못하는 경우에는 수탁자명의의 물권변동은 유효하다(부동산실명법 제4조 2항 단서).

☞ 따라서 사안에서 매도인 甲은 선의이므로 수탁자 丙이 완전한 소유권을 취득한다. 결국 낙찰자 丁은 부동산실명법 제4조 3항의 제3자 보호규정과 무관하게 유효한 '승계취득자'에 해당하여 위 상가건물의 소유권을 취득하게 된다. 따라서 丁은 乙에게 원칙적으로 상가건물의 명도를 청구할 수 있다(제213조 본문).

④ **乙과 丙의 명의신탁약정은 무효이므로, 乙은 丙에 대한 상가건물 매수자금 20억원의 부당이득반환청구권은 가지나, 이에 기하여 丁에게 유치권을 행사할 수는 없다.** [변호 12,14, 모의13(1)]

해설 ※ 丙에 대한 상가건물 매수자금 20억원의 '부당이득반환청구권'에 기한 유치권 성립 여부(소극)
명의신탁자의 이러한 부당이득반환청구권은 ⅰ) 부동산 자체로부터 발생한 채권이 아닐 뿐만 아니라 ⅱ) 소유권 등에 기한 부동산의 반환청구권과 동일한 법률관계나 사실관계로부터 발생한 채권이라고 보기도 어렵다(대판 2009.3.26. 2008다34828). 따라서 乙은 丙에 대한 상가건물 매수자금 20억원의 '부당이득반환청구권'에 기한 유치권을 이유로 상가건물의 반환을 거부하지 못한다.

⑤ **乙의 공사비용 5천만원의 유익비상환청구권의 상대방은 현재의 소유자 丁이 아니라 계약의 당사자 丙이다.** [변호 18]

해설 ※ 丙에 대한 공사비용 5천만원의 '유익비상환청구권'에 기한 유치권 성립 여부(적극)
(1) 제203조 2항의 유익비상환청구권의 적용범위
乙의 丙에 대한 비용상환청구는 '점유자와 회복자'에 관한 일반조항인 제203조 2항의 '유익비상환청구권'이 아닌 丙과의 개별계약에 기초한 비용상환청구권이 있는지를 검토해 볼 필요가 있다(대판 2009.3.26. 2008다34828).
(2) 乙·丙 사이의 상가건물 사용에 관한 계약 내용
乙과 丙사이에는 乙이 위 상가건물을 무상으로 점유·사용하기로 하는 '사용대차'에 관한 묵시적인 약정이 있는 것으로 봄이 타당하다(대판 2009.3.26. 2008다34828).
(3) 사용대차 계약에 기한 비용상환청구권 행사 가부 및 유치권 행사 가부
ⅰ) 도시가스공사, 상가개량공사 등은 상가 건물 자체를 위한 것이므로 그 이익이 현존하는 한 유익비에 해당하고, ⅱ) 乙은 위 상가건물을 점유·사용하는 중에 지출한 유익비에 관하여 위와 같은 사용대차계약의 당사자인 丙에게 비용상환청구권을 행사할 수 있다(제611조 2항, 제594조 2항). 따라서 위의 사정이 있다면 乙은 丙에 대한 비용상환청구권에 기해 丁에게 유치권으로 항변할 수 있다(제320조).

제2절 질 권

01 민법 제347조는 채권을 질권의 목적으로 하는 경우에 채권증서가 있는 때에는 질권의 설정은 그 증서를 질권자에게 교부함으로써 효력이 생긴다고 규정하고 있다. 여기에서 말하는 '채권증서'에 임대차계약서는 포함되지 않는다(대판 2013.8.22. 2013다32574). [최신판례, 변호 17]

02 금전채권의 질권자가 자기채권의 범위 내에서 직접청구권을 행사하는 경우, 입질채권의 발생원인인 계약관계에 무효 등의 흠이 있어 입질채권이 부존재하더라도, 제3채무자는 질권자를 상대로 직접 부당이득반환을 구할 수 없다. 한편 금전채권의 질권자가 제3채무자로부터 자기채권을 초과하여 금전을 지급받은 경우, 제3채무자는 질권자를 상대로 초과 지급 부분에 관하여 부당이득반환을 구할 수 있지만, 질권자가 초과 지급 부분을 질권설정자에게 그대로 반환한 경우에는 질권자를 상대로 초과 지급 부분에 관하여 부당이득반환을 구할 수 없다. [최신판례, 변호 17,18]

해설 ※ 채권질권에 있어 제3채무자의 급부의 효력

(1) 입질채권의 발생원인인 계약관계에 무효 등의 흠이 있어 입질채권이 부존재하는 경우

"금전채권의 질권자가 민법 제353조 제1항, 제2항에 의하여 자기채권의 범위 내에서 직접청구권을 행사하는 경우 질권자는 질권설정자의 대리인과 같은 지위에서 입질채권을 추심하여 자기채권의 변제에 충당하고 그 한도에서질권자는 질권설정자의 대리인과 같은 지위에서 입질채권을 추심하여 자기채권의 변제에 충당하고 그 한도에서 질권설정자에 의한 변제가 있었던 것으로 보므로, 위 범위 내에서는 제3채무자의 질권자에 대한 금전지급으로써 제3채무자의 질권설정자에 대한 급부가 이루어질 뿐만 아니라 질권설정자의 질권자에 대한 급부도 이루어진다. 이러한 경우 입질채권의 발생원인인 계약관계에 무효 등의 흠이 있어 입질채권이 부존재한다고 하더라도 제3채무자는 특별한 사정이 없는 한 상대방 계약당사자인 질권설정자에 대하여 부당이득반환을 구할 수 있을 뿐이고 질권자를 상대로 직접 부당이득반환을 구할 수 없다.

이와 달리 제3채무자가 질권자를 상대로 직접 부당이득반환청구를 할 수 있다고 보면 자기 책임하에 체결된 계약에 따른 위험을 제3자인 질권자에게 전가하는 것이 되어 계약법의 원리에 반하는 결과를 초래할 뿐만 아니라 질권자가 질권설정자에 대하여 가지는 항변권 등을 침해하게 되어 부당하기 때문이다"(대판 2015.5.29. 2012다92258).

(2) 금전채권의 질권자가 제3채무자로부터 자기채권을 초과하여 금전을 지급받은 경우

"질권자가 제3채무자로부터 자기채권을 초과하여 금전을 지급받은 경우 초과 지급 부분에 관하여는 제3채무자의 질권설정자에 대한 급부와 질권설정자의 질권자에 대한 급부가 있다고 볼 수 없으므로, 제3채무자는 특별한 사정이 없는 한 질권자를 상대로 초과 지급 부분에 관하여 부당이득반환을 구할 수 있지만, 부당이득반환청구의 상대방이 되는 수익자는 실질적으로 그 이익이 귀속된 주체이어야 하는데, 질권자가 초과 지급 부분을 질권설정자에게 그대로 반환한 경우에는 초과 지급 부분에 관하여 질권설정자가 실질적 이익을 받은 것이지 질권자로서는 실질적 이익이 없다고 할 것이므로, 제3채무자는 질권자를 상대로 초과 지급 부분에 관하여 부당이득반환을 구할 수 없다"(대판 2015.5.29. 2012다92258).

03 책임전질에 있어서 원질권자는 전질을 하지 않았더라면 생기지 않았을 불가항력에 의한 손해도 배상할 책임이 있다. [변호 17, 모의12(3)유사]

해설 제336조(전질권) 질권자는 그 권리의 범위내에서 자기의 책임으로 질물을 전질할 수 있다. 이 경우에는 전질을 하지 아니하였으면 면할 수 있는 불가항력으로 인한 손해에 대하여도 책임을 부담한다.

※ 책임전질과 승낙전질의 비교

	책임전질	승낙전질
의의	질권자가 질권설정자의 승낙없이 오직 자기의 책임으로 하는 전질(제336조)	질권자가 질물소유자의 승낙을 얻어 그 질물 위에 다시 질권을 설정하는 것(제343조, 제324조 2항)
법적성질	채권·질권공동입질설(다수설)	질물재입질설(통설)
요건	공통적인 요건 : 질권설정의 물권적 합의 + 질물의 인도	
요건	질권자의 권리의 범위 내에서 전질을 할 것, 권리질권 설정의 요건을 갖출 것(=전질의 대항요건, 제337조)	질물소유자의 승낙이 있을 것(제343조, 제324조 3항), 승낙전질은 원질권과 무관하므로 원질권의 범위에 의해 제한을 받지 않는다(초과전질도 유효) 책임전질과 같은 통지(제337조 1항) 불요
효과	① 원질권자의 책임 가중(제336조 후문), ② 원질권자의 권리처분행위의 제한(=원질권에 대한 구속, 제352조 참조), ③ 전질이 제337조의 대항요건을 갖춘 경우 채무자의 변제의 제한(제337조 2항), ④ 전질권의 부종성	책임전질에 인정되는 ①②③④의 효과가 없다. 원질권자가 질권을 소멸시키는 처분행위를 하더라도 전질권은 독립적으로 존속

04 지명채권에 대한 질권설정에 있어서 채무자가 이의를 보류하지 않은 승낙을 한 경우 채무자는 질권설정자에게 대항할 수 있는 사유로서 질권자에게 대항할 수 없다.

〔해설〕 대판 2002.3.29. 2000다13887

제451조(승낙, 통지의 효과) ①항 채무자가 이의를 보류하지 아니하고 전조(지명채권양도의 대항요건)의 승낙을 한 때에는 양도인에게 대항할 수 있는 사유로써 양수인에게 대항하지 못한다.

05 질권설정자와 제3채무자가 질권자의 동의 없이 질권의 목적된 권리를 소멸하게 하는 행위를 하였다고 하더라도 이는 질권자에 대한 관계에 있어 무효일 뿐이어서 특별한 사정이 없는 한 질권자 아닌 제3자가 그 무효의 주장을 할 수는 없다(대판 1997.11.11. 97다35375).

〔해설〕 제352조(질권설정자의 권리처분제한) 질권설정자는 질권자의 동의없이 질권의 목적된 권리를 소멸하게 하거나 질권자의 이익을 해하는 변경을 할 수 없다.

06 질권의 목적인 채권의 양도행위는 민법 제352조 소정의 질권자의 이익을 해하는 변경에 해당하지 않으므로 질권자의 동의를 요하지 않는다(질권의 존속에는 영향이 없으므로)"(대판 2005.12.22. 2003다55059). [변호 17]

07 근질권이 설정된 금전채권에 대하여 제3자의 압류로 강제집행절차가 개시된 경우 '근질권'의 피담보채권은 근질권자가 강제집행이 개시된 사실을 알게 된 때에 확정된다(대판 2009.10.15. 2009다43621).

〔비교판례〕 ※ 제3자의 경매신청시 '근저당권'의 피담보채권의 확정시기
"후순위 근저당권자가 경매를 신청한 경우 선순위 근저당권의 피담보채권은 그 근저당권이 소멸하는 시기, 즉 경락인이 경락대금을 완납한 때에 확정된다고 보아야 한다"(대판 1999.9.21. 99다26085).

08 저축성보험의 보험계약자인 甲은 乙로부터 금전을 차용하면서 그 담보로 보험회사인 丙에 대하여 가지는 보험금청구권(보험료환급청구권 포함)에 질권을 설정하여 주었다. 한편 甲의 다른 채권자인 丁은 甲에 대한 채권을 청구채권으로 하여 위 보험금청구권을 가압류하였다. (각 지문은 독립적이고, 다툼이 있는 경우 판례에 의함)

㉠ 乙의 甲에 대한 피담보채권액은 1억 원이고 甲의 丙에 대한 보험금청구권의 액수는 1억 5천만 원인 경우에도 乙의 질권의 효력은 甲의 丙에 대한 보험금청구권 전부에 대해서 미친다.

해설 ※ 질권의 효력이 미치는 범위 (담보물권의 불가분성)
입질채권 전부에 질권의 효력이 미친다. 특히 피담보채권액이 입질채권액보다 적은 경우에도 입질채권 전부에 효력이 미친다(대판 1972.12.26. 72다1941).

㉡ 제3자 戊의 위법한 채권침해행위로 인하여 甲의 丙에 대한 보험금청구권이 소멸한 경우, 甲의 戊에 대한 손해배상청구권에 대해 乙이 이 손해배상청구권을 압류하는 경우에는 乙은 甲의 戊에 대한 손해배상청구권에 대하여도 질권을 행사할 수 있다.

해설 권리질권에는 동산질권의 규정이 준용되므로, 권리질권자도 전질을 할 수 있고 채권질권에도 물상대위가 인정된다(제355조, 제342조).

㉢ 乙은 甲의 丙에 대한 위 보험금청구권에 관한 지연손해금에 대하여도 질권을 행사할 수 있다. [변호 15유사]

해설 제355조(준용규정) 「권리질권에는 본절의 규정 외에 동산질권에 관한 규정을 준용한다.」
제334조(피담보채권의 범위) 「질권은 원본, 이자, 위약금, 질권실행의 비용, 질물보존의 비용 및 채무불이행 또는 질물의 하자로 인한 손해배상의 채권을 담보한다. 그러나 다른 약정이 있는 때에는 그 약정에 의한다.」

㉣ 丁의 채권가압류결정이 丙에게 송달되기 전에 丙이 확정일자 있는 서면에 의하여 질권 설정에 승낙하였다면, 丁은 乙에 대하여 가압류로 대항할 수 없다. [변호 15유사]

해설 채권질권자 乙이 다른 '제3자'인 채권의 가압류권자 丁에게 대항하기 위해서는 제3채무자 丙에게 확정일자 있는 증서로 통지나 승낙이 이루어져야 하고(제349조 1항, 제450조 2항), 이들의 우열은 채무자의 인식을 기준으로 하는바(대판 1994.4.26. 전합93다24223), 사안에서는 丁의 채권가압류결정이 丙에게 송달되기 전에 丙이 확정일자 있는 서면에 의하여 질권 설정에 승낙하였으므로 丁은 乙에 대하여 가압류로 대항할 수 없다.

㉤ 만약 위 보험금청구권의 변제기가 乙의 甲에 대한 위 채권의 변제기보다 먼저 도래하였고 丁의 가압류가 없는 경우라면, 乙은 丙에 대하여 보험금의 공탁을 청구할 수 있다. [변호 17유사]

해설 제353조(질권의 목적이 된 채권의 실행방법) 「①항 질권자는 질권의 목적이 된 채권을 직접 청구할 수 있다. ②항 채권의 목적물이 금전인 때에는 질권자는 자기채권의 한도에서 직접 청구할 수 있다. ③ 전항의 채권의 변제기가 질권자의 채권의 변제기보다 먼저 도래한 때에는 질권자는 제3채무자에 대하여 그 변제금액의 공탁을 청구할 수 있다. 이 경우에 질권은 그 공탁금에 존재한다.」

09

> 甲과 乙은 부부이다. 乙은 건물의 소유를 목적으로 丙 소유의 토지를 보증금 1억원에 임차하여, 그 지상에 조립식 2층 건물을 신축하고 소유권보존등기를 경료하였다. 甲, 乙은 함께 위 건물 1층에서 전자제품대리점을 운영하고 2층에 거주하였다. 그 후 丙은 A에게서 1억원을 차용하면서 위 토지에 관하여 A 명의의 저당권을 설정하였다. 한편 乙은 건물 신축 때문에 진 빚도 갚고 위 대리점 운영자금으로 사용하기 위하여 丁에게서 2억원을 차용하면서, 丙에 대한 위 보증금반환채권에 질권을 설정하고 그 사실을 丙에게 통지하였다.
>
> [핵심사례 D-12. 변시 15유사]

① 임대차보증금반환채권은 임대차기간이 '종료'해야 비로소 발생하는 것이나 임대차종료 전에 보증금반환채권에 질권을 설정할 수 있다.

해설 判例에 따르면 장래 발생할 채권이라도 ⅰ) '현재 그 권리의 특정이 가능'하고 ⅱ) '가까운 장래에 발생할 것임이 상당한 정도로 기대'되는 경우에는 채권양도의 대상이 될 수 있다(대판 1997.7.25. 95다21624)고 하는바, 임차보증금의 수액이 불확정하다는 사정은 그 양수인이 이를 감수했다고 보아야 할 것이므로 임대차보증금반환채권은 자유롭게 양도할 수 있다고 할 것이다. 따라서 乙은 丙에 대한 임대차보증금반환채권을 임대차 종료 전에 질권설정할 수 있다.

② 민법 제347조는 채권을 질권의 목적으로 하는 경우에 채권증서가 있는 때에는 질권의 설정은 그 증서를 질권자에게 교부함으로써 효력이 생긴다고 규정하고 있다. 여기에서 말하는 '채권증서'에 임대차계약서는 포함되지 않으므로, 사안에서 이러한 임대차계약서의 교부가 없었더라도 위 토지 임대차기간 만료시 丁은 자기 채권(2억)의 한도에서 보증금(1억원)의 지급을 직접 청구하고 이를 변제에 충당할 수 있다.

해설 ※ 丁의 丙에 대한 권리행사 방법
채권질권의 성립은 채권의 양도에 관한 방법에 의한다(제346조). 따라서 지명채권의 입질로 제3채무자 丙에게 대항하기 위하여 丙에게 질권의 설정을 통지하거나 丙이 이를 승낙하여야 한다(제349조 1항, 제450조). 다만 민법은 다른 한편으로 '채권을 질권의 목적으로 하는 경우에 채권증서가 있는 때에는 질권의 설정은 그 증서를 교부함으로써 그 효력이 생긴다'고 규정한다(제347조). 여기에서 말하는 '채권증서'에 임대차계약서는 포함되지 않는다(대판 2013.8.22. 2013다32574).
☞ 결국 사안에서는 채권질권자의 권리행사의 요건을 모두 갖추었으므로 질권자인 丁은 질권의 목적이 된 채권을 丙에게 직접 청구할 수 있다(제353조 1항). 특히 사안과 같이 입질채권의 목적이 금전인 경우에, 丁은 자기 채권(2억)의 한도에서 보증금(1억원)의 지급을 직접 청구하고 이를 변제에 충당할 수 있다(제353조 2항 ; 대판 2005.2.25. 2003다40668).

③ 乙이 토지를 인도할 때까지는 丙은 丁이 질권자로서 보증금의 지급을 청구하는 것에 대해 이를 거절할 수 있다.

해설 ※ 丙의 丁에 대한 항변수단
丁은 乙이 丙에 대해 가지는 보증금반환채권에 대해 질권설정을 받은 것이므로, 丙의 乙에 대한 지위는 달라질 것이 없다. 즉 丙은 乙에 대해 가지는 항변사유로써 丁에게 대항할 수 있다(제349조 2항, 제451조). 그런데 임차보증금은 임차목적물의 인도와 상환으로 반환하는 동시이행의 관계에 있으므로, 乙이 토지를 인도할 때까지는 丙은 丁이 질권자로서 보증금의 지급을 청구하는 것에 대해 이를 거절할 수 있다.

④ 만약 A가 위 저당권을 실행하여 경매절차에서 戊가 토지를 매수하여 소유권을 취득하였다면 戊는 丙의 임대인의 지위를 승계하며, 임대차보증금반환채무를 면책적으로 인수한다.

해설 丙과 乙은 건물 소유를 위한 토지에 관한 임대차계약을 맺었으므로, 이를 등기하지 아니한 경우에도 임차인 乙이 그 지상에 건물을 신축하고 소유권보존등기를 하였으므로 제3자에 대한 대항력이 생긴다 (제622조 1항). 따라서 戊는 乙이 대항력을 취득한 이후에 토지의 소유권을 취득하였으므로, 종전에 丙이 가지고 있던 토지 임대인의 지위를 그대로 승계한다. 乙의 임차권은 대항력을 갖추었으므로 임차인 乙과 토지 양수인 戊사이에는 종전의 임대차관계가 승계되며, 임대차에 종된 계약인 보증금 계약도 임대차관계에 수반하여 이전된다(제100조 2항 유추적용). 따라서 임대차가 종료되면 양수인 戊는 보증금 중 연체차임 등 당해 임대차에 관하여 인도시까지 생긴 모든 채무를 청산한 나머지를 반환해야 할 의무가 있으며, 이는 임차인의 목적물반환의무와 동시이행의 관계에 있다(대판 1977.9.28. 전합77다1241). 다만 제3채무자 戊는 채권질권에 대한 대항요건이 갖추어진 때에는 질권설정자인 乙에게 입질채권을 변제하지 못한다(통설). 그리고 判例는 이러한 보증금반환채무가 임차목적물의 양수인에게 면책적으로 인수된다고 한다(대판 1996.2.27. 95다35616).

⑤ 위 ④의 경우 임대차 종료되면 丁은 질권에 기해 戊에게 직접자기 채권(2억)의 한도에서 직접 청구하고 이를 변제에 충당할 수 있다.

해설 앞서 검토한 바와 같이 乙·戊 간에 임대차관계가 지속되는 것이므로, 임대차 종료되면 丁은 질권에 기해 戊에게 직접자기 채권(2억)의 한도에서 직접 청구하고 이를 변제에 충당할 수 있다(제353조 2항; 대판 2005.2.25. 2003다40668).

10 '저당권은 그 담보한 채권과 분리하여 다른 채권의 담보로 하지 못한다'는 제361조 규정에도 불구하고 저당권으로 담보된 채권에 질권을 설정한 경우, 질권자와 질권설정자가 피담보채권만을 질권의 목적으로 하고 저당권은 질권의 목적으로 하지 않는 것은 현행법상 허용된다.

[21년 변호, 20년 법행, 20년 최신판례]

해설 "민법 제361조는 '저당권은 그 담보한 채권과 분리하여 타인에게 양도하거나 다른 채권의 담보로 하지 못한다.'라고 정하고 있을 뿐 피담보채권을 저당권과 분리해서 양도하거나 다른 채권의 담보로 하지 못한다고 정하고 있지 않다. 채권담보라고 하는 저당권 제도의 목적에 비추어 특별한 사정이 없는 한 피담보채권의 처분에는 저당권의 처분도 당연히 포함된다고 볼 것이지만, 피담보채권의 처분이 있으면 언제나 저당권도 함께 처분된다고는 할 수 없다. 따라서 저당권으로 담보된 채권에 질권을 설정한 경우 원칙적으로는 저당권이 피담보채권과 함께 질권의 목적이 된다고 보는 것이 합리적이지만, 질권자와 질권설정자가 피담보채권만을 질권의 목적으로 하고 저당권은 질권의 목적으로 하지 않는 것도 가능하고 이는 저당권의 부종성에 반하지 않는다. 이는 저당권과 분리해서 피담보채권만을 양도한 경우 양도인이 채권을 상실하여 양도인 앞으로 된 저당권이 소멸하게 되는 것과 구별된다"(대판 2020.4.29. 2016다235411).

11 저당권으로 담보한 채권을 질권의 목적으로 한 때에는 그 저당권설정등기에 질권의 부기등기를 하여야 그 효력이 저당권에 미친다'는 제348조 규정과 달리 담보가 없는 채권에 질권을 설정한 다음 그 채권을 담보하기 위해 저당권이 설정된 경우에는 저당권설정등기에 질권의 부기등기를 하지 않으면 질권의 효력이 저당권에 미치지 않는다.

[20년 법행, 20년 최신판례]

해설 "제348조의 입법 취지에 비추어 보면, '담보가 없는 채권에 질권을 설정한 다음 그 채권을 담보하기 위해서 저당권을 설정한 경우'에도 '저당권으로 담보한 채권에 질권을 설정한 경우'와 달리 볼 이유가 없다. 또한 담보가 없는 채권에 질권을 설정한 다음 그 채권을 담보하기 위해 저당권을 설정한 경우에, 당사자 간 약정 등 특별한 사정이 있는 때에는 저당권이 질권의 목적이 되지 않을 수 있으므로, 질권의 효력이 저당권에 미치기 위해서는 질권의 부기등기를 하도록 함으로써 이를 공시할 필요가 있다. 따라서 담보가 없는 채권에 질권을 설정한 다음 그 채권을 담보하기 위해 저당권이 설정되었더라도, 제348조가 유추적용되어 저당권설정등기에 질권의 부기등기를 하지 않으면 질권의 효력이 저당권에 미친다고 볼 수 없다"(대판 2020.4.29. 2016다235411).

12 금융기관인 채권자가 권리질권에 기하여 임대인을 대위하여 임차인을 상대로 임대주택의 인도를 구하는 경우, 임차인과의 질권설정계약에서 임대차계약의 갱신을 제한하도록 별도로 약정하였다는 사정을 들어 임대차계약이 묵시적으로 갱신되었다는 임차인의 주장을 배척할 수 없고, 이러한 묵시적 갱신이 질권설정자의 권리처분을 제한한 민법 제352조에 저촉되지도 않는다.

[20년 최신판례]

해설 금융기관인 원고가 임차인인 피고에게 대출을 하면서, 피고가 구 민간임대주택에 관한 특별법에 따라 임대주택을 임차하면서 보유하게 된 임대차보증금반환채권에 관하여 권리질권을 설정받은 후, 이러한 권리질권에 기하여 민법 제353조 제1항에 따라 행사할 수 있는 임대인(한국토지주택공사)에 대한 임대차보증금반환채권을 다시 채권자대위권의 피보전권리로 삼아 위 임대인을 대위하여 임차인인 피고를 상대로 임대차목적물인 임대주택의 인도 등을 청구한 사건에서 判例는 "임대인이 별도로 갱신거절을 하지 아니함에 따라 임대차계약이 묵시적으로 갱신되는 결과가 발생하는 것은, 질권의 목적인 임대차보증금반환채권 자체가 아니라 이를 발생시키는 기본적 계약관계에 관한 사유에 속할 뿐만 아니라, 질권설정자인 임차인이 위 채권 자체의 소멸을 목적으로 하거나 질권자의 이익을 해하는 변경을 한 것으로도 볼 수 없다. 그러므로 이 경우에는 민법 제352조의 제한을 받지 아니한다"고 하였다(대판 2020.7.9. 2020다223781).

제3절 저당권

제1관 저당권의 성립상 부종성

01 채권자 甲이 2009. 6. 11. 채무자 乙과 乙 소유의 부동산에 관하여 근저당권설정계약을 체결하였으나 그 계약에 기한 근저당권설정등기는 그 피담보채권과 무관한 친구 丙을 근저당권자로 하여 경료되었고, 그 후 위 부동산에 관하여 2010. 5. 27. 丁 명의의 소유권이전등기청구권 가등기가 경료되었다. 甲은 乙, 丙과 합의하여 2010. 9. 23. 丙의 근저당권설정등기에 대한 부기등기의 방법으로 위 근저당권을 이전받았다. 이 경우 위 근저당권설정등기를 위 부기등기가 경료된 때부터 실체관계에 부합하는 유효한 등기라고 볼 수는 없다.

해설 "ⅰ) 근저당권은 채권담보를 위한 것이므로 원칙적으로 채권자와 근저당권자는 동일인이 되어야 하고, 다만 제3자를 근저당권 명의인으로 하는 근저당권을 설정하는 경우 그 점에 관하여 채권자와 채무자 및 제3자 사이에 합의가 있고, 채권양도, 제3자를 위한 계약, 불가분적 채권관계의 형성 등 방법으로 채권이 그 제3자에게 실질적으로 귀속되었다고 볼 수 있는 특별한 사정이 있는 경우에 한하여 제3자 명의의 근저당권설정등기도 유효하다. ⅱ) 등기가 실체적 권리관계에 부합한다고 하는 것은 그 등기절차에 어떤 하자가 있더라도 진실한 권리관계와 합치되는 것을 의미하는바, 채권자가 채무자와 사이에 근저당권설정계약을 체결하였으나 그 계약에 기한 근저당권설정등기가 채권자가 아닌 제3자의 명의로 경료되고 그 후 다시 채권자가 위 근저당권설정등기에 대한 부기등기의 방법으로 위 근저당권을 이전받았다면 특별한 사정이 없는 한 그 때부터 위 근저당권설정등기는 실체관계에 부합하는 유효한 등기로 볼 수 있다. iii) 채권자 아닌 제3자 명의의 근저당권설정등기가 경료된 부동산에 소유권이전청구권 가등기가 경료되고 그 후 다시 채권자 명의의 위 근저당권이전의 부기등기가 경료된 사안에서, 채권자는 위 부기등기가 경료된 시점에 비로소 근저당권을 취득하는데, 부기등기의 순위가 주등기의 순위에 의하도록 되어 있는 부동산 등기법 제6조 제1항(참고 : 개정된 부동산 등기법 제5조)에 따라 등기부상으로는 채권자가 위 제3자 명의의 근저당권설정등기가 경료된 시점에 근저당권을 취득한 것이 되어 위 가등기보다 그 순위가 앞서게 되므로, 결국 위 근저당권설정등기는 실체관계에 부합하는 유효한 등기라고 볼 수 없다"(대판 2007.1.11. 2006다50055).

02 근저당권설정등기상 근저당권자가 다른 사람과 함께 채무자로부터 유효하게 채권을 변제받을 수 있고 채무자도 그들 중 누구에게든 채무를 유효하게 변제할 수 있는 관계, 가령 채권자와 채무자가 불가분적 채권자의 관계에 있다고 볼 수 있는 경우에는 그러한 근저당권설정등기도 유효하다"(대판 2020.7.9. 2019다212594). [20년 최신판례]

03 부동산을 매수한 甲이 소유권이전등기를 마치지 아니한 상태에서 매도인인 소유자 乙의 승낙 아래 매수 부동산을 丙에게 담보로 제공하면서 당사자 사이의 합의로 편의상 매수인 대신 등기부상 소유자인 乙을 채무자로 하여 마친 근저당권설정등기도 유효하다.

> 해설 ※ 채무자 아닌 제3자가 근저당권 설정자 된 경우
> 채무자 아닌 자를 등기부상 채무자로 등기한 근저당 등기는 '저당권의 부종성'에 비추어 원칙적으로 무효이다(대판 1981.9.8. 80다1468). 그러나 i) 명의신탁자의 채무를 담보하기 위하여 명의수탁 부동산에 관하여 저당권설정등기를 하면서 편의상 채무자를 명의수탁자로 기재한 경우(대판 1980.4.22. 79다1822), ii) 미등기 매수인의 채무를 담보하기 위하여 매도인 소유로 남아 있는 매매목적부동산에 관하여 저당권설정등기를 하면서 편의상 채무자를 매도인으로 기재한 경우에는, 이러한 저당권설정등기도 저당권자의 실제 채무자(명의신탁자, 미등기매수인)에 대한 채권을 담보하는 것으로서 유효하다(대판 1999.6.25. 98다47085)는 것이 判例이다.

제2관 저당권의 효력이 미치는 범위 및 물상대위

04 저당권의 효력은 저당권 설정 당시의 저당부동산에 부합된 물건과 종물에 미치고 그 설정 후의 부합물이나 종물에도 미친다.

> 해설 저당권의 효력은 저당부동산에 부합된 물건에 미친다(제358조). 경매절차의 안정을 위해 부합 시기는 저당권 설정 전후를 불문하고(대판 1974.2.12. 73다298), 종물 역시 저당권설정 전부터 존재하였던 것뿐만 아니라 그 설정등기 후에 새로이 생긴 것도 포함한다(대결 1971.12.10. 71마757).

05 저당권의 효력은 저당부동산에 대한 압류가 있은 후에 저당권설정자가 그 부동산으로부터 수취한 과실 또는 수취할 수 있는 과실에 미치지만, 그 부동산에 대한 소유권, 지상권 또는 전세권을 취득한 제3자에 대하여는 압류한 사실을 통지한 후가 아니면 이로써 대항하지 못한다.

> 해설 제359조(과실에 대한 효력) 참고

06 물상대위는 담보물의 공용징수로 인한 보상금청구권에 대하여는 인정되나, 담보물의 매도로 인한 매매대금청구권에 대하여는 인정되지 않는다.

> 해설 '매각이나 임대'의 경우처럼 목적물이 현존하는 때에는 저당권이 그대로 존속하므로 그 매각대금이나 차임

에 대해서는 물상대위가 인정되지 않는다. 이와 반대로 담보물에 추급할 수 없는 때에는 반드시 물리적인 멸실 · 훼손이 아닌 경우에도, 예컨대 담보물이 부합 · 혼화 · 가공으로 (법률상 멸실하여) 보상금청구권으로 변한 경우(제261조)에도 물상대위가 인정된다. 공용징수의 경우에 물상대위가 인정되는 것도 담보물에 추급할 수 없기 때문이다. 그러나 사법상의 매매에 따른 매매대금으로 볼 수 있는 것, 즉 '(구)공공용지의 취득 및 손실보상에 관한 특례법'에 의한 협의매수에 따른 보상금에 대해서는 물상대위권을 행사할 수 없다(대판 1981.5.26. 80다2109).

07 제3자가 이미 저당목적물의 변형물인 금전 기타 물건을 압류하였다면, 저당권자는 스스로 이를 압류하지 않았더라도 물상대위권을 행사할 수 있다(대판 2002.10.11. 2002다33137). [변호 18, 모의 12(2)유사]

08 저당목적물의 변형물인 금전 기타 물건에 대하여 이미 제3자가 압류하였더라도, 저당권자가 물상대위권의 행사에 나아가지 않았다면, '다른 일반 채권자'가 그 금전 기타 물건으로부터 얻은 이득에 대하여 부당이득반환청구를 할 수 없다(대판 2002.10.11. 2002다33137). [변호 18, 모의 12(2)유사]

09 저당목적물의 변형물인 금전 기타 물건에 대하여 이미 제3자가 압류하였다면, 저당권자가 물상대위권의 행사에 나아가지 않아도, '저당물의 소유권자'가 그 금전 기타 물건으로부터 얻은 이득에 대하여 부당이득반환청구를 할 수 있다(대판 2009.5.14. 2008다17656). [변호 18, 모의 12(2)유사]

10 물상대위권자의 압류 전에 채권양도 또는 압류 및 전부명령 등에 의하여 보상금채권이 타인에게 이전된 경우라도, 보상금이 직접 지급되거나 보상금지급청구권에 관한 강제집행절차에서 배당요구의 종기에 이르기 전에는 그 청구권에 대한 추급이 가능하다.

> **해설**▶ 물상대위권은 본래의 저당권의 객체의 변형에 불과하여 저당권과 동일성을 가지며, 저당권의 공시는 대위물에 대한 공시로서 작용하므로, 물상대위권 역시 추급력을 가지고, 대위물청구권이 특정성을 보유하는 한 가치대표물의 소재에 추급하여 권리를 실행할 수 있다. 따라서 채권양도나 전부명령 등에 의하여 물상대위권의 행사가 방해받는 것은 아니다(대판 1998.9.22. 98다12812 : 즉, 목적채권이 양도되어 그 대항요건을 갖추거나 압류 및 전부되었다고 하더라도 이는 '지급 또는 인도'에 해당하지 않는다).

제3관 저당권 침해에 따른 구제수단

11
> A는 그 소유에 속한 백화점건물에 채권자 甲은행을 위하여 저당권을 설정하고 그 등기를 마쳤다. 그런데 A는 저당권 설정 당시부터 그 건물의 지하 2층 기계실에 설치되어 있던 전화교환설비를 신형으로 교체한 후 그 신형 전화교환설비를 다른 채권자 乙은행에 양도담보로 제공하였다. 그리고 A가 乙은행에 대한 채무를 변제기에 이행하지 않자 乙은행은 A의 승낙을 받아 그 전화교환설비를 분리 · 반출한 후 丙에게 이를 매각하였다.
> [핵심사례 D-13.참고, 변시 16유사]

① 신형 전화교환설비는 백화점 건물에 대한 종물로서, 甲의 저당권설정 후에 생긴 것이라도 저당권의 효력이 미친다(대결 1971.12.10. 71마757).

② A와 乙 사이의 양도담보설정계약은 유효하다.

> **해설**▶ 소유권자는 '선순위의 저당권을 침해하지 않는 한' 저당목적물에 대한 모든 '처분행위'를 할 수 있다. 사안에서 A와 乙간의 양도담보설정계약은 처분행위이고, 비록 甲의 저당권의 효력이 미치는 목적물을 대상으로 하고 있기는 하지만, 甲의 저당권에 대항할 수 없으며 영향을 미치는 것은 아니기 때문에, 甲

의 저당권을 침해하는 것도 아니다. 결국 A와 乙간의 양도담보설정계약은 유효하다.

③ 채권자 乙이 채무자 A의 승낙을 받아 전화교환설비를 분리·반출한 후 丙에게 매각하면, 甲의 저당권의 효력은 미치지 아니하며 丙은 저당권의 부담이 없는 완전한 소유권을 취득한다. 따라서 甲은 丙에게 저당권에 기한 물권적 청구권을 행사할 수 없다.

해설 甲은 乙이 전화교환설비를 분리·반출하기 전까지는 저당권에 기한 물권적 청구권을 행사할 수 있으나(제370조, 제214조), 乙이 양도담보권을 실행하여 백화점건물로부터 일단 전화교환설비를 분리·반출하여 丙에게 매각하고 인도한 때에는 더 이상 저당권의 효력이 미치지 아니하므로 저당권에 기한 물권적 청구권을 행사할 수 없다. 그리고 丙은 저당권의 부담이 없는 완전한 소유권을 취득하게 된다.

④ 전화교환설비의 분리·반출로 담보력 부족이 야기된 때에는 甲은 A에 대하여 저당권침해로 인한 손해배상청구와 즉시변제청구권을 병합적으로 행사할 수 있으나, 담보물보충청구권을 손해배상청구권이나 즉시변제청구권과 함께 행사할 수는 없다.

12 | 甲은 乙, 丙으로부터 금원을 각 차용하고 甲 소유 부동산에 관하여 乙에게 1번 저당권을, 丙에게 2번 저당권을 각 설정하여 주었다.

㉠ 乙의 저당권설정등기가 위조된 등기서류에 의하여 원인없이 말소된 경우에도 저당권은 소멸하지 않는다. 그러나 乙이 회복등기 전에 丙의 경매신청으로 丁에게 경락되어 대금이 완납된 경우, 乙은 회복등기를 위하여 丁을 상대로 승낙의 의사표시를 구할 수 없다. [변호 13,17,18유사]

해설 "등기는 물권의 효력발생요건이고 존속요건은 아니어서 등기가 원인 없이 말소된 경우에는 그 물권의 효력에 아무런 영향이 없다. 따라서 부동산에 관한 저당권설정등기가 위조된 등기서류에 의하여 아무런 원인 없이 말소되었다고 하더라도 그 저당권은 여전히 유효하게 존속하므로 저당권자는 회복등기 신청절차에 의하여 말소된 등기를 회복할 수 있고, 회복등기 전이라도 말소된 등기의 명의인은 적법한 저당권자로 추정된다"(대판 1997.9.30. 95다39526). 그러나 저당권이 설정된 목적물에 대한 경매가 진행되어 경락인이 경락대금을 납부한 경우에는 저당권은 소멸하고, 위법하게 말소된 저당권 역시 달리 볼 것은 아니므로, 이 경우에는 이미 소멸한 저당권에 관한 말소등기의 회복등기를 위하여 현소유자(경락인)을 상대로 그 승낙의 의사표시를 구할 수는 없다(소제주의 : 민사집행법 제91조 2항 참조, 부동산 등기법 제59조)(대판 1998.10.2. 98다27197).

㉡ 乙의 저당권설정등기가 원인없이 말소되었고 그 회복등기 전에 丙의 경매신청으로 丁에게 경락되어 배당할 금액의 전부가 丙에게 배당된 경우, 乙은 丙에 대하여 부당이득반환을 청구할 수 있다(대판 1998.10.2. 98다27197). [변호 13,18유사]

㉢ 乙의 저당권설정등기가 甲으로 인하여 불법말소되었고 그 회복등기 전에 丙의 경매신청으로 인한 경매절차에서 乙이 피담보채권액에 해당하는 금액을 전혀 배당받지 못한 채 저당권이 소멸하였다면, 甲은 乙이 입은 손해를 배상할 책임이 있으며, 저당권이 소멸함으로써 입은 손해는 특별한 사정이 없는 한 그 근저당권에 의하여 담보되는 피담보채권액 및 이에 대한 약정이자라고 할 것이다(대판 1997.11.25. 97다35771).

13 저당권설정자가 목적물에 대해 정상적인 사용·수익을 하는 것은 저당권의 침해에 해당하지 않으나, 그 점유로 인하여 정상적인 점유가 있는 경우의 경락가격과 비교하여 그 가격이 하락하거

나 경매절차가 진행되지 않는 등 저당권의 실현이 곤란하게 될 사정이 있는 경우에는 저당권의 침해가 인정될 수 있다(대판 2005.4.29. 2005다3243).

14 저당권이 실행에 이르렀거나 실행이 예상되는 상황인 경우인데도 저당목적 대지상에 건물신축 공사가 진행되고 있다면, 저당권자가 지배하는 교환가치의 실현을 방해하거나 방해할 염려가 있 는 사정에 해당한다(대판 2006.1.27. 2003다58454). [변호 12, 모의 14(2)유사]

15 공장저당권의 목적동산이 저당권자의 동의를 얻지 아니하고 공장으로부터 반출된 경우 저당목 적물이 제3자에게 선의취득되지 아니하는 한 원래의 설치장소에 '원상회복'할 것을 청구할 수 있다(대판 1996.3.22. 95다55184).

> **해설** 벌채한 재목이나 분리한 종물을 완전히 반출해 버린 후에는 이제 그에 대하여 저당권의 효력이 미치지 않기 때문에 물권적 청구권을 행사할 수 없는 것이 원칙이다. 하지만 공장저당의 경우에는 저당권의 목적이 된 물건이 (저당권자의 동의 없이) 제3취득자에게 인도된 후일지라도 그 물건에 대하여 저당권을 행사할 수 있다는 특별규정(공장 및 광업재단 저당법 제7조)이 있으므로 달리 판단해야 한다.

제4관 저당권의 제3취득자

16 甲이 乙소유의 X부동산을 양수하여 소유권이전등기를 마쳤는데, 소유권이전 당시 X부동산에 는 乙을 채무자로 하여 채권자 丙의 제1순위 근저당권과 채권자 丁의 제2순위 근저당권이 설 정되어 있었다.

ⓐ 甲은 X부동산의 경매절차에서 매수인(경락인)이 될 수 있다.

> **해설** 제363조(저당권자의 경매청구권, 경매인) 저당권자는 그 채권의 변제를 받기 위하여 저당물의 경매를 청구할 수 있다. 저당물의 소유권을 취득한 제3자도 경매인이 될 수 있다.

ⓑ 甲은 채무는 없지만 책임은 부담하며 乙의 의사에 반해서도 乙의 피담보채무를 변제할 수 있다.

> **해설** 저당부동산의 제3취득자는 물상보증인과 마찬가지로 채무 없는 책임을 부담하는 자이다. 저당부동산의 제3취득자는 이해관계 있는 제3자이므로 본래 채무자의 의사에 반해서도 변제할 수 있다(제469조 2항)

ⓒ 丙의 확정된 피담보채권액이 채권최고액을 초과하는 경우, 甲은 丙의 채권최고액만을 변제하고 丙의 근저당권의 소멸을 청구할 수 있다. [변호 14유사]

> **해설** 제364조(제3취득자의 변제) 저당부동산에 대하여 소유권, 지상권 또는 전세권을 취득한 제3자는 저당권 자에게 그 '부동산으로 담보된 채권을 변제'하고 저당권의 소멸을 청구할 수 있다.
> 단순히 제3자의 변제라면 지연이자의 금액을 전액 변제하여야 하나(제469조 2항), 제3취득자는 그 부동산으로 담보된 채권, 즉 제360조에 규정된 범위의 금액만을 변제하면 되므로 지연이자의 범위가 이행기일 경과후 1년분에 한정된다. 근저당권의 경우에는 채무액이 최고액을 초과하는 경우 근저당권의 제3취득자는 최고액만을 변제하고 근저당권설정등기의 말소를 청구할 수 있다(대판 1971.5.15. 71마251).

㉣ 丙의 확정된 피담보채권액이 채권최고액을 초과하는 경우, 丁은 丙의 채권최고액만을 변제하고 丙의 근저당권의 소멸을 청구할 수 없다. [변호 14유사]

해설 제3취득자의 범위와 관련하여 제364조 법문에는 '소유권, 지상권 또는 전세권을 취득한 제3자라'고 규정되어 있는바, 학설은 대체로 제364조를 열거조항으로 이해하며, 判例도 '후순위 근저당권자'는 제3취득자에 포함되지 않는다고 한다(대판 2006.1.26. 2005다17341). 따라서 후순위저당권자는 확정된 선순위 피담보채무액 전액을 변제한 경우라야 선순위저당권의 소멸을 청구할 수 있다.

㉤ 甲이 X부동산의 보존과 개량을 위하여 필요비나 유익비를 지출한 경우, 甲은 근저당권 실행으로 인한 X부동산의 매수인(경락인)에 대하여 유치권을 행사할 수 있고, X부동산의 매각대금으로부터 우선상환을 받을 수도 있다. [모의 15(2)유사]

해설 제367조(제3취득자의 비용상환청구권) 저당물의 제3취득자가 그 부동산의 보존, 개량을 위하여 필요비 또는 유익비를 지출한 때에는 제203조 제1항, 제2항의 규정에 의하여 저당물의 경매대가에서 우선상환을 받을 수 있다.

㉥ 甲이 X부동산을 양수하면서 丙의 근저당권에 대한 피담보채무를 면책적으로 인수한 경우에는 丙에 대한 피담보채무액 전부를 변제하지 않으면 丙의 근저당권의 소멸을 청구할 수 없다.

해설 "저당부동산의 제3취득자가 피담보채무를 인수한 경우에는 그 때부터는 제3취득자는 채권자에 대한 관계에서 채무자의 지위로 변경되므로 민법 제364조의 규정은 적용될 여지가 없을 것이다"(대판 2002.5.24. 2002다7176).

제5관 근저당(피담보채권액의 확정 등)

17

> 甲은 乙로부터 1991.11.27.부터 2001.11.25.까지 부담하게 될 채무를 위해 乙의 요구에 따라 제3자 丙에게 甲자신의 X토지에 채권최고액 10억원의 근저당권설정등기를 하여 주었다. 그러나 丙은 乙의 친구로 乙의 부탁으로 자신의 이름으로 근저당권의 등기를 하여 준 것뿐이었다. 당시 근저당권설정계약서에는 피담보채무의 범위에 관하여 "채무자가 채권자에 대하여 현재 및 장래에 부담하는 대출, 지급보증 기타 여신거래로 말미암은 채무, 보증채무, 어음 또는 수표채무 기타 여신거래에 관한 모든 채무"라고 기재되어 있었다. 또한 丁은 위 甲의 채무를 위해 乙과 보증계약을 체결하였다. 그 후 1995.1.20. 乙은 丙으로부터 근저당권이전의 부기등기를 경료받았다.

① 乙과 丙 사이의 근저당권설정계약은 피담보채무의 범위에 관하여 "……기타 여신거래에 관한 모든 채무"라고 정한 것은 그 범위가 포괄적이기는 하나 발생원인 등을 특정하였으므로 유효하다(대판 1982.12.14. 82다카413).

② 채권자 乙이 아닌 제3자 丙을 근저당권 명의인으로 한 위 근저당권설정등기는 부종성의 원칙상 무효가 된다. 그러나 그 점에 관하여 甲·乙·丙 사이에 합의가 존재하고 채권양도, 제3자를 위한 계약, 불가분적 채권관계의 형성 등 방법으로 채권이 丙에게 실질적으로 귀속되었다고 볼 수 있는 특별한 사정이 있는 경우에는 丙 명의의 근저당권설정등기도 유효하다.

해설▶ 사안에서 제3자 丙 앞으로의 근저당권 설정에 대해서는 甲, 乙 및 丙 사이에 합의가 있었지만, 제3자 丙에게 실제로 피담보채권이 귀속된 사정이 보이지 않으므로 丙의 근저당권설정등기는 피담보채무가 존재하지 아니하여 그 원인이 없거나 부종성에 반하는 무효의 등기라 할 것이다(대판 2007.1.11. 2006다50055).

③ 丙의 근저당권설정등기는 원인무효이나, 채권자 乙이 근저당권이전의 부기등기를 경료받은 때부터 乙의 등기는 실체관계에 부합하는 등기가 된다.

해설▶ 丙의 근저당권설정등기는 원인무효이나 다시 채권자 乙이 부기등기의 방법으로 근저당권을 이전받았으므로 乙의 등기는 실체관계에 부합하는 등기가 된다. 결국 채권자 乙은 위 부기등기가 경료된 1995.1.20. 시점에 비로소 유효한 근저당권을 취득한다(대판 2007.1.11. 2006다50055).

18
> 위 사안에서(乙의 근저당권은 유효하다고 전제한다) 그 후 甲은 위 대출금에 대한 할부금의 지급을 연체하여 1998.8.10. 기한의 이익을 상실함에 따라 丁은 1999.5.19. 乙에게 대출 원리금의 일부인 5억원을 대위변제하였다. 한편 후순위근저당권자 A의 신청으로 1998.8.21. 개시된 X토지에 대한 임의경매사건에서 B가 낙찰허가결정을 받고 1999.12.10. 그 대금을 완납하였다. 경락대금이 완납된 당시 乙의 채권액은 총 5억원이었고, 위 경락대금 가운데 경매비용 등을 제하고 채권자에게 배당될 수 있는 금액은 총 8억원이었다. (단, A는 고려하지 말고, 채권에 대한 (지연)이자도 고려하지 말 것)

① 후순위근저당권자 A의 피담보채권액은 A의 경매신청시에 확정된다. 그리고 일단 근저당권자의 경매신청에 의하여 피담보채권이 확정된 이상 그 후 경매신청이 취하되더라도 확정의 효력에는 영향이 없다. 그러나 경매신청이 각하된 경우에는 피담보채권이 확정되지 않는다(대판 1989.11.28. 89다카15601).

② 乙의 근저당권의 피담보채권은 후순위저당권자 A의 경매신청으로 경매가 개시된 때인 1998.8.21.에 확정되는 것이 아니라 경락대금이 완납된 1999.12.10.에 확정된다. [모의 13(1),14(1)]

해설▶ 근저당권자가 근저당목적물에 대하여 경매신청을 함으로써 거래를 종료시키려는 의사를 표시한 경우에는 '경매신청시'에 피담보채권이 확정된다. 그러나 후순위 근저당권자가 경매를 신청한 경우 선순위 근저당권의 피담보채권은 그 근저당권이 소멸하는 시기, 즉 '경락인이 경락대금을 완납한 때'에 확정된다(대판 1999.9.21. 99다26085).

③ 연대보증인 丁은 1999.5.19. 乙에게 대출 원리금의 일부인 5억원을 대위변제하였는바, 변제로 즉시 근저당권의 일부가 丁에게 이전되는 것은 아니다.

해설▶ ※ 근저당 거래 계속 중 근저당권 피담보채무의 일부 대위변제와 근저당권의 일부 이전
判例는 "근저당 거래관계가 계속중인 경우 즉, 근저당권의 피담보채권이 확정되기 전에 그 채권의 일부를 양도하거나 대위변제한 경우 근저당권이 양수인이나 대위변제자에게 이전할 여지는 없다 할 것이나, 그 근저당권에 의하여 담보되는 피담보채권이 확정되게 되면, 그 피담보채권액이 그 근저당권의 채권최고액을 초과하지 않는 한 그 근저당권 내지 그 실행으로 인한 경락대금에 대한 권리 중 그 피담보채권액을 담보하고 남는 부분은 저당권의 일부이전의 부기등기의 경료 여부와 관계없이 대위변제자에게 법률상 당연히 이전된다"(대판 2002.7.26. 2001다53929)고 한다.
☞ 사안의 경우 丁이 대위변제한 시점(1999.5.19)은 근저당권이 확정되기 전이었으므로 변제로 인한 변제자대위가 인정되지 않으나, 그 후 근저당권이 확정된 시점(1999.12.10)에는 저당권의 일부이전의 부기등기의 경료여부에 관계없이 대위변제자에게 법률상 당연히 일부 이전된다.

④ 근저당권이 확정되면 보통의 저당권과 같은 취급을 받게 되어 부종성, 수반성이 생기나 지연배상에 대하여는 보통의 저당권과 달리 원본의 이행기일 경과 후의 1년분이 아니라(제360조) 채권최고액의 한도내에서 저당권을 행사할 수 있다(대판 2007.4.26. 2005다38300). [모의 13(3)]

⑤ 민법 제483조 1항은 채권의 일부에 대하여 대위변제가 있는 때에는 대위자는 그 변제한 가액에 비례하여 채권자와 함께 그 권리를 행사한다고 규정하고 있으나, 판례에 따르면 위 경락대금 8억원은 채권자 乙이 먼저 5억원을 변제받고, 보증인 丁은 자신의 변제액 5억원 중 3억원만 변제받게 된다.

해설 ※ '변제한 가액에 비례하여 행사'의 의미(채권자우선설)

제483조 제1항은 "채권의 일부에 대하여 대위변제가 있는 때에는 대위자는 그 변제한 가액에 비례하여 채권자와 함께 그 권리를 행사한다"고 규정하고 있는바, 判例는 "근저당권에 의하여 담보되는 피담보채권이 확정되게 되면, 그 피담보채권액이 그 근저당권의 채권최고액을 초과하지 않는 한 그 근저당권 내지 그 실행으로 인한 경락대금에 대한 권리 중 그 피담보채권액을 담보하고 남는 부분은 저당권의 일부이전의 부기등기의 경료 여부와 관계없이 대위변제자에게 법률상 당연히 이전된다"고 보아 채권자가 대위자에 우선하여 변제받는다고 한다(대판 2002.7.26. 2001다53929 등).

19 담보권 실행을 위한 부동산경매절차에서 근저당권자인 甲에 1순위로 채권액 전부가 배당되고 일반채권자인 丙과 乙에는 2순위로 채권액 일부만 배당되었다. 그런데 甲의 근저당권은 무효였다. 이에 배당기일에 출석한 乙이 甲에게 배당된 배당금에 관하여 이의하고 甲을 상대로 배당이의의 소를 제기하여 확정된 화해권고결정에 따라 甲에게 배당된 배당금 전액을 수령하였는데, 그 후 위 '배당기일에 출석하였으나 이의하지 않은' 丙이 乙을 상대로 乙이 수령한 배당금 중 丙의 채권액에 비례한 안분액에 대해서 부당이득반환을 구한 경우, 乙은 丙에게 乙이 수령한 배당금 중 丙의 채권액에 비례한 안분액을 부당이득으로 반환할 의무가 있다(대판 2019.7.18. 전합2014다206983). [19년 최신판례]

20 보증금이 수수된 저당부동산에 관한 임대차계약이 저당부동산에 대한 경매로 종료된 경우, 저당권자가 차임채권 등에 대하여 채권집행의 방법으로 별개로 저당권을 실행하지 아니하거나, 채권집행의 방법으로 별개로 저당권을 실행하였으나 그 채권집행 절차에서 임차인이 실제로 차임 등을 지급하거나 공탁하지 아니한 경우에, 저당부동산에 대한 압류 이후에 발생한 차임 상당액은 임차인이 배당받을 보증금에서 당연히 공제된다(대판 2016.7.27. 2015다230020).

해설 " ㉠ 민법 제359조 전문은 "저당권의 효력은 저당부동산에 대한 압류가 있은 후에 저당권설정자가 그 부동산으로부터 수취한 과실 또는 수취할 수 있는 과실에 미친다."라고 규정하고 있는데, 위 규정상 '과실'에는 천연과실뿐만 아니라 법정과실도 포함되므로, 저당부동산에 대한 압류가 있으면 압류 이후의 저당권설정자의 저당부동산에 관한 차임채권 등에도 저당권의 효력이 미친다. 다만 저당부동산에 대한 경매절차에서 저당부동산에 관한 차임채권 등을 관리하면서 이를 추심하거나 저당부동산과 함께 매각할 수 있는 제도가 마련되어 있지 아니하므로, 저당권의 효력이 미치는 차임채권 등에 대한 저당권의 실행이 저당부동산에 대한 경매절차에 의하여 이루어질 수는 없고, 그 저당권의 실행은 저당권의 효력이 존속하는 동안에 채권에 대한 담보권의 실행에 관하여 규정하고 있는 민사집행법 제273조에 따른 채권집행의 방법으로 저당부동산에 대한 경매절차와 별개로 이루어질 수 있을 뿐이다. ㉡ 부동산 임대차에서 수수된 보증금은 차임채무, 목적물의 멸실·훼손 등으로 인한 손해배상채무 등 임대차에 따른 임차인의 모든 채무를 담보하는 것으로서 이와 같은 피담보채무 상당액은 임대차관계 종료 후 목적물이 반환될 때에 특별한 사정이 없는 한 별도의 의사표시 없이 보증금에서 당연히 공제된다(대판 1999.12.7. 99다50729 등).

제6관 공동저당

21 실질적 물상보증인인 채무자와 실질적 채무자인 물상보증인 소유의 각 부동산에 공동저당이 설정되고, 이어 실질적 채무자인 물상보증인 소유의 부동산에 후순위저당권이 설정된 후 실질적 채무자인 물상보증인 소유의 부동산이 먼저 경매되어 공동저당권자가 변제를 받은 경우, 위 후순위저당권자가 실질적 물상보증인인 채무자 소유의 부동산에 대하여 선순위공동저당권자의 저당권에 대하여 물상대위를 할 수 없다. [최신판례]

> **해설** "물상보증인이 채무를 변제하거나 저당권의 실행으로 인하여 저당물의 소유권을 잃었더라도 다른 사정에 의하여 채무자에 대하여 구상권이 없는 경우에는 채권자를 대위하여 채권자의 채권 및 그 담보에 관한 권리를 행사할 수 없다(대판 2014.4.30. 2013다80429·80436). 따라서 실질적인 채무자와 실질적인 물상보증인이 공동으로 담보를 제공하여 대출을 받으면서 실질적인 물상보증인이 저당권설정등기에 자신을 채무자로 등기하도록 한 경우, 실질적 물상보증인인 채무자는 채권자에 대하여 채무자로서의 책임을 지는지와 관계없이 내부관계에서는 실질적 채무자인 물상보증인이 변제를 하였더라도 그에 대하여 구상의무가 없으므로, 실질적 채무자인 물상보증인이 채권자를 대위하여 실질적 물상보증인인 채무자에 대한 담보권을 취득한다고 할 수 없다. 그리고 이러한 법리는 실질적 물상보증인인 채무자와 실질적 채무자인 물상보증인 소유의 각 부동산에 공동저당이 설정된 후에 실질적 채무자인 물상보증인 소유의 부동산에 후순위저당권이 설정되었다고 하더라도 다르지 아니하다. 이와 같이 물상보증인이 채무자에 대한 구상권이 없어 변제자대위에 의하여 채무자 소유의 부동산에 대한 선순위공동저당권자의 저당권을 대위취득할 수 없는 경우에는 물상보증인 소유의 부동산에 대한 후순위저당권자는 물상대위할 대상이 없으므로 채무자 소유의 부동산에 대한 선순위공동저당권자의 저당권에 대하여 물상대위를 할 수 없다"(대판 2015.11.27. 2013다41097,41103).

22 공동저당의 목적인 채무자 소유의 부동산과 물상보증인 소유의 부동산 중 채무자 소유의 부동산에 경매가 먼저 이루어져 1번 공동저당권자가 변제를 받은 경우, 채무자 소유의 부동산에 대한 후순위 저당권자는 1번 공동저당권자를 대위하여 물상보증인 소유의 부동산에 저당권을 행사할 수 없고, 이는 채무자 소유의 부동산에 후순위 저당권이 설정된 후 물상보증인 소유의 부동산이 추가로 공동저당의 목적으로 된 경우에도 같은 법리가 적용된다(대판 2014.1.23. 2013다207996). [변호 13유사]

23 채무자 소유의 부동산과 물상보증인 소유의 부동산에 관하여 공동저당권이 설정된 경우에는 동시배당의 경우에도 채무자 소유 부동산의 경매대가에서 공동저당권자에게 우선적으로 배당을 하고, 부족분이 있는 경우에 한하여 물상보증인 소유 부동산의 경매대가에서 추가로 배당을 하여야 한다. 이는 물상보증인이 채무자를 위한 연대보증인의 지위를 겸하고 있는 경우에도 마찬가지이다. [최신판례]

> **해설** ※ 일괄경매(동시배당의 경우)−제368조 1항의 적용범위−
> 判例는 "제368조 1항은 채무자 소유의 수 개의 부동산 또는 동일한 물상보증인 소유의 수 개의 부동산에 관하여 공동저당권이 설정된 경우에만 적용되고, 채무자 소유의 부동산과 물상보증인 소유의 부동산에 관하여 공동저당권이 설정된 경우에는 적용되지 않는다고 한다. 즉 이 경우에는 채무자 소유 부동산의 경매대가에서 공동저당권자에게 우선적으로 배당을 하고, 부족분이 있는 경우에 한하여 물상보증인 소유 부동산의 경매대가에서 추가로 배당을 하여야 한다"(대판 2010.4.15. 2008다41475)고 한다. 이는 물상보증인이 채무자를 위한 연대보증인의 지위를 겸하고 있는 경우에도 마찬가지이다(대판 2016.3.10. 2014다231965).
> **[구체적인 예]** 예컨대 채무자 소유 A부동산과 물상보증인 소유 B부동산에 채권자 甲의 1번 공동저당권(피담보채권 2억 원)이 설정된 뒤, A부동산에 乙의 2번 저당권(피담보채권 1억 원), B부동산에 丙의 2번 저당권(피담보채권 1억 원)이 각 설정되었다가, A부동산과 B부동산이 함께 경매된 경우(경매대가는 A부동산 1억 5천

만 원, B부동산 1억 5천만 원), 甲은 A부동산에서 1억 5천만원, B부동산에서 나머지 5천만원을 배당받고, 丙은 1억원, 乙은 0원을 각 배당받는다.

24 물상보증인 甲소유의 X, Y부동산과 채무자 乙소유의 Z부동산 중 X, Z부동산에 대한 경매가 이루어져 공동근저당권자인 채권자 A가 채권액 중 상당액을 배당받고 4천여만 원이 남게 되었는데, 甲이 이를 (대위)변제하자 Y부동산에 대한 A명의의 근저당권설정등기를 말소해 주었다. 그런데 X부동산에 대해서는 후순위근저당권자 B가 있었고, 그 후 Y부동산은 丙 앞으로 소유권이전등기가 마쳐졌다면 B는 공동저당의 대위등기가 있어야만 제368조 2항에 의해 Y부동산에 대해 A를 대위할 수 있다. [최신판례]

해설 ※ 제368조 2항에 의한 후순위저당권자의 대위가 제한되는 경우

제368조 2항에 의한 대위는 법률의 규정에 의한 저당권의 이전이므로 공동저당권자가 가지고 있던 저당권은 후순위저당권자에게 등기없이 당연히 이전된다(제187조). 다만 判例에 따르면 ㉠ 후순위저당권자는 제368조 2항에 의해 선순위저당권자가 가지고 있던 다른 부동산에 대한 저당권을 대위하게 되는데, 그 저당권이 말소되지 않고 등기부에 존속하는 동안에는 공동저당의 대위등기를 하지 않더라도 제3취득자는 저당권이 있는 상태에서 취득한 것이므로, 이 경우에는 제3취득자를 보호할 필요성은 적고, 따라서 후순위저당권자는 대위할 수 있다. ㉡ 그러나, 후순위저당권자가 대위할 저당권이 말소된 상태에서 그 부동산의 소유권 등 새로이 이해관계를 취득한 제3자에 대해서는, 제3취득자를 보호하여야 하고, 후순위저당권자는 제368조 2항에 의한 대위를 주장할 수 없다(대판 2015.3.20. 2012다99341 : 개정 부동산등기법 제80조 신설 참조).

☞ 위 判例에 따르면 후순위 저당권자 B는 공동저당의 대위등기가 없었으므로 제368조 2항에 의해 Y부동산에 대해 A를 대위할 수 없다. 다만, 甲과 A가 권한 없이 Y부동산에 대한 A 명의의 근저당권등기를 말소함으로써 B가 대위하지 못하는 손해를 입게 한 것은 불법행위가 성립된다.

25 공동근저당의 목적 부동산 중 물상보증인 소유의 부동산이 먼저 경매되어 물상보증인이 채무자에 대하여 구상권을 취득함과 동시에 변제자대위에 의하여 채무자 소유의 부동산에 대한 선순위공동저당권을 대위취득하는 경우, 채무자는 물상보증인에 대한 반대채권이 있다면 특별한 사정이 없는 한 물상보증인의 구상금 채권과 상계함으로써 물상보증인 소유의 부동산에 대한 후순위저당권자에게 대항할 수 없다. [민법표준판례, 모의 18(2), 법행 18]

해설 "공동저당에 제공된 채무자 소유의 부동산과 물상보증인 소유의 부동산 가운데 물상보증인 소유의 부동산이 먼저 경매되어 매각대금에서 선순위공동저당권자가 변제를 받은 때에는 물상보증인은 채무자에 대하여 구상권을 취득함과 동시에 변제자대위에 의하여 채무자 소유의 부동산에 대한 선순위공동저당권을 대위취득한다. 물상보증인 소유의 부동산에 대한 후순위저당권자는 물상보증인이 대위취득한 채무자 소유의 부동산에 대한 선순위공동저당권에 대하여 물상대위를 할 수 있다. 이 경우에 채무자는 물상보증인에 대한 반대채권이 있더라도 특별한 사정이 없는 한 물상보증인의 구상금 채권과 상계함으로써 물상보증인 소유의 부동산에 대한 후순위저당권자에게 대항할 수 없다. 채무자는 선순위공동저당권자가 물상보증인 소유의 부동산에 대해 먼저 경매를 신청한 경우에 비로소 상계할 것을 기대할 수 있는데, 이처럼 우연한 사정에 의하여 좌우되는 상계에 대한 기대가 물상보증인 소유의 부동산에 대한 후순위저당권자가 가지는 법적 지위에 우선할 수 없다"(대판 2017.4.26. 2014다221777,221784).

26

甲과 乙이 공유하고 있던 X토지와 지상의 Y건물에 관하여 丙이 근저당권설정등기를 마친 후 丁이 위 X토지와 Y건물의 乙지분에 관하여 후순위 근저당권설정등기를 마쳤고, 이후 甲과 乙이 X토지와 Y건물을 戊에게 매도하였다. 그런데 나중에 X토지와 Y건물이 경매되었고 乙지분은 戊가 경매를 통하여 취득하였다.

㉠ 丙이 경매 진행 중 甲지분에 관한 근저당권을 포기한 경우 배당절차에서 丙은 甲 지분에 관한 근저당권을 포기하지 않았더라면 丁이 대위할 수 있었던 한도에서 丁에 우선하여 배당받을 수 없다.
[변호 17유사]

해설 ※ 선순위 공동저당권자가 후순위저당권자의 대위에 관한 정당한 기대를 침해한 경우(저당권의 포기)

① 判例는 "선순위 공동저당권자가 피담보채권을 변제받기 전에 공동저당 목적 부동산 중 일부에 관한 저당권을 포기한 경우에는, 후순위저당권자가 있는 부동산에 관한 경매절차에서, 저당권을 포기하지 아니하였더라면 후순위저당권자가 대위할 수 있었던 한도에서는 후순위저당권자에 우선하여 배당을 받을 수 없다고 보아야 한다"(대판 2009.12.10. 2009다41250)고 한다. 즉, 당해 판결은 저당권의 포기로 인한 효력을 그대로 인정하되, 다만 그로 인하여 후순위저당권자가 입게 되는 불이익을 구제하기 위하여, 제485조를 유추하여 저당권포기로 인하여 후순위저당권자가 대위할 수 없게 된 부분에 한하여, 선순위 공동저당권자의 우선변제권을 제한하는 입장이다. ② 아울러 "공동저당 부동산의 일부를 취득하는 제3자로서는 공동저당 부동산에 관하여 후순위저당권자 등 이해관계인들이 갖고 있는 기존의 지위를 전제로 하여 공동저당권의 부담을 인수한 것으로 보아야 하기 때문에 공동저당 부동산의 후순위저당권자의 대위에 관한 법적 지위 및 기대는 공동저당 부동산의 일부가 제3자에게 양도되었다는 사정에 의해 영향을 받지 않는다"(대판 2011.10.13. 2010다99132).

☞ 만약 지문과 달리 丙이 공동저당의 전부를 포기하면 丁의 순위는 승진하고, 丁은 불리할 것이 없으므로 丁의 보호와 관련해서는 특별히 문제될 것이 없다. 그러나 후순위저당권자는 장래에 제368조 2항에 따라 선순위자를 대위할 수 있는 일종의 기대권을 가지고 있기 때문에 丙이 공동저당의 일부만 포기하는 경우에는 丁의 기대권을 침해하는 것이 된다. 甲의 지분을 취득한 戊는 丁의 후순위저당권이 성립한 이후에 부동산을 취득한 자에 해당한다. 따라서 丁은 제368조 2항의 대위권을 행사할 수 있으므로, 丁의 대위의 기대는 보호받아야하고 丙은 甲의 지분에 대한 근저당권을 포기하지 않았더라면 丁이 대위할 수 있었던 한도에서 丁에 우선하여 배당받을 수 없다.

丙은 甲의 채권자인데, 채권의 공동담보로 甲소유의 X주택과 乙소유의 Y주택을 공동담보로 하여 제1순위 근저당권을 설정하였다.

㉡ 사례에서 X주택에는 丁이 Y주택에는 戊가 각각 후순위저당권을 설정하였다. Y주택에 대한 근저당권이 먼저 실행되어 丙이 근저당권의 채권최고액 전액을 배당받은 경우에도 甲은 丙을 상대로 X주택에 관한 선순위 근저당권의 말소를 청구할 수 없다.
[변호 14유사]

해설 "공동저당의 목적인 물상보증인 소유의 부동산에 후순위 저당권이 설정되어 있는 경우, 물상보증인 소유의 부동산에 대하여 먼저 경매가 이루어져 그 경매대금의 교부에 의하여 선순위 공동저당권자가 변제를 받은 때에는 물상보증인은 채무자에 대하여 구상권을 취득함과 동시에, 민법 제481조, 제482조의 규정에 의한 변제자대위에 의하여 채무자 소유의 부동산에 대한 선순위 저당권을 대위취득하고, 그 물상보증인 소유의 부동산의 후순위 저당권자는 위 선순위 저당권에 대하여 물상대위를 할 수 있다. 그러므로 그 선순위 저당권설정등기는 말소등기가 경료될 것이 아니라 위 물상보증인 앞으로 대위에 의한 저당권이전의 부기등기가 경료되어야 할 성질의 것이며, 따라서 아직 경매되지 아니한 공동저당물의 소유자로서는 위 선순위 저당권자에 대한 피담보채무가 소멸하였다는 사정만으로는 그 말소등기를 청구할 수 없다고 보아야 한다. 그리고 위 후순위 저당권자는 자신의 채권을 보전하기 위하여 물상보증인을 대위하여 선순위 저당권자에게 그 부기등기를 할 것을 청구할 수 있다"(대결 2009.5.28. 2008마109).

ⓒ **동시배당의 경우에도 X주택의 경매대가에서 丙에게 우선적으로 배당을 하고, 부족분이 있는 경우에 한하여 Y주택의 경매대가에서 추가로 배당을 하여야 한다. 그리고 이는 乙이 甲을 위한 연대보증인의 지위를 겸하고 있는 경우에도 마찬가지이다.** [변호 12,13,14,17유사]

> **해설** ※ 일괄경매(동시배당의 경우)-제368조 1항의 적용범위-
> 공동저당권자의 자의를 허용하지 않고 각 부동산의 경매대가에 비례해서 피담보채권의 부담 부분을 안분하고(제368조 1항), 그 비례안분액을 넘는 부분은 후순위저당권자의 변제에 충당한다. 최근 判例는 "제368조 1항은 채무자 소유의 수 개의 부동산 또는 동일한 물상보증인 소유의 수 개의 부동산에 관하여 공동저당권이 설정된 경우에만 적용되고, 채무자 소유의 부동산과 물상보증인 소유의 부동산에 관하여 공동저당권이 설정된 경우에는 적용되지 않는다고 한다. 즉 이 경우에는 채무자 소유 부동산의 경매대가에서 공동저당권자에게 우선적으로 배당을 하고, 부족분이 있는 경우에 한하여 물상보증인 소유 부동산의 경매대가에서 추가로 배당을 하여야 한다"(대판 2010.4.15. 2008다41475)고 한다. 이는 물상보증인이 채무자를 위한 연대보증인의 지위를 겸하고 있는 경우에도 마찬가지이다(대판 2016.3.10. 2013다99409)고 판시한바 있다.

27 채무자 소유의 X부동산 및 Y 부동산이 있고, 각 부동산에 다음과 같이 甲, 乙, 丙, 丁, 戊, 己의 저당권자가 있다. (이자 등은 고려하지 말 것) [변호 13,14유사]

	X부동산	Y부동산
경매대가	7,200만 원	3,200만 원
제1순위	甲(2,400만 원)	乙(4,000만 원)
제2순위	乙(4,000만 원)	丁(1,600만 원)
제3순위	丙(2,000만 원)	己(800만 원)
제4순위	戊(800만 원)	

① X와 Y의 동시배당이 실시되는 경우 乙은 X부동산에서 2,400만 원을 배당받고, 丙은 2,000만 원을 배당받는다.

② X와 Y의 동시배당이 실시되는 경우, 戊는 X부동산에서 400만 원을 배당받을 수 있으나 부족한 금액은 후순위저당권자 대위를 통해 Y부동산에서 배당받을 수 없다.

③ X와 Y의 동시배당이 실시되는 경우, Y부동산에서 乙이 1,600만 원, 丁이 1,600만 원, 己가 0원을 배당받는다.

> **해설** X부동산의 경우 甲이 2,400만 원, 乙이 2,400만 원 丙은 2,000만 원 배당받고, 戊가 400만 원을 배당받는다. Y부동산에서 乙이 1,600만 원, 丁이 1,600만 원, 己가 0원 배당받는다.
> 동시배당의 경우 제368조 2항의 후순위저당권자의 대위는 적용되지 않는다.

④ X부동산이 먼저 경매되는 경우 X부동산 경매대가에서 甲 2,400만 원 乙이 4,000만 원, 丙이 800만 원, 戊가 0원 배당 받는다.

⑤ X부동산이 먼저 경매되는 경우 Y부동산의 경매대가에서 丙이 1,200만 원 戊가 400만 원. 배당받는다. 丁은 Y부동산의 경매대가에서 1,600만 원 배당받고 己는 0원 배당받는다.

> **해설** ※ **이시배당(X 먼저 배당하고, 나중에 Y 배당하는 경우)**
>
> ㉠ X부동산 경매대가에서 甲 2,400만 원 乙이 4,000만 원(제368조 2항 전문), 丙이 800만 원, 戊가 0원. ㉡ 나중에 Y부동산이 경매대가에서 제368조 2항 후문의 후순위저당권자의 대위를 통해서 동시배당 되었더라면 乙이 배당받을 수 있었던 1,600만 원의 범위 내에서 乙을 대위하여 저당권을 행사한다. 이 경우 Y부동산의 경매대가에서 丙이 1,200만 원 戊가 400만 원. 배당받는다. 丁은 Y부동산의 경매대가에서 1,600만 원 배당받고 己는 0원 배당받는다.
>
> ※ **참고로 이시배당(Y 먼저 배당하고, 나중에 X 배당하는 경우)**
>
> ㉠ Y부동산 경매대가에서 乙 3,200만 원, 丁 0원, 己는 0원. ㉡ X부동산 경매대가에서 甲이 2,400만 원, 乙이 800만 원, 丁이 1,600만 원 후순위자 대위(제368조 2항 후문), 丙은 2,000만 원 배당받고, 戊가 400만 원을 배당받는다.

제7관 공동근저당

28 공동근저당권자가 목적 부동산 중 일부 부동산에 대하여 제3자가 신청한 경매절차에 참가하여 우선배당을 받은 경우 매수인이 매각대금을 지급한 때 해당 부동산에 관한 근저당권의 피담보채권이 확정된다. 그러나 이때 나머지 목적 부동산에 관한 근저당권의 피담보채권이 확정되는 것은 아니다. [최신판례]

> **해설** "공동근저당권자가 목적 부동산 중 일부 부동산에 대하여 제3자가 신청한 경매절차에 소극적으로 참가하여 우선배당을 받은 경우, 해당 부동산에 관한 근저당권의 피담보채권은 그 근저당권이 소멸하는 시기, 즉 매수인이 매각대금을 지급한 때에 확정되지만, 나머지 목적 부동산에 관한 근저당권의 피담보채권은 기본거래가 종료하거나 채무자나 물상보증인에 대하여 파산이 선고되는 등의 다른 확정사유가 발생하지 아니하는 한 확정되지 아니한다. 공동근저당권자가 제3자가 신청한 경매절차에 소극적으로 참가하여 우선배당을 받았다는 사정만으로는 당연히 채권자와 채무자 사이의 기본거래가 종료된다고 볼 수 없고, 기본거래가 계속되는 동안에는 공동근저당권자가 나머지 목적 부동산에 관한 근저당권의 담보가치를 최대한 활용할 수 있도록 피담보채권의 증감·교체를 허용할 필요가 있으며, 위와 같이 우선배당을 받은 금액은 나머지 목적 부동산에 대한 경매절차에서 다시 공동근저당권자로서 우선변제권을 행사할 수 없어 이후에 피담보채권액이 증가하더라도 나머지 목적 부동산에 관한 공동근저당권자의 우선변제권 범위는 우선배당액을 공제한 채권최고액으로 제한되므로 후순위 근저당권자나 기타 채권자들이 예측하지 못한 손해를 입게 된다고 볼 수 없기 때문이다"(대판 2017.9.21. 2015다50637).

29 공동근저당권자가 스스로 근저당권을 실행하거나 타인에 의하여 개시된 경매 등의 환가절차를 통하여 공동담보의 목적 부동산 중 일부에 대한 환가대금 등으로부터 다른 권리자에 우선하여 피담보채권의 일부에 대하여 배당받은 경우에, 그와 같이 우선변제받은 금액에 관하여는 공동담보의 나머지 목적 부동산에 대한 경매 등의 환가절차에서 다시 공동근저당권자로서 우선변제권을 행사할 수 없다. [최신판례]

> **해설** "공동저당권의 목적인 수 개의 부동산이 동시에 경매된 경우에 공동저당권자로서는 어느 부동산의 경매대가로부터 배당받든 우선변제권이 충족되기만 하면 되지만, 각 부동산의 소유자나 후순위 저당권자 그 밖의 채권자는 어느 부동산의 경매대가가 공동저당권자에게 배당되는지에 관하여 중대한 이해관계를 가진다. 민법 제368조 제1항은 공동저당권 목적 부동산의 전체 환가대금을 동시에 배당하는 이른바 동시배당(동시배당)의 경우에 공동저당권자의 실행선택권과 우선변제권을 침해하지 아니하는 범위 내에서 각 부동산의 책임을 안분함으로써 각 부동산의 소유자와 후순위 저당권자 그 밖의 채권자의 이해관계를 조절하고, 나아가 같은 조 제2항은 대위제도를 규정하여 공동저당권의 목적 부동산 중 일부의 경매대가를 먼저 배당하는

이른바 이시배당(이시배당)의 경우에도 최종적인 배당의 결과가 동시배당의 경우와 같게 함으로써 공동저당권자의 실행선택권 행사로 인하여 불이익을 입은 후순위 저당권자를 보호하는 데에 그 취지가 있다. 민법 제368조는 공동근저당권의 경우에도 적용되고, 공동근저당권자가 스스로 근저당권을 실행한 경우는 물론이며 타인에 의하여 개시된 경매·공매 절차, 수용 절차 또는 회생 절차 등(이하 '경매 등의 환가절차'라 한다)에서 환가대금 등으로부터 다른 권리자에 우선하여 피담보채권의 일부에 대하여 배당받은 경우에도 적용된다. 공동근저당권이 설정된 목적 부동산에 대하여 동시배당이 이루어지는 경우에 공동근저당권자는 채권최고액 범위 내에서 피담보채권을 민법 제368조 제1항에 따라 부동산별로 나누어 각 환가대금에 비례한 액수로 배당받으며, 공동근저당권의 각 목적 부동산에 대하여 채권최고액만큼 반복하여, 이른바 누적적으로 배당받지 아니한다. 그렇다면 공동근저당권이 설정된 목적 부동산에 대하여 이시배당이 이루어지는 경우에도 동시배당의 경우와 마찬가지로 공동근저당권자가 공동근저당권 목적 부동산의 각 환가대금으로부터 채권최고액만큼 반복하여 배당받을 수는 없다고 해석하는 것이 민법 제368조 제1항 및 제2항의 취지에 부합한다. 그러므로 공동근저당권자가 스스로 근저당권을 실행하거나 타인에 의하여 개시된 경매 등의 환가절차를 통하여 공동담보의 목적 부동산 중 일부에 대한 환가대금 등으로부터 다른 권리자에 우선하여 피담보채권의 일부에 대하여 배당받은 경우에, 그와 같이 우선변제받은 금액에 관하여는 공동담보의 나머지 목적 부동산에 대한 경매 등의 환가절차에서 다시 공동근저당권자로서 우선변제권을 행사할 수 없다고 보아야 하며, 공동담보의 나머지 목적 부동산에 대하여 공동근저당권자로서 행사할 수 있는 우선변제권의 범위는 피담보채권의 확정 여부와 상관없이 최초의 채권최고액에서 위와 같이 우선변제받은 금액을 공제한 나머지 채권최고액으로 제한된다고 해석함이 타당하다. 그리고 이러한 법리는 채권최고액을 넘는 피담보채권이 원금이 아니라 이자·지연손해금인 경우에도 마찬가지로 적용된다"(대판 2017.12.21. 전합2013다16992).

[구체적인 예] 甲이 乙과의 계속적 거래에 따라 생기는 채권을 담보하기 위하여 乙 소유의 X부동산과 Y부동산에 채권최고액 5억원의 1순위 근저당권을 취득하였고, 이후 Y부동산은 후순위근저당권의 경매신청에 따라 Y부동산이 경매되었고, 甲은 그 배당시까지 생긴 3억 원을 배당받았다. 그 뒤에도 甲은 계속하여 乙과 거래를 하였고, 새로이 6억 원의 채권이 발생하였다. 그러나 乙이 채무를 불이행하자 甲은 적법·유효하게 X부동산에 대하여 경매를 신청한바, 甲은 X부동산의 경매대금에서 얼마를 배당받을 수 있는가? 위 판례에 따르면 甲은 선행 경매절차에서 3억 원을 배당받았으므로 채권최고액 5억 원에서 이를 공제한 2억 원의 범위에서 경매절차에서 우선변제권이 있다.

30 채권자가 하나의 기본계약에서 발생하는 동일한 채권을 담보하기 위하여 채무자 소유의 부동산과 물상보증인 소유의 부동산에 누적적 근저당권을 설정받았는데 물상보증인 소유의 부동산이 먼저 경매되어 매각대금에서 채권자가 변제를 받은 경우, 물상보증인이 종래 채권자가 보유하던 채무자 소유 부동산에 관한 근저당권에 대하여 변제자대위를 할 수 있다. [20년 최신판례]

해설 "채권자가 하나의 기본계약에서 발생하는 동일한 채권을 담보하기 위하여 채무자 소유의 부동산과 물상보증인 소유의 부동산에 누적적 근저당권을 설정받는데 물상보증인 소유의 부동산이 먼저 경매되어 매각대금에서 채권자가 변제를 받은 경우, 물상보증인은 채무자에 대하여 구상권을 취득함과 동시에 민법 제481조, 제482조에 따라 종래 채권자가 가지고 있던 채권 및 담보에 관한 권리를 행사할 수 있다. 이때 물상보증인은 변제자대위에 의하여 종래 채권자가 보유하던 채무자 소유 부동산에 관한 근저당권을 대위취득하여 행사할 수 있다고 보아야 한다. 1) 누적적 근저당권은 모두 하나의 기본계약에서 발생한 동일한 피담보채권을 담보하기 위한 것이다. 이와 달리 당사자가 근저당권 설정 시 피담보채권을 여러 개로 분할하여 분할된 채권별로 근저당권을 설정하였다면 이는 그 자체로 각각 별개의 채권을 담보하기 위한 개별 근저당권일 뿐 누적적 근저당권이라고 할 수 없다. 누적적 근저당권은 각 근저당권의 담보 범위가 중첩되지 않고 서로 다르지만 이러한 점을 들어 피담보채권이 각 근저당권별로 자동으로 분할된다고 볼 수도 없다. 채무자 소유 부동산에 설정된 근저당권은 물상보증인이 변제로 채권자를 대위할 경우 민법 제482조 제1항에 따라 행사할 수 있는 채권의 담보에 관한 권리에 해당한다. 2) 누적적 근저당권의 피담보채권액이 각각의 채권최고액을 합한 금액에 미달하는 경우 물상보증인은 변제자대위 등을 통해 채무자 소유의 부동산이 가장 우선적으로 책임을 부담할 것을 기대하고 담보를 제공한다(누적적 근저당권의 피담보채권액이 각각의 채권최고액을 합한 금액보다 큰 경우에는 채권자만이 모든 근저당권으로부터 만족을 받게 되므로 물상보증인의 변제자대위가 인정될 여지가 없다). 그 후에 채무자 소유 부동산에 후순위저당권이 설정되었다는 사정 때문에 물상보증인의 기대이익을 박탈할 수 없다. 3) 반면 누적적 근저당권은 공동근저당권이 아니라 개별 근저당권의 형식으로 등기되므로 채무자 소유 부동산의 후순위저당권자는 해당 부동산의 교환가치에서 선순위근저당권의 채권최고액을 뺀 나머지 부분을 담보가치로 파악하고 저당권을 취득한다. 따라서 선순위근저당권의 채권최고액 범위에서 물상보증인에게 변제자대위를 허용하더라도 후순위저당권자의 보호가치 있는 신뢰를 침해한다고 볼 수 없다."(대판 2020.4.9. 2014다51756,51763)

제4절 비전형담보물권

01 양도담보설정계약이 기계기구 또는 영업설비 등 내구연수가 장기간이고 가공 과정이나 유통 과정 중에 있지 아니한 여러 개의 동산을 목적으로 하고 있으며, 담보목적물마다 명칭, 성능, 규격, 제작자, 제작번호 등으로 특정하고 있는 경우에는, 이는 원칙적으로 '특정'된 동산들을 일괄하여 양도담보의 목적물로 한 계약이라고 보아야 하므로 향후 편입되는 동산을 양도담보 목적으로 하기 위해서는 편입 시점에 제3자가 그 동산을 다른 동산과 구별할 수 있을 정도로 구체적으로 특정되어야 한다(대판 2016.4.28. 2015다221286). [최신판례]

02 '유동집합동산'에 대한 양도담보에서 양도담보권설정자가 양도담보권설정계약에서 정한 종류·수량에 포함되는 물건을 계약에서 정한 장소에 반입하였더라도 그 물건이 제3자의 소유라면 담보목적인 집합물의 구성부분이 될 수 없고 따라서 그 물건에는 양도담보권의 효력이 미치지 않는다(대판 2016.4.28. 2012다19659). [최신판례]

03 내용이 변동하는 집합동산 및 집합채권의 양도담보에 관하여 담보권자가 담보실행에 착수한 경우에도 그 시점에서 양도담보권설정자가 새로이 취득하는 재산에 양도담보권의 효력은 미친다(대판 2013.3.28. 2010다63836). [최신판례]

> **해설** ※ 장래 발생할 채권을 담보목적물로 하는 채권양도담보에 있어서 담보실행의 착수에 의해 담보목적물이 고정화되는지 여부(담보목적물 비고정)

04 장래 발생하는 채권이 담보목적으로 양도된 후 채권양도인에 대하여 회생절차가 개시되었을 경우, 회생절차가 개시된 후 발생하는 채권은 채권양도담보의 목적물에 포함되지 않는다(대판 2013.3.28. 2010다63836). [최신판례]

> **해설** ※ 장래 발생하는 채권이 담보목적으로 양도된 후 채권양도인에 대하여 회생절차가 개시된 경우, 회생절차가 개시된 후 발생하는 채권에 대하여 담보권의 효력이 미치는지 여부(담보목적물 고정)

05 2009. 9. 30. 동산 양도담보가 설정되고, 2010. 7. 16. 설정자가 보험회사에 대해 가지는 보험금청구권을 양도담보권자가 물상대위권을 행사하여 압류 및 추심명령을 받았는데, 보험회사가 2010. 4. 13. 설정자에 대해 갖게 된 채권으로 위 보험금청구권과 상계를 할 수 없다. [최신판례]

해설 ※ 동산양도담보권자의 물상대위권과 상계

"동산 양도담보권자는 양도담보 목적물이 소실되어 양도담보 설정자가 보험회사에 대하여 화재보험계약에 따른 보험금청구권을 취득한 경우 담보물 가치의 변형물인 화재보험금청구권에 대하여 양도담보권에 기한 물상대위권을 행사할 수 있는데, 동산 양도담보권자가 물상대위권 행사로 양도담보 설정자의 화재보험금청구권에 대하여 압류 및 추심명령을 얻어 추심권을 행사하는 경우 특별한 사정이 없는 한 제3채무자인 보험회사는 양도담보 설정 후 취득한 양도담보 설정자에 대한 별개의 채권을 가지고 상계로써 양도담보권자에게 대항할 수 없다. 그리고 이는 보험금청구권과 본질이 동일한 공제금청구권에 대하여 물상대위권을 행사하는 경우에도 마찬가지이다"(대판 2014.9.25. 2012다58609).

> **동지판례** ※ 전세권저당권자가 전세금반환채권에 대하여 물상대위권을 행사한 경우, 전세권설정자가 전세권자에 대한 반대채권으로 상계를 주장할 수 있는지 여부
>
> "㉠ 전세권저당권자가 전세금반환채권에 대하여 물상대위권을 행사한 경우, 종전 저당권의 효력은 물상대위의 목적이 된 전세금반환채권에 존속하여 저당권자가 그 전세금반환채권으로부터 다른 일반채권자보다 우선변제를 받을 권리가 있으므로, 설령 전세금반환채권이 압류된 때에 전세권설정자가 전세권자에 대하여 반대채권을 가지고 있고 그 '반대채권'과 전세금반환채권이 상계적상에 있다고 하더라도 그러한 사정만으로 전세권설정자가 전세권저당권자에게 상계로써 대항할 수는 없다. ㉡ 그러나 전세금반환채권은 전세권이 성립하였을 때부터 이미 그 발생이 예정되어 있다고 볼 수 있으므로, 전세권저당권이 설정된 때에 이미 전세권설정자가 전세권자에 대하여 반대채권을 가지고 있고 그 반대채권의 변제기가 장래 발생할 전세금반환채권의 변제기와 동시에 또는 그보다 먼저 도래하는 경우와 같이 전세권설정자에게 합리적 기대 이익을 인정할 수 있는 경우에는 특별한 사정이 없는 한 전세권설정자는 그 반대채권을 자동채권으로 하여 전세금반환채권과 상계함으로써 전세권저당권자에게 대항할 수 있다"(대판 2014.10.27. 2013다91672).

06

> 甲은 乙에게 금 6,000만원을 대여하면서 위 대여금 채권을 담보하기 위하여 乙 소유의 돈사에 있던 돼지 전부의 소유권을 甲에게 양도하되 위 돼지는 점유개정의 방법으로 乙이 계속하여 무상으로 점유·관리·사육하기로 하는 내용의 '유동집합물'에 대한 양도담보계약을 체결하였다. 그리고 乙은 평소와 마찬가지로 위 돼지들을 사육·판매하였고 그 사이에 母豚이 새끼돼지들을 낳았다. 그런데 乙에게 채권을 가지고 있는 丙이 위 乙을 상대로 집행력 있는 판결 정본에 기하여 위 돈사에 있던 乙 관리의 새끼돼지에 대하여 압류집행을 하였다. 이 때 甲은 새끼돼지에 대한 소유권을 주장하며 丙을 상대로 제3자異議의 소를 제기하였다. (이하 동산·채권 등의 담보에 관한 법률은 논외로 하고, 다툼이 있는 경우 최근 판례에 의함)
>
> [핵심사례 D-1. 참고]

㉠ 일단의 증감변동하는 유동집합물에 대한 양도담보의 유효성을 인정하는 것이 판례이다. 만일 B가 乙로부터 돈사의 돼지 전부를 양수한 후에, 돈사 내에 있는 돼지와 별도로 자기 자금을 투입하여 구입한 돼지를 함께 섞어 키우고 있다면, 새로 구입한 돼지에는 甲의 양도담보권의 효력이 미치지 않는다.

해설 判例는 일반적으로 일단의 증감 변동하는 동산을 '하나의 물건으로 보아' 이를 채권담보의 목적으로 삼으려는 이른바 유동집합물에 대한 양도담보설정계약체결도 가능하며, 이 경우 그 목적동산이 담보설정자의 다른 물건과 구별될 수 있도록 그 종류·장소 또는 수량지정 등의 방법에 의하여 특정되어 있으면 그 전부를 하나의 재산권으로 보아 이에 대해 유효한 담보권의 설정이 된 것으로 볼 수 있다고 한다(대판 1990.12.26. 88다카20224). 그리고 그 동일성을 유지하는 범위에서 양도담보의 효력은 항상 현재의 집합물 모두에 미치는 것으로 본다. 따라서 집합물의 동일성이 유지되지 않는 경우, 이를테면 유동집합물의 통상적인 방식에 따라 반출되고 반입되는 것이 아니라, 집합물을 제3자가 양수하면서 그의 자금으로 물건

을 새로 반입한 것에 대해서는 본래의 집합물에 대한 물권(양도담보)의 효력이 미치지 않는다고 한다(대판 2004.11.22. 2004다22858).

ⓛ **만일 새끼돼지를 낳기 전에, 甲이 돈사의 母豚 전부를 A에게 처분하면 A는 선·악을 불문하고 소유권을 취득한다.**

해설 ※ 양도담보의 법적 성질(신탁적 소유권이전설)

　判例는 동산양도담보의 경우 가등기담보 등에 관한 법률의 시행 전후를 불문하고 양도담보권자는 청산절차를 마치기 전이라 하더라도, 제3자에 대한 관계에서는 물건의 소유자임을 주장할 수 있다고 하여 신탁적 소유권이전설의 입장이다(대판 1994.8.26. 93다44739).

　☞ 따라서 양도담보권 설정 당시의 돈사내의 돼지에 대한 소유권은 양도담보권자인 甲에게 있기 때문에 甲이 돈사의 母豚 전부를 A에게 처분하면 A는 선·악을 불문하고 소유권을 취득한다.

ⓒ **새끼돼지의 소유권은 甲에게 있고 甲이 제기한 제3자異議의 소는 인용가능하다.**

해설 ※ 유동집합물 양도담보의 효력이 담보권설정 후의 산출물에도 미치는지 여부(적극)

　判例는 ⅰ) "양도담보에 있어 목적물의 사용수익권은 특별한 사정이 없는 한 담보설정자에게 있으며, 천연과실의 수취권은 사용수익권자에게 있으므로 천연과실인 새끼돼지는 원물인 돼지의 사용수익권을 갖는 양도담보설정자에게 귀속한다"(대판 1996.9.10. 96다25463)는 判例와 ⅱ) 이와는 반대되는 취지로 과실이 양도담보의 목적물에 포함된다는 判例가 있다(대판 2004.11.22. 2004다22858). ☞ 따라서 최근 判例의 태도에 따르면 새끼돼지의 소유권은 甲에게 있고 甲이 제기한 제3자異議의 소는 인용가능하다.

07　甲은 2008.7.10. 乙에게 1억 5,000만 원을 대여하면서 그 채권을 담보하기 위해 이행기인 2009.7.10.까지 채무를 이행하지 않으면 乙 소유의 시가 4억 원인 X 부동산을 甲에게 이전하기로 하는 내용의 계약을 체결하고 2008.7.15. 소유권이전등기청구권의 가등기를 마쳤다.

① **乙로부터 변제를 받지 못한 甲은 가등기담보권의 사적 실행에 있어서 채권자가 청산금의 지급 이전에 본등기와 담보목적물의 인도를 받을 수 있다거나 청산기간이나 동시이행관계를 인정하지 아니하는 '처분정산'형의 담보권실행은 가등기담보 등에 관한 법률상 허용되지 아니한다**(대판 2002.12.10. 2002다42001).

해설 가등기담보등에 관한 법률은 채무불이행이 생긴 때에 이전하기로 한 부동산의 '예약당시의 가액'이 차용액과 그에 붙인 이자의 합산액을 넘는 경우에 관하여 당해 법을 적용하고 있다(동법 제1조). 따라서 담보목적물인 X부동산의 예약당시의 가액이 시가 4억 원으로 피담보채권인 1억 5,000만 원을 초과하므로 가담법의 적용대상이다. 가등기담보권을 실행하는 방법으로는 '귀속청산'(채권자가 목적물의 가액에서 채권액을 공제한 나머지를 반환하고 그 목적물의 소유권을 취득하는 것)과 '처분청산'(채권자가 목적물을 제3자에게 처분하여 그 환가대금에서 자기채권의 만족을 취하는 것)이 있는데, 통설과 判例는 '가담법상의 처분청산'은 경매를 통한 공적실행을 의미하며 사적실행에 따른 처분청산은 인정되지 않는다고 한다.

② **담보권의 실행통지에 있어서 甲이 주관적으로 평가한 청산금 액수(X의 가액과 피담보채권액의 차액)를 명시하였으나 이것이 객관적인 청산금 액수에 미치지 못하는 때에도 통지로서의 효력이 있다**(대판 1996.7.30. 96다6974,6981).

③ 甲이 청산절차를 거치지 않고 행한 본등기는 무효일 뿐, 당사자의 특약에 의하여 이루어졌다고 할지라도 약한 의미의 양도담보로서 담보목적범위 내에서 효력이 있는 것은 아니다.

[변호 18]

해설 "다만 가등기권리자가 가등기담보등에관한법률 제3조, 제4조에 정한 절차에 따라 청산금의 평가액을 채무자 등에게 통지한 후 채무자에게 정당한 청산금을 지급하거나 지급할 청산금이 없는 경우에는 채무자가 그 통지를 받은 날로부터 2월의 청산기간이 경과하면 위 무효인 본등기는 실체적 법률관계에 부합하는 유효한 등기가 될 수 있다"(대판 2006.8.24. 2005다61140).

④ 만약 위 계약 당시 이미 X 위에 乙의 丁에 대한 3억 원의 채무를 담보하는 저당권이 설정되어 있었다면, 甲이 청산절차를 거치지 않았다는 이유만으로 가등기에 기한 본등기가 무효인 것은 아니다.

해설 判例에 따르면 가담법 제1조의 '부동산의 예약당시의 가액'을 정함에 있어 차주의 재산에 선순위 근저당권이 설정되어 있는 경우에는 위 피담보채무액을 공제한 가액을 위 법조 소정의 재산가액으로 보는 것이 타당하다고 한다. 따라서 담보목적물인 X부동산의 예약당시의 가액인 시가 4억 원에서 선순위 저당권자 丁의 피담보채권액 3억 원을 공제한 1억 원을 가담법 제1조의 '부동산의 예약당시의 가액'으로 보아야 한다. 그러므로 ① 지문에서 검토한 바와 같이 부동산의 예약당시의 가액이 담보가등기의 피담보채권액 1억 5천만 원에 미치지 못하게 되어 가담법이 적용되지 않는다. 그렇다면 청산절차를 거치지 않더라도 가등기에 기한 본등기가 무효인 것은 아니다(아래 2005다61140판결).
"가등기담보 등에 관한 법률이 적용되지 않는 경우에도 채권자가 채권담보의 목적으로 부동산에 가등기를 경료하였다가 그 후 변제기까지 변제를 받지 못하여 위 가등기에 기한 소유권이전의 본등기를 경료한 경우에는, 당사자들 사이에 채무자가 변제기에 피담보채무를 변제하지 아니하면 채권채무관계는 소멸하고 부동산의 소유권이 확정적으로 채권자에게 귀속된다는 명시의 특약이 없는 한, 그 본등기도 채권담보의 목적으로 경료된 것으로서 정산절차를 예정하고 있는 이른바 '약한 의미의 양도담보'가 된다. 그리고 이와 같이 약한 의미의 양도담보가 된 경우에는 채무의 변제기가 도과한 후에도 채권자가 담보권을 실행하여 정산절차를 마치기 전에는 채무자는 언제든지 채무를 변제하고 채권자에게 위 가등기 및 그 가등기에 기한 본등기의 말소를 청구할 수 있다"(대판 2006.8.24. 2005다61140).

08 가등기담보권 설정 후에 후순위권리자나 제3취득자 등 이해관계 있는 제3자가 생긴 상태에서는 채권자와 채무자가 새로운 약정으로 기존 가등기담보권에 피담보채권을 추가하더라도 우선변제권 있는 피담보채권에 포함되지 않는다(대판 2011.7.14. 2011다28090).

09 가담보가등기에 기하여 마쳐진 본등기가 무효인 경우, 담보목적 부동산에 대한 소유권은 담보가등기 설정자인 채무자 등에게 있고 소유권의 권능 중 하나인 사용수익권도 당연히 담보가등기 설정자가 보유하므로 채권자가 본등기를 마친 이후에 임차인들로부터 지급받은 차임은 그 명목과 상관없이 원칙적으로 피담보채무의 변제에 충당된다(대판 2019.6.13. 2018다300661). [19년 최신판례]

10 채권자와 채무자가 양도담보계약을 체결하였지만, 담보목적부동산에 관하여 가등기나 소유권이전등기를 마치지 아니한 경우에 채무자와 채권자가 채권자로 하여금 '귀속정산'절차에 의하지 않고 담보목적부동산을 타에 처분하여 채권을 회수할 수 있도록 약정하는 것은 원칙적으로 귀속정산 절차를 규정한 가등기담보법 제3조, 제4조를 위반한 것이 아니다.

해설 가등기담보나 소유권이전등기 마치지 않은 상태에서는 아직 가등기담보법 제3조 및 제4조가 적용될 수 없다(대판 2013.9.27. 2011다106778).

11 가등기담보법 상의 채무자 등이 채무의 변제기가 지난 때부터 10년이 경과하기 전에 피담보채무를 변제하지 아니한 채 또는 변제를 조건으로 가등기담보 등에 관한 법률 제11조에 따른 말소청구권을 행사한 경우라도, 위 말소청구권은 채무의 변제기가 지난 때부터 10년이 지나면 제척기간의 경과로 확정적으로 소멸한다.

> **해설** ※ 가등기담보 등에 관한 법률 제11조(채무자등의 말소청구권) 채무자등은 청산금채권을 변제받을 때까지 그 채무액(반환할 때까지의 이자와 손해금을 포함한다)을 채권자에게 지급하고 그 채권담보의 목적으로 마친 소유권이전등기의 말소를 청구할 수 있다. 다만, 그 채무의 변제기가 지난 때부터 10년이 지나거나 선의의 제3자가 소유권을 취득한 경우에는 그러하지 아니하다.

12 가등기담보법에 따른 실행통지 당시 채무자에게 지급할 청산금이 없는 경우에도 채무자에게 실행통지를 하여야 하고 이후 2월의 청산기간이 경과하면 청산절차가 종료된다. 채권자가 담보권 설정 당시에 가등기가 아닌 소유권이전등기를 경료받은 경우에는 청산기간 경과 후에 청산금을 지급해야 채권자가 담보부동산의 소유권을 취득한다(대판 2001.8.24. 2000다15661). [변호 12유사]

> **해설** ※ 가등기담보 등에 관한 법률 제4조 2항
> 채권자는 담보부동산에 관하여 이미 소유권이전등기가 경료된 경우에는 청산기간 경과 후 청산금을 채무자등에게 지급한 때에 목적부동산의 소유권을 취득하며, 담보가등기가 경료된 경우에는 청산기간이 경과하여야 그 가등기에 기한 본등기를 청구할 수 있다.

13
> 채무자 A의 채권자 甲은 A의 B에 대한 채권에 대하여 「동산·채권 등의 담보에 관한 법률」에 의한 채권담보등기를 마쳤다. 이후 A의 B에 대한 채권이 乙에게 양도되었다.
> [변호15유사, D-146.참고]

ㄱ 위 채권양도가 이루어지고 확정일자 있는 증서에 의한 채권양도의 통지가 B에게 도달하였으나, 동산채권담보법 제35조 제2항에 따른 담보권설정의 통지는 B에게 도달하지 않은 상태에서는, B에 대한 관계에서 乙만이 대항요건을 갖춘 것이 되므로 B로서는 乙에게 유효하게 채무를 변제할 수 있고 이로써 甲에 대하여도 면책된다.

ㄴ 위 'ㄱ'에서 확정일자 있는 증서에 의한 채권양도의 통지가 B에게 도달한 이후 동산채권담보법 제35조 제2항에 따른 (채권)담보권설정의 통지가 B에게 도달한 경우, B는 담보권설정 통지 도달 이후에 한 乙에 대한 변제로 甲에게 대항할 수 없다.

ㄷ 위 'ㄴ'에서 B가 甲에게 대항할 수 없다고 볼 경우에, 乙은 변제수령권한이 없는 자인데 甲이 乙의 변제수령을 추인하였다면, 이러한 추인에 의하여 B의 乙에 대한 변제는 유효하게 되고, 甲은 乙에게 부당이득으로서 그 변제받은 것의 반환을 청구할 수 있다.

> **해설** ※ 채권담보권자의 제3채무자에 대한 대항요건 (담보권 설정의 통지)
> 동산·채권 등의 담보에 관한 법률 제35조(담보등기의 효력) ①항 약정에 따른 채권담보권의 득실변경은 담보등기부에 등기한 때에 지명채권의 채무자(이하 '제3채무자'라 한다) 외의 제3자에게 대항할 수 있다.
> ②항 담보권자 또는 담보권설정자(채권담보권 양도의 경우에는 그 양도인 또는 양수인을 말한다)는 제3채무자에게 제52조의 등기사항증명서를 건네주는 방법으로 그 사실을 통지하거나 제3채무자가 이를 승낙하지 아니하면 제3채무자에게 대항하지 못한다. ③항 동일한 채권에 관하여 담보등기부의 등기와 「민법」 제349조 또는 제450조제2항에 따른 통지 또는 승낙이 있는 경우에 담보권자 또는 담보의 목

적인 채권의 양수인은 법률에 다른 규정이 없으면 제3채무자 외의 제3자에게 등기와 그 통지의 도달 또는 승낙의 선후에 따라 그 권리를 주장할 수 있다. ④항 제2항의 통지, 승낙에 관하여는 「민법」 제451조 및 제452조를 준용한다.

※ **채권담보권자의 담보등기 후 제3채무자에 대한 담보권설정의 통지 전 담보목적채권이 양도된 경우**
"동산채권담보법에 의한 채권담보권자가 담보등기를 마친 후에서야 동일한 채권에 관한 채권양도가 이루어지고 확정일자 있는 증서에 의한 채권양도의 통지가 제3채무자에게 도달하였으나, 동산채권담보법 제35조 제2항에 따른 담보권설정의 통지는 제3채무자에게 도달하지 않은 상태에서는, 제3채무자에 대한 관계에서 채권양수인만이 대항요건을 갖추었으므로 제3채무자로서는 채권양수인에게 유효하게 채무를 변제할 수 있고 이로써 채권담보권자에 대하여도 면책된다. 다만, 채권양수인은 채권담보권자에 대한 관계에서는 후순위로서, 채권담보권자의 우선변제적 지위를 침해하여 이익을 받은 것이 되므로, 채권담보권자는 채권양수인에게 부당이득으로서 그 변제받은 것의 반환을 청구할 수 있다"(대판 2016.7.14. 2015다71856,71863).

※ **채권담보권자의 담보등기 이후 담보목적채권이 양도되고 채권양도의 대항요건 갖추었으나 이후 채권담보권자가 제3채무자에게 담보권설정의 통지한 경우**
"동산채권담보법 제35조 제2항에 따른 담보권설정의 통지가 제3채무자에게 도달한 경우에는, 그 통지가 채권양도의 통지보다 늦게 제3채무자에게 도달하였더라도, 채권양수인에게 우선하는 채권담보권자(채권담보법 제35조 3항 참조 - 편집자 주)가 제3채무자에 대한 대항요건까지 갖추었으므로 제3채무자로서는 채권담보권자에게 채무를 변제하여야 하고, 채권양수인에게 변제하였다면 특별한 사정이 없는 한 이로써 채권담보권자에게 대항할 수 없다"(대판 2016.7.14. 2015다71856,71863).

※ **민법 제472조의 '채권자가 이익을 받은 경우'의 의미**
"민법 제472조는 불필요한 연쇄적 부당이득반환의 법률관계가 형성되는 것을 피하기 위하여 변제받을 권한 없는 자에 대한 변제의 경우에도 채권자가 이익을 받은 한도에서 효력이 있다고 규정하고 있는데, 여기에서 말하는 '채권자가 이익을 받은' 경우에는 변제의 수령자가 진정한 채권자에게 채무자의 변제로 받은 급부를 전달한 경우는 물론이고, 그렇지 않더라도 무권한자의 변제수령을 채권자가 사후에 추인한 때와 같이 무권한자의 변제수령을 채권자의 이익으로 돌릴 만한 실질적 관련성이 인정되는 경우도 포함된다(대판 2012.10.25. 2010다32214). 그리고 이와 같이 무권한자의 변제수령을 채권자가 추인한 경우에 채권자는 무권한자에게 부당이득으로서 그 변제받은 것의 반환을 청구할 수 있다(대판 2001.11.9. 2001다44291). 따라서 채권담보권자가 채권양수인보다 우선하고 담보권설정의 통지가 제3채무자에게 도달하였음에도, 그 통지보다 채권양도의 통지가 먼저 도달하였다는 등의 이유로 제3채무자가 채권양수인에게 채무를 변제한 경우에 채권담보권자가 무권한자인 채권양수인의 변제수령을 추인하였다면, 이러한 추인에 의하여 제3채무자의 채권양수인에 대한 변제는 유효하게 되는 한편, 채권담보권자는 채권양수인에게 부당이득으로서 그 변제받은 것의 반환을 청구할 수 있다"(대판 2016.7.14. 2015다71856,71863).

21.6.1.~22.7.15. 물권법 최신판례

1 물권변동에 관한 성립요건주의를 채택하고 있는 민법에서 명인방법은 부동산의 등기 또는 동산의 인도와 같이 입목에 대하여 물권변동의 성립요건 또는 효력발생요건에 해당하므로 식재된 입목에 대하여 명인방법을 실시해야 그 토지와 독립하여 소유권을 취득한다. 이는 토지와 분리하여 입목을 처분하는 경우뿐만 아니라, 입목의 소유권을 유보한 채 입목이 식재된 토지의 소유권을 이전하는 경우에도 마찬가지이다. 대판 2021.8.19. 2020다266375

2 부동산 명의신탁자가 유효한 명의신탁약정을 해지한 다음 제3자에게 '명의신탁 해지를 원인으로 한 소유권이전등기청구권'을 양도하였다고 하더라도 명의수탁자가 그 양도에 대하여 동의하거나 승낙하지 않고 있다면 그 양수인은 위와 같은 소유권이전등기청구권을 양수하였다는 이유로 명의수탁자에 대하여 직접 소유권이전등기청구를 할 수 없다. 대판 2021.6.3. 2018다280316

3 점유물반환청구권은 침탈을 당한 날로부터 1년내에 행사하여야 한다는 제204조 3항은 본권 침해로 발생한 손해배상청구권의 행사에는 적용되지 않으므로 점유를 침탈당한 자가 본권인 유치권 소멸에 따른 손해배상청구권을 행사하는 때에는 제204조 3항이 적용되지 아니하고, 점유를 침탈당한 날부터 1년 내에 행사할 것을 요하지 않는다 22년 법행 대판 2021.8.19. 2021다213866

4 <u>계약명의신탁</u>에서 명의신탁자는 부동산의 소유자가 명의신탁약정을 알았는지 여부와 관계없이 부동산의 소유권을 갖지 못할 뿐만 아니라 매매계약의 당사자도 아니어서 소유자를 상대로 소유권이전등기청구를 할 수 없고, 이는 명의신탁자도 잘 알고 있다고 보아야 한다. 명의신탁자가 명의신탁약정에 따라 부동산을 점유한다면 명의신탁자에게 점유할 다른 권원이 인정되는 등의 특별한 사정이 없는 한 <u>명의신탁자는 소유권 취득의 원인이 되는 법률요건이 없이 그와 같은 사실을 잘 알면서 타인의 부동산을 점유한 것이다.</u> 이러한 명의신탁자는 타인의 소유권을 배척하고 점유할 의사를 가지지 않았다고 할 것이므로 소유의 의사로 점유한다는 추정은 깨어진다. 대판 2022.5.12. 2019다249428

5 건물의 소유자가 건물의 소유를 통하여 타인 소유의 토지를 점유하고 있다고 하더라도 토지 소유자로서는 건물의 철거와 대지 부분의 인도를 청구할 수 있을 뿐, 자기 소유의 건물을 점유하고 있는 사람에 대하여 건물에서 퇴거할 것을 청구할 수 없다. 이러한 법리는 건물이 공유관계에 있는 경우에 건물의 공유자에 대해서도 마찬가지로 적용된다. 대판 2022.6.30. 2021다276256

6 명의수탁자가 무효인 '양자간 명의신탁'에 따라 명의신탁자로부터 소유권이전등기를 넘겨받은 부동산을 임의로 처분한 행위가 형사상 횡령죄로 처벌되지 않더라도, 위 행위는 명의신탁자의 '소유권을 침해하는 행위'로써 민법상 불법행위에 해당하여 명의수탁자는 명의신탁자에게 손해배상책임을 부담한다. 대판 2021.6.3. 2016다34007

6-1 '3자간 등기명의신탁'에 따라 매도인으로부터 부동산의 소유권이전등기를 넘겨받은 명의수탁자가 그 부동산을 임의로 처분한 경우 명의신탁자에 대하여 민사상 불법행위책임을 부담한다. 대판 2022.6.9. 2020다208997

7 명의수탁자가 신탁부동산을 임의로 처분하거나 강제수용이나 공공용지 협의취득 등을 원인으로 제3취득자 명의로 이전등기가 마쳐진 경우, 명의신탁관계가 당연히 종료된다.

대판 2021.7.8. 2021다209225,209232

명의신탁약정은 무효이고(동법 제4조 1항), 그에 기초한 부동산물권변동도 원칙적으로 무효이다(동법 제4조 2항 본문). 그러나 명의신탁약정 내지 물권변동의 무효는 제3자에게 대항하지 못한다(동법 제4조 3항). 따라서 이러한 제3자 명의로 등기가 경료되면 명의신탁관계는 당사자의 의사표시 등을 기다릴 필요 없이 당연히 종료된다.

8 3자간 등기명의신탁에서 명의수탁자가 부동산에 관하여 제3자에게 근저당권을 설정한 경우 명의수탁자는 근저당권의 피담보채무액 상당의 이익을 얻었고 그로 인하여 명의신탁자에게 그에 상응하는 손해를 입혔으므로, 명의수탁자는 명의신탁자에게 이를 부당이득으로 반환할 의무를 부담한다.

수탁자는 신탁된 부동산을 제3자에게 처분함으로써 얻은 이익(처분대금이나 보상금 ; 처분당시 목적물의 시가가 아님)을 명의신탁자에게 부당이득으로 반환할 의무가 인정된다(대판 2011.9.18. 2009다49193,49209 ; 6회,10회 선택형). 최근에는 이를 전원합의체 판결로 확인하였다(대판 2021.9.9. 전합2018다284233).

9 명의신탁약정 및 이에 따른 등기로 이루어진 부동산에 관한 물권변동의 무효는 명의신탁약정에 따라 형성된 외관을 토대로 다시 명의신탁이 이루어지는 등 연속된 명의신탁관계에서 '최후의 명의수탁자'가 물권자임을 기초로 그와 사이에 직접 새로운 이해관계를 맺은 사람에게도 대항하지 못한다.

부동산실명법 제4조 3항의 '제3자'라고 함은 선·악을 불문하고 명의신탁 약정의 당사자 및 포괄승계인 이외의 자로서 '명의수탁자가 물권자임'을 기초로 그와의 사이에 '직접' 실질적으로 새로운 이해관계를 맺은 자를 말하고(대판 2000.3.28. 99다56529 ; 대판 2001.6.26. 2001다53711 ; 6회,9회,10회 선택형). 이러한 법리는 특별한 사정이 없는 한 명의신탁약정에 따라 형성된 외관을 토대로 다시 명의신탁이 이루어지는 등 연속된 명의신탁관계에서 '최후의 명의수탁자'가 물권자임을 기초로 그와 사이에 직접 새로운 이해관계를 맺은 사람에게도 적용된다(대판 2021.11.11. 2019다272725).

10 부동산 실권리자명의 등기에 관한 법률이 시행되기 전에 계약명의신탁 약정을 한 명의수탁자가 이러한 사실을 알지 못하는 소유자와 부동산에 관한 매매계약을 체결한 후 자신의 명의로 소유권이전등기를 마치면서 장차 위 부동산의 처분대가를 명의신탁자에게 지급하기로 하는 '정산약정'을 한 경우, 정산약정 이후에 같은 법이 시행되었다거나 부동산의 처분이 같은 법 시행 이후에 이루어졌다는 사정만으로 정산약정이 당연 무효가 되는 것은 아니다. 대판 2021.7.21. 2019다266751

"부동산실명법 시행일(1995.7.1.)로부터 1년의 기간(유예기간)이 경과하기 전까지는 명의신탁자는 언제라도 명의신탁을 해지하여 해당 부동산의 소유권을 취득할 수 있었다는 점에서, 그 유예기간이 경과한 후에는 동법 제12조 1항에 의해 제4조가 적용되어 계약명의신탁법리가 적용된다고 하더라도, 동법 제3조 및 제4조가 명의신탁자에게 소유권이 귀속되는 것을 막는 취지의 규정은 아니므로 이 경우에는 명의수탁자는 명의신탁자에게 자신이 취득한 해당 '부동산 자체'를 부당이득으로 반환할 의무가 있다"(대판 2008.11.27. 2008다62687).

"만일 명의수탁자가 신탁부동산을 처분하였다면, 처분대가에 관한 정산약정이 없는 경우라도 명의수탁자는 민법 제747조 제1항에 의하여 명의신탁자에게 그 부동산의 가액을 반환할 의무를 부담한다"(대판 2021.7.21. 2019다266751).

11 매도인이 악의인 계약명의신탁에서 명의수탁자로부터 명의신탁의 목적물인 주택을 임차하여 주택 인도와 주민등록을 마침으로써 주택임대차보호법 제3조 제1항에 의한 대항요건을 갖춘 임차인은 부동산실명법 제4조 제3항의 규정에 따라 명의신탁약정 및 그에 따른 물권변동의 무효를 대항할 수 없는 제3자에 해당하므로, 명의수탁자의 소유권이전등기가 말소됨으로써 등기명의를 회복하게 된 매도인 및 매도인으로부터 다시 소유권이전등기를 마친 명의신탁자에 대해 자신의 임차권을 대항할 수 있고, 위의 방법으로 소유권이전등기를 마친 명의신탁자는 주택임대차보호법 제3조 제4항에 따라 임대인의 지위를 승계한다.

대판 2022.3.17. 2021다210720

12 법정지상권이 성립하려면 경매절차에서 매수인이 매각대금을 다 낸 때까지 해당 건물이 독립된 부동산으로서 건물의 요건을 갖추고 있어야 하므로, 가설건축물은 특별한 사정이 없는 한 법정지상권이 성립하지 않는다. 22년 법행

법정지상권이 성립하려면 경매절차에서 매수인이 매각대금을 다 낸 때까지 해당 건물이 독립된 부동산으로서 건물의 요건을 갖추고 있어야 한다. 따라서 가설건축물은 특별한 사정이 없는 한 독립된 부동산으로서 건물의 요건을 갖추지 못하여 법정지상권이 성립하지 않는다"(대판 2021.10.28. 2020다224821).

13 분묘의 기지인 토지가 분묘의 수호·관리권자가 아닌 다른 사람의 소유인 경우, 토지 소유자가 분묘의 설치를 승낙한 때 분묘기지권을 설정한 것으로 보아야 하고, 위 분묘기지권 성립 당시 토지 소유자와 분묘의 수호·관리자가 지료 지급의무의 존부나 범위 등에 관하여 약정한 경우, 그 약정의 효력은 분묘 기지의 승계인에 미친다. 대판 2021.9.16. 2017다271834,271841

14 임대차계약에 따른 임차보증금반환채권을 담보할 목적으로 전세권설정등기를 마친 경우 임대차계약에 따른 연체차임 공제는 전세권설정계약과 양립할 수 없으므로, 전세권설정자는 선의의 제3자에 대해서는 연체차임 공제 주장으로 대항할 수 없다. 여기에서 선의의 제3자가 보호될 수 있는 법률상 이해관계는 전세권설정계약의 당사자를 상대로 하여 직접 법률상 이해관계를 가지는 경우 외에도 법률상 이해관계를 바탕으로 하여 다시 위 전세권설정계약에 의하여 형성된 법률관계와 새로이 법률상 이해관계를 가지게 되는 경우도 포함된다. 대판 2021.12.30. 2020다257999

15 하나의 채권을 피담보채권으로 하여 여러 필지의 토지에 대하여 유치권을 취득한 유치권자가 그중 일부 필지의 토지에 대하여 선량한 관리자의 주의의무를 위반하였다면 특별한 사정이 없는 한 위반행위가 있었던 필지의 토지에 대하여만 유치권 소멸청구가 가능하다.

유치권자가 이를 위반한 경우에는 소유자는 유치권의 소멸을 청구할 수 있다(제324조 3항). 判例는 "하나의 채권을 피담보채권으로 하여 여러 필지의 토지에 대하여 유치권을 취득한 유치권자가 그 중 일부 필지의 토지에 대하여 선량한 관리자의 주의의무를 위반하였다면 특별한 사정이 없는 한 유치권 대상 필지 전체에 대하여 유치권 소멸청구를 할 수 있는 것이 아니라 위반행위가 있었던 해당 필지의 토지에 대해서만 유치권 소멸청구가 가능하다"고 한다(대판 2022.6.16. 2018다301350). 왜냐하면 '유치권의 불가분성'(제321조)을 정한 취지는 담보물권인 유치권의 효력을 강화하여 유치권자의 이익을 위한 것으로서 이를 근거로 오히려 유치권자에게 불이익하게 선량한 관리자의 주의의무 위반이 문제 되지 않는 유치물에 대한 유치권까지 소멸한다고 해석하는 것은 상당하지 않기 때문이다.

16 유치권 소멸청구는 민법 제327조에 규정된 채무자뿐만 아니라 유치물의 소유자도 할 수 있는바, 유치물 가액이 피담보채권액보다 많을 경우에는 피담보채권액에 해당하는 담보를 제공하면 되고, 유치물 가액이 피담보채권액보다 적을 경우에는 유치물 가액에 해당하는 담보를 제공하면 된다. 대판 2021.7.29. 2019다216077

17 질권설정자가 민법 제349조 제1항에 따라 제3채무자에게 질권이 설정된 사실을 통지하거나 제3채무자가 이를 승낙한 때에는 제3채무자가 질권자의 동의 없이 질권의 목적인 채무를 '변제'하더라도 질권자에게 대항할 수 없고, 질권자는 여전히 제3채무자에게 직접 채무의 변제를 청구할 수 있다. 대판 2022.3.31. 2018다21326

17-1 질권의 목적인 채권에 대하여 질권설정자의 일반채권자의 신청으로 압류·전부명령이 내려진 경우에도 그 명령이 송달된 날보다 먼저 질권자가 확정일자 있는 문서에 의해 민법 제349조 제1항에서 정한 대항요건을 갖추었다면, 전부채권자는 질권이 설정된 채권을 이전받을 뿐이고 제3채무자는 전부채권자에게 변제했음을 들어 질권자에게 대항할 수 없다. 대판 2022.3.31. 2018다21326

18 저당권을 설정한 후에 근저당설정자와 근저당권자의 합의로 채무의 범위 또는 채무자를 추가하거나 교체하는 등으로 피담보채무를 변경할 수 있고 이 경우 <u>이해관계인의 승낙은 필요 없다.</u>

근저당의 피담보채무가 확정되기 전에는 근저당의마 피담보채권을 발생시키는 기본계약상의 채무자의 지위를 변경 (이전)하는 것도 가능하며, 이는 '계약인수'의 성질을 지니는 것이므로 기본계약의 당사자 및 인수인의 3면계약으로 가능하다. 이 경우 변경된 내용상의 채무(인수인이 부담하는 채무)만이 근저당으로 담보되고, 변경 전의 범위에 속하는 채권이나 채무자에 대한 채권은 그 근저당권에 의하여 담보되는 채무의 범위에서 제외된다(대판 1999.5.14. 97다 15777,15784).

이 때 후순위저당권자 등 이해관계인은 근저당권의 채권최고액에 해당하는 담보가치가 근저당권에 의하여 이미 파악되어 있는 것을 알고 이해관계를 맺었기 때문에 이러한 변경으로 예측하지 못한 손해를 입었다고 볼 수 없으므로, 피담보채무의 범위 또는 채무자를 변경할 때 이해관계인의 승낙을 받을 필요가 없다(대판 2021.12.16. 2021다255648).

19 가등기담보법 제3조, 제4조의 청산절차를 위반하여 이루어진 담보가등기에 기한 본등기가 무효라고 하더라도 선의의 제3자가 그 본등기에 터 잡아 소유권이전등기를 마치는 등으로 담보목적 부동산의 소유권을 취득하면, 채무자 등은 더 이상 가등기담보법 제11조 본문에 따라 채권자를 상대로 그 본등기의 말소를 청구할 수 없게 된다. 이 경우 그 반사적 효과로서 무효인 채권자 명의의 본등기는 그 등기를 마친 시점으로 소급하여 확정적으로 유효하게 되고, 이에 따라 담보 목적부동산에 관한 채권자의 가등기담보권은 소멸하며, 청산절차를 거치지 않아 무효였던 채권자의 위 본등기에 터 잡아 이루어진 등기 역시 소급하여 유효하게 된다고 보아야 한다. 다만 이 경우에도 채무자 등과 채권자 사이의 청산금 지급을 둘러싼 채권·채무 관계까지 모두 소멸하는 것은 아니고, 채무자 등은 채권자에게 청산금의 지급을 청구할 수 있다. 22년 법행

대판 2021.10.28. 2016다248325

20 양도담보를 설정하려면 양도담보설정자에게 목적물에 대한 소유권이나 처분권 등 양도담보를 설정할 권한이 있어야 한다. 양도담보설정자에게 이러한 권한이 없는데도 양도담보설정계약을 체결한 경우에는 특별한 사정이 없는 한 양도담보가 유효하게 성립할 수 없다.

대판 2022.1.27. 2019다295568

★ **분묘기지권의 지료지급의무**

① 타인의 소유지 내에 토지소유자의 승낙을 얻어 분묘를 설치한 경우, 약정이 있으면 유상, 없으면 무상으로 보며, ② 타인 소유의 토지에 토지소유자의 승낙 없이 분묘를 설치한 후 20년간 평온·공연하게 그 분묘의 기지를 점유하여 분묘기지권을 시효취득한 경우, 분묘기지권자는 토지소유자가 분묘기지에 관한 지료를 청구하면 그 청구한 날부터의 지료를 지급할 의무가 있다(대판 2021.4.29. 전합2017다228007). ③ 자기 소유의 토지에 분묘를 설치한 자가 후에 이 토지를 타인에게 양도한 경우, 관습법상 법정지상권의 법리를 유추적용한 것이므로 제366조를 유추적용하여 지료를 지급해야 한다(대판 2015.7.23. 2015다206850 ; 대판 2021.5.27. 2020다295892). 이때 분묘기지권자는 '분묘기지권이 성립한 때'부터 토지 소유자에게 지료를 지급할 의무가 있다(대판 2021.9.16. 2017다271834,271841).

★ 채권담보의 목적을 갖는 전세권

(1) 전세권자가 사용 · 수익하지 않고, 통정허위표시에도 해당하지 않는 경우

① "전세권이 용익물권적 성격과 담보물권적 성격을 겸비하고 있다는 점 및 목적물의 인도는 전세권의 성립요건이 아닌 점 등에 비추어 볼 때 당사자가 주로 채권담보의 목적으로 전세권을 설정하였고, 그 설정과 동시에 목적물은 인도하지 아니한 경우라고 하더라도, 장차 전세권자가 목적물을 사용 · 수익하는 것을 완전히 배제하는 것이 아니라면, 그 전세권의 효력을 부인할 수는 없다"(대판 1995.2.10. 94다18508 : 4회 선택형).

② 따라서 "전세권설정계약의 당사자가 전세권의 핵심인 사용 · 수익 권능을 배제하고 채권담보만을 위해 전세권을 설정하였다면, 법률이 정하지 않은 새로운 내용의 전세권을 창설하는 것으로서 '물권법정주의'에 반하여 허용되지 않고 이러한 전세권설정등기는 무효이다"(대판 2021.12.30. 2018다40235,40242).

(2) 전세권자가 사용 · 수익하나, 통정허위표시에 해당하는 경우

判例는 임대차보증금반환채권 담보 목적의 전세권에 근저당권이 설정된 사안에서, "전세권설정계약은 임대차계약과 양립할 수 없는 범위에서 통정허위표시에 해당하여 무효이나, 전세권설정등기는 임대차계약에 따른 임대차보증금반환채권을 담보할 목적으로 마쳐진 것으로서 유효하고, 전세권근저당권자(제371조)가 이 사건 전세권설정등기가 임대차보증금반환채권 담보 목적임을 알고 있었으므로(제108조 2항) 전세권설정자는 전세권근저당권자에 대하여 이 사건 임대차계약에 따른 연체차임 등의 공제 주장으로 대항할 수 있을 뿐이며, 따라서 전세권설정등기는 임대차보증금 중 연체차임 등을 공제한 나머지를 담보하는 범위에서 여전히 유효하므로, 전세권근저당권자는 전세권설정자로부터 그 나머지 임대차보증금 상당액을 지급받을 때까지 전세권설정등기의 말소를 저지할 이익이 있다"(대판 2021.12.30. 2018다268538)고 한다.

★ 제368조 2항 2문의 적용범위

이상의 법리는 채무자 소유의 수 개의 부동산 또는 동일한 물상보증인 소유의 수 개의 부동산에 관하여 공동저당권이 설정된 경우에만 적용되고, 채무자 소유의 부동산과 물상보증인 소유의 부동산에 관하여 공동저당권이 설정된 경우에는 적용되지 않는다.

가) 채무자 소유 부동산이 먼저 경매된 경우

나) 물상보증인 소유 부동산이 먼저 경매된 경우

다) 동일물상보증인 소유의 복수의 부동산에 공동저당이 설정, 그 중 한 부동산에 후순위저당권이 설정된 경우

"같은 물상보증인이 소유하는 복수의 부동산에 공동저당이 설정되고 그중 한 부동산에 후순위저당권이 설정된 다음에 그 부동산이 채무자에게 양도됨으로써 채무자 소유의 부동산과 물상보증인 소유의 부동산에 대해 공동저당이 설정된 상태에 있게 된 경우에는 물상보증인의 변제자대위는 후순위저당권자의 지위에 영향을 주지 않는 범위에서 성립한다고 보아야 하고, 이는 물상보증인으로부터 부동산을 양수한 제3취득자가 변제자대위를 하는 경우에도 마찬가지이다. 이 경우 물상보증인이 자신이 변제한 '채권 전부'에 대해 변제자대위를 할 수 있다고 본다면, 후순위저당권자는 저당부동산이 채무자에게 이전되었다는 우연한 사정으로 대위를 할 수 있는 지위(제368조 2항 2문 참조)를 박탈당하는 반면, 물상보증인 또는 그로부터 부동산을 양수한 제3취득자는 뜻하지 않은 이득을 얻게 되어 부당하다. 따라서 같은 물상보증인이 소유하는 복수의 부동산에 공동저당이 설정된 경우 그 부동산 중 일부에 대한 후순위저당권자는 선순위 공동저당권자가 공동저당이 설정된 '부동산의 가액에 비례'하여 배당받는 것(제368조 2항 2문, 제482조 2항 3호·4호 참조)을 전제로 부동산의 담보가치가 남아있다고 기대하여 저당권을 설정받는 것이 일반적이고, 이러한 기대를 보호하는 것이 제368조의 취지에 부합한다"(대판 2021.12.16. 2021다247258).

> **[사실관계]** 그러므로 위 判例(2021다247258)에 따르면 물상보증인 A가 소유하는 X부동산과 Y부동산에 공동근저당이 설정되고 X부동산에 후순위 전세권이 D에게 설정된 다음에 그 부동산은 채무자 B에게 양도되고, Y부동산은 제3취득자 C에게 이전되었는데, 제3취득자 C가 공동근저당 채무를 전부 변제하고 변제자대위로써 X부동산에 대한 선순위 근저당권을 취득하였다며 후순위 전세권자 D에 대한 우선배당을 주장한 경우, 제3취득자 C의 변제자대위는 후순위 전세권자 D의 지위에 영향을 주지 않는 범위에서 성립한다.

★ 가등기담보법의 적용을 받는 부동산 양도담보권의 법적 성질

① 判例는 가담법 시행 이전에는 신탁적 소유권이전설의 입장이었으나, 가담법 시행 이후에 부동산 양도담보의 경우는 신탁적 소유권이전설을 취한 것도 있으나(대판 1995.7.25. 94다46428), 대체로 담보물권설을 취하고 있는 것으로 보인다(대판 2001.1.5. 2000다47682 ; 대판 2022.4.14. 2021다263519 : 양도담보에 관한 판례 중 가담법의 적용대상이 되는 것 자체가 많지 않다).

[판례검토] 가등기담보법은 담보물권에 특유한 권리인 경매청구권, 우선변제권 등에 관하여 규정함으로써 가등기담보권자에게 저당권자와 유사한 지위를 부여한 점 등에 비추어 가담법의 규율을 받는 양도담보는 일종의 담보물권이라고 하여야 한다(통설).

② 대법원은 가등기담보법이 적용되는 건물에 대한 양도담보는 담보물권이고, 담보물권자의 토지 사용·수익을 인정할 수 없으므로 대지 소유자는 건물의 양도담보권자를 상대로 차임 상당의 부당이득을 청구할 수 없다고 한다. 구체적으로 "가담법이 적용되는 경우에는 채권자가 담보목적 부동산에 관하여 소유자로 등기되어 있다고 하더라도 청산절차 등 법에 정한 요건을 충족해야만 비로소 담보목적 부동산의 소유권을 취득할 수 있다. 채무를 담보하기 위하여 채무자가 자기의 비용과 노력으로 신축하는 건물의 신축허가 명의를 채권자 명의로 한 경우 이는 완성될 건물을 양도담보로 제공하기로 하는 담보권 설정의 합의가 있다고 볼 수 있다(대판 2002.1.11. 2001다48347). 이때 완성된 건물의 소유권은 이를 건축한 채무자가 원시적으로 취득하고, 채권자가 그 명의로 소유권보존등기를 함으로써 건물에 대한 양도담보가 설정된 것으로 보아야 한다. 이러한 양도담보가 가등기담보법의 적용대상이 되는 경우에는 양도담보권자가 청산절차 등을 거쳐 담보목적 부동산의 소유권을 취득하기 전까지 특별한 사정이 없는 한 양도담보 설정자가 건물의 소유자로서 이를 현실적으로 점유하면서 사용·수익하고 있다고 볼 수 있으므로 채권자가 건물에 대한 양도담보권을 취득했다고 해서 그 대지 소유자에게 부당이득반환의무를 부담하는 것은 아니다"(대판 2022.4.14. 2021다263519).

제 **3** 편

채권총론

제1장	채권법 서론

제2장	채권의 목적

제1절 총 설

01

> A는 乙이 경영하는 여관 2층에 투숙하여 잠을 자던 중, 그 여관 1층에서 발생한 원인불명의 화재가 순식간에 2층으로 번져 질식사하게 되었다. A에겐 유일한 상속인인 직계비속 甲이 있었다.(단, 乙은 화재예방 및 화재발생 후 사후조치에 대해 경과실이 있었다고 가정한다). 이에 甲은 주위적으로 乙에 대하여 불법행위를 이유로 한 손해배상을 청구하고, 예비적으로 乙에 대하여 채무불이행을 이유로 한 손해배상을 청구하였다.

① 통상의 임대차관계에 있어서 임대인은 임차인의 안전을 배려하여 주거나 도난을 방지하는 등의 보호의무를 부담하지 않는다(대판 1999.7.9. 99다10004).

② 예비적 청구에 있어 乙은 A의 안전을 배려하여야 할 보호의무를 부담하며, 이러한 의무는 숙박계약의 특수성을 고려한 신의칙상의 부수의무로서 이를 위반한 경우 불완전이행으로 인한 채무불이행책임을 부담한다. 다만, 乙은 그 채무불이행에 관하여 자기에게 과실이 없음을 주장·입증한다면 그 책임을 면할 수 있다(대판 2000.11.24. 2000다38718,38725).

③ 주위적 청구에 있어 실화책임에 관한 법률이 적용되는 것은 아니다.

> **해설** 判例에 따르면 실화책임에 관한 법률의 입법 취지상 당해 법률은 발화점과 불가분의 일체를 이루는 물건의 소실, 즉 직접 화재에는 적용되지 아니하고, 그로부터 연소한 부분에만 적용된다고 한다(대판 2002.12.10. 2001다9298). 따라서 1층에서 발생한 불이 2층으로 번진 것을 '延燒(연소)'된 경우라고 볼 수 없기 때문에 실화책임법이 적용되는 것은 아니다. 결국 경과실을 이유로 乙은 일반불법행위책임을 진다(제750조).

④ 피해자인 A가 포기하였거나 면제했다고 볼 수 있는 특별한 사정이 없는 한 甲은 A의 위자료청구권을 상속받아 이를 청구할 수 있다(대판 1966.10.18. 66다1335).

⑤ 甲은 A의 사망으로 인하여 생긴 자신의 정신적 손해의 배상도 청구할 수 있는바, 이는 주위적 청구의 경우는 인정되나 예비적 청구의 경우는 인정되지 않는다.

> **해설** 乙은 제750조의 불법행위책임을 진다고 할 수 있으므로 甲은 피해자인 A의 직계비속으로서 정신적 고통에 관한 입증의 필요 없이 위자료를 청구할 수 있다(제752조). 그러나 判例는 채무불이행의 경우에 근친자의 위자료청구권을 인정하지 않는다. 즉 채무불이행으로 인한 유족의 위자료청구권 인정 여부와 관련하여 제752조의 유추적용을 부정한다(대판 2000.11.24. 2000다38718,38725).

제2절 목적에 의한 채권의 종류

01 계약을 둘러싼 법률관계에서도 일방 당사자가 상대방 당사자에게 손실이 발생하지 아니하도록 하는 등 상대방 당사자의 이익을 보호하거나 배려할 일반적인 의무를 부담하지 않는다. 따라서 카지노사업자인 丙 회사 직원이 카지노사업자의 영업제한규정 중 1회 베팅한도를 제한하는 규정을 위반하였다면, 1회 베팅한도를 초과하여 카지노를 이용한 甲에 대한 보호의무를 위반하였다고 볼 수 없다(대판 2014.8.21. 전합2010다92438). [최신판례]

02 A가 B로부터 X주식회사 주식을 매수한 다음 이를 B에게 명의신탁하였는데, B가 위 주식을 타인에게 매도한 후, A가 B와의 명의신탁을 해지하였다. 이 경우 B는 주식을 보유하고 있지 않다고 하더라도 B의 명의신탁해지에 따른 주식 반환의무가 이행불능된 것은 아니다. [최신판례]

> 해설 "주식은 주주가 출자자로서 회사에 대하여 가지는 지분으로서 동일 회사의 동일 종류 주식 상호간에는 그 개성이 중요하지 아니한 점, 이 사건 주식보관증에는 B가 하이마트 주식 2,000주를 보관하고 있다고 기재되어 있을 뿐 B가 보관하는 주권이 특정되어 있지 아니한 점을 고려하여 보면, B의 A에 대한 주식반환의무는 특정물채무가 아니라 종류채무에 해당한다. 따라서 B가 하이마트 주식을 취득하여 반환할 수 없는 등의 특별한 사정이 없는 한, B가 보유하는 주식이 제3자에게 매도되어 B가 이를 보유하고 있지 않다는 사정만으로는 B의 주식반환의무가 이행불능이 되었다고 할 수 없다"(대판 2015.2.26. 2014다37040).

03 제한종류채권에서 채무자가 이행에 필요한 행위를 하지 아니하거나 지정권자로 된 채무자가 이행할 물건을 지정하지 아니하여 급부목적물이 특정되지 아니하는 경우에는 채권의 기한이 도래한 후 채권자가 상당한 기간을 정하여 지정권이 있는 채무자에게 그 지정을 최고하여도 채무자가 이행할 물건을 지정하지 아니하면 지정권이 채권자에게 이전한다. [사시 15, 법행 11]

> 해설 "제한종류채권에 있어 급부목적물의 특정은, 원칙적으로 종류채권의 급부목적물의 특정에 관한 민법 제375조 2항이 적용되므로, 채무자가 이행에 필요한 행위를 완료하거나 채권자의 동의를 얻어 이행할 물건을 지정한 때에는 그 물건이 채권의 목적물이 되는 것이나, 당사자 사이에 지정권의 부여 및 지정의 방법에 관한 합의가 없고, 채무자가 이행에 필요한 행위를 하지 아니하거나 지정권자로 된 채무자가 이행할 물건을 지정하지 아니하는 경우에는, 선택채권의 선택권 이전에 관한 민법 제381조를 준용하여 채권의 기한이 도래한 후 채권자가 상당한 기간을 정하여 지정권이 있는 채무자에게 그 지정을 최고하여도 채무자가 이행할 물건을 지정하지 아니하면 지정권이 채권자에게 이전한다"(대판 2009.1.30. 2006다37465).

04 임대목적물이 멸실, 훼손된 경우 임차인이 그 책임을 면하려면 그 임차건물의 보존에 관하여 선량한 관리자의 주의의무를 다하였음을 입증하여야 하나, 임차건물이 임대인의 지배관리 영역 내에 있는 부분의 화재로 소훼된 경우 임차인의 선관주의의무의 위반을 임대인이 입증하여야 임차인에게 손해배상책임을 지울 수 있다(대판 2006.2.10. 2005다65623). [사시 15]

05 '임차 외 건물 부분이 구조상 불가분의 일체를 이루는 관계에 있는 부분'이라 하더라도, 그 부분에 발생한 손해에 대하여 임대인이 임차인을 상대로 채무불이행을 원인으로 하는 배상을 구하려면, 임차인이 보존·관리의무를 위반하여 화재가 발생한 원인을 제공하는 등 화재 발생과 관련된 임차인의 계약상 의무 위반이 있었고, 그러한 의무 위반과 임차 외 건물 부분의 손해 사이에 상당인과관계가 있으며, 임차 외 건물 부분의 손해가 의무 위반에 따라 민법 제393조에 의하여 배상하여야 할 손해의 범위 내에 있다는 점에 대하여 '임대인'이 주장·증명하여야 한다(대판 2017.5.18. 전합2012다86895,86901). [최신판례]

06

> 과일가게를 경영하는 A는 B로부터 2004.1.2. 오후 3시에 B의 집으로 사과 1박스를 배달해 달라는 주문을 받고 승낙하였다. 그런데, 약속대로 A가 B에게 사과를 배달하러 갔으나 B는 외출 중이었다. 사실 B는 외출 후 약속시간까지 돌아오려고 하였으나 B의 과실 없이 차가 고장나서 약속시간까지 돌아올 수 없었던 것이다. 한편 A는 B의 집이 자물쇠로 잠겨 있고, 핸드폰으로 B에게 연락을 시도하였으나 연락이 되지 않아 배달을 할 수 없었다. 이에 A는 사과를 다시 가지고 돌아오던 중, 경과실로 C와 충돌하여 사과가 모두 못쓰게 되었다.

㉠ **종류채권인지 특정물채권인지 여부는 당사자의 의사를 표준으로 하여 정하여 진다.**

해설 종류채권은 특정물채권과 달리 목적물의 개성이 중시되지 않기 때문에, 종류물인지 여부(개성의 중시 여부)는 거래의 일반관념에 의하여 객관적으로 정해지는 것이 아니라, 당사자의 의사를 표준으로 하여 정하여 진다. ☞ A의 채무는 사과 한 상자를 인도하는 것으로 사안에서 B가 특정 사과 상자를 지정한 것으로 보이지 않으므로 불특정한 사과 한 상자를 인도하면 족한 '종류채무'이다.

㉡ **A의 사과인도채무는 지참채무이고, A가 약정한 이행기에 B의 집에 도착하여 B가 언제든지 수령할 수 있는 상태에 있었기 때문에 비록 B가 수령하지 못했다 하더라도 A의 채무는 특정 되었다.**

해설 B의 집으로 배달해 주기로 한 것이므로 A의 채무는 지참채무이다. 지참채무는 채권자의 주소에서 '현 실의 제공'을 한 때(제460조 본문), 즉 목적물이 채권자의 주소에 도달하고 채권자가 언제든지 수령할 수 있 는 상태에 놓여진 때에 특정된다. ☞ 따라서 A가 약정한 이행기에 B의 집에 도착하여 B가 언제든지 수 령할 수 있는 상태에 있었기 때문에 비록 B가 현실로 수령하지 못했다 하더라도 이행에 필요한 행위를 완료했다고 보아야 하므로 A의 채무는 특정되었다.

㉢ **A의 과실로 사과가 멸실되었더라도 B는 A에게 다른 사과의 인도를 청구할 수 없다.**

해설 A의 채무는 특정에 의해 특정물채권이 되었고 그 특정된 사과가 파손되었으므로 A의 채무는 급부불 능이 되었다. 종류채권은 목적물이 특정되면 급부위험이 채권자에게 이전하므로 A는 특정된 사과인도채무를 면하게 되고 B도 A에게 다른 사과의 인도를 구할 수 없다. 다만 사과의 파손에 대하여 채무자에게 책임이 있는 경우 그가 손해배상책임을 질 수는 있지만 이는 급부위험과 별개의 문제이다.

㉣ **약속시간까지 돌아올 수 없었던 것에 B의 과실이 없더라도 B는 채권자지체책임을 진다.**

해설 통설인 법정책임설에 의하면 채권자의 귀책사유는 필요로 하지 않는다(제400조).

㉤ **A의 과실로 사과가 멸실되었지만, B는 A에게 채무불이행책임을 물을 수 없다.**

해설 A는 경과실로 급부불능에 빠졌으나 이는 B의 채권자지체 중에 발생한 사유이므로 A는 제401조에 따 라 채무불이행책임을 부담하지 않는다.

㉥ **만약 사과가 배달되었으나 일부가 파손되었음을 발견한 B는 A가 사과파손에 과실이 없더라 도 A에게 다시 하자 없는 사과로 급부해 줄 것을 청구할 수 있다.**

해설 매매의 목적물을 종류로 지정한 경우라 하더라도 그 후 특정된 목적물에 하자가 있는 때에는 매도인은 하자담보책임을 진다(제581조 1항). 이 경우 매수인은 계약의 해제나 손해배상청구를 하지 않고 하자 없는 물건, 소위 '완전물급부청구권'을 행사할 수 있다(동조 2항). ☞ 지문의 경우 B는 목적물의 일부(사 과 중 일부)가 파손되었음을 발견한 바, 그 사실을 안 날로부터 6개월 내에 A에게 다시 하자 없는 목적물(사과)로 급부해 달라고 청구할 수 있다. 그리고 이러한 담보책임은 무과실책임이므로 매도인 A의 과실여부와 상관없이 인정된다.

07 이자제한법의 최고이자율을 초과하는 이자에 대하여 당사자가 준소비대차계약을 체결하더라도, 그 초과부분은 무효이다(대판 2015.1.15. 2014다223506). [최신판례, 변리 15]

08 (1년 이내의 기간으로 정한) 이자채권은 따로 3년의 시효(제163조 1호)에 걸리는 등 강한 독립성이 있다. 그러나 원본채권의 소멸시효가 지분권인 이자채권의 소멸시효에 앞서 완성되면, 비록 이자채권 자체의 소멸시효는 완성되지 않았더라도 이자채권이 소멸한다. 예를 들어 원본채권을 10년간 행사하지 않아서 소멸시효가 완성되면(제162조 1항), 7년이 경과한 후 발생한 지분적 이자채권은 아직 3년(제163조 1호)이 경과하지 않았더라도 소멸한다.

해설 왜냐하면 제183조에 의해 주된 권리(원본채권)의 소멸시효가 완성되면 종속된 권리(지분적 이자채권)에 그 효력이 미치기 때문이다(대판 2008.3.14. 2006다2940참고).

※ **기본적 이자채권과 지분적 이차채권의 차이**

(1) 기본적 이자채권

기본적 이자채권은 그 발생·소멸·처분에서 원본채권과 운명을 같이한다(부종성, 수반성 등). 즉 원본채권이 없이는 발생할 수 없고, 원본채권이 소멸하면 같이 소멸하며, 원본채권의 양도 등 처분은 기본적 이자채권의 처분을 수반하는 것을 원칙으로 한다.

(2) 지분적 이자채권

지분적 이자채권은 원본채권과 분리하여 양도할 수 있고, 원본채권과는 별도로 변제할 수 있으며, (1년 이내의 기간으로 정한) 이자채권은 따로 3년의 시효(제163조 1호)에 걸리는 등 강한 독립성이 있다. 원본채권이 양도되더라도 이미 변제기에 도달한 지분적 이자채권이 당연히 같이 양도되는 것은 아니다(대판 1989.3.28. 88다카12803). 그리고 원본채권이 변제 등으로 소멸하더라도 이미 발생한 지분적 이자채권은 그대로 존속한다.

09 금전채무의 이행기가 1월 20일인데 이를 이행하지 않고 있던 중 채권자가 5월 1일에 이행청구를 하면 1월 20일부터 금전채무 원본의 지연이자가 발생하게 되고, 그 지연이자는 이행기의 정함이 없는 채무에 해당하므로 이행청구를 받은 날인 5월 1일(실제로는 그 이행의 청구를 받은 다음날인 5월 2일)부터 그 지연이자에 대한 지체책임을 다시 부담하게 된다(대판 2004.7.9. 2004다11582).

10 이혼으로 인한 재산분할청구권은 이혼이 성립한 때에 그 법적 효과로서 발생하는 것이지만 협의 또는 심판에 의하여 구체적 내용이 형성되기까지는 그 범위 및 내용이 불명확하기 때문에 구체적으로 권리가 발생하였다고 할 수 없다. 따라서 당사자가 이혼 성립 후에 재산분할 등을 청구하고 법원이 재산분할로서 금전의 지급을 명하는 판결이나 심판을 하는 경우에도, 이는 장래의 이행을 청구하는 것으로서 분할의무자는 그 금전지급의무에 관하여 판결이나 심판이 확정된 다음날부터 이행지체책임을 지고, 그 지연손해금의 이율에 관하여는 소송촉진 등에 관한 특례법 제3조 제1항 본문이 정한 이율도 적용되지 아니한다(대판 2014.9.4. 2012므1656). [최신판례]

11 금전채무불이행에 의한 손해배상액의 경우 약정이율이 있으면 그 이율에 의하나(제397조 1항 단서), 약정이율이 법정이율보다 낮은 경우에는 지연손해금은 약정이율이 아니라 법정이율에 의하여 정해야 한다. 이러한 법리는 계약해제시 반환할 금전에 가산할 이자(제548조 2항)에 관하여 당사자 사이에 약정이 있는 경우에도 적용된다. 다만 지연손해금률 자체에 관하여 당사자 사이에 별도의 약정이 있는 경우에는 그 지연손해금률이 법정이율보다 낮더라도 약정에 따른 지연손해금률이 적용된다(대판 2013.4.26. 2011다50509). [변호 17, 사시 15, 법행 15]

12 | 화랑을 운영하는 甲은 2009. 7. 1. 유명도예가의 작품인 A도자기와 B도자기 중 어느 하나를 乙에게 300만 원에 매도하기로 하였다. 계약 당일에 계약금 30만 원이 지급되었고, 선택권은 乙이 2009. 7. 20.까지 행사하고, 甲은 乙이 선택한 도자기를 2009. 7. 25. 인도함과 동시에 잔금을 지급받기로 약정하였다. [사시 10 · 13유사]

① 2009. 7. 10. 선택권을 행사하기 전에 화랑을 다시 방문한 乙이 과실로 A도자기를 파손한 경우, 급부의 목적물은 B도자기로 특정되며 甲은 乙에게 A도자기 파손에 대한 불법행위책임을 물을 수 있다.

> **해설** 채권의 목적으로 선택할 수개의 행위 중에 처음부터 불능한 것이거나 또는 후에 이행불능하게 된 것이 있으면 채권의 목적은 잔존한 것에 존재하나, 선택권 없는 당사자의 과실로 인하여 이행불능이 된 때에는 선택채권의 존속에 영향을 주지 않는다(제385조). 따라서 선택자의 과실로 급부가 후발적 불능으로 된 때에는 채권은 잔존하는 급부에 존재하고, 만일에 잔존하는 급부가 하나뿐이면 채권은 그 급부에 특정된다. 이 경우 후발적 불능이 선택권자의 과실에 의한 것이므로 그는 불법행위책임(제750조)을 지게 된다.

② 2009. 7. 7. 甲이 丙에게 B도자기를 매도하고 2009. 7. 24. 까지 인도하기로 하였다면, 乙이 2009. 7. 20. B도자기를 선택하였더라도, 만약 제3자 丙이 인도를 받은 경우에는 丙은 乙에게 소유권을 주장할 수 있다. [모의 15(2)유사, 변리 06]

> **해설** 선택권의 효력은 그 채권이 발생한 때에 소급하나, 제3자의 권리를 해하지 못한다(제386조 단서). 다만 여기의 제3자 보호규정은 물권변동에 관한 의사주의를 취하던 구민법을 그대로 답습한 것으로서 형식주의를 취하는 현행 민법에서는 제3자의 권리를 해하는 경우가 있을 수 없으므로 무의미한 규정이다(통설). 왜냐하면 위의 사례와 같이 甲이 丙과 B도자기에 대해 매매계약을 체결하였으나 아직 인도하지 않고 있는 경우에는 乙이 B도자기를 선택하더라도 제3자 丙과 乙은 유효한 매매계약에 기한 채권자로서 서로 우열이 없으며(즉 먼저 인도를 받는 자가 소유권을 취득하게 되고, 타방은 이행불능책임을 물을 수 있음), 만약 제3자 丙이 이미 인도를 받은 경우에는 물권자로서 채권자인 乙보다 우선하기 때문이다.

③ 2009. 7. 5. 乙이 A도자기에 대해 선택권을 행사하였음에도, 甲은 2009. 7. 8. A도자기를 丙에게 매도하고 인도해 주었다. 이 경우 乙은 甲의 동의가 없어도 선택의 의사표시를 철회하고 다시 B도자기를 선택할 수 있다. [변리 06]

> **해설** 선택의 의사표시는 상대방의 동의가 없으면 철회하지 못하는 것이 원칙이나(제383조 2항), 判例는 "선택권자가 선택의 의사표시를 한 뒤라도 상대방의 방해행위(예컨대 제3자에게 처분한 경우) 등으로 선택의 목적을 달성할 수 없는 경우와 같이 특별한 사정이 있으면 상대방의 동의 없이도 그 의사표시를 철회하고 새로운 선택을 할 수 있다"(대판 1972.7.11. 70다877)고 한다.

④ 만약 위 사례에서 2009.7.19. 乙이 A도자기에 대한 선택권을 행사하였는데, 2009.7.25. 甲의 직원 丁이 화랑의 차량을 이용하여 A도자기를 乙에게 인도하기 위하여 乙의 주소지로 가던 중에 丁의 과실에 따른 교통사고로 인하여 A도자기가 완전히 파손되었다. 이 경우 乙의 위 선택권 행사에 의하여 2009.7.1. A도자기에 대한 매매계약이 이미 성립한 것으로 된다.

> **해설** 선택권의 효력은 그 채권이 발생한 때에 소급한다(제386조 본문). 따라서 선택권자가 A도자기를 선택하면 처음부터 A도자기에 대한 매매계약이 체결된 것으로 되어 A도자기에 대한 특정물채권으로 된다.

⑤ 위 ④지문의 경우 丁의 과실에 의한 교통사고였다면 乙에게 계약해제권이 인정되는바, 乙이 해제를 하기 위해서 잔금 채무의 이행을 제공할 필요는 없다.

> **해설** 乙이 선택권을 행사한 후에는 A도자기에 대한 특정물채권으로 되는데, 이행보조자 丁의 과실에 의한 멸실인 경우 민법 제391조에 의해 甲의 乙에 대한 인도의무는 이행불능에 빠지게 된다. 그런데 매도인의 매매계약상의 소유권이전등기의무가 이행불능이 되어 이를 이유로 매매계약을 해제함에 있어서는 상대방의 잔대금지급의무가 매도인의 소유권이전등기의무와 동시이행관계에 있다고 하더라도 그 이행의 제공을 필요로 하는 것이 아니다(제546조)(대판 2003.1.24. 2000다22850).

제3장 채권의 효력

제1절 채무불이행의 유형 및 요건

제1관 채무불이행의 일반적 요건

제2관 이행보조자의 고의 · 과실

01

> 甲은 乙 소유 메추리농장을 계약 종료시 임차 당시의 상태로 반환하기로 약정하고 이를 임차하여 운영하여 왔다. 한편 乙은 甲과 사이에 계분이송기를 시설해 주기로 약정하고, 丙에게 도급을 주어 丙이 이를 설치하는 과정에서 乙의 지시 · 감독 없이 丙의 과실로 화재가 발생하여 메추리농장과 甲소유 메추리 전부가 전소하였다.
>
> [민법표준판례(핵심사례 B-2.참고), 변호 17유사]

㉠ 메추리농장 전부가 전소됨으로 인하여 임대인의 채무는 이행불능이 되었으며, 이때 임대차는 임차인의 해지의 의사표시를 기다리지 않고 곧바로 종료된다.

> **해설** 甲 · 乙 사이의 임대차계약은 목적물(메추리농장과 메추리)의 사용 · 수익과 그 반환에 목적을 두는데(제618조 참조), 그 목적물이 멸실된 것이므로, 그 멸실에 누구의 귀책사유가 있든 이를 묻지 않고 위 임대차계약은 급부불능으로 당연히 종료한다. 이때 임대차는 임차인의 해지의 의사표시를 기다리지 않고 곧바로 종료된다.

㉡ 수급인 丙의 과실로 인해 乙은 甲에 대해 채무불이행책임을 진다. [사시 13유사]

> **해설** "민법 제391조에서의 이행보조자로서의 피용자라 함은 일반적으로 채무자의 의사관여 아래 그 채무의 이행행위에 속하는 활동을 하는 사람이면 족하고, 반드시 채무자의 지시 또는 감독을 받는 관계에 있어야 하는 것은 아니므로 채무자에 대하여 종속적인가 독립적인 지위에 있는가는 문제되지 않는다"(대판 1999.4.13. 98다51077,51084).
>
> ☞ 이 경우 丙의 과실은 乙의 과실로 간주되므로, 甲은 乙을 상대로 채무불이행책임, 즉 乙의 과실로 목적물이 멸실되어 甲이 그 목적물을 사용 · 수익하지 못하게 되어 입은 손해에 대해 배상을 청구할 수 있다(제623조, 제390조). 그리고 채무불이행책임에는 실화책임법이 적용되지 않는다(대판 1999.4.13. 98다51077,51084).

ⓒ 만약 丙이 도급계약이 아니라 단순히 乙을 위해 호의(好意)로 위 행위를 한 경우에도 그것이 乙의 용인 아래 이루어지는 것이면 丙은 乙의 이행보조자에 해당한다. 이행보조자의 활동이 일시적인지 계속적인지도 문제 되지 않는다(대판 2018.2.13. 2017다275447).   [18년 최신판례]

ⓔ 甲은 丙에게 메추리농장 사용불능에 대한 손해배상을 청구할 수 없다.

해설 ※ 메추리농장 사용불능에 대한 甲의 丙에 대한 구제수단(채권침해)
이행보조자 丙은 임대차계약의 당사자는 아니므로, 甲은 丙에게 채무불이행책임을 물을 수는 없다. 다만 제3자에 의한 채권침해로 인한 불법행위를 이유로 손해배상을 청구할 수 있는지는 문제될 수 있으나, 제750조의 '위법성' 요건과 관련하여 제3자가 채권의 존재를 알면서 '고의'로 목적물을 멸실·훼손케 할 것이 필요하다. 사안에서 丙은 위 메추리 농장이 甲의 채권(임차권)의 목적인 것은 알았겠지만 그것을 과실로 멸실케 하였을 뿐이므로 甲은 丙에게 불법행위책임을 물을 수 없다.

ⓕ 甲은 丙에게 메추리 멸실에 대한 손해배상을 청구할 수 있다.

해설 ※ 메추리 멸실에 대한 甲의 丙에 대한 구제수단(소유권침해)
丙은 甲소유 메추리를 과실로 멸실케 하였으므로 甲은 丙에게 불법행위책임을 물을 수 있다(제750조).

02 채무자의 묵시적 동의하에 이행보조자가 채무의 이행을 위하여 제3자를 복이행보조자로 사용하는 경우, 복이행보조자의 고의·과실에 관하여도 채무자가 그 책임을 진다.   [변리 13]

해설 "이행보조자가 채무의 이행을 위하여 제3자를 복이행보조자로서 사용하는 경우에도 채무자가 이를 승낙하였거나 적어도 묵시적으로 동의한 경우에는 채무자는 복이행보조자의 고의·과실에 관하여 민법 제391조에 의하여 책임을 부담한다"(대판 2011.5.26. 2011다1330).

제3관 이행지체, 동시이행의 항변권

01 타인의 토지를 점유함으로써 발생한 부당이득반환채무는 기한이 없는 채무이므로, 점유자는 이행청구를 받은 때로부터 지체책임이 있다(제387조 2항 ; 대판 2010.1.28. 2009다24187).   [법행 12. 변리 12]

02 채무자가 확정기한인 이행기를 지나면 바로 이행지체에 빠진다고 할 것이고, 이행지체에 빠진 이상 그 후 채권자가 채무의 일부를 수령하였다고 하여 이행지체의 효과가 없어지고 기한의 정함이 없는 채무로 된다고 볼 수 없다(대판 1992.10.27. 91다483).   [모의 13(3),15(3)유사, 법행 12]

03 추심명령의 경우 추심명령을 송달받은 때부터가 아니라, 추심명령이 발령된 후 압류채권자로부터 추심금청구를 받은 다음날부터 제3채무자가 압류채권자에게 압류된 채권액 상당에 관하여 지체책임을 진다.

해설 "추심명령은 압류채권자에게 채무자의 제3채무자에 대한 채권을 추심할 권능을 수여함에 그치고, 제3채무자로 하여금 압류채권자에게 압류된 채권액 상당을 지급할 것을 명하거나 그 지급 기한을 정하는 것이 아니므로, 제3채무자가 압류채권자에게 압류된 채권액 상당에 관하여 지체책임을 지는 것은 집행법원으로부터 추심명령을 송달받은 때부터가 아니라 추심명령이 발령된 후 압류채권자로부터 추심금 청구를 받은 다음날부터라고 하여야 한다"(대판 2012.10.25. 2010다47117).

04 이행기의 정함이 없는 채권을 양수한 채권양수인이 채무자를 상대로 그 이행을 구하는 소를 제기한바, 소송 계속 전에 이미 채무자에 대한 채권양도통지가 이루어진 경우에는 특별한 사정이 없는 한 채무자는 소장부본 송달일 다음날부터 이행지체의 책임을 진다. [최신판례, 변호 16,18]

해설 "지명채권이 양도된 경우 채무자에 대한 대항요건이 갖추어질 때까지 채권양수인은 채무자에게 대항할 수 없으므로, 이행기의 정함이 없는 채권을 양수한 채권양수인이 채무자를 상대로 그 이행을 구하는 소를 제기하고 '소송 계속 중' 채무자에 대한 채권양도통지가 이루어진 경우에는 특별한 사정이 없는 한 채무자는 채권양도통지가 도달된 다음 날부터(이행의 소를 제기한 때가 아님) 이행지체의 책임을 진다"(대판 2014.4.10. 2012다29557).

05 불법행위로 인한 손해배상채무는 그 성립과 동시에(그 당일부터) 또 채권자의 청구 없이도 당연히 이행지체가 된다. 다만 위자료청구권에 대해서는 불법행위시부터 사실심 변론종결시까지 장기간이 경과하고 통화가치 등에 상당한 변동이 생긴 경우에는 예외적으로 사실심 변론종결일부터 지연손해금이 발생한다(대판 2011.7.21. 전합2011재다199). [변호 13, 사시 15, 법행 15유사]

06 당사자 일방이 금전소비대차가 있음을 주장하면서 약정이율에 따른 이자의 지급을 구하는 경우 대여금채권의 변제기 이후의 기간에 대해서는 약정이율에 따른 지연손해금을 구하는 것이고, 여기에 약정이율이 인정되지 않는다고 하더라도 법정이율에 의한 지연손해금을 구하는 취지가 포함되어 있다(대판 2017.9.26. 2017다22407). [최신판례]

07 甲이 乙에 대해 금전채권이 있는 경우, 乙이 위 채무를 이행하지 않아서 甲이 손해배상을 구하는 경우에, 甲은 채무불이행으로 인한 손해의 발생과 손해액을 증명할 필요가 없고, 乙은 채무불이행이 자기에게 책임 없는 사유로 인한 것임을 증명하더라도 책임을 면하지 못한다(제397조 1항). 단, 소송에서 甲이 손해발생의 주장조차 하지 않은 경우에는 지연이자만큼의 손해는 인용될 수 없다(대판 2000.2.11. 99다49644). [사시 08, 변리 07,08]

08 부동산매매계약에서 매수인이 잔금 지급기일까지 그 대금을 지급하지 못하면 계약이 자동적으로 해제된다는 취지의 약정이 있더라도, 특별한 사정이 없는 한, 매도인이 자신의 채무에 대한 이행제공을 하여 매수인을 이행지체에 빠지게 하였을 때에 비로소 계약이 해제된다(대판 1992.10.27. 91다32022). [변호 18유사, 모의 11(1),14(3),15(2)유사]

비교판례 "매수인이 중도금을 약정한 일자에 지급하지 아니 하면, 계약이 해제된 것으로 한다는 특약이 있는 실권약관부 매매계약에 있어서는 매수인이 약정의 중도금 지급의무를 이행하지 아니하면, 그 계약은 그 일자에 자동적으로 해제된 것으로 보아야 하며, 매도인이 그 후에 중도금의 지급을 최고하였다 하더라도, 이는 은혜적으로 한번 지급의무를 이행할 기회를 준 것에 지나지 아니한다"(대판 1980.2.12. 79다2035).

09 채무이행에 관하여 불확정기한이 있는 경우에 채무자가 그 기한이 도래하였음을 알지 못하더라도, 채권자가 채무자에게 기한의 도래를 통지하면서 이행청구를 함으로써 채무자를 이행지체에 빠뜨릴 수 있다. [사시 06, 법행 04, 변리 06·09·12]

해설 제387조(이행기와 이행지체) ① 채무이행의 확정한 기한이 있는 경우에는 채무자는 기한이 도래한 때로부터 지체책임이 있다. 채무이행의 불확정한 기한이 있는 경우에는 채무자는 기한이 도래함을 안 때로부터 지체책임이 있다

비교쟁점 *소멸시효는 기한 도래 사실을 알지 못하더라도 기한의 객관적 도래시부터 진행한다는 것과 비교

10 도급계약에 있어서 이행보증계약에 기한 보증인의 보증금지급의무에 관하여 지급금지가처분결정이 있는 경우라도 지급거절의 권능이 발생하는 것은 아니다. [변호 13·16, 사시 04·08, 법행 04·08]

> **해설** "이행보증계약에 기한 보증인의 보증금지급의무에 관하여 지급금지가처분결정이 있었다고 하더라도 그것으로 써 보증인에게 그 지급을 거절할 수 있는 사유, 즉 지급거절의 권능이 발생한다고 할 수 없고, 보증금지급의 무가 실제로 발생하여 그 이행기가 도래하면 보증인은 보증채권자에게 이를 이행하여야 하며, 이를 이행하지 아니 하는 경우에는 지체책임 발생의 다른 요건이 갖추어지는 한 그 이행의 지체로 인한 손해배상 등 법적 책임을 져야 한다. 다만, 그는 보증금을 채권자의 수령불능을 이유로 변제공탁함으로써 자신의 보증금지급채무로부터 벗 어날 수 있고, 그에 따라 지체책임도 면하게 된다"(대판 2010.2.25. 2009다22778).

11 금융기관의 임직원이 여신업무에 관한 규정을 위반하여 동일인에 대한 대출한도를 초과하여 자 금을 대출하면서 충분한 담보를 확보하지 아니하는 등 임무를 해태하여 금융기관으로 하여금 대출금을 회수하지 못하는 손해를 입게 한 경우 임직원은 대출로 인하여 금융기관이 입은 손해 를 배상할 책임이 있고, 이러한 경우 금융기관이 입은 통상의 손해는 임직원이 규정을 준수하여 적정한 담보를 취득하고 대출하였더라면 회수할 수 있었을 미회수 대출원리금이며, 특별한 사정 이 없는 한 이러한 통상손해의 범위에는 약정이율에 의한 대출금의 이자와 약정연체이율에 의 한 지연이자가 포함된다(대판 2015.10.29. 2011다81213). [최신판례, 법행 14유사]

12 수급인이 그의 잘못으로 도급계약에 따른 의무를 제대로 이행하지 못함으로 말미암아 도급인의 신체 또는 재산에 손해가 발생한 경우, 하자확대손해로 인한 수급인의 손해배상채무와 도급인의 공사대금채무는 동시이행관계에 있다(대판 2005.11.10. 2004다37676). [모의 11(2)유사, 사시 08,10,16, 법행 07,08]

13 채무변제와 영수증의 교부의무는 동시이행관계에 있으나, 차용증 등 채권증서의 반환의무는 채 권 전부를 변제받은 후에 인정되는 것이지 변제와 동시이행관계에 있는 것이 아니다(대판 2005.8.19. 2003다22042). [모의 11(2)유사, 법행 10, 변리 06,10]

14 채무자의 채권양도인에 대한 자동채권이 발생하는 기초가 되는 원인이 양도 전에 이미 성립하 여 존재하고 자동채권이 수동채권인 양도채권과 동시이행의 관계에 있는 경우에는, '양도통지가 채무자에게 도달하여 채권양도의 대항요건이 갖추어진 후에 자동채권이 발생하였다고 하더라도' 채무자는 동시이행의 항변권을 주장할 수 있고, 따라서 그 채권에 의한 상계로 양수인에게 대항 할 수 있다. [최신판례, 법행 15]

> **해설** "채권양도에 의하여 채권은 그 동일성을 유지하면서 양수인에게 이전되고, 채무자는 양도통지를 받은 때 까지 양도인에 대하여 생긴 사유로써 양수인에게 대항할 수 있다(제451조 제2항). 따라서 채무자의 채권양 도인에 대한 자동채권이 발생하는 기초가 되는 원인이 양도 전에 이미 성립하여 존재하고 자동채권이 수동채권인 양도채권과 동시이행의 관계에 있는 경우에는, 양도통지가 채무자에게 도달하여 채권양도의 대항요건이 갖추어진 후에 자동채권이 발생하였다고 하더라도 채무자는 동시이행의 항변권을 주장할 수 있고, 따라서 그 채권에 의한 상계로 양수인에게 대항할 수 있다"(대판 2015.4.9. 2014다80945).

15 부동산 매수인 甲의 매매잔대금 지급의무와 매도인 乙의 가압류기입등기말소의무가 동시이행관 계에 있었는데, 위 가압류에서 비롯한 강제경매절차가 진행되자 甲이 강제경매의 집행채권액과 집행비용을 변제공탁한 경우, 乙은 甲에 대하여 대위변제로 인한 구상채무를 부담하게 되고, 甲 은 乙의 매매잔대금채권에 대해 가압류로부터 본압류로 전이하는 압류 및 추심명령을 받은 乙 의 채권자 丙에게 '가압류 이후'에 발생한 위 구상금채권에 의한 상계로 대항할 수 있다. [사시 09·16, 법행 05, 변리 07·11·14]

해설 ※ 제3채무자의 압류채무자에 대한 채권이 피압류채권과 동시이행관계에 있는 경우
"금전채권에 대한 가압류로부터 본압류로 전이하는 압류 및 추심명령이 있는 때에는 제3채무자는 채권이 가압류되기 전에 압류채무자에게 대항할 수 있는 사유로써 압류채권자에게 대항할 수 있으므로, 제3채무자의 압류채무자에 대한 자동채권이 수동채권인 피압류채권과 동시이행의 관계에 있는 경우에는, 그 가압류명령이 제3채무자에게 송달되어 가압류의 효력이 생긴 후에 자동채권이 발생하였다고 하더라도 제3채무자는 동시이행의 항변권을 주장할 수 있고, 따라서 그 상계로써 압류채권자에게 대항할 수 있다. 이 경우에 자동채권 발생의 기초가 되는 원인은 수동채권이 가압류되기 전에 이미 성립하여 존재하고 있었으므로, 그 자동채권은 민법 제498조 소정의 '지급을 금지하는 명령을 받은 제3채무자가 그 후에 취득한 채권'에 해당하지 아니한다"(대판 2001.3.27. 2000다43819).

16 A 건물을 甲으로부터 임차한 乙의 임대차보증금반환채권이 丙에게 전부된 경우, 임대차계약 해지 이후에 甲이 丙에게 임대차보증금반환채무를 이행제공하거나 현실적으로 이행하지 아니하였다면, 乙의 A 건물에 대한 점유는 불법점유가 아니다(대판 2002.7.26. 2001다68839).　　[사시 08·16, 법행 08]

해설 "임차인의 목적물에 대한 점유는 동시이행의 항변권에 기한 것이어서 불법점유라고 볼 수 없다"

17 수급인이 완성한 목적물에 하자가 있어 도급인이 하자보수에 갈음하여 손해배상을 청구하는 경우, 도급인은 수급인이 그 손해배상청구에 관하여 채무이행을 제공할 때까지 그 손해배상액에 상응하는 보수액에 관하여만 자기의 채무이행을 거절할 수 있을 뿐이고 그 나머지 보수액은 지급을 거절할 수 없다(제667조 3항 ; 대판 1996.6.11. 95다12798).　　[모의 15(3)유사, 사시 09, 법행 07, 변리 09]

18 근저당권이 설정되어 있는 부동산 매매계약의 경우 매도인의 소유권이전의무 외에 근저당권말소의무도 매수인의 대금지급과 동시이행관계에 있는데, 매수인은 근저당권설정등기가 말소되지 않았음을 이유로 매매대금 전액의 지급을 거절할 수는 없고, 매수인이 근저당권의 피담보채무액을 확인하여 이를 알고 있는 경우에는 확인된 피담보채무액, 그렇지 않은 경우에는 근저당권의 채권최고액에 상당하는 금액에 한하여 그 지급을 거절할 수 있다(대판 1996.5.10. 96다6554).

19 공사도급계약상 도급인의 지체상금채권과 수급인의 공사대금채권은 특별한 사정이 없는 한 동시이행의 관계에 있다고 할 수 없다.　　[모의 12(2)유사, 사시 08·12, 법행 07·12, 변리 11]

해설 동시이행은 원칙적으로 동일한 쌍무계약에서 발생한 의무에서 인정되고, 본래의 계약상의 의무가 아니라 별도의 특약에 의한 의무는 원칙적으로 동시이행이 아니다(대판 2015.8.27. 2013다81224,81231).

20 어음상 권리가 시효완성으로 소멸하여 채무자에게 이중지급의 위험이 없고 채무자가 다른 어음상 채무자에 대하여 권리를 행사할 수도 없는 경우에는 채권자의 원인채권 행사에 대하여 채무자에게 어음상환의 동시이행항변을 인정할 필요가 없으므로 결국 채무자의 동시이행항변권은 부인된다(대판 2010.7.29. 2009다69692).　　[변호 15,16, 법행 06,10, 변리 08,09]

21 임대차계약을 체결하면서 임대차보증금을 전세금으로 하는 전세권설정등기를 경료한 경우, 임대차보증금 반환의무는 전세권설정등기의 말소의무와 동시이행관계에 있다.　　[법행 14]

해설 "임대인과 임차인이 임대차계약을 체결하면서 임대차보증금을 전세금으로 하는 전세권설정등기를 경료한 경우 임대차보증금은 전세금의 성질을 겸하게 되므로, 다른 약정이 없는 한 임대차보증금 반환의무는 제317조에 따라 전세권설정등기의 말소의무와도 동시이행관계에 있다"(대판 2011.3.24. 2010다95062).

22

> 甲은 乙과 2005년 6월 1일 자신의 가옥을 1억원에 乙에게 매도하기로 하고 계약금 1,000만원은 당일에 지급하고 중도금 4,000만원은 동년 6월 31일에 지급하고 잔금은 동년 7월 31일에 甲으로부터 가옥의 소유권이전등기에 필요한 서류를 받음과 동시에 지급하기로 하는 매매계약을 체결하였다. 그런데 乙은 계약당일에 계약금을 지급하였으나 자신이 예상한 금전 융통의 길이 막혀 중도금 및 잔금은 지급하지 못하고 있으며, 한편 甲은 2005년 7월 31일 가옥의 소유권이전등기에 필요한 서류를 가지고 약속장소인 법무사 사무실을 찾아 갔는데 乙이 잔금을 준비하지 못했음을 알고 그대로 돌아와야 했다. [민법표준판례, 판례연구 B-4.참고]

① 동시이행의 항변권을 소멸시키려면 한번 이행의 제공이 있었다는 사실만으로는 불충분하고 이행의 제공이 계속되어야 한다.

② 甲이 2005년 8월 20일 위 매매계약을 원인으로 乙에게 중도금 및 잔대금의 지급을 구하는 소를 제기한 경우, 乙은 甲에게 동시이행의 항변권을 행사할 수 있다.

해설 ※ 수령지체자가 동시이행의 항변권을 행사할 수 있는지 여부

判例는 ⅰ) 동시이행의 항변권을 소멸시키려면 한번 이행의 제공이 있었다는 사실만으로는 불충분하고 이행의 제공이 계속되어야 한다고 보아 계속적 이행제공설의 입장이다(대판 1993.8.24. 92다56490 등). ⅱ) 다만 이행제공의 정도와 관련해서는 이행의 제공을 엄격하게 요구하면, 불성실한 상대 당사자에게 구실을 주게 될 수도 있기 때문에 그 요건을 완화하는 바, 소유권이전등기에 필요한 서류 등을 이행장소에 '준비'하여 두고 수령하여 갈 것을 최고(구두제공)하면 된다고 한다(대판 2001.5.8. 2001다6053).

☞ 따라서 사안에서 비록 乙은 甲의 한 번의 이행제공으로 수령지체에 빠졌으나 쌍방채무의 변제기가 도래하여 甲이 자신의 채무를 이행제공하지 않고 청구하는 경우 乙은 동시이행항변권을 행사할 수 있다(계속적 이행제공설).

③ 쌍무계약의 당사자 일방이 먼저 한 번 현실의 제공을 하고, 상대방을 수령지체에 빠지게 하였다고 하더라도 그 이행의 제공이 계속되지 않는 경우에는 그 제공이 계속되지 아니하는 기간 동안 상대방의 의무가 이행지체 상태에 빠졌다고 할 수 없다.

[변호 13유사, 모의 11(1),12(2),14(1)유사, 사시 04,12, 법행 07,08,12 변리 04,05,07,12,14]

④ 甲은 2005년 8월 20일 乙이 중도금(7월 1일~31일) 지체책임은 청구할 수 있으나 8월 1일 이후의 잔대금지급채무에 대한 지체책임은 청구할 수 없다.

[변호 13,18유사, 모의 11(1),12(2),14(1)유사, 사시 04,12, 법행 07,08,12 변리 04,05,07,12,14]

해설 "쌍무계약의 당사자 일방이 먼저 한 번 현실의 제공을 하고, 상대방을 수령지체에 빠지게 하였다고 하더라도 그 이행의 제공이 계속되지 않는 경우는 과거에 이행의 제공이 있었다는 사실만으로 상대방이 가지는 동시이행의 항변권이 소멸하는 것은 아니므로, 일시적으로 당사자 일방의 의무의 이행 제공이 있었으나 곧 그 이행의 제공이 중지되어 더 이상 그 제공이 계속되지 아니하는 기간 동안에는 상대방의 의무가 이행지체 상태에 빠졌다고 할 수는 없다고 할 것이고, 따라서 그 이행의 제공이 중지된 이후에 상대방의 의무가 이행지체되었음을 전제로 하는 손해배상청구도 할 수 없는 것이다"(대판 1995.3.14. 94다26646).

⑤ 甲이 2005년 8월 1일 乙에게 동년 8월 15일까지 중도금 및 잔금의 지급을 최고하였고, 그 기간 동안 법무사 사무실에 가옥의 소유권이전등기에 필요한 서류를 준비하여 두었다. 그럼에도 불구하고 乙이 이행을 하지 않자 甲은 2005년 8월 20일 乙에게 위 매매계약을 해제한다는 의사표시를 하였다면, 이러한 甲의 해제의 의사표시는 적법·유효하다.

해설 ※ 해제권 행사요건으로서 상당한 기간 내에 이행제공 정도

동시이행관계에 있는 계약을 '이행지체'를 이유로 해제하기 위해서는 이행의 제공을 하여 상대방을 이행지체에 빠뜨린 후 상당기간이 경과하여야 하는데(제544조), 그 상당기간이 경과할 때까지 이행의 제공을 계속해야 하는지 문제된다(최고기간이 경과한 후에는 해제권이 발생하므로 그 이후에는 그러한 이행의 제공이나 준비상태가 필요없다). 이에 대해 判例는 동시이행관계인 경우 해제권을 취득하기 위한 이행의 제공은 한번의 제공으로 족하고 계속적 제공을 할 필요는 없다고 한다. 다만 이행의 제공 후에도 이행의 준비상태는 유지해야 한다고 본다(대판 1982.6.22. 81다카1283,1284).

23 쌍무계약이 무효로 되어 각 당사자가 서로 취득한 것을 반환하여야 할 경우, 각 당사자의 반환의무는 동시이행의 관계에 있다(대판 1996.6.14. 95다54693).   [사시 06, 법행 12]

24 동시이행관계는 쌍무계약의 당사자 사이에 한하여 인정되는 것은 아니며, 채권이 양도되거나 채무가 인수되더라도 동일성이 인정되는 한 동시이행관계는 존속한다.   [변호 16, 사시 15]

해설 마찬가지로 '전부명령'에 의해 (임차보증금반환청구)채권이 타인에게 이전된 때에도 동시이행관계는 유지되며(대판 1989.10.27. 89다카4298), 채권이 '압류'된 때에도 마찬가지이다(대판 2001.3.9. 2000다73490).

25 근저당권의 실행을 위한 경매가 무효로 되어 근저당권자가 채무자를 대위하여 매각받은 자를 상대로 소유권이전등기 말소등기청구권을 행사하는 경우, 매각받은 자의 소유권이전등기 말소등기절차 이행의무와 근저당권자의 배당금 반환의무는 동시이행의 관계에 있지 아니하다.   [모의 12(2)유사, 사시 08,09,15, 법행 13]

해설 "근저당권 실행을 위한 경매가 무효로 되어 채권자(=근저당권자)가 채무자를 대위하여 낙찰자에 대한 소유권이전등기말소청구권을 행사하는 경우, 낙찰자가 부담하는 소유권이전등기말소의무는 채무자에 대한 것인 반면 낙찰자의 배당금반환청구권은 실제 배당금을 수령한 채권자(=근저당권자)에 대한 채권인바, 채권자(=근저당권자)가 낙찰자에 대하여 부담하는 배당금반환채무와 낙찰자가 채무자에 대하여 부담하는 소유권이전등기말소의무는 서로 이행의 상대방을 달리하는 것으로서, 채권자(=근저당권자)의 배당금반환채무가 동시이행의 항변권이 부착된 채 채무자로부터 승계된 채무도 아니므로, 위 두 채무는 동시에 이행되어야 할 관계에 있지 아니하다"(대판 2006.9.22. 2006다24049).

26 도급계약에서 일정 기간마다 이미 행하여진 공사부분에 대하여 기성공사금 등의 대가를 지급하기로 약정되어 있는데도 도급인이 정당한 이유 없이 이를 지급하지 않아 수급인에게 당초 계약내용에 따른 선이행의무의 이행을 요구하는 것이 공평에 반하는 경우, 수급인이 민법 제536조 2항에 의하여 계속공사의무의 이행을 거절할 수 있다(대판 2012.3.29. 2011다93025).   [사시 07]

27 매수인이 선이행하여야 할 중도금 지급(1.20.)을 하지 아니한 채 잔대금지급기일(2.20.)을 경과한 3.20.에는 매수인의 중도금 및 이에 대한 중도금지급일 다음날(1.21.)부터 잔대금지급일(2.20.)까지의 지연손해금과 잔대금의 지급채무는 매도인의 소유권이전등기의무와 '특별한 사정'이 없는 한 동시이행관계에 있다(대판 1991.3.27. 90다19930).   [모의 12(2)유사, 사시 08,09,15, 법행 13]

28 甲은 2005. 7. 1. 乙에게 甲 소유의 A부동산을 대금 1억 원에 매도하면서 계약 당일 계약금 1,000만원을 지급받고, 중도금 4,000만원은 2005. 8. 1. 잔금 5,000만원은 2005. 9. 1. 소유권이전등기절차의 이행과 동시에 지급받되 만약 乙이 위 각 대금의 지급을 연체하면 연체일부터 월 1%의 비율에 의한 지연손해금을 가산하여 지급받기로 약정하였다. 그런데 乙은 甲에게 계약금과 중도금은 위 약정대로 지급하였으나, 잔금은 잔금지급기일이 지나도록 지급하지 아

니하였고, 甲도 잔금지급기일이 지난 현재까지 소유권이전등기서류를 준비하지 못하고 있다. 그리하여 甲은 법원에 乙을 상대로 잔금 5,000만원 및 이에 대한 잔금지급기일 다음 날인 2005. 9. 2.부터 다 갚는 날까지 월 1%의 비율에 의한 지연손해금의 지급을 청구하였다. (단, 乙은 소송 중 동시이행항변권을 원용하지 않았음을 전제로 할 것)

[민법표준판례, 동시이행항변권의 효과에 관한 리딩사례, 핵심사례 B-3.참고]

㉠ 동시이행의 항변권을 가지는 채무자는 비록 이행기에 이행을 하지 않더라도 이행지체가 되지 않는바, 이러한 면책의 효력은 그 항변권을 행사·원용하지 않아도 발생한다. 따라서 乙은 지연손해금을 지급할 의무가 없다(대판 2010.10.14. 2010다47438).

해설 ※ 동시이행의 항변권 존재의 효력(이행지체 책임의 면제)

㉡ 동시이행의 항변권은 상대방의 항변이 없는 한, 법원도 동시이행의 항변권의 존재를 고려할 필요 없이 상대방의 청구를 인용하여야 한다. 따라서 법원은 甲의 청구 중 잔금 5,000만원에 대해서 단순이행판결을 해야 한다(대판 1990.11.27. 90다카25222).

해설 ※ 동시이행의 항변권 행사의 효력(상환급부판결, 원고일부승소)

㉢ 위 사례에서 乙은 2005. 3. 1. 甲에게 금 2,000만원을 변제기 2005. 9. 1.로 정하여 대여(이자 약정 없음)하였다고 가정할 경우, 乙이 위 소송의 진행 중에 乙의 위 대여금채권으로 원고의 위 매매잔대금 5,000만원의 채권을 대등액에서 상계한다고 주장한다면 이러한 상계항변은 인용가능하므로, 결국 乙은 2005. 9. 1. 3,000만원의 채무만 남게 된다.

해설 ※ 동시이행의 항변권 존재의 효력(상계금지효)
동시이행의 항변권이 붙어 있는 채권은 이를 '자동채권'으로 하여 상계하지 못한다. 이를 허용하면 상대방은 이유 없이 동시이행의 항변권을 잃기 때문이다(대판 2002.8.23. 2002다25242). 따라서 수동채권은 가능하다.

제4관 이행불능, 대상청구권

01 부동산에 관한 매매계약의 체결 후에 그 목적 부동산에 소유권이전청구권을 보전하기 위한 가등기가 마쳐졌더라도 그 가등기만으로는 매도인의 소유권이전등기의무가 이행불능이 된다고 볼 수 없다(대판 1993.9.14. 93다12268).　　　　　　　　　　　　　　　　[사시 05,16, 변리 05]

02 甲소유의 X부동산에 관하여 乙의 강박에 의한 매매계약에 따라 乙 명의로 소유권이전등기가 이루어지고 이러한 이전등기에 터잡아 丙 앞으로 다시 이전등기가 이루어진 사안에서, 甲이 丙을 상대로 위 소유권이전등기의 말소등기를 청구하였으나, 丙의 등기부취득시효가 완성되어 위 소유권이전등기 말소청구소송이 패소확정되면, 甲은 乙에게 위 말소등기절차 이행의무의 이행불능을 이유로 손해배상을 청구할 수 있다.　　　[변호 15,18유사, 사시 13·14·15·16유사, 법행 14, 변리 13·14]

해설 물권적 청구권의 이행불능으로 인한 전보배상청구를 부정하는 판결(아래 비교판례 참조 대판 2012.5.17. 전합 2010다28604)은 "소유권이전등기 말소등기의무의 이행불능으로 인한 전보배상청구권의 소멸시효는 말소등기의무가 이행불능 상태에 돌아간 때로부터 진행되고, 소유권이전등기 말소등기의무가 이행불능이 됨으로 말미암아 그 권리자가 입는 손해액은 원칙적으로 그 이행불능이 될 당시의 목적물의 시가 상당액이다.

또한, 피고가 원고를 강박하여 그에 따른 하자 있는 의사표시에 의하여 부동산에 관한 소유권이전등기를 마친 다음 타인에게 매도하여 소유권이전등기를 경료하여 준 경우, 그 소유권이전등기는 소송 기타 방법에 따라 말소 환원 여부가 결정될 특별한 사정이 있으므로 피고의 원고에 대한 소유권이전등기의무는 아직 이행불능이 되었다고 할 수 없으나, 원고가 등기명의인을 상대로 제기한 소유권이전등기 말소청구소송 또는 진정명의회복을 위한 소유권이전등기청구소송이 패소확정되면 그 때에 피고의 목적 부동산에 대한 소유권이전등기 말소등기의무는 이행불능 상태에 이른다고 할 것이고, 위 등기 말소청구소송 등에서 등기명의인의 등기부 취득시효가 인용된 결과 원고가 패소하였다고 하더라도 등기부 취득시효 완성 당시에 이행불능 상태에 이른다고 볼 것은 아니다"(대판 2005.9.15. 2005다29474)라는 판결을 변경하지는 않았는데, [판례해설] 그 이유는 이 사건에서 원고가 피고에 대하여 갖는 소유권이전등기 말소청구권은 채권적 청구권(부당이득반환청구권)과 물권적 청구권(소유권에 기한 방해배제청구권)의 성질을 함께 갖고 있기 때문인 것으로 보인다.

> [비교판례] ※ 물권적 청구권의 이행불능으로 인한 전보배상청구가 인정되는지 여부(소극)
> "소유자가 소유권을 상실함으로써 이제 등기말소 등을 청구할 수 없게 되었다면, 이를 위와 같은 청구권의 실현이 객관적으로 불능이 되었다고 파악하여 등기말소 등 의무자에 대하여 그 권리의 이행불능을 이유로 민법 제390조상의 손해배상청구권을 가진다고 말할 수 없다. 위 법규정에서 정하는 채무불이행을 이유로 하는 손해배상청구권은 계약 또는 법률에 기하여 이미 성립하여 있는 채권관계에서 본래의 채권이 동일성을 유지하면서 그 내용이 확장되거나 변경된 것으로서 발생한다. 그러나 위와 같은 등기말소청구권 등의 물권적 청구권은 그 권리자인 소유자가 소유권을 상실하면 이제 그 발생의 기반이 아예 없게 되어 더 이상 그 존재 자체가 인정되지 아니하는 것이다"(대판 2012.5.17. 전합2010다28604).

03 매매나 증여의 대상인 권리가 타인에게 귀속되어 있다는 이유만으로 채무자의 계약에 따른 이행이 불능이라고 할 수 없고, 특히 채권자가 굳이 채무의 본래 내용대로의 이행을 구하고 있는 경우에는 쉽사리 채무의 이행이 불능으로 되었다고 보아서는 아니된다(대판 2016.5.12. 2016다200729).

04 매도인 甲이 X부동산을 매수인 乙에게 매도한 후 X부동산에 관하여 丙 앞으로 채무담보를 위한 소유권이전등기를 경료해 준 경우 甲의 변제자력이 없는 때에는 甲의 乙에 대한 소유권이전등기의무는 이행불능이 된다(대판 1991.7.26. 91다8104). [모의 13(3)유사, 사시 05·15, 법행 12]

05 당사자 일방이 대상청구권을 행사하는 경우, 당사자 일방의 반대급부도 그 전부가 이행불능이 되거나 그 일부가 이행불능이 되고 나머지 잔부의 이행만으로는 상대방의 계약목적을 달성할 수 없는 때에는 대상청구권을 행사할 수 없다. [사시 04·05·09유사, 법행 09·11·12, 변리 14]

[해설] ※ 쌍무계약 당사자 쌍방의 급부가 모두 이행불능이 된 경우, 당사자 일방이 상대방에 대하여 대상청구권을 행사할 수 있는지 여부(소극) 대판 1996.6.25. 95다6601

06 매매의 목적물이 화재로 소실됨으로써 매도인의 매매목적물에 대한 인도의무가 이행불능이 된 경우, 매수인은 위 화재사고로 인하여 매도인이 지급받게 되는 화재보험금에 대하여 대상청구권을 행사할 수 있고, 이 경우 매수인은 특별한 사정이 없는 한 그 목적물에 대하여 지급되는 화재보험금 전부에 대하여 대상청구권을 행사할 수 있는 것이고, 인도의무의 이행불능 당시 매수인이 지급하였거나 지급하기로 약정한 매매대금 상당액의 한도 내로 그 범위가 제한된다고 할 수 없다(대판 2016.10.27. 2013다7769). [최신판례]

[해설] ※ 대상청구권의 인정범위가 매매대금 상당액의 한도 내로 제한되는지 여부(소극)

07

> 甲은 1999.4.10. 자신이 소유하고 있는 고려시대의 도자기를 乙에게 금 1,000만원에 매각하기로 하는 계약을 체결하였다. 그러면서 甲은 乙로부터 금 100만원을 계약금으로 받았고 그것은 매매대금으로 충당하기로 합의하였다. 그리고 나머지 대금 900만원은 1999.5.10.에 도자기를 인도하면서 받기로 하였다. 그러나 甲과 乙은 모두 5.10.에 이행을 하지 않았고 그러한 상태가 지속되었다. 그러던 중에 甲의 친구인 丙이 5.15.에 甲의 집에 놀러왔고, 평소 도자기에 관심이 많던 丙은 그 날 甲의 도자기를 구경하다가 잘못하여 그것을 그만 깨뜨리고 말았다. 丙은 甲, 乙 사이의 거래에 관하여는 전혀 알지 못했다. 그리고 멸실 당시의 도자기 시가는 금 1,200만원이다.

㉠ 甲은 丙에 대해 소유권 침해를 이유로 불법행위를 원인으로 한 손해배상청구권을 행사할 수 있으나, 乙은 채권(도자기인도청구권)의 소멸이라는 손해를 입었더라도 丙에게 채권침해로 인한 불법행위책임을 물을 수 없다.

해설 ※ 丙의 '소유권'침해로 인한 甲에 대한 불법행위책임(적극)

丙은 甲소유의 도자기를 구경하다가 잘못하여 깨뜨리고 말았기 때문에 과실에 의한 소유권 침해라는 위법한 행위가 있었다. 따라서 甲은 丙에 대해 불법행위를 원인으로 한 손해배상청구권을 갖는다(제750조). 이 때 손해배상의 범위는 도자기가 멸실된 당시의 시가인 1,200만원이 통상손해가 된다.

※ 丙의 '채권'침해로 인한 乙에 대한 불법행위책임(소극)

사안의 경우 丙의 행위로 인하여 乙이 입은 손해가 도자기인도청구권이라는 채권의 소멸이라는 점에서 제3자에 의한 채권침해에 해당한다. 그러나 채권침해가 가능하다고 하더라도 그것만으로 당연히 불법행위가 성립하지는 않으며, 다시 일반불법행위의 요건을 충족해야 한다(제750조). 특히 사안과 관련하여 문제가 되는 것은 고의·과실인바, 물권과는 달리 채권은 일반적으로 공시방법을 갖추고 있지 않으므로, 제3자가 그 채권의 존재를 알지 못한 경우에는 그에게 과실이 있다고 할 수 없다. 따라서 사실상 고의에 의한 경우에 한정된다. 사안에서 丙은 乙의 채권이 존재한다는 사실을 모르고 있었으므로 丙에게 과실이 있다고 할 수 없으므로 제3자의 채권침해를 이유로 한 불법행위책임을 지지 않는다.

㉡ 甲은 乙에게 도자기의 소유권이전의무 및 목적물인도의무를 더 이상 부담하지 않는다.

해설 ※ 甲의 소유권이전의무 및 목적물인도의무의 존속 여부(소극)

특정물채무에 있어서 급부(물건)의 위험은 매매계약시부터 채권자(매수인)에게 이전된다. 따라서 매매계약 체결 후 고려시대 도자기가 멸실되었으므로 甲의 고려시대 도자기에 대한 소유권이전의무 및 목적물인도의무는 당연히 소멸하게 된다.

㉢ 甲은 제392조 본문에 의해 책임이 가중되지 않고 여전히 제374조의 선관주의의무를 질 뿐이므로 乙에게 채무불이행으로 인한 손해배상채무를 지지 아니한다.

해설 ※ 甲의 채무불이행으로 인한 손해배상채무(소극)

甲의 도자기인도채무의 이행기는 5.10.이고 도자기는 5.15.에 멸실되었으므로 甲의 인도채무가 이행지체 중에 이행불능이 된 경우에 해당하여 甲의 책임이 가중되는 경우는 아닌지 문제된다(제392조 본문 참조). 甲과 乙은 쌍무계약인 도자기매매계약을 체결하고 그에 기하여 서로 대가(對價)적인 채무를 부담하고 있는데, 두 사람의 채무 모두 이행기(5.10)가 도래하여 기한의 정함이 없는 채무로서 동시이행의 관계에 놓이게 되었다(대판 1992.10.27. 91다32022). 이러한 상태에서 甲이나 乙 모두 최소한 이행의 제공도 하지 않고 있으므로 각자 상대방의 청구를 거절할 수 있는 동시이행의 항변권을 가지게 되었는바, 동시이행의 항변권은 그 존재만으로도 이행지체의 성립을 저지시킨다(존재효, 당연효). 따라서 甲은 제392조 본문에 의해 책임이 가중되지 않고 여전히 제374조의 선관주의의무를 질 뿐이다.

그러나 목적물을 멸실한 丙은 甲의 목적물이전의무의 이행을 위한 이행보조자가 아닌 법률상 단순한 제3자에 불과한 자로서 제391조가 적용되지 않는다. 따라서 甲의 도자기인도채무는 그의 귀책사유 없이 종국적으로 소멸되었다고 할 것이므로 손해배상채무도 부담하지 않는다.

ⓔ **사안의 경우 민법 제537조의 채무자위험부담주의가 적용되므로, 甲은 乙에 대하여 매매대금의 지급을 청구하지 못한다.** [변시 13유사]

해설 ※ **乙의 대금지급의무의 존속 여부**(소극)

甲의 소유권이전 및 도자기인도의무의 소멸에 대응하여 乙의 대금지급의무의 존부는 쌍무계약에서의 '대가위험부담'의 문제로서, 민법은 채무자위험부담주의를 원칙으로 하면서도(제537조), 예외적으로 채권자위험부담주의를 규정하고 있다(제538조). 설문의 경우 채권자인 乙역시 甲과 마찬가지로 이행지체책임을 지지 아니하며 甲의 이행의 제공이 없었던 이상 채권자지체가 성립할 여지도 없으므로, 甲의 급부불능에 대하여 귀책사유가 없다. 따라서 제537조의 채무자위험부담주의가 적용되므로, 甲은 자신의 채무도 면하지만 상대방인 乙에 대하여 매매대금의 지급을 청구하지도 못한다.

ⓜ **甲의 채무는 그의 귀책사유 없이 불능이 되었더라도 乙은 甲에게 대상청구권을 행사할 수 있다.** [사시 16, 변리 13]

해설 ※ **乙의 甲에 대한 대상청구권 인정여부**(적극)

후발적 불능이라면 그것이 채무자의 귀책사유에 의한 것인지 여부는 문제되지 않는다. 判例도 '토지매매계약' 성립 후 그 토지가 '강제수용'(채무자인 매도인에게 귀책사유가 없는 경우)됨으로써 채무자의 소유권이전의무가 이행불능이 된 사안에서 '해석상 이를 부정할 이유가 없다'고 하여 대상청구권을 정면으로 긍정하였다(대판 1992.5.12. 92다4581).

08
> 甲은 평소에 자신 소유의 ×토지에 대한 등기권리증 및 자신의 인감도장을 乙에게 맡겨두었는데, 乙은 이를 기화로 관계서류를 위조하여 ×토지에 대해 자기 앞으로 소유권이전등기를 마치고, 그 후 乙은 이러한 사정을 모르는 선의의 丙에게 ×토지를 시가 1억원에 매각하고 1991.6.1. 소유권이전등기와 함께 점유를 이전해 주었다. 그 후 丙은 1992.8.2. 선의의 丁에게 시가 1억 2천에 매각하고 소유권이전등기와 함께 점유를 이전해 주었다. 그 후 ×토지 부근에 대규모 개발계획이 발표되어 2000.7.20. 현재 위 토지의 시가는 3억원까지 오른 상태이다.

① **만약 현재 2001. 7. 1.이라면 丁은 등기부취득시효 완성에 따라 소유권을 취득할 수 있으며, 이에 甲은 乙을 상대로 소유권이전등기 말소등기절차 이행의무의 이행불능으로 인한 손해배상을 청구할 수는 없다.** [변호 15,18 사시 13·14·15·16, 법행 14, 변리 13·14]

해설 ※ **물권적 청구권의 이행불능으로 인한 전보배상청구권의 인정여부**(소극)

물권적 청구권(소유권에 기한 등기말소청구권 등)은 그 권리자인 소유자가 소유권을 상실하면 이제 그 발생의 기반이 아예 없게 되어 더 이상 그 존재 자체가 인정되지 아니하는 것이므로 이행불능은 문제되지 않는다(대판 2012.5.17. 전합2010다28604).

② **2000.7.20. 현재 甲은 진정명의회복을 원인으로 丁에게 직접 소유권이전등기청구권을 행사할 수 있다.**

해설 현재 2000. 7. 20.이라면 丁은 丙의 점유(1991.6.1.~ 1992.8.1.)와 등기를 승계받더라도 10년의 기간을 충족하지 못해 등기부취득시효를 완성할 수 없다. 그렇다면 ×토지에 대한 소유권은 甲에게 있으므로

乙, 丙, 丁명의의 소유권등기는 원인무효의 등기이다. 따라서 甲은 乙, 丙, 丁의 등기를 각각 말소청구하는 방법으로 소유권에 기한 방해배제청구권을 행사할 수도 있으나(제214조), 등기경제상 진정명의회복을 원인으로 丁에게 직접 소유권이전등기청구권을 행사할 수도 있다(대판 1980.11.27. 전합89다카12398).

③ 2000.7.20. 현재 甲과 丁 사이의 소유권이전등기말소청구소송이 甲의 승소로 확정되었다면, 丁은 丙에게 담보책임을 물어 매매계약을 해제하고 3억 원의 손해배상을 청구할 수 있다.

> **해설** ※ 丙의 丁에 대한 타인권리매매에 따른 담보책임(적극)
>
> 현재 2000. 7. 20.이라면 丁은 丙의 점유(1991. 6. 1.~ 1992. 8. 1.)와 등기를 승계받더라도 10년의 기간을 충족하지 못해 등기부취득시효를 완성할 수 없다. 그렇다면 丙의 丁에 대한 소유권이전의무(제569조)는 사회통념상 불가능하게 되었다. 따라서 丁은 타인권리매매로 인한 담보책임을 물어 매매계약을 해제하고, 丙에게 손해배상을 청구할 수 있고(제570조), 丙 또한 丁에게 손해배상을 해 주고 위 매매계약을 해제할 수 있다(제571조 1항). 제570조의 손해배상의 본질이 채무불이행책임임에 비추어 손해배상의 범위는 이행이익의 배상으로 보아야 할 것이다(대판 1967.5.18. 전합66다2618). 따라서 丁은 丙에게 (위 매매를 해제하지 않고) 甲과 丁 사이의 소송이 甲의 승소로 확정될 때의 위 토지의 시가 상당액(대략 3억원 이상)을 손해배상으로서 청구할 수 있다.

④ 2000. 7. 20. 현재 甲과 丁 사이의 소유권이전등기말소청구소송이 甲의 승소로 확정되었다면, 丙은 乙에게 불법행위로 인한 손해배상을 청구할 수 있고, 丙이 입은 통상의 손해는 담보책임의 이행으로 지급한 손해배상금에서 자신이 전매를 통하여 취한 이득을 공제한 금액 상당이다.

> **해설** ※ 丙의 乙에 대한 불법행위를 원인으로 한 손해배상청구권(적극)
>
> 무권리자 乙의 처분행위는 소유권을 취득하지 못한 丙에 대하여 불법행위가 될 수 있다(제750조). 다만 判例에 따르면 "불법행위로 인하여 중간 매도인이 입은 통상의 손해는 담보책임의 이행으로 지급한 손해배상금에서 자신이 전매를 통하여 취한 이득을 공제한 금액 상당"이라고 하므로, 乙이 丙에게 부담해야 할 손해배상액은 담보책임의 이행으로 지급한 손해배상금인 대략 3억원 이상에서 자신이 전매를 통하여 취한 이득인 2,000만원을 공제한 2억 8,000만원 상당액 이상이 될 것이다. 한편 丙은 乙에게 타인권리매매로 인한 담보책임(제570조) 및 채무불이행책임(제390조)을 경합적으로 물을 수도 있다.

⑤ 2000. 7. 20. 현재 甲과 丁 사이의 소유권이전등기말소청구소송이 甲의 승소로 확정되었다면, 丁은 乙에게 직접 불법행위를 원인으로 손해배상을 청구할 수 있고, 이 경우 손해액은 위 토지의 시가 상당액이(3억원)이 아니라 丁이 지급한 매매대금 상당액(1억 2,000만원)이다.

[변호 17, 모의 13(1)·15(3)유사]

> **해설** "타인 소유의 토지에 관하여 관계서류를 위조하여 원인무효의 소유권이전등기를 경료하고 다시 이를 다른 사람에게 매도하여 순차로 소유권이전등기가 경료된 후에 토지의 진정한 소유자가 최종매수인을 상대로 말소등기청구소송을 제기하여 그 소유자 승소의 판결이 확정된 경우 위 '불법행위'로 인하여 최종매수인이 입은 손해는 무효의 소유권이전등기를 유효한 등기로 믿고 위 토지를 매수하기 위하여 출연한 금액, 즉 매매대금으로서 이는 기존이익의 상실인 적극적 손해에 해당하고, 최종매수인은 처음부터 위 토지의 소유권을 취득하지 못한 것이어서 위 말소등기를 명하는 판결의 확정으로 비로소 위 토지의 소유권을 상실한 것이 아니므로 위 토지의 소유권상실이 그 손해가 될 수는 없다"(대판 1992.6.23. 전합91다33070).

제5관 이행거절

01 매수인이 제공하는 중도금지급의 이행을 매도인이 정당한 이유없이 반복적으로 수령하지 않는 경우, 이는 매도인의 이행기 전 이행거절이 될 수 있을 뿐만 아니라 채권자지체에도 해당된다. 이 때 매수인은 매도인의 소유권이전의무의 이행기 도래 전에 채무불이행을 이유로 해제할 수 도 있고 전보배상을 청구할 수도 있으나, 채권자지체의 법적성질에 관한 법정책임설에 의하면 채권자지체를 이유로 계약을 해제할 수는 없다.

> 해설 ※ 매도인의 소유권이전의무의 이행기 도래 前 매수인의 매도인에 대한 강제이행청구권 및 전보배상청구권 인정 여부(적극)
>
> "매수인이 제공하는 중도금지급의 이행을 매도인이 정당한 이유없이 반복적으로 수령하지 않는 경우(영구적 불수령), 원칙적으로 매수인으로서는 중도금을 공탁한 후 잔대금지급기일까지 기다렸다가 잔대금의 이행제공을 하고, 매도인이 이행기에 소유권이전등기의무의 이행제공을 하지 아니한 때에야 비로소 위 계약을 해제할 수 있다. 그러나 이것은 매수인으로 하여금 불필요한 절차를 밟고 또 다른 손해를 입도록 강요하는 것이 되어 오히려 '신의성실'에 어긋나는 결과를 초래할 뿐이다"(대판 1993.6.25. 93다11821). 따라서 判例에 따르면 매수인은 잔금지급 이행기 전에 자신의 채무의 이행제공이나 최고 없이도 계약을 해제할 수 있다. 그리고 최고 없이 바로 전보배상을 청구할 수도 있다.
>
> "계약상 채무자가 계약을 이행하지 아니할 의사를 명백히 표시한 경우에 채권자는 '신의성실의 원칙'상 이행기 전이라도 이행의 최고 없이 채무자의 이행거절을 이유로 계약을 해제하거나 채무자를 상대로 손해배상을 청구할 수 있다"(대판 2005.8.19. 2004다53173).
>
> ※ 채권자지체를 이유로 한 계약해제권 성부(소극)
>
> 채권자지체의 법적성질과 관련하여 채무불이행책임설에 따르면 정당한 사유 없는 채권자의 수령거절의 경우 채무자의 계약해제권이 인정된다. 그러나 법정책임설에서는 민법 제401조 내지 제403조 이외의 효과는 인정되지 않는다.

02 채무자가 이행거절의 의사를 명백히 표시하여 최고 없이 계약을 해제하고 손해배상을 청구하는 경우, 그 손해액 산정은 이행거절 당시의 급부목적물의 시가를 표준으로 해야 한다(대판 2007.9.20. 2005다63337). [변호 17, 모의 15(1)유사, 사시 10]

제2절 채무불이행의 효과

제1관 손해배상

01 불법행위로 인하여 영업용 물건이 멸실되거나 일부 손괴되어, 이를 대체할 다른 물건을 마련하기 위하여 필요한 합리적인 기간 동안 그 물건을 이용하여 영업을 계속하지 못함으로 인한 손해는 통상손해이다. [변호 12유사, 모의 14(2)유사, 사시 06, 변리 09]

> 해설 "불법행위로 영업용 물건이 멸실된 경우, 이를 대체할 다른 물건을 마련하기 위하여 필요한 합리적인 기간 동안 그 물건을 이용하여 영업을 계속하였더라면 얻을 수 있었던 이익, 즉 휴업손해는 그에 대한 증명이 가능한 한 통상의 손해로서 그 교환가치와는 별도로 배상하여야 한다"(대판 2004.3.18. 전합2001다82507).

02 임대인의 방해행위로 임차인의 임대차 목적물에 대한 임차권에 기한 사용·수익이 사회통념상 불가능하게 됨으로써 임대인의 귀책사유에 의하여 임대인으로서의 의무가 이행불능이 되어 임대차계약이 종료되었다고 보는 경우, '휴업손해'를 그에 대한 증명이 가능한 한 통상의 손해로서 배상을 받을 수 있을 뿐이며, 그 목적물의 임대차기간 만료시까지 그 목적물을 사용·수익할 수 없음으로 인한 일실수입 손해는 이를 별도의 손해로서 그 배상을 청구할 수 없다.

해설 ※ 휴업손해의 산정 기간(임대차 목적물을 대체할 다른 목적물 마련하기 위해 합리적으로 필요한 기간 동안의 영업이익)

"임대인의 방해행위로 임차인의 임대차 목적물에 대한 임차권에 기한 사용·수익이 사회통념상 불가능하게 됨으로써 임대인의 귀책사유에 의하여 임대인으로서의 의무가 이행불능이 되어 임대차계약이 종료되었다고 보는 경우, 임차인으로서는 임대인에 대하여 그 임대차보증금 반환청구권을 행사할 수 있고 그 이후의 차임지급의무를 면하는 한편, 그 임대차 목적물을 대신할 다른 목적물을 마련하기 위하여 합리적으로 필요한 기간 동안 그 목적물을 이용하여 영업을 계속하였더라면 얻을 수 있었던 이익, 즉 휴업손해를 그에 대한 증명이 가능한 한 통상의 손해로서 배상을 받을 수 있을 뿐이며, 그 목적물의 임대차기간 만료시까지 그 목적물을 사용·수익할 수 없음으로 인한 일실수입 손해는 이를 별도의 손해로서 그 배상을 청구할 수 없다"(대판 2006.1.27. 2005다16591,16607).

03 민법 제393조 제2항의 특별사정으로 인한 손해배상에 있어서 채무자가 그 사정을 알았거나 알 수 있었는지의 여부는 계약체결당시가 아니라 채무의 이행기까지를 기준으로 판단하여야 한다 (대판 1985.9.10. 84다카1532). [변호 17, 모의 15(1)유사, 사시 12, 법행 13]

04 부동산 매도인이 매수인으로부터 매매대금을 약정된 기일에 지급받지 못한 결과 제3자로부터 부동산을 매수하고 그 잔대금을 지급하지 못하여 그 계약금을 몰수당하는 손해를 입었다면, 이로 인한 손해는 '특별한 사정으로 인한 손해'이므로 매수인이 이를 알았거나 알 수 있었던 경우에만 그 손해를 배상할 책임이 있다(대판 1991.10.11. 91다25369). [모의 14(1)유사, 사시 12, 변리 07]

05 불법행위로 인한 손해의 발생 또는 확대에 관하여 피해자에게도 과실이 있는 때에는 가해자의 손해배상의 범위를 정함에 있어 당연히 이를 참작하여야 하고, 가해행위가 사기, 횡령, 배임 등의 영득행위인 경우 등 과실상계를 인정하게 되면 가해자로 하여금 불법행위로 인한 이익을 최종적으로 보유하게 하여 공평의 이념이나 신의칙에 반하는 결과를 가져오는 경우에만 예외적으로 과실상계가 허용되지 않는다(대판 2013.9.26. 전합2012다1146, 전합2012다13637). [최신판례]

참고판례 "피해자의 부주의를 이용하여 고의로 불법행위를 저지른 자가 바로 그 피해자의 부주의를 이유로 자신의 책임을 감하여 달라고 주장하는 것이 허용되지 아니하는 것은, 그와 같은 고의적 불법행위가 영득행위에 해당하는 경우 과실상계와 같은 책임의 제한을 인정하게 되면 가해자로 하여금 불법행위로 인한 이익을 최종적으로 보유하게 하여 공평의 이념이나 신의칙에 반하는 결과를 가져오기 때문이므로, 고의에 의한 불법행위의 경우에도 위와 같은 결과가 초래되지 않는 경우에는 과실상계나 공평의 원칙에 기한 책임의 제한은 얼마든지 가능하다"(대판 2007.10.25. 2006다16758).

06 진료계약상 채무불이행책임에서 정신적 손해는 통상손해이다(대판 2018.11.15. 2016다244491). [18년 최신판례]

해설 ※ 비교판례 : 채무불이행으로 인한 비재산적 손해(특별손해)

① "건물신축 도급계약에서 수급인이 신축한 건물에 하자가 있어 도급인이 받은 정신적 고통은 하자가 보

수되거나 이에 갈음하여 손해배상이 이루어짐으로써 회복되는 것이 보통이고, 이것만으로는 회복될 수 없는 정신적 고통을 입었다는 특별한 사정이 있고 수급인이 이에 대한 예견가능성이 있는 때에 한해 위자료를 인정할 수 있다"(대판 1996.6.11. 95다12798). ② 임대인의 채무불이행으로 인하여 임차인이 임차의 목적을 달성할 수 없는 경우(대판 1994.12.13. 93다59779), 위임계약에서 수임인의 채무불이행으로 인해 손해가 발생한 경우(대판 1996.12.10. 96다36289) 등도 그러하다.

07 甲이 보기와 같은 권리를 乙에게 가지고, 甲과 乙의 주장이 모두 받아들여진다고 할 때 乙이 부담하는 액수는? (이자, 지연손해, 비용 등은 고려하지 말 것)

㉠ 乙이 甲에게 불법행위를 하여 甲이 1억 5천만 원의 손해를 입었다(甲의 과실 30%). 그러나 甲은 乙의 불법행위로 인하여 2,700만 원의 이득 역시 얻었다. 甲이 乙에게 손해배상을 청구한다면 乙은 7,800만 원을 배상하여야 한다. [변호 13, 사시 15, 법행 15]

해설 甲의 과실 30%는 과실상계, 甲이 얻은 이익은 손익상계하여야 하는바, 과실상계를 한 후에 손익상계를 한다는 것이 判例이다(대판 1990.5.8. 89다카29129). 따라서 1억 5천만 원에서 과실상계(제763조, 396조)하고(1억 5천만 원 − 1억 5천만원 × 0.3 = 1억 5백만 원), 과실상계한 1억 5백만 원에서 甲이 얻은 이익 2,700만 원을 빼면 7,800만 원이 된다.

㉡ 甲이 乙에게 불법행위손해배상청구 뿐만 아니라 부당이득반환청구(두 경우 모두 甲의 손해는 1억 5천만 원이고 乙의 실질이득은 1억 3천만 원)도 가능한 경우에 불법행위책임으로 청구할 수 있는 금액은 1억 5백만 원이다(甲의 과실 30%)

해설 가해자의 손해만을 요건으로 하는 손해배상청구와 달리 부당이득은 피해자의 이득액과 가해자의 손해액이 모두 요건이므로 이를 비교하여 적은 것을 기준으로 한다. 따라서 사안의 경우 甲은 乙에게 부당이득으로 1억 3천만 원을 청구할 수 있으나, 甲은 乙에게 불법행위에 기한 손해배상으로 1억 5백만 원을 청구할 수 있다(1억 5천만 원 − 1억 5천만 원 × 0.3 = 1억 5백만 원). 왜냐하면 불법행위에는 과실상계가 적용되나, 부당이득반환청구의 경우에는 과실상계가 적용되지 않기 때문이다(제763조, 396조 참조).

㉢ 甲이 乙에게 채무불이행을 이유로 한 손해배상채권을 가지는데 손해가 1억 5천만 원이다. 그런데 甲과 乙간에 乙의 위약시 위약금을 1억 원으로 하는 약정이 있었던 경우. 甲은 乙에게 1억 원 만을 청구할 수 있다. [변호 14, 모의14(3)]

해설 위약금약정은 제398조 4항에 의해 손해배상액의 예정으로 추정된다. 채권자는 실제로 발생한 손해액이 예정액보다 많다는 것을 입증하더라도 그의 증액을 청구하지 못하고, 채무자는 채권자의 실제손해가 예정액보다 적다는 것을 입증하더라도 감액을 요구하지 못한다. 따라서 1억 원만을 청구할 수 있다.

㉣ 乙이 甲과 X토지를 매도하기로 계약하고 소유권이전등기를 마쳐주었는데, 乙명의 등기는 위조 등기이고 X토지는 A소유인 경우, 甲이 지급한 매매대금은 1억 원이고, 乙이 甲에게 X토지의 소유권이전을 해줄 수 없음이 확정된 때의 X토지의 시가상당액은 1억 5천만 원이라고 할 때 甲이 제570조에 따라 담보책임에 따른 손해배상을 청구하는 경우의 금액은 1억 5천만 원이다. [변호 17, 사시 09,16]

해설 判例는 "매도인이 매수인에 대하여 배상하여야 할 손해액은 원칙적으로 매도인이 매매의 목적이 된 권리(의 일부)를 취득하여 매수인에게 이전할 수 없게 된 때의 이행불능이 된 권리의 시가, 즉 이행이익

상당액"(대판 1993.1.19. 92다37727)이라고 하며, "부동산을 매수하고 소유권이전등기까지 넘겨받았지만 진정한 소유자가 제기한 등기말소청구소송에서 매도인과 매수인 앞으로 된 소유권이전등기의 말소를 명한 판결이 확정됨으로써 매도인의 소유권이전의무가 이행불능된 경우, 그 손해배상액 산정의 기준 시점은 위 판결이 확정된 때이다"(대판 1993.4.9. 92다25946)라고 한다. 따라서 이행이익 상당액인 1억 5천만 원 청구 가능

ⓔ 甲과 乙이 乙의 계약 위반시 1억 원을 위약금으로 하기로 약정하였다면, 乙에게 계약 불이행에 대한 귀책사유가 없는 경우 甲은 乙에게 예정배상액을 청구할 수 없는 것이 원칙이다.

[변호 13,18, 변리 13]

해설 判例는 명시적으로 "채무자는 채권자와 채무불이행에 있어 채무자의 귀책사유를 묻지 아니한다는 약정을 하지 아니한 이상 자신의 귀책사유가 없음을 주장·입증함으로써 예정배상액의 지급책임을 면할 수 있다. 그리고 채무자의 귀책사유를 묻지 않기로 하는 약정의 존재는 엄격하게 제한하여 인정하여야 한다"(대판 2007.12.27. 2006다9408)고 판시하였다. 따라서 判例에 따른다면 0원.

제2관 손해배상액의 예정

08 손해배상의 예정액이 부당히 과다하여 법원이 직권으로 감액한 경우, 감액된 부분은 처음부터 무효인 것으로 본다(대판 2004.12.10. 2002다73852). [변호 13, 사시 10, 법행 05·12, 변리 09·10]

09 계약 당시 손해배상액을 예정한 경우에는 다른 특약이 없는 한 채무불이행으로 인하여 입은 통상손해는 물론 특별손해까지도 예정액에 포함되고 채권자의 손해가 예정액을 초과한다 하더라도 초과부분을 따로 청구할 수 없다(대판 1993.4.23. 92다41719). [변호 12유사, 사시 09·12, 변리 13]

10 공사도급계약서 또는 그 계약내용에 편입된 약관에 "수급인이 하자담보책임 기간 중 도급인으로부터 하자보수요구를 받고 이에 불응한 경우 하자보수보증금은 도급인에게 귀속한다."라는 조항이 있을 때에도, 위 예정액을 초과하는 손해에 대하여는 하자보수보증금의 몰취 외에 그 실손해액을 입증하여 수급인으로부터 그 초과액 상당의 손해배상을 받을 수도 있다. [사시 07·10유사]

해설 判例는 손해배상액의 예정이 있는 경우, 원칙적으로 특별손해도 포함한다고 보아 추가로 손해배상의 청구를 부정하지만 예외적으로 도급에서 하자보수보증금은 특수한 손해배상액의 예정의 성질을 가진다고 보아 예정액을 초과하는 손해에 대하여 초과액 상당의 손해배상을 받을 수 있다는 입장이다(대판 2002.7.12. 2000다17810).

11 계약이행의 대가인 58억 원의 3배 가까이 되는 146억 원을 위약벌로 정하였다면 위 위약벌 약정은 그 의무의 강제에 의하여 얻어지는 채권자의 이익에 비하여 약정된 벌이 과도하게 무거워 공서양속에 위반(제103조)되어 무효일 뿐 제398조 2항의 유추적용을 통해 법원이 직권으로 감액할 수는 없다(대판 2015.12.10. 2014다14511). [최신판례]

12 이자제한법의 최고이자율 제한에 관한 규정은 금전대차에 관한 계약상의 이자에 관하여 적용될 뿐, 계약을 위반한 사람을 제재하고 계약의 이행을 간접적으로 강제하기 위하여 정한 위약벌의 경우에는 적용될 수 없다(대판 2017.11.29. 2016다259769). [최신판례]

13 위약금이 손해배상액의 예정과 위약벌의 성질을 함께 가지는 경우 특별한 사정이 없는 한 민법 제398조 제2항에 따라 위약금 '전체 금액'을 기준으로 감액을 할 수 있다(대판 2018.10.12. 2016다257978). [18년 최신판례]

14 甲과 乙은 甲소유의 토지에 관하여 매매계약을 체결하면서 손해배상액의 예정을 하여 두었다. 그런데 甲은 乙의 채무불이행을 이유로 손해배상예정액을 청구하고자 한다.

① 손해배상예정액이 부당하게 과다한지 여부는 '손해배상예정의 약정시'가 아닌 '사실심 변론 종결 당시'를 기준으로 판단하여야 하고, 이는 원칙적으로 사실심의 전권에 속하는 사항이다(대판 2017.5.30. 2016다275402). [최신판례]

② 甲과 乙 사이에 체결된 손해배상액의 예정약정은 채무불이행을 정지조건으로 하는 조건부계약이다.

③ 손해배상의 예정액이 부당하게 과다한 경우에는 乙의 청구가 없더라도 법원이 직권으로 감액할 수 있으나, 부당히 과소하다고 하더라도 증액하지는 못한다. [변호 17, 사시 12, 변리 14]

④ 만약 위 매매계약과 관련하여 甲이 불법행위에 기하여 손해를 입었다면 손해배상의 예정액으로써 전보받을 수는 없다(대판 1999.1.15. 98다48033). [모의 12(2)유사, 사시 09·10·11유사, 법행 12, 변리 09]

⑤ 甲이 손해배상예정액을 청구하기 위하여는 乙의 이행지체가 있었던 것을 증명하면 족하고, 손해의 발생이나 손해액을 증명할 필요가 없다(대판 2007.12.27. 2006다9408).
[모의 11(1)유사, 사시 09, 법행 07·14]

제3절 채권자지체

01 甲은 자신의 중고 태블릿PC를 乙에게 판매하기로 하고 이행기에 약속한 장소로 나갔으나, 乙이 오지 않아서 다시 태블릿PC를 가지고 집으로 돌아왔다.

① 乙이 이행기에 약속한 장소로 나오지 못한 것이 乙의 귀책 없는 사고로 인한 것인 경우, 채권자지체의 본질에 관한 학설 중 법정책임설에 의하면 乙의 채권자지체가 성립하나, 채무불이행책임설에 따르면 채권자지체가 성립하지 않는다.

해설 채권자지체의 본질과 관련하여 학설은 ⊙ 채권·채무관계를 양당사자가 공동목적의 달성을 위해 협력하여야 하는 공동체관계로 파악하여, 그 일환으로 협력의무를 '채무'로 평가하는 채무불이행책임설(따라서 채권자지체의 성립요건으로 채권자의 귀책사유가 필요하고, 그 효과로는 제401조 내지 제403조, 제538조 이외에 손해배상청구권과 계약해제권을 인정한다), ⓛ 채권자는 '권리'를 가질 뿐이라는 전제하에 민법에 규정된 채권자지체책임은 채무자가 변제의 제공을 한 경우에 이익형평의 원칙에 따라 협력지연에 따른 불이익을 채권자가 부담하도록 법률이 정한 것으로 보는 법정책임설(그러므로 채권자지체의 성립요건으로 채권자의 귀책사유가 필요치 않고, 그 효과로는 제401조 내지 제403조와 제538조의 효과만이 인정된다)로 나누어진다.

② 乙이 그저 귀찮아서 이행기에 약속 장소에 나오지 않은 경우, 법정책임설에 따르면 甲은 乙과의 계약을 해제할 수 없으나, 채무불이행책임설에 따르면 甲은 乙과의 계약을 해제할 수 있다.

③ 乙이 이행기에 약속한 장소에 나오지 못한 것에 대해 귀책사유가 있는 경우에, 채권자지체의 본질에 관한 법정책임설이나 채무불이행책임설 중 어느 견해에 의하더라도 甲은 태블릿PC에

대하여 이행기 이후부터 인도시까지 선관주의의무를 부담하지 않는다.

> **해설** 이행기 이후 인도시까지 특정물채무자가 선관주의의무를 부담하는 것은 이행지체도 아니고 수령지체 도 아닌 경우이다. 채권자지체가 성립한 이상 어느 견해에 의하더라도 甲은 선관주의의무를 부담하지 는 않는다.

④ 乙이 이행기에 약속한 장소에 나오지 못한 것에 대해 귀책사유가 있는 경우에, 甲이 태블릿 PC의 보관 중에 하자가 발생한 경우 채권자지체의 본질에 관한 법정책임설이나 채무불이행 책임설 중 어느 견해에 의하더라도 채무자는 고의 또는 중대한 과실이 없는 한 발생한 하자 에 대해 책임을 지지 않는다(제401조). [변시 15]

⑤ 乙이 이행기에 약속 장소로 나오지 못한 것에 대해 귀책사유가 없고 甲이 집으로 돌아와 태 블릿PC를 보관 중에 甲과 乙 쌍방의 귀책 사유 없이 태블릿PC가 멸실된 경우에는 법정책임 설에 의하면 甲은 매매대금을 청구할 수 있지만, 채무불이행책임설에 의하면 甲은 乙에게 매 매대금을 청구할 수 없다.

> **해설** 채권자지체가 성립하면 대가위험이 채권자인 乙에게 이전된다(제538조 1항 후문). 따라서 만약 乙에게 채권자지체가 인정된다면, 甲과 乙 쌍방의 귀책 사유 없이 태블릿PC가 멸실된 경우 甲은 乙에게 매매 대금을 청구할 수 있다.

제4장	채권의 대외적 효력

제1절 책임재산의 보전

제1관 채권자대위권

01 채무자 乙에게 대항할 수 없는 채권자 甲은 제3채무자 丙을 상대로 채권자대위권을 행사할 수 없으나, 채권자 甲의 채무자 乙에 대한 권리가 제3채무자 丙에게 대항할 수 없는 경우에도 다른 요건을 충족한다면 甲은 乙을 대위하여 丙을 상대로 원칙적으로 채권자대위권을 행사할 수 있 다. [변호 18, 모의 13(3)유사, 사시 04, 법행 05,09]

> **해설** 채권자대위권의 피보전채권은 제3채무자에게 대항할 수 있는 것이어야 하는 것은 아니지만, 채무자에게 대항할 수 없는 채권자는 채무자의 권리를 대위행사할 수 없다(대판 2000.6.9. 98다18155).
> 예를 들어 "임대인의 동의 없는 임차권의 양도에서 양수인은 임대인에 대해 대항할 수 없으므로, 임차권의 양수인은 임대인의 권한을 대위행사할 수 없다"(대판 1985.2.8. 84다카188).

02 물권적 청구권은 피대위권리 뿐만 아니라 피보전권리도 될 수 있다.[변호 18유사, 모의 13(3)유사, 사시 13]

> **해설** ※ 피보전채권의 존재
> 채권의 종류는 묻지 않으며, 금전채권 뿐만 아니라 특정채권도 인정되며, 채권적 청구권 뿐만 아니라 判 例에 따르면 물권적 청구권도 포함된다(대판 2007.5.10. 2006다82700,82717).

※ 피대위채권의 존재

채무자의 책임재산의 보전과 관련이 있는 재산권(채권의 공동담보에 적합한 채무자의 권리)은 그 종류를 묻지 않고 채권자대위권의 목적으로 될 수 있다. 채권적 청구권에 한하지 않으며, 등기청구권 · 형성권 · 물권적 청구권(대판 1966.9.27. 66다1334) · 채권자대위권(대판 1992.7.14. 92다527) · 채권자취소권(아래 2000다73049판결) · 조합의 탈퇴권(대결 2007.11.30. 2005마1130) 등도 포함된다.

03 비법인사단인 채무자 명의로 제기된 제3채무자를 상대로 한 소가 '사원총회 결의가 없었다는 이유'로 각하되어 판결이 확정된 경우라면, 채무자가 스스로 제3채무자에 대한 권리를 행사한 것으로 볼 수 없다(대판 2018.10.25. 2018다210539). [18년 최신판례]

04 원칙적으로 피보전채권의 이행기가 도래해야 채권자대위권을 행사할 수 있다. 그러나 채권의 이행기 전이라도 법원의 허가가 있거나, 보존행위의 경우에는 채권자대위권을 행사할 수 있다(제404조 2항). [사시 09, 법행 04]

05 이혼으로 인한 재산분할청구권은 협의 또는 심판에 의하여 그 구체적 내용이 형성되기까지는 그 범위 및 내용이 불명확 · 불확정하기 때문에 구체적으로 권리가 발생하였다고 할 수 없으므로 이를 보전하기 위하여 채권자대위권을 행사할 수 없다(대판 1999.4.9. 98다58016). [변호 16 · 18]

06 채권자대위소송에서 대위에 의하여 보전될 채권자의 채무자에 대한 권리(피보전채권)가 존재하는지 여부는 소송요건으로서 법원의 직권조사사항이므로, 법원으로서는 그 판단의 기초자료인 사실과 증거를 직권으로 탐지할 의무까지는 없다 하더라도, 법원에 현출된 모든 소송자료를 통하여 살펴보아 피보전채권의 존부에 관하여 의심할 만한 사정이 발견되면 직권으로 추가적인 심리 · 조사를 통하여 그 존재 여부를 확인하여야 할 의무가 있다(대판 2009.4.23. 2009다3234). [변호 16, 사시 14, 법행 11, 변리 13]

07
> 甲은 乙에게 돈을 빌리면서 자신의 ×토지에 저당권을 설정해 주었다. 그 후 甲은 Y상가건물을 신축하였다. 그 후 丙에게 Y상가건물을 임대하였으나, 2002.4.17. 임대차가 종료되었다(묵시적 갱신은 고려하지 않는다). 그러나 甲은 丙에게 건물인도를 청구하지 않고 있고, 甲 자신도 乙에 대한 대금지급을 지체하고 있는 상태에서 乙이 ×토지에 대한 저당권에 기해 ×토지에 대해서 임의경매를 신청하여, 丁이 2002.7.17. ×토지에 대해 낙찰을 받았다.
> [핵심사례 C-7.참고, 모의 13(3)유사, 사시 13]

① 丁은 ×토지의 소유권에 기해 丙을 상대로 Y건물에서 퇴거할 것을 청구할 수 있고, 설령 丙이 대항력 있는 임차인이라도 丁의 퇴거청구에 대항할 수 없다. [모의 13(3)유사, 사시 13]

해설 토지에 있는 건물에 대하여 대항력 있는 임차권이 존재한다고 하여도 이를 토지소유자에 대하여 대항할 수 있는 토지사용권이라고 할 수는 없다(대판 2010.8.19. 2010다43801).

② 경매로 ×토지와 Y건물의 소유자가 달라지더라도 Y건물을 위한 법정지상권이 성립하지 않는다. 따라서 丁은 ×토지의 소유권에 기해 甲을 상대로 ×토지를 반환할 것과 Y건물을 철거할 것을 청구할 수 있다. [모의 13(3)유사, 사시 13]

해설 사안에서는 저당권설정 당시 건물이 존재하지 않았기 때문에 甲에게 Y건물을 위한 법정지상권은 성립되지 않는다(제366조).

③ 丁은 ②.를 피보전권리로 甲의 丙에 대한 Y건물명도청구권을 대위할 수 있다. [모의 13(3), 사시 13]

해설 ※ 丁의 丙에 대한 채권자대위권 행사 가부(적극)

(1) 소유권에 기한 물권적 청구권이 피보전권리가 될 수 있는지 여부(적극)

피보전채권이 특정채권이라 하여 반드시 순차매도 또는 임대차에 있어 소유권이전등기청구권이나 인도청구권 등의 보전을 위한 경우에만 한하여 채권자대위권이 인정되는 것은 아니며, 물권적 청구권에 대하여도 채권자대위권에 관한 민법 제404조의 규정과 위와 같은 법리가 적용될 수 있어 丁은 채무자 甲의 무자력에 상관없이 채권자대위권을 행사할 수 있다(대판 2007.5.10. 2006다82700,82717).

(2) 다른 구제수단이 없을 것이 채권자대위권 행사의 요건인지의 여부(소극)

丁이 토지소유권에 근거하여 그 토지상 건물의 임차인 丙을 상대로 Y건물에서의 퇴거를 청구할 수 있었더라도 퇴거청구와 건물의 임대인 甲을 대위하여 건물의 인도를 구하는 청구는 그 요건과 효과를 달리하는 것이므로, 위와 같은 퇴거청구를 할 수 있었다는 사정이 채권자대위권의 행사요건인 채권보전의 필요성을 부정할 사유가 될 수는 없다(대판 2007.5.10. 2006다82700,82717).

☞ 임대인 甲은 건물소유권에 기해서, 혹은 임대차계약에 기해서 丙에게 Y건물의 명도를 청구할 수 있는바, 이러한 건물명도청구권을 丁이 대위행사하여 丙에게 Y건물의 명도를 청구할 수 있다(제404조).

08 A 소유의 부동산을 시효취득한 B의 공동상속인이 A에 대한 소유권이전등기청구권을 보전하기 위해 A의 C에 대한 소유권이전등기말소청구권을 대위행사하는 경우, 그 공동상속인은 자신의 지분 범위 내에서만 대위행사할 수 있고, 그 지분을 초과하는 부분에 대해서는 채무자를 대위할 보전의 필요성이 없다(대판 2014.10.27. 2013다25217).   [최신판례, 사시 14 · 16]

09 수임인 甲이 乙의 위임사무를 처리하는 과정에서 채무를 부담하였고, 이에 따라 甲이 乙에게 민법 제688조 2항에 따라 대변제청구권을 가지게 되었는데, 이 권리를 보전하기 위하여 乙의 채권을 대위행사하는 경우에는 乙의 무자력을 요하지 않는다(대판 2002.1.25. 2001다52506).

[변호 18, 사시 11, 법행 11]

10 甲소유의 토지를 乙이 임차하고 있는 경우 丙이 불법점거를 하고 있는 때에, 乙은 甲의 무자력과 상관없이 甲의 소유권에 기한 방해배제청구권을 대위행사할 수 있다(대판 1962.1.25. 4294민상607).

11 공유물분할청구권도 채권자대위권의 목적이 될 수 있다. 그러나 채권자가 자신의 '금전채권'을 보전하기 위하여 채무자를 대위하여 '부동산에 관한' 공유물분할청구권을 행사하는 것은, 책임재산의 보전의 필요성을 인정할 수 없어 이를 대위행사할 수 없다.   [20년 최신판례]

해설 "채권자가 자신의 '금전채권'을 보전하기 위하여 채무자를 대위하여 '부동산에 관한' 공유물분할청구권을 행사하는 것은, 책임재산의 보전과 직접적인 관련이 없어 채권의 현실적 이행을 유효·적절하게 확보하기 위하여 필요하다고 보기 어렵고 채무자의 자유로운 재산관리행위에 대한 부당한 간섭이 되므로 보전의 필요성을 인정할 수 없다. 또한 특정 분할방법을 전제하고 있지 않는 공유물분할청구권의 성격 등에 비추어 볼 때 그 대위행사를 허용하면 여러 법적 문제들이 발생한다. 따라서 극히 예외적인 경우가 아니라면 금전채권자는 부동산에 관한 공유물분할청구권을 대위행사할 수 없다고 보아야 한다. 이는 채무자의 공유지분이 다른 공유자들의 공유지분과 함께 근저당권을 공동으로 담보하고 있고, 근저당권의 피담보채권이 채무자의 공유지분 가치를 초과하여 채무자의 공유지분만을 경매하면 남을 가망이 없어 민사집행법 제102조에 따라 경매절차가 취소될 수밖에 없는 반면, 공유물분할의 방법으로 공유부동산 전부를 경매하면 민법 제368조 제1항에 따라 각 공유지분의 경매대가에 비례해서 공동근저당권의 피담보채권을 분담하게 되어 채무자의 공유지분 경매대가에서 근저당권의 피담보채권 분담액을 변제하고 남을 가망이 있는 경우에도 마찬가지이다"(대판 2020.5.21. 전합2018다879).

12 乙이 甲으로부터 신탁받은 부동산을 丙의 강박에 의하여 丙에게 증여하고 소유권이전등기를 마쳐준 뒤 丙이 다시 선의의 丁에게 이를 매도하고 소유권이전등기를 마쳐주자, 甲이 乙에 대한 손해배상청구권(명의신탁 해지로 인한 소유권이전등기청구권의 이행불능을 원인)을 보전하기 위하여 乙의 丙에 대한 손해배상청구권(강박 취소로 인한 소유권이전등기말소등기청구권의 이행불능을 원인)을 대위행사하는 경우 乙의 무자력이 요구되지 않는다(대판 2006.1.27. 2005다39013).

[모의 14(1)유사, 사시 11·12·16]

13

> 甲은 2000.6.1. 乙에게 자신 소유의 ×건물을 2000.6.1.부터 2002.5.31.까지 임차보증금 1억원, 차임 월 100만원으로 정하여 임대하여 주었다. 한편, 乙은 사업을 경영하던 중 사업자금이 필요하여 丙으로부터 금 1억원을 차용하였는데, 이 돈을 갚지 못하게 되어 이에 대한 담보로 2001.6.1. 丙에게 甲에 대하여 가지고 있는 임차보증금반환채권을 양도하여 주고, 같은 날 甲에 대하여 내용증명우편으로 이를 통지하여 다음날 甲이 이를 수령하였다. 그런데, 특별한 사정없이 2002.7.1. 현재까지도 乙은 여전히 ×건물에 거주하고 있다.
>
> [변시 1회 사례형, 핵심사례 B-7.참고]

① 임차보증금반환채권은 임대차기간이 종료해야 비로소 발생하지만 장래 발생할 채권이라도 '현재 그 권리의 특정이 가능'하고 '가까운 장래에 발생할 것임이 상당한 정도로 기대'되는 경우에는 채권양도의 대상이 될 수 있으므로 乙이 甲에 대한 임차보증금반환채권을 임대차 종료 전에 丙에게 양도한 것은 효력이 있다(대판 1997.7.25. 95다21624). [모의 13(3)유사, 사시 13]

② 甲과 乙 사이에 임대차계약의 묵시적 갱신이 있었더라도 그 효과는 보증금반환채권의 양수인 丙에게는 미치지 않으므로, 丙에 대한 관계에서는 甲과 乙 사이의 임대차계약은 종료되었다.

[변호 15·16, 사시 13]

[해설] 甲과 乙 사이에 임대차계약의 묵시적 갱신이 있었더라도 그 효과는 보증금반환채권의 양수인 丙에게는 미치지 않으므로(제451조 2항 참조), 丙에 대한 관계에서는 甲과 乙 사이의 임대차계약은 종료되었다(대판 1989.4.25. 88다카4253,4260).

③ 만약 丙에 대한 관계에서 甲과 乙 사이의 임대차계약이 종료되었다면, 甲의 보증금반환의무와 乙의 목적물반환의무는 동시이행관계에 있으므로, 甲은 乙이 목적물을 반환할 때까지 丙의 임차보증금반환청구에 대해서 그 이행을 거절할 수 있다.

[사시 08·16, 법행 08]

[해설] ※ 채무자가 양도인에게 행사할 수 있는 동시이행항변권을 양수인에게도 행사할 수 있는지 여부※
제451조 2항
채권의 양도에 의해 양도인에 대한 채무자의 지위가 달라질 것은 아니므로, 채무자는 그 '통지를 받은 때까지' 양도인에 대하여 생긴 사유(채무의 불성립·무효·취소·동시이행의 항변·기한의 유예·채권의 소멸 등)로써 양수인에게 대항할 수 있다(제451조 2항). 다만, 대항사유 자체(예를 들어 동시이행의 항변권, 해제, 상계적상)는 통지 뒤에 생겼더라도 그 '사유 발생의 기초가 되는 법률관계'가 통지 전에 이미 존재하였다면 이는 '계약 자체에 처음부터 내재하는 고유한 위험'이라고 볼 수 있으므로 그 대항사유로써 양수인에게 대항할 수 있다. 그러나 통지를 받은 후부터는 양수인만이 채권자로 되므로, '통지 이후'에 양도인에 대하여 생긴 사유로는 양수인에게 대항하지 못한다. 그래서 判例는 임차보증금반환채권의 양도 통지 후 임대차계약의 갱신이나 연장에 관한 합의는 양수인에게 그 효력이 없다고 한다(대판 1989.4.25. 88다카4253). 왜냐하면 임대차계약의 합의갱신 등은 채권양도 통지 후에 발생한 '새로운' 계약이라고 볼 수 있으므로, 계약 자체에 처음부터 내재하는 고유한 위험이라고 볼 수 없기 때문이다.

④ 만약 丙에 대한 관계에서 甲과 乙 사이의 임대차계약이 종료되었다면, 甲이 무자력이 아니더라도 丙은 甲에 대해 갖고 있는 보증금반환채권을 보전하기 위해 甲을 대위하여 乙에게 임차목적물의 인도를 청구할 수 있다. [모의 14(1)유사, 사시 11·12·16]

> **해설▶** 채권자대위권의 행사요건 중 채권보전의 필요성과 관련하여 피보전채권이 금전채권인 경우에는 원칙적으로 채무자가 무자력이어야 한다. 그러나 피보전채권과 피대위권리가 밀접하게 관련되어 있어서 채권자대위권을 행사하지 않으면 피보전채권을 유효적절하게 행사할 수 없는 경우에는 무자력을 요하지 않는다(대판 1989.4.25. 88다카4253,4260).

⑤ 만약 丙에 대한 관계에서 甲과 乙 사이의 임대차계약이 종료되지 않았다면, 丙이 乙에 대해 갖고 있는 금전채권을 보전하기 위해 乙을 대위하여 甲에게 임대차계약의 해지통고를 할 수 있다. 왜냐하면 임대차계약의 해지권은 행사상의 일신전속권에 해당하지 않으므로 채권자대위권의 객체가 될 수 있기 때문이다(대판 2007.5.10. 2006다82700,82717). [모의 13(3)유사, 사시 13]

14 후견인이 민법 제950조 1항 각호의 행위를 하면서 후견감독인의 동의를 얻지 아니한 경우, 3항의 규정에 의하여 피후견인 또는 후견감독인이 그 후견인의 행위를 취소할 수 있는 권리(취소권)는 행사상의 일신전속권이므로 채권자대위권의 목적이 될 수 없다(대판 1996.5.31. 94다35985).

15 유류분반환청구권은 행사상의 일신전속성을 가진다고 보아야 하므로, 유류분권리자에게 그 권리행사의 확정적 의사가 있다고 인정되는 경우가 아니라면 채권자대위권의 목적이 될 수 없다(대판 2010.5.27. 2009다93992). [변호 15, 사시 15]

16 상속인의 한정승인 또는 상속포기가 없는 동안(승인·포기의 기간 내)에 채권자는 상속등기 신청행위를 대위행사할 수 있다(대결 1964.4.3. 63마54).

17 소송상 권리는 원칙적으로 대위행사 할 수 있으나, 개별적 소송행위에 대한 권리는 대위행사할 수 없다. [사시 16]

> **해설▶** 소송상 권리(각종 소의 제기, 강제집행신청, 청구이의의 소, 제3자 이의의 소, 가압류·가처분명령의 취소신청 등)는 원칙적으로 대위행사 할 수 있으나, 개별적 소송행위에 대한 권리(공격방어방법의 제출, 상소제기, 재심의 소제기, 집행방법 또는 가압류결정에 대한 이의신청 등)는 대위행사할 수 없다(대판 2012.12.27. 2012다75239).

18 채권자대위소송에서 제3채무자가 채권자의 채무자에 대한 권리(피보전채권)의 발생원인이 된 법률행위가 '무효'라거나 '변제'등으로 소멸하였다는 등의 사실을 주장하여 채권자의 채무자에 대한 권리가 인정되는지를 다툴 수 있다. [최신판례, 변호 17]

> **해설▶** ※ 제3채무자의 항변권
> ㉠ 채권자는 채무자의 권리를 행사하는 것이므로 대위권 행사의 통지가 있기 전에 제3채무자는 채무자에 대하여 가지는 모든 항변(피대위권리에 대한 항변)으로 채권자에게 대항할 수 있다. ㉡ 그러나 제3채무자가 채권자의 채무자에 대한 권리(피보전권리)의 발생원인이 된 법률행위가 무효라거나 변제 등으로 소멸하였다는 등의 사실 외에는(대판 2015.9.10. 2013다55300), 채무자가 채권자에게 주장할 수 있는 사유(소멸시효의 완성의 주장 등 그 권리의 행사가 채무자의 의사에 달려있는 항변을 말한다)를 주장할 수는 없다(대판 2004.2.12. 2001다10151).

19 채권자가 자신의 채권을 보전하기 위하여 채무자가 다른 상속인과 공동으로 상속받은 부동산에 관하여 공동상속등기를 대위신청하여 등기가 행하여진 경우, 채권자가 채무자가 아닌 제3자(다른 공동상속인)에 대하여 사무관리에 기하여 등기에 소요된 비용의 상환을 청구할 수 있다.

해설 ※ 법정위임관계

채권자대위권을 행사한 채권자와 채무자 사이에는 일종의 '법정위임관계'가 성립한다. 따라서 채권자가 대위권을 행사하는 과정에서 비용을 지출한 때에는 제688조(수임인의 비용상환청구권)를 유추적용하여 그 상환을 구할 수 있다(대결 1996.8.21. 96그8). 그리고 "채권자에 의한 채무자 권리의 대위행사의 직접적인 내용이 제3자의 법적 지위를 보전·유지하는 것이 되는 경우에는, 채권자는 자신의 채무자가 아닌 제3자에 대하여도 '사무관리'에 기하여 비용의 상환을 청구할 수 있다"(대판 2013.8.22. 2013다30882).

20 | 甲은 乙에 대해 금전채권이 있고 乙은 丙에 대해 금전채권이 있는데, 甲이 丙을 상대로 채권자대위소송을 제기하여, 제1심 법원으로부터 '丙은 피대위채권을 甲에게 지급하라'는 판결이 선고되었고, 乙은 이 법원에 증인으로 출석하여 甲이 채권자대위권을 행사한 사실을 알고 있었다.
채권자대위권 행사와 채권압류 및 전부명령의 경합이 문제된 사건

㉠ 위와 같이 채권자대위소송에서 제3채무자 丙으로 하여금 직접 대위채권자 甲에게 금전의 지급을 명하는 판결이 확정된 경우에도, 피대위채권이 변제 등으로 소멸하기 전에 채무자 乙의 다른 채권자 A가 이를 '압류·가압류'할 수 있다(대판 2016.8.29. 2015다236547).

㉡ 위와 같이 채권자대위소송이 제기되고 대위채권자 甲이 채무자 乙에게 대위권 행사사실을 통지하거나 채무자 乙이 이를 알게 된 후 이루어진 피대위채권에 대한 채무자 乙의 다른 채권자 A의 '전부명령'은 원칙적으로 무효이다(대판 2016.8.29. 2015다236547).

해설 "채권자대위소송이 제기되고 대위채권자가 채무자에게 대위권 행사사실을 통지하거나 채무자가 이를 알게 되면 민법 제405조 제2항에 따라 채무자는 피대위채권을 양도하거나 포기하는 등 채권자의 대위권행사를 방해하는 처분행위를 할 수 없게 되고 이러한 효력은 제3채무자에게도 그대로 미치는데, 그럼에도 그 이후 대위채권자와 평등한 지위를 가지는 채무자의 다른 채권자가 피대위채권에 대하여 전부명령을 받는 것도 가능하다고 하면, 대위채권자가 압류·가압류나 배당요구의 방법을 통하여 채권배당절차에 참여할 기회조차 가지지 못하게 한 채 전부명령을 받은 채권자가 대위채권자를 배제하고 전속적인 만족을 얻는 결과가 되어, 채권자대위권의 실질적 효과를 확보하고자 하는 민법 제405조 제2항의 취지에 반하게 된다. 따라서 채권자대위소송이 제기되고 대위채권자가 채무자에게 대위권 행사사실을 통지하거나 채무자가 이를 알게 된 이후에는 민사집행법 제229조 제5항이 유추적용되어 피대위채권에 대한 전부명령은, 우선권 있는 채권에 기초한 것이라는 등의 특별한 사정이 없는 한, 무효라고 보는 것이 타당하다"(대판 2016.8.29. 2015다236547).

㉢ 대위채권자 甲의 채권자 B가 '대위채권자 甲이 제3채무자 丙으로부터 위 채권자대위소송 판결에 따라 지급받을 채권'에 대하여 받은 '압류 및 전부명령'은 모두 무효이다.

해설 "자기의 금전채권을 보전하기 위하여 채무자의 금전채권을 대위행사하는 대위채권자는 제3채무자로 하여금 직접 대위채권자 자신에게 그 지급의무를 이행하도록 청구할 수 있고 제3채무자로부터 그 변제를 수령할 수도 있으나, 이로 인하여 채무자의 제3채무자에 대한 피대위채권이 대위채권자에게 이전되거나 귀속되는 것이 아니므로, 대위채권자의 제3채무자에 대한 위와 같은 추심권능 내지 변제수령권능은 그 자체로서 독립적으로 처분하여 환가할 수 있는 것이 아니어서 압류할 수 없는 성질의 것이고, 따라서 이러한 추심권능 내지 변제수령권능에 대한 압류명령 등은 무효이다. 그리고 채권자대위소송에서 제3채무자로 하여금 직접 대위채권자에게 금전의 지급을 명하는 판결이 확정되었더라도 그 판결에 기초하여 금전을 지급받는 것 역시 대위채권자의 제3채무자에 대한 추심권능 내지 변제수령권능에 속하는 것이므로, 채권자대위소송에서 확정된 판결에 따라 대위채권자가 제3채무자로부터 지급받을 채권에 대한 압류명령 등도 무효라고 보아야 한다(대판 2016.8.29. 2015다236547).

21

> 어느 부동산이 丙 → 乙 → 甲으로 차례로 매도되었는데(등기는 아직 丙에게 있다), 甲이 乙을 대위하여 丙소유의 부동산에 관하여 처분금지가처분을 하였다.

① 乙에게 그 사실이 통지된 이후에 乙과 丙이 위 매매를 합의해제하였다. 그 후 甲은 乙을 대위하여 丙에게 위 부동산에 관한 소유권이전등기를 청구할 수 있다. [모의 14(3)유사]

해설 채권자가 보존행위 이외의 권리를 행사한 때에는 채무자에게 이를 통지하여야 하고(제405조 1항), 채무자가 그 통지를 받은 후에는 그 권리를 '처분'하여도 채권자에게 대항하지 못한다(제405조 2항).
ㄱ 여기서 말하는 금지되는 처분행위에는 '채권 자체'에 대한 처분행위 뿐만 아니라 ㄴ '채권 발생의 기초가 되는 법률관계에 대한 처분행위'[예컨대 채권발생원이 된 기본계약의 합의해제(대판 1996.4.12. 95다54167)]도 포함된다.

② 乙에게 그 사실이 통지된 이후에 乙은 채무를 불이행하여 丙과의 계약이 해제되도록 하였다. 그 후 甲은 乙을 대위하여 丙에게 위 부동산에 관한 소유권이전등기를 청구할 수 없다. [변호 17,18]

해설 判例는 丙은 甲에게 乙과의 위 매매가 해제되었다는 항변을 할 수 있다고 한다. 즉, "ⅰ) 채무자의 채무불이행 사실 자체만으로는 권리변동의 효력이 발생하지 않아 이를 채무자가 제3채무자에 대하여 가지는 채권을 소멸시키는 적극적인 행위로 파악할 수 없는 점, ⅱ) 법정해제는 채무자의 객관적 채무불이행에 대한 제3채무자의 정당한 법적 대응인 점 등을 고려할 때 채무자가 자신의 채무불이행을 이유로 매매계약이 해제되도록 한 것을 두고 민법 제405조 제2항에서 말하는 '처분'에 해당한다고 할 수 없다"(대판 2012.5.17. 전합2011다87235).
☞ 주의할 것은 甲은 위 ①, ②의 어느 경우라도 제548조 1항 단서에 의해 보호되지는 않는다는 점이다.

③ 乙에게 그 사실이 통지된 이후에 丙이 乙에게 위 부동산에 관한 소유권이전등기를 마쳐주었다. 丙은 이로써 甲에게 대항할 수 있다. [모의 15(2)유사, 사시 04,08, 변리 10]

해설 乙에게 그 사실이 통지된 이후에 丙이 乙에게 위 부동산에 관한 소유권이전등기를 마쳐주었다면, 判例에 따르면 제405조 2항에서 금지하는 '처분'에 '변제의 수령'은 포함되지 않기 때문에 이는 유효하다고 한다(대판 1991.4.12. 90다9407). 따라서 丙은 이로써 甲에게 대항할 수 있다.

④ 만약 甲의 乙에 대한 채권이 소멸시효가 완성되었음에도 불구하고 甲이 乙을 대위하여 丙소유의 부동산에 관하여 처분금지가처분을 행사한 경우, 丙은 피보전채권에 관한 소멸시효 완성의 항변으로 대항할 수 없다. [변호 14,18유사]

해설 判例는 '채권자대위권의 행사에서 제3채무자'는 채무자가 채권자에 대하여 가지는 항변으로 대항할 수 없을 뿐더러 시효이익을 직접 받는 자에도 해당하지 않는다는 이유로 채권자의 채권(피보전채권)이 시효로 소멸하였다고 주장할 수 없다고 한다(대판 1998.12.8. 97다31472).

※ 제3채무자의 항변권
(1) 피대위채권(원칙적 가능, 예외적 불가)
원칙적으로 채권자는 채무자의 권리를 행사하는 것이므로 대위권 행사의 통지가 있기 전에 제3채무자는 채무자에 대하여 가지는 모든 항변(피대위권리에 대한 항변)으로 채권자에게 대항할 수 있다(대판 2009.5.28. 2009다4787). 그러나 제405조에 따른 통지 후에는 채무자의 '처분권'이 제한되므로, 통지 후에 채무자가 한 피대위권리에 관한 처분행위에 기하여 제3채무자가 취득한 항변사유로는 채권자에게 대항할 수 없다.

(2) 피보전채권(원칙적 불가, 예외적 가능)

제3채무자가 채권자의 채무자에 대한 권리(피보전권리)의 발생원인이 된 법률행위가 무효라거나 변제 등으로 소멸하였다는 등의 사실 외에는(대판 2015.9.10. 2013다55300), 원칙적으로 채무자가 채권자에게 주장할 수 있는 사유(소멸시효의 완성의 주장, 취소권, 해제권 등 그 권리의 행사가 채무자의 의사에 달려있는 항변을 말한다)를 주장할 수는 없다(대판 2004.2.12. 2001다10151).

⑤ **만약 채권자 甲이 채무자 乙을 대위하여 제3채무자 丙에게 그 명의의 소유권이전등기의 말소절차를 직접 자기에게 이행할 것을 청구한 경우, 법원은 丙에 대하여 甲에게 직접 말소등기절차를 이행하도록 명할 수 있다.** [사시 08·11, 변리 10]

해설 등기청구권을 대위행사하는 경우에는 대위채권자가 제3채무자에게 직접 자신 앞으로 소유권이전등기를 할 것을 청구할 수는 없는 것이나, 이전등기청구가 아니라 채무자로부터 제3자 명의로 경료된 무효등기의 말소등기청구를 대위행사하는 경우에는 채권자에게 직접 말소등기를 이행할 것을 명하는 것이 가능하다는 것이 判例의 입장이다. 말소등기의 결과 종전 명의자인 채무자 명의가 회복될 것이기 때문이다.

제2관 채권자취소권

01 **사해행위 당시 피보전채권이 성립되었으나 그 액수나 범위가 구체적으로 확정되지 않은 경우에도 채권자취소권의 피보전채권이 될 수 있다**(대판 2018.6.28. 2016다1045). [18년 최신판례]

> 비교판례 "이혼으로 인한 재산분할청구권은 협의 또는 심판에 의하여 그 구체적 내용이 형성되기까지는 그 범위 및 내용이 불명확·불확정하기 때문에 구체적으로 권리가 발생하였다고 할 수 없으므로 이를 보전하기 위하여 채권자대위권을 행사할 수 없다"(대판 1999.4.9. 98다58016). 그러나 채권자취소권은 입법적으로 가능하게 되었다(제839조의3 참조)

02 **채무자가 근저당권이 설정된 부동산을 처분하면서 매매대금으로 그 부동산에 대해서 다른 채권자에 우선하여 변제를 받을 수 있는 지위에 있는 근저당권자의 피담보채권액 중 일부를 변제하고 근저당권을 말소한 경우라면 특별한 사정이 없는 한 부동산 처분행위를 사해행위로 볼 수 없다**(대판 2018.4.24. 2017다287891). [18년 최신판례]

03 **저당권이 설정되어 있는 부동산이 사해행위로 양도된 경우 부동산의 가액에서 저당권의 피담보채무액을 공제한 잔액의 한도에서 그 양도행위를 사해행위로 취소하고 가액의 배상을 구할 수 있다는 법리는 저당권설정행위 등이 사해행위로 인정되어 취소된 때에도 마찬가지로 적용된다**(대판 2018.6.28. 2018다214319). [18년 최신판례]

04 **선순위담보권이 존재하는 상태에서 제3자에게 양도행위를 하는 경우 그 선순위 담보권을 설정한 원인행위가 사해행위로 인정될 경우에는 그 담보권의 피담보채무는 후행 양도행위가 사해행위에 해당하는지 여부를 판단함에 있어 공제대상인 피담보채무 금액에 포함되어서는 아니된다.**

해설 ※ 선순위담보권 설정이 사해행위인 경우

'선순위담보권'이 존재하는 상태에서 '후순위담보권 설정'행위를 하는 경우, 선순위담보권 설정 자체가 사해행위로 되어 취소의 대상이 되는 때에는 그 후순위담보권 설정행위가 사해행위가 되는지를 판단함에 있어서는 선순위담보권의 피담보채권액을 담보물의 가액에서 공제할 것이 아니다(대판 2007.7.26. 2007다23081). 마찬가지 법리로 '선순위담보권'이 존재하는 상태에서 '제3자에게 양도'행위를 하는 경우 그 선순위 담보권을 설정한 원인행위가 사해행위로 인정될 경우에는 그 담보권의 피담보채무는 '후행 양도행위'가 사해행위에 해당하는지 여부를 판단함에 있어 공제대상인 피담보채무 금액에 포함되어서는 아니된다(대판 2013.5.9. 2011다75232).

05 사해행위가 있은 후 채권자가 취소원인을 알면서 피보전채권을 양도하고 양수인이 그 채권을 보전하기 위하여 채권자취소권을 행사하는 경우에는, 채권의 양도인(양수인이 아님)이 취소원인을 안 날을 기준으로 제척기간 도과 여부를 판단하여야 한다(대판 2018.4.10. 2016다272311).   [18년 최신판례]

06 유증의 포기는 사해행위 취소의 대상이 되지 않는다.   [19년 최신판례]

> **해설** "채무자의 유증 포기가 직접적으로 채무자의 일반재산을 감소시켜 채무자의 재산을 유증 이전의 상태보다 악화시킨다고 볼 수도 없다"(대판 2019.1.17. 2018다260855).

07

> 丙은 甲의 배임행위에 적극가담하여 그에게 별도의 대가제공을 약속하면서 이미 乙과 매매계약을 체결하였던 甲소유 X건물을 저렴하게 매수하고 丙명의로 소유권이전등기를 마쳤다(단, 甲과 丙 사이의 매매계약이 반사회질서행위로서 무효라고 전제한다).
>
> 이중매매, 103조 위반의 효과 전반

㉠ 乙은 소유권이전등기청구권을 피보전권리로 하여 채권자취소권을 행사하거나, 채무불이행에 따른 손해배상청구권을 피보전권리로 하여 채권자취소권을 행사할 수 없다.

[변호 16, 모의 14(2)유사, 사시 08,14, 법행 12,15, 변리 05,06,07]

> **해설** ⅰ) 소유권이전등기청구권의 경우 특정채권이므로 이를 보전하기 위해 채권자취소권이 행사될 수 없고(제407조), ⅱ) 채무불이행에 대한 손해배상청구권의 경우 매도인이 이중양도하면서 그 이후에 비로소 발생한 것으로 보아야 하므로 채권자 취소권을 행사할 수 없다(대판 1999.4.27. 98다56690 참고).

㉡ 乙은 丙에게 채권침해를 이유로 불법행위로 인한 손해배상으로 금전(불능 당시의 시가 상당액)의 지급을 청구할 수 있으나, 甲에게로의 원상회복(丙명의 등기말소청구)을 청구할 수는 없다.

> **해설** 제2매수인 丙은 매도인 甲의 배임행위에 적극 가담하여 제103조 위반으로 매매행위가 무효에 이르렀기 때문에 고의 및 위법성이 인정되어 불법행위로 인한 손해배상책임을 진다(제750조). 다만 判例는 "법률에 다른 규정이 있거나 당사자가 다른 의사표시를 하는 등 특별한 사정이 없는 이상 불법행위자에 대하여 원상회복청구는 할 수 없다"(대판 1997.3.28. 96다10638)고 한다(제394조, 제763조).

㉢ 乙은 甲을 대위하여 丙에게 등기의 말소청구를 할 수 있으나, 직접 丙에게 진정명의회복을 원인으로 한 소유권이전등기를 청구할 수는 없다. 그러나 丙이 甲을 상대로 소유권이전등기 청구소송를 제기하여 승소의 확정판결에 기하여 甲에서 丙으로 소유권이전등기가 경료된 경우 원칙적으로 乙은 甲을 대위하여 丙에게 등기말소를 청구할 수 없다.

> **해설** 判例는 특별한 논거적시 없이 반사회적인 이중매매의 경우에 제1매수인은 매도인을 대위하여 제2매수인에 대해 등기의 말소를 청구할 수 있다고 본다(대판 1983.4.26. 83다카57). 그러나 乙이 丙에게 직접 이전등기(진정명의의 회복을 위한 소유권이전등기)를 청구할 수는 없다고 한다. 왜냐하면 진정명의의 회복을 위한 소유권이전등기청구는 현재 소유권을 가지고 있는 자이어야 가능한데, 乙은 대위청구만 가능할 뿐 아직 소유권을 취득한 것이 아니기 때문이다(대판 2003.5.13. 2002다64148 참고).
> 아울러 제2매매가 확정판결에 의해 이전등기가 된 경우, 그것이 재심의 소에 의하여 취소되지 않는 한, 제1매수인이 채권자대위권을 행사하여 제2매수인의 등기말소를 구하는 것은 기판력에 저촉되어 허용될 수 없다(대판 2003.3.28. 2002다57140).

ⓔ 만약 甲이 乙에게 이미 소유권이전등기청구의 소를 제기당하여 그 패소판결을 선고받은 바 있는 상황에서, 위와 같은 상황이 발생했다면 丙은 甲에게 제103조 위반으로 이유로 매매대금의 반환을 청구할 수 있다.

해설 만약 甲이 乙에게 이미 소유권이전등기청구의 소를 제기당하여 그 패소판결을 선고받은 바 있는 상황에서, 위와 같은 상황이 발생했다면 위 判例에 따르면 매도인 甲의 불법성이 매수인 丙의 불법성보다 더욱 크다고 할 수 있어(불법성비교론), 丙은 甲에게 부당이득을 이유로 매매대금의 반환을 청구할 수 있다(대판 1993.12.10. 93다12947).

ⓜ 丙이 다시 丁에게 부동산을 매도하고 소유권이전등기를 마친 경우 丁이 선의라도 丁은 원칙적으로 소유권을 유효하게 취득할 수 없다.

해설 "부동산의 이중매매가 반사회적 법률행위에 해당하는 경우에는 이중매매계약은 절대적으로 무효이므로, 당해 부동산을 제2매수인으로부터 다시 취득한 제3자는 설사 제2매수인이 당해 부동산의 소유권을 유효하게 취득한 것으로 믿었더라도 이중매매계약이 유효하다고 주장할 수 없다"(대판 1996.10.25. 96다29151).

08 채권자의 채권이 사해행위 이전에 성립하였다면 사해행위 이후에 양도되었다고 하더라도 그 채권의 양수인은 채권자취소권을 행사할 수 있다(대판 2012.2.9. 2011다77146). [변호 16, 사시 14, 법행 15]

09 甲에게 정지조건부 금전채무를 부담하고 있던 乙이 정지조건이 성취되기 전에 자신의 채권자 丙에게 그의 유일한 재산인 아파트에 관하여 근저당권설정계약을 체결하고 근저당권설정등기를 마쳐준 경우, 근저당권설정계약은 甲의 乙에 대한 채권의 정지조건이 성취되기 전에 이루어진 것이더라도 甲에 대한 관계에서 사해행위가 될 수 있다(대판 2011.12.8. 2011다55542). [사시 14, 법행 15]

10 채무자 甲이 자신의 채무를 담보하기 위하여 현재 보유하고 있거나 장래에 보유하게 될 채권을 일괄하여 특정채권자 乙에게 양도하기로 하는 '집합채권의 양도예약'(양도담보의 예약으로 추정)을 체결한 다음 乙의 예약완결권의 행사에 기하여 당해 채권이 양도된 경우, 다른 채권자에 대한 관계에서 사해행위 여부를 판단하는 기준시점은 '양도담보 예약시를 기준'(예약완결권을 행사할 때가 아님)으로 판단하여야 한다(대판 2016.7.14. 2014다233268). [최신판례]

11 협의 또는 심판에 의하여 구체화되지 않은 재산분할청구권은 채무자의 책임재산에 해당하지 아니하고, 이를 포기하는 행위 또한 채권자취소권의 대상이 될 수 없다. [법행 15 유사]

해설 "이혼으로 인한 재산분할청구권은 협의 또는 심판에 의하여 구체적 내용이 형성되기까지는 그 범위 및 내용이 불명확·불확정하기 때문에 구체적으로 권리가 발생하였다고 할 수 없으므로 협의 또는 심판에 의하여 구체화되지 않은 재산분할청구권은 채무자의 책임재산에 해당하지 아니하고, 이를 포기하는 행위 또한 채권자취소권의 대상이 될 수 없다"(대판 2013.10.11. 2013다7936).

※ 이혼에 따른 재산분할청구권과 채권자대위권, 채권자취소권

(1) 이혼에 따른 재산분할약정이 채권자취소권의 '사해행위'에 해당하는지 여부(원칙적 소극)

(2) 이혼에 따른 재산분할청구권이 채권자대위권의 '피보전채권'이 될 수 있는지 여부(소극)

(3) 이혼에 따른 재산분할청구권이 채권자취소권의 '피보전채권'이 될 수 있는지 여부(적극)(제839조의3, 제843조)

12 채무자가 소멸시효 완성 후에 한 소멸시효이익의 포기행위는 소멸하였던 채무가 소멸하지 않았던 것으로 되어 결과적으로 채무자가 부담하지 않아도 되는 채무를 새롭게 부담하게 되는 것이므로 채권자취소권의 대상인 사해행위가 될 수 있다(대결 2013.5.31. 2012마712).

13 채무자가 제3자로부터 자금을 차용하여 부동산을 매수하고 해당 부동산을 차용금채무에 대한 담보로 제공하거나, 채무자가 제3자로부터 부동산을 매수하여 매매대금을 지급하기 전에 소유권이전등기를 마치고 해당 부동산을 매매대금채무에 대한 담보로 제공한 경우와 같이 기존 채권자들의 공동담보가 감소되었다고 볼 수 없는 경우, 채무자의 담보제공행위가 사해행위라고 볼 수 없다(대판 2018.12.28. 2018다272261). [18년 최신판례]

14 | 피상속인인 乙은 시가 3억 원 상당의 아파트와 현금 8,000만 원을 남기고 사망하였다. 乙의 상속인은 A를 포함하여 5명의 자녀가 있다. A는 甲에 대하여 1억 원의 채무를 부담하고 있으며, 다른 재산은 없다. [민법표준판례, 16년 사법 1차 변형, 판례연구 B-8.참고]

　⑦ A가 아파트에 대한 지분을 포기하는 대신, 현금 8,000만 원을 상속하는 것으로 재산분할을 하였다면, 그 재산분할은 甲에 대한 관계에서 사해행위에 해당한다. [사시 16 변형]

[해설] 설문에서 상속재산에는 아파트 외에도 현금 8000만 원이 있으나 채무자 A가 부동산인 아파트에 대한 지분을 포기하고 소비하기 쉬운 현금을 상속받는 것은 判例에 따르면 사해행위에 해당한다(대판 2008.3.13. 2007다73765).

　ⓛ A가 법원에 상속포기신고를 함으로써 아무런 재산도 상속받지 않았더라도 甲은 A의 상속포기가 사해행위임을 이유로 취소할 수 없다. [사시 16 변형]

[해설] 判例는 "상속의 포기는 비록 포기자의 재산에 영향을 미치는 바가 없지 아니하나 상속인으로서의 지위 자체를 소멸하게 하는 행위로서 순전한 재산법적 행위와 같이 볼 것이 아니다. 오히려 상속의 포기는 1차적으로 피상속인 또는 후순위상속인을 포함하여 다른 상속인 등과의 인격적 관계를 전체적으로 판단하여 행하여지는 '인적 결단'으로서의 성질을 가진다"(대판 2011.6.9. 2011다29307)고 보아 상속의 포기는 사해행위취소의 대상이 되지 못한다고 한다.

　ⓒ A가 乙의 생전에 乙로부터 이미 2억 원을 사업자금으로 증여받았고 위 자금이 특별수익으로 인정될 경우, A가 상속재산분할협의과정에서 상속분을 포기하더라도 그 재산분할은 甲에 대한 관계에서 사해행위에 해당하지 않는다. [사시 16 변형]

[해설] 判例에 따르면 "ⅰ) 상속재산의 분할협의는 그 성질상 재산권을 목적으로 하는 법률행위이므로 사해행위취소 권 행사의 대상이 될 수 있다. ⅱ) 채무초과 상태에 있는 채무자가 상속재산의 분할협의를 하면서 상속재산에 관한 권리를 포기함으로써 결과적으로 일반 채권자에 대한 공동담보가 감소되었다 하더라도, 그 재산분할결과가 채무자의 구체적 상속분에 상당하는 정도에 미달하는 과소한 것이라고 인정되지 않는 한 사해 행위로서 취소되어야 할 것은 아니고, 구체적 상속분에 상당하는 정도에 미달하는 과소한 경우에도 사해 행위로서 취소되는 범위는 그 미달하는 부분에 한정하여야 한다"고 하였다(대판 2001.2.9. 2000다51797).

☞ 여기서 상속분이란 각 공동상속인이 소극재산을 포함한 포괄적인 상속재산에 대하여 가지는 권리, 의무의 비율을 말하는데(제1007조), 공동상속인 중에 피상속인으로부터 증여 또는 유증을 받은 자가 있는 경우 그 재산가액을 공제한 나머지 상속분에 달하지 못하는 부분에 대해서만 상속을 받게 된다 (제1008조). 이러한 증여나 유증을 특별수익이라 하는데, 각 상속인의 상속재산분배액은 "(현존상속재 산가액+생전증여의 가액)×법정상속분−특별수익"이고, 소극재산은 상속재산에 포함시키지 않는다. 따라서 설문의 경우 A는 2억원의 특별수익이 있으므로 A의 구체적 상속분은 (시가 3억원 상당의 아파트+현금 8000만원+생전증여액 2억)×법정상속분 1/5(제1009조 1항, 제1000조 1항 1호)으로서 1억 1,600만 원이 된다. 따라서 A는 이미 2억의 특별수익을 얻었으므로 더 이상 상속받을 것이 없어 협의분할과정에서 상속지분을 포기하더라도 사해행위라고 할 수 없다.

15 채무 초과 상태에 있는 채무자가 채권자 중 1인에게 '변제'한 행위는 원칙적으로 사해행위가 아니다.

해설 "채무자가 특히 일부의 채권자와 '통모'하여 다른 채권자를 해할 의사를 가지고 변제를 한 경우를 제외하고는 원칙적으로 사해행위가 되는 것은 아니라고 할 것이다"(대판 2001.4.10. 2000다66034). 이는 기존의 금전채무의 변제에 갈음하여 다른 금전채권을 양도하는 경우에도 마찬가지이다(대판 2004.5.28. 2003다60822).

16 채무초과 상태에 있는 채무자가 채권자 중 1인에게 '대물변제'한 행위는 원칙적으로 사해행위가 된다.

[변호 13유사, 법행 08]

해설 判例에 따르면 "채무초과의 상태에 있는 채무자가 적극재산을 채권자 중 일부에게 대물변제조로 양도하는 행위는 채무자가 특정 채권자에게 채무 본지에 따른 변제를 하는 경우와는 달리 원칙적으로 다른 채권자들에 대한 관계에서 사해행위가 될 수 있다"(대판 2010.9.30. 2007다2718)고 한다. 그러나 우선변제권 있는 채권자에 대한 대물변제의 제공행위는 특별한 사정이 없는 한 다른 채권자들의 이익을 해한다고 볼 수 없어 사해행위가 되지 않는다(대판 2008.2.14. 2006다33357).

17 사업을 계속 추진하기 위해 부득이 특정채권자에게 담보를 제공하고 '신규자금을 추가로 융통'한 경우는 원칙적으로 사해행위에 해당하지 않는다.

해설 "자금난으로 사업을 계속 추진하기 어려운 상황에 처한 채무자가 자금을 융통하여 사업을 계속 추진하는 것이 채무 변제력을 갖게 되는 최선의 방법이라고 생각하고 자금을 융통하기 위하여 부득이 부동산을 특정 채권자에게 담보로 제공하고 그로부터 신규자금을 추가로 융통받았다면 특별한 사정이 없는 한 채무자의 담보권 설정행위는 사해행위에 해당하지 않으며, 다만 사업의 계속 추진과는 아무런 관계가 없는 기존 채무를 아울러 피담보채무 범위에 포함시켰다면, 그 부분에 한하여 사해행위에 해당할 여지는 있다"(대판 2002.3.29. 2000다25842).

> **비교판례** "비록 채무자가 사업의 갱생이나 계속 추진의 의도였다 하더라도 신규자금의 융통 없이 단지 기존채무의 이행을 유예받기 위하여 자신의 채권자 중 한 사람에게 담보를 제공하는 행위는 다른 특별한 사정이 없는 한 다른 채권자들에 대한 관계에서는 사해행위에 해당한다"(대판 2010.4.29. 2009다104564)

18 채무자가 채무초과 상태에서 유일한 재산인 주택에 대하여 주택임대차보호법 제8조 소정의 '임차권을 설정'해 준 행위는 원칙적으로 사해행위에 해당한다.

[사시 07]

해설 "주택임대차보호법 제8조의 소액보증금 최우선변제권은 임차목적 주택에 대하여 저당권에 의하여 담보된 채권, 조세 등에 우선하여 변제받을 수 있는 일종의 법정담보물권을 부여한 것이므로, …(중략)… 임차권설정행위는 사해행위취소의 대상이 된다고 할 것이다"(대판 2005.5.13. 2003다50771).

19 신축건물의 도급인이 민법 제666조가 정한 수급인의 저당권설정청구권의 행사에 따라 공사대금채무의 담보로 그 건물에 저당권을 설정하는 행위는 원칙적으로 사해행위에 해당하지 아니한다(대판 2008.3.27. 2007다78616).

[법행 10,12]

20 명의신탁자와 명의수탁자가 이른바 계약명의신탁 약정을 맺고 명의수탁자가 당사자가 되어 명의신탁 약정이 있다는 사실을 알지 못하는 소유자와 부동산에 관한 매매계약을 체결하고 그 매매계약에 따라 당해 부동산의 소유권이전등기를 명의수탁자 명의로 마친 후 명의신탁자에게 양도하는 행위는 '명의수탁자'의 일반채권자와의 관계에서 원칙적으로 사해행위가 된다.

해설 "명의수탁자의 재산이 채무의 전부를 변제하기에 부족한 경우 명의수탁자가 위 부동산을 명의신탁자 또는 그가 지정하는 자에게 양도하는 행위는 특별한 사정이 없는 한 다른 채권자의 이익을 해하는 것으로서 다른 채권자들에 대한 관계에서 사해행위가 된다"(대판 2008.9.25. 2007다74874).

> **비교판례** 그러나 부동산의 유효한 명의수탁자가 신탁계약에 기한 반환의무의 이행으로서 신탁부동산의 소유권을 이전하는 행위는 기존채무의 이행으로서 사해행위를 구성하지 아니한다(대판 2007.4.26. 2006다79704). 그리고 부동산에 관하여 부동산 실권리자 명의등기에 관한 법률 제4조 제2항 본문이 적용되어 명의수탁자인 채무자 명의의 소유권이전등기가 무효인 경우에는 그 부동산은 채무자의 소유가 아니기 때문에 이를 채무자의 일반 채권자들의 공동담보에 공하여지는 책임재산이라고 볼 수 없고, 채무자가 위 부동산에 관하여 제3자와 근저당권설정계약을 체결하고 나아가 그에게 근저당권설정등기를 마쳐주었다 하더라도 그로써 채무자의 책임재산에 감소를 초래한 것이라고 할 수 없으므로 이를 들어 채무자의 일반 채권자들을 해하는 사해행위라고 볼 수 없다(대판 2000.3.10. 99다55069).

21 제3자 소유의 부동산에 대하여 채권자 앞으로 근저당권이 설정되어 있고, 그 부동산의 가액 및 채권최고액이 당해 채무액을 초과하여 채무 전액에 대하여 채권자에게 우선변제권이 확보되어 있다면, 원칙적으로 연대보증인이 비록 유일한 재산을 처분하는 법률행위를 하더라도 채권자에 대하여 사해행위가 성립되지 않는다. [사시 08,13, 법행 06,07,12]

해설 물적 담보가 설정되어 있는 채권은 그 담보물의 가액이 피담보채권에 부족한 한도에서만 채권자취소권을 행사할 수 있다(대판 2002.11.8. 2002다41589).

22 채무자가 유일한 재산인 그 소유의 부동산에 관한 매매예약에 따른 예약완결권이 제척기간 경과가 임박하여 소멸할 예정인 상태에서 제척기간을 연장하기 위하여 새로 매매예약을 하는 경우, 채무자가 부담하지 않아도 될 채무를 새롭게 부담하게 되는 결과가 되므로 채권자취소권의 대상인 사해행위가 된다(대판 2018.11.29. 2017다247190). [18년 최신판례]

23
> 甲이 채무초과 상태에서 그 소유의 유일한 재산인 X 부동산을 乙에게 증여하였고, 甲의 채권자 丙이 사해행위취소소송을 제기하였다.

① X에 관하여 채권자를 丁, 채권최고액을 2억 2,000만 원으로 하는 근저당권이 설정되어 있는데, 증여 당시 X의 가액은 2억 원, 피담보채권액은 1억 6,000만 원인 경우에 甲의 증여행위는 사해행위에 해당한다. [변호 14]

해설 증여당시 X부동산의 시가(2억 원)가 근저당권의 실제 피담보채권액(1억 6,000만 원)을 초과하므로 나머지 4,000만 원 범위 내에서 사해행위에 해당한다.
"저당권이 설정되어 있는 부동산이 사해행위로 양도된 경우에 그 사해행위는 부동산의 가액, 즉 시가에서 저당권의 피담보채권액을 공제한 잔액의 범위 내에서 성립하고, 피담보채권액이 부동산의 가액을 초과하는 때에는 당해 부동산의 양도는 사해행위에 해당한다고 할 수 없는바, 여기서 피담보채권액이라 함은 근저당권의 경우 채권최고액이 아니라 실제로 이미 발생하여 있는 채권금액이다"(대판 2001.10.9. 2000다42618).

② 위 증여가 채권자를 해함을 乙이 알았다는 점은 丙에게 입증책임이 있는 것이 아니라 乙 자신에게 선의라는 사실을 입증할 책임이 있다(대판 2007.7.12. 2007다18218). [변호 12,16]

③ 甲이 제소 당시에 채무초과 상태에 있었어도 그 후 甲이 채무초과 상태에서 벗어났다면 책임재산 보전의 필요성이 없어지게 되어 채권자취소권이 소멸한다(대판 2007.11.29. 2007다54849). [변호 12,16, 모의 11(1)유새]

④ 乙이 선의인 戊를 위하여 ×에 관한 근저당권을 설정하여 준 경우에, 丙은 乙 명의 등기의 말소에 갈음하여 甲 앞으로 직접 소유권이전등기를 청구할 수 있다. [변호 12]

해설 "사해행위 후 그 목적물에 관하여 제3자가 저당권이나 지상권 등의 권리를 취득한 경우에는 특별한 사정이 없는 한 채권자는 수익자를 상대로 원물반환 대신 그 가액 상당의 배상을 구할 수도 있다고 할 것이나, 그렇다고 하여 채권자가 스스로 위험이나 불이익을 감수하면서 원물반환을 구하는 것까지 허용되지 아니하는 것으로 볼 것은 아니고, 그 경우 채권자는 원상회복 방법으로 가액배상 대신 수익자 명의의 등기의 말소를 구하거나 수익자를 상대로 채무자 앞으로 직접 소유권이전등기절차를 이행할 것을 구할 수 있다" (대판 2001.2.9. 2000다57139).

⑤ ×에 관한 등기명의가 甲에게 회복되더라도, 丙은 ×에 관하여 다른 채권자에 우선하여 채권의 만족을 얻을 수 없다. [변호 12]

해설 사해행위의 취소와 원상회복은 모든 채권자의 이익을 위하여 효력이 있으므로(제407조), 취소채권자가 자신이 회복해 온 재산에 대하여 우선권을 가지는 것은 아니다(대판 2005.8.25. 2005다14595). 다만 상계를 통해 실질적으로 우선변제 받는 방법은 가능하다.

24 채무자의 재산에 대한 경매절차에서 평등하게 배당받기 위해 집행권원을 필요로 하는 채권자의 요구에 따라 채무자가 그 채권에 대한 기존채무의 변제를 위하여 소비대차계약을 체결하고 강제집행을 승낙하는 취지가 기재된 공정증서를 작성하여 준 행위는 특별한 사정이 없는 이상 사해행위에 해당되지 않는다(대판 2015.10.29. 2012다14975). [사법 13, 법행 15, 법무 15]

25 채권자가 수익자와 전득자를 공동피고로 삼아 채권자취소의 소를 제기하면서 청구취지로 '채무자와 수익자 사이의 사해행위취소 청구'를 구하는 취지임을 명시한 경우, 수익자에 대한 청구취지와 전득자에 대한 청구취지로 분리하여 각각 기재하지 않았다고 하더라도 전득자에 대한 관계에서 채무자와 수익자 사이의 사해행위를 취소하면서 채권자취소권을 행사한 것으로 보아야 한다. [21년 최신판례]

해설 "사해행위 취소를 구하는 취지를 수익자에 대한 청구취지와 전득자에 대한 청구취지로 분리하여 각각 기재하지 않았다고 하더라도 취소를 구하는 취지가 수익자에 대한 청구에 한정된 것이라고 볼 수는 없다"(대판 2021.2.4. 2018다271909).

26 채무자의 수익자에 대한 채권양도가 사해행위로 취소되는 경우, 그에 따른 원상회복으로서 수익자가 제3채무자에게 채권양도가 취소되었다는 취지의 통지를 하도록 청구할 수 있으나, 이 경우 채권자는 채무자를 대위하여 제3채무자에게 채권에 관한 지급을 청구할 수는 없다. [최신판례]

해설 "사해행위의 취소는 채권자와 수익자의 관계에서 상대적으로 채무자와 수익자 사이의 법률행위를 무효로 하는 데에 그치고, 채무자와 수익자 사이의 법률관계에는 영향을 미치지 아니한다. 따라서 채무자의 수익자에 대한 채권양도가 사해행위로 취소되고, 그에 따른 원상회복으로서 제3채무자에게 채권양도가 취소되었다는 취지의 통지가 이루어지더라도, 채권자와 수익자의 관계에서 채권이 채무자의 책임재산으로 취급될 뿐, 채무자가 직접 채권을 취득하여 권리자로 되는 것은 아니므로, 채권자는 채무자를 대위하여 제3채무자에게 채권에 관한 지급을 청구할 수 없다"(대판 2015.11.17. 2012다2743).

27 채무자인 甲이 이 사건 토지 및 건물의 실질적 소유자임에도 처 乙에게 명의신탁한 후, 신탁자 甲이 유효한 부부간의 명의신탁약정을 해지함을 전제로 신탁된 부동산을 丙에게 직접 처분하면서 수탁자 乙 및 丙과의 합의 아래 중간등기를 생략하고 乙로부터 곧바로 丙 앞으로 소유권이전등기를 마쳐 준 경우, 이로 인하여 甲의 책임재산인 乙에 대한 소유권이전등기청구권이 소멸하게 되므로, 이로써 甲의 소극재산이 적극재산을 초과하게 되거나 채무초과상태가 더 나빠지게 되고 甲도 그러한 사실을 인식하고 있었다면 이러한 甲의 법률행위는 甲의 일반채권자들을 해하는 행위로서 사해행위에 해당한다(대판 2016.7.29. 2015다56086). [최신판례]

28 채권자가 채무자의 부동산에 관한 사해행위를 이유로 수익자를 상대로 사해행위취소를 청구하는 경우에 그 법률행위가 해제 또는 해지되어 원래의 재산상태로 이미 복귀되었다면, 그 채권자취소소송은 특별한 사정이 없는 한 권리보호의 이익이 없다. 그러나 채무자가 선순위 근저당권이 설정된 부동산을 제3자에게 양도한 후 그 근저당권설정계약을 해지하고 등기를 말소하였더라도 그 근저당권설정계약이 사해행위에 해당하는지에 따라 후행 양도계약에 대한 사해행위취소청구의 결과가 달라지는 경우, 이미 해지된 근저당권설정계약에 대한 사해행위취소청구는 권리보호의 이익이 있다(대판 2013.5.9. 2011다75232).

29 채무자가 제3자의 채무를 담보하기 위하여 자신의 부동산에 근저당권을 설정함으로써 물상보증인이 되는 행위는 부동산의 담보가치만큼 채무자의 일반 채권자들을 위한 책임재산에 감소를 가져오는 것이므로, 물상담보로 제공된 부동산의 가액에서 다른 채권자가 가지는 피담보채권액을 채권최고액의 범위 내에서 공제한 잔액만을 채무자의 적극재산으로 평가하여야 한다(대판 2015.6.11. 2014다237192). [최신판례]

30 채무초과상태에 있는 甲은 자신의 유일한 재산인 ×토지(시가 1억원)를 자신의 채권자인 乙에게 대물변제하면서, 그 부동산에 설정되어 있는 채권자 丙명의의 저당권을 말소시켜줄 것을 부탁하였다. 乙은 甲이 빚에 시달린다는 사실을 잘 알면서도, 위 ×토지를 대물변제 받고 그 이전등기를 마친 후 丙에게 채무액 5,000만원을 전액 변제하여 丙의 저당권등기는 말소되었다. 그런데 그 후 甲에 대해 2,000만원의 금전채권을 갖고 있던 A는 위와 같은 사실을 알고, 사해행위 취소의 소를 제기하여 원상회복을 구하고자 한다.

[민법표준판례, 채권자취소권의 가액반환 행사의 리딩사례, 핵심사례 B-8.참고]

㉠ 채무초과 상태에 있는 채무자 甲이 그의 유일한 재산을 채권자 중 한 사람인 乙에게 대물변제로 제공하는 행위는 다른 특별한 사정이 없는 한 다른 채권자들에 대한 관계에서 사해행위가 된다(대판 2010.9.30. 2007다2718). [변호 13, 법행 08]

㉡ 만약 ㉠.이 타당하다면, 사안의 경우 부동산 가액에서 저당권의 피담보채권액을 공제한 잔액의 범위에서 사해행위가 성립하므로 채권자 A는 법률행위의 일부만을 취소할 수 있으며, 원상회복의 방법으로 가액반환청구만 가능하다. [모의 14(3)유사, 사시 06,12]

해설 사안의 경우 만일 원상회복의 방법으로 원물반환을 허용한다면, 당초 일반채권자들의 공동담보로 되어 있지 아니하던 부분까지 회복시키는 것이 되어 공평에 반하는 결과가 되기 때문에 A는 원상회복의 방법으로 '가액반환'을 청구해야 한다(대판 1996.10.29. 96다23207).

ⓒ 만약 ⊙.이 타당하다면, 사해행위취소로 인한 원상회복으로서 가액배상을 명하는 경우 취소
채권자 A는 직접 자기에게 가액배상금을 지급할 것을 청구할 수 있으며, 이때 A는 원칙적으
로 자신의 채권액을 초과하여 구할 수 없다. [변호 14유새]

해설 가액반환을 하는 경우 채권자가 지급받은 가액배상금에 대해 다른 채권자들이 배당요구를 할 수 없으
므로(현행법상 위 지급받은 가액배상금을 분배하는 방법이나 절차 등에 관한 아무런 규정이 없다), 이때에는
취소채권자는 자신의 채권액을 초과하여 가액배상을 구할 수 없다(대판 2008.11.13. 2006다1442). 다만 사
해행위 이후 사실심 변론종결시까지 발생한 이자나 지연손해금이 포함된다(대판 2003.7.11. 2003다19572).
또한 채권자 A는 수익자 乙에게 '채무자 甲 또는 자신'에게 가액반환하도록 청구할 수 있다(대판
2008.11.13. 2006다1442). ☞ 따라서 A는 甲과 乙 사이의 대물변제행위를 자신의 채권인 2,000만원의 한도 내
에서 취소하고 2,000만원의 반환을 청구할 수 있다.

ⓓ A의 채권자취소소송에 의해 대물변제가 취소되고 나중에 채무자 甲에게 회복된 재산에 대하
여 강제집행이 이루어지면 수익자 乙도 배당에 참가할 수 있다. [사시 07]

해설 ※ 수익자 乙의 강제집행 배당참가 가부(적극)
만약 A의 채권자취소 소송에 의해 甲과 乙 사이의 대물변제가 취소되고 원상회복이 확정된 경우에 사
해행위의 상대방인 수익자 乙은 사해행위가 취소되면서 그의 채권이 부활하게 되는 결과 본래의 채권자로서
의 지위를 회복하게 되는 것이므로, 다른 채권자들과 함께 제407조의 그 취소 및 원상회복의 효력을 받게 되는
채권자에 포함된다. 따라서 나중에 채무자 甲에게 회복된 재산에 대하여 강제집행이 이루어지면, 수익
자인 乙도 배당에 참가할 수 있다(대판 2003.6.27. 2003다15907).

ⓔ 乙이 채권자취소에 따른 원상회복으로서 가액배상을 할 때에 乙이 甲에게 채권을 가지고 있
는 경우 채권자 중의 1인이라는 이유로 자기의 채권에 대한 안분액의 분배를 청구하거나 상
계를 주장하여 안분액의 지급을 거절할 수 없고, 甲에 대하여 가지는 자기의 채권과의 상계
를 주장할 수도 없다(대판 2001.2.27. 2000다44348). [사시 06,07,12, 법행 06,09,12, 변리 07]

31 甲은 자기 소유인 X토지에 Y건물을 신축하기 위하여 건축업자 乙과 공사대금을 6억 원으로 하
는 도급계약을 체결하였고, 乙은 Y건물의 골조공사를 丙에게 맡기는 하도급계약을 체결하였다.
Y건물은 착공한지 1년 후 甲의 출재로 완공되었으나, 甲은 공사대금의 일부를 지급하지 않고 있
다. 乙은 공사대금을 담보하기 위하여 甲을 상대로 저당권설정을 청구하였다. 乙의 甲에 대한
공사대금채권이 丙에게 양도되는 경우, 특별한 사정이 없는 한 乙의 甲에 대한 제666조의 저당
권설정청구권도 이에 수반하여 이전된다. 이 때 양수인 丙의 저당권설정청구에 의하여 신축건물
의 도급인 甲이 Y건물에 저당권을 설정하는 행위는 '목적물에 대하여 유치권을 행사하는 지위보
다 더 강화되는 것은 아니어서' 도급인의 일반 채권자들에게 부당하게 불리해지는 것도 아닌 점
등에 비추어, 다른 특별한 사정이 없는 한 사해행위에 해당하지 아니한다(대판 2018.11.29. 2015다
19827). [18년 최신판례]

32 사해행위취소 소송에서 피고인 수익자는 취소채권자의 피보전채권의 소멸시효 완성을 주장할
수 있다(대판 2007.11.29. 2007다54849). [변호 16,18, 모의 11(1)유새]

33 채무자가 강제집행을 회피할 목적으로 자기의 사실상 유일한 재산을 제3자에게 무상으로 양도
한 행위는 다른 (파산)채권자들과의 관계에서 사해행위가 되고, 그 제3자가 양수채권을 추심하
여 그 돈을 채무자에게 주었다고 하더라도 그 금액 상당을 원상회복이나 가액반환의 범위에서
공제할 것은 아니다(대판 2013.4.11. 2012다211).

34 사해행위인 매매예약에 기하여 수익자 앞으로 가등기를 마친 후 전득자 앞으로 가등기 이전의 부기등기를 마치고 나아가 가등기에 기한 본등기까지 마쳤다 하더라도 채권자는 수익자를 상대로 가액반환을 청구할 수 있다. [최신판례, 변호 18]

> **해설** "사해행위인 매매예약에 기하여 수익자 앞으로 가등기를 마친 후 전득자 앞으로 가등기 이전의 부기등기를 마치고 나아가 가등기에 기한 본등기까지 마쳤다 하더라도, 위 부기등기는 사해행위인 매매예약에 기초한 수익자의 권리의 이전을 나타내는 것으로서 부기등기에 의하여 수익자로서의 지위가 소멸하지는 아니하며, 채권자는 수익자를 상대로 사해행위인 매매예약의 취소를 청구할 수 있다. 그리고 설령 부기등기의 결과 가등기 및 본등기에 대한 말소청구소송에서 수익자의 피고적격이 부정되는 등의 사유로 인하여 수익자의 원물반환 의무인 가등기말소의무의 이행이 불가능하게 된다 하더라도 달리 볼 수 없으며, 특별한 사정이 없는 한 수익자는 가등기 및 본등기에 의하여 발생된 채권자들의 공동담보 부족에 관하여 원상회복의무로서 가액을 배상할 의무를 진다."(대판 2015.5.21. 전합2012다952).

35 매매계약이 사해행위로 취소되어 원상회복조치가 실행된 후 채무자가 사해행위취소로 인하여 수익자에 대하여 부담하는 부당이득반환채무의 변제를 위하여 수익자와 금전소비대차계약을 체결하였더라도 특별한 사정이 없는 한 사해행위가 되지 않지만, 이러한 수익자가 갖는 부당이득반환채권은 사해행위 이후 취득한 채권에 불과하여 수익자는 위 채권을 가지고 원상회복된 재산에 대한 강제집행절차에서 배당을 요구할 권리가 없다(대판 2015.10.29. 2012다14975). [사시 13, 법행 15]

36 가액배상의 방법으로 원상회복을 하는 경우, 그 배상액은 취소채권자의 채권액 범위 내로 제한되고, 이때 채권자의 채권액에는 사해행위 이후 사실심 변론종결시까지 발생한 이자나 지연손해금이 포함된다(대판 2002.10.25. 2000다64441). [사시 11, 변리 09]

37 사해행위 이전에 임대차계약이 체결되었고 임차인에게 임차보증금에 대해 우선변제권이 있다면, 수익자가 반환할 부동산 가액에서 우선변제권 있는 임차보증금 반환채권액을 공제하여야 한다. 그러나 부동산에 관한 사해행위 이후에 비로소 채무자가 부동산을 임대한 경우에는 그 임차보증금을 가액반환의 범위에서 공제할 이유가 없다(대판 2018.9.13. 2018다215756). [18년 최신판례]

38 채권자가 사해행위취소 및 원상회복으로서 수익자 명의 등기의 말소를 청구하여 승소판결이 확정된 경우, 수익자 명의 등기를 말소하는 것이 불가능하게 되었다고 하여 다시 수익자를 상대로 원상회복청구권을 행사하여 가액배상을 청구하거나 원물반환으로서 채무자 앞으로 직접 소유권이전등기절차를 이행할 것을 청구할 수 없으므로, 그러한 청구는 권리보호의 이익이 없어 허용되지 않는다(대판 2018.12.28. 2017다265815). [18년 최신판례]

39
> 甲은 丙의 연대보증 하에 乙에게 금 5,000만 원을 변제기 2011. 4. 13.로 정하여 대여하였다. 丙은 乙의 경제적 상황이 나빠지자 甲으로부터 강제집행을 당할 것을 염려하여 2012. 10. 20. 친구인 丁과 짜고 자신의 유일한 재산인 X건물에 대하여 2012. 10. 10.자 매매를 원인으로 한 소유권이전등기를 丁 명의로 마쳐주었다. 한편 甲은 乙이 위 채무의 변제기일이 지나도 변제를 하지 않자, 연대보증인인 丙의 재산관계를 알아보던 중, 丙 소유의 위 X건물이 丁 앞으로 이전등기된 사실 및 사해행위임을 2015. 1. 9. 알게 되었다. 이에 甲은 丁을 피고로 2015. 2. 4. 채권자취소의 소를 제기하였다.

① 甲이 2015. 2. 4. 채권자취소의 소를 제기하려고 한다면, 丁을 상대로 소를 제기하여야 하고 丙을 피고로 하여 소를 제기할 수는 없다(대판 2008.4.24. 2007다84352).

② 甲이 2015. 2. 4. 제기한 채권자 취소소송의 심리 과정에서 甲이 2014년 이미 乙로부터 대여금채권을 모두 변제받은 사실이 밝혀진 경우 법원은 甲의 소를 기각하여야 한다. [변호 14]

해설 주채무자 乙로부터 전액 변제받으면 丙에 대한 보증채권도 소멸한다. 따라서 피보전채권이 부존재하게 된다. 채권자대위소송과 달리 채권자취소소송에서는 피보전채권의 존부는 본안요건이다. 따라서 심리결과 피보전채권이 소멸하여 흠결된 사실이 밝혀졌다면 甲의 청구를 기각한다.

③ 甲의 채권자취소소송의 소송계속 중 丙의 또 다른 채권자인 A가 위 사례의 소송과는 별도로 동일한 피고를 상대로 2015. 3. 5. 채권자취소의 소를 제기한 경우, 이러한 A의 소는 적법하다. [변호 14]

해설 "채권자취소권은 채권자대위권과는 달리 채권자 개개인에게 부여된 고유의 권리이므로, 비록 채무자의 같은 법률행위를 대상으로 각각 채권자취소권을 행사하더라도 소송물이 달라 중복제소에 해당하지 않는다"(대판 2005.11.25. 2005다51457).

④ 만약 X건물의 시가가 1억 2천만 원이라고 하자. 원물반환이 불가능한 경우라고 가정할 때 甲이 자신의 채권액인 5,000만 원의 범위 내에서 취소 및 가액반환을 구하고, 다른 채권자인 A(피보전채권액 1억 원)가 위 사례의 소송과는 별도로 동일한 피고를 상대로 2015. 3. 5. 1억 원의 범위에서 취소 및 가액반환의 소를 제기한 경우에 만약 A의 소가 적법하다면 甲은 5천만 원, A는 1억 원에 대해 가액반환을 청구할 수 있다. [변호 14]

해설 "여러 명의 채권자가 사해행위취소 및 원상회복청구의 소를 제기하여 여러 개의 소송이 계속중인 경우에는 각 소송에서 채권자의 청구에 따라 사해행위의 취소 및 원상회복을 명하는 판결을 선고하여야 하고, 수익자(전득자를 포함)가 가액배상을 하여야 할 경우에도 수익자가 반환하여야 할 가액을 채권자의 채권액에 비례하여 채권자별로 안분한 범위 내에서 반환을 명할 것이 아니라, 수익자가 반환하여야 할 가액 범위 내에서 각 채권자의 피보전채권액 전액의 반환을 명하여야 한다"(대판 2005.11.25. 2005다51457).

⑤ 甲이 위 사례에서 2015. 2. 4. 丁을 상대로 채권자취소소송을 제기하여 승소판결을 받고 2015. 6. 30. 판결이 확정되었는데, 만약 丁으로부터 X건물을 매수한 악의의 전득자 戊가 있는 경우 甲이 戊를 상대로 2016. 2. 3. 소를 제기한 경우 甲은 戊를 상대로 승소판결을 받을 수는 없다. [변호 16, 모의 15(3)유사]

해설 "채권자가 전득자를 상대로 민법 제406조 제1항에 의한 채권자취소권을 행사하기 위해서는, 같은 조 제2항에서 정한 기간 안에 채무자와 수익자 사이의 사해행위의 취소를 소송상 공격방법의 주장이 아닌 법원에 소를 제기하는 방법으로 청구하여야 하는 것이고, 비록 채권자가 수익자를 상대로 사해행위의 취소를 구하는 소를 이미 제기하여 채무자와 수익자 사이의 법률행위를 취소하는 내용의 판결을 선고받아 확정되었더라도 그 판결의 효력은 그 소송의 피고가 아닌 전득자에게는 미칠 수 없는 것이므로, 채권자가 그 소송과는 별도로 전득자에 대하여 채권자취소권을 행사하여 원상회복을 구하기 위해서는 위에서 본 법리에 따라 민법 제406조 제2항에서 정한 기간 안에 전득자에 대한 관계에 있어서 채무자와 수익자 사이의 사해행위를 취소하는 청구를 하지 않으면 아니 된다"(대판 2005.6.9. 2004다17535).
☞ 따라서 제소기간 도과로 각하될 것이므로 승소판결을 받을 수는 없다.

40 채권자 甲은 채무자 乙에 대해 어음채권 등 약 4억 4,000만원의 채권을 가지고 있었다. 만약 甲이 그 가운데 청구채권액을 약 2억 6,000만원으로 하여 乙의 유일한 재산인 X부동산에 가압류를 하여 두었는데, 그 후에 乙은 그의 또 다른 채권자인 A에게 이미 부담하고 있던 대여금 2억 2,000만원 및 그 이자채무를 담보하기 위해 X부동산(당시 시가 4억원)에 대해 A앞으

로 채권최고액을 2억 9,000만원으로 한 근저당권을 설정하여 주었다.

[판례연구 B-9. 사시 13유사, 변리 14]

㉠ 甲은 A를 상대로 사해행위 취소를 구할 수 있다(단, 사실심변론 종결 당시의 甲의 乙에 대한 채권액은 지연이자 등을 합하여 약 5억원에 이르고 있다).

㉡ 만약 ㉠.에서 채권자 취소권을 행사할 수 있다면 약 2억 4,000만원의 범위 내에서 근저당권 설정행위가 사해행위가 된다.

해설 ※ 채권자의 가압류등기 후 '채무자' 자신이 부담하는 채무를 위해 근저당권설정등기가 마쳐진 경우

"부동산에 대하여 가압류등기가 먼저 되고 나서 근저당권설정등기가 마쳐진 경우에 경매절차의 배당관계에서 근저당권자는 선순위 가압류채권자에 대하여는 우선변제권을 주장할 수 없으므로 그 가압류채권자는 근저당권자와 일반 채권자의 자격에서 평등배당을 받을 수 있고, 따라서 가압류채권자는 채무자의 근저당권설정행위로 인하여 아무런 불이익을 입지 않으므로 채권자취소권을 행사할 수 없다. 그러나 채권자의 실제 채권액이 가압류 채권금액보다 많은 경우 그 초과하는 부분에 관하여는 가압류의 효력이 미치지 아니하여 그 범위 내에서는 채무자의 처분행위가 채권자들의 공동담보를 감소시키는 사해행위가 되므로 그 부분 채권을 피보전채권으로 삼아 채권자취소권을 행사할 수 있다"(대판 2008.2.28. 2007다77446).

☞ 乙이 근저당권 설정 당시 채무초과상태였으므로 원칙적으로 채무자가 채무초과 상태에서 유일한 부동산에 대해 타인에게 담보를 설정하는 행위는 사해행위가 된다. 다만 선순위가압류권자와 저당권자 사이에는 채권액에 비례한 평등배당을 받게 되므로(대결 1994.11.29. 94마417), 설문 ㄱ.의 경우 甲의 가압류채권과 丙의 근저당권채권 사이에는 채권액에 비례한 평등배당이 될 것이며, 따라서 甲이 선순위로 한 가압류채권액 약 2억 6,000만원의 범위 내에서는 후순위의 근저당권설정에 의해 불이익이 없으므로 그 범위 내에서는 근저당권설정이 사해행위가 되지 않는다. 다만 가압류채권액에 포함되지 않은 나머지 채권 원본 및 사실심변론 종결시까지의 이자나 지연손해금을 포함한 약 2억 4,000만원의 범위 내에서는 근저당권설정행위가 사해행위가 된다(공동담보의 목적이 되는 책임재산이 시가 4억 원 상당의 X부동산 밖에 없으므로 1억 4,000만원의 범위에서 사해행위가 되는 것은 아니다).

㉢ 만약 甲이 청구채권액을 4억 4,000만원 및 지연이자 전액으로 하여 乙의 유일한 재산인 X부동산에 가압류를 하여 두었는데, 乙이 B가 C에 대해 부담하는 채무의 담보를 위해 물상보증인으로서 C앞으로 X부동산(당시 시가 4억원)에 대해 채권최고액을 2억원으로 한 근저당권을 설정하여 주었다면, 甲은 C를 상대로 사해행위 취소를 구할 수 있다.

해설 ※ 채권자의 가압류등기 후 '제3자'가 부담하는 채무를 위해 근저당권설정등기가 마쳐진 경우

☞ ㉠.의 경우와 달리 ㉢.의 경우 乙이 자신이 부담하는 채무가 아니라 타인 B가 C에 대해서 부담하는 채무에 대해 물상보증인으로서 근저당권을 설정한 것이어서, 만약 C가 근저당권을 취득하지 않았다면 C는 X부동산 가액으로부터 전혀 배당을 받을 수 없었고 따라서 甲으로서는 C의 근저당권이 있느냐 없느냐에 따라 유·불리에 차이가 있으므로, 비록 甲이 채권 전액으로 가압류를 하여 두었더라도 乙의 근저당권설정행위는 사해행위가 될 수 있다(대판 2010.1.28. 2009다90047). 요컨대 乙이 자신이 부담하는 채무를 위해 채권자에게 저당권을 설정하는 경우와 乙이 자신의 채무가 아니라 타인의 채무를 위해 단지 물상보증인으로서 저당권을 설정하는 경우는 구별해야 한다.

41 채권자가 수익자에 대하여 원상회복을 청구하지 아니한 채 사해행위의 취소만을 먼저 청구하는 것은 허용되고, 이 경우 사해행위 취소청구가 민법 소정의 제척기간 내에 제기되었다면 원상회복의 청구는 그 기간이 지난 뒤에도 할 수 있다(대판 2001.9.4. 2001다14108). [변호 16, 모의 15(3)유사]

42 수익자를 상대로 사해행위취소의 소를 제기하여 채무자와 수익자 사이의 법률행위를 취소하는 확정판결을 받은 채권자가 전득자에게 채권자취소권을 행사하여 원상회복을 구하려면 민법 제 406조 제2항에서 정한 제척기간 안에 전득자를 상대로 사해행위취소의 소를 제기하여야 하고, 이는 기존 전득자 명의의 등기가 말소된 후 등기를 마친 새로운 전득자에 대한 관계에서도 마 찬가지이다. [최신판례]

해설 수익자에 대한 소와 전득자에 대한 소는 별개이기 때문에 채권자는 기간 내에 전득자를 상대로 사해행위 취소를 구하는 소를 제기하였어야 한다(대판 2014.2.13. 2012다204013).

43 채권자가 채무자의 채권자취소권을 대위행사하는 경우, 제소기간은 대위의 목적으로 되는 권리 의 채권자인 '채무자'를 기준으로 하여 그 준수 여부를 가려야 할 것이고(즉 대위권을 행사하는 채권 자를 기준으로 할 것이 아니다), 따라서 '채무자'가 취소원인을 안 날로부터 1년, 법률행위가 있은 날 로부터 5년 내라면 채권자는 채권자대위권의 행사로서 채권자취소의 소를 제기할 수 있다(대판 2001.12.27. 2000다73049). [변호 16,18, 모의 15(2)유사, 사시 12,13, 변리 08]

44 사해행위 취소의 소는 '법률행위 있은 날'로 부터 5년 내에 제기하여야 하는데, 채무자 소유의 부동산에 관하여 수익자의 명의로 소유권이전청구권의 보전을 위한 가등기가 경료되었다가 그 가등기에 기한 소유권이전의 본등기가 경료된 경우에는, 가등기의 등기원인인 법률행위가 있은 날이 언제인지와 관계없이 본등기가 경료된 날로부터 사해행위 취소의 소의 제척기간이 진행된 다고 볼 수 없다(대판 1996.11.8. 96다26329). [변호 15, 법행 10]

관련판례 사해행위인 매매예약을 원인으로 가등기가 마쳐진 뒤 본계약인 매매계약을 원인으로 가등 기에 기한 본등기가 마쳐진 경우, "가등기의 등기원인인 법률행위와 본등기의 등기원인인 법률행위 가 명백히 다른 것이 아닌 한, 가등기 및 본등기의 원인행위에 대한 사해행위 취소 등 청구의 제 척기간의 기산일은 가등기의 원인행위가 사해행위임을 안 때이다"(대판 2006.12.21. 2004다24960). 따라서 채 권자가 가등기의 원인행위가 사해행위임을 안 때로부터 1년 내에 가등기의 원인행위에 대하여 취 소의 소를 제기하였다면, 본등기의 원인행위에 대한 취소 청구는 그 원인행위에 대한 제척기간이 경과한 후 제기하더라도 적법하다.

45 친족간의 부양료청구권의 침해를 이유로 채권자취소권을 행사하는 경우의 제척기간은 부양료청 구권이 구체적인 권리로서 성립한 시기가 아니라 민법 제406조 제2항이 정한 '취소원인을 안 날' 또는 '법률행위가 있은 날'로부터 진행한다(대판 2015.1.29. 2013다79870). [최신판례. 법행 15]

46 채권자취소권 행사에 있어서 제척기간의 기산점인 채권자가 '취소원인을 안 날'이라 함은 단순 히 재산의 처분행위를 하였다는 사실을 아는 것만으로는 부족하고, 구체적인 사해행위의 존재를 알고 나아가 채무자에게 사해의 의사가 있었다는 사실까지 알 것을 요하나, 나아가 채권자가 수 익자나 전득자의 악의까지 알아야 하는 것은 아니다(대판 2005.6.9. 2004다17535). [사시 05, 법행 07 · 11 · 12]

47 저당권의 피담보채권액이 목적물의 가액을 초과하였더라도 채무자가 목적물을 양도하기에 앞서 자신의 출재로 피담보채무의 일부를 변제하여 잔존 피담보채권액이 목적물의 가액을 초과하지 않게 되었다면 이러한 목적물의 양도로 그 목적물의 가액에서 잔존 피담보채권액을 공제한 잔 액의 범위 내에서 사해행위가 성립하는 것이고, 이는 채무자의 출재에 의한 피담보채무의 일부 변제가 양도계약 체결 후 이에 따른 소유권이전등기 등이 마쳐지는 과정에서 이루어진 경우에 도 마찬가지로 보아야 한다(대판 2017.1.12. 2016다208792). [최신판례]

48 채무자가 연속하여 수 개의 재산처분행위를 한 경우에는, 그 행위들을 하나의 행위로 보아야 할 특별한 사정이 없는 한, 일련의 행위를 일괄하여 그 전체의 사해성 여부를 판단할 것이 아니라 각 행위마다 그로 인하여 무자력이 초래되었는지 여부에 따라 사해성 여부를 판단하여야 한다(대판 2014.3.27, 2012다34740).　　　　　　　　　　　　　　　　　　　　　　　　　[법행 06 · 14]

49 공유자 전원으로부터 상가건물을 임차한 사람이 상가건물 임대차보호법에 따라 임차보증금에 관하여 우선변제를 받을 수 있는 권리를 가진 경우, 상가건물의 공유자 중 1인인 채무자(1/2 공유자)가 처분한 지분 중 일반채권자들의 공동담보에 제공되는 책임재산은 우선변제권이 있는 임차보증금 반환채권 중 1/2이 아니라 반환채권 전부를 공제한 나머지 부분이다.　　　　　　[최신판례]

　　해설 "건물의 공유자가 공동으로 건물을 임대하고 임차보증금을 수령한 경우 특별한 사정이 없는 한 그 임대는 각자 공유지분을 임대한 것이 아니라 임대목적물을 다수의 당사자로서 공동으로 임대한 것이고 임차보증금 반환채무는 성질상 불가분채무에 해당한다. 임차인이 공유자 전원으로부터 상가건물을 임차하고 상가건물 임대차보호법 제3조 제1항에서 정한 대항요건을 갖추어 임차보증금에 관하여 우선변제를 받을 수 있는 권리를 가진 경우에, 상가건물의 공유자 중 1인인 채무자가 처분한 지분 중에 일반채권자들의 공동담보에 제공되는 책임재산은 우선변제권이 있는 임차보증금 반환채권 '전액'을 공제한 나머지 부분이다"(대판 2017.5.30. 2017다205073).

50 甲이 乙에 대한 채권을 보전하기 위하여 乙과 丙 사이에 체결된 X토지에 관한 매매계약을 사해행위로 취소하는 소를 제기하였다. 채권자취소소송의 승소판결에 따라 乙이 X토지의 등기명의를 회복한 후 이를 丁에게 매각하여 소유권이전등기를 마쳐준 경우, 甲은 丁을 상대로 소유권이전등기의 말소를 청구할 수 있다.　　　　　　　　　　　　　　　　　　　　　　　　　　[변호 18, 모의 19(1)]

　　해설 ※ 사해행위 취소로 그 등기명의를 회복한 부동산을 '채무자'가 제3자에게 처분한 경우
"채무자가 사해행위 취소로 그 등기명의를 회복한 부동산을 제3자에게 처분하더라도 이는 무권리자의 처분에 불과하여 효력이 없으므로, 채무자로부터 제3자에게 마쳐진 소유권이전등기나 이에 기초하여 순차로 마쳐진 소유권이전등기 등은 모두 원인무효의 등기로서 말소되어야 한다. 이 경우 취소채권자나 민법 제407조에 따라 사해행위 취소와 원상회복의 효력을 받는 채권자는 채무자의 책임재산으로 취급되는 그 부동산에 대한 강제집행을 위하여 위와 같은 원인무효 등기의 명의인을 상대로 그 등기의 말소를 청구할 수 있다고 보아야 한다"(대판 2017.3.9. 2015다217980).

51 甲에 대하여 대여금채무를 부담하고 있는 乙이 그의 유일한 소유 재산인 부동산을 그의 아들인 丙에게 매도하고, 그 후 丙은 이를 다시 丁에게 매도한 후 각 소유권이전등기가 경료되었다. 甲이 丙 및 丁을 상대로 사해행위 취소 및 원상회복을 구하여 이들 명의의 각 소유권이전등기의 말소를 명하는 확정판결을 받았더라도, 乙에 대한 다른 채권자 戊는 위 판결에 기하여 乙을 대위하여 말소등기를 신청할 수는 없다. 다만 등기관이 위 등기신청을 받아들여 말소등기를 마쳐 버렸다면 그 말소등기를 무효의 등기라 할 수는 없다.　　　　　　　　　　[민법표준판례, 변호 19]

　　해설 "어느 채권자가 수익자를 상대로 사해행위 취소 및 원상회복으로 소유권이전등기의 말소를 명하는 판결을 받았으나 말소등기를 마치지 아니한 상태라면 소송의 당사자가 아닌 다른 채권자는 위 판결에 기하여 채무자를 대위하여 말소등기를 신청할 수 없다. 그럼에도 불구하고 다른 채권자의 등기신청으로 말소등기가 마쳐졌다면 등기에는 절차상의 흠이 존재한다. 그러나 채권자가 사해행위 취소의 소를 제기하여 승소한 경우 취소의 효력은 민법 제407조에 따라 모든 채권자의 이익을 위하여 미치므로 수익자는 채무자의 다른 채권자에 대하여도 사해행위의 취소로 인한 소유권이전등기의 말소등기의무를 부담하는 점 등에 비추어 보면,

사해행위 취소 및 원상회복으로 소유권이전등기의 말소를 명한 판결의 소송당사자가 아닌 다른 채권자가 위 판결에 기하여 채무자를 대위하여 마친 말소등기는 등기절차상의 흠에도 불구하고 실체관계에 부합하는 등기로서 유효하다"(대판 2015.11.17. 2013다84995).

52 압류 및 추심명령 당시 피압류채권이 이미 대항요건을 갖추어 양도되어 그 명령이 효력이 없는 것이 되었다면, 그 후의 사해행위취소소송에서 채권양도계약이 취소되어 채권이 원채권자에게 복귀하였다고 하더라도 이미 무효로 된 압류 및 추심명령이 다시 유효로 되는 것은 아니다. (대판 2020.10.15. 2019다235702). [20년 최신판례]

제2절 제3자에 의한 채권침해

01 甲이 乙과 물품공급계약을 체결하였는데, 경쟁업체인 丙이 甲과 乙간의 계약내용을 알면서 그에 위반되는 내용의 계약을 乙과 체결하였다. 丙이 甲과 乙간의 계약내용을 알면서도 계약을 체결한 것만으로는 丙에게 불법행위 성립 요건으로서 고의·과실 및 위법성을 인정하기에 부족하다.

해설 "독립한 경제주체 간의 경쟁적 계약관계에 있어서는 단순히 제3자가 채무자와 채권자 간의 계약내용을 알면서 채무자와 채권자 간에 체결된 계약에 위반되는 내용의 계약을 체결한 것만으로는 제3자의 고의·과실 및 위법성을 인정하기에 부족하고, ⅰ) 제3자가 채무자와 적극 공모하였다거나 또는 ⅱ) 제3자가 기망·협박 등 사회상규에 반하는 수단을 사용하거나 ⅲ) 채권자를 해할 의사로 채무자와 계약을 체결하였다는 등의 특별한 사정이 있는 경우에 한하여 제3자의 고의·과실 및 위법성을 인정하여야 한다"(대판 2001.5.8. 99다38699).

02 강제집행면탈 목적을 가진 채무자가 제3자와 명의신탁약정을 맺고 채무자 소유의 부동산에 관하여 제3자 앞으로 소유권이전등기를 경료한 경우에, 제3자가 채권자에 대한 관계에서 직접 불법행위책임을 지기 위하여는 단지 그가 채무자와의 약정으로 당해 명의수탁등기를 마쳤다는 것만으로는 부족하고, 그 명의신탁으로써 채권자의 채권의 실현을 곤란하게 한다는 점을 알면서 채무자의 강제집행면탈행위에 공모 가담하였다는 등의 사정이 입증되어 그 채권침해에 대한 고의·과실 및 위법성이 인정되어야 한다(대판 2007.9.6. 2005다25021).

제5장 수인의 채권자 및 채무자

제1절 분할채권(채무)관계
제2절 불가분채권(채무)관계

01 수인이 공동소유자로서 1개의 부동산을 매도하는 계약을 맺고 계약금을 수령하였는데 그 계약이 무효로 되어 계약금을 반환하는 경우, 매수인은 매도인 중 1인에 대하여 그 계약금 전액의 반환을 청구할 수는 없다. [사시 07]

해설 여러 명의 공유자가 그 목적물을 매도한 경우 그들은 각 지분을 매도한 것으로 봄이 상당하기 때문에 매매가 무효인 경우 부당이득반환채무는 분할채무로 봄이 원칙이다(대판 1993.8.14. 91다41316).

02 공동불법행위자 중 1인에 대하여 구상의무를 부담하는 다른 공동불법행위자가 수인인 경우에는 특별한 사정이 없는 이상 그들의 구상권자에 대한 채무는 각자의 부담부분에 따른 분할채무로 봄이 상당하다(대판 2002.9.27. 2002다15917). [변호 16]

03 금전채무와 같이 급부의 내용이 가분인 채무가 공동상속된 경우, 이는 상속개시와 동시에 당연히 법정상속분에 따라 공동상속인에게 분할채무로 귀속하는 것이므로 상속재산 분할의 대상이 될 여지가 없다(대판 1997.6.24. 97다8809). [변호 14, 모의 13(1)유사]

04 건물의 공유자가 공동으로 건물을 임대하고 보증금을 수령한 경우, 특별한 사정이 없는 한 그 보증금 반환채무는 성질상 불가분채무에 해당한다(대판 1998.12.8. 98다43137).

05 공동상속인들의 건물철거의무는 그 성질상 불가분채무이고, 각자 그 지분의 한도 내에서 건물 전체에 대한 철거의무를 부담한다(대판 1980.6.24. 80다756). [사시 14, 법행 11]

06 대항력을 갖춘 임대차가 종료한 후 임대인이 사망한 경우, 임대인의 지위를 포괄승계한 공동상속인들의 보증금반환채무는 법정상속분에 따라 당연분할되는 가분채무에 해당하는 것이 아니라 불가분채무에 해당한다. [21년 1차모의유사, 21년 최신판례]

해설 상가임대차계약 기간 종료 후 임대인이 사망하자 임차인인 원고가 임대인의 공동상속인들(피고1, 피고2, 甲, 乙)에 대하여 임차보증금의 반환을 구한 사안에서 대법원은, 피고들은 甲, 乙과 함께 상속으로 이 사건 건물의 소유권을 취득한 자로서 구 상가임대차법 제3조 제2항에 따라 이 사건 임대차계약상 임대인의 지위를 공동으로 승계하고, 공동임대인들의 임차보증금 반환채무는 성질상 불가분채무에 해당하므로, 이 사건 건물의 공동임대인인 피고들은 특별한 사정이 없는 한 甲, 乙과 공동하여 원고에게 임차보증금을 반환할 의무가 있다고 보아, 원심이 이 사건 임차보증금 반환채무가 법정상속분에 따라 당연분할되는 가분채무에 해당한다는 전제에서 판단한 부분을 파기환송하였다. 한편, 임대차가 종료한 경우에도 임차인이 보증금을 돌려받을 때까지는 임대차 관계는 존속하는 것으로 보므로(구 상가임대차법 제9조 제2항), 이 사건 임대차계약의 기간 종료 여부는 피고들 및 甲, 乙의 공동임대인 지위에 영향을 미치지 않는다는 점도 명시적으로 인정하였다(대판 2021.1.28. 2015다59801).

제3절 (부진정) 연대채무

제1관 연대채무

01 乙과 丙은 甲으로부터 9,000만 원을 차용하면서 연대하여 이를 변제하기로 甲과 약정하였다. 그들의 부담부분은 乙이 2/3, 丙이 1/3로 정해져 있었는데, 甲도 이를 알고 있었다. 한편 丁은 丙의 甲에 대한 위 연대채무를 보증하였다.

⑦ 乙이 甲의 위 채권과 상계할 수 있는 9,000만 원의 반대채권을 가지고 있음에도 이를 상계하지 않는 경우, 丙이 이 채권을 자동채권으로 상계하면 乙과 丙은 甲에 대하여 3,000만 원의 연대채무를 부담한다. [모의 12(3), 법행 05, 변리 07]

해설▶ 상계할 채권이 있는 연대채무자가 상계하지 아니한 때에는 그 채무자의 부담부분에 한하여 다른 연대채무자가 상계할 수 있다(제418조 제2항). 따라서 丙은 乙의 부담부분 2/3(6,000만 원)에 한하여 상계할 수 있으므로 乙과 丙은 甲에 대하여 여전히 3,000만 원의 연대채무를 부담한다.

ⓛ 甲이 乙에게만 최고 후 6월 내에 乙에게 재판상청구를 한 경우, 乙과 丙 모두에 대해 최고 당시부터 확정적으로 소멸시효가 중단된다. [변호 15, 모의 12(2), 사시 07,10 법행 07, 변리 05]

해설▶ 어느 연대채무자 1인에 대한 이행청구는 다른 연대채무자에게도 효력이 있으므로(이행청구의 절대효, 제416조), 乙에 대한 최고시에 丙에 대하여도 잠정적으로 시효가 중단된다. 최고에 의한 시효중단은 최고 후 6월 내에 재판상 청구등을 하여야 확정적으로 시효가 중단되게 되는데 乙에 대한 재판상 청구는 丙에게도 효력이 있으므로(제416조) 결국 최고시부터 乙과 丙 모두에 대해 확정적으로 시효 중단의 효력이 미치게 된다.

ⓒ 乙이 甲의 단독상속인으로 위 9,000만 원의 채권을 상속받은 경우에는 丙은 乙에게 3,000만 원의 채무를 부담하게 된다. [사시 10·15, 법행 07, 변리 05]

해설▶ 어느 연대채무자와 채권자 간에 혼동이 있는 때에는 그 채무자의 부담부분에 한하여 다른 연대채무자도 의무를 면한다(제420조). 따라서 丙은 乙에게 3,000만 원의 채무를 부담하게 된다.

ⓔ 乙의 부동산에 대하여 경매개시결정에 의해 그 부동산이 압류된 경우, 원칙적으로 다른 연대채무자 丙에 대한 시효의 진행이 중단되는 것은 아니다. 그러나 甲이 6개월 내에 다른 연대채무자 丙을 상대로 재판상 청구 등을 한 때에는 그에 대해서도 소멸시효가 중단된다. [변호 15,18, 사시 07·10, 법행 07, 변리 05]

해설▶ 수인의 연대채무자 중 한 사람 소유의 부동산에 대한 경매개시결정에 따라 그 부동산이 압류된 경우, 그 연대채무자에 대한 소멸시효는 중단되지만(제168조 2호), 연대채무자 중 1인에 대한 압류에 의한 시효중단은 상대적 효력만 있을 뿐이므로(제423조), 다른 연대채무자들에 대한 소멸시효는 중단되지 않는다(제169조). 반면 '압류를 위한 경매신청'은 최고로서의 효력이 있고, 이 최고는 다른 연대채무자에게도 효력이 있으므로(제416조), 채권자가 6개월 내에 다른 연대채무자를 상대로 재판상 청구 등을 한 때(제174조)에는 그에 대해서도 소멸시효가 중단된다(대판 2001.8.21. 2001다22840).

ⓜ 乙이 甲의 채권과 상계할 수 있는 8,000만 원의 반대채권을 가지고 있었는데 丙이 乙에게 사전통지를 하지 않고 甲에게 9,000만 원을 변제한 다음 乙에 대하여 구상권을 행사한 경우, 乙은 6,000만 원의 한도에서 甲에 대하여 상계할 수 있었음을 이유로 그 이행을 거절할 수 있다.

해설▶ 연대채무자 丙이 다른 연대채무자 乙에게 '사전'통지하지 아니하고 변제 기타 자기의 출재로 공동면책이 된 경우에 다른 연대채무자 乙이 채권자 甲에게 대항할 수 있는 사유가 있었을 때에는 그 부담부분(6,000만 원)에 한하여 이 사유로 면책행위를 한 연대채무자 丙에게 대항할 수 있고, 그 대항사유가 상계인 때에는 상계로 소멸할 채권(6,000만 원)은 그 연대채무자 丙에게 이전된다(제426조 1항).

02 연대채무자 사이의 구상권 행사에 있어서 '부담부분'의 의미는 연대채무자가 그 내부관계에서 출재를 분담하기로 한 '비율'을 말하는 것이지 채무액에 위 분담비율을 적용하여 산출한 일정한 '금액'을 말하는 것이 아니다. 따라서 A·B·C가 D에 대하여 300만 원의 연대채무를 부담하고 그들의 부담부분이 균등한 경우에, A가 D에게 60만 원을 변제하였다면 A는 B와 C에게 20만 원씩 구상할 수 있는데, B도 30만 원을 변제하였으면 A는 B에게 10만 원을 구상할 수 있다.

[변호 16·18유사]

해설 "연대채무자 중의 한 사람이 공동면책을 이유로 다른 연대채무자에게 구상권을 행사하는 데 있어서는 그러한 제한 없이 '부담부분'에 대하여 구상권을 행사할 수 있는 것으로 규정하고 있다(제425조 제1항). 따라서 연대채무자 사이의 구상권행사에 있어서 '부담부분'이란 연대채무자가 그 내부관계에서 출재를 분담하기로 한 비율을 말한다고 봄이 상당하다. 그 결과 변제 기타 자기의 출재로 일부 공동면책되게 한 연대채무자는 역시 변제 기타 자기의 출재로 일부 공동면책되게 한 다른 연대채무자를 상대로 하여서도 자신의 공동면책액 중 다른 연대채무자의 분담비율에 해당하는 금액이 다른 연대채무자의 공동면책액 중 자신의 분담비율에 해당하는 금액을 초과한다면 그 범위에서 여전히 구상권을 행사할 수 있다고 보아야 한다"(대판 2013.11.14. 2013다46023).

☞ A·B·C가 D에 대하여 300만 원의 연대채무를 부담하고 그들의 부담부분이 균등한 경우에, A가 D에게 60만 원을 변제하였다면 A는 B와 C에게 20만 원(=60만원×1/3)씩 구상할 수 있는데(제425조 제1항), B도 30만 원을 변제하였으면 A는 B에게 10만 원[20만 원-10만원(=30만원×1/3)]을 구상할 수 있다.

03 乙, 丙이 甲에 대하여 1,000만원의 연대채무를 부담하고 있는데(부담부분은 균등), 乙로부터 300만 원을 지급받은 甲이 나머지 700만 원을 면제한 경우, 丙은 잔존 채무 500만 원을 甲에게 이행하여야 한다. [19년 최신판례]

해설 "연대채무자 중 1인에 대한 채무의 일부 면제에 상대적 효력만 있다고 볼 특별한 사정이 없는 한 일부 면제의 경우에도 면제된 부담부분에 한하여 면제의 절대적 효력이 인정된다고 보아야 한다. 구체적으로 연대채무자 중 1인이 채무 일부를 면제받는 경우에 그 연대채무자가 지급해야 할 잔존 채무액이 부담부분을 초과하는 경우에는 그 연대채무자의 부담부분이 감소한 것은 아니므로 다른 연대채무자의 채무에도 영향을 주지 않아 다른 연대채무자는 채무 전액을 부담하여야 한다. 반대로 일부 면제에 의한 피면제자의 잔존 채무액이 부담부분보다 적은 경우에는 차액(부담부분 - 잔존 채무액)만큼 피면제자의 부담부분이 감소하였으므로, 차액의 범위에서 면제의 절대적 효력이 발생하여 다른 연대채무자의 채무도 차액만큼 감소한다"(대판 2019.8.14. 2019다216435).

[구체적 예] 예컨대 乙, 丙이 甲에 대하여 1,000만원의 연대채무를 부담하고 있는데(부담부분은 균등), 乙로부터 300만 원을 지급받은 甲이 나머지 700만 원을 면제한 경우, 判例에 따르면, 일부면제 후 잔존 채무와 피면제자의 부담부분을 비교하여 후자가 전자를 초과하는 경우에만 그 차액만큼 절대효가 발생(즉, 피면제자의 부담부분이 감소하고, 그만큼 다른 연대채무자의 채무액이 감소)한다는 입장이다. 즉, 700만 원의 일부면제 후의 잔액(300만 원)이 乙의 부담부분(500만 원)보다 작기 때문에 그 차액(200만 원)만큼 乙의 부담부분이 감소하고(결국 乙의 부담부분 300만 원), 丙도 200만 원만큼 공동면책된다. 결국 丙은 잔존 채무 500만 원[=1,000만 원-200만 원(절대효)-300만 원(乙의 변제금액)]을 甲에게 이행하여야 한다(이원찬, 최신판례해설, 2019.11.1 참조).

제2관 부진정 연대채무

04 어떤 물건에 대하여 직접점유자와 간접점유자가 있는 경우, 그에 대한 점유·사용으로 부담하는 부당이득반환의무의 법적 성질은 부진정연대채무이다(대판 2012.9.27. 2011다76747). [사시 13, 법행 13]

05 금액이 다른 채무가 서로 부진정연대 관계에 있을 때 다액채무자가 일부 변제를 한다면, 계약책임자(손해배상책임이 아닌 채무 그 자체)및 불법행위자의 부진정연대책임의 경우뿐만 아니라, 사용자 및 피용자의 부진정연대책임의 경우에도, '외측설'에 따라 판단하여야 하므로, 다액채무자가 단독으로 채무를 부담하는 부분 먼저 소멸하는 것으로 본다. [18년 최신판례]

해설 "금액이 다른 채무가 서로 부진정연대 관계에 있을 때 다액채무자가 일부 변제를 하는 경우 변제로 인하여 먼저 소멸하는 부분은 당사자의 의사와 채무 전액의 지급을 확실히 확보하려는 부진정연대채무 제도의 취지에 비추어 볼 때 다액채무자가 단독으로 채무를 부담하는 부분으로 보아야 한다. 이러한 법리는 사용자의 손해배상액이 피해자의 과실을 참작하여 과실상계를 한 결과 타인에게 직접 손해를 가한 피용자 자신의 손해배상액과 달라졌는데 다액채무자인 피용자가 손해배상액의 일부를 변제한 경우에 적용되고, 공동불법행위자들의 피해자에 대한 과실비율이 달라 손해배상액이 달라졌는데 다액채무자인 공동불법행위자가 손해배상액의 일부를 변제한 경우에도 적용된다"(대판 2018.3.22. 전합2012다74236).

※ 부진정연대채무자의 일부변제

(1) 불법행위자들의 손해배상 채무액이 동일한 경우

불법행위자 1인이 그 손해액의 일부를 변제하면 절대적 효력으로 인하여 다른 불법행위자의 채무도 변제금 전액에 해당하는 부분이 소멸한다.

(2) 불법행위자의 피해자에 대한 과실비율이 달라 배상할 손해액의 범위가 달라지는 경우[1]

누가 그 채무를 변제하였느냐에 따라 소멸되는 채무의 범위가 달라진다. ㉠ 적은 손해액을 배상할 의무가 있는 자가 불법행위의 성립 이후에 손해액의 일부를 변제한 경우에는 많은 손해액을 배상할 의무 있는 자의 채무가 그 변제금 전액에 해당하는 부분이 소멸하는 것은 물론이나, ㉡ 많은 손해액을 배상할 의무가 있는 자가 손해액의 일부를 변제하였다면 과거 判例는 "그 중 적은 범위의 손해액을 배상할 의무가 있는 자의 채무는 그 변제금 전액에 해당하는 채무가 소멸하는 것이 아니라, 적은 범위의 손해배상 책임만을 부담하는 쪽의 과실비율에 상응하는 부분만큼 소멸하는 것으로 보아야 할 것이다"(대판 1995.7.14. 94다19600)라고 판시하여 사용자 및 피용자의 부진정연대책임의 경우에는 일관되게 '과실비율설'에 따라 판단해 오고 있었다. 그러나 최근에는 전원합의체 판결을 통해 '외측설'로 입장을 바꾸었다(위 전합 2012다74236).

그러나 주의할 것은 기존에도 判例는 계약책임자(손해배상책임이 아닌 채무 그 자체)및 불법행위자의 부진정연대책임의 경우에는 '외측설'에 따라 판단한 바 있다(대판 2000.3.14. 99다67376 ; 대판 2010.2.25. 2009다87621).

06 부진정연대채무자 중 1인이 채권자에 대한 반대채권으로 채무를 대등액에서 상계하면 그 상계로 인한 채무소멸의 효력은 다른 부진정연대채무자에게 미친다.

해설 종래 判例의 기본적 입장은 상계의 상대적 효력만 인정하였으나, 최근 전원합의체 판결을 통해 "부진정연대채무자 중 1인이 자신의 채권자에 대한 반대채권으로 상계를 한 경우에도 채권은 변제, 대물변제, 또는 공탁이 행하여진 경우와 동일하게 현실적으로 만족을 얻어 그 목적을 달성하는 것이므로, 그 상계로 인한 채무소멸의 효력은 소멸한 채무 전액에 관하여 다른 부진정연대채무자에 대하여도 미친다고 보아야 한다"(대판 2010.9.16. 전합2008다97218)고 하여 상계의 절대적 효력을 인정하였다(제418조 1항의 유추적용). 그러나 부진정연대채무자 사이에는 고유한 의미의 부담부분이 존재하지 않으므로 이를 전제로 한 제418조 2항은 유추적용되지 않는다(대판 1994.5.27. 93다21521).

07 부진정연대채무자 중 1인이 사전 또는 사후 통지를 하지 않고 변제를 하여 공동면책이 되었더라도 구상권이 제한되지 않는다.
[사시 09, 법행 09, 변리 05]

해설 判例는 부진정연대채무에는 제426조가 유추적용되지 않는다고 보아, 구상요건으로서 채무자 상호간에 공동면책에 대한 사전·사후의 통지의무가 없다고 보았다(대판 1998.6.26. 98다5777). 따라서 언제나 먼저 변제한 것이 유효하다.

---

1) 통상 공동불법행위의 경우 과실상계를 함에 있어서는 피해자에 대한 공동불법행위자 전원의 과실과 피해자의 공동불법행위자 전원에 대한 과실을 '전체적'으로 평가하여야 하고 공동불법행위자 간의 과실의 경중이나 구상권 행사의 가능 여부 등은 고려할 여지가 없다(대판 1991.5.10. 90다14423). 그러나 이에 대한 예외로서 "피해자의 부주의를 이용하여 고의로 불법행위를 저지른 자가 바로 그 피해자의 부주의를 이유로 자신의 책임을 감하여 달라고 주장하는 것은 허용될 수 없으나, 이는 그러한 사유가 있는 자에게 과실상계의 주장을 허용하는 것이 신의칙에 반하기 때문이므로, 불법행위자 중의 일부에게 그러한 사유가 있다고 하여 그러한 사유가 없는 다른 불법행위자까지도 과실상계의 주장을 할 수 없다고 해석할 것은 아니다"(대판 2007.6.14. 2005다32999).

08 甲, 乙, 丙, 丁은 공동불법행위자인데, 甲, 乙, 丙이 丁에 대하여 구상의무를 부담하는 경우, 丁에게 불법행위에 관한 과실이 없으면 丁에 대한 甲, 乙, 丙의 구상의무는 부진정연대채무이다.

해설 ⅰ) 공동불법행위자 중 1인에 대하여 구상의무를 부담하는 다른 공동불법행위자가 수인인 경우에는 특별한 사정이 없는 이상 그들의 구상권자에 대한 채무는 각자의 부담 부분에 따른 '분할채무'로 본다(대판 2002.9.27. 2002다15917). 따라서 각자의 내부적 부담부분의 범위 내에서만 구상의무를 부담한다. ⅱ) 그러나 구상권자인 공동불법행위자측에 과실이 없는 경우(운전자에게 과실이 없는 경우에도 자배법상 운행자책임이 성립할 수 있다), 즉 내부적인 부담 부분이 전혀 없는 경우에는 이와 달리 그에 대한 수인의 구상의무 사이의 관계를 '부진정연대관계'로 봄이 상당하다고 한다(대판 2005.10.13. 2003다24147).

09 불법행위로 인한 손해배상채무에 관하여 채무자와 함께 공동불법행위책임을 부담하는 자가 있고, 채무자의 위와 같은 변제가 공동불법행위자들 내부관계에서 인정되는 자기의 부담 부분을 초과한 것이라면, 채무자는 다른 공동불법행위자에게 공동 면책을 이유로 그 부담 부분의 비율에 따라 구상권을 행사할 수 있다. [21년 최신판례]

해설 ※ 불법행위책임과 부당이득의 경합(공동불법행위자 간의 구상관계)
"계약 당사자 사이에서 일방 당사자의 잘못으로 인해 상대방 당사자가 계약을 취소하거나 불법행위로 인한 손해배상을 청구할 수 있는 경우 계약 취소로 인한 부당이득반환청구권과 불법행위로 인한 손해배상청구권은 동일한 경제적 급부를 목적으로 경합하여 병존하게 되고, 특별한 사정이 없는 한 어느 하나의 청구권이 만족을 얻어 소멸하면 그 범위 내에서 다른 나머지 청구권도 소멸하는 관계에 있다(대판 1993.4.27. 92다56087 판결 등 참조). 따라서 채무자가 부당이득반환채무를 변제하였다면 그와 경합관계에 있는 손해배상채무도 소멸한다. 이때 불법행위로 인한 손해배상채무에 관하여 채무자와 함께 공동불법행위책임을 부담하는 자가 있고, 채무자의 위와 같은 변제가 공동불법행위자들 내부관계에서 인정되는 자기의 부담 부분을 초과한 것이라면, 채무자는 다른 공동불법행위자에게 공동 면책을 이유로 그 부담 부분의 비율에 따라 구상권을 행사할 수 있다"(대판 2021.6.10. 2019다226005).

제4절 보증채무, 제5절 연대보증, 제6절 계속적 보증

01 보증인은 채권자에 대한 자신의 채권으로 채권자의 보증채권과 상계할 수 있을 뿐만 아니라(제492조 1항 본문), 주채무자의 채권자에 대한 채권으로도 상계할 수 있다(제434조).
[변호 16·15, 사시 07·12, 법행 13]

02 보증채무에 대한 소멸시효가 중단되었더라도 주채무에 대한 소멸시효가 완성되면 보증채무도 소멸한다(대판 2002.5.14. 2000다62476). [변호 12·15, 법행 13]

03 주채무자에 대한 채권이 이전되면 당사자 사이에 별도의 특약이 없는 한 보증인에 대한 채권도 함께 이전하고, 이 경우 채권양도의 대항요건도 주채권의 이전에 관하여 구비하면 족하고, 별도로 보증채권에 관하여 대항요건을 갖출 필요는 없다(대판 2002.9.10. 2002다21509).
[변호 15, 사시 09·11·12·14, 법행 08·11, 변리 10·13]

04 보증인이 자신의 보증채무에 관하여 시효의 이익을 포기하고 나서 주채무의 시효소멸을 주장하는 것은 금반언에 반하지 않으므로 허용된다(대판 2012.7.12. 2010다51192). [법행 15]

05 주채무에 대한 소멸시효가 완성된 경우에는 보증채무에 대한 소멸시효가 중단되는 등의 사유로 완성되지 아니하였다고 하더라도 부종성에 따라 보증채무 역시 당연히 소멸되는 것이 원칙이고, 보증인이 주채무의 시효소멸에도 불구하고 보증채무를 이행하겠다는 의사를 표시하거나 채권자와 그러한 내용의 약정을 하는 등의 특별한 사정이 없다면, 단지 보증인이 주채무의 시효소멸에 원인을 제공하였다는 것만으로는 보증채무의 부종성을 부정할 수 없다(대판 2018.5.15. 2016다211620).

06 보증은 그 의사가 보증인의 기명날인 또는 서명이 있는 서면으로 표시되어야 효력이 발생한다 (제428조의2 1항). 이러한 '보증인의 서명'은 원칙적으로 보증인이 직접 자신의 이름을 쓰는 것을 의미하며 타인이 보증인의 이름을 대신 쓰는 것은 이에 해당하지 아니한다(대판 2017.12.13. 2016다233576). [2016.2.4.시행 개정민법, 최신판례]

07 보증은 불확정한 다수의 채무에 대해서도 할 수 있고, 이 경우 보증하는 채무의 최고액을 서면으로 특정하여야 한다(제428조의3 ①항, ②항). [2016.2.4.시행 개정민법]

08 취소의 원인 있는 채무를 보증한 자가 보증계약당시에 그 원인 있음을 안 경우에 주채무의 불이행 또는 취소가 있는 때에는 주채무와 동일한 목적의 독립채무를 부담한 것으로 본다는 규정은 삭제되었다(제436조 삭제). [변호 18, 2016.2.4.시행 개정민법]

09 채권자는 보증인의 청구가 있으면 주채무의 내용 및 그 이행여부를 알려주어야 하고, 보증계약을 체결할 때 보증계약의 체결 여부 또는 그 내용에 영향을 미칠 수 있는 주채무자의 채무 관련 신용정보를 알고 있는 경우에는 보증인에게 그 정보를 알려야 한다(제436조의2). [2016.2.4.시행 개정민법]

10 주채무 600만원, 연대보증인 甲, 乙, 丙(각 전액 보증, 내부적 부담부분 각 200만 원)인 상태에서 甲이 주채무 600만 원을 전액 대위변제하면 甲은 주채무자에 대하여는 600만 원의, 다른 연대보증인들인 乙, 丙에 대하여는 각 200만 원의 구상금채권을 갖게 되는데, 이러한 상황에서 甲이 주채무자에게 200만 원을 변제받으면 甲은 乙, 丙에게 각 200만 원의 구상금채권을 갖는다.

해설 ※ 주채무자의 구상채무와 다른 연대보증인들의 구상채무의 관계
공동연대보증인 중 1인이 자기의 부담부분을 넘는 출재를 한 경우, 주채무자에 대한 구상권과 다른 연대보증인에 대한 구상권은 병존하고, 주채무자의 구상채무와 다른 연대보증인들의 구상채무는 '부진정연대'의 관계에 있는 것으로 이해되고 있다.
※ 공동연대보증인 중 1인이 채무 전액을 대위변제한 후 주채무자로부터 구상금의 일부를 변제받은 경우 그 변제가 다른 연대보증인들의 구상채무 범위에 미치는 효력
최근 判例는 "주채무자의 구상금 일부 변제는 특별한 사정이 없는 한 대위변제를 한 연대보증인의 부담 부분에 상응하는 주채무자의 구상채무를 먼저 감소시키고 이 부분 구상채무가 전부 소멸되기 전까지는 다른 연대보증인들이 부담하는 구상채무의 범위에는 아무런 영향을 미치지 않는다고 보아야 한다. 그러나 주채무자의 구상금 일부 변제 금액이 대위변제를 한 연대보증인의 부담 부분을 넘는 경우에는 그 넘는 변제 금액은 주채무자의 구상채무를 감소시킴과 동시에 다른 연대보증인들의 구상채무도 각자의 부담비율에 상응하여 감소시킨다"(대판 2010.9.30. 2009다46873)고 판시한 바 있다. ☞ 이러한 判例에 따르면 사안의 경우 주채무자가 변제한 200만 원은 甲의 부담부분(200만 원)에 상응하는 주채무자의 구상채무에 먼저 충당되므로, 다른 연대보증인들인 乙, 丙이 각 부담하는 구상채무의 범위에는 아무런 영향을 미치지 못한다. 따라서 甲은 乙, 丙에게 여전히 각 200만 원의 구상금채권을 갖는다.
※ 만약 위 사례의 경우 甲이 주채무자에게 400만 원을 변제받았다면 어떠한가?
위 判例에 따르면 주채무자가 변제한 400만 원은 甲의 부담부분(200만 원)에 상응하는 주채무자의 구상채

무 부분에 먼저 충당되고, 나머지 200만 원이 다른 연대보증인들인 乙, 丙이 각 부담하는 구상채무에 상응하는 주채무자의 구상채무 부분에 분담비율에 따라 충당되므로, 乙, 丙이 부담하는 구상채무는 각 100만 원씩 소멸하게 된다. 따라서 甲은 乙, 丙에게 각 100만 원(200만 원−100만 원)의 구상금채권을 갖는다.

11   물상보증인이 담보권의 실행으로 타인의 채무를 담보하기 위하여 제공한 부동산의 소유권을 잃은 경우, 물상보증인이 채무자에게 구상할 수 있는 범위는 매수인이 매각대금을 다 낸 때의 부동산 시가를 기준으로 하여야 하고, 매각대금을 기준으로 할 것이 아니다.   [18년 최신판례]

해설 "물상보증인은 '그 채무를 변제'한 경우 외에 '담보권의 실행으로 인하여 담보물의 소유권을 잃은 때'에도 채무자에 대한 구상권이 있다(제341조). 물상보증인이 담보권의 실행으로 타인의 채무를 담보하기 위하여 제공한 부동산의 소유권을 잃은 경우 물상보증인이 채무자에게 구상할 수 있는 범위는 특별한 사정이 없는 한 담보권의 실행으로 부동산의 소유권을 잃게 된 때, 즉 매수인이 매각대금을 다 낸 때의 부동산 시가를 기준으로 하여야 하고, 매각대금을 기준으로 할 것이 아니다. 경매절차에서 유찰 등의 사유로 소유권 상실 당시의 시가에 비하여 낮은 가격으로 매각되는 경우가 있는데, 이 경우 소유권 상실로 인한 부동산 시가와 매각대금의 차액에 해당하는 손해는 채무자가 채무를 변제하지 못한 데 따른 담보권의 실행으로 물상보증인에게 발생한 손해이므로, 이를 채무자에게 구상할 수 있어야 하기 때문이다"(대판 2018.4.10. 2017다283028).

12   채권자가 주채무자에 대하여 상계적상에 있는 자동채권을 상계하지 않았다고 하여 이를 이유로 보증채무자가 보증한 채무의 이행을 거부할 수 없으며 나아가 보증채무자의 책임이 면책되는 것도 아니다.   [18년 최신판례]

해설 ※ 채권자의 상계권불행사와 보증인의 이행거절 가부(소극)
"상계는 단독행위로서 상계를 할지는 채권자의 의사에 따른 것이고 상계적상에 있는 자동채권이 있다고 하여 반드시 상계를 해야 할 것은 아니다. 채권자가 주채무자에 대하여 상계적상에 있는 자동채권을 상계하지 않았다고 하여 이를 이유로 보증채무자가 보증한 채무의 이행을 거부할 수 없으며 나아가 보증채무자의 책임이 면책되는 것도 아니다"(대판 2018.9.13. 2015다209347)
[관련조문] 보증인은 주채무자의 채권에 의한 상계로 채권자에게 대항할 수 있다(제434조)

13   甲은 乙에게 건물 보수 공사를 공사대금 3억 원에 도급 주면서 공사대금은 건물을 인도받음과 동시에 지급하기로 약정하였다. 丙은 甲의 부탁으로 위 공사대금채무를 보증하였고, 甲은 위 공사대금채무에 대한 담보로 자신 소유의 X 부동산에 乙을 저당권자로 하는 저당권을 설정해주었다. 乙은 위 공사를 완료하여 건물을 甲에게 인도하였으나 甲은 공사대금을 지급하지 않고 있다.   [14년 사법시험 1차]

① 甲의 공사대금채무 이행기 도래를 이유로 丙이 甲에게 미리 구상권을 행사하는 경우(제442조), 丙은 공사대금 원금과 그에 대하여 이미 발생한 지연손해금은 청구할 수 있으나, 丙이 장래에 乙에게 변제할 것으로 예상되는 날까지의 지연손해금은 구상할 수 없다(대판 2004.7.9. 2003다46758).

② 丙이 甲에게 통지하지 아니하고 채무 전액을 변제한 경우에, 甲이 乙에게 상계할 수 있는 채권이 이미 존재하고 있었을 때에는 상계로 소멸할 甲의 채권이 丙에게 이전된다(제445조 1항).

③ 丙이 乙에게 저당권의 피담보채무액 중 1/2을 변제한 경우, 丙은 乙에게 X 부동산에 관한 저당권 중 1/2 지분의 이전등기를 청구할 수 있다(대판 1996.12.6. 96다35774).

④ 丙이 乙에게 저당권의 피담보채무를 변제한 경우, 그 변제 후에 X 부동산을 취득하는 제3취득자에 대하여 乙을 대위하기 위해서는 丙은 제3취득자가 등기를 마치기 전에 저당권의 등기에 대위를 부기하여야 한다(대판 1990.11.9. 90다카10305).   [변호 14 · 16, 모의 11(1)유사]

해설 ※ 보증인과 담보목적물의 제3취득자와의 관계(제482조 2항 1호, 2호)

⑤ 만약 甲은 위 공사대금채무를 승인한 적이 없고, 乙도 공사대금청구에 관하여 어떤 조치도 취하지 않은 상태였는데, 위 공사대금채무의 이행기로부터 4년이 되는 날에 乙의 청구에 따라 丙이 甲에게 알리지 않고 위 채무 전액을 변제하였다면, 丙은 甲에게 구상권을 행사할 수 없다.

해설 만약 甲은 위 공사대금채무를 승인한 적이 없고, 乙도 공사대금청구에 관하여 어떤 조치도 취하지 않은 상태였다면, 위 공사대금채무의 이행기로부터 3년이 되는 날에 소멸시효가 완성된다(제168조 3호). 그렇다면 "보증채무자가 주채무를 소멸시키는 행위는 주채무의 존재를 전제로 하므로, 보증인의 출연행위 당시 주채무가 성립되지 아니하였거나 타인의 면책행위로 이미 소멸되었거나 유효하게 존속하고 있다가 그 후 소급적으로 소멸한 경우에는 보증채무자의 주채무 변제는 비채변제가 되어 채권자와 사이에 부당이득반환의 문제를 남길 뿐이고 주채무자에 대한 구상권을 발생시키지 않는다"(대판 2012.2.23. 2011다62144). 따라서 丙은 甲에게 구상권을 행사할 수 없다.

14

> 자금사정이 악화되어 아파트 분양대금이 부족했던 甲은 A은행에서 대출을 받으려고 하였으나 자신의 대출한도가 초과되어 대출을 받을 수 없게 되었다. 그러자 甲은 친구 乙에게 자신이 확실히 갚을 테니 절대 피해를 입게 하지 않을 것이라며 대출명의를 빌려 달라고 부탁하였다. 이에 乙은 이를 승낙하고 A은행을 직접 방문하여 금전소비대차약정서에 주채무자로서 서명·날인하였다(단, A은행은 대출금을 타인이 사용한다는 것을 알고 있었다). 그러나 甲이 대출금을 갚지 못하자 A은행은 乙을 상대로 채무이행을 구하고 있다.

㉠ 乙은 A은행이 대출금을 타인이 사용한다는 것을 알고 있었다는 것을 이유로 위 대출계약이 비진의표시로서 무효라고 주장할 수 없다(대판 1997.7.25. 97다8403 등).

해설 ※ 차명대출과 비진의표시

☞ 사안에서 A은행이 대출금을 타인이 사용한다는 사실을 안 것만으로 乙에게 채무부담의 의사가 없다거나 또는 乙의 그러한 비진의를 A은행이 알았거나 알 수 있었다고 볼 수는 없다. 따라서 乙은 제107조 1항 단서를 근거로 무효를 주장할 수 없다.

㉡ 乙은 원칙적으로 대출계약이 통정허위표시로서 무효라고 주장할 수 없다.   [변호 18]

해설 ※ 차명대출과 통정허위표시

"통정허위표시가 성립하기 위하여는 의사표시의 진의와 표시가 일치하지 아니하고, 그 불일치에 관하여 상대방과 사이에 합의가 있어야 하는바, 제3자가 은행을 직접 방문하여 금전소비대차약정서에 주채무자로서 서명·날인하였다면 제3자는 자신이 당해 소비대차계약의 주채무자임을 은행에 대하여 표시한 셈이고, 제3자가 은행이 정한 동일인에 대한 여신한도 제한을 회피하여 타인으로 하여금 제3자 명의로 대출을 받아 이를 사용하도록 할 의도가 있었다거나 그 원리금을 타인의 부담으로 상환하기로 하였더라도, 특별한 사정이 없는 한 이는 소비대차계약에 따른 경제적 효과를 타인에게 귀속시키려는 의사에 불과할 뿐, 그 법률상의 효과까지도 타인에게 귀속시키려는 의사로 볼 수는 없으므로 제3자의 진의와 표시에 불일치가 있다고 보기는 어렵다"(대판 1998.9.4. 98다17909).

ⓒ 만일 위 대출에 대해 甲이 연대보증을 하였다면 乙이 A에게 대출금을 반환한 경우 甲에 대하여 구상권을 행사할 수 있으나, 반대로 甲이 A에게 보증인으로서 대출금을 변제하더라도 乙에 대하여 구상권을 행사할 수는 없다.

해설 ※ 형식상 연대보증인 또는 물상보증인이 된 명의차용자가 대출금을 변제한 경우

甲과 乙의 내부적인 관계에서 실질적인 채무자는 甲이다. 구상은 내부의 실질적 관계에 따르므로 ⅰ) 이 때 명의차용자는 명의대여자에게 구상권을 행사할 수 없으나(대판 1994.6.10. 94다2701), ⅱ) 반대로 명의대여자가 은행에 대출금을 변제한 경우에는 명의차용자에게 구상권을 행사할 수 있다.

ⓔ 만일 위 대출에 대해 丙이 연대보증을 하였다면 당시 乙이 실질적 주채무자라고 믿고 보증을 하였고 그렇게 믿은 데에 乙에게 귀책사유가 있다면, 보증채무를 이행한 丙은 주채무 명의인인 乙에게 대출금 전액에 대하여 구상권을 행사할 수 있다.

해설 ※ 다른 연대보증인 또는 물상보증인이 은행에 대출금을 변제한 경우

ⅰ) 내부관계에서는 실질상의 주채무자가 아닌 한 연대보증책임을 이행한 연대보증인에 대하여 당연히 주채무자로서의 구상의무를 부담한다고 할 수 없으나, ⅱ) 최소한 연대보증인으로서의 구상의무는 부담한다. ⅲ) 아울러 연대보증인이 명의대여자가 실질적 주채무자라고 믿고 보증책임을 이행하였고, 그와 같이 믿은 데에 명의대여자에게 귀책사유가 있는 경우에는 주채무자로서 전액 구상의무가 있다(대판 2002.12.10. 2002다47631).

제6장　채권양도와 채무인수

제1절 채권양도

01 甲이 乙에 대한 매매대금채권을 丙에게 양도하고 이를 乙에게 통지하였는데, 그 후 乙이 丙에게 이행하였지만 甲이 乙에 대한 채무를 이행하지 않아 乙이 甲과의 매매계약을 해제한 경우, 乙은 채권양도의 통지 이후에 계약을 해제하였더라도, 이로써 丙에게 대항할 수 있다.

해설 ※ 제451조 2항

채권의 양도에 의해 양도인에 대한 채무자의 지위가 달라질 것은 아니므로, 채무자는 그 '통지를 받은 때까지' 양도인에 대하여 생긴 사유(채무의 불성립·무효·취소·동시이행의 항변·기한의 유예·채권의 소멸 등)로써 양수인에게 대항할 수 있다(제451조 2항). 다만, 대항사유 자체는 통지 뒤에 생겼더라도 그 '사유 발생의 기초가 되는 법률관계'가 통지 전에 이미 존재하였다면 이는 '계약 자체에 처음부터 내재하는 고유한 위험'이라고 볼 수 있으므로 그 대항사유로써 양수인에게 대항할 수 있다.

※ 채권이 양도되어 양도통지를 받은 후에 채권양도의 기초가 되는 계약이 채권양도인의 채무불이행으로 해제된 경우

양도인의 채무불이행 및 그에 따른 채무자의 해제권 행사라는 사정이 양도 통지이후에 발생하였다 하더라도 채권양도의 기초가 되는 계약이 일방의 채무불이행으로 해제될 수 있다는 것은 계약 자체에 내재하는 고유한 위험이고, 그 해제권 발생의 기초가 되는 계약은 통지 전에 이미 성립하였기 때문에 이는 제451조 2항의 양도통지를 받기 전에 생긴 사유에 해당한다. 따라서 채무자 乙은 해제로써 양수인 丙에게 대항할 수 있으므로 乙은 丙에게 이미 지급한 급부를 원상회복으로 반환을 청구할 수 있다(대판 2003.1.24. 2000다22850 참고).

또한 해제에 의하여 소멸하는 채권 그 자체의 양수인 丙은 계약해제에 관한 제548조 제1항 단서의 제3자에 해당하지 않기 때문에 매수인 乙은 丙에게 대항할 수 있다. 즉 判例는 채권의 양수인이 취득한 권리는 채권에 불과하고 대세적 효력을 갖는 권리가 아니어서 (대항요건을 갖추었더라도) 채권의 양수인은 제548조 1항 단서의 제3자에 해당하지 않는다고 한다(대판 2003.1.24. 2000다22850 ; 대판 2000.8.22. 2000다23433).

02 채권양도계약이 해제되고 '양도인'이 채무자에게 양도철회통지를 한 경우, 채무자는 이로써 양수인에게 대항할 수 없다.
[변호 13]

해설 判例는 양도인이 해제를 가지고 채무자에게 대항하려면 '양수인'으로부터 통지가 있어야 한다고 한다(대판 1993.8.27. 93다17379 ; 대판 2011.3.24. 2010다100711).

※ **채권양도가 사후적으로 취소·해제·합의해제된 경우**
判例는 지명채권의 양도통지를 한 후 양도계약이 '해제'된 경우, 채권양도인이 해제를 이유로 다시 원래의 채무자에 대하여 양도채권으로 대항하려면, ⅰ) 채권양도인이 채권양수인의 동의를 받아 양도통지를 철회하거나(제452조 2항 참조 : 대판 1978.6.13. 78다468) ⅱ) 채권양수인이 채무자에게 위와 같은 해제 사실을 통지하여야 한다고 한다(대판 1993.8.27. 93다17379)

03 채권양도계약이 통정허위표시로써 무효라면, 양도인의 양도통지에 의해 선의의 채무자가 양수인에게 채무를 이행한 경우, 채무자는 새로운 이해관계를 맺은 자이므로 제108조 2항의 선의의 제3자로서 보호될 수 있다.

해설 채권의 가장양도에서 채무자는 ⅰ) 채권의 양도인이 채무자에게 채무의 이행을 청구할 때 선의의 채무자는 채권 양수인에게 변제하여야 함을 이유로 거절할 수 없다. 이 경우 채무자는 가장양도에 터 잡아 새로운 이해관계를 맺은 바가 없기 때문이다(대판 1983.1.18. 82다594 ; 이 판결은 채무자가 가장양수인에게 지급하지 않고 있는 동안에 양도가 허위표시에 기한 것임이 밝혀진 경우를 전제로 하고 있음을 주의해야 한다). ⅱ) 그러나 채권의 가장양도인이 채무자에게 채무의 이행을 청구하였는데 채무자는 이미 채권의 양도가 유효한 것으로 믿고 채권 양수인에게 채무를 이행해 버린 경우, 채무자는 채권의 가장양도에 터 잡아'채무의 변제'라는 새로운 이해관계를 맺었기 때문에 제3자에 해당하는 것으로 보아야 한다(다수설). 따라서 채무자는 이를 이유로 변제를 거절할 수 있다(제108조 2항). 물론 채무자는 그 밖에 제452조 1항에 의한 항변, 채권의 준점유자에 대한 변제(제470조) 항변 등을 할 수도 있다.

04 채권의 귀속주체 변경을 내용으로 하는 '채권양도계약'과 채권양도의 의무발생을 내용으로 하는 '양도의무계약'은 법적으로 별개의 독립한 행위이므로, 양도의무계약에 관한 민법상의 임의규정이 채권양도계약에 적용되지는 않는다.
[변호 13]

해설 ※ **채권양도에서 독자성과 무인성 문제**
"ⅰ) 처분행위(준물권행위)로서의 '채권양도계약'과 채권양도의 의무를 발생시키는 것을 내용으로 하는 '양도의무계약'은 실제거래에서는 한꺼번에 일체로 행하여지는 경우가 적지 않으나, 그 법적 파악에 있어서는 구별되어야 하는 별개의 독립한 행위이다. ⅱ) 그러므로 양도의무계약에 관한 민법상의 임의규정은 채권양도계약에는 적용되지 않는다. 즉 채권양도계약에 위임의 규정을 바로 적용하여 그에 의해 채권양도계약을 해지할 수는 없다. ⅲ) 원인행위인 위임을 해지한 경우, (그것은 채권양도계약에도 효력을 미쳐) 채권은 양도인에게 복귀한다. 이 경우 양수인은 위임계약의 해지로 인하여 양도인에 대하여 부담하는 원상회복의무의 한 내용으로 채무자에게 이를 통지할 의무를 부담한다"(대판 2011.3.24. 2010다100711).

05 채권양도의 대항요건인 통지는 '양도인'이 채무자에게 하여야 하나, 양수인이 양도인의 사자 또는 대리인으로서 한 통지도 적법하다.
[사시 05·09·13·16, 법행 05·13·14]

해설 통지는 '양도인'이 채무자에 대해 해야 하고, 양수인에 의한 통지는 그 효력이 생기지 않는다. 따라서 양수인은 양도인을 대위하여도 통지하지 못하나(제404조 참조), 양도인으로부터 통지의 대리권을 수여받아 양수인이 대리행위로서 통지하는 것은 무방하다(대판 1997.6.27. 95다40977).

06 악의의 양수인으로부터 다시 선의로 양수한 전득자는 양도금지특약과 관련한 민법 제449조 제2항 단서의 '선의의 제3자'에 해당한다. 그리고 양도금지특약과 관련한 선의의 양수인으로부터 다시 채권을 양수한 전득자는 선의·악의를 불문하고 채권을 유효하게 취득한다(대판 2015.4.9. 2012다118020). [최신판례, 변호 16, 법행 10]

07 채권질권자가 제3채무자에게 질권설정계약의 해지 사실을 통지하였으나 아직 해지되지 않은 경우, 선의인 제3채무자는 질권설정자에게 대항할 수 있는 사유로 채권질권자에게 대항할 수 있다. [최신판례, 변호 15·17, 사시 14]

해설 判例(제349조의 2항에 의하여 지명채권을 목적으로 한 질권설정의 경우에도 제451조가 준용된 사안)에 따르면 양수인이 채무자에게 채권양도계약의 해지 사실을 통지하였다면 설사 아직 해지가 되지 아니하였다고 하더라도, 선의인 채무자는 해지 통지 수령 후 양도인에게 대항할 수 있는 사유로 양수인에게 대항할 수 있고, 위와 같은 해지 통지가 있었다면 그 해지 사실은 추정되며, 해지 통지를 믿은 채무자의 선의 또한 추정된다고 볼 것이어서 채무자가 악의라는 점은 그 선의를 다투는 양수인이 증명할 책임이 있다고 한다(대판 2014.4.10. 2013다76192).

08 민법 제450조 제2항이 정하는 지명채권 양도의 제3자에 대한 대항요건은 양도된 채권이 존속하는 동안에 그 채권에 관하여 양수인의 지위와 양립할 수 없는 법률상의 지위를 취득한 제3자가 있는 경우에 적용되므로 채권가압류명령 등이 이루어지기에 앞서 임대차계약의 종료 등을 원인으로 한 변제, 상계, 정산합의 등에 의하여 임대차보증금 반환채권이 이미 소멸하였다면 채권가압류명령은 존재하지 아니하는 채권에 대한 것으로서 효력이 없고, 위와 같은 대항요건의 문제는 발생할 여지가 없다(대판 2017.1.25. 2014다52933). [최신판례]

09 채무자가 채권양도에 대하여 이의를 보류하지 아니하는 승낙을 하였다면 양도인에게 대항할 수 있는 사유로서 양수인에게 대항하지 못할 뿐, 채권양도를 승낙한 채무자가 양수인에게 채권의 성립이나 소멸에 영향을 주는 사정에 관하여 고지할 신의칙상 주의의무를 부담하는 것은 아니다(대판 2015.12.24. 2014다49241). [최신판례, 법무 16]

10 임차인 甲이 다른 채무를 담보하기 위하여 임대인 乙에 대한 임차보증금반환채권을 丙에게 양도하고 2012.10.24.자 확정일자 있는 증서로 乙에게 통지하여 2012.10.26. 乙에게 도달한 경우, 이미 甲은 당해 채권에 대한 처분권한을 상실하였으므로 그 후 甲이 동일한 채권을 丁에게 양도하고 2013.4.25.자 확정일자 있는 증서로 乙에게 통지하여 2013.4.27. 乙에게 도달한 경우라도 丁은 채권을 취득할 수 없다. 위 사안에서 2013.5.30. 甲과 丙이 당해 양도계약을 적법하게 합의 해지한 다음 丙이 그 사실을 乙에게 통지함으로써 채권이 다시 甲에게 귀속하게 되었더라도 그로 인하여 丁이 채권을 취득하게 되는 것은 아니다. [최신판례]

해설 "지명채권의 양도란 채권의 귀속주체가 법률행위에 의하여 변경되는 것으로서 이른바 준물권행위 내지 처분행위의 성질을 가지므로, 그것이 유효하기 위하여는 양도인이 그 채권을 처분할 수 있는 권한을 가지고 있어야 한다. 처분권한 없는 자가 지명채권을 양도한 경우 특별한 사정이 없는 한 채권양도로서 효력을 가질 수 없으므로 양수인은 그 채권을 취득하지 못한다"(대판 2016.7.14. 2015다46119).

11

> 甲은 2006. 5. 1. 丙과 X 토지를 1억원에 매도하는 내용의 매매계약을 체결하면서, 소유권이전
> 의무와 대금지급의무는 6. 30. 각 이행하기로 하되, 매매대금 1억원에 대하여는 甲이 X 토지
> 에 야적된 산업폐기물을 전부 수거하는 것을 조건(이하 '수거조건'이라 한다)으로 지급하기로
> 약정하였다. 그 후 甲은 6. 10. 乙에게 丙에 대한 1억원의 매매대금채권을, 丙은 6. 15. 丁에게
> 甲에 대한 소유권이전등기청구권을 각 양도하였다. [07년 사법시험 1차]

① 甲이 乙에게 매매대금채권을 양도하기 전에 戊가 위 매매대금 채권을 가압류한 경우, 가압류
된 채권도 이를 양도하는데 아무런 제한이 없다 할 것이나, 다만 가압류된 채권을 양수받은
양수인은 그러한 가압류에 의하여 권리가 제한된 상태의 채권을 양수받는다(대판 2002.4.26. 2001
다59033).

② 丙이 甲에게 소유권이전등기청구권의 양도 사실을 '통지'하였더라도, 丁은 甲의 동의나 승낙
없이는 甲에게 X 토지에 대한 소유권이전등기를 청구할 수 없다(대판 2001.10.9. 2000다51216).
[변호 16, 사시 04·08·13·15, 법행 10·11, 변리 11]

③ 丙이 甲과 乙 사이의 채권양도계약에 관하여 아무런 이의를 유보하지 아니하고 승낙의 의사
표시를 하였더라도, 乙이 수거조건의 존재를 알지 못한 데에 중대한 과실이 있다면, 丙은 위
조건으로 乙에게 대항할 수 있다. [사시 07 법행 07, 변리 05]

[해설] 제451조 1항 본문에 따라 양수인이 보호받기 위해서, 양수인이 악의 또는 중과실이 아니어야 한다(대판
2002.3.29. 2000다13887).

④ 만약 甲과 丙 사이의 매매대금채권에 관하여 양도금지특약이 있었고 乙에게 특약의 존재를
알지 못한 데에 경과실이 있는 경우라면, 乙은 丙에게 1억 원의 지급을 요구할 수 있다.
[사시 09·11·12, 법행 05·06·11, 변리 11]

[해설] 제449조 2항에 따라 양수인이 보호받기 위해서, 양수인이 악의 또는 중과실이 아니어야 한다(대판
1996.6.28. 96다18281).

⑤ 만약 甲과 丙 사이의 매매대금채권에 관하여 양도금지특약이 있었고 甲의 매매대금채권이
전부명령에 의하여 乙에게 이전되었다면, 乙이 위 특약의 존재 사실을 잘 알고 있는 己에게
채권을 양도한 경우에도, 甲은 위 특약을 근거로 己에게 채권양도의 무효를 주장할 수 없다.
[변호 18]

[해설] ※ 양도금지특약이 있는 채권을 압류할 수 있는지 여부
양도금지특약이 있는 채권이라도 개인의 의사표시로써 압류금지재산을 만들어내는 것은 채권자를 해
하는 것이 되어 부당하기 때문에, '악의'의 채권자라도 압류 및 전부명령에 의해 채권을 취득할 수 있다(대판
2003.12.11. 2001다3771).

12 A는 B에 대하여 1억 원의 채권을 가지고 있었다. A는 1억 원의 채권 중 5천만 원의 채권을 甲에게 양도하고 확정일자 있는 증서로 B에게 2016. 3. 2. 통지하였다(이 통지는 2016. 3. 3. B에게 도달). 그 후 A는 2016. 3. 31. B에 대한 1억 원의 채권 전부를 乙에게 양도하였고, 같은 날 B는 이의를 보류하지 않은 채 구두로 이를 승낙하였다. A의 채권자 丙은 A가 채무 3천만 원을 갚지 않자 A의 B에 대한 채권 중 3천만 원에 대하여 2016. 5. 6. 압류 및 전부명령을 받았고, 이 전부명령이 B에게 2016. 5. 9. 도달하였다. 한편 乙은 양도받은 1억 원의 채권 중 3천만 원의 채권을 2016. 4. 5. 丁에게 양도하고 같은 날 확정일자 있는 증서로 B에게 통지하였고 이 통지가 다음날 도달하였다. B는 甲, 乙, 丙, 丁청구에 각각 얼마를 지급하여야 하는가?   [민법표준판례, 변호 16·18유사, 모의 13(3)유사, 사시 12·14]

B는 甲에게 5천만 원, 乙에게 0 원, 丙에게 3천만 원, 丁에게 2천만 원을 지급하여야한다.

해설▶ 채권의 이중양도란 동일한 양도인이 동일한 채권을 수인에게 양도하는 경우이다. 따라서 A가 양도한 甲, 乙, 丙 간 우열관계를 판단하고, 丁은 乙의 지위에 따르게 된다
甲, 乙, 丙 간 우열관계 – 확정일자 있는 통지의 도달의 선후, 확정일자 있는 승낙의 선후에 따라 판단한다(제450조 2항)(대판 1994.4.26. 전합93다24223 참조). 따라서 甲, 乙, 丙 간에는 甲이 가장 우선하여 5천만 원, 丙이 3천만 원, 확정일자 없는 乙은 나머지 2천만 원을 청구할 수 있다. 이는 B가 이의를 보류하지 않은 승낙을 하였다고 해도 마찬가지이다. 민법은 채권의 귀속에 관한 우열을 오로지 확정일자 있는 증서에 의한 통지 또는 승낙의 유무와 그 선후로써만 결정하도록 규정하고 있으므로 위 규정의 '양도인에게 대항할 수 있는 사유'에 채권의 귀속(채권이 이미 타인에게 양도되었다는 사실)은 이에 포함되지 않기 때문이다(대판 1994.4.29. 93다35551 참조).
다만 乙은 丁에게 자신의 채권을 양도하였으므로 이후에는 무권리자가 되어 乙이 B에게 청구할 수 있는 금액은 0원이며, 丁은 양도인이 양도한 권리 이상을 취득할 수 없는 승계취득의 법리상 2천만 원을 취득하는 것으로 보아야 할 것이다. 丁의 확정일자가 앞선다고 해도 마찬가지이다.

13 乙은 부모님이 병원에 입원하여 급하게 돈이 필요하다는 친구 甲의 부탁을 받고 2006.1.20. 1,000만원을 3개월 뒤에 돌려받기로 하고 빌려주었다. 그러나 甲은 의도대로 乙에게 빌린 돈으로 불법도박장을 개장하였고, 乙은 우연히 甲이 경영하는 도박장에 놀러왔다가 도박에 빠져 급기야 2006.2.1. 3개월만 빌려 쓰기로 하고 도박자금으로 3,000만원을 甲에게 빌렸다. 그 후 甲은 丙에 대한 채무변제를 위하여 2006.2.10. 위 3,000만원의 반환채권을 丙에게 양도하고 乙은 다음날 이의를 보류하지 않고 승낙을 하였다(단, 丙은 甲의 채권이 도박자금과 관련한 채권임은 몰랐으나, 乙이 甲에게 반대채권을 가지고 있음은 알고 있었다고 가정한다).   [민법표준판례, 제451조 1항 리딩사례, 핵심사례 B-12.참고]

① 甲이 乙에게 1000만 원을 빌린 행위는 제103조에 해당하지 아니하나, 乙이 甲에게 3000만 원을 빌린 행위는 제103조에 해당하여 무효이다.

해설▶ ※ 甲과 乙 간의 소비대차계약의 효력
사안의 경우 甲과 乙 사이의 소비대차계약 자체는 반사회적 법률행위가 아니다. 그러나 그 목적이 각각 불법도박장 개장과 도박자금을 위한 것이라는 점에서 동기의 불법이 문제된다. 이에 대해 종래 대법원은 불법동기가 표시되어야 한다는 동기표시설의 입장이었다. 다만 최근에는 "표시되거나 상대방에게 알려진 법률행위의 동기가 반사회질서적인 경우를 포함한다"(대판 2001.2.9. 99다38613)고 한다.
☞ 사안에서 ⅰ) 甲이 乙에게 1,000만원을 빌린 행위(소비대차계약)는 그 동기를 상대방 乙이 몰랐으므로 제103조 위반으로 무효라고 볼 수 없다. 다만 사기 또는 착오를 이유로 취소할 수 있을 뿐이다. ⅱ) 그러나 乙이 甲에게 3,000만원을 빌린 행위(소비대차계약)는 도박장 경영자인 甲이 도박자금을 위해 돈

을 빌린다는 것을 알았으므로 이러한 대여행위는 제103조 위반으로 무효이다.

② **乙이 이의를 보류하지 않은 승낙을 하였다면 甲의 乙에 대한 채권이 도박에 의한 것이라는 이유로 丙의 청구를 거절할 수 없다.** [변호 16변형]

해설 ※ 도박채권으로서 무효라는 이유로 지급을 거절할 수 있는지 여부(소극)

채무자가 이의를 보류하지 않은 승낙을 한 경우에는 채무자는 양도인에게 대항할 수 있는 사유로 양수인에게 대항할 수 없다(제451조 1항 본문). 이와 관련하여 判例는 양수인이 악의 또는 중과실이 아니어야 보호받는다고 한다. 그리고 判例는 여기서 '양도인에게 대항할 수 있는 사유'란 채권의 성립·존속·행사를 저지·배척하는 사유는 물론, 변제 등에 의한 채무소멸의 사유, 나아가 불법목적에 의하여 발생된 채권의 항변사유(제103조 위반으로 무효라는 항변)도 포함한다고 한다.

☞ 따라서 사안에서 丙은 甲의 채권이 도박자금과 관련한 채권임은 몰랐고, 이에 대해 중대한 과실이 있다고 볼 수 없으므로 채무자 乙이 이의를 보류하지 않고 승낙하였다면 항변이 절단되어 丙에게 무효를 주장할 수 없다(대판 1962.4.4. 4294민상1296).

③ **乙은 이의를 보류하지 않은 승낙을 하였으나, 丙이 반대채권의 존재여부에 대해 알고 있었으므로 원칙적으로 乙은 丙에게 상계항변이 가능하다. 또한 사안에서는 승낙 당시(2006.2.11.) 아직 자동채권의 변제기(2006.4.20.)가 도래하지 않았더라도 승낙 이후 채무자 乙의 자동채권의 변제기가 도래하는 경우 상계로 양수인 丙에게 대항할 수 있다.**

해설 ※ 乙의 상계가부(적극)

乙이 이의의 보류 없이 승낙했으므로, 승낙 당시 이미 乙이 甲에게 상계할 수 있는 반대채권(1,000만원)을 취득하고 있었던 경우에도 상계로 양수인에게 대항할 수 없다. 그런데 앞서 검토한 바와 같이 判例에 따르면 채무자의 이의보류 없는 승낙이 있더라도 사안과 같이 양수인 丙이 악의(乙이 甲에게 반대채권을 가지고 있음은 알고 있었다) 또는 중과실인 경우에는 보호될 수 없으므로 상계항변이 가능하다.

그리고 이와 관련해서 判例는 "승낙 당시 이미 상계를 할 수 있는 원인이 있었던 경우에는 아직 상계적상에 있지 아니하였다 하더라도 그 후에 상계적상이 생기면 채무자는 양수인에 대하여 상계로 대항할 수 있다"(대판 1999.8.20. 99다18039)고 한다.

④ **만약 위 사례와 달리 甲이 乙에 대한 적법·유효한 채권을 A에게 양도하고 그 사실을 확정일자 있는 증서에 의하여 乙에게 통지한 후에 다시 이러한 사정을 전혀 모르는 B에게 위 채권을 양도하였는데 이때 乙이 아무런 이의를 유보하지 아니하고 승낙을 한 경우, B가 乙에게 양수금의 지급을 청구하면 乙은 이미 그 채권은 A에게 양도되었음을 항변할 수 있고, B가 이에 대하여 乙이 이의를 유보하지 않은 승낙을 하였다는 재항변을 하더라도 이는 받아들여지지 않는다.** [변호 16 변형]

해설 ※ 이의를 보류하지 않은 승낙의 경우 배제되는 항변사유의 내용

민법은 채권의 귀속에 관한 우열을 오로지 확정일자 있는 증서에 의한 통지 또는 승낙의 유무와 그 선후로써만 결정하도록 규정하고 있으므로 제451조 1항 규정의 '양도인에게 대항할 수 있는 사유'에 채권의 귀속(채권이 이미 타인에게 양도되었다는 사실)은 이에 포함되지 아니한다(대판 1994.4.29. 93다35551).

제2절 채무인수

01

> 甲은 丙의 근저당권이 설정되어 있는 乙 소유의 A부동산을 1억 원에 매수하면서 乙의 丙에 대한 피담보채무(6,000만 원)를 인수하는 한편, 그 채무액을 매매대금에서 공제하기로 약정하였다.
>
> [민법표준판례, 이행인수 리딩사례, B-95]

① 甲 · 乙 간의 인수약정은 丙의 승낙이 없으면 丙에게 대항하지 못할 뿐 그들 사이에서는 유효하고, 특별한 사정이 없는 한 甲은 4,000만 원을 乙에게 지급함으로써 잔금지급의무를 다한 것이 된다. [사시 10, 법행 14]

② 甲이 乙의 채무를 면책적으로 인수하기로 乙과 약정하였더라도 丙의 승낙이 없는 한 그 약정은 이행인수로서의 효력이 있지만, 丙이 甲에게 6,000만 원의 지급을 청구하였다면 면책적 채무인수로서의 효력이 있다. [사시 13]

해설 ※ 부동산의 매수인이 매매대금의 지급에 갈음하여 그 부동산에 대한 매도인의 채무를 인수한 경우의 법률관계

(1) 면책적 채무인수인지 이행인수인지 여부

부동산의 매수인이 매매목적물에 관한 채무를 인수하는 한편 그 채무액을 매매대금에서 공제하기로 약정한 경우, 그 인수는 특별한 사정이 없는 한 매도인을 면책시키는 채무인수가 아니라 이행인수로 보아야 하고, 면책적 채무인수로 보기 위하여는 이에 대한 채권자의 승낙이 있어야 한다(대판 1995.8.11. 94다58599).

이 경우 채권자의 승낙은 묵시적으로도 가능한바, 사안에서 저당권자 丙이 매수인 甲에게 6,000만 원의 지급을 청구한 것은 채무인수에 대한 묵시적 승낙으로 볼 수 있다(②번 지문)

(2) 매수인의 의무

특별한 사정이 없는 한 매수인이 매매대금에서 그 채무액을 공제한 나머지를 지급함으로써 잔금지급의무를 다한 것으로 보아야 하고(①번 지문), 또한 이 약정의 내용은 매도인과 매수인과의 계약으로 매수인이 매도인의 채무를 변제하기로 하는 것으로서 매수인은 제3자의 지위에서 매도인에 대하여만 그의 채무를 변제할 의무를 부담함에 그친다(대판 2002.5.10. 2000다18578).

③ 甲이 丙에게 6,000만 원의 변제를 게을리함으로써 A부동산에 관한 근저당권의 실행으로 경매절차가 개시되자 乙이 경매절차의 진행을 막기 위하여 6,000만 원을 변제하였다면, 乙은 甲에 대하여 손해배상채권을 취득하는 이외에 그 사유를 들어 매매계약을 해제할 수도 있다.

④ 甲이 丙에게 6,000만 원의 채무를 이행하지 않아서 乙이 이를 변제하였다면, 그로 인한 甲의 손해배상의무와 乙의 소유권이전등기의무는 동시이행의 관계에 있다.

해설 ※ 이행인수인인 매수인이 인수채무를 불이행한 경우의 효과 -매도인의 해제 가부-

㉠ 判例에 따르면 매수인이 인수채무를 이행하지 아니함으로써 매매대금의 일부를 지급하지 아니한 것과 동일하다고 평가할 수 있는 '특별한 사유'가 있을 때에 한하여 매도인의 계약해제권이 발생한다고 한다(대판 1993.2.12. 92다23193). ㉡ 이 때 특별한 사유에 대해 判例는 매수인이 인수채무를 이행하지 않음에 따라 i) 매매목적물인 부동산이나 공동담보로 제공된 다른 부동산에 설정된 담보권의 실행으로 임의경매절차가 개시되었다거나 개시될 염려가 있고, ii) 또한 매도인 측이 이를 막기 위하여 부득이 피담보채무를 변제할 필요성이 있는 경우라고 한다(대판 1998.10.27. 98다25184). 다만 구체적 사안에서 대체로 判例는 '매도인이 자기의 出捐으로 매수인이 인수한 채무를 대신 변제한 경우'에만 계약해제권의 발생을 인정하는 입장을 취하고 있다. ㉢ 그런데 이 경우 해제권은 매수인의 대금채무 지체를 이유로 한 해제권의 성격을 갖

기 때문에 해제권이 발생하기 위해서는 제544조의 요건이 충족되어야 한다. 따라서 매도인은 자기의 반대채무(소유권이전등기의무 등)의 이행 또는 이행제공을 하여야 한다(대판 1993.2.12. 92다23193).

⑤ 甲이 A부동산에 관한 소유권이전등기를 경료받은 후에 丙의 근저당권 행사로 인하여 그 소유권을 잃게 되더라도, 甲은 원칙적으로 乙에게 담보책임을 물을 수 없다.

해설 "매매의 목적이 된 부동산에 설정된 저당권의 행사로 인하여 매수인이 취득한 소유권을 잃은 때에는 매수인은 민법 제576조 제1항의 규정에 의하여 매매계약을 해제할 수 있지만, 매수인이 매매목적물에 관한 근저당권의 피담보채무를 인수하는 것으로 매매대금의 지급에 갈음하기로 약정한 경우에는 특별한 사정이 없는 한, 매수인으로서는 매도인에 대하여 민법 제576조 제1항의 담보책임을 면제하여 주었거나 이를 포기한 것으로 봄이 상당하다"(대판 2002.9.4. 2002다11151).

03 면책적 채무인수의 경우 채권자의 승낙을 계약의 효력발생요건으로 보아야 하는 것과는 달리, 채무자와 인수인의 합의에 의한 중첩적 채무인수의 경우 채권자의 수익의 의사표시는 그 계약의 성립요건이나 효력발생요건이 아니라 채권자가 인수인에 대하여 채권을 취득하기 위한 요건이다(대판 2013.9.13. 2011다56033). [법행 15]

04 A는 D 은행으로부터 그 소유의 이 사건 상가를 담보로 대출을 받고, B는 위 대출원리금을 연대보증하였는데, 상가에 대한 임의경매 절차에서 C가 낙찰을 받으면서, 매매대금 지급을 갈음해서 D 은행의 승낙을 얻어 A의 D 은행에 대한 대출금 채무를 배당받을 채권액 범위에서 인수한 경우, 이는 면책적 채무인수에 해당하므로, A의 D 은행에 대한 위 대출금 채무 중 배당액 부분은 소멸하고, B가 채무인수에 동의하였다고 볼 수 없어 연대보증채무 중 배당액 부분도 함께 소멸하였다. [18년 최신판례]

해설 "민사집행법 제143조 제1항에 따라 매수인이 관계채권자의 승낙을 얻어 매각대금의 지급을 갈음하여 채무를 인수한 경우 매수인이 현금으로 매각대금을 내는 것과 그 효과가 같다고 보아야 한다. 이러한 채무인수를 승낙한 관계채권자는 인수된 채무액 범위에서 채권의 만족을 얻은 것으로 보아야 하므로, 그 범위에서 채무자의 채무도 소멸하게 된다. 따라서 위 규정에서 정하고 있는 채무인수는 면책적 채무인수로 보아야 한다"(대판 2018.5.30. 2017다241901).

05 '계약인수'가 적법하게 이루어지면, 원래의 계약당사자는 계약관계에서 탈퇴하고 인수인이 계약당사자의 지위를 가지며, 종래 계약에서 이미 발생한 채권·채무도 모두 이전받게 된다(대판 2011.6.23. 전합2007다63089).

06 甲, 乙이 중첩적 채무인수인으로서 丙에 대하여 1,000만원의 채무를 지고 있는 경우, 甲이 丙에 대한 800만원의 반대채권을 가지고 丙의 채권과 상계하였다면, 乙의 丙에 대한 채무는 200만원으로 감축된다. [모의 15(2), 사시 05, 법행 12, 변리 07]

해설 중첩적·병존적 채무인수의 경우 判例는 원칙적으로 연대채무관계로 보아 상계의 절대적 효력을 인정한다.

참고판례 "중첩적 채무인수에서 인수인이 채무자의 부탁 없이 채권자와의 계약으로 채무를 인수하는 것은 매우 드문 일이므로 채무자와 인수인은 원칙적으로 주관적 공동관계가 있는 연대채무관계에 있고, 인수인이 채무자의 부탁을 받지 아니하여 주관적 공동관계가 없는 경우에는 부진정연대관계에 있는 것으로 보아야 한다"(대판 2009.8.20. 2009다32409).

07 면책적 채무인수는 채권자와 인수인 사이의 계약으로 할 수 있으나, 이해관계 있는 제3자는 채무자의 의사에 반하여 채무를 인수할 수 있다(제453조 2항). [사시 04·08·13, 법행 08·12]

08 면책적 채무인수는 민법 제341조에서 정한 구상권 취득의 요건인 '채무의 변제'에 해당하지 않는다. 따라서 채무인수의 대가로 기존 채무자가 물상보증인에게 어떤 급부를 하기로 약정하였다는 등의 사정이 없는 한 물상보증인이 기존 채무자의 채무를 면책적으로 인수하였다는 것만으로 물상보증인이 기존 채무자에 대하여 구상권 등의 권리를 가진다고 할 수는 없다(대판 2019.2.14. 2017다274703).

09 수탁보증인의 사전구상권과 사후구상권은 종국적 목적과 사회적 효용을 같이하는 공통성을 가지고 있으나, 발생원인을 달리하고 법적 성질도 달리하는 별개의 독립된 권리이므로, 사후구상권이 발생한 이후에도 사전구상권은 소멸하지 아니하고 병존한다(대판 2019.2.14. 2017다274703).

10 민법 제442조의 사전구상권에는 민법 제443조의 담보제공청구권이 항변권으로 부착되어 있는 만큼 이를 자동채권으로 하는 상계는 원칙적으로 허용될 수 없다(대판 2019.2.14. 2017다274703).

11 제3채무자가 압류채무자에 대한 사전구상권을 가지고 있는 경우에 상계로써 압류채권자에게 대항하기 위해서는, 압류의 효력 발생 당시 사전구상권에 부착된 담보제공청구의 항변권이 소멸하여 사전구상권과 피압류채권이 상계적상에 있거나, 압류 당시 여전히 사전구상권에 담보제공청구의 항변권이 부착되어 있는 경우에는 제3채무자의 면책행위 등으로 인해 위 항변권을 소멸시켜 사전구상권을 통한 상계가 가능하게 된 때가 피압류채권의 변제기보다 먼저 도래하여야 한다.

해설 "제3채무자가 압류채무자에 대한 사전구상권을 가지고 있는 경우에 상계로써 압류채권자에게 대항하기 위해서는, 압류의 효력 발생 당시 사전구상권에 부착된 담보제공청구의 항변권이 소멸하여 사전구상권과 피압류채권이 상계적상에 있거나, 압류 당시 여전히 사전구상권에 담보제공청구의 항변권이 부착되어 있는 경우에는 제3채무자의 면책행위 등으로 인해 위 항변권을 소멸시켜 사전구상권을 통한 상계가 가능하게 된 때가 피압류채권의 변제기보다 먼저 도래하여야 한다"(대판 2019.2.14. 2017다274703).
[사실관계] 원고(甲)가 채무자(乙)의 피고(제3채무자 丙)에 대한 부당이득반환채권에 대하여 압류 및 추심명령을 받은 후 피고(丙)를 상대로 추심금을 청구한 사안(丙은 乙을 위해 물상보증도 하고 연대보증도 하였음 : 저자 주)에서, ① 피고(丙)가 채무자의 채무를 면책적으로 인수한 것만으로는 채무자에 대하여 구상권을 행사할 수 없고(丙은 물상보증인의 지위에서 구상권을 행사할 수 없음 : 저자 주), ② 이 사건 압류 및 추심명령 이후에 비로소 담보제공청구의 항변권이 일부 소멸한 이 사건 사전구상권으로 그 이전에 이미 변제기가 도래한 이 사건 부당이득반환채권과 상계하는 것은 허용되지 않는다(丙은 연대보증인의 지위에서 사전구상권을 자동채권으로하여 상계권을 행사할 수 없음 : 저자 주)는 이유로, 피고(丙)의 상계 주장을 배척하고 원고(甲)의 추심금 청구를 인용한 원심을 수긍한 사례
甲(압류채권자) → 乙(채무자)   1. 丙의 ②채권의 취득시기 : 13.4.19
  (①부당이득반환채권) ↓ ↑ (②사전구상권)   2. 乙의 ①채권의 변제기 : 13.12.27
                丙(제3채무자)   3. 甲의 압류시기 : 15.11.23. 丙에게 압류통지 도달
                            4. 丙의 변제시기 : 16.9.29(②채권에 붙은 항변권소멸)
丙이 ②채권으로 乙의 ①채권과 상계를 할 수 있었던 시점은 甲의 압류통지 이후이므로 甲의 권리를 침해하는 상계는 결국 허용되지 못한다.

제7장	채권의 소멸

제1절 변제

제1관 변제의 당사자

01

> 직장에서 퇴근하던 A는 졸음운전을 하던 B의 자가용에 치여 즉사하였다. 그 후 A의 사망당시 가족관계등록부상 유일한 상속인이었던 A의 母인 E는 B로부터 1억 2,000만원의 배상(E자신의 위자료 2,000만원 + 위 사고로 A가 입은 재산적·정신적 손해 1억)을 받으면서 추가적인 손해배상청구는 하지 않기로 합의하였다. 그러나 A가 실제로 입은 재산적·정신적 손해는 1억 5,000만원이었다. 한편 사망하기 전 A는 편모 E의 반대로 결혼을 할 수 없어 혼인신고를 하지는 않았던 C와의 사이에서 D를 출산한 상태였다(A의 사망당시 D는 만 21세). 그 후 D가 검사를 상대로 제기한 인지청구의 소가 D의 승소로 확정되었으며, 이에 따라 D는 A의 B에 대한 손해배상청구권을 자신이 단독으로 상속하였음을 이유로 B를 상대로 A가 입은 재산적·정신적 손해 합계 1억 5,000만원의 지급을 구하는 소를 제기하였다.

① 사실혼 배우자 C는 상속권이 없으나, B에게 민법 제752조에 따른 위자료를 청구할 수 있다.

해설 "민법 제752조에서 말하는 배우자는 이를 법률상 혼인관계에 있는 배우자에 한한다고 볼 것이 아니라, 내연관계에 있는 배우자도 이에 준하여 제752조에 의한 손해배상청구권이 있는 것이라고 봄이 상당하다"(대판 1967.1.31. 66다2216).

② 인지의 소급효는 제3자가 취득한 권리를 해하지 못하지만 후순위상속인인 E는 여기서 말하는 제3자에 해당되지 않으므로 그의 상속권은 소급하여 상실된다. [사시 10유사]

해설 ※ 후순위상속인인 E가 제860조 단서의 제3자에 해당되는지 여부(소극)
判例는 "혼인 외의 출생자가 父의 사망 후에 인지의 소에 의하여 출생자로 인지받은 후 피인지자보다 후순위상속인인 피상속인의 직계존속 또는 형제자매 등은 피인지자의 출현과 함께 자신이 취득한 상속권을 소급적으로 잃게 되는 것으로 보아야 하고, 그것에 민법 제860조 단서의 규정에 따라 인지의 소급효 제한에 의하여 보호받게 되는 제3자의 기득권에 포함된다고 볼 수 없다"(대판 1993.3.12. 92다48512)고 판시하고 있다.
☞ 따라서 사후인지에 의하여 E는 소급하여 상속권을 상실하고 D가 단독상속인이 되었으므로 D는 B에 대하여 A의 손해배상청구권을 행사할 수 있다(제860조 본문)

③ B와 E의 손해배상 합의는 D에게 효력이 미치지 않는다.

해설 채무의 일부면제를 포함하는 손해배상액 합의는 그 성질상 처분행위에 해당하기 때문에 정당한 상속인 아닌 E가 A의 B에 대한 손해배상청구권에 관하여 B와 한 위 손해배상액 합의는 정당한 상속인인 D에게 그 효력이 미치지 않는다(대판 1993.3.12. 92다48512).

④ B의 E에 대한 변제는 채권의 준점유자에 대한 변제로 유효하다. [사시 10유사]

해설 ※ B의 E에 대한 변제가 채권의 준점유자에 대한 변제로서 유효한지 여부(적극)
"표현상속인에 대한 채무자의 변제는 특별한 사정이 없는 한, 채무자가 표현상속인이 정당한 권리자라고 믿은 데에 과실이 있다 할 수 없으므로, 채권의 준점유자에 대한 변제로서 적법한 것이라 할 것이다"(대판 1995.1.24. 93다32200).

⑤ D는 E에게 부당이득으로서 1억원의 반환을 청구할 수 있다.

해설 ※ D의 E에 대한 부당이득반환청구 범위(1억원 상당)

(1) B의 손해배상채무를 5,000만원 면제한 부분

부당이득반환의무가 성립하기 위해서는 '이득'이 있어야 하는데, 사안의 경우에 비록 E가 A의 B에 대한 손해배상채권에 관하여 B에게 5,000만원을 면제해 주었고 그 효력이 A의 정당한 상속인인 D에게 미친다 하더라도 그로 인하여 E가 어떠한 이득을 취하였다고 보기는 어렵기 때문에 D는 E에게 부당이득으로서 5,000만원의 반환을 청구할 수는 없다.

(2) B로부터 1억원을 변제받은 부분

일반적으로 채권의 준점유자에 대한 변제가 유효한 경우에 진정한 채권자는 채권의 준점유자에게 (침해)부당이득반환을 청구할 수 있다. 왜냐하면 채권의 준점유자에 대한 변제제도는 선의·무과실의 변제자를 보호하고자 하는 것이지, 채권의 준점유자를 보호하고자 하는 것이 아니기 때문이다. 따라서 사안의 경우에 D는 E에게 부당이득으로서 1억원의 반환을 청구할 수 있다(제741조). 이는 상속회복청구권에 근거를 둔 부당이득반환청구라 할 수 있다. 따라서 제척기간 내에 반환청구를 해야 한다(제999조 2항).

02 양도인이 계약관계에 기하여 가지던 권리의무가 동일성을 유지한 채 양수인에게 그대로 승계된다. 따라서 양도인의 제3채무자에 대한 채권이 압류된 후 채권의 발생원인인 계약의 당사자 지위를 이전하는 계약인수가 이루어진 경우 양수인은 압류에 의하여 권리가 제한된 상태의 채권을 이전받게 되므로, 제3채무자는 계약인수에 의하여 그와 양도인 사이의 계약관계가 소멸하였음을 내세워 압류채권자에 대항할 수 없다(대판 2015.5.14. 2012다41359). [최신판례]

03 물상대위를 통해 우선변제를 받을 지위를 가진 후순위 담보권자는 채무자의 의사에 반하여는 유효한 변제를 할 수 없다. [사시 14, 법행 15]

해설 判例는 공동저당의 목적인 물상보증인 소유의 부동산에 후순위로 채권담보를 목적으로 소유권이전청구권 가등기가 설정되어 있는데 그 부동산에 대하여 먼저 경매가 실행되어 공동저당권자가 매각대금 전액을 배당받고 채무의 일부가 남은 사안에서, "물상보증인은 주채무자 소유의 부동산에 대한 채권자의 선순위근저당권을 '대위취득'(제481조, 제482조 1항)하고, 위 가등기권리자는 위 선순위근저당권에 대하여 '물상대위'(제370조, 제342조)함으로써 우선하여 변제를 받을 수 있다고 할 것이고, 위 가등기권리자가 주채무자 소유의 부동산에 대하여 직접 경매신청을 하기 위하여 위 채무 잔액을 변제하려고 한다는 취지의 주장은 채권자로부터 집행을 받게 되거나 또는 채무자에 대한 자기의 권리를 잃게 되는 지위에 있기 때문이 아닌 사실상의 이해관계에 지나지 않는다고 할 것이다"(대결 2009.5.28. 2008마109)라는 이유로, 즉 물상대위를 통하여 우선변제를 받을 수 있는 위 가등기권리자는 채무의 의사에 반하여 그 채무 잔액을 대위변제하거나 변제공탁할 수 있는 제469조 2항의 '이해관계 있는 제3자' 또는 제481조의 '변제할 정당한 이익이 있는 자'에 해당하지 않는다고 판단하였다.

04 변제수령자가 변제로 받은 급부를 가지고 자신이나 제3자의 채권자에 대한 채무를 변제함으로써 채권자의 기존 채권을 소멸시킨 경우, 이는 제472조에서 말하는 '채권자가 이익을 받은' 때에 해당하지 않는다. 그러나 무권한자의 변제수령을 채권자가 사후에 추인하였다면 이는 제472조에서 말하는 '채권자가 이익을 받은' 때에 해당한다. [최신판례]

해설 ※ 변제수령자-기타 권한 없는 자에 대한 변제(제472조)-

"민법 제472조는 불필요한 연쇄적 부당이득반환의 법률관계가 형성되는 것을 피하기 위하여 변제받을 권한 없는 자에 대한 변제의 경우에도 그로 인하여 채권자가 이익을 받은 한도에서 효력이 있다고 규정하고 있다. 여기에서 '채권자가 이익을 받은' 경우란 ㉠ 변제수령자가 채권자에게 변제로 받은 급부를 전달한 경우는 물론이고, 그렇지 않더라도 무권한자의 변제수령을 채권자가 사후에 추인한 때와 같이 무권한자의 변제수령을 채권자의 이익으로 돌릴 만한 실질적 관련성이 인정되는 경우도 포함되며(대판 2012.10.25. 2010다 32214), ㉡ 변제수령자가 변제로 받은 급부를 가지고 채권자의 자신에 대한 채무의 변제에 충당하거나 채권자의 제3자에 대한 채무를 대신 변제함으로써 채권자의 기존 채무를 소멸시키는 등 채권자에게 실질적인 이익이 생긴 경우를 포함하나, ㉢ 변제수령자가 변제로 받은 급부를 가지고 자신이나 제3자의 채권자에 대한 채무를 변제함으로써 채권자의 기존 채권을 소멸시킨 경우에는 채권자에게 실질적인 이익이 생겼다고 할 수 없으므로 민법 제472조에 의한 변제의 효력을 인정할 수 없다"(대판 2014.10.15. 2013다17117).

05 제3채무자가 선의, 무과실로 전부채권자에게 변제하면 그 전부명령이 무효라도 이는 채권의 준점유자에 대한 변제로서 유효하다(대판 1997.3.11. 96다44747).

06 甲이 乙에 대하여 금전채무를 부담하고 乙이 丙에 대하여 동일한 금액의 채무를 부담하는 경우, 甲이 乙의 지시로 丙에게 직접 변제하였다면 후에 甲과 乙 사이의 계약이 해제되더라도, 甲은 丙을 상대로 부당이득반환청구를 할 수는 없다. [변호 17, 법행 15]

> **해설** 이른바 단축급부로서 법률상 원인 없는 급부수령이라고 할 수 없다(대판 2003.12.26. 2001다46730).

07 압류채권자인 甲이 채무자 乙에 대한 여러 채권 중 ②, ③ 어음 채권을 집행채권으로 해서 제3채무자인 丙에 대한 물품대금채권을 압류하였는데, 丙이 착오로 乙에게 물품대금을 지급하고, 乙이 받을 돈을 다시 甲에게 지급하자, 甲이 이를 ① 어음, 대여금 채권에 충당한 다음 피압류채권에 대한 추심명령을 받아 추심금 청구를 한 경우, 丙은 乙에게 물품대금을 지급하였다는 이유로 甲에게 피압류채권의 소멸을 주장할 수 없고, 乙이 충당 지정을 하지 않은 이상 甲이 집행채권이 아닌 채권에 지정 변제충당 할 수 있으며, 甲의 변제 수령에 대하여 민법 제472조가 적용되지 않는다. [21년 최신판례]

> **해설** ※ 제3채무자가 착오로 압류채무자에게 지급한 돈을 압류채무자가 다시 압류채권자에게 지급한 경우, 제3채무자가 피압류채권의 소멸을 주장할 수 있는지 여부(소극)
> "제3채무자인 피고가 압류채무자인 甲에 이 사건 물품대금채권에 대한 변제로서 돈을 지급하였지만 이 사건 압류명령의 효력에 따라 압류채권자인 원고에게 그 변제로써 대항할 수 없다. 원고가 압류명령을 위반한 甲에 대한 변제를 용인했다고 볼 만한 사정을 찾기도 어렵다. 따라서 제3채무자인 피고는 이후 이 사건 추심명령을 받은 추심채권자인 원고에게 피압류채권을 변제해야 한다. "
> ☞ 압류채권자인 원고(甲)가 채무자(乙)에 대한 여러 채권 중 ②, ③ 어음 채권을 집행채권으로 해서 제3채무자인 피고(丙)에 대한 물품대금채권을 압류하였는데, 피고(丙)가 착오로 채무자(乙)에게 물품대금을 지급하고, 채무자(乙)가 받을 돈을 다시 원고(甲)에게 지급하자, 원고(甲)가 이를 ① 어음, 대여금 채권에 충당한 다음 피압류채권에 대한 추심명령을 받아 추심금 청구를 한 사안에서, 判例는 "피고(丙)가 채무자(乙)에게 물품대금을 지급하였다는 이유로 원고(甲)에게 피압류채권의 소멸을 주장할 수 없고, 채무자(乙)가 충당 지정을 하지 않은 이상 원고(甲)가 집행채권이 아닌 채권에 지정 변제충당 할 수 있으며, 원고(甲)의 변제 수령에 대하여 민법 제472조가 적용되지 않는다"고 보았다(대판 2021.3.11. 2017다278729).
> ☞ 즉, 제3채무자(丙)가 착오로 압류채무자(乙)에게 지급한 돈을 압류채무자(乙)가 다시 압류채권자(甲)에게 지급한 경우, 제3채무자(丙)는 피압류채권의 소멸을 주장할 수 없다.

제2관 변제충당

01 채권자와 채무자가 변제충당에 관하여 약정한 경우, 채무자가 채권자에게 변제하면서 위 약정과 달리 특정 채무의 변제에 우선적으로 충당한다고 지정하더라도 그에 대하여 채권자의 명시적 또는 묵시적 동의가 없는 한 그 지정은 효력이 없다.   [변호 13, 사시 06 · 14, 법행 06]

해설 ※ 채권자와 채무자 사이에 변제충당의 약정이 있는 경우, 채무자가 그 약정과 달리 지정변제충당을 할 수 있는지 여부(소극)(대판 1999.11.26. 98다27517).

02 채권자와 채무자가 채권자가 적당하다고 인정하는 순서와 방법에 의하여 변제충당하기로 약정하였다면, 채권자가 위 약정에 기하여 스스로 적당하다고 인정하는 순서와 방법에 좇아 변제충당을 한 이상 그 충당의 효력이 있다(대판 1987.3.24. 84다카1324).   [모의 14(3)유사, 사시 06, 법행 06 · 08]

해설 ※ 변제충당의 약정이 있는 경우 변제자에 대한 충당의 의사표시가 필요한지 여부(소극)

03 담보권 실행 등을 위한 경매에서 배당금이 담보권자(채권자)가 가지는 수개의 피담보채권 전부를 소멸시키기에 부족한 경우, 담보권자와 채무자 사이에 변제충당에 관한 합의가 있었더라도 그 합의에 따른 변제충당이 허용되지 않는다.   [변호 13 · 17, 모의 13(3) · 14(2)유사, 사시 06 · 08, 법행 06 · 15]

해설 강제경매(대판 199.7.23. 90다18678) 또는 담보권실행경매(대판 1996.5.10. 95다55504)에서는 채권자, 채무자 외에 다수의 이해관계인이 있을 수 있기 때문에 획일적으로 가장 공평 · 타당한 충당방법인 제477조의 규정에 의한 법정변제충당의 방법에 따라 충당을 하여야 한다.

04 비용, 이자, 원본에 대한 변제충당의 경우에도, 당사자의 일방적인 지정에 대하여 상대방이 지체없이 이의를 제기하지 아니함으로써 묵시적인 합의가 되었다고 보여질 때에는 그 법정충당의 순서와는 다른 충당의 순서를 인정할 수 있다(대판 2002.5.10. 2002다12871,12888).

[변호 13 · 16, 사시 08 · 09 · 11 · 12, 법행 07 · 11 · 15]

05 변제자가 주채무자인 경우 보증인이 있는 채무가 보증인이 없는 채무보다 변제이익이 더 많은 것은 아니다(대판 1985.3.12. 84다카2093).

06 계속적 채권관계에서 발생하는 주계약상 불확정 채무에 대하여 보증계약이 체결된 후 주계약상 거래기간이 연장되었으나 보증기간이 연장되지 아니함으로써 보증계약이 종료된 경우, 보증인은 보증계약 종료 시의 주계약상의 채무에 대하여만 보증책임을 지고, 보증기간 중의 채무와 보증기간 종료 후의 채무는 변제이익의 점에서 차이가 없다(대판 2021.1.28. 2019다207141).   [21년 최신판례]

07 변제자(채무자)와 변제수령자(채권자)는 변제로 소멸한 채무에 관한 보증인 등 이해관계 있는 제3자의 이익을 해하지 않는 이상 이미 급부를 마친 뒤에도 기존의 충당방법을 배제하고 제공된 급부를 어느 채무에 어떤 방법으로 다시 충당할 것인가를 약정할 수 있다. 따라서 채무자 乙의 채권자 甲에 대한 채무로서 보증인이 있는 X채무와 없는 Y채무가 있는데, 충당의 합의나 지정이 없어 乙이 변제조로 지급한 돈이 이행기가 먼저 도래한 Y채무에 법정변제충당되어 Y채무가 모두 소멸된 후에도 甲과 乙은 다시 위 돈을 X채무에 충당하는 것으로 약정할 수 있다.

[최신판례, 사시 14]

해설 ☞ '주채무자가 변제할 때' 보증인이 있는 채무와 보증인이 없는 채무 사이에는 변제이익의 차이가 없고(왜냐하면 보증인이 있는 채무도 구상의무의 존재로 인해 결국 자기의 채무이기 때문이다), 변제이익이 같을 경우에는 제477조 3호에 의해 변제금은 이행기가 먼저 도래한 채무나 먼저 도래할 채무의 변제에 충당하여야 한다. 따라서 乙의 甲에 대한 채무로서 보증인이 있는 X채무와 없는 Y채무가 있는데, 충당의 합의나 지정이 없는 경우 乙이 변제조로 지급한 돈이 이행기가 먼저 도래한 Y채무에 법정변제충당한 것은 정당하다. 아울러 변제자(채무자)와 변제수령자(채권자)는 변제로 소멸한 채무에 관한 보증인 등 이해관계 있는 제3자의 이익을 해하지 않는 이상 이미 급부를 마친 뒤에도 기존의 충당방법을 배제하고 제공된 급부를 어느 채무에 어떤 방법으로 다시 충당할 것인가를 약정할 수 있다(대판 2013.9.12. 2012다118044). 그러므로 위 제477조 3호에 의해 법정충당된 경우에 소멸한 채무는 보증인이 없는 Y채무이므로 다시 합의충당하더라도 보증인 등 이해관계 있는 제3자의 이익을 해하지 않으므로 甲과 乙은 다시 위 돈을 X채무에 충당하는 것으로 약정할 수 있다.

08 민법 제477조의 법정변제충당의 순서는 채무자의 변제제공 당시를 기준으로 정하여야 한다(대판 2015.11.26. 2014다71712). [최신판례]

09 연대보증인이 주채무자의 채무 중 일정 범위에 대하여 보증을 한 경우에 주채무자가 일부변제를 하면, 특별한 사정이 없는 한 일부변제금은 주채무자의 채무 전부를 대상으로 변제충당의 일반원칙에 따라 충당되고, 연대보증인은 변제충당 후 남은 주채무자의 채무 중 보증한 범위 내의 것에 대하여 보증책임을 부담한다(대판 2016.8.25. 2016다2840). [최신판례]

해설 ☞ [유사지문] 채권자인 甲이 주채무자 乙의 채무 중 원금 전부와 이에 대한 이자 및 지연손해금의 일부에 대하여만 연대보증을 한 丙에 대하여 연대보증채무의 이행을 구한 경우, 주채무자 乙의 일부변제금은 이자 또는 지연손해금 전부에 우선 충당되고 나머지가 원금에 충당되는 것이지 丙에 대한 관계에서라도 이자 또는 지연손해금 일부에만 우선 충당되고 나머지가 원금에 충당되는 것이 아니다.

10 법정변제충당의 순위를 정함에 있어서 변제의 유예가 있는 채무에 대하여는 유예기까지 변제기가 도래하지 않은 것과 같게 보아야 한다(대판 1999.8.24. 99다22281,22298). [변호 13, 사시 12]

11
> A채무 : 채권자 甲, 채무자 乙, 이행기 도래, 원금 2,000만 원, 미지급 이자 및 지연손해금 400만 원, 이율 월 1%
> B채무 : 채권자 甲, 채무자 乙, 이행기 도래, 원금 5,000만 원, 미지급 이자 및 지연손해금 250만 원, 이율 월 0.3%, 연대보증인 丙

㉠ 乙이 甲에게 2,000만 원을 변제하며 A채무 원금에 충당할 것을 지정하자, 甲이 아무런 이의를 하지 않으며 이를 받아들여 묵시적 합의가 이루어졌다고 보는 경우에는 A채무 원금 2,000만 원이 乙의 변제로 소멸된다. [변호 13·16, 사시 08·09·11·12, 법행 07·11·15]

해설 "당사자의 일방적인 지정에 대하여 상대방이 지체없이 이의를 제기하지 아니함으로써 묵시적인 합의가 되었다고 보여지는 경우에는 그 법정충당의 순서와는 달리 충당의 순서를 인정할 수 있다"(대판 2002.5.10. 2002다12871,12888).

㉡ 乙이 甲에게 2,000만 원을 변제하면서 A채무 B채무 중 어느 채무의 변제인지 아무런 지정이 없자 甲이 B채무에 충당할 것을 지정하였는데 乙이 이에 대해 즉시 이의를 한 경우에는 미지급된 A채무의 이자 및 지연손해금 400만 원, B채무의 이자 및 지연손해금에 250만 원,

나머지 1,350만 원은 A채무 원금에 충당된다.　　　　　　[변호 13, 모의 14(3)유사, 사시 12, 법행 13]

해설 제476조 2항에 따른 변제받는 자의 지정에 대하여 즉시 이의한 경우에는 법정충당하게 된다(통설).

※ **법정충당**

㉠ 비용, 이자, 원본 순서(제479조 1항) ㉡ 비용 간, 이자 간, 원본 간에는 제477조에 따르는데(제479조 2항) 모두 이행기가 도래하였으므로 변제 이익이 많은 순서로 충당한다(제477조 2호). 고이율의 채무가 저이율의 채무보다 변제 이익이 많으나, 주채무자가 변제할 때 연대보증인이 있는 채무와 보증인이 없는 채무 사이에는 변제 이익의 차이가 없으므로, A채무의 변제이익이 더 많다.

☞ 따라서 A채무의 이자 및 지연손해금 400만 원, B채무의 이자 및 지연손해금에 250만 원, 나머지 1,350만 원은 A채무 원금에 충당된다.

ⓒ **甲에게 A채무 및 B채무를 피담보채권으로 하는 근저당권이 있고 甲이 이 근저당권을 실행하여 배당금을 2,000만 원 수령한 경우에 甲과 乙(근저당권설정자)간 합의로 배당금 2,000만 원을 A채무 원금에 충당하기로 합의하였더라도 법정변제충당의 방법에 따라 충당하여야 한다.**

해설 "담보권 실행을 위한 경매에서 배당된 배당금이 담보권자가 가지는 수개의 피담보채권 전부를 소멸시키기에 부족한 경우에는 채권자와 채무자 사이에 변제충당에 관한 합의가 있었다고 하더라도 그 합의에 따른 변제충당은 허용될 수 없고, 획일적으로 가장 공평타당한 충당방법인 민법 제477조의 규정에 의한 법정변제충당의 방법에 따라 충당하여야 한다"(대판 1997.7.25. 96다52649).

☞ 결과적으로 충당되는 금액은 'ⓒ'해설 참조.

ⓓ **乙이 甲에게 3천만 원을 지급한 이후 충당의 순서에 대해서 甲은 B채무에 대해 우선충당 되어야 한다고 주장하고 乙은 A채무에 우선 충당해야 한다고 주장하는 경우, 甲이 3천만 원이 B채무에 충당된다는 점에 대해 증명할 책임이 있다.**

해설 甲 입장에서는 법정변제충당보다 B채무에 충당되는 것이 더 유리하다고 볼 수 있다. A채무가 더 고이율이기 때문이다. 따라서 甲이 법정변제충당과 달리 B채무에 충당된다고 주장 및 입증해야 한다.

"법정변제충당과는 달리, 그 법정변제충당에 의하여 부여되는 법률효과 이상으로 자신에게 유리한 변제충당의 지정, 당사자 사이의 변제충당의 합의가 있다거나 또는 당해 채무가 법정변제충당에 있어 우선순위에 있어서 당해 채무에 전액 변제충당되었다고 주장하는 자는 그 사실을 주장입증할 책임을 부담한다"(대판 1994.2.22. 93다49338).

제3관 변제자대위

01 ㉠ **제482조 2항 1호의 '제3자'에 후순위 근저당권자는 포함되지 않는다. 따라서 보증인은 미리 저당권의 등기에 그 대위를 부기하지 않고서도 저당물에 후순위 근저당권을 취득한 제3자에 대하여 채권자를 대위할 수 있다. ㉡ 또한 제482조 2항 2호의 '제3취득자'에 후순위 근저당권자는 포함되지 않는다. 따라서 후순위 근저당권자는 보증인에 대하여 채권자를 대위할 수 있다.**

[변호 14, 모의 11(1)유사]

해설 ※ **제482조 2항 1호의 '제3자'와 2호의 '제3취득자'에 후순위 근저당권자가 포함되는지 여부(소극)**

"㉠ 후순위 근저당권자는 통상 자신의 이익을 위하여 선순위 근저당권의 담보가치를 초과하는 담보가치만을 파악하여 담보권을 취득한 자에 불과하므로 변제자대위와 관련해서 후순위 근저당권자를 보증인보다 더 보호할 이유도 없다. 따라서 보증인은 미리 저당권의 등기에 그 대위를 부기하지 않고서도 저당물에 후순위 근저당권을 취득한 제3자에 대하여 채권자를 대위할 수 있다고 할 것이므로 민법 제482조 제2항 제1호의 제3자에 후순위 근저당권자는 포함되지 않는다. ① 저당부동산에 대하여 후순위 근저당권을 취득한 제3자는 민법 제364조에서 정한 저당권소멸청구권을 행사할 수 있는 제3취득자에 해당하지 아니하고(대판 2006.1.26. 2005다17341), 달리 선순위 근저당권의 실행으로부터 그의 이익을 보호하는 규정이 없으므로 변제자대위와 관련해서 후순위 근저당권자보다 보증인을 더 보호할 이유가 없으며, 나아가 선순위 근저당권의 피담보채무에 대하여 직접 보증책임을 지는 보증인과 달리 선순위 근저당권의 피담보채무에 대한 직접 변제책임을 지지 않는 후순위 근저당권자는 보증인에 대하여 채권자를 대위할 수 있다고 봄이 타당하므로, 민법 제482조 제2항 제2호의 제3취득자에 후순위 근저당권자는 포함되지 아니한다"(대판 2013.2.15. 2012다48855).

02 甲은 乙에게 1억 원을 대여하면서 乙 소유인 X 토지에 관하여 근저당권을 설정받았다. 丙은 乙의 부탁을 받고 乙의 위 채무를 보증하였다. 변제기가 도래하였음에도 乙이 채무를 변제하지 않고 있다. 丙이 보증채무를 모두 변제하였다. 丙이 X 토지상의 근저당권에 관하여 자신의 명의로 부기등기를 경료하지 않고 있는 사이에 乙은 다시 丁으로부터 금원을 차용하고 丁에게 제2순위 근저당권을 설정하여 주었다. X 토지가 경매되는 경우 丙이 변제사실을 증명하여 배당요구하면 丙은 丁보다 우선하여 배당받을 수 있다. [변호 14, 모의 11(1)유사]

해설 연대보증인 丙이 보증채무를 모두 변제하였으므로 법정대위에 의해 X토지상의 근저당권에 부기등기를 경료하지 않더라도 당연히 甲의 1순위 근저당권을 취득한다. 아울러 判例(대판 2013.2.15. 2012다48855)에 따르면 제482조 2항 제1호의 제3자에 후순위 근저당권자는 포함되지 않으므로 X토지가 경매되는 경우 丙이 변제사실을 증명하여 배당요구하면 丙은 2순위 근저당권자 丁보다 우선하여 배당받을 수 있다.

03 어느 부진정연대채무자를 위하여 보증인이 된 자가 채무를 이행한 경우에는 다른 부진정연대채무자에 대하여도 직접 구상권을 취득하게 되고, 그와 같은 구상권을 확보하기 위하여 채권자를 대위하여 채권자의 다른 부진정연대채무자에 대한 채권 및 그 담보에 관한 권리를 구상권의 범위 내에서 행사할 수 있다(대판 2010.5.27. 2009다85861). [변호 15, 사시 09·15·16]

04 일부 대위변제자와 채권자 사이에 변제의 순위에 관하여 따로 약정(우선회수특약이라 한다)을 한 경우에는 그 약정에 따라 변제의 순위가 정해진다. 다만 이 경우에 채권자와 다른 일부 대위변제자들 사이에 동일한 내용의 약정이 있는 등 특별한 사정이 없는 한 약정의 효력은 약정 당사자에게만 미치므로, 약정 당사자가 아닌 다른 일부 대위변제자가 대위변제액에 비례하여 안분 배당받을 권리를 침해할 수는 없다(대판 2011.6.10. 2011다9013). [변호 14, 모의 11(1)유사]

05 변제로 채권자를 대위하는 경우에 '채권 및 그 담보에 관한 권리'가 변제자에게 이전될 뿐 계약 당사자의 지위가 이전되는 것은 아니므로 채권자와 일부 대위변제자 사이의 약정에 지나지 아니하는 '우선회수특약'이 '채권 및 그 담보에 관한 권리'에 포함된다고 보기는 어렵다. 그러므로 일부 대위변제자의 채무자에 대한 구상채권에 대하여 보증한 사람이 자신의 보증채무를 변제함으로써 일부 대위변제자를 다시 대위하게 되었다 하더라도, 그것만으로 채권자의 채무자에 대한 권리가 아니라 채권자와 일부 대위변제자 사이의 약정에 해당하는 '우선회수특약'에 따른 권리까지 당연히 대위하거나 이전받게 된다고 볼 수는 없다(대판 2017.7.18. 2015다206973).

06 일부 대위변제자로서는 특별한 사정이 없는 한 그 (구상)보증채무 변제자가 대위로 이전 받은 담보에 관한 권리 행사 등과 관련하여 채권자 등을 상대로 '우선회수특약'에 따른 권리를 주장할 수 있도록 그 권리의 승계 등에 관한 절차를 해 주어야 할 의무를 지고, 이를 위반함으로 인해 그 (구상)보증채무 변제자가 채권자 등에 대하여 그 권리를 주장할 수 없게 되어 손해를 입은 경우에는 그에 대한 손해배상책임을 진다(대판 2017.7.18. 2015다206973). [최신판례]

07 변제로 공동면책시킨 연대보증인이 채권의 담보를 상실 또는 감소시킨 때에는 민법 제485조의 '채권자의 고의나 과실로 담보가 상실되거나 감소된 때'에 해당하여, 다른 연대보증인은 그 담보의 소멸로 인하여 주채무자의 상환을 받을 수 없는 한도에서 그 책임을 면한다(대판 2012.6.14. 2010 다11651). [변호 12유사]

08 법정대위의 전제가 되는 보증 등의 시점 이전에 이미 소멸한 채권자의 담보에 대해서는 민법 제485조가 적용되지 않는다(대판 2014.10.15. 2013다91788).

> 해설 ※ 채권자의 담보보존의무(제485조)의 효과
> 대위할 자는 담보의 상실 또는 감소로 인하여 '상환을 받을 수 없게 된 한도'에서 그 책임을 면하며, 이 때 면책범위의 결정시기에 대해 判例는 '담보의 상실 또는 감소의 시기'를 표준으로 한다(대판 2001.10.9. 2001다 36283). 따라서 법정대위의 전제가 되는 보증 등의 시점 이전에 이미 소멸한 채권자의 담보에 대해서는 민법 제485조가 적용되지 않는다.

09 물상보증인이 채무를 변제하거나 담보권의 실행으로 소유권을 잃은 때에는 채무자로부터 담보부동산을 취득한 제3자에 대하여 구상권의 범위 내에서 출재한 전액에 관하여 채권자를 대위할 수 있는 반면, 채무자로부터 담보부동산을 취득한 제3자는 채무를 변제하거나 담보권의 실행으로 소유권을 잃더라도 물상보증인에 대하여 채권자를 대위할 수 없다. [최신판례]

> 해설 ※ 물상보증인과 채무자로부터 담보목적물을 취득한 제3자와의 관계 : 법정대위자 상호간의 관계
> "㉠ 물상보증인이 채무를 변제하거나 담보권의 실행으로 소유권을 잃은 때에는 보증채무를 이행한 보증인과 마찬가지로 채무자로부터 담보부동산을 취득한 제3자에 대하여 구상권의 범위 내에서 출재한 전액에 관하여 채권자를 대위할 수 있는 반면, ㉡ 채무자로부터 담보부동산을 취득한 제3자는 채무를 변제하거나 담보권의 실행으로 소유권을 잃더라도 물상보증인에 대하여 채권자를 대위할 수 없다"(대판 2014.12.18. 전합2011다 50233). ☞ 제482조 2항의 해석의 기본틀은 채무자로부터의 제3취득자와 물상보증인으로부터의 제3취득자를 구별하여야 하고(제한설), 물상보증인은 원칙적으로 보증인과 동일하게 취급해야 한다는 점이다.

10 채권자가 고의나 과실로 담보를 상실하게 하거나 감소하게 한 때에는 특별한 사정이 없는 한 물상보증인의 대위권을 침해하는 것이므로 물상보증인은 민법 제485조에 따라 상실 또는 감소로 인하여 상환을 받을 수 없는 한도에서 면책 주장을 할 수 있다. 여기서 물상보증인이 면책 주장을 할 수 있다는 것은 채무자가 부담하는 근저당권의 피담보채무 자체가 소멸한다는 뜻은 아니다(대판 2017.10.31. 2015다65042). [20모의(1), 최신판례]

11

> **공통된 사실관계**
> 甲은 乙로부터 6,000만원을 차용하는 소비대차계약을 체결하였는데, 위 차용금 채무를 담보하기 위하여 丙은 乙에게 자신의 토지 X(시가 3억원)에 저당권을 설정하여 주었고, 丁은 자신의 토지 Y(시가 1억원)에 저당권을 설정하여 주었다. [상황 1]과 [상황 2]는 별개로 판단하고 이자는 고려하지 말 것
>
> **상황 1**
> 그 뒤 채무의 변제기가 되었는데도 甲이 변제를 하지 않자, 丙은 乙에게 甲의 채무 전부를 변제하였다. 그 후 丁은 그의 Y토지를 戊에게 팔고 등기를 넘겨 주었다.

상황 2

이후 A, B, C는 甲의 부탁 없이 각각 위 차용금채무 전액에 대하여 연대보증을 하였다. 그후 乙이 A에게 위 대여금의 지급을 청구하자 A는 채무액 중 4,000만원을 변제하였고, 나중에 B에게 대여잔금의 지급을 청구하자 B는 나머지 2,000만원을 변제하였다.

㉠ 물상보증인이 채무자의 채무를 변제한 경우 채무자에 대하여 구상권을 가짐과 동시에 변제자대위로 당연히 채권자를 대위하며, 전자의 구상권과 후자의 변제자대위로 취득한 채권자의 권리는 서로 별개의 권리이지만 후자는 전자의 범위에서만 행사할 수 있다

㉡ [상황 1]에서 丙은 Y토지에 등기되어 있는 乙의 저당권을 행사할 수 없다.

해설 丙이 제3취득자 戊소유의 Y부동산에 대해 대위를 하려면 변제 후 戊의 취득 전에 대위의 부기등기를 하였어야 한다(제482조 2항 5호 3문). 그러나 설문에서는 丙이 대위의 부기등기를 하였다는 사정이 보이지 않으므로 丙은 Y토지에 대하여 乙의 저당권을 대위하지 못한다. 즉, 丙은 乙의 저당권을 행사할 수 없다.

㉢ [상황 2]에서 연대보증인 A, B가 각각 4,000만원, 2,000만원씩 변제하였는바, 이는 주채무자 甲에게 채무전액이 변제되는 효력이 발생하고, 다른 연대보증인 C에게도 효력이 미친다.

해설 연대보증인에게 생긴 사유 중에 주채무에 만족을 주는 사유만이 주채무에 효력이 있고 다른 연대보증인에게도 효력이 있다. 연대보증인 A, B가 각각 4,000만원, 2,000만원씩 변제하였는 바, 이는 주채무자 甲을 면책시키는 행위로서 甲에게도 채무 전액이 변제되는 효력이 발생한다. 따라서 주채무가 전액 변제된 이상 다른 연대보증인 C에게도 효력이 미치는 것은 당연하다.

㉣ [상황 2]에서 A는 4,000만원, B는 2,000만원의 범위에서 甲에 대해 구상권을 행사할 수 있다.

해설 A와 B는 甲의 부탁 없이 연대보증을 하였으므로 주채무자는 '그 출재 당시 이익을 받은 한도'에서 배상하여야 한다(제444조 1항).

㉤ [상황 2]에서 A는 B와 C에 대해 각 1,000만원의 구상청구가 가능하다(최근 판례에 의할 것).

[변호 13, 모의 14(3)유사]

해설 ※ **연대보증인 A · B · C 사이의 구상관계**

연대보증인 가운데 한 사람이 '자기의 부담부분을 초과'하여 변제하였을 때에는 다른 연대보증인에 대하여 구상을 할 수 있는데(제448조 2항), 다만 다른 연대보증인 가운데 이미 자기의 부담부분을 변제한 사람에 대하여는 구상을 할 수 없으므로 그를 제외하고 아직 자기의 부담부분을 변제하지 아니한 사람에 대하여만 구상권을 행사하여야 한다(대판 1993.5.27. 93다4656).

다만 '아직 자기의 부담부분을 변제하지 아니한 자'를 어느 시점을 기준으로 판단해야 하는지에 관하여는 判例가 통일되어 있지 않다. ① '구상청구시설'(대판 1988.10.25. 86다카1729)도 있으나, ② 반면 최근 판결은 "이미 자기의 부담부분을 변제함으로써 위와 같은 구상권 행사의 대상에서 제외되는 다른 연대보증인인지 여부도 원칙적으로 구상의 기초가 되는 변제 당시에 위와 같은 방법에 의하여 확정되는 그 연대보증인의 부담부분을 기준으로 판단하여야 한다"(대판 2009.6.25. 2007다70155)고 하여 '변제시설'에 따랐다. ☞ 부담비율에 관하여 당사자 사이의 특약이 있다는 점을 발견할 수 없으므로 A, B, C 사이의 부담비율은 균등한 것으로 추정된다(각 2,000만원). 그리고 A가 먼저 4,000만원을 변제하였고 그 이후 B가 2,000만원을 변제하였다고 하는 바, 최근 判例인 변제시설에 따르면 A는 B와 C에 대해서 각 1,000만원의 구상청구가 가능하다.

ⓗ [상황 2]에서 만약 A가 6,000만원을 변제했다면 A는 B, C에게 각각 1,200만원, 丙에게는 1,800만원, 丁에게는 600만원의 범위에서 채권자를 대위한다. [변호 16유사]

해설▶ ※ 보증인과 물상보증인 상호 간의 법정대위관계(제482조 2항 5호)
보증인과 물상보증인 상호 간에 있어서는 그 인원수에 비례하여 채권자를 대위하며, 물상보증인이 수인인 때에는 보증인의 부담 부분을 제외하고 그 잔액에 대하여 각 재산의 가액에 비례하여 대위한다(제482조 2항 5호).
☞ 연대보증인이 3인, 물상보증인이 2인이 있으므로 각각 3:2의 비율로, 즉 3,600만원(=6,000×3/5) 및 2,400만원(=6,000×2/5)씩 채권자를 대위한다. 즉 연대보증인 B, C에 대해서는 인원수(3인)에 비례하여 각각 1,200만원(=3,600×1/3)씩 그리고 물상보증인 丙, 丁에 대해서는 저당목적물의 가액비율(3억원 : 1억원)에 따라 각각 1,800만원(=2,400×3/4), 600만원(=2,400×1/4)씩 채권자를 대위한다.

ⓐ [상황 2]에서 만약 B와 丙이 동일인이라면 A가 6,000만원을 변제한 경우 A는 B(=丙), C에게 각각 1,500만원, 丁에게는 1,500만원의 범위에서 채권자를 대위한다. [변호 16유사]

해설▶ ※ 연대보증인과 물상보증인의 지위를 겸하는 자가 포함되어 있는 경우(=연대보증인 1인으로 간주)
보증인과 물상보증인의 지위를 겸하는 자는 채권자에 대한 관계에서 채권확보의 확실성을 높여주는 것일 뿐, 다른 담보제공자에 대한 관계에서 두 몫의 부담을 지겠다는 취지는 아님이 분명하다(단일자격설). 그리고 보증인 겸 물상보증인은 그의 총재산을 일반담보로 제공하는 외에 그 중 일부의 특정재산을 특별담보로 제공한 것이라고 볼 것이므로 다른 담보제공자에 대한 관계에서 변제자대위의 분담비율을 정할 때에는 보증인으로 보는 것이 합리적이다(보증인설 ; 대판 2010.6.10. 2007다61113,61120)
☞ 연대보증인이 3인(A, B=丙, C), 물상보증인이 1인(丁)이 있는 것이므로 각각 3:1의 비율로, 즉 4,500만원(=6,000×3/4) 및 1,500만원(=6,000×1/4)씩 채권자를 대위한다. 즉, 연대보증인 B(=丙), C에 대해서는 인원수(3인)에 비례하여 각각 1,500만원(=4,500×1/3)씩 그리고 물상보증인 丁에 대해서는 1,500만원의 한도에서 채권자를 대위한다. 주의할 점은, B(=丙)를 연대보증인 1인으로 보더라도 물상보증인으로서의 책임이 없어지는 것은 아니므로 A는 B에 대해서 1,500만원의 한도에서 보증채권과 저당권을 각각 대위하여 행사할 수 있다.

제2절 대물변제
제3절 변제공탁

01 공탁관의 처분에 대하여 불복이 있는 때에는 공탁법이 정한 바에 따라 이의신청과 항고를 할 수 있고, 공탁관에 대하여 공탁법이 정한 절차에 의하여 공탁금지급청구를 하지 아니하고 직접 민사소송으로써 국가를 상대로 공탁금지급청구를 할 수는 없다(대판 2013.7.25. 2012다204815). [최신판례]

02 금전채권의 채무자가 공탁의 방법에 의한 채무의 지급을 약속하였더라도 채권자가 채무자에게 이러한 약정에 기하여 공탁할 것을 청구할 수 없다(대판 2014.11.13. 2012다52526). [최신판례]

해설▶ "공탁은 반드시 법령에 근거하여야 하고 당사자가 임의로 할 수 없는 것이므로"

03 100만 원 차용금채무의 변제를 위하여 이행의 제공을 하였으나 채권자가 수령을 거절하였음을 이유로 그 중 일부인 50만 원을 공탁한 경우, 그 공탁한 금액에 한하여 일부변제의 효력이 발생하는 것은 아니다(대판 1998.10.13. 98다17046).　　　　　　　　　　　　　　　　　　[법행 11·12]

> **해설** "변제공탁이 유효하려면 채무 전부에 대한 변제의 제공 및 채무 전액에 대한 공탁이 있어야 하고, 채무 전액이 아닌 일부에 대한 공탁은 그 부족액이 아주 근소하다는 등의 특별한 사정이 있는 경우를 제외하고는 채권자가 이를 수락하지 않는 한 그 공탁 부분에 관하여서도 채무소멸의 효과가 발생하지 않는바"

04 채권이 이중양도되고 확정일자 있는 증서에 의한 통지 등이 채무자에게 동시에 도달된 경우 제3채무자는 송달의 선후가 불명한 경우에 준하여 채권자를 알 수 없다는 이유로 변제공탁을 할 수 있다(제487조 후단 ; 대판 1994.4.26. 전합93다24223).

05 변제공탁은 공탁공무원의 수탁처분과 공탁물보관자의 공탁물수령으로 그 효력이 발생하여 채무소멸의 효과를 가져오는 것이고, 채권자에 대한 공탁통지나 채권자의 수익의 의사표시가 있는 때에 공탁의 효력이 생기는 것이 아니다(대결 1972.5.15. 72마401).　　　　　　　　[사시 10, 모의 11(2)유사]

06 공탁물 출급청구권과 공탁물 회수청구권은 서로 독립한 별개의 청구권이므로 설령 공탁물 출급청구권에 대한 압류 등이 있었다고 하더라도 이는 공탁물 회수청구권에 대하여 아무런 영향을 미치지 않는다(대결 2020.5.22. 2018마5697).　　　　　　　　　　　　　　　　　[20년 최신판례]

07

> 甲은 乙에 대하여 1억 원의 채무를 지고 있다.

> ㉠ 乙이 甲의 변제제공 전에 미리 변제의 수령을 명백히 거절한 경우, 甲은 구두제공 없이도 1억 원을 공탁하여 자신의 채무를 면할 수 있다(대판 1994.8.26. 93다42276).　　　　[법행 07·11·12]

> **해설** "채권자의 태도로 보아 채무자가 설사 채무의 이행제공을 하였더라도 그 수령을 거절하였을 것이 명백한 경우에는 채무자는 이행의 제공을 하지 않고 바로 변제공탁할 수 있다"

> ㉡ 乙이 甲에게 반대급부 기타 조건의 이행의무가 없음에도, 甲이 乙의 반대급부의 이행을 조건으로 공탁한 경우, 乙의 승낙이 없는 한 공탁은 무효이다.

> **해설** 채무자가 채권자에 대하여 동시이행의 항변권을 가지는 때에는 채권자의 반대급부의 제공을 공탁물수령의 조건으로 할 수 있다(제491조 참조). 그러나 "채권자의 본래의 청구권에 선이행 또는 동시이행의 항변권이 붙어 있지 않는 경우에 채무자가 채권자의 어떤 행위의 이행을 조건으로 공탁하였다면 그 공탁은 채권자의 승낙이 없는 한 무효이다"(대판 1970.9.22. 70다1061).

> ㉢ 乙이 사망하였는데, A·B가 서로 자신이 乙의 상속인이라고 칭하며 상속인의 지위를 다투어 甲이 누가 상속인인지 알 수 없는 경우에 甲은 A 앞으로 제487조 후단에 기해 변제공탁을 할 수 있다(대판 1991.5.28. 91다3055).

> ㉣ 甲이 7,000만 원의 공탁을 하면 그 부분에 관하여서도 효력이 생기지 않으나, 乙이 공탁금을 채권의 일부에 충당한다는 유보의 의사표시를 하고 이를 수령한 때에는 그 공탁금은 채권의 일부의 변제에 충당된다(대판 2009.10.29. 2008다51359)(다만 채무의 총액에 비하여 근소한 부족이 있는 경우에는 신의칙상 그 부분에 한하여 변제공탁의 효력이 생긴다고 보아야 한다).

> **비교판례** "채무자가 채무 전액의 변제임을 밝히고 채권자가 채권의 일부로서 수령한다는 유보 없이 공탁물을 수령한 경우에는 채권 전액에 대한 변제공탁으로서의 효력을 인정함이 상당하다"(대판 1983.6.28. 83다카88).

ⓔ 甲의 채무를 담보하기 위하여 乙에게 양도담보권을 설정해주었고, 甲의 공탁으로 인하여 양도담보권이 소멸한 경우에도 甲은 공탁물을 회수할 수 있다. [법행 12변형, 변리 12변형]

해설 判例는 제489조 2항을 좁게 해석하여 질권, 저당권 이외의 '가등기담보권', '양도담보권'이 소멸하는 경우에는 공탁물회수청구권을 인정하고 있다(대판 1982.7.27. 81다495).

제4절 상 계

01 수탁보증인이 주채무자에 대하여 사전구상권을 가지는 경우, 이를 자동채권으로 하여 주채무자에 대한 채무와 상계하는 것은 특별한 사정이 없는 한 허용되지 않는다.

[사시 05·15, 법행 08·13·15, 변리 06·07·09·11]

해설 "항변권이 붙어 있는 채권을 자동채권으로 하여 다른 채무(수동채권)와의 상계를 허용한다면 상계자 일방의 의사표시에 의하여 상대방의 항변권 행사의 기회를 상실시키는 결과가 되므로 그러한 상계는 허용될 수 없고, 특히 수탁보증인이 주채무자에 대하여 가지는 민법 제442조의 사전구상권에는 민법 제443조의 담보제공청구권이 항변권으로 부착되어 있는 만큼 이를 자동채권으로 하는 상계는 허용될 수 없으며, 다만 민법 제443조는 임의규정으로서 주채무자가 사전에 담보제공청구권의 항변권을 포기한 경우에는 보증인은 사전구상권을 자동채권으로 하여 주채무자에 대한 채무와 상계할 수 있다"(대판 2004.5.28. 2001다81245).

02 고의에 의한 행위가 불법행위를 구성함과 동시에 채무불이행을 구성하여 불법행위로 인한 손해배상채권과 채무불이행으로 인한 손해배상채권이 경합하는 경우에는 제496조가 유추적용되어, 고의의 채무불이행으로 인한 손해배상채권을 수동채권으로 하는 상계를 한 경우에도 채무자가 그 상계로 채권자에게 대항할 수 없다(대판 2017.2.15. 2014다19776,19783). [최신판례]

03 고의의 불법행위로 인한 손해배상채권의 양도가 사해행위에 해당하는 경우, 그 손해배상채권의 채무자가 채권양도인에 대한 별도의 채권자 지위에서 채권양수인에게 채권자취소권을 행사하여 채권양도의 취소를 구함과 아울러 취소에 따른 원상회복 방법으로 직접 자신 앞으로 가액배상의 지급을 구하는 것은, 민법 제496조에 반하지 않으므로 허용된다(대판 2011.6.10. 2011다8980,8997).

04 유치권이 인정되는 아파트를 경락·취득한 자가 유치권자에 대한 임료 상당의 부당이득반환채권을 자동채권으로 하여 유치권자의 종전 소유자에 대한 유익비상환채권과 상계하는 것은 허용되지 않는다. [변호 12유사, 모의 14(1)유사, 사시 15, 법행 15, 변리 13]

해설 ※ 제3자가 채권자에 대한 자기 채권으로써 채권자의 채무자에 대한 채권과 상계할 수 있는지 여부
원칙적으로 수동채권은 피상계자(채권자)가 상계자(채무자)에 대해 가지는 채권이어야 한다.

"만약 상대방이 제3자에 대하여 가지는 채권을 수동채권으로 하여 상계할 수 있다고 한다면, 이는 상계의 당사자가 아닌 상대방과 제3자 사이의 채권채무관계에서 상대방이 제3자에게서 채무의 본지에 따른 현실급부를 받을 이익을 침해하게 될 뿐 아니라, 상대방의 채권자들 사이에서 상계자만 독점적인 만족을 얻게 되는 불합리한 결과를 초래하게 되므로, 상계의 담보적 기능과 관련하여 법적으로 보호받을 수 있는 당사자의 합리적 기대가 이러한 경우에까지 미친다고 볼 수는 없다"(대판 2011.4.28. 2010다101394).

[사실관계] 원고는 근저당권에 기한 임의경매절차에서 A소유의 아파트를 매각 받아 매각대금을 완납함으로써 그 소유권을 취득하였다. 피고는 원래 위 아파트의 '후순위' 임차인이었는데, 그 임차권이 매각으로 소멸하였음에도 임대인 A에 대한 유익비상환청구권에 기한 유치권을 주장하며 원고가 위 아파트의 소유권을 취득한 이후에도 위 아파트를 계속 점유·사용하였다. 이에 원고가 피고를 상대로 소유권에 기하여 위 아파트의 인도를 청구하자, 피고는 위 유치권 항변을 하였고, 이에 대하여 원고는 다시 피고에 대한 부당이득반환채권으로 피고의 A에 대한 유익비상환청구권과 상계한다고 주장하였다.

05 채권의 일부 양도가 이루어지면 특별한 사정이 없는 한 각 분할된 부분에 대하여 독립한 분할채권이 성립하므로 그 채권에 대하여 양도인에 대한 반대채권으로 상계하고자 하는 채무자로서는 양도인을 비롯한 각 분할채권자 중 어느 누구도 상계의 상대방으로 지정하여 상계할 수 있고, 그러한 채무자의 상계 의사표시를 수령한 분할채권자는 제3자에 대한 대항요건을 갖춘 양수인이라 하더라도 양도인 또는 다른 양수인에 귀속된 부분에 대하여 먼저 상계되어야 한다거나 각 분할채권액의 채권 총액에 대한 비율에 따라 상계되어야 한다는 이의를 할 수 없다(대판 2002.2.8. 2000다50596).

해설 [사실관계] 甲건설은 乙교회에 대해 공사잔대금채권 6억원이 있고, 乙은 위 공사의 하자로 인해 甲에 대해 1억원의 손해배상채권이 있는데, 甲은 乙에 대한 위 채권 중 3억원의 채권을 丙에게 양도하였다. 여기서 乙이 甲에 대한 1억원의 채권을 가지고 상계하는 경우, 먼저 甲에 대해 상계하여야 하는가? 또 丙에 대해 상계할 때에는 그 비율(즉, 3억원 × 1억/ 6억= 5,000만원)에 따라 상계할 수 있는가? 判例는 위와 같은 이유로 乙은 甲에 대한 1억원의 채권 전부를 丙이 乙에 대해 가지는 양수금채권(3억원)과 상계할 수 있는 것으로 보았다.

06 여러 개의 자동채권이 있고 수동채권의 원리금이 자동채권의 원리금 합계에 미치지 못하는 경우 우선 자동채권의 '채무자'가 상계의 대상이 되는 자동채권을 지정할 수 있고, 다음으로 자동채권의 '채권자'가 이를 지정할 수 있으며, 양 당사자가 모두 지정하지 아니한 때에는 법정변제충당의 방법으로 상계충당이 이루어지게 된다(대판 2013.2.28. 2012다94155).

[모의 14(1),(2), 15(2)유사, 법행 15, 변리 14]

07 甲과 乙은 2011. 3. 1. 甲소유의 X토지에 관하여 기간 20년, 보증금 1억 원, 차임 월 200만 원(매월 1일 지급)의 임대차계약을 체결하였고, 임차인 乙은 X토지 위에 Y건물을 신축하였다. 乙은 임대계약을 체결한 후 상습적으로 차임을 연체함으로써 2017. 3. 현재 그 금액이 3,000만 원에 이르렀다. 이에 甲은 2017. 3. 27. 적법·유효하게 제640조에 따라 임대차계약을 해지하고, 甲은 '소멸시효가 완성된 채권이 그 완성 전에 상계할 수 있었던 것이면 그 채권자는 상계할 수 있다'는 제495조에 따라 보증금에서 연체차임을 상계한 후 7,000만 원을 공탁하고서 乙에게 X토지의 반환을 청구하였다. 이에 乙은 2014. 3. 27. 이전에 연체한 2,000만 원은 이미 소멸시효가 완성되어 상계적상의 상태에 있지 않았으므로 9,000만 원을 반환해야 한다고 주장하였다. [20모의(2), 판례연구 C-7.참고]

① 차임채권의 소멸시효기간 3년의 단기소멸시효가 적용된다.

② 임대차 존속 중 차임을 연체하더라도 특별한 사정이 없는 한 차임채권의 소멸시효는 임대차 계약에서 정한 지급기일부터 진행한다.

③ 2017. 3. 27. 현재로부터 3년 전인 2014. 3. 27. 이전에 발생한 연체차임은 소멸시효가 완성되었다.

해설 ※ 2014. 3. 27. 이전까지 발생한 연체차임채권의 소멸시효가 완성여부(적극)

(1) 차임채권의 소멸시효기간

월차임 지급채권은 제163조 1호가 정한 1년 이내의 기간으로 정한 금전의 지급을 목적으로 한 채권에 해당하여 3년의 단기소멸시효가 적용된다.

(2) 차임채권의 소멸시효 기산점

"소멸시효는 법률행위에 의하여 이를 배제, 연장 또는 가중할 수 없다(제184조 2항). 그러므로 임대차 존속 중 차임을 연체하더라도 이는 임대차 종료 후 목적물 인도시에 임대차보증금에서 일괄 공제하는 방식에 의하여 정산하기로 약정한 경우와 같은 특별한 사정이 없는 한 차임채권의 소멸시효는 임대차계약에서 정한 지급기일부터 진행한다"(대판 2016.11.25. 2016다211309).

(3) 사안의 경우

임대차의 경우 임차인의 차임연체액이 2기의 차임액에 달하는 때에 임대인은 계약을 해지할 수 있다(제640조, 제641조). 乙은 월차임 200만 원의 15배에 해당하는 3,000만 원의 차임을 연체하였으므로, 2017. 3. 27. 甲의 임대차계약의 해지통고로 인해 임대차계약은 적법하게 종료되었다. 그런데 각 차임채권의 소멸시효 기간점은 2011. 3. 1.부터 매월 1일이다(제166조 1항). 따라서 2017. 3. 27. 현재로부터 3년 전인 2014. 3. 27. 이전에 발생한 연체차임은 소멸시효가 완성되었다.

④ 민법 제495조는 '자동채권의 소멸시효 완성 전에 양 채권이 상계적상에 이르렀을 것'을 요건으로 한다. 따라서 乙의 보증금반환채권(수동채권)은 임대차계약 해지시인 2017. 3. 27.에 이행기가 도래하였고, 당시 2,000만 원의 연체차임채권(자동채권)은 이미 시효가 완성되었다면 甲은 제495조에 따라 상계할 수 없다.

해설 ※ 임대차 존속 중 시효완성된 차임채권을 보증금반환채무와 '상계'할 수 있는지 여부(소극)

(1) 제495조의 적용 여부(소극)

"민법 제495조는 "소멸시효가 완성된 채권이 그 완성 전에 상계할 수 있었던 것이면 그 채권자는 상계할 수 있다."라고 규정하고 있다. 이는 당사자 쌍방의 채권이 상계적상에 있었던 경우에 당사자들은 채권·채무관계가 이미 정산되어 소멸하였다고 생각하는 것이 일반적이라는 점을 고려하여 당사자들의 신뢰를 보호하기 위한 것이다. 다만 이는 '자동채권의 소멸시효 완성 전에 양 채권이 상계적상에 이르렀을 것'을 요건으로 하는데, 임대인의 임대차보증금 반환채무는 임대차계약이 종료된 때에 비로소 이행기에 도달하므로, 임대차 존속 중 차임채권의 소멸시효가 완성된 경우에는 소멸시효 완성 전에 임대인이 임대차보증금 반환채무에 관한 기한의 이익을 실제로 포기하였다는 등의 특별한 사정이 없는 한 양 채권이 상계할 수 있는 상태에 있었다고 할 수 없다. 그러므로 그 이후에 임대인이 이미 소멸시효가 완성된 차임채권을 자동채권으로 삼아 임대차보증금 반환채무와 상계하는 것은 민법 제495조에 의하더라도 인정될 수 없다"(대판 2016.11.25. 2016다211309).

(2) 사안의 경우

甲의 차임채권은 乙의 보증금반환채권과 대립하는 금전채권으로 3,000만원의 연체차임채권은 변제기에 도달하였고 상계가 금지되는 채권도 아니다. 그러나 乙의 보증금반환채권(수동채권)은 임대차계약 해지시인 2017.3.27.에 이행기가 도래하였고, 당시 2,000만 원의 연체차임채권(자동채권)은 이미 시효가 완성되었다. 즉, 자동채권의 소멸시효 완성 전에 양채권은 상계적상에 있지 않으므로 乙의 항변은 원칙적으로 타당하다.

⑤ **甲이 乙에게 반환해야 하는 보증금은 2014. 3. 27. 이후에 발생한 차임채권 1,000만 원을 '상계'하고, 2014. 3. 27. 이전에 시효완성된 2,000만 원의 연체차임을 '공제'한 7,000만 원이다.**

해설 ※ 임대차 존속 중 시효완성된 차임채권을 임대차보증금에서 '공제'할 수 있는지 여부(적극)

(1) 차임채권의 소멸시효와 보증금의 담보적 효력

"임대차보증금은 차임의 미지급, 목적물의 멸실이나 훼손 등 임대차 관계에서 발생할 수 있는 임차인의 모든 채무를 담보하는 것이므로, 차임의 지급이 연체되면 장차 임대차 관계가 종료되었을 때 임대차보증금으로 충당될 것으로 생각하는 것이 당사자의 일반적인 의사이다. 더욱이 임대차보증금의 액수가 차임에 비해 상당히 큰 금액인 경우가 많은 우리 사회의 실정에 비추어 보면, 차임 지급채무가 상당기간 연체되고 있음에도, 임대인이 임대차계약을 해지하지 아니하고 임차인도 연체차임에 대한 담보가 충분하다는 것에 의지하여 임대차관계를 지속하는 경우에는, 임대인과 임차인 모두 차임채권이 소멸시효와 상관없이 임대차보증금에 의하여 담보되는 것으로 신뢰하고, 나아가 장차 임대차보증금에서 충당 공제되는 것을 용인하겠다는 묵시적 의사를 가지고 있는 것이 일반적이다"(대판 2016.11.25. 2016다211309).

(2) 제495조의 유추적용 가부(적극)

"임대차 존속 중 차임이 연체되고 있음에도 임대차보증금에서 연체차임을 충당하지 않고 있었던 임대인의 신뢰와 차임연체 상태에서 임대차관계를 지속해 온 임차인의 묵시적 의사를 감안하면 연체차임은 민법 제495조의 유추적용에 의하여 임대차보증금에서 공제할 수는 있다"(대판 2016.11.25. 2016다211309).

(3) 사안의 해결

2014. 3. 27. 이전에 연체한 2,000만 원은 상계적상에 있지 않았다는 乙의 항변은 타당하나, 乙의 상습적인 차임연체에도 임대차 존속 중에 보증금에서 이를 충당하지 않은 甲의 신뢰와 임대차관계를 지속해 온 乙의 묵시적 의사를 고려할 때, 시효가 완성된 연체차임에 대한 보증금과의 '상계'는 인정되지 않더라도(제495조) 보증금에서의 '공제'는 인정된다(제495조 유추적용). 따라서 甲이 乙에게 반환해야 하는 보증금은 2014. 3. 27. 이후에 발생한 차임채권 1,000만 원을 '상계'하고, 2014. 3. 27. 이전에 시효완성된 2,000만 원의 연체차임을 '공제'한 7,000만 원이다.

08 甲은 2009. 6. 1. 乙에게 500만 원을 이자 월 2%(매월 말일 지급), 변제기 2009. 9. 30.로 정하여 대여하였다. 한편, 乙은 2009. 11. 1. 甲에게 자신의 노트북 컴퓨터 1대를 대금 100만 원에 매도하고 같은 날 이를 인도하여 주었는데, 당시 위 대금은 2009. 11. 30.까지 지급하되 이를 지체할 경우에는 월 2.5%의 비율에 의한 지연손해금을 가산하여 지급하기로 상호 약정하였다. 그 후 甲은 2010. 3. 31. 乙에게 위 대여금 및 이에 대한 대여일 이후의 이자와 지연손해금의 지급을 청구하였고, 이에 대하여 乙은 그 자리에서 위 매매대금 및 이에 대한 지연손해금을 자동채권으로 하여 甲의 위 청구채권과 대등액에서 상계한다는 의사표시를 하였다.

㉠ **상계적상시의 甲의 수동채권액은 560만 원이다.** [변호 16]

㉡ **상계적상시의 乙의 자동채권액은 100만 원이다.** [변호 16, 변리 11]

해설 "자동채권의 변제기가 도래한 후에 수동채권에 관한 기한의 이익을 포기하고 상계하는 때에는 대립하는 두 채권·채무는 자동채권의 변제기에 소급하여 서로 상계할 수 있는 때에 있었다고 할 것이다"(대판 1979.6.12. 79다662). 상계의 의사표시가 있으면 각 채무가 '상계할 수 있었던 때'에 소멸한 것으로 본다(제493조 2항). 따라서 상계적상 이후에는 이자는 발생하지 않고 이행지체도 소멸한다.

☞ 사안에서 乙은 2010.3.31. 상계의 의사표시를 한바, 乙의 수동채권은 2009.9.30.에 변제기에 도달했고, 乙의 자동채권은 2009.11.30. 변제기에 도달했으므로 상계적상의 시점은 2009.11.30.이다. 이때까지의 자동채권은 원금 100만 원이 전부이나, 수동채권은 560만 원이다(수동채권은 원금 500만 원 +2009.6.1.~2009.9.30.까지의 4개월 상당의 이자 40만 원+2009.10.1.~2009.11.30.까지 2개월 상당의 지연이자 20만원 = 총 560만 원).

ⓒ 상계 후 甲의 乙에 대한 위 대여원리금채권 중 남은 원본액은 460만 원이다.

[변호 15, 사시 07, 법행 14, 변리 14]

해설 "상계의 의사표시가 있는 경우, 채무는 상계적상시에 소급하여 대등액에 관하여 소멸한 것으로 보게 되므로, 상계에 의한 양 채권의 차액 계산 또는 상계 충당은 상계적상의 시점을 기준으로 하게 되고, 따라서 그 시점 이전에 수동채권의 변제기가 이미 도래하여 지체가 발생한 경우에는 상계적상 시점까지의 수동채권의 약정이자 및 지연손해금을 계산한 다음 자동채권으로써 먼저 수동채권의 약정이자 및 지연손해금을 소각하고 잔액을 가지고 원본을 소각하여야 한다"(대판 2005.7.8. 2005다8125).

상계에 의해 당사자 쌍방의 채권은 그 대등액에서 소멸한다(제493조 2항). 상계자에게 상계적상에 있는 수동채권이 수개이고 자동채권으로 그 수개의 수동채권을 모두 소멸시킬 수 없는 경우에는 변제의 충당에 관한 규정이 준용된다(상계충당, 제499조).

☞ 따라서 사안에서 자동채권 100만원은 먼저 수동채권의 이자 및 지연이자 60만원에 충당되고, 남은 40만원으로 수동채권의 원금 500만원에 충당하게 된다. 결국 수동채권은 원금 460만원이 남게 된다.

ⓔ 사안과 달리 乙이 甲에게 노트북 컴퓨터를 인도하지 않은 경우, 2010. 3. 31. 甲은 상계할 수 있지만, 乙은 상계할 수 없다.

[변호 14유사]

해설 자동채권에 동시이행의 항변권이 존재하는 경우에는 원칙적으로 상계할 수 없다. 수동채권이 동시이행 항변권이 붙은 채권인 경우에는 스스로 포기하고 상계할 수 있다. 乙이 甲에게 노트북 컴퓨터 1대를 아직 인도하지 않고 있는 경우 2010. 3. 31. 甲은 스스로 동시이행의 항변권을 포기하고 상계할 수 있지만, 乙은 매매대금채권을 자동채권으로 하여 상계할 수 없다.

09

> A채권(대여금채권) : 甲은 2012. 12. 31. 乙에게 2,000만 원을 변제기 2013. 3. 5.로 정하여 대여하였다.
> B채권(부당이득금채권) : 乙은 2012. 1. 1.부터 2012. 12. 31.까지 사이에 권원 없음을 알면서도 甲의 의사에 반하여 甲소유인 X 아파트를 무단으로 점유하면서 사용하였다. 이로 인한 차임 상당 부당이득금은 2,000만 원이다.
> C채권(컴퓨터 대금채권) : 乙은 2012. 12. 5. 甲에게 컴퓨터 10대를 대금 2,000만원, 대금지급일 2013. 2. 5.로 정하여 매도하였고 아직 컴퓨터를 인도하지 않았다.
> D채권(양수금채권) : 丙은 2012. 10. 1. 甲에게 2,000만 원을 변제기 2013. 2. 5.로 정하여 대여하였다. 乙은 2012. 12. 1. 丙으로부터 이 채권을 양수하였고, 丙이 양도통지를 보내어 그 통지가 2012. 12. 11. 甲에게 도달하였다.
>
> [사시 15]

㉠ 甲의 채권자 丁은 A 채권에 관하여 압류 전부명령을 받았고, 그 명령이 2013. 1. 2. 甲과 乙에게 도달하여 그 무렵 확정되었다. 乙은 2014. 1. 2. D채권을 자동채권으로 A채권을 수동채권으로 하여 丁에게 상계의사표시를 하였다. 이 경우 乙은 상계로 丁에게 대항할 수 있다.

[변호 15, 모의 13(1)유사, 사시 05 · 07, 법행 05]

해설 제498조의 반대해석상 지급금지명령을 받기 전에 제3채무자가 채무자에 대해 반대채권을 가지고 있는 경우에 는 상계가 허용될 수 있다. 다만 이 경우 자동채권도 그 명령을 받기 전에 이행기가 도래해 있어야 하는지가 문제된다. 이와 관련하여 判例는 "민법 제498조 규정의 취지, 상계제도의 목적 및 기능, 채무자의 채 권이 압류된 경우 관련 당사자들의 이익상황 등에 비추어 보면, 채권압류명령 또는 채권가압류명령을 받은 제3채무자가 압류채무자에 대한 반대채권을 가지고 있는 경우에 상계로써 압류채권자에게 대항 하기 위하여는, 압류의 효력 발생 당시에 대립하는 양 채권이 상계적상에 있거나, 그 당시 반대채권(자동채권) 의 변제기가 도래하지 아니한 경우에는 그것이 피압류채권(수동채권)의 변제기와 동시에 또는 그보다 먼저 도 래하여야 한다"(대판 2012.2.16. 전합2011다45521)고 한다.

☞ 채권압류명령을 받은 제3채무자 乙은 압류채무자 甲에게 반대채권인 D채권을 가지고 있는바, 압류 의 효력 발생 당시(2013. 1. 2.) 자동채권인 D 채권의 변제기는 2013. 2. 5.이므로 아직 자동채권의 변 제기가 도래하지는 않았지만, 당해 자동채권의 변제기가 피압류채권(수동채권)인 A채권의 변제기인 2013. 3. 5.보다 먼저 도래하므로 乙은 상계로 압류채권자 丁에게 대항할 수 있다.

ⓛ **乙은 2014. 1. 2. 甲에게 D 채권을 자동채권으로 B 채권을 수동채권으로 하여 상계의사표시 를 하였다. 이 경우 상계는 허용되지 않는다.** [변호 14, 모의 14(3)유사, 사시 11·15·16, 법행 06·08]

해설 B채권은 부당이득의 원인이 고의의 불법행위이므로, 乙이 B채권을 수동채권으로 하는 의사표시는 제 496조의 유추적용에 의해 허용되지 않는다(대판 2002.1.25. 2001다52506).

ⓒ **乙은 2014. 1. 2. 甲에게 C 채권을 자동채권으로 A 채권을 수동채권으로 하여 상계의사표시 를 하였다. 이 경우 상계는 허용되지 않는다.** [변호 14유사]

해설 C채권은 컴퓨터 매매대금지급청구권인바, 이러한 채권에는 컴퓨터인도라는 동시이행의 항변권이 붙 어있으므로 乙은 C채권을 자동채권으로 상계할 수 없다(대판 2002.8.23. 2002다25242).

ⓔ **甲은 2014. 1. 2. 乙에게 B 채권을 자동채권으로 C 채권을 수동채권으로 하여 상계의사표시 를 하였다. 이 경우 상계는 인정된다.**

해설 甲은 乙에게 고의의 불법행위에 기한 손해배상채권에 준하는 부당이득반환채권인 B채권을 자동채권 으로 동시이행의 항변권이 붙은 C채권을 수동채권으로 하는 상계의 의사표시를 할 수 있다.

21.6.1.~22.7.15. 채권총론 최신판례

1 A가 임대차계약상 특약사항으로 정한 난방공사 방식에 관해 다른 제안을 했었던 B에게 원래 특약사항대로 이행할 의사가 있는지 묻는 문자를 보낸 후 그에 대한 답변이 없자 당일 곧바로 특약사항의 이행거절을 이유로 계약 해제통보를 하였더라도 이로써 A가 이행거절의 의사를 표시했다고 볼 수 없다.
대판 2021.7.15. 2018다214210

'이행거절'로 인한 계약해제의 경우에는 상대방의 최고 및 동시이행관계에 있는 자기 채무의 이행제공을 요하지 아니하여 이행지체시의 계약해제와 비교할 때 계약해제의 요건이 완화되어 있는바, 명시적으로 이행거절의사를 표명하는 경우 외에 계약 당시나 계약 후의 여러 사정을 종합하여 묵시적 이행거절의사를 인정하기 위하여는 그 거절의사가 정황상 분명하게 인정되어야 한다(대판 2011.2.10. 2010다77385).

2 제398조 1항 및 3항의 취지상 계약당사자가 채무불이행으로 인한 전보배상에 관하여 손해배상액을 예정한 경우에 채권자가 채무불이행을 이유로 계약을 해제하거나 해지하더라도 원칙적으로 손해배상액의 예정은 실효되지 않고 전보배상에 관하여 특별한 사정이 없는 한 손해배상액의 예정에 따라 그 배상액을 정해야 한다.
대판 2022.4.14. 2019다292736

3 사해행위 당시 채무자에 대하여 근로기준법 등에 따라 최우선변제권을 갖는 임금채권자가 존재하는 경우 물적 담보권자인 취소채권자가 그 담보물로부터 우선변제 받을 금액은 사해행위 당시를 기준으로 담보물의 가액에서 우선변제권 있는 임금채권액을 먼저 공제한 다음 산정하여야 하고, 취소채권자는 그 채권액에서 위와 같이 산정된 '담보물로부터 우선변제받을 금액'을 공제한 나머지 채권액에 대하여만 채권자취소권이 인정된다.
대판 2021.11.25. 2016다263355

4 채무자의 재산이 채무의 전부를 변제하기에 부족한 경우에 채무자가 그의 재산을 어느 특정 채권자에게 대물변제나 담보조로 제공하였다면 특별한 사정이 없는 한 이는 곧 다른 채권자의 이익을 해하는 것으로서 다른 채권자들에 대한 관계에서 사해행위가 되는 것이고, 위와 같이 대물변제나 담보조로 제공된 재산이 채무자의 유일한 재산이 아니라거나 그 가치가 채권액에 미달한다고 하여도 마찬가지이다.
대판 2022.1.14. 2018다295103

5 유일한 재산인 영업재산과 영업권이라도 이를 상당한 가격으로 매각하고 그 매각대금 중 상당 부분이 채무 변제에 사용된 경우라면 그 매각은 사해행위에 해당하지 않는다.
대판 2021.10.28. 2018다223023

6 가등기와 본등기의 원인인 법률행위가 '다르다면' 사해행위 요건의 구비 여부는 본등기의 원인인 법률행위를 기준으로 판단해야 하고 제척기간의 기산일도 본등기의 원인인 법률행위가 사해행위임을 안 때라고 보아야 한다.
대판 2001.7.27. 2000다73377

判例에 따르면 가등기에 기하여 본등기가 경료된 경우 가등기의 원인인 법률행위와 본등기의 원인인 법률행위가 명백히 '다른 것이 아닌 한' 사해행위 요건의 구비 여부는 가등기의 원인된 법률행위 당시를 기준으로 하여 판단하여야 한다(대판 2001.7.27. 2000다73377).

6-1 채무자가 유일한 재산인 부동산에 관하여 가등기의 효력이 소멸한 상태에서 새로 매매계약을 체결하고 말소되어야 할 가등기를 기초로 하여 본등기를 한 경우 사해행위 요건의 구비 여부는 새로운 매매계약을 기준으로 판단해야한다.
대판 2001.7.27. 2000다73377

6-2 乙의 채무자인 甲이 자신의 유일한 재산인 X부동산에 관해 丙과 2004. 8. 30. 매매예약을 체결하고 소유권이전등기청구권 보전을 위한 가등기를 했으나 2014 .9. 30 丁과 새로운 매매계약을 체결하면서 종전 가등기를 유용하기로 합의하고 가등기에 기해 본등기를 했다면, 사해행위 요건과 제척기간은 甲과 丙의 종전 매매예약이 아니라 甲과 乙의 새로운 매매계약을 기준으로 판단하여야 한다.
대판 2001.7.27. 2000다73377

7 민법 제406조 제2항에서 정한 채권자가 '취소원인을 안 날'이란 채권자취소권의 피보전채권이 성립하는 시점과 관계없이 '채권자가 취소원인을 안 날'이라고 보아야 하고, 이는 채권자취소권의 피보전채권이 피고인에 대하여 추징을 명한 형사판결이 확정됨으로써 비로소 현실적으로 성립하게 되는 경우에도 마찬가지이다.
대판 2022.5.26. 2021다288020

8 채무자가 압류 또는 가압류의 대상인 채권을 양도하고 확정일자 있는 통지 등에 의한 채권양도의 대항요건을 갖추었다면, 그 후 채무자의 다른 채권자가 양도된 채권에 대하여 압류 또는 가압류를 하더라도 압류 또는 가압류 당시에 피압류채권은 이미 존재하지 않는 것과 같아 압류 또는 가압류로서의 효력이 없다.
대판 2022.1.27. 2017다256378

9 당사자가 변제에 충당할 채무를 지정하지 아니한 경우, 변제충당의 방법은 법정변제충당에 의하며, 순위가 동일한 채무에 관하여 안분비례에 의한 법정변제충당보다 자신에게 유리한 변제충당의 지정 또는 합의가 있었다거나 당해 채무가 법정변제충당의 우선순위에 있었다는 사실은 이를 주장하는 사람에게 주장·증명책임이 인정된다.
대판 2021.10.28. 2021다247937,247951,247968

10 이행인수계약의 불이행으로 인한 손해배상의 범위는 원칙적으로 채무자가 채무의 내용에 따른 이행을 하지 않음으로써 생긴 통상의 손해를 한도로 하므로, 매수인이 인수하기로 한 근저당권의 피담보채무를 변제하지 않아 원리금이 늘어났다면 그 원리금이 매수인의 이행인수계약 불이행으로 인한 통상의 손해액이 된다.
대판 2021.11.25. 2020다294516

10-1 채무불이행으로 채권자가 제3자에 대해 채무를 부담하게 된 경우 채권자가 채무자에게 제3자에 대한 채무액과 같은 금액을 손해배상금으로 청구하기 위해서는 채무의 부담이 현실적·확정적이어서 실제로 변제해야 할 성질의 것이어야 한다. 따라서 이행인수인(丁)이 중도금 지급기일에 인수의무를 이행하지 않았다는 사정만으로 곧바로 매도인(丙)에게 손해가 현실적으로 발생하였다고 볼 수는 없고, 채무자(甲)가 이자 등을 지급한 때 매도인(丙)에 대하여 채무불이행에 따른 손해배상청구권을 갖게 되며, 그때 매도인(丙)에게 이행인수인(丁)의 이행인수계약 불이행에 따른 손해가 현실적으로 발생하였다고 볼 수 있으므로, 이때부터 소멸시효가 진행된다.
대판 2021.11.25. 2020다294516

★ 채권자지체의 법적성질(본질)

채권자지체의 법적 성질에 따라 **채권자지체의 요건과 효과가 달라지므로** 법적 성질이 문제된다.

1) 학 설

학설은 크게 ① 채권·채무관계를 양당사자가 공동목적의 달성을 위해 협력하여야 하는 공동체관계로 파악하여, 그 일환으로 협력의무를 '채무'로 평가하는 **채무불이행책임설**(종래 다수설 ; 따라서 요건으로 채권자의 귀책사유가 필요하고, 그 효과로는 제401조 내지 제403조, 제538조 이외에 손해배상청구권과 계약해제권을 인정한다), ② 채권자는 '권리'를 가질 뿐이라는 전제하에 민법에 규정된 채권자지체책임은 채무자가 변제의 제공을 한 경우에 이익형평의 원칙에 따라 협력지연에 따른 불이익을 채권자가 부담하도록 법률이 정한 것으로 보는 **법정책임설**(최근 다수설 ; 따라서 요건으로 채권자의 귀책사유가 필요치 않고, 그 효과로는 제401조 내지 제403조와 제538조의 효과만이 인정된다)로 나누어진다.

2) 판 례

구법시대에 나온 判例로서 수령의무를 긍정하는 듯한 판시내용이 있으나(대판 1958.5.8. 4290민상372), 채권자지체의 성질에 관해 이를 직접 판단한 判例는 발견되지 않는다.

다만, 최근 대법원은 "채권자지체가 성립하는 경우 그 효과로서 원칙적으로 채권자에게 민법 규정에 따른 일정한 책임이 인정되는 것 외에, 채무자가 채권자에 대하여 일반적인 채무불이행책임과 마찬가지로 손해배상이나 계약 해제를 주장할 수는 없다"(대판 2021.10.28. 2019다293036)고 하여 **법정책임설과 동일한 입장**을 취한바 있다. 물론 "채권자에게 계약상 의무로서 수령의무나 협력의무가 인정되는 경우, 그 수령의무나 협력의무가 이행되지 않으면 계약 목적을 달성할 수 없거나 채무자에게 계약의 유지를 더 이상 기대할 수 없다고 볼 수 있는 때에는 채무자는 수령의무나 협력의무 위반을 이유로 계약을 해제할 수 있다"(대판 2021.10.28. 2019다293036)고 하였으나, 이는 채권자지체의 법적 성질과는 무관하다.

★ 제450조 2항 제3자의 범위

① **[긍정]** '제3자'는 그 채권에 관하여 양수인의 지위와 양립할 수 없는 법률상의 지위를 취득한 자를 말한다. 예컨대 채권의 이중양수인, 채권의 질권자, 채권을 압류 또는 가압류한 양도인의 채권자, 채권의 양도인이 파산한 경우의 파산채권자 등이 이에 해당한다.

② **[부정]** 그러나 ㉠ 채권양도에 의해 간접적으로 영향을 받는데 지나지 않는 '채무자의 채권자'는 제3자에 해당하지 않으며, 이들에 대해서는 확정일자 있는 증서에 의하지 않더라도 대항할 수 있다. 判例도 "선순위의 근저당권부채권을 양수한 채권자보다 후순위의 근저당권자(채무자의 채권자)는 채권양도의 대항요건을 갖추지 아니한 경우 대항할 수 없는 제3자에 포함되지 않는다"고 한다(대판 2005.6.23. 2004다29279 : 6회,10회,11회 선택형). 따라서 선순위의 근저당권부 채권의 양수인이 근저당권 이전의 부기등기를 마쳤다면, 채권양도의 대항요건을 갖추지 아니하였더라도, 후순위 근저당권자에게 채권양도로 대항할 수 있다(즉, 저당목적물의 배당순위에서 선순위의 근저당권부 채권의 양수인이 후순위저당권자에 앞선다). ㉡ 또한 지명채권 '양수인이 양도되는 채권의 채무자'여서 양도된 채권이 제507조 본문에 따라 혼동에 의하여 소멸한 경우에는 후에 채권에 관한 압류 또는 가압류결정이 제3채무자에게 송달되더라도 채권압류 또는 가압류결정은 존재하지 아니하는 채권에 대한 것으로서 무효이고, 압류 또는 가압류채권자는 제450조 2항에서 정한 제3자에 해당하지 아니한다(대판 2022.1.13. 2019다 272855).

★ 상계의 소급효

(1) 상계적상시로 소급

상계의 의사표시가 있으면 '각 채무가 상계할 수 있는 때'에 소멸한 것으로 본다(제493조 2항). 따라서 상계적상 이후에는 이자는 발생하지 않고 이행지체도 발생하지 않는다. 다만 상계에 소급효가 인정되더라도 상계표시 전에 이미 실현된 사실(변제, 해제 등)을 뒤엎을 수는 없다.

그리고 위 조항에서 '각 채무가 상계할 수 있는 때'란 양 채권이 모두 변제기가 도래한 경우와 수동채권의 변제기가 도래하지 아니하였다고 하더라도 기한의 이익을 포기할 수 있는 경우를 포함하는바(대판 2011.7.28. 2010다70018 : 5회 선택형), 아래에서 구체적으로 검토하기로 한다.

(2) 구체적 검토

1) 자동채권과 수동채권의 변제기가 모두 도래한 후에 상계의 의사표시를 한 경우

자동채권과 수동채권의 변제기가 모두 도래한 후에 상계의 의사표시를 한 경우에 상계적상일은 양 채권의 변제기가 모두 도래한 때이다(그 이전에 이미 이행기가 도래한 채무에 대해서는 상계적상시까지 지체책임이 발생한다). 따라서 상계적상 시점 이전에 수동채권의 변제기가 이미 도래하여 지체가 발생한 경우에는, 상계적상 시점까지의 수동채권의 약정이자 및 지연손해금을 계산한 다음 자동채권으로써 먼저 수동채권의 약정이자 및 지연손해금을 소각하고 잔액을 가지고 원본을 소각하여야 한다(대판 2005.7.8. 2005다8125).

2) 자동채권의 변제기가 도래한 후 수동채권의 변제기가 도래하기 전에 상계의 의사표시를 한 경우

자동채권의 변제기가 도래한 후 수동채권의 변제기가 도래하기 전에 상계의 의사표시를 한 경우에 상계적상일은 자동채권의 변제기가 도래한 때 또는 상계의 의사표시를 한 때 중 의사표시를 한 자의 의사해석의 문제이다. 여기서 주의할 것은 수동채권에 관하여는 그 '변제기'까지의 이자를 계상하여야 할 때가 있다는 점이다(예컨대 수동채권이 이자부 대여금채권인 경우, 제468조 참조).

3) 채권이 양도(또는 전부)된 경우

① '채권이 양도된 후 양수인이 양수금채권을 자동채권으로 하여 상계하거나 채무자가 양수인에 대한 채권을 자동채권으로 하여 상계하는 경우'에는 상계의 요건 중 '채권의 대립성' 때문에 최소한 채권양도의 대항요건이 갖추어진 이후에야 비로소 상계가 가능하다(따라서 그 이전에 자동채권과 수동채권의 변제기가 모두 도래한 경우에도 상계적상일은 양 채권의 변제기가 도래한 날이 아니라 채권양도의 대항요건이 갖추어진 날이 된다). 이와 관련하여 判例도 채권양수인이 양수채권을 자동채권으로 하여 그 채무자가 채권양수인에 대해 가지고 있던 기존 채권과 상계한 경우, 채권양수인은 채권양도의 대항요건이 갖추어진 때 비로소 자동채권을 행사할 수 있으므로 채권양도 전에 이미 양 채권의 변제기가 도래하였다고 하더라도 상계의 효력은 변제기로 소급하는 것이 아니라 채권양도의 대항요건이 갖추어진 시점으로 소급한다고 한다(대판 2022.6.30. 2022다200089).

② 그러나 '양수금 청구에 대하여 채무자가 양도인에 대한 채권을 자동채권으로 하여 상계하는 경우'(제451조 2항 참조)에는 그렇지 않다. 이 경우에는 채권양도로 인하여 채무자의 법적 지위가 달라져서는 안 된다는 법 원리에 따라 자동채권과 수동채권의 변제기가 모두 도래한 뒤 채권양도의 대항요건이 갖추어졌다면 양 채권의 변제기가 모두 도래한 날이 상계적상일이 된다(물론 대항요건을 갖추기 전에 채무자가 자동채권을 취득한 것을 전제로 한다). 이와 관련하여 判例는 채무자가 채권양도 통지를 받은 경우 채무자는 그때까지 양도인에 대하여 생긴 사유로써 양수인에게 대항할 수 있고(제451조 2항), 당시 이미 상계할 수 있는 원인이 있었던 경우에는 아직 상계적상에 있지 않더라도 그 후에 상계적상에 이르면 채무자는 양수인에 대하여 상계로 대항할 수 있다고 한다(대판 2019.6.27. 2017다222962).

제 **4** 편

채권각론

제1장	계약 총론

제1절 계약의 성립,
제2절 계약체결상의 과실책임

01 매매계약에서는 매매목적물과 대금이 반드시 계약체결 당시에 구체적으로 특정될 필요는 없으며, 이를 사후에라도 구체적으로 특정할 수 있는 방법과 기준이 정하여져 있으면 충분하다(대판 1993.6.8. 92다49447).
[변리 11, 사시 11]

02 격지자간에서는 청약에 대한 승낙의 통지를 '발송'한 때 계약은 성립한다(제531조).
[모의 15(3)유사, 사시 11, 법행 13]

03 청약이 그 효력을 발생한 때에는 청약자가 임의로 철회하지 못하나, 근로자인 甲이 사용자인 乙에게 명예퇴직 신청을 한 경우 원칙적으로 甲은 명예퇴직 의사(근로계약의 해지청약)를 철회할 수 있다.
[사시 12, 변리 11]

> **해설** 청약이 그 효력을 발생한 때에는 청약자가 임의로 철회하지 못하는데(제527조), 判例는 사직원제출이 '근로계약 해지의 청약'으로 되는 때에는 일정한 요건 하에 이를 철회하는 것을 인정한다. 특히 명예퇴직의 신청은 근로관계의 합의해지의 청약이므로 그 합의가 성립하기 전에는 신청을 철회할 수 있다고 한다. 다만, 명예퇴직의 합의 후에는 신청을 철회할 수 없다고 하며(대판 2003.4.25. 2002다11458), 일방적인 사직의 의사표시는 '근로계약의 해지통고(단독행위)'로 보고 그 의사표시의 도달 후에는 철회를 허용하지 않는다고 한다(대판 1992.4.10. 91다43138).

04 매매계약이 매매대금에 관한 의사의 불합치로 성립하지 아니한 경우 민법 제535조를 유추적용하여 계약체결상의 과실에 따른 손해배상책임의 이행을 구할 수는 없다.
[최신판례]

> **해설** "계약이 의사의 불합치로 성립하지 아니한 경우 그로 인하여 손해를 입은 당사자가 상대방에게 부당이득반환청구 또는 불법행위로 인한 손해배상청구를 할 수 있는지는 별론으로 하고, 상대방이 계약이 성립되지 아니할 수 있다는 것을 알았거나 알 수 있었음을 이유로 민법 제535조를 유추적용하여 계약체결상의 과실로 인한 손해배상청구를 할 수는 없다"(대판 2017.11.14. 2015다10929).

05 甲이 2013. 1. 10. 乙에게 A를 100만 원에 팔겠다는 청약을 하였으나, 乙이 그와 같은 甲의 청약 사실을 알지 못한 채 같은 달 12일 甲에게 A를 100만 원에 사겠다는 청약을 하였는데, 甲과 乙의 청약이 모두 상대방에게 도달한 경우, 甲과 乙사이에 계약이 성립한다.
[사시 11,13]

> **해설** 제533조(교차청약) 「당사자간에 동일한 내용의 청약이 상호교차된 경우에는 양청약이 상대방에게 도달한 때에 계약이 성립한다.」 따라서 동일한 내용의 양 청약이 모두 도달한때에 위 지문의 계약은 성립한다.

06 乙은 계약의 교섭단계에서 계약이 확실하게 체결되리라는 정당한 기대 내지 신뢰를 부여하였다. 따라서 상대방 甲이 그 신뢰에 따라 행동하였음에도 상당한 이유 없이 계약의 체결을 거부하여 손해를 입혔다면 '채무불이행책임'이 아닌 '불법행위책임'을 부담한다(대판 2001.6.15. 99다40418 등)
[민법표준판례, 모의 13(2)유사, 사시 06, 법행 14]

제2장	계약의 효력

제1절 동시이행의 항변권
제2절 위험부담

01 | 甲은 2010. 5. 1. 자신의 A 별장을 팔기로 乙과 계약을 체결하면서, 2010. 7. 1. 대금 수수와 동시에 소유권이전등기에 필요한 서류를 교부하기로 합의하였다. [13년 사법 1차]

㉠ 2010. 4. 20. 甲의 과실 없이 인근 야산의 산불로 A 별장이 소실된 경우, 그 사실에 대해 선의 · 무과실인 乙은 그 사실을 알 수 있었던 甲에 대하여 손해배상을 청구할 수 있다.

해설▶ 민법은 계약이 원시적 불능으로 인하여 무효인 경우에는 계약체결상의 과실책임을 인정하고 있다(제535조). 그 요건으로는 ⅰ) 외견상 계약체결행위가 있었을 것, ⅱ) 계약의 목적이 원시적 · 객관적 · 전부 불능일 것, ⅲ) 계약체결 행위시 불능의 급부채무자의 악의 · 과실이 있었을 것(제535조의 악의나 과실의 대상은 불능 '원인'에 대한 악의나 과실이 아니라 불능 '사실'에 대한 것이다), ⅳ) 계약의 무효로 인하여 상대방이 손해를 입었을 것, ⅴ) 계약 체결시 상대방은 선의 · 무과실일 것을 요한다.

㉡ 2010. 6. 1. 甲의 실화로 A 별장이 소실된 경우, 乙은 甲에 대한 최고 없이 계약을 해제할 수 있다. [모의 14(1)유사, 사시 05,15, 법행 05,09, 변리 06]

해설▶ 채무자에게 책임 있는 사유로 이행이 불능하게 된 때에는 채권자는 계약을 해제할 수 있다(제546조). 해제권 발생의 요건은 채무불이행으로서의 이행불능의 성립으로 충분하고, 보통의 이행지체에서와 달리 최고는 필요하지 않다. 그리고 채무자의 채무가 상대방의 채무와 동시이행관계에 있다고 하더라도 그 이행의 제공을 할 필요도 없다(대판 2003.1.24. 2000다22850).

㉢ 2010. 7. 1. 甲은 등기이전에 필요한 서류를 지참하였으나 乙이 정당한 사유 없이 약속장소에 나타나지 않았고, 그 다음날 甲의 과실 없이 인근 야산의 산불로 A 별장이 소실된 경우, 甲은 乙에게 대금지급을 청구할 수 있다. [사시 06, 법행 13, 변리 10,14]

해설▶ 쌍무계약의 당사자 일방의 채무가 채권자의 책임 있는 사유로 이행할 수 없게 된 때에는 채무자는 상대방의 이행을 청구할 수 있고, 채권자의 수령지체 중에 당사자 쌍방의 책임 없는 사유로 이행할 수 없게 된 때에도 같다(제538조 제1항). 따라서 채무자 甲은 A별장의 소유권이전의무를 면하고(급부위험의 채권자부담), 채권자 乙에게 매매대금지급을 청구할 수 있다(반대급부위험의 채권자부담).

㉣ 2010. 6. 10. 甲의 과실 없이 인근 야산의 산불로 A 별장이 소실된 경우, 甲은 乙에게 대금지급을 청구할 수 없다. [모의 12(2),13(3)]

해설▶ 쌍무계약의 당사자 일방의 채무가 당사자 쌍방의 책임 없는 사유로 이행할 수 없게 된 때에는 채무자는 상대방의 이행을 청구하지 못한다(제537조). 따라서 채무자 甲은 A별장의 소유권이전의무를 면하나(급부위험의 채권자부담), 채권자 乙에게 매매대금지급을 청구하지도 못한다(반대급부위험의 채무자부담).

02

甲은 2010. 3. 5. 乙로부터 그 소유인 X토지를 매수하는 내용의 매매계약을 체결하였고 토지를 인도받았으나 아직 매매대금은 완불되지 아니한 상태이다. 甲은 2010. 4. 5. 건축업자인 丙과 도급계약을 체결하였다. 이 도급계약의 내용은 丙이 X토지 지상에 자신 소유의 재료를 사용하여 단층 주택을 건축하되, 건축주 명의와 보존등기 명의는 甲으로 하고, 공사대금은 丙의 완공된 건물 인도와 동시에 지급하기로 하는 것이었다. 丙은 신축공사를 완료한 후 甲에게 공사가 완료되었음을 알리고 공사대금을 지급할 것과 신축건물을 인수받아 갈 것을 통고하였다. 그러나 甲은 공사대금을 마련하지 못하여 공사대금의 지급을 지체하고 있었고, 그 사이에 토지매도인인 乙은 甲으로부터 토지대금을 받지 못하자 위 X토지 매매계약을 적법하게 해제한 후 X토지를 C에게 양도하고 C명의로 소유권이전등기를 마쳤다. C는 자신이 토지소유자임을 내세워 X토지 위의 건물을 임의로 철거하였다.　　　　　[12년 사법 2차]

① 완성된 단층주택의 소유권은 判例에 따르면 원시적으로 도급인 甲에게 있다.　　[사시 11, 법행 11]

해설 ※ 신축건물의 소유권자의 확정

判例는 '특약이 없는 한', 자기의 노력과 재료를 들여 건물을 건축한 사람은 그 건물의 소유권을 원시적으로 취득한다고 보아 수급인이 재료의 전부 또는 주요부분을 제공하는 경우에는 수급인에게 소유권이 귀속된다고 판시한 바 있다(수급인 귀속설). 다만 특약의 범위를 넓게 인정하여 구체적인 사안에서는 도급인이 신축 건물의 소유권을 원시취득한다고 판단한 경우가 적지 않다.

☞ 사안과 같이 도급인명의로 건축허가를 받고 또 그 명의로 건물에 대한 소유권보존등기를 하기로 한 경우에는 완성된 건축물의 소유권을 원시적으로 도급인에게 귀속시키기로 하는 '묵시적 합의'가 있는 것으로 본다(대판 1997.5.30. 97다8601).

② 甲과의 토지매매계약은 적법하게 해제되었고 C는 X토지의 소유자이므로 C에게는 철거를 구할 권리가 있다. 그러나 법적 절차를 따르지 않고 甲소유의 건물을 임의로 철거한 것은 甲의 소유권을 침해하는 위법한 행위이다(대판 1993.3.26. 91다14116).

③ 만약 C의 지상건물 철거행위가 위법하다고 하더라도 C는 당해 건물의 시가 상당액이 아닌 적법하게 지상건물이 철거될 때까지 토지를 무단점유하면서 건물을 사실상 사용할 수 있는 이익과 폐자재를 회수할 수 있는 이익에 대한 손해배상의무만 진다(대판 1993.3.26. 91다14116).

④ 채권자 甲의 수령지체 중 쌍방의 책임없는 사유로 丙의 건물인도채무가 불능이 되었으므로 대가위험이 이전되어 甲은 건물을 받을 수 없음에도 불구하고 丙에게 보수지급채무를 부담한다.

해설 사안에서 丙은 신축공사를 완료한 후 甲에게 신축건물을 인수받아 갈 것을 통고하였는바, 이로써 丙은 자기 의무의 이행 제공을 하였다고 볼 수 있다. 그런데 甲이 공사대금을 마련하지 못하여 수령할 수 없었다면, 이는 甲의 수령지체로 판단할 수 있다(제400조). 그리고 그 와중에 C가 건물을 임의로 철거한 것은 甲과 丙 쌍방에 책임없는 사유이다. 결국 채권자 甲의 수령지체 중 쌍방의 책임없는 사유로 丙의 건물인도채무가 불능이 되었으므로 대가위험이 이전되어 甲은 건물을 받을 수 없음에도 불구하고 丙에게 보수지급채무를 부담한다(제538조 1항 2문). 즉, 丙은 여전히 甲에게 공사대금청구권을 가진다(대판 1993.3.26. 91다14116). 다만 나중에 丙이 C로부터 손해배상을 받은 범위 내에서는 甲에게 공사비를 청구할 수 없다(제538조 2항).

03 근로자 甲은 乙회사의 경영사정이 어려워지자 乙회사의 방침(지시)에 따라 일괄사직서를 제출했는데, 乙회사가 사직서를 수리하여 의원면직의 형식으로 근로계약이 종료하게 되었다.

① 甲의 사직서 제출의 의사표시는 비진의표시이고, 乙은 이를 알았기 때문에 의원면직은 무효이다(대판 2001.1.19. 2000다51919,51926).

② 甲의 사직서 제출의 의사표시는 乙의 강박행위에 의한 것으로 볼 수 없다.

해설 判例는 사용자의 '지시 내지 강요'에 의하여 근로자가 사직서를 낸 경우에 이와 같은 사정만으로는 그 사직의 의사표시를 강박에 의한 의사표시로까지 구성하지는 않는다.

③ 근로제공과 관련한 甲의 급부불능은 채권자 乙의 부당해고로 인한 것이므로 甲은 원칙적으로 부당해고가 없었더라면, 계속 근로하였을 경우의 임금 상당액의 지급을 청구할 수 있다.

해설 근로제공과 관련한 甲의 급부불능은 채권자 乙의 부당해고로 인한 것이므로 제538조 1항 1문의 '채권자에게 책임 있는 사유'로 인한 불능이다. 따라서 甲은 원칙적으로 부당해고가 없었더라면, 계속 근로하였을 경우의 임금 상당액의 지급을 청구할 수 있다.

> 비교판례 그러나 사용자의 근로자에 대한 해고가 무효이더라도, 해고기간 중 근로자가 징역형을 선고받아 구속되어 있는 경우에는 근로자가 근로의 제공을 할 수 없는 처지였으므로 구속기간 동안의 임금을 청구할 수는 없다(대판 1995.1.24. 94다40987).

④ 만약 ③이 인정된다고 하더라도 해고기간 중에 다른 직장에 취업하여 지급받은 임금(이른바 중간수입)은 이를 공제하여야 한다. [사시 05]

해설 다만, 해고기간 중에 다른 직장에 취업하여 지급받은 임금(이른바 중간수입)은 제538조 2항에 의해 이를 공제하여야 하지만, 근로자가 지급받을 수 있는 임금액 중 근로기준법 제38조 소정의 휴업수당의 범위 내의 금액은 중간수입으로 공제할 수 없고, 휴업수당을 초과하는 금액만을 중간수입으로 공제하여야 한다(대판 1993.11.9. 93다37915).

04 乙은 甲과 甲소유의 X토지(시가 10억 원)에 대한 매매계약을 체결하였다. 그리고 乙은 계약당일에 계약금과 1차 중도금을 지급하였다. 그러나 乙이 매매계약에 따라 선이행의무가 있는 2차 중도금의 지급일이 되었어도 이행을 지체하자 甲은 2차 중도금을 지급할 것을 최고하였다. 그러나 乙은 계약당시 합의되지 않은 조건을 들먹이며 그 조건의 성취가 불가능하다는 등의 이유로 甲에게 매매계약의 실효를 주장하면서 계약금과 1차 중도금의 반환을 요구하였다. 이에 甲은 중도금의 지급을 거듭 최고하고, 乙은 기지급금의 반환을 거듭 요구하였다. 그러던 중 잔금지급일을 도과한 후 한 달 뒤에 甲은 다시 한 번 서면으로 중도금 및 이에 대한 지연손해금, 잔금의 지급을 최고하였으나(당시 甲은 소유권이전등기에 필요한 서류를 전혀 준비해 두고 있지 않았다) 乙은 아무런 응답도 없었다. 그러던 중 X토지는 한국토지공사에 의해 적법하게 강제수용되어 甲은 수용보상금으로 5억 원을 지급받았다.

㉠ 乙이 계약의 실효를 주장하며 2차 중도금의 지급을 거듭해서 거절한 것은 이행거절로 볼 수 있으므로 甲은 잔금지급 이행기의 도래전이라도 즉시 계약을 해제하거나 전보배상을 구할 수 있다. [사시 07]

해설 乙이 계약의 실효를 주장하면서 2차 중도금의 지급을 거듭 거절한 것은 잔금지급이행기에 자신의 채무를 이행하지 않겠다는 '진지하고 종국적인 이행거절'의 의사로 볼 수 있다(대판 1993.6.25. 93다11821 참고). 이러한 채무불이행으로서 '이행거절'의 경우 이행기전이라도 최고 없이 계약을 해제하거나 전보배상을 청구할 수 있다.

ⓛ 乙이 2차 중도금 지급을 이행하지 않고 있는 사이에 甲의 소유권이전의무도 이행기에 도달하였으므로 쌍방의 의무는 동시이행관계에 있게 된다(대판 1989.10.27. 88다카33442).

ⓒ 甲은 채무불이행으로 인한 손해배상책임을 부담하지 않는다.

해설 동시이행의 항변권은 그 존재만으로도 이행지체의 성립을 저지시킨다(존재효, 당연효). 따라서 甲은 제392조 본문에 의해 책임이 가중되지 않는다. 그러므로 甲의 소유권이전등기의무는 강제수용으로 인해 甲의 귀책 없이 이행불능이 된 경우이므로 甲은 채무불이행으로 인한 손해배상책임을 부담하지 않는다.

ⓔ 乙의 이행거절이 없었더라도 X토지는 적법하게 강제수용되어 甲으로서는 자신의 소유권이전등기의무 및 토지인도의무를 이행할 수 없었으므로, 乙의 이행거절은 제538조 1항 1문의 책임 있는 사유로 볼 수 없다.　　　　　　　　　　　　　　　　　　　　　　　[모의 11(1)유사, 변리 14]

해설 ※ 甲의 소유권이전의무가 乙의 책임 있는 사유로 이행불능된 것인지 여부(제538조 1항 1문)(소극)
"민법 제538조 제1항 소정의 '채권자의 책임 있는 사유'라고 함은 채권자의 어떤 작위나 부작위가 채무자의 이행의 실현을 방해하고 그 작위나 부작위는 채권자가 이를 피할 수 있었다는 점에서 신의칙상 비난받을 수 있는 경우를 의미한다"(대판 2004.3.12. 2001다79013).

ⓜ 甲의 소유권이전의무는 乙의 수령지체 중에 당사자 쌍방의 책임 없는 사유로 이행불능이 된 것이 아니므로 甲은 乙에 대하여 매매대금의 지급을 청구하지 못한다.　　　　[모의 11(1)유사, 변리 14]

해설 ※ 甲의 소유권이전의무가 乙의 '수령지체' 중에 당사자 쌍방의 '책임 없는' 사유로 이행불능된 것인지 여부(제538조 1항 2문)(소극)
判例는 채권자가 미리 수령을 확고하게 거절한 경우에는 채무자는 구두제공조차 하지 않더라도 채무불이행책임을 면하나(제460조 · 제461조), 대가위험을 상대방에게 이전시키기 위해서는(제538조 1항 후문) 채무자의 변제제공(현실제공이나 구두제공)이 필요하다고 한다(대판 2004.3.12. 2001다79013).
☞ 따라서 비록 乙이 소유권이전등기에 필요한 서류에 대한 수령거절의 의사가 확고하였으나 토지가 수용된 날 이전에 소유권이전의무의 이행에 관한 현실제공 또는 구두제공을 하지 않았기 때문에, 甲의 소유권이전의무가 乙의 수령지체 중에 당사자 쌍방의 귀책사유 없이 이행불능 되었다고 볼 수 없다.

ⓗ 乙은 甲에게 이미 지급한 계약금 및 1차 중도금을 부당이득으로 반환청구할 수 있다.

해설 甲의 소유권이전의무가 乙의 수령지체 중에 당사자 쌍방의 귀책사유 없이 이행불능 되었다고 볼 수 없으므로 X토지의 수용으로 인한 대가위험은 乙에게 이전되지 않고 여전히 甲이 부담한다. 사안의 경우 결국 제537조의 채무자위험부담주의에 의해 甲은 乙에 대하여 매매대금의 지급을 청구하지 못하고, 甲은 乙로부터 받은 계약금 및 1차 중도금을 부당이득으로 반환하여야 한다. 이 경우 당해 토지가 수용된 날부터는 甲을 악의의 수익자로 볼 수 있을 것이다(제749조 1항).

05 B는 H에게 자신 소유의 X주택을 1억 5천만원에 팔기로 하고 계약금과 중도금은 지급받았으나, 잔금 5천만 원은 H가 그 지급에 갈음하여 X주택에 관한 근저당권의 피담보채무인 B의 I은행에 대한 대출금채무의 '이행을 인수'하기로 하였다. 그러나 H가 대출금을 지급하지 못하자 I은행이 근저당권실행을 위한 경매를 신청하였고, J가 X주택을 8천만원에 매수하여 매각대금을 납입하였다. 이 경우 B는 소유권이전의무를 면하고 계약금과 중도금을 반환할 필요가 없음을 물론, 나머지 매매대금을 청구할 수 있으나. 경매대금 8천만원은 H에게 상환하여야 한다.

[2014년 3차 · 2015년 3차 법전협 모의고사 사례형]

해설 ※ 저당권실행의 경매로 '매도인'이 소유권을 상실한 경우 : 대가위험부담(제538조 1항 1문)

"매수인이 매매목적물에 관한 근저당권의 피담보채무에 관하여 그 이행을 인수한 경우, 채권자에 대한 관계에서는 매도인이 여전히 채무를 부담한다고 하더라도, 매도인과 매수인 사이에서는 매수인에게 위 피담보채무를 변제할 책임이 있다고 할 것이므로, 매수인이 그 변제를 게을리 하여 근저당권이 실행됨으로써 매도인이 매매목적물에 관한 소유권을 상실하였다면, 특별한 사정이 없는 한, 이는 매수인에게 책임 있는 사유로 인하여 소유권이전등기의무가 이행불능으로 된 경우에 해당하고, 거기에 매도인의 과실이 있다고 할 수는 없다"(대판 2009.5.14. 2009다5193).

☞ 따라서 사안의 경우 H가 이행인수 약정을 이행하지 않아 저당권에 기한 경매가 실행되었으므로 H에게 이행불능에 대한 귀책사유가 있다. 따라서 H가 대가위험을 부담하게 되어 B는 소유권이전의무를 면하고 계약금과 중도금을 반환할 필요가 없음을 물론, 나머지 매매대금을 청구할 수 있게 된다(제538조 1항 1문). 다만 그 경매절차에서 B가 X주택 소유권이전의무를 면함으로써 얻은 이익인 경매대금 8,000만 원(왜냐하면 경매대금 8천만 원에서 먼저 근저당권자인 I은행에 5천만 원이 배당됨으로써 B는 I은행에 대한 5천만 원의 채무소멸의 이익을 얻고, 남은 3천만 원은 B에게 배당되는 결과 B가 3천만 원의 이익도 얻기 때문이다)은 H에게 상환되어야 한다(제538조 2항)(대판 2009.5.14. 2009다5193).

제3절 제3자를 위한 계약

01 요약자나 낙약자는 제3자를 위한 계약이 통정허위표시로서 무효인 경우 선의의 수익자에게 대항할 수 있다. [모의 14(2)유사, 사시 11, 변리 09,10]

해설 제3자를 위한 계약에 있어서 수익자는 계약의 당사자는 아니나 그가 취득하는 권리는 계약으로부터 직접 생기는 것이므로, 제3자의 보호규정(제107조 제2항·제108조 제2항·제109조 제2항·제110조 제3항·제548조 제1항 단서)상 보호받는 제3자는 아니다.

02 제3자를 위한 유상·쌍무계약의 경우, 요약자는 낙약자가 채무를 이행하지 않으면 제3자의 동의 없이도 계약을 해제할 수 있다(대판 1970.2.24. 69다1410,1411). [사시 11, 변리 07,08]

03 채무자(A)가 채권자(B)에게 부담하게 될 채무에 대해 C(보증인)가 이를 보증하기로 B와 보증계약을 체결하면서, A의 C에 대한 사전구상채무(바꾸어 말해 C가 A에 대해 가질 사전구상권)를 면제하기로 약정한 것은 제3자를 위한 계약에 준하는 것으로서 유효하다. [모의 11(2)유사, 사시 06,12, 법행 07,09]

해설 ※ 계약의 당사자가 제3자에 대하여 가진 채권에 관하여 그 채무를 면제하는 계약의 성질

判例는 "계약의 당사자가 제3자에 대하여 가진 채권에 관하여 그 채무를 면제하는 계약도 제3자를 위한 계약에 준하는 것으로서 유효하다"(대판 2004.9.3. 2002다37405)고 하고, 위 설문에서 A가 수익의 의사표시를 함으로써 A의 사전구상채무는 채무면제의 효력이 생긴다고 한다.

04 요약자와 수익자 사이의 법률관계가 무효임을 이유로 요약자는 낙약자에게 부담하는 채무의 이행을 거부할 수 없고, 낙약자는 요약자와 수익자 사이의 법률관계에 근거한 항변으로 수익자에게 대항할 수 없다. [모의 12(3),13(1),14(2)유사, 사시 05,11,12,16, 변리 06,07,08,09,10,13]

해설 제3자를 위한 계약의 체결 원인이 된 요약자와 제3자(수익자) 사이의 법률관계(이른바 대가관계)의 효력(무효, 취소, 해제)은 제3자를 위한 계약 자체는 물론 그에 기한 요약자와 낙약자 사이의 법률관계(이른바 기본관계)의 성립이나 효력에 영향을 미치지 아니한다(대판 2003.12.11. 2003다49771).

05 채무자와 인수인 사이의 계약으로 인수인이 변제 등에 의하여 채무를 소멸케 하여 채무자의 책임을 면하게 할 것을 약정하는 이행인수에서는 인수인이 채무자와의 관계에서 인수채무를 이행하여야 할 의무를 부담할 뿐 채권자에 대하여 직접 의무를 부담하는 것은 아니므로 이행인수는 제3자를 위한 계약이 아니다(대판 1997.10.24. 97다28698).　　　　　　[사시 05,11,16, 법행 09, 변리 07,09]

06
> 甲은 乙에게 ×부동산을 1억원에 매도하고 대금으로 8,000만원을 수령하였다. 한편 甲으로부터 ×부동산을 매수한 乙은 다시 丙에게 ×부동산을 1억 5,000만원에 매도하였다. 乙과 丙은 甲에게 ×부동산의 소유권이전등기를 乙이 아닌 丙에게 해 줄 것을 부탁하고, 甲의 승낙을 얻었다. 위 사안은 乙과 甲이 丙을 수익자로 하는 제3자를 위한 계약을 한 경우(금전에 대해서도 제3자를 위한 계약으로 본다)로 본다.　　[민법표준판례, 단축급부 리딩사례, 핵심사례 C-2.]
>
> **상황 1** 丙이 乙에게 대금 전액을 지급하고, 乙도 甲에게 잔대금을 지급한 뒤, 甲이 丙에게 소유권이전등기를 마쳐주었으나, 甲이 乙의 사기를 이유로 甲과 乙사이의 매매계약을 적법·유효하게 취소한 경우(단, 丙은 선의라고 가정한다)
>
> **상황 2** 丙이 乙의 지시에 의하여 甲에게 2,000만원을 지급하고, 乙에게 나머지 대금 1억 3,000만원을 지급한 뒤, 甲이 丙에게 소유권이전등기를 마쳐주었으나, 乙과 丙사이의 매매계약이 사기를 이유로 취소된 경우

㉠ [상황 1]에서 甲은 丙에게 소유권에 기하여 소유권이전등기의 말소를 청구할 수 있다.

해설▶ ※ [상황 1] 기본관계가 취소된 경우 丙등기의 효력 및 甲과 丙 사이의 법률관계
기본관계가 취소되면 제3자를 위한 계약 또한 취소가 되므로 丙명의의 소유권이전등기는 원인무효가 된다. 따라서 甲은 丙에게 소유권에 기하여 소유권이전등기의 말소를 청구할 수 있다. 이때 丙은 제110조 3항의 선의의 제3자에 해당하지 않는다. 수익의 의사표시를 한 것만으로는 실질적으로 새로운 이해관계를 맺은 것으로 볼 수 없기 때문이다.

㉡ [상황 1]에서 乙은 甲에게 매매대금을 부당이득으로 반환청구할 수 있다.

해설▶ ※ [상황 1] 기본관계가 취소된 경우 甲과 乙 사이의 법률관계
甲의 취소권행사로 甲과 乙 사이의 매매계약은 소급적으로 무효가 되어(제141조) 甲·乙 간 의 급부는 '법률상 원인'(제741조)이 없는 것으로 된다. 그러므로 甲·乙 간에는 이미 이행된 급부에 대하여 부당이득반환관계가 성립한다. 甲은 丙에 대해서 말소등기청구를 함으로써 소유권을 회복할 수 있으며 乙은 甲에게 지급한 대금 1억원의 반환을 청구할 수 있다. 그리고 사기를 당한 甲은 선의의 수익자이기 때문에 그 이익이 현존하는 한도에서 반환하면 된다(제748조). 추가적으로 乙은 불법행위를 원인으로 한 손해배상책임을 질 수도 있다.

㉢ [상황 2]에서 乙과 丙 사이의 계약이 취소되었더라도 甲은 丙을 상대로 말소등기청구를 할 수 없다.　　　　　　[모의 12(3),13(1),14(2)유사, 사시 05,11,12,16, 변리 06,07,08,09,10,13]

해설▶ ※ [상황 2] 대가관계가 취소된 경우 丙 등기의 효력
요약자 乙과 수익자 丙의 대가관계는 제3자를 위한 계약의 내용이 아니므로 계약의 성립이나 효력에 영향이 없다(대판 2003.12.11. 2003다49771). 따라서 대가관계가 무효·취소·해제된 경우 제3자를 위한 계약에는 영향이 없고, 요약자는 수익자에게 부당이득반환청구를 할 수 있을 뿐이다. 따라서 丙 명의의 소유권이전등기는 유효하므로 甲은 丙을 상대로 말소등기청구를 할 수 없다.

㉣ [상황 2]에서 乙과 丙 사이의 계약이 취소되었으므로 丙은 乙을 상대로 甲에게 지급한 2,000만원을 부당이득으로 반환청구할 수 있다. 　　　　　　　　　　　　　　　　　　[변호 17]

해설 ※ [상황 2] 乙과 丙 사이에 금전지급에 관한 제3자를 위한 계약이 있는 경우 甲이 수익의 의사표시를 한 경우 丙이 甲에게 이미 지급한 2,000만원의 반환을 청구할 수 있는지 여부(소극)

判例는 낙약자가 수익자에게 이미 이행한 것이 '금전의 지급'인 경우, "제3자를 위한 계약관계에서 낙약자와 요약자 사이의 법률관계(이른바 기본관계)를 이루는 계약이 해제된 경우, 그 계약관계의 청산은 계약의 당사자인 낙약자와 요약자 사이에 이루어져야 하므로, 특별한 사정이 없는 한, 낙약자가 이미 제3자에게 급부한 것이 있더라도 낙약자는 계약해제에 기한 원상회복 또는 부당이득을 원인으로 제3자를 상대로 그 반환을 구할 수 없다"(대판 2005.7.22. 2005다7566,7573)고 판시하였다.

☞ 사안에서 丙이 甲에게 직접 대금을 지급한 것은 乙에 대한 채무의 이행으로서 한 것이기 때문에 乙과 丙 사이의 계약이 취소된 경우 부당이득의 반환은 乙과 丙 사이에서 이루어져야 한다(제3자를 위한 계약에 따른 낙약자의 수익자에 대한 급부는, 낙약자의 요약자에 대한 급부, 요약자의 수익자에 대한 급부의 단축급부의 실질을 갖는다). 따라서 丙은 위 2,000만원도 계약상대방인 乙에게 부당이득으로 반환청구하여야 한다. 즉 丙은 1억 5,000만원 전부에 관하여 계약상대방인 乙에게 부당이득을 이유로 그 반환을 청구하여야 한다.

㉤ [상황 2]에서 乙은 丙을 상대로 부당이득을 원인으로 소유권이전등기를 청구할 수 있다.

해설 ※ [상황 2] 대가관계가 취소된 경우 乙과 丙 사이의 법률관계

丙의 수익자로서의 권리는 대가관계인 乙과 丙 사이의 매매계약이 그 법률상 원인이 되었는바, 그것이 취소되었기 때문에 丙의 甲에 대한 소유권이전등기청구권은 乙과의 관계에서는 법률상 원인이 없게 되었다. 따라서 乙은 부당이득을 원인으로 丙으로부터 그 청구권을 양도받은 후 甲에게 직접 그 청구권을 행사할 수 있을 것이다. 그러나 사안의 경우 丙앞으로 소유권이전등기가 되었기 때문에 乙은 丙을 상대로 부당이득을 원인으로 소유권이전등기를 청구하여야 한다.

제4절 계약의 해제(해지)

01 매매계약이 합의해제된 경우 매수인에게 이전되었던 소유권은 당연히 매도인에게 복귀하므로, 합의해제에 따른 매도인의 원상회복청구권은 소유권에 기한 물권적 청구권이고 이는 소멸시효의 대상이 되지 않는다(대판 1982.7.27. 80다2968). 　　　　　　　　　　　　[사시 12, 변리 04,05]

02 계약금의 일부만 지급된 경우 매도인(수령자)이 매매계약을 해제할 수 있다고 하더라도 해약금의 기준이 되는 금원은 '실제 교부받은 계약금'이 아니라 '약정 계약금'이다(대판 2015.4.23. 2014다231378) 　　　　　　　　　　　　　　　　　　　　　　[모의 14(2)유사, 법행 13, 변리 12]

해설 ※ 계약금이 일부만 지급된 경우

(1) 계약금계약의 법적 성질

계약금계약은 금전 기타 유가물의 교부를 요건으로 하는 요물계약이고, 매매계약에 종된 계약이다.

(2) 계약금 지급약정만 한 단계에서 제565조 1항의 계약해제권이 발생하는지 여부

계약금계약은 요물계약으로 금전 기타 유가물의 교부를 요건으로 하므로, 단지 계약금을 지급하기로 약정만 한 단계에서는 아직 계약금으로서의 효력, 즉 제565조 규정에 의해 계약해제를 할 수 있는 권리는 발생하지 않는다. 따라서 교부자가 계약금의 잔금 또는 전부를 지급하지 아니하는 한 계약금계약은 성립하지 아니하므로 당사자가 임의로 주계약을 해제할 수는 없다(대판 2008.3.13. 2007다73611).

03 계약이 합의해제된 경우, 그 해제시에 당사자 일방이 상대방에게 손해배상을 하기로 특약하거나 손해배상청구를 유보하는 의사표시를 하는 등 다른 사정이 없는 한, 채무불이행으로 인한 손해배상을 청구할 수 없다(대판 1989.4.25. 86다카1147,1148).   [사시 12]

04 원래의 계약에 있는 위약금이나 손해배상에 관한 약정은 그것이 계약 내용이나 당사자의 의사표시 등에 비추어 합의해제·해지의 경우에도 적용된다고 볼 만한 특별한 사정이 없는 한 합의해제·해지의 경우에까지 적용되지는 않고, 계약을 합의하여 해제하거나 해지하면서 상대방에게 손해배상을 하기로 하는 특약이나 손해배상청구를 유보하는 의사표시를 하였는지를 판단하는 기준 시기는 합의해제·해지 당시이다.   [21년 최신판례]

해설 ※ 1. 합의해제의 경우에도 채무불이행에 따른 손해배상의무를 부담하는지 여부(원칙적 소극), 2. 기존 계약에서 정한 위약금 약정이 합의해제의 경우에도 적용되는 손해배상 특약에 해당되는지 판단하는 시점 (=합의해제 당시) 및 원칙적 인정 여부 (소극)
☞ 원심이 합의해제를 인정하면서도 별다른 근거 없이 피고의 채무불이행에 따른 손해배상채권을 자동채권으로 한 상계항변을 받아들인 사안에서, 원심판결에 합의해제에 따른 손해배상책임의 성립요건에 관한 법리를 오해한 잘못이 인정되고, 합의해제 당시를 기준으로 판단할 때 기존의 위약금 약정을 합의해제시에도 적용되는 손해배상 특약으로 볼 수 없다고 한 사례이다(대판 2021.5.7. 2017다220416).

> **비교판례** 손해배상특약을 인정한 예
> 判例는 원고가 아파트 내 휘트니스 센터를 위탁받아 운영하다가 계약을 합의해지하고 입주자대표회의인 피고를 상대로 위탁계약에 따라 투자금의 반환과 손해배상을 청구한 사안에서, 대법원은 '甲은 乙이 계약사항을 위반하지 않았으나 乙의 계약이 해지될 경우 甲은 乙이 센터에 투자한 투자금 및 손해배상금을 변상하여야 한다.'고 정한 조항이 합의해지의 경우에도 적용된다고 판단하고, 같은 취지에서 피고의 책임을 인정한 원심판결을 수긍하였다(대판 2021.3.25. 2020다285048).

05 매매계약에 있어서 매수인이 중도금을 약정한 일자에 지급하지 아니하면 그 계약을 무효로 한다고 하는 특약이 있는 경우 매수인이 약정한대로 중도금을 지급하지 아니하면 해제의 의사표시를 요하지 않고 그 불이행 자체로써 계약은 그 일자에 자동적으로 해제된 것이라고 보아야 한다(대판 1991.8.13. 91다13717).   [변호 18, 사시 08,12, 법행 04,10, 변리 04]

> **비교판례** 잔대금지급채무의 불이행을 조건으로 한 실권조항
> 判例는 쌍방의 채무가 동시이행관계인 경우 이행의 제공을 하여 상대방을 이행지체에 빠뜨려야 자동해제가 된다고 한다(대판 1998.6.12. 98다505). 다만 동시이행의 경우에도 '불이행시 계약이 자동적으로 해제되는 것을 감수하겠다'는 등의 별도의 특약이 있는 때에는 특약에 따라 이행의 제공 없이도 자동해제될 수 있다고 한다(대판 1996.3.8. 95다55467).

06 쌍무계약을 체결하면서 어느 기한까지 일방이 채무를 이행하지 아니하면 자동적으로 계약이 해제된다고 약정한 경우, 어느 일방이 채무를 이행하지 않으면 이행최고나 해제의사표시 없이 계약이 자동으로 해제되나, 당사자들이 계약이 유효함을 전제로 논의를 계속하면서 해제의 효과를 주장하지 않은 채 계약의 이행을 촉구하거나 상대방이 별다른 이의 없이 급부 중 일부를 수령하였다면, 당사자들 사이에 자동해제된 계약을 부활시키기로 하는 합의가 있었다고 보아야 한다 (대판 2019.6.27. 2019다216817).   [19년 최신판례]

07 매수인이 중도금지급채무를 불이행하여 매도인이 그 이행을 최고한 경우, 매도인의 최고가 약정된 중도금액보다 현저하게 과다하고, 매도인이 청구한 금액을 제공하지 않으면 그것을 수령하지 않을 것이라는 매도인의 의사가 분명하다면, 위와 같은 최고에 터잡은 매도인의 계약 해제는 효력이 없다(대판 1994.5.10. 93다47615). [변호 13, 사시 12, 변리 13]

08 계약의 해제로 인한 원상회복청구권에 대하여 해제자가 해제의 원인이 된 채무불이행에 관하여 '원인'의 일부를 제공하였다는 등의 사유가 있는 경우에도 과실상계에 준하여 권리의 내용이 제한될 수 없다(대판 2014.3.13. 2013다34143). [최신판례, 법행 15]

> **해설** ※ 제548조 2항의 원상회복의무의 경우 과실상계 적용여부(소극)

09 무허가건물관리대장에 소유자로 등재된 자는 제548조 1항 단서의 '제3자'에 해당하지 않는다. [최신판례, 모의 15(1)유사, 법행 15]

> **해설** "민법 제548조 제1항 단서에서 규정하는 제3자라 함은 해제된 계약으로부터 생긴 법률적 효과를 기초로 하여 새로운 이해관계를 가졌을 뿐 아니라 등기·인도 등으로 완전한 권리를 취득한 사람을 지칭하는 것이다. 그런데 무허가건물관리대장은 무허가건물에 관한 관리의 편의를 위하여 작성된 것일 뿐 그에 관한 권리관계를 공시할 목적으로 작성된 것이 아니므로 무허가건물관리대장에 소유자로 등재되었다는 사실만으로는 무허가건물에 관한 소유권 기타의 권리를 취득하는 효력이 없다"(대판 2014.2.13. 2011다64782).

10 여러 사람이 공동임대인으로서 임차인과 하나의 임대차계약을 체결한 경우에는 특별한 사정이 없는 한 공동임대인 전원의 해지의 의사표시에 따라 임대차계약 전부를 해지하여야 한다(대판 2015.10.29. 2012다5537). [최신판례, 법무 16]

> **동지판례** "민법 제547조 제1항은 '당사자의 일방 또는 쌍방이 수인인 경우에는 계약의 해지나 해제는 그 전원으로부터 또는 전원에 대하여 하여야 한다'고 규정하고 있다. 따라서 매매계약의 일방 당사자가 사망하였고 그에게 여러 명의 상속인이 있는 경우에 그 상속인들이 위 계약을 해제하려면, 상대방과 사이에 다른 내용의 특약이 있다는 등의 특별한 사정이 없는 한, 상속인들 전원이 해제의 의사표시를 하여야 한다"(대판 2013.11.28. 2013다22812).

11 매도인으로부터 매매 목적물의 소유권을 이전받은 매수인이 매도인의 계약해제 이전에 제3자에게 목적물을 처분하여 계약해제에 따른 원물반환이 불가능하게 된 경우에 매수인은 원상회복의무로서 가액을 반환하여야 하며, 이때에 반환할 금액은 특별한 사정이 없는 한 그 '처분 당시의 목적물의 대가 또는 그 시가 상당액과 처분으로 얻은 이익'에 대하여 그 이득일부터의 법정이자를 가산한 금액이다(대판 2013.12.12. 2013다14675). [최신판례, 법행 14]

12 甲주식회사와 乙이 금형 제작에 관한 도급계약을 체결하면서 작성한 도급계약서에 '甲회사는 乙이 계약을 위반하여 기간 내에 제작을 완료할 수 없는 경우에는 계약을 해제할 수 있다'는 조항을 두었다면, 乙이 납품기한이 지나도록 납품을 하지 못하여 甲회사가 이행 최고 없이 곧바로 계약해제를 통보한 경우 甲 회사의 계약해제는 법정해제권 제544조의 행사요건을 갖추었는지와 별개로 유효하다(대판 2016.12.15. 2014다14429,14436). [최신판례]

> **해설** "위 조항은 단순히 채무불이행으로 인한 법정해제권을 주의적으로 규정한 것이 아니라 특유한 해제사유를 정하고 해제절차에서도 최고 등 법정해제권 행사의 경우와 달리 정하고자 하는 당사자의 의사가 반영된 것이라고 볼 여지가 있다"(대판 2016.12.15. 2014다14429,14436).

13　B는 A소유 X건물을 임차하여 사용·수익을 하고 있던 중 A의 대리인 C와 매매계약을 체결하고(이 때 C는 매매계약체결에 관한 대리권한이 있었다), C에게 계약금을 지불하고 중도금은 임대차보증금으로 갈음하기로 하였다. 그런데 C는 A에게 계약금을 지급하지 않았고, 매수인 B와 매매계약상 특약으로 부담한 채무의 이행을 하지 않았다. 이에 매수인 B가 매도인 A와의 매매계약을 적법·유효하게 해제하였다.　　　　　　　　　　　　　　[판례연구 C-3.참고]

① C가 계약금을 수령한 것은 적법하다.

해설 ▶ 임의대리권은 그 권한에 부수하여 상대방의 의사표시를 수령하는 이른바 수령대리권을 포함하고, 매매계약체결의 대리권을 수여받은 대리인은 계약금 및 중도금과 잔금을 수령할 권한을 가지므로(대판 1994.2.8. 93다39379), C가 계약금을 수령한 것은 적법하다.

② B의 해제로 인한 원상회복의무는 대리인 C가 아니라 계약의 당사자인 본인 A가 부담한다.

해설 ▶ "계약상 채무의 불이행을 이유로 계약이 상대방 당사자에 의하여 유효하게 해제되었다면, 해제로 인한 원상회복의무는 대리인이 아니라 계약의 당사자인 본인이 부담한다"(대판 2011.8.18. 2011다30871).　　　　[변호 17]

③ 계약해제로 A측이 B에게 매매대금을 반환하여야 하는 경우 가산되는 이자는 지연 배상금이 아니라 원상회복을 위한 일종의 부당이득반환의 성질을 가지기 때문에 이자에 관하여 A측과 B의 특약이 있으면 그 약정이율이 우선 적용되고 약정이율이 없으면 법정이율이 적용된다(대판 2013.4.26. 2011다50509).　　　　　　　　　　　　　　[변호 17, 사시 15, 법행 15]

④ B의 해제로 인한 원상회복청구권의 소멸시효는 해제시, 즉 원상회복청구권이 발생한 때부터 진행한다(대판 2009.12.24. 2009다63267).

⑤ B는 매매계약의 해제에 따른 원상회복으로서 임료상당의 사용이익을 반환할 의무를 지는 것은 아니다.

해설 ▶ B가 A소유 건물을 사용·수익한 것은 위 매매계약에 앞서 체결된 임대차계약에 기한 것일 뿐 매매계약의 이행으로서 인도받았다고는 볼 수 없으므로, B가 임대차계약에 기하여 부당이득반환의무를 지는 것은 별론으로 하고 매매계약의 해제에 따른 원상회복으로서 임료상당의 사용이익을 반환할 의무를 지는 것은 아니다(대판 2011.6.30. 2009다30724).

14　甲이 자신 소유의 X 토지에 관하여 乙과 매매계약을 체결하고, 乙 명의로 소유권이전등기를 마쳐주었는데, 乙은 정당한 이유 없이 그 매매대금을 완제하지 않고 있다.

① 甲이 乙의 채무불이행을 이유로 위 매매계약을 해제하였고 그동안 乙이 X 토지를 점유 사용한 경우, 甲은 乙에게 그 토지의 사용이익의 반환을 구할 수 있고(제548조 2항 유추해석), 乙은 甲에 대하여 매매대금을 받은 날(해제한 날이 아님)부터 대금을 반환할 때까지의 법정이자 상당액의 반환을 청구할 수 있다(제548조 2항).

② 甲과 乙은 위 매매계약이 해제될 경우 원상회복의 방법으로 甲에게 소유권이전등기를 하여주기로 약정하고, 乙 명의의 소유권이전등기 후 위 약정에 따른 청구권 보전을 위한 가등기를 경료한 상태에서 乙이 A에게 위 토지를 매도하고 소유권이전등기를 마쳐주었다. 그 후 甲과 乙 사이의 매매계약이 해제되어 그 가등기에 기한 본등기가 이루어지면 A 명의의 소유권이전등기는 말소되어야 한다.

해설 ※ 제548조 1항 단서에 의한 A의 보호와 가등기에 기한 본등기를 한 甲보호의 충돌

判例는 가등기에 기한 본등기의 보호를 우선하고 있다(대판 1982.11.23. 81다카1110).

③ B가 乙에 대한 대여금채권을 청구채권으로 하여 X 토지를 가압류한 후 위 매매계약이 해제되면 甲은 B에 대하여 해제의 소급효를 주장할 수 없다. [사시 07, 09, 법행 13]

해설 "민법 제548조 제1항 단서에서 말하는 제3자란 일반적으로 그 해제된 계약으로부터 생긴 법률효과를 기초로 하여 해제 전에 새로운 이해관계를 가졌을 뿐 아니라 등기, 인도 등으로 완전한 권리를 취득한 자를 말하는 것인데, 해제된 매매계약에 의하여 채무자의 책임재산이 된 부동산을 가압류 집행한 가압류채권자도 원칙상 위 조항 단서에서 말하는 제3자에 포함된다"(대판 2005.1.14. 2003다33004).

> **비교판례** "제3채무자가 소유권이전등기청구권에 대한 압류명령에 위반하여 채무자에게 소유권이전등기를 경료한 후 채무자의 대금지급의무의 불이행을 이유로 매매계약을 해제한 경우, 해제의 소급효로 인하여 채무자의 제3채무자에 대한 소유권이전등기청구권이 소급적으로 소멸함에 따라 이에 터잡은 압류명령의 효력도 실효되는 이상 압류채권자는 처음부터 아무런 권리를 갖지 아니한 것과 마찬가지 상태가 되므로 제548조 1항 단서의 제3자에 해당하지 않는다"(대판 2000.1.14. 99다40937).

④ 만약 乙이 甲으로부터 소유권이전등기를 받지 아니한 상태에서 X 토지를 인도받아 그 지상에 단층주택(30㎡)을 신축하였고, 그 주택을 C가 매수하여 점유하고 있는 경우, 그 후 위 매매계약이 해제되었다면, 甲은 C를 상대로 위 건물의 철거를 청구할 수 있다.

해설 "계약당사자의 일방이 계약을 해제하여도 제3자의 권리를 침해할 수 없지만, 여기에서 그 제3자는 계약의 목적물에 관하여 권리를 취득하고 또 이를 가지고 계약당사자에게 대항할 수 있는 자를 말하므로, 토지를 매도하였다가 대금지급을 받지 못하여 그 매매계약을 해제한 경우에 있어 그 토지 위에 신축된 건물의 매수인은 위 계약해제로 권리를 침해당하지 않을 제3자에 해당하지 아니한다"(대판 1991.5.28. 90다카16761).

☞ 다만 C에게 X토지에 대한 이해관계, 즉 토지이용권인 관습법상의 법정지상권 등이 인정된다면 제3자에 해당될 여지가 있으나, 사안에서는 처분당시 토지와 건물이 동일인의 소유에 속하지 않으므로 관습법상 법정지상권이 성립되는 사안도 아니다. 만약 위 사안에서 X토지의 매수인 乙이 甲의 선이행으로 'X토지에 대한 소유권이전등기를 경료받은 후' 건물을 신축하여 건물의 소유권만을 C에게 이전한 경우라면, C는 X토지에 관하여 관습법상 법정지상권을 취득하기 때문에 나중에 토지 매매가 해제되는 경우에도 C는 제548조 1항 단서에 의해 보호된다.

⑤ 위 매매계약이 해제된 후 해제에 의한 소유권이전등기가 말소되기 전에 乙이 위 해제 사실을 모르는 D에게 X 토지를 양도하고 소유권이전등기를 마쳐주었다면, D는 제3자로서 보호받을 수 있다. [변호 14]

해설 ※ 제548조 1항 단서의 '제3자' 보호

계약해제로 인한 원상회복의무는 제3자의 권리를 해하지 못한다(제548조 1항 단서). 이때 제3자의 범위와 관련하여 判例는 "그 해제된 계약으로부터 생긴 법률효과를 기초로 하여 '해제 전'에 새로운 이해관계를 가졌을 뿐 아니라 등기·인도 등으로 완전한 권리를 취득한 자"를 말한다고 한다(대판 2002.10.11. 2002다33502). 다만 判例는 '해제의 의사표시가 있은 후라도 그 등기 등을 말소하지 않은 동안' 새로운 권리를 취득하게 된 '선의'의 제3자도 포함된다고 한다(대판 1985.4.9. 84다카130,131). 이 경우 제3자가 악의라는 사실의 주장, 증명책임은 계약해제를 주장하는 자에게 있다고 한다(대판 2005.6.9. 2005다6341).

15

> 2016. 3. 5. 甲과 乙은 甲소유 X토지에 대한 매매계약을 1억원에 체결한 바, 乙은 계약금 1천만 원과 중도금 4천만 원은 약속한 날짜에 제대로 지급하여 특약에 따라 중도금 지급기일부터 乙이 X토지를 사용하고 있었다. 그러나 甲의 X토지에 관한 등기서류 교부와 동시에 지급하기로 한 잔금 5천만 원에 대한 지급을 乙이 지체함으로써 甲은 적법하게 乙과의 매매계약을 이행지체를 이유로 해제하였다.

㉠ 甲은 계약금 및 중도금을 각 받은 날로부터 법정이자를 가산하여 반환하여야 하고(제548조 2항), 乙은 X토지를 받은 날부터 사용이익 반환의무(제548조 2항 유추해석)과 함께 등기서류에 대한 甲의 (계속적) 변제제공이 있은 때로부터 해제시까지의 잔금 5천만 원에 대한 이행지체에 따른 손해배상의무를 부담하며(제551조), 이러한 甲과 乙의 의무는 동시이행의 관계에 있다.

㉡ 만약 ㄱ.지문이 타당하더라도 동시이행의 관계에 있는지 여부와는 관계없이 매도인이 반환하여야 할 매매대금에 대하여는 그 받은 날로부터 원칙적으로 민법 소정의 법정이율인 연 5%의 비율에 의한 법정이자를 부가하여 지급하여야 한다.   [변호 17, 변리 06]

해설 "제548조 제2항은 원상회복의 범위에 속하는 것이며 일종의 부당이득반환의 성질을 가지는 것이고 반환의무의 이행지체로 인한 것이 아니므로, 부동산 매매계약이 해제된 경우 매도인의 매매대금 반환의무와 매수인의 소유권이전등기말소등기 절차이행의무가 동시이행의 관계에 있는지 여부와는 관계없이 매도인이 반환하여야 할 매매대금에 대하여는 그 받은 날로부터 민법 소정의 법정이율인 연 5푼의 비율에 의한 법정이자를 부가하여 지급하여야 한다"(대판 2000.6.9. 2000다9123).

해설 判例에 따르면 계약해제시 원상회복의무(제549조) 뿐만 아니라 손해배상의무 사이(제551조)에도 동시이행관계에 있으므로(대판 1992.4.28. 91다29972), 상대방으로부터 이행의 제공(원상회복)을 받으면서 자기의 채무(원상회복)를 이행하지 않는 경우에 이행지체가 된다. 즉, 당사자 쌍방이 모두 변제의 제공을 하지 않고서 이행기를 경과한 때에는, 그 이후 쌍방의 채무는 기한의 정함이 없는 채무로서 동시이행의 관계에 있게 되며, 당사자 중 일방이 자기의 채무이행을 제공하고 상대방에 대하여 그 채무의 이행을 최고함으로써 비로소 상대방은 이행지체에 놓이게 된다(대판 1980.8.26. 80다1037).

※ **원상회복의무가 이행지체에 빠진 경우**
"원상회복의무가 이행지체에 빠진 이후의 기간에 대해서는 부당이득반환의무로서의 이자가 아니라 반환채무에 대한 지연손해금이 발생하게 되므로 거기에는 지연손해금률이 적용되어야 한다. 그 지연손해금률에 관하여도 당사자 사이에 별도의 약정이 있으면 그에 따라야 할 것이고, 설사 그것이 법정이율보다 낮다 하더라도 마찬가지이다"(대판 2013.4.26. 2011다50509).

※ **계약해제시 반환할 금전에 가산할 이자에 관하여 당사자 사이에 약정이 있는 경우**
"계약해제시 반환할 금전에 가산할 이자에 관하여 당사자 사이에 약정이 있는 경우에는 특별한 사정이 없는 한 이행지체로 인한 지연손해금도 그 약정이율에 의하기로 하였다고 보는 것이 당사자의 의사에 부합한다. 다만 그 약정이율이 법정이율보다 낮은 경우에는 약정이율에 의하지 아니하고 법정이율에 의한 지연손해금을 청구할 수 있다고 봄이 타당하다"(대판 2013.4.26. 2011다50509).

㉢ 만약 甲과 乙 사이에 계약해제시에 반환할 금전에 가산할 이자에 관하여 월 0.4%의 약정이율이 있었다면, 乙이 X토지에 관한 원상회복(손해배상 포함)을 이행하며 甲에게 최고하는 경우 甲은 계약금 및 중도금의 원상회복에 대해 乙의 원상회복 전까지는 월 0.4%의 약정이율을, 원상회복 이후부터는 연 5%의 비율에 의한 지연이자를 지급해야 한다.   [변리 07]

㉣ 만약 甲과 乙 사이에 계약해제시에 반환할 금전에 가산할 이자에 관하여 월 0.4%의 약정이율과 월 0.1%의 지연이율이 있었다면, 乙이 X토지에 관한 원상회복(손해배상 포함)을 이행하며 甲에게 최고하는 경우 甲은 계약금 및 중도금의 원상회복에 대해 乙의 원상회복 전까지는 월 0.4%의 약정이율을, 원상회복 이후부터는 월 0.1%의 비율에 의한 지연이자를 지급해야 한다   [변호 17, 사시 15, 법행 15]

16 매도인이 원소유자에 대하여 가지는 소유권이전등기청구권에 대하여 가압류집행이 되어 있는 경우라도, 매수인은 원칙적으로 매도인의 소유권이전등기의무의 이행불능을 이유로 계약을 해제할 수 없다. [사시 09,10, 법행 15, 변리 09]

> **해설▶** "매매목적물에 대하여 가압류 집행이 되었다고 하여 매매에 따른 소유권이전등기가 불가능한 것이 아니므로, 이러한 경우 매수인으로서는 신의칙 등에 의해 대금지급채무의 이행을 거절할 수 있음은 별론으로 하고, 매매목적물이 가압류되었다는 사유만으로는 매도인의 계약 위반을 이유로 매매계약을 해제할 수는 없다"(대판 1999.6.11. 99다11045).

17 甲과 乙이 공동으로 丙으로부터 부동산을 매수한 경우, 甲이 단독으로 丙과의 매매계약을 해제할 수 있다는 당사자 간의 약정은 유효하다. [사시 10, 변리 06, 법행 04,07,08]

> **해설▶** 해제권의 불가분성에 관한 제547조의 규정은 실제상의 편의를 위해 인정된 것이지 그 성질상 불가분의 것은 아니고 또 공익상의 이유로 채용된 것도 아니므로, 당사자 사이의 특약으로 이를 배제할 수 있는 임의규정이다(대판 1994.11.18. 93다46209).

18 甲이 乙과의 사이에 X 토지를 매매하는 계약을 체결한 후 乙에 대한 매매잔대금채권을 丙에게 양도한 경우, 위 매매계약이 해제되면 丙은 선의라도 乙에 대하여 위 양수금을 청구할 수 없고, 乙의 채권자 丁이 甲과 乙 사이의 매매계약에 기한 乙의 소유권이전등기청구권을 가압류하였다면, 그 후 甲이 乙의 대금지급의무 불이행을 이유로 매매계약을 해제하더라도 丁의 가압류권자로서의 지위는 보호받지 못한다. [변호 12, 사시 11, 법행 05, 변리 05,06]

> **해설▶** "제548조 제1항 단서에서 말하는 제3자란 일반적으로 그 해제된 계약으로부터 생긴 법률효과를 기초로 하여 해제 전에 새로운 이해관계를 가졌을 뿐 아니라 등기, 인도 등으로 완전한 권리를 취득한 자를 말하므로 계약상의 채권을 양수한 자(대판 2003.1.24. 2000다22850)나 그 채권 자체를 압류 또는 전부한 채권자는 여기서 말하는 제3자에 해당하지 아니한다"(대판 2000.4.11. 99다51685).

19 채권자가 계약이 이행되리라고 믿고 지출한 비용의 배상을 계약의 해제 또는 해지에 따른 손해배상으로 청구하는 경우에도 채권자가 계약의 이행으로 얻을 수 있는 이익이 인정되지 않는 경우라면, 채권자에게 배상해야 할 손해가 발생하였다고 볼 수 없으므로 당연히 지출비용의 배상을 청구할 수 없다. [최신판례 : 사시 10, 법행 10,13, 변리 04,06,09]

> **해설▶** "채무불이행을 이유로 계약을 해제하거나 해지하고 손해배상을 청구하는 경우에, 채권자는 채무가 이행되었더라면 얻었을 이익을 얻지 못하는 손해를 입은 것이므로 계약의 이행으로 얻을 이익, 즉 이행이익의 배상을 구하는 것이 원칙이다(제551조). 그러나 채권자는 그 대신에 계약이 이행되리라고 믿고 지출한 비용의 배상을 채무불이행으로 인한 손해라고 볼 수 있는 한도에서 청구할 수도 있다. 이러한 지출비용의 배상은 이행이익의 증명이 곤란한 경우에 그 증명을 용이하게 하기 위하여 인정되는데, 이 경우에도 채권자가 입은 손해, 즉 이행이익의 범위를 초과할 수는 없다(대판 2016.4.15. 2015다59115). 한편, 채권자가 계약의 이행으로 얻을 수 있는 이익이 인정되지 않는 경우라면, 채권자에게 배상해야 할 손해가 발생하였다고 볼 수 없으므로, 당연히 지출비용의 배상을 청구할 수 없다"(대판 2017.2.15. 2015다235766).

20 상속재산 분할협의는 공동상속인들 사이에 이루어지는 일종의 계약이므로, 공동상속인들은 이미 이루어진 상속재산 분할협의의 전부 또는 일부를 전원의 합의에 의하여 해제한 다음 다시 새로운 분할협의를 할 수 있다(대판 2004.7.8. 2002다73203). [사시 08,10, 법행 05,15]

21

> A는 자신의 Y주택을 B에게 매도하였고, B는 미등기인 상태에서 그 주택을 C에게 임차하여 C가 주택임대차보호법상의 인도 및 전입신고를 마쳤다. 이후 B가 매매대금을 지급하지 않아 A가 B와의 매매계약을 해제하고 C에게 제213조에 기해 Y주택의 인도를 청구하고 있다.

㉠ 매수인 B가 매매계약의 이행으로 매매목적물을 인도받아 목적물을 사용·수익할 수 있는 지위에서 Y주택을 C에게 임대한 경우 C는 A의 Y주택 인도청구에 대항할 수 있다.

[변호 12, 사시 05,09,16, 법행 10,13]

해설 "매매계약의 '이행'으로 매매목적물을 인도받은 매수인은 그 물건을 사용, 수익할 수 있는 지위에서 그 물건을 타인에게 적법하게 임대할 수 있으며 이러한 지위에 있는 매수인으로부터 매매계약이 해제되기 전에 매매목적물인 주택을 임차하여 주택의 인도와 주민등록을 마침으로써 주택 임대차보호법 제3조 제1항에 의한 대항요건을 갖춘 임차인은 민법 제548조 제1항 단서에 따라 계약해제로 인하여 권리를 침해받지 않는 제3자에 해당하므로 임대인의 임대권원의 바탕이 되는 계약의 해제에도 불구하고 자신의 임차권을 새로운 소유자에게 대항할 수 있다"(대판 2008.4.10. 2007다38908,38915).

㉡ 만약 사례에서 B가 A로부터 매매대금 미지급을 해제조건부로 전세권한을 부여받아 C에게 임대(채권적 전세)한 경우에도, C는 A의 인도 청구에 대항할 수 없다.

㉢ 위 'ㄴ'의 경우 B에게 임대차보증금을 지급한 C는 A의 인도 청구에 대하여 동시이행항변권에 근거해 인도를 거부할 수 없다.

해설 ※ 미등기매수인의 임대권한이 처음부터 제한되어 있는 경우
"주택 매매계약에 부수하여 매매대금 수령 이전에 매수인에게 임대 권한을 부여한 경우, 이는 매매계약의 해제를 해제조건으로 한 것이고, 매도인으로부터 매매계약의 해제를 해제조건부로 전세 권한을 부여받은 매수인이 주택을 임대한 후 매도인과 매수인 사이의 매매계약이 해제됨으로써 해제조건이 성취되어 그 때부터 매수인이 주택을 전세 놓을 권한을 상실하게 되었다면, 임차인은 전세계약을 체결할 권한이 없는 자와 사이에 전세계약을 체결한 임차인과 마찬가지로 매도인에 대한 관계에서 그 주택에 대한 사용수익권을 주장할 수 없게 되어 매도인의 명도 청구에 대항할 수 없게 되는바, 이러한 법리는 임차인이 그 주택에 입주하고 주민등록까지 마쳐 주택 임대차보호법상의 대항요건을 구비하였거나 전세계약서에 확정일자를 부여받았다고 하더라도 마찬가지이다"(대판 1995.12.12. 95다32037). 이 때 임차인은 매수인(임대인)의 보증금반환과 동시이행으로 매도인에게 목적물인도를 하겠다는 동시이행의 항변을 행사할 수 없다(대판 1990.12.7. 90다카24939).
★ 'ㄱ'의 경우와 'ㄴ'의 경우의 차이는 인도 유무나 전세권한이냐 임대권한이냐의 차이라기보다는 'ㄴ'의 95다32037 判例 사안에서는 매수인에 부여된 권한 자체가 해제조건부인 점 때문인 것으로 이해해야 한다.

㉣ 만약 사례에서 B가 A와의 특약에 의하여 매매대금 완납 전에 소유권이전등기를 경료받고 주택을 C에게 임대한 경우 C는 A의 인도청구에 대항할 수 있고, C는 임대차기간이 종료한 경우에 A에게 보증금반환을 청구할 수 있다.

해설 判例는 소유권을 취득하였다가 계약해제로 인하여 소유권을 상실하게 된 임대인으로부터 그 계약이 해제되기 전에 주택을 임차받아 주택의 인도와 주민등록을 마침으로써 같은 법 소정의 대항요건을 갖춘 임차인은 등기된 임차권자와 마찬가지로 제3자에 해당된다고 한다(대판 1996.8.20. 96다17653). 이 경우 소유권을 회복한 매도인은 임대인의 지위를 승계하고, 임대차보증금반환채무도 면책적으로 인수한다. ☞ C는 주임법 제3조 1항에 기해 대항력을 갖춘 임차인이 된다. 이 경우 소유권을 회복한 매도인은 임대인의 지위를 승계하고, 임대차보증금반환채무도 면책적으로 인수한다. 따라서 C는 A에게 보증금반환청구를 해야 한다.

22 매도인이 매매계약의 합의해제를 청약하였으나, 매수인이 그 청약에 대하여 조건을 붙이거나 변경을 가하여 승낙한 경우, 매도인과 매수인 사이의 매매계약이 합의해제된 것으로 볼 수 없다. [변호 15]

> **해설** 계약당사자의 일방이 계약해제에 따른 원상회복 및 손해배상의 범위에 관한 조건을 제시한 경우 그 조건에 관한 합의까지 이루어져야 합의해제가 성립된다(대판 1996.2.27. 95다43044).
> ※ 제534조(변경을 가한 승낙) 승낙자가 청약에 대하여 조건을 붙이거나 변경을 가하여 승낙한 때에는 그 청약의 거절과 동시에 새로 청약한 것으로 본다.

23 제3자를 위한 계약에서 수익자가 수익의 의사표시를 한 후에는 요약자와 낙약자는 일방의 채무불이행을 이유로 한 해제는 할 수 있으나, 합의해제는 할 수 없다. [변호 14, 모의 14(2)유사]

> **해설** 제541조(제3자의 권리의 확정) 제539조의 규정에 의하여 제3자의 권리가 생긴 후에는 당사자는 이를 변경 또는 소멸시키지 못한다.
> "요약자가 낙약자에게 반대급부 의무를 부담하고 있는 경우에 이러한 해제권을 허용치 아니함은 부당한 결과를 가져온다 할 것이므로 낙약자의 귀책사유로 인한 이행불능 또는 이행지체가 있을 때에는 요약자는 제3자의 동의 없이 계약당사자로서 계약을 해제할 수 있다"(대판 1970.2.24. 69다1410,1411).

24 甲과 乙간에 X토지를 매도하는 계약이 합의해제된 경우 당사자는 민법 제548조에 따른 원상회복 의무가 아니라, 1차적으로는 해제계약의 내용에 의해 효력이 정해지고, 그 합의에 특별한 약정이 없는 경우에는 부당이득반환규정에 의해 반환범위가 정해진다. [변호 15]

> **해설** 합의해제는 계약이므로 단독행위로서의 해제를 전제로 하는 민법 제543조 이하의 규정은 원칙적으로 적용되지 않는다(대판 1979.10.30. 79다1455). 따라서 1차적으로는 해제계약의 내용에 의해 효력이 정해지고, 그 합의에 특별한 약정이 없는 경우에는 부당이득반환규정(제741조 이하)에 의해 반환범위가 정해진다.

25 乙에 대한 X토지의 소유권이전등기의무를 부담하고 있던 甲은 乙과의 합의로 Y토지에 대한 이전등기의무를 부담하는 것으로 변경하는 경개계약을 체결하였다. 이후 甲이 Y부동산의 소유권이전등기의무를 이행하지 않는 경우 乙은 채무불이행을 이유로 경개계약을 해제할 수 없다.

> **해설** "경개계약은 신채권을 성립시키고 구채권을 소멸시키는 처분행위로서 신채권이 성립되면 그 효과는 완결되고 경개계약 자체의 이행의 문제는 발생할 여지가 없으므로 경개에 의하여 성립된 신채무의 불이행을 이유로 경개계약을 해제할 수는 없다. 계약자유의 원칙상 경개계약의 성립 후에 그 계약을 합의해제하여 구채권을 부활시키는 것은 적어도 당사자 사이에서는 가능하다"(대판 2003.2.11. 2002다62333).

26 계약당사자 중 어느 일방에 대한 약정해제권의 유보 또는 위약벌에 관한 특약의 유무 등은 채무불이행으로 인한 법정해제권의 성립에 영향을 미치지 않는다(대판 1990.3.27. 89다카14110). [변호 16, 사시 05,12, 법행 08]

27 乙은 甲으로부터 甲소유 X토지를 시가 3억원에 매수하기로 하는 계약을 체결하고 당일에 계약금을 지급하였다. 아울러 중도금은 X토지를 인도받음과 동시에 지급하고, 잔금은 소유권이전등기서류와 상환으로 지급하기로 약정하였다. 그 후 甲은 위 중도금 및 잔대금 채권을 丙에게 양도하고, 甲은 이를 乙에게 통지하여 乙은 丙에게 중도금을 지급하였고, 동시에 甲은 乙에게 X토지를 인도하여 주었다. 그러자 乙은 X토지상에 건물을 신축하기 위하여 丁과 설계 및 공사도급계약을 체결하고 설계비 및 공사계약금으로 5,000만원을 지급하였다.
> 그러나 甲의 자금사정이 몹시 악화되어 동 토지에 채권최고액 10억원의 근저당권설정등기와 수 개의 가압류 또는 압류등기가 경료되어, 잔대금지급기일이 되었음에도 사실상 甲이 이를

모두 말소하여 소유권이전등기절차를 이행할 수 없는 무자력 상태에 빠졌다. 이에 乙은 잔대금지급기일에 잔대금의 이행 또는 이행제공을 하지 않은 채 甲의 채무불이행을 이유로 해제 통고를 하였다(단, 甲은 乙과 丁의 계약체결 사실을 알고 있었으며 잔대금지급기일 당시 ×토지의 시가는 3억 3,000만원이라고 가정한다). [핵심사례 C-3,참고]

㉠ 乙의 잔대금지급의무가 甲의 소유권이전등기의무와 동시이행관계에 있더라도 甲의 소유권이전등기의무가 이행불능이 되어 이를 이유로 매매계약을 해제함에 있어서는 乙의 잔대금의 이행제공이 필요하지 않다. [변호 12,14, 사시 11, 법행 05, 변리 05,06]

[해설] 사안에서 甲은 과도한 피담보채무를 부담하여 매매목적물의 담보설정등기를 말소할 수 없는 무자력 상태에 있으므로, 이는 거래관념상 비추어 볼 때 乙의 계약목적 달성이 불가능한 경우라고 하겠다. "매도인의 매매계약상의 소유권이전등기의무가 이행불능이 되어 이를 이유로 매매계약을 해제함에 있어서는 상대방의 잔대금지급의무가 매도인의 소유권이전등기의무와 동시이행관계에 있다고 하더라도 그 이행의 제공을 필요로 하는 것이 아니다"(대판 2003.1.24. 2000다22850).

㉡ 만약 乙의 해제가 적법·유효하다면, 해제로 인한 원상회복의무로서 乙은 토지를 사용함에 따른 사용이익을 반환해야 하고(제548조 2항의 유추해석), 甲은 수령한 계약금에 대해 대금을 받은 날로부터 법정이자를 부가하여 반환해야 한다(제548조 2항).

㉢ 만약 乙의 해제가 적법·유효하다면, 乙은 甲의 이행을 믿고 지출한 비용, 즉 신뢰이익으로서 丁에게 지출한 5,000만원 가운데 이행이익을 넘지 않은 3,000만원을 청구할 수 있다. [사시 10, 법행 10,13, 변리 04,06,09]

[해설] ※ 甲의 손해배상의무(계약의 이행을 믿고 지출한 비용의 배상)(제551조)
☞ 사안의 경우 乙이 丁에게 설계비 및 공사계약금으로 5,000만원을 지급한 것은 甲의 이행을 믿고 지출한 비용 상당액으로 소위 '신뢰이익'에 해당한다. 그러나 '매매대금을 완불하지 않은 토지의 매수인'이 그 토지 상에 건물을 신축하기 위하여 설계비 또는 공사계약금을 지출하였다가 계약이 해제됨으로 말미암아 이를 회수하지 못하는 손해를 입게 되었다 하더라도 이는 이례적인 사정에 속하는 것이나(대판 1996.2.13. 95다47619), 사안의 경우 토지의 매도인 甲은 소유권이전의무의 이행기까지 매수인 乙이 설계계약 또는 공사도급계약을 체결하였다는 점을 알았으므로 그 배상책임을 부담한다(제393조 2항). 다만 判例에 따르면 乙의 신뢰이익배상액은 (乙이 원상회복을 받고도 전보받지 못한 추가적인) 이행이익의 손해는 넘지 못하므로 5,000만원 전액이 아니라 3,000만원 상당액까지 배상받을 수 있다(대판 2002.6.11. 2002다2539). 왜냐하면 이행불능에서 손해배상액의 산정기준시기는 '이행불능이 될 당시의 목적물의 시가 상당액'이라고 보기 때문이다(3억 3,000만원-3억원=3,000만원).

㉣ 채무자 乙이 양도통지를 받은 후에 채무불이행을 이유로 계약을 해제한 경우 해제권 발생의 기초가 되는 매매계약은 통지 전에 이미 성립하였기 때문에 이는 제451조 2항의 양도통지를 받기 전에 생긴 사유에 해당하므로 채권양수인 丙에게 대항할 수 있다.

[해설] ※ 乙의 해제가 제451조 2항의 양도통지를 받기 전까지 생긴 사유에 해당하는지 여부(적극)
채무자는 '통지를 받은 때까지' 양도인에 대하여 생긴 사유(채무의 불성립·무효·취소·동시이행의 항변·기한의 유예·채권의 소멸 등)로써 양수인에게 대항할 수 있다(제451조 2항). 다만, 대항사유 자체는 통지 뒤에 생겼더라도 그 '사유 발생의 기초가 되는 법률관계'가 통지 전에 이미 존재하였다면 그 대항사유로써 양수인에게 대항할 수 있다. 따라서 양도통지를 받은 후에 계약이 채권양도인의 채무불이행으로 해제된 경우, 계약이 일방의 채무불이행으로 해제될 수 있다는 것은 계약 자체에 내재하는 고유한 위험이고, 그 해제권 발생의 기초가 되는 매매계약은 통지 전에 이미 성립하였기 때문에 이는 제451조 2항의 양도통지를 받기 전에 생긴 사유에 해당한다. 따라서 채무자는 해제로써 양수인에게 대항할 수 있다.

ⓜ 채권양수인 丙은 해제의 소급효가 미치지 아니하는 제3자에 해당하지 않으므로, 丙은 해제의 효과로서 乙에게서 받은 중도금에 대한 원상회복의무를 부담한다. [변호 12,14, 사시 11, 법행 05]

해설 "제548조 제1항 단서에서 규정하는 제3자라 함은 그 해제된 계약으로부터 생긴 법률적 효과를 기초로 하여 새로운 이해관계를 가졌을 뿐 아니라 등기·인도 등으로 완전한 권리를 취득한 자를 지칭하는 것이고, 계약상의 채권을 양도받은 양수인은 특별한 사정이 없는 이상 이에 포함되지 않는다"(대판 1996.4.12. 95다49882).

ⓗ 만약 ㅁ.번 지문이 타당하다고 하더라도, 채권양수인 丙은 해제로 인하여 부담하는 중도금반환의무와 乙의 토지명도의무 사이에 동시이행관계가 있음을 항변할 수 없다. [모의 14(1)유사, 사시 05,15, 법행 05,09, 변리 06]

해설 判例는 동일한 사안에서 "丙은 매매계약상의 매도인의 지위를 양도받은 것이 아니라 매매대금 채권을 양도받았을 뿐"이라는 점을 들어 乙이 매매계약 해제로 인하여 지게 되는 토지명도의무와 사이에 동시이행관계가 없다고 하여 丙의 동시이행항변권을 부인하고 있다(대판 2003.1.24. 2000다22850).

제3장 — 각종의 계약

제1절 증 여

01 서면에 의하지 아니한 부동산 증여의 경우, 이를 인도하였더라도 아직 소유권이전등기를 마치지 아니하였다면 증여자는 계약을 해제할 수 있다(대판 1977.12.27. 77다834). [사시 13, 변리 08]

해설 제555조(서면에 의하지 아니한 증여와 해제) 「증여의 의사가 서면으로 표시되지 아니한 경우에는 각당사자는 이를 해제할 수 있다.」 제558조(해제와 이행완료부분) 「전3조의 규정에 의한 계약의 해제는 이미 이행한 부분에 대하여는 영향을 미치지 아니한다.」
"물권변동에 관하여 형식주의를 채택하고 있는 현행 민법의 해석으로서는 부동산 증여에 있어서 이행이 되었다고 함은 그 부동산의 인도만으로써는 부족하고 이에 대한 소유권이전등기절차까지 마친 것을 의미한다"(대판 1977.12.27. 77다834).

02 증여계약이 성립한 당시에 서면이 작성되지 않았더라도, 그 후 위 계약이 존속하는 동안 서면을 작성한 경우에는 그때부터 서면에 의한 증여로서의 효력이 있으므로, 당사자가 임의로 그 계약을 해제할 수 없다(대판 1989.5.9. 88다카2271). [사시 12, 법행 10]

03 사인증여에 관하여는 유증에 관한 규정이 준용하도록 규정하고 있지만(제562조), 포괄적 사인증여를 받은 자는 포괄적 유증을 받은 자와 달리 상속인과 동일한 권리의무가 인정되지 않는다.

해설 "민법 제1078조가 포괄적 사인증여에 준용된다고 하는 것은 사인증여의 성질에 반하므로 준용되지 아니한다고 해석함이 상당하다"(대판 1996.4.12. 94다37714,37721).

04 당사자 사이의 약정에 따라 부양의무를 부담하는 증여계약에서 수증자의 부양의무불이행을 원인으로 하는 증여자의 해제권은 해제원인이 있음을 안 날로부터 6월을 경과하였음을 이유로 소멸되지 않는다.

해설 "부담부증여에 있어서는 쌍무계약에 관한 규정이 준용되어 부담의무 있는 상대방이 자신의 의무를 이행하지 아니할 때에는 비록 증여계약이 이행되어 있다 하더라도 그 계약을 해제할 수 있고, 민법 제556조 제1항 제2호에 규정되어 있는 '부양의무'라 함은 민법 제974조에 규정되어 있는 직계혈족 및 그 배우자 또는 생계를 같이하는 친족간의 부양의무를 가리키는 것으로서, 이 사건과 같이 위와 같은 친족간이 아닌 당사자 사이의 약정에 의한 부양의무는 이에 해당하지 아니하여 이 사건 부담부증여에는 민법 제556조 제2항이나 민법 제558조가 적용되지 않는다"(대판 1996.1.26. 95다43358).

05 甲은 그가 소유하고 있던 X 토지를 동생 乙에게 증여하고자 하였으나, 등기원인을 증여로 기재하면 증여세가 부과될 것을 염려하여 매매한 것으로 계약서를 작성하고 乙에게 매매를 등기원인으로 하여 소유권이전등기를 마쳐주었다. 그러한 사정을 모르는 丙은 乙로부터 X 토지를 매수하고 丙 앞으로 소유권이전등기를 마쳤다. [14년 사법 1차]

㉠ 甲과 乙 사이의 매매는 가장행위로서 무효이더라도, 증여는 은닉행위로서 유효하다.

해설 사안에서는 숨겨져 있는 행위인 '증여'가 은닉행위가 될 것이다. 은닉행위의 효력에 대하여는 그 행위 자체에 관한 규정(즉 증여에 관한 규정)이 적용되어야 한다(자연적 해석). 따라서 가장행위인 매매가 무효이더라도, 은닉행위인 증여는 유효가 된다(대판 1991.9.10. 91다6160).

㉡ 丙은 乙의 소유권이전등기의 등기원인이 실제와 다르게 기재된 것을 알았다고 하더라도 적법하게 소유권을 취득한다. [변호 17]

㉢ 乙이 그의 채권자를 위해 X 토지에 저당권을 설정하였는데 그 저당권설정계약이 허위표시에 의하여 이루어진 것이라도 甲은 X 토지의 소유권에 기하여 그 저당권설정등기의 말소를 청구할 수 없다.

해설 은닉행위인 증여는 유효하므로 부동산의 소유권은 乙에게 이전될 것이다. 따라서 丙이 乙의 소유권이전등기의 등기원인이 실제와 다르게 기재된 것을 알았다 하더라도 적법하게 乙로부터 부동산을 매수하고 소유권이전등기를 마친 이상 소유권을 취득할 수 있다(대판 1980.7.22. 80다791). 마찬가지로 甲은 더 이상 X 토지의 소유권을 주장할 수 없으므로 乙이 X 토지에 허위표시에 의한 저당권설정계약을 맺었더라도 그 자신에게 X토지의 소유권 있음을 주장하여 그 저당권설정등기의 말소를 청구할 수 없다.

㉣ 매매가 통정허위표시로서 무효라고 하더라도 은닉행위인 증여가 유효하기 때문에, 丙이 X 토지를 취득하기 전에 甲이 乙을 상대로 乙 명의 소유권이전등기의 말소를 구하는 것은 허용되지 않는다.

해설 허위표시 자체가 제746조의 '불법'은 아니기 때문에 제746조는 적용되지 않는다(대판 2010.12.9. 2010다57626). 그렇다고 해서 甲이 乙을 상대로 乙 명의 소유권이전등기의 말소를 구하는 것이 허용된다는 것은 아니다.

㉤ 甲은 丙이 X 토지의 소유권이전등기를 마치기 전에 서면에 의하지 아니한 증여라는 이유로 위 증여계약을 해제하고 乙 명의의 소유권이전등기의 말소를 구할 수 없다.

해설 비록 서면 자체는 매매계약서, 매도증서로 되어 있어 매매를 가장하여 증여의 증서를 작성한 것이라고 하더라도 증여에 이른 경위를 아울러 고려할 때 그 서면이 바로 증여의사를 표시한 서면이라고 인정되면 이는 민법 제555조에서 말하는 서면에 해당한다(대판 1991.9.10. 91다6160).

관련판례 민법 제555조는 '증여의 의사가 서면으로 표시되지 아니한 경우에는 각 당사자는 이를 해제할 수 있다'고 하고, 제558조는 '위 규정에 의한 계약의 해제는 이미 이행한 부분에 대하여는 영향을 미치지 아니한다'고 규정하고 있는바, 부동산 증여의 경우에 이행이 되었다고 함은 그 부동산의 인도만으로써는 부족하고 이에 대한 소유권이전등기절차까지 마친 것을 의미한다(대판 2012.6.14. 2011다56873).

제2절 매 매

01 甲은 10. 7. 20. 乙에게 X토지를 매도하는 매매예약을 하면서 예약완결권은 乙이 11. 7. 20.부터 행사하기로 하고, 예약 당일 예약금을 지급받으면서 乙 명의의 가등기를 마쳐주었다.

[민법표준판례, 핵심사례 C-4.참고]

㉠ 乙은 甲에게 매매예약 완결의 의사표시를 하고 X 토지에 관하여 가등기에 기한 본등기를 청구할 수 있는데, 이 권리행사는 권리행사기간 안에 반드시 소를 제기하는 방법으로 할 필요는 없다.

㉡ 乙은 10. 7. 20.부터 10년 내에 매매예약 완결권을 행사하여야 하고, 그 기간이 경과하면 매매예약 완결권은 소멸한다.

[변호 12]

해설 ※ 예약완결권의 행사기간

예약완결권의 행사기간을 당사자가 약정한 경우에는 그에 따른다(제564조 2항의 반대 해석). 그러나 예약완결권의 행사기간을 당사자가 약정하지 않은 경우에 判例는 "예약완결권은 예약이 성립한 때로부터 '10년' 내에 행사하지 않으면 '제척기간'의 경과로 소멸한다"(대판 1995.11.10. 94다22682,22699)고 한다.
☞ 위 사안에서 甲과 乙이 특별히 매매예약 완결권의 행사기간을 약정하였다는 사정이 없으므로 이 예약완결권은 10년의 제척기간에 걸릴 것이다.

※ 예약완결권의 제척기간의 기산점

判例는 "제척기간의 기산점은 특별한 사정이 없는 한 원칙적으로 권리가 발생한 때이고, 당사자 사이에 매매예약완결권을 행사할 수 있는 시기를 특별히 약정한 경우에도 그 제척기간은 당초 권리의 발생일로부터 10년 간의 기간이 경과되면 만료되는 것이지, 그 기간을 넘어서 그 약정에 따라 권리를 행사할 수 있는 때로부터 10년이 되는 날까지로 연장된다고 볼 수 없다"(대판 1995.11.10. 94다22682,22699)라고 판시하고 있다. ☞ 따라서 甲과 乙이 2011. 7. 20.부터 매매예약완결권을 행사하기로 약정하였다 하더라도 위 매매예약완결권의 제척기간 기산점은 매매예약 성립일인 2010. 7. 20.이 될 것이다.

㉢ 甲이 13. 3. 10. 乙에게 X 토지에 관한 乙의 권리를 인정한다는 내용의 각서를 써 주었다 하더라도 이로써 乙의 매매예약 완결권 행사기간은 중단되지 않는다.

해설 제척기간에 있어서는 소멸시효와 같이 기간의 중단이 있을 수 없다(대판 2003.1.10. 2000다26425 등)

㉣ 乙이 11. 8. 20. 위 매매예약을 적법하게 해제하고 예약금의 반환을 청구하였다면 해제로 인한 원상회복의무 상호간에는 동시이행항변권이 인정되므로, 乙이 자신의 가등기 말소의무를 이행하지 않은 채 단순히 예약금의 반환청구를 하였더라도 甲은 이행지체에 빠지지 않는다.

해설 해제로 인한 원상회복의무 상호간에는 동시이행항변권이 인정되는바(제549조), 본 사안에서도 乙이 매매예약을 적법하게 해제하였다면 甲의 예약금 반환의무와 乙의 예약완결권의 가등기말소의무는 동시이행의 관계에 놓이게 된다. 동시이행관계에 있는 경우에는 당연효로써 이행지체 책임이 면제되므로 乙이 자신의 가등기 말소의무를 이행하지 않은 채 단순히 예약금의 반환청구를 하였더라도 甲은 이행지체에 빠지지 않는다.

ⓔ 乙은 11. 8. 20. 예약완결권을 丙에게 양도하려고 한다. 이 때 甲은 丙과의 채권양도 합의와 가등기의 이전등기(부기등기)를 통해 예약완결권을 丙에게 이전할 수 있다.

해설 ※ 가등기의 부기등기의 허용성

判例는 "가등기는 원래 순위를 확보하는 데에 그 목적이 있으나 순위보전의 대상이 되는 물권변동의 청구권은 ⅰ) 그 성질상 양도될 수 있는 재산권일 뿐만 아니라, ⅱ) 가등기로 인하여 그 권리가 공시되어 결과적으로 공시방법까지 마련된 셈이므로" 이를 인정할 수 있다고 판시하였다(대판 1998.11.19. 전합 98다24105). ☞ 사안에서 乙이 가진 예약완결권은 당사자인 乙과 丙의 양도합의와 가등기의 이전등기(부기등기)를 통해 양도 가능하고, 예약상 권리자인 乙의 통지나 예약상 의무자인 甲의 승낙에 의해 양수인 丙은 의무자 甲에게 대항할 수 있다(제450조 1항).

02 매수인의 대금 지급의무와 매도인의 근저당권설정등기 내지 가압류등기 말소의무가 동시이행관계에 있는 등으로 매수인이 대금 지급을 거절할 정당한 사유가 있는 경우에는 매매목적물을 미리 인도받았다 하더라도 이자를 지급할 의무는 없다(대판 2018.9.28. 2016다246800). [18년 최신판례]

03 甲이 乙에게 2002. 4. 26.자 매매의 일방예약을 원인으로 한 가등기를 2002. 4. 30. 마쳐주었고, 예약완결권은 2032. 4. 25. 까지 행사할 수 있도록 약정한 경우, 약정한 2032. 4. 25.이 지나야 그 예약완결권이 제척기간의 경과로 인하여 소멸한다(대판 2017.1.25. 2016다42077). [최신판례]

04 매수인이 토지에 관한 소유권이전등기를 경료받았지만 아직 토지를 인도받지 못한 경우, 매수인이 매매대금을 전부 지급하지 않았다면 토지로부터 발생하는 과실은 매도인에게 속한다. 또한 매수인이 매매대금을 전부 지급하였다면, 아직 토지에 관한 소유권이전등기를 경료받지 못하고 토지를 인도받지 못하였더라도, 매수인이 매매대금을 지급한 이후에 토지로부터 발생한 과실은 원칙적으로 매수인에게 속한다. [변호사 12,15, 사시 06]

해설 특별한 사정이 없는 한 매매계약이 있은 후에도 인도하지 아니한 목적물로부터 생긴 과실은 매도인에게 속하나, 매매목적물의 인도전이라도 매수인이 매매대금을 완납한 때에는 그 이후의 과실수취권은 매수인에게 귀속된다.

제587조는 특히 부동산의 경우 의미가 있는바(동산매매의 경우에는 목적물의 인도가 곧 소유권이전의무의 이행을 의미), 당해 규정에 따르면 부동산 매매의 경우 매수인에게 소유권이전등기를 경료하였더라도 매수인에게 '인도'하기 전이라면 여전히 매도인이 과실을 수취할 수 있고, 반대로 매수인이 소유권이전등기를 받지 않았더라도 '인도'를 받으면 매수인에게 과실수취권이 넘어가게 된다. 즉 제587조는 목적물의 사용이익과 대금의 이자 사이의 등가성을 선언한 것으로 이해되고 있다(대판 2004.4.23. 2004다8210).

05 매매계약이 무효로 되는 경우 '매도인이 악의의 수익자인 경우'에는 매도인이 반환할 매매대금에 대하여 민법이 정한 법정이자를 붙여 반환하여야 하고, 매도인의 매매대금반환의무와 매수인의 소유권이전등기 말소의무가 동시이행관계에 있는 경우에도 그러하다(대판 2017.3.9. 2016다47478).

비교판례 선의의 매도인의 부당이득반환 범위

선의의 매도인은 제748조 1항이 적용되어 매매대금의 법정이자까지 반환해야된다(현존이익에는 과실이 포함되기 때문이다). 그러나 이와 같은 결론은 쌍무·유상계약에서의 당사자의 공평성에 문제가 있을 수 있다. 따라서 判例는 "쌍무계약이 취소된 경우 선의의 매수인에게 제201조가 적용되어 과실취득권이 인정되는 이상 선의의 매도인에게도 제587조의 유추적용에 의하여 대금의 운용이익 내지 법정이자의 반환을 부정함이 형평에 맞다"(대판 1993.5.14. 92다45025)고 판시하여 계약당사자 사이에 발생할 수 있는 불공평을 제거하기 위하여 제587조(계약법)의 유추적용을 인정하고 있다.

06 타인의 권리를 매매의 목적으로 한 경우 그 권리를 취득하여 매수인에게 이전하여야 할 매도인의 의무가 매도인의 귀책사유로 인하여 이행불능이 되었다면, 매수인이 계약 당시 그 권리가 매도인에게 속하지 아니함을 안 사정 등으로 인하여 담보책임에 관한 민법 제570조 단서의 규정에 의하여 매도인에게 손해배상을 청구할 수는 없다고 하더라도, 채무불이행의 일반 규정에 의하여 매도인에게 계약을 해제하고 손해배상을 청구할 수는 있다. [모의 12(2)유사, 사시 05,09]

해설 악의의 매수인은 원칙적으로 손해배상청구권이 없다(제570조 단서). 다만 매도인의 귀책사유가 있는 경우 채무불이행을 이유로 손해배상청구는 할 수 있다(대판 1993.11.23. 93다37328).

07 일부 타인의 권리매매에 있어서 매도인을 상대로 한 대금감액청구권이 인정되기 위해서 매수인이 선의·무과실일 필요는 없다(제572조). [사시 05, 법행 06, 변리 11]

08 건축을 목적으로 매매된 토지에 대하여 건축허가를 받을 수 없어 건축이 불가능한 경우, 위와 같은 법률적 제한 내지 장애 역시 매매목적물의 하자에 해당한다 할 것이나(제575조가 아닌 제580조 적용), 다만 위와 같은 하자의 존부는 매매계약 성립시를 기준으로 판단하여야 한다(대결 1979.7.24. 78마248). [모의 13(3),14(2)유사, 법행 12, 변리 04]

09 A는 자기 소유의 토지에 폐기물을 임의로 매립하여 대지를 조성한 다음 이러한 사정을 모르는 B에게 그 대지를 대금 87억원에 매도하고 매매대금을 지급받은 뒤 그 소유권이전등기를 마쳐 주었다. 그런데 그 후 매립된 위 폐기물로 인하여 인접해 있는 C 소유의 토지에까지 중금속 등 오염이 확산되고, 그로 인하여 C는 피부 질환을 앓고 있다. 폐기물이 매립된 당해 토지의 가액은 60억 정도이고, 폐기물처리비용은 약 163억원에 이른다.

[민법표준판례, 핵심사례 C-5.참고]

㉠ C는 A가 아닌 B를 상대로 공작물책임을 원인으로 한 손해배상을 청구할 수 있다.

해설 토지라도 그것이 인공적 작업에 의하여 대지로 조성된 경우에는 제758조의 '공작물'에 해당한다. 따라서 C는 점유자 및 소유자인 B를 상대로 공작물책임을 원인으로 한 손해배상을 청구할 수 있다.

㉡ C는 특별한 사정이 없는 한, A를 상대로 불법행위로 인한 원상회복의 청구를 할 수 없다.

㉢ C는 소유권에 기한 방해예방청구(제214조) 또는 생활방해금지(제217조)를 근거로 폐기물이 매립된 토지의 현재 소유자인 B를 상대로 폐기물의 제거를 청구할 수 있다.

해설 C는 폐기물이 매립된 토지의 현재 소유자인 B를 상대로 토지의 복구를 청구할 수 있다(제214조 또는 제217조). 그러나 금전배상의 원칙상 피해자 C는 특별한 사정이 없는 한, 가해자 A 또는 B를 상대로 불법행위로 인한 원상회복의 청구를 할 수는 없다(제763조, 제394조 ; 대판 1997.3.28. 96다10638).

㉣ B는 특정물인 ×토지에 원시적 하자가 있는 경우에도 A에 대해 채무불이행으로 인한 손해배상을 청구할 수 있으며, 이 때 손해배상의 범위에는 폐기물처리비용 163억 원이 포함된다. 그러나 제580조의 하자담보책임으로는 이러한 하자확대손해(제163억 원)의 배상을 청구할 수 없다.

> **해설** 判例는 매매의 목적인 특정물에 원시적인 하자가 있는 경우에도 불완전급부로 인한 채무불이행책임이 성립할 수 있음을 명확히 하였다(대판 2004.7.22. 2002다51586). 다만 判例는 하자담보책임으로 인한 확대손해는 분명히 채무불이행책임으로 다루고 있다(대판 1997.5.7. 96다39455).

ⓓ 만약 위 사안에서 B가 X토지를 D에게 다시 전매한 경우, A는 거래 당사자가 아닌 D에게도 폐기물 불법매립에 따른 불법행위책임으로 '폐기물처리비용' 상당의 손해배상책임을 진다(대판 2016.5.19. 전합2009다66549)   [최신판례]

> **해설** ※ 토지 소유자가 토지에 폐기물을 불법으로 매립한 후 거래 상대방 및 토지를 전전 취득한 현재의 토지 소유자에 대한 위법행위로서 '폐기물처리비용' 상당의 손해배상책임을 지는지 여부(적극)

10 매매예약이 성립한 이후 상대방의 매매예약 완결의 의사표시 전에 목적물이 멸실 기타의 사유로 이전할 수 없게 된 경우, 그 후에 상대방이 매매예약 완결의 의사표시를 하여도 매매의 효력이 생기지 아니한다(대판 2015.8.27. 2013다28247).   [최신판례]

11 甲이 乙에게 돈을 대여하면서 담보 목적으로 乙 소유의 부동산 지분에 관하여 乙의 다른 채권자 A와 공동명의로 매매예약을 체결하고 각자의 채권액 비율에 따라 지분을 특정하여 가등기를 마쳤다. 이 때 甲은 단독으로 담보목적물 중 '자신의 지분'에 관하여 매매예약완결권을 행사하여 자신의 지분에 관하여 가등기에 기한 본등기절차의 이행을 청구할 수 있다.   [최신판례, 변호 15]

> **해설** ※ 수인이 공동매수인으로서 매매예약을 체결한 경우의 법률관계
> 甲이 乙에게 돈을 대여하면서 담보 목적으로 乙 소유의 부동산 지분에 관하여 乙의 다른 채권자 A와 공동명의로 매매예약을 체결하고 각자의 채권액 비율에 따라 지분을 특정하여 가등기를 마쳤다면 채권자가 각자의 지분별로 별개의 독립적인 매매예약완결권을 갖는 것으로 볼 수 있으므로, 甲이 단독으로 담보목적물 중 자신의 지분에 관하여 매매예약완결권을 행사할 수 있고, 이에 따라 단독으로 자신의 지분에 관하여 가등기에 기한 본등기절차의 이행을 구할 수 있다(대판 2012.2.16. 전합2010다82530).

12 甲이 乙 주식회사로부터 자동차를 매수하여 인도받은 지 5일 만에 계기판의 속도계가 작동하지 않는 하자가 발생하였으나, 계기판 모듈의 교체로 큰 비용을 들이지 않고서도 손쉽게 치유될 수 있는 하자라면 甲은 乙 회사 등을 상대로 담보책임의 내용으로 신차 교환을 청구할 수 없다.   [최신판례, 변호 17, 법행 15]

> **해설** ※ 제581조에 따른 완전물급부청구권의 제한
> 불특정물매매에서 매수인은 계약의 해제나 손해배상을 청구할 수 있으나, 계약의 해제 또는 손해배상의 청구를 하지 아니하고 하자없는 물건을 청구할 수 있다(제581조 2항). 다만 최근 判例에 따르면 "매매목적물의 하자가 경미하여 수선 등의 방법으로도 계약의 목적을 달성하는 데 별다른 지장이 없는 반면 매도인에게 하자 없는 물건의 급부의무를 지우면 다른 구제방법에 비하여 지나치게 큰 불이익이 매도인에게 발생되는 경우와 같이 하자담보의무의 이행이 오히려 공평의 원칙에 반하는 경우에는, 완전물급부청구권의 행사를 제한함이 타당하다"(대판 2014.5.16. 2012다72582)고 한다.

13 甲이 乙 등에게서 부동산을 매수하여 소유권이전등기를 마쳤는데 위 부동산을 순차 매수한 丙이 부동산 지하에 매립되어 있는 폐기물을 처리한 후 甲을 상대로 처리비용 상당의 손해배상청구소송을 제기하였고, 甲이 丙에게 위 판결에 따라 손해배상금을 지급한 후 乙 등을 상대로 하자담보책임에 기한 손해배상으로서 丙에게 기지급한 돈의 배상을 구한 사안에서, 甲의 하자담보에 기한 손해배상청구권은 甲이 乙 등에게서 부동산을 인도받았을 것으로 보이는 소유권이전등기일로부터 소멸시효가 진행하는데, 甲이 그로부터 10년이 경과한 후 소를 제기하였다면, 甲의 하자담보책임에 기한 손해배상청구권은 이미 소멸시효 완성으로 소멸되었다.   [최신판례]

해설 ※ 소멸시효와 제척기간의 중첩적용 가부(적극)

최근 判例에 따르면 하자담보책임에 기한 매수인의 손해배상청구권은 매수인이 그 사실을 안 때부터 6월의 제척기간(제582조)에 걸리는 동시에 매수인이 매매의 '목적물을 인도받은 때'부터 10년의 소멸시효(제162조 1항)에도 걸린다고 한다(대판 2011.10.13. 2011다10266).

14 | 甲과 乙은 07.6.1. 등기부상 乙의 소유로 되어 있는 X토지에 대해 매매계약을 체결하였고, 같은 해 7.1. 甲이 매매대금 1억 원을 지급하자 乙은 소유권이전등기를 경료해 주었다. 그 후 10.7.1. 丙이 X토지는 07.6.1. 이전부터 자신의 소유였다고 주장하면서 乙을 상대로 소유권보존등기 말소등기청구의 소를 제기하였고, 이 소송은 11.7.1. 丙의 승소로 확정되었다.

① 乙이 매매계약 체결 당시 자신에게 X 토지의 소유권이 있다고 믿은 데에 과실이 없었더라도, 乙에게 소유권이 있다고 믿은 甲은 乙에 대하여 손해배상을 청구할 수 있다. [변호 14]

해설 丙의 승소판결에 의해 乙은 타인 권리를 매도한 것이 되어 민법 제570조의 담보책임을 지게 된다. 즉 매수인이 계약 당시 그 권리가 매도인에게 속하지 아니함을 알지 못한 때에는 손해배상을 청구할 수 있다(제570조 단서). 매도인의 담보책임은 매도인의 고의·과실을 묻지 않는 무과실책임이라 할 수 있다(대판 1995.6.30. 94다23920 참조).

② 乙의 담보책임을 이유로 甲이 乙에 대하여 청구할 수 있는 손해배상액은 매매대금인 1억 원이 아니라, 이행불능 당시 X 토지의 시가를 기준으로 산정한다. [변호 17, 사시 09,16]

해설 ※ 타인권리매매의 손해배상의 범위 및 판단시기

대법원은 "매도인이 매수인에 대하여 배상하여야 할 손해액은 원칙적으로 매도인이 매매의 목적이 된 권리(의 일부)를 취득하여 매수인에게 이전할 수 없게 된 때의 이행불능이 된 권리의 시가, 즉 이행이익 상당액"(대판 1993.1.19. 92다37727)이라고 하며, "부동산을 매수하고 소유권이전등기까지 넘겨받았지만 진정한 소유자가 제기한 등기말소청구소송에서 매도인과 매수인 앞으로 된 소유권이전등기의 말소를 명한 판결이 확정됨으로써 매도인의 소유권이전의무가 이행불능된 경우, 그 손해배상액 산정의 기준시점은 위 판결이 확정된 때이다"(대판 1993.4.9. 92다25946)라고 한다.

③ 甲 명의의 소유권이전등기가 등기부취득시효의 완성으로 인하여 유효하다는 판결이 확정된 경우, 乙은 丙에 대하여 소유권보존등기 말소절차 이행의무의 이행불능으로 인한 손해배상책임을 지지 않는다(대판 2012.5.17. 전합2010다28604). [변호 15, 사시 13,14,15,16, 법행 14, 변리 13,14]

해설 ※ 물권적 청구권의 이행불능으로 인한 전보배상청구가 인정되는지 여부(소극)

④ 乙이 매매계약 체결 당시 자신에게 X 토지의 소유권이 없음을 몰랐던 경우, 乙은 그 사실을 몰랐던 甲에게 손해를 배상하고, 스스로 위 매매계약을 해제할 수 있다(제571조 제1항). [변호 17]

⑤ 甲이 타인권리매매임을 이유로 적법하게 乙과의 매매계약을 해제한 경우, 甲이 진정한 소유자 丙과 사용수익에 관한 정산을 한 경우에는 매도인 乙에 대하여는 해제에 따른 원상회복의무로서 사용수익의 반환의무를 부담하지 않는다. [최신판례]

해설 "타인의 권리의 매매의 경우에 매도인이 그 권리를 취득하여 매수인에게 이전할 수 없는 때에는 매수인은 계약을 해제할 수 있다(제570조). 이러한 해제의 효과에 관하여 특별한 규정은 없지만 일반적인 해제와 달리 해석할 이유가 없다. 따라서 위 규정에 따라 매매계약이 해제되는 경우에, 매도인은 매수인에게 매매대금과 그 받은 날부터의 이자를 반환할 의무를 부담하고, 매수인 역시 특별한 사정이 없는 한 매도인에게 목적물을 반환할 의무는 물론이고 목적물을 사용하였으면 그 사용이익을 반환할 의

무도 부담한다. 그리고 이러한 결론은 매도인이 목적물의 사용권한을 취득하지 못하여 매수인으로부터 반환받은 사용이익을 궁극적으로 정당한 권리자에게 반환하여야 할 입장이라 하더라도 마찬가지이다(대판 1993.4.9. 92다25946). 다만, 매수인이 진정한 권리자인 타인에게 직접 목적물 또는 사용이익을 반환하는 등의 특별한 사정이 있는 경우에는 매수인은 적어도 그 반환 등의 한도에서는 매도인에게 목적물 및 사용이익을 반환할 의무를 부담하지 않는다고 할 것이다"(대판 2017.5.31. 2016다240).

15 낙찰인이 강제경매절차를 통하여 부동산을 낙찰받아 대금을 납부하고 그 앞으로 소유권이전등기까지 마쳤으나, 그 후 위 강제집행의 채무명의가 된 약속어음공정증서가 위조된 것이어서 무효라는 이유로, 그 소유권이전등기의 말소를 명하는 판결이 확정됨으로써 경매 부동산에 대한 소유권을 취득하지 못하게 된 경우 낙찰인은 경매채권자에게 경매 대금 중 그가 배당받은 금액에 대하여 일반 부당이득의 법리에 따라 반환을 청구할 수 있을 뿐, 민법 제578조 제2항에 의한 담보책임을 물을 수는 없다 [모의 15(2)유사, 법행 10,12, 변리 07,09]

해설 ※ 경매에 있어서의 담보책임

여기서의 경매는 국가기관이 법률에 의해 행하는 '공경매'만을 의미한다(사경매는 일반 매매이므로 매매의 담보책임의 문제이다). 그리고 경매의 담보책임은 경매절차 자체는 유효해야 한다. 즉 경매절차 자체가 무효여서 소유권을 취득하지 못한다면, 경락받은 자는 제578조의 담보책임이 아니라 배당채권자에 대하여 부당이득반환청구권을 행사할 수 있을 뿐이다. 이러한 경우로 집행권이 위조된 것이어서 무효인 경우(대판 1991.10.11. 91다21640) 또는 불성립하거나 부존재하는 저당권에 기하여 경매절차가 개시된 경우를 들 수 있다.

16 매매목적물의 하자로 인하여 확대손해가 발생한 경우 매도인에게 그 확대손해에 대한 배상책임을 지우기 위하여는 채무의 내용으로 된 하자 없는 목적물을 인도하지 못한 의무위반사실 외에 그러한 의무위반에 대하여 매도인에게 귀책사유가 있어야 한다(대판 1997.5.7. 96다39455). [변호 17]

17 변제기에 도달하지 아니한 채권의 매도인이 채무자의 자력을 담보한 때에는 변제기의 자력을 담보한 것으로 추정한다(제579조 2항). [사시 12, 변리 13]

관련판례 ※ 채무변제에 '갈음하여' 다른 채권을 양도하기로 한 경우

"채무자가 채권자에게 채무변제에 '갈음하여' 다른 채권을 양도하기로 한 경우에는 특별한 사정이 없는 한 채권양도의 요건을 갖추어 대체급부가 이루어짐으로써 원래의 채무는 소멸하는 것이고 그 양수한 채권의 변제까지 이루어져야만 원래의 채무가 소멸한다고 할 것은 아니다. 이 경우 대체급부로서 채권을 양도한 양도인은 양도 당시 양도대상인 채권의 존재에 대해서는 담보책임을 지지만 당사자 사이에 별도의 약정이 있다는 등 특별한 사정이 없는 한 그 채무자의 변제자력까지 담보하는 것은 아니다"(대판 2013.5.9. 2012다40998).

18 임대차계약에 기한 임차권을 목적물로 하는 매매계약에서 매도인이 임대인의 임대차계약상의 의무이행을 담보한다는 약정을 하지 아니한 이상, 매매계약 당시 임대차 목적물에 이미 설정되어 있던 근저당권이 매매계약 이후에 실행되어 임대차 목적물이 매각됨으로써 임대인의 목적물을 사용·수익하게 할 의무가 이행불능으로 되었다거나, 임대인의 무자력으로 인하여 임대차보증금반환의무가 사실상 이행되지 않고 있다고 하더라도, 임차권 매도인에게 민법 제576조에 따른 담보책임이 있다고 할 수 없다(대판 2007.4.26. 2005다34018,34025). [모의 14(2)유사, 사시 09, 법행 10]

해설 ※ 임차권(임차보증금반환청구권을 포함)을 매도하거나 교환한 후 선순위저당권이 실행된 경우

19 평형별 세대당 건물 및 공유대지가 일정한 면적을 가지고 있다는 데 주안을 두고 대금을 그 면적을 기준으로 정한 아파트 분양계약에서 분양자가 공유대지 면적의 일부를 이전할 수 없게 되었고, 그 일부 이행불능이 분양계약 체결 당시 존재한 사유에 의한 경우, 수분양자는 분양자에

게 부족한 면적비율에 따라 대금감액을 청구할 수 있다. [변호 17]

해설 "목적물이 일정한 면적(수량)을 가지고 있다는 데 주안을 두고 대금도 면적을 기준으로 하여 정하여지는 아파트분양계약은 이른바 수량을 지정한 매매라 할 것이다"(대판 2002.11.8. 99다58136)라고 하여, 아파트 분양시 공유대지면적을 지정한 아파트 분양계약을 수량지정매매로 보아 공유대지면적을 부족하게 이전해 준 경우 민법 제574조에 의한 대금감액청구권을 인정하였다.

20 협의취득의 경우에도 매도인의 채무불이행에 대하여 민법에 따른 손해배상 또는 하자담보책임을 물을 수 있고, 이 경우 매도인의 하자담보책임에 따른 손해배상청구권에 적용되는 소멸시효 기간은 10년이고 그 기산점은 매수인이 매매의 목적물을 인도받은 때이다(대판 2020.5.28. 2017다265389). [20년 최신판례]

21 甲은 자기 소유의 토지를 乙에게 매도하기로 하는 계약을 체결하면서 그 날 乙로부터 계약금을 받았다. 그 계약에서 甲과 乙은 1주일 후에 甲이 위 토지의 소유권을 乙에게 이전하기로 하며, 중도금은 2개월 후에, 잔금은 6개월 후에 지급하기로 약정하였고, 그와 함께 계약이 해제되면 乙은 甲에게 소유권이전등기를 하여 주기로 하는 특약을 하고, 乙은 자기 앞으로 위 토지에 관한 소유권이전등기가 경료되면 즉시 甲의 위 소유권이전등기청구권을 보전하기 위하여 가등기를 경료하여 주기로 하였다. 1주일 후 위 토지에 관하여 乙 앞으로의 소유권이전등기와 甲의 등기청구권을 보전하기 위한 가등기가 경료되었다. 그 후 乙이 중도금과 잔금을 약정된 지급기일에 지급하지 않자 甲은 적법한 절차를 거쳐 위 매매계약을 해제하고, 가등기에 기해 본등기를 하려고 한다. 그런데 이미 乙은 위 토지를 甲의 가등기 후 해제 전에 丙에게 매도하고 소유권이전등기까지 경료해 준 사안이었다.

① 가등기는 채권적 청구권을 보전하기 위하여 할 수 있으므로 甲은 계약의 해제로 당연히 취득하게 될 소유권에 기한 물권적 청구권의 보전을 위하여 가등기를 할 수는 없다. [변리 14]

해설 가등기는 채권적 청구권을 보전하기 위하여 하는 것이다(부동산등기법 제88조, 제91조)(대판 1982.11.23. 81다카1110). ☞ 사안에서 甲은 判例의 직접효과설(물권적 효과설)에 따를 때 해제로 인하여 당연히 소유권을 취득하는 자이므로 甲이 乙에 대하여 가지는 권리는 소유권에 기초한 방해배제청구권으로서의 말소등기청구권이다. 그러나 소유권에 기초한 물권적 청구권은 가등기에 의해 보전될 수 있는 청구권이 아니다. 하지만 사안의 경우 甲과 乙 사이에는 계약해제시에 이전등기를 하기로 하는 약정이 있고, 이 약정을 기초로 하여 채권적 이전등기청구권이 발생하며, 이는 가등기에 의하여 보전될 수 있기 때문에 甲은 이러한 약정을 기초로 정당한 가등기권리자가 된다(대판 1982.11.23. 81다카1110).

② 만약 甲명의 가등기가 유효하다면, 甲은 현재의 소유자인 丙이 아닌 가등기의무자 乙을 상대로 가등기에 기한 본등기를 청구해야 한다. [변호 12]

해설 "가등기권자는 가등기의무자인 전소유자를 상대로 본등기청구권을 행사할 것이고 제3자를 상대로 할 것이 아니다. 가등기권자가 소유권이전의 본등기를 한 경우에는 등기공무원은 부동산등기법 175조 1항, 55조 2호에 의하여 가등기 이후에 한 제3자의 본등기를 직권말소할 수 있다"(대판 1962.12.24. 4294민재항675).

③ 丙이 해제로부터 보호받는 제3자에 해당하더라도 甲이 가등기에 기한 본등기를 유효하게 경료하면 丙 앞으로의 등기는 등기공무원이 직권으로 말소하여야 한다.

해설 ※ 제548조 1항 단서에 의한 丙보호와 가등기에 기한 본등기를 한 甲보호의 충돌
判例는 가등기에 기한 본등기의 보호를 우선하고 있다. 즉, 甲이 가등기에 기초한 본등기를 경료하면 丙

앞으로의 등기는 부동산 등기법 제55조 2호의 "사건이 등기할 것이 아닌 때"에 해당하므로 등기공무원이 동법 175조 1항에 의해 이를 '직권'으로 '말소'하여야 한다(대판 1962.12.24. 전합4294민재항675). 결국, 甲이 가등기에 기초한 본등기를 경료하였을 때, 위 토지의 소유권은 甲에게 귀속한다.

④ 甲이 가등기에 기한 본등기를 경료하면 丙은 乙에게 제570조에 의한 담보책임이 아니라 제576조에 의한 담보책임을 물을 수 있다(대판 1992.10.27. 92다21784).　　　　　　　　　[사시 09, 법행 15]

> **해설** ▶ 왜냐하면 가등기에 기한 본등기가 마쳐지더라도 물권변동의 효과가 가등기가 마쳐진 때로 소급하는 것은 아니기 때문에 위의 경우를 타인권리의 매매로 볼 수는 없기 때문이다.
> 제570조와 제576조의 차이점은 제570조의 경우 악의의 매수인에게는 손해배상청구권이 없으나, 제576조는 선·악을 불문하고 손해배상청구권이 인정된다.

⑤ 甲이 가등기에 기한 본등기를 경료하는 경우 丙은 그동안 토지에 지출한 필요비나 유익비가 있다면 이것은 타인의 소유물에 대하여 비용을 지출한 것에 해당하므로 甲에 대하여 비용상환청구권이나 유치권이 발생할 수 있다(대판 1976.10.26. 76다2079).　　　　　　　[변호 12]

> **해설** ▶ ※ 가등기가 되어있는 부동산 소유자가 필요비나 유익비를 지출한 것이 가등기에 의한 본등기가 된 경우에는 타인의 물건에 대하여 비용을 투입한 것이 되는지 여부(적극)

제3절 임대차

제1관 수선의무, 임차목적물 훼손(멸실)

01　임대차계약이 임대인의 수선의무 지체로 해지된 경우에는 임대차의 종료당시 반환된 임차건물이 화재로 인하여 훼손되었음을 이유로 손해배상을 구하는 '임차인'이 임차건물 보존에 관하여 선량한 관리자의 주의의무를 다하였음을 증명하여야 한다(대판 2010.4.29. 2009다96984).　　　[사시 16]

02　임차인이 임대인 소유 건물의 일부를 임차하여 사용·수익하던 중 임차 건물 부분에서 화재가 발생하여 '임차 건물 부분이 아닌 건물' 부분까지 불에 타 그로 인해 임대인에게 재산상 손해가 발생한 경우, 임차 건물 부분과 그 밖의 부분이 상호 유지·존립함에 있어서 '구조상 불가분의 일체'를 이루는 관계에 있더라도, 임대인이 임차인을 상대로 '임차 건물 부분이 아닌 건물' 부분까지 채무불이행을 원인으로 하는 배상을 구하려면, 임차인의 선관주의의무위반 및 인과관계 등에 대한 입증책임이 임대인에게 있다(대판 2017.5.18. 전합2012다86895,86901).　　[민법표준판례, 변호 19,20]

03　임대차계약 존속 중에 발생한 훼손이 임대인이 지배·관리하는 영역에 존재하는 하자로 발생한 것으로 추단된다면, 하자를 보수·제거하는 것은 임대차 목적물을 사용·수익하기에 필요한 상태로 유지하여야 하는 임대인의 의무에 속하고, 임차인이 하자를 미리 알았거나 알 수 있었다는 등의 특별한 사정이 없는 한, 임대인은 훼손으로 인한 목적물 반환의무의 불이행에 따른 손해배상책임을 임차인에게 물을 수 없고, 이러한 법리는 임대인이 훼손된 임대차 목적물에 관하여 수선의무를 부담하더라도 동일하게 적용된다(대판 2019.4.11. 2018다291347).　　　[19년 최신판례]

04 임대인의 임차목적물의 사용·수익상태 유지의무는 임대인 자신에게 귀책사유가 있어 하자가 발생한 경우는 물론, 자신에게 귀책사유가 없이 하자가 발생한 경우에도 면해지지 아니한다. 이는 임대인이 그와 같은 하자 발생 사실을 몰랐다거나 반대로 임차인이 이를 알거나 알 수 있었다고 하더라도 마찬가지이다. [21년 최신판례]

해설 "임대인은 임차인이 목적물을 사용·수익할 수 있도록 목적물을 임차인에게 인도하여야 한다(민법 제623조 전단). 임차인이 계약에 의하여 정하여진 목적에 따라 사용·수익하는 데 하자가 있는 목적물인 경우 임대인은 하자를 제거한 다음 임차인에게 하자 없는 목적물을 인도할 의무가 있다. 임대인이 임차인에게 그와 같은 하자를 제거하지 아니하고 목적물을 인도하였다면 사후에라도 위 하자를 제거하여 임차인이 목적물을 사용·수익하는 데 아무런 장해가 없도록 해야만 한다. 임대인의 임차목적물의 사용·수익상태 유지의무는 임대인 자신에게 귀책사유가 있어 하자가 발생한 경우는 물론, 자신에게 귀책사유가 없이 하자가 발생한 경우에도 면해지지 아니한다. 또한 임대인이 그와 같은 하자 발생 사실을 몰랐다거나 반대로 임차인이 이를 알거나 알 수 있었다고 하더라도 마찬가지이다"(대판 2021.4.29. 2021다202309).

제2관 차임지급의무

01 임대인이 제628조에 의하여 장래에 대한 차임의 증액을 청구하였을 때에 당사자 사이에 협의가 성립되지 아니하여 법원이 결정해 주는 차임이라고 하여도 특별한 사정이 없는 한 증액된 차임에 대하여는 법원 결정 시가 아니라 증액청구의 의사표시가 상대방에게 도달한 때를 이행기로 보아야 한다(대판 2018.3.15. 2015다239508,239515). [18년 최신판례]

02 임차인의 차임연체액이 2기의 차임액에 달한다는 이유로 임대인이 임대차계약을 해지하는 경우, 그 사유를 전차인에게 통지하여야만 해지로써 전차인에게 대항할 수 있는 것은 아니다(대판 2012.10.11. 2012다55860). [최신판례]

03 상가건물 임대차보호법의 적용을 받는 상가건물의 임차인이 갱신 전부터 차임을 연체하기 시작하여 갱신 후에 차임연체액이 '3기'의 차임액에 이른 경우, 임대인이 '3기' 이상의 차임연체를 이유로 갱신된 임대차계약을 해지할 수 있다. [개정 상가건물 임대차보호법]

해설 개정 상가건물 임대차보호법에서 '임차인의 차임연체액이 3기의 차임액에 달하는 때에는 임대인은 계약을 해지할 수 있다'(동법 제10조의8)는 규정이 신설되었다.

04 상가임대차기간 중 어느 때라도 차임이 3기분에 달하도록 연체된 사실이 있다면 임차인과의 계약관계 연장을 받아들여야 할 만큼의 신뢰가 깨어졌으므로 임대인은 계약갱신 요구를 거절할 수 있고, 반드시 임차인이 계약갱신요구권을 행사할 당시에 3기분에 이르는 차임이 연체되어 있어야 하는 것은 아니다(대판 2021.5.13. 2020다255429). [21년 최신판례]

05 임대인의 필요비상환의무는 특별한 사정이 없는 한 임차인의 차임지급의무와 서로 대응하는 관계에 있으므로, 임차인은 지출한 필요비 금액의 한도에서 차임의 지급을 거절할 수 있다. 따라서 연체차임에서 필요비 지출을 공제한 금액이 2기에 달하지 않는다면 임대인은 제640조에 따라 해지할 수 없다. [19년 최신판례]

해설 "임대인의 필요비상환의무는 특별한 사정이 없는 한 임차인의 차임지급의무와 서로 대응하는 관계에 있으므로, 임차인은 지출한 필요비 금액의 한도에서 차임의 지급을 거절할 수 있다"(대판 2019.11.14. 2016다227694).

제3관 임차권의 대항력, 임대인의 지위승계(보증금반환의무 등)

01 상가건물의 임차인이 상가건물 임대차보호법 제3조에서 정한 대항력을 취득한 다음 공유물 분할을 위한 경매절차에서 건물의 소유자가 변동된 경우 양수인은 임대인의 지위를 당연 승계하므로 양수인은 임차인에게 임대보증금반환의무를 부담하고 임차인은 양수인에게 차임지급의무를 부담한다. 그러나 임차건물의 소유권이 이전되기 전에 이미 발생한 연체 차임이나 관리비 등은 별도의 채권양도절차가 없는 한 원칙적으로 양수인에게 이전되지 않고 임대인만이 임차인에게 청구할 수 있다(대판 2017.3.22. 2016다218874). [민법표준판례, 10모의(2), 변호18 사례형]

02 대항력 있는 임차건물의 양수인이 건물 소유권을 취득한 후 임대차관계가 종료되어 임차인에게 임대차보증금을 반환해야 하는 경우 임대인의 지위를 승계하기 전까지 발생한 연체차임이나 관리비 등은 임대차보증금에서 당연히 공제된다(대판 2017.3.22. 2016다218874). [민법표준판례, 모의 18(2)]

> [비교판례] ※ 계약인수에서 이미 발생한 채무의 승계
> 이미 발생한 채무의 승계에 관하여 判例는 "계약당사자 중 일방이 상대방 및 제3자와 3면 계약을 체결하거나 상대방의 승낙을 얻어 계약상 당사자로서의 지위를 포괄적으로 제3자에게 이전하는 경우 이를 양수한 제3자는 양도인의 계약상 지위를 승계함으로써 종래 계약에서 이미 발생한 채권·채무도 모두 이전받게 된다"(대판 2011.6.23. 전합2007다63089)고 한다.

03 '외국국적동포'(대판 2016.10.13. 2014다218030) 또는 '재외국민'(대판 2019.4.11. 2015다254507)이 재외동포의 출입국과 법적 지위에 관한 법률에 따라 국내거소신고나 거소이전신고를 한 경우에도 주택임대차보호법상 대항력의 요건인 주민등록과 같은 법률효과가 인정된다. 또한 '외국인'(대판 2016.10.13. 2015다14136)이 출입국관리법에 따라 외국인등록이나 체류지 변경신고를 한 경우에도 주택임대차보호법상 대항력의 요건인 주민등록과 같은 법률효과가 인정된다.

04 임대인이 주택을 신탁법상 신탁하였음에도 임차인과 임대차계약을 체결하였고 이후 신탁종료를 원인으로 주택의 소유권을 다시 취득한 경우에 임차인은 임대인이 주택에 관하여 소유권이전등기를 마친 '즉시'(다음날 오전 0시가 아님) 임차권의 대항력을 취득한다 [19년 최신판례]

[해설] C는 이 사건 임대차계약 체결 당시 수탁자인 D의 승낙이 없이는 이 사건 주택을 임대할 수 없었지만, 2014. 4. 9. 이 사건 주택에 관하여 신탁재산의 귀속을 원인으로 한 소유권이전등기를 마침으로써 적법한 임대권한을 취득하였다. 원고 A는 2014. 1. 27. 이 사건 주택을 인도받고 전입신고를 마쳤다. 그때부터 이 사건 주택에 관한 주민등록에는 소유자 아닌 원고 A가 거주하는 것으로 나타나 있어서 제3자가 보기에 원고의 주민등록이 소유권 아닌 임차권을 매개로 하는 점유임을 인식할 수 있었으므로, 원고 A의 주민등록은 원고가 전입신고를 마친 2014. 1. 27.부터 임대차를 공시하는 기능을 수행하고 있었다.
따라서 원고 A는 C가 이 사건 주택에 관하여 소유권이전등기를 마친 '즉시' 임차권의 대항력을 취득하였고, E의 근저당권설정등기는 원고 A가 대항력을 취득한 다음에 이루어졌으므로, 원고 A는 임차권으로 이 사건 주택의 매수인인 피고 B에게 대항할 수 있다(대판 2019.3.28. 2018다44879,2018다44886).

05 최고가매수신고인으로부터 임차하여 주택을 인도받고 전입신고 및 확정일자를 갖추었더라도, '다음날' 최고가 매수신고인이 매각대금을 완납하고 '같은 날' 근저당권설정등기를 해 준 경우, 임차인은 근저당권자에게 우선하지 못한다(대판 2014.2.27. 2012다93794). [최신판례]

[해설] ※ 임차인의 대항력 취득 여부
임차인이 대항력 있는 임차권을 취득하기 위해서는 임대인이 소유자이거나 또는 소유권을 갖고 있지는 않더라도 적어도 적법하게 임대차계약을 체결할 수 있는 권한을 갖고 있어야 한다.

06 대항력을 갖춘 임차인의 임대차보증금반환채권이 가압류된 상태에서 임대주택이 양도된 경우 양수인은 임대차보증금반환채무를 면책적으로 인수하게 되므로, 채권가압류의 제3채무자의 지위 까지 승계한다(대판 2013.1.17. 전합2011다49523). [최신판례, 변호 17, 사시 15,16]

07 「주택임대차보호법」상 대항력을 갖춘 임차인이 임대차보증금반환채권에 질권을 설정하고 임대 인이 그 질권 설정을 승낙한 후 임대주택이 양도된 경우에는 임대인은 임대차관계에서 탈퇴하 고 임차인에 대한 임대차보증금반환채무를 면하게 된다(대판 2018.6.19. 2018다201610). [18년 최신판례, 변호 19]

08 대항요건을 갖춘 임차인이 임대차보증금반환채권에 질권을 설정하고 임대인이 이를 승낙한 후 에 임대주택이 양도된 경우, 양수인의 법률상 당연승계 규정을 기초로 하여 질권의 제3채무자 지위도 양수인이 승계한다(대판 2018.6.19. 2018다201610). [18년 최신판례, 모의 19(1)]

09 질권설정자가 제3채무자에게 질권설정의 사실을 통지하거나 제3채무자가 이를 승낙한 때에는 제3채무자가 질권자의 동의 없이 질권설정자와 상계합의를 함으로써 질권의 목적인 채무를 소 멸하게 한 경우에도 질권자에게 대항할 수 없고, 질권자는 여전히 제3채무자에 대하여 직접 채 무의 변제를 청구할 수 있다(대판 2018.12.27. 2016다265689). [18년 최신판례]

10 대항력을 갖춘 임차인이 임대인으로부터 임차목적물을 매수하면서 그와 동시에 임대차계약을 해지하고 매매대금채권과 보증금반환채권을 상계하기로 합의한 경우라도, 임대차보증금반환채권 의 질권자는 여전히 임대인을 상대로 임차보증금의 반환을 청구할 수 있다(대판 2018.12.27. 2016다 265689). [18년 최신판례]

11 ┌───┐
│ ╳대지는 A의 소유인데, 甲이 자신 소유의 Y건물의 소유를 목적으로 그 대지를 임차한 후 그 │
│ 대지상에 건물을 신축하여 그 소유권보존등기를 하였다. 한편 乙은 甲에 대한 채권자 겸 위 │
│ Y건물에 대한 근저당권자인데, 경매를 청구하여 B가 건물을 경락받고 그 소유권이전등기를 │
│ 하였다. [민법표준판례, 핵심사례 C-6.참고(토지임차권의 대항력, 배신행위론)] │
└───┘

㉠ 甲은 대항력 있는 임차권을 취득하였다. [사시 10, 법행 05]

해설 건물의 소유를 목적으로 한 토지임대차는 이를 등기하지 아니한 경우에도 임차인이 그 지상건물을 등 기한 때에는 제3자에 대하여 임대차의 효력이 생긴다(제622조 1항).

㉡ B는 대항력 있는 임차권을 양수받았다.

해설 "건물의 소유를 목적으로 하여 토지를 임차한 사람이 그 토지 위에 소유하는 건물에 저당권을 설정한 때에는 민법 제358조 본문에 따라서 저당권의 효력이 건물뿐만 아니라 건물의 소유를 목적으로 한 토지의 임 차권에도 미친다"(대판 1993.4.13. 92다24950).

㉢ B는 대항력 있는 임차권의 양수인으로 임대인 A에게 대항할 수 없다. [모의 15(1)유사, 변리 14]

해설 "위의 경우에도 민법 제629조가 적용되기 때문에 토지의 임대인에 대한 관계에서는 그의 동의가 없는 한 경락인은 그 임차권의 취득을 대항할 수 없다고 할 것인바, 민법 제622조 제1항은 건물의 소유를 목적으로 한 토지임대차는 이를 등기하지 아니한 경우에도 임차인이 그 지상건물을 등기한 때에는 토 지에 관하여 권리를 취득한 제3자에 대하여 임대차의 효력을 주장할 수 있음을 규정한 취지임에 불과 할 뿐, 건물의 소유권과 함께 건물의 소유를 목적으로 한 토지의 임차권을 취득한 사람이 토지의 임대인에 대한 관계에서 그의 동의가 없이도 임차권의 취득을 대항할 수 있는 것까지 규정한 것이라고는 볼 수 없다"(대판 1993.4.13. 92다24950).

㉣ 만약 A가 B에게 위 건물의 철거 및 대지의 인도를 청구한다면, B는 임차인의 변경이 당사자 간의 신뢰관계를 파괴하는 임대인에 대한 배신행위가 아니라고 인정되는 특별한 사정이 있음을 증명하여 A의 청구를 배척할 수 있다.

해설 判例는 "당사자 간의 신뢰관계를 파괴하는 임대인에 대한 배신행위가 아니라고 인정되는 특별한 사정이 있는 때에는 임대인은 자신의 동의 없이 임차권이 이전되었다는 것만을 이유로 민법 제629조 제2항에 따라서 임대차계약을 해지할 수 없고, 그와 같은 특별한 사정이 있는 때에 한하여 경락인은 임대인의 동의가 없더라도 임차권의 이전을 임대인에게 대항할 수 있다고 봄이 상당한바, 위와 같은 특별한 사정이 있는 점은 경락인이 주장·입증하여야 한다"(대판 1993.4.13. 92다24950)고 한다.

12
> 甲은 乙과 乙의 주택을 임차하기로 하는 임대차계약을 체결하였는데, 임차보증금은 8,000만 원이었고, 甲은 05.3.15. 입주하여 그날 전입신고를 마치고 계약서상에 확정일자를 받았다. 乙은 동년 4.2. 丙은행으로부터 5,000만 원을 대출받으면서 위 주택에 채권최고액을 7,000만 원으로 하는 근저당권을 설정하였다. 그로부터 1년 뒤 乙이 채무를 변제하지 않자 丙은행은 근저당권을 실행하여 丁이 주택의 새로운 소유자가 되었다. [11년 사법 1차]

㉠ 甲은 丁에 대하여 자신의 임차권으로써 대항할 수 있다.

해설 임대차는 그 등기(登記)가 없는 경우에도 임차인(賃借人)이 주택의 인도(引渡)와 주민등록을 마친 때에는 그 다음 날부터 제3자에 대하여 효력이 생긴다. 이 경우 전입신고를 한 때에 주민등록이 된 것으로 본다(주택임대차보호법 제3조 1항). 甲은 05.3.15.일 입주하여 전입신고를 마쳤으므로 05.3.16. 오전 0시에 대항력을 취득하고 최선순위저당권인 丙은행의 05.4.2. 저당권보다 앞서기 때문에 경락인인 丁에게 대항할 수 있다.

㉡ 甲은 임대차관계의 승계를 원하지 아니하는 경우에는 임대차계약을 해지하고 보증금을 우선변제받을 수 있다(대결 1998.9.2. 98마100).

㉢ 丁이 임대인으로서의 지위를 승계하는 경우, 乙은 甲에 대한 보증금 반환채무를 면한다.

[사시 11,16]

해설 주택 임대차보호법 제3조 4항은 임차주택의 양수인이 임대인의 지위를 승계한 것으로 본다고 규정하고 있다. 따라서 임차목적물의 양수인은 주물·종물이론의 유추적용에 의해 보증금반환채무를 승계한다(제100조 2항의 유추적용). 이때 양도인의 반환채무에 대하여 判例는 "주택의 임차인이 제3자에 대한 대항력을 갖춘 후 임차주택의 소유권이 양도되어 그 양수인이 임대인의 지위를 승계하는 경우에는, 임대차보증금의 반환 채무도 부동산의 소유권과 결합하여 일체로서 이전하는 것이므로 양도인의 임대인으로서의 지위나 보증금반환 채무는 소멸한다"(대판 1996.2.27. 95다35616)고 하여 면책적 채무인수로 보고 있다.

㉣ 丁은 주택에 관한 소유권취득의 원인이 된 계약을 해제함이 없이 乙이나 丙에게 부당이득의 반환을 청구할 수는 없다.

해설 경락인에게 대항할 수 있는 임차인 乙이 임대차의 존속을 주장한다고 하여 경락인 丁에 대하여 부당이득을 하는 것으로 볼 수 없고, 배당받은 저당권자 丙 역시 경매법원의 배당에 의한 것이므로 부당이득하였다고 볼 수 없다(대판 1996.7.12. 96다7106).

ⓜ 위 사안의 주택에 임대차계약 전에 이미 다른 저당권이 설정되어 경매 시까지 존속한 경우, 丙은행이 근저당권을 실행하면 甲의 임차권은 소멸한다. [사시 11,16]

> **해설▶** 대항력보다 앞서는 저당권이 경매 시까지 존속한 경우에는 甲의 임차권은 소멸한다"(대판 1987.2.24. 86다카1936).

제4관 보증금반환청구권(우선변제, 공제 등)

01 우선변제권 있는 임차인이 집행권원을 얻어 스스로 경매신청을 한 경우, 배당요구 종기까지 별도로 배당요구를 하거나 우선변제권 소명자료를 제출하지 않아도 후순위권리자나 일반채권자보다 우선하여 배당받을 수 있다(대판 2013.11.14. 2013다27831). [최신판례]

02 임대인이 임차인을 상대로 차임연체로 인한 임대차계약의 해지를 원인으로 임대차목적물인 부동산의 인도 및 연체차임의 지급을 구하는 '소송비용'은 임차인이 부담할 원상복구비용 및 차임지급의무 불이행으로 인한 것이어서 임대차관계에서 발생하는 임차인의 채무에 해당하므로 이를 반환할 임대차보증금에서 당연히 공제할 수 있다(대판 2012.9.27. 2012다49490). [최신판례]

03 임대차계약 종료 전에는 연체차임이 공제 등의 별도의 의사표시 없이 임대차보증금에서 당연히 공제되는 것은 아니다. 그러나 임차인이 임대인에게 임대차목적물을 반환하면 임차인의 연체차임, 손해배상채무, 부당이득반환채무 등 피담보채무는 임대인이 충당의 의사표시를 하지 않더라도 임대차보증금으로 당연히 충당된다(대판 2013.2.28. 2011다49608,49615). [최신판례, 변호 13]

04 보증금이 수수된 임대차계약에서 임대차가 종료되어 목적물을 반환할 때까지 연체한 차임액이 위 보증금에서 전액 공제된 경우, 임차인은 임대차 종료 전에 차임채권을 양수한 자의 양수금청구에 대해 연체된 차임액이 보증금에서 공제되었음을 주장하여 양수금지급을 거절할 수 있다(대판 2015.3.26. 2013다77225). [최신판례, 변호 17]

05 채권양수인이 주택임대차보호법상의 우선변제권을 행사할 수 있는 주택임차인으로부터 임차보증금반환채권을 양수하였더라도 임차권과 분리된 임차보증금반환채권만을 양수하였다면, 그 채권양수인은 위 법상의 우선변제권을 행사할 수 있는 임차인에 해당한다고 볼 수 없다(대판 2010.5.27. 2010다10276). [변호 13, 사시 13, 법행 11,12,15]

06 주택임대차보호법 제3조 제1항에 의한 대항력을 갖춘 주택임차인이 임대인의 동의를 얻어 적법하게 임차권을 양도하거나 전대한 경우, 양수인이나 전차인에게 점유가 승계되고 전입신고가 이루어졌다면 임차권 양수인은 원래의 임차인이 가지는 우선변제권을 행사할 수 있고, 전차인은 원래의 임차인이 가지는 우선변제권을 대위 행사할 수 있다(대판 2010.6.10. 2009다101275).

07 甲은 자기 토지에 주택을 신축하고, 아직 보존등기를 하기 전에 그 주택의 일부를 乙에게 임대해 주었다(乙은 미등기 다세대주택의 소액임차인). 이에 乙은 그 주택에 입주하여 전입신고를 하고 임대차계약서에 확정일자를 받았다. 그 후 이 미등기주택의 대지에 대해 甲의 채권자 A가 근저당권을 설정받았다. 그 후 이 근저당권에 기한 경매절차에서 대지의 환가대금에 대해 乙이 우선변제를 받을 수 있다(대판 2007.6.21. 전합2004다26133). 그러나 만약 토지에 대한 A의 저당권설정 후에 비로소 주택이 신축된 경우라면 그러하지 않다(대판 2010.6.10. 2009다101275). [변호 15유사, 사시 08,15]

해설 ※ 대지에 대한 저당권설정 당시 이미 그 지상건물(미등기주택)이 존재한 경우 미등기주택 '대지'의 환가대금에 대한 소액임차인의 우선변제권 인정여부(적극)

※ 대지에 대한 저당권설정 후에 비로소 그 지상건물(미등기주택)이 신축된 경우 미등기주택 '대지'의 환가대금에 대한 소액임차인의 우선변제권 인정여부(소극)

08 최선순위 전세권자로서의 지위와 주택임대차보호법상 대항력을 갖춘 임차인으로서의 지위를 함께 가지고 있는 사람이 전세권자로서 배당요구를 하여 전세권이 매각으로 소멸된 경우라 하더라도, 변제받지 못한 나머지 보증금에 기하여 대항력을 행사할 수 있고, 그 범위 내에서 임차주택의 매수인은 임대인의 지위를 승계한 것으로 보아야 한다(대결 2010.7.26. 2010마900).   [사시 13]

해설 ※ 임대차의 대항력—임차목적물이 경매된 경우—

(근)저당권자 등과의 관계에서는 임차권 대항력의 선후를 기준으로 우열이 정해진다. 특히 저당권은 경매를 통한 매각으로 모두 소멸하므로 최선순위 담보물권과 임차권 대항력의 선후를 기준으로 우열이 정해진다(대판 1999.4.23. 98다32939).

(1) 최선순위 담보물권자나 (가)압류권자보다 먼저 대항력을 취득한 경우

매각대금이 완납되어도 임차권은 소멸하지 않고(민사집행법 제91조), 임차인은 매각 받은 자에게 임차권을 주장할 수 있으며, 임대차계약을 해지하지 않고도 배당요구를 할 수 있다(대판 2004.8.30. 2003다23855). 구 임대차보호법 제3조의2 1항 단서 '임차인이 보증금의 우선변제를 청구하기 위해서는 임대차가 종료하여야 한다'는 규정이 삭제되었기 때문이다.

(2) 최선순위 담보물권자나 (가)압류권자보다 나중에 대항력을 취득한 경우

매각대금이 완납되면 임차권은 소멸하고, 임차인은 경매절차에서 배당을 받는 수밖에 없다. 우선변제권 있는 임차인이라도 경매법원이 이를 알 수 없기 때문에 반드시 배당요구를 하여야만 배당을 받을 수 있다.

09 주택임대차보호법상 임차인으로서의 지위와 전세권자로서의 지위를 함께 가지고 있는 자가 그 중 임차인으로서의 지위에 기하여 경매법원에 배당요구를 하였다면 배당요구를 하지 아니한 전세권에 관하여는 배당요구가 있는 것으로 볼 수 없다(대판 2010.6.24. 2009다40790).

10 임대차계약 종료에 따른 임차인의 임차목적물 반환의무와 임대인의 권리금 회수 방해로 인한 손해배상의무는 동시이행관계에 있지 않다.   [19년 최신판례]

해설 "동시이행의 항변권 제도의 취지에서 볼 때 당사자가 부담하는 각 채무가 쌍무계약에서 고유의 대가관계에 있는 채무가 아니더라도, 양 채무가 동일한 법률요건으로부터 생겨서 대가적 의미가 있거나 공평의 관점에서 보아 견련적으로 이행시킴이 마땅한 경우에는 동시이행의 항변권을 인정할 수 있다. 임차인의 임차목적물 반환의무는 임대차계약의 종료에 의하여 발생하나, 임대인의 권리금 회수 방해로 인한 손해배상의무는 상가건물 임대차보호법에서 정한 권리금 회수기회 보호의무 위반을 원인으로 하고 있으므로 양 채무는 동일한 법률요건이 아닌 별개의 원인에 기하여 발생한 것일 뿐 아니라 공평의 관점에서 보더라도 그 사이에 이행상 견련관계를 인정하기 어렵다"(대판 2019.7.10. 2018다242727).

※ [참고] 상가건물 임대차보호법 규정에 따른 임차인의 권리금 회수 보호

2015년 개정 상가건물 임대차보호법에 따르면 임대인은 임대차기간이 끝나기 3개월 전부터 임대차 종료 시까지 일정행위(1호 내지 4호)를 함으로서 권리금 계약에 따라 임차인이 주선한 신규임차인이 되려는 자로부터 권리금을 지급받는 것을 방해하여서는 아니 된다고 규정하여 임차인의 권리금 회수 기회를 보호하고 있다(동법 제10조의4 1항, 3항).

11 임차권등기명령에 따른 임차권등기에 임대차보증금 반환채권에 대한 시효중단의 효력이 인정되지는 않는다(대판 2019.5.16. 2017다226629).   [19년 최신판례]

해설 "임차권등기명령에 따른 임차권등기가 본래의 담보적 기능을 넘어서 채무자의 일반재산에 대한 강제집행을 보전하기 위한 처분의 성질을 가진다고 볼 수는 없다"

12 甲 주식회사가 점포를 임차하여 커피전문점 영업에 필요한 시설 설치공사를 하고 프랜차이즈 커피전문점을 운영하였고, 乙이 이전 임차인 甲으로부터 위 커피전문점 영업을 양수하고 丙 주식회사로부터 점포를 임차하여 커피전문점을 운영하였는데, 임대차 종료 시 乙이 인테리어시설 등을 철거하지 않자 丙 회사가 비용을 들여 철거하였다면, 丙 회사가 乙에게 반환할 보증금에서 丙 회사가 지출한 시설물 철거비용을 공제할 수는 있다. [19년 최신판례]

해설 丙 회사가 비용을 들여 철거한 시설물이 乙의 전 임차인이 설치한 것이라고 해도 乙이 철거하여 원상회복할 의무가 있다고 보아 丙 회사가 乙에게 반환할 보증금에서 丙 회사가 지출한 시설물 철거비용이 공제되어야 한다고 판단한 원심판결을 수긍한 사례(대판 2019.8.30. 2017다268142).

13

> 임대인 : 甲, 임차인 : 乙, 임대차목적물 : 甲소유 X주택
> 임대차기간 : 2012. 1. 2. ~ 2014. 1. 2. (2년간)
> 보증금 : 6억 원, 월차임 : 500만 원인 임대차에서 乙이 자신의 임차권을 丙에게 양도하였다.

㉠ 임대인 甲의 동의를 받아 적법하게 임차권 양도가 되더라도 원칙적으로 보증금반환채권은 임차권 양수인 丙에게 이전되는 것은 아니다.

해설 判例는 임차권의 양도를 지명채권의 양도의 성질을 갖는 것으로 보는 것을 전제로, 임차보증금반환채권을 임차권과는 별개의 지명채권으로 보고, 따라서 임대인의 동의를 받아 적법하게 임차권 양도가 되더라도 특약이 없는 한 보증금반환채권도 당연히 임차권 양수인에게 이전되는 것은 아니라고 본다(대판 1998.7.14. 96다17202).

㉡ 乙의 임대차보증금반환채권이 압류된 이후 2013. 1. 1. 乙과 丙의 임차권 양도계약이 체결되었고 2013. 1. 2 甲이 이에 대해 승낙을 한 경우, 乙의 보증금 반환채권은 2013. 1. 2. 이행기가 도래한다.

㉢ 乙의 임대차보증금반환채권이 압류된 이후 임차권이 丙에게 양도되었다면 이후 丙이 甲에 대하여 부담하는 임대차계약상의 차임 등은 임대차보증금반환채권에서 공제되지 않는다.

해설 "임대차보증금반환채권이 가압류 또는 압류된 후 임차권이 양도된 경우에 임대인이 위 임차권의 양도를 승낙하였다면 임대인과 구 임차인과의 임대차관계는 종료되어 구 임차인은 임대차관계로부터 이탈하게 되고, 구 임차인의 임대차보증금반환채권은 구 임차인과 임대인과의 임대차관계의 종료로 인하여 임대인의 임차권 양도 승낙시에 이행기에 도달하게 된다고 보아야 한다(㉡ 해설). 이 경우 임대차보증금에 관한 구 임차인의 권리의무관계는 구 임차인이 임대인과 사이에 임대차보증금을 신 임차인의 채무불이행의 담보로 하기로 약정하거나 신 임차인에 대하여 임대차보증금반환채권을 양도하기로 하는 등의 특별한 사정이 없는 한 신 임차인에게 승계되지 아니하며, 구 임차인이 임대인과 사이에 임대차보증금을 신 임차인의 채무의 담보로 하기로 약정하거나 신 임차인에 대하여 임대차보증금반환채권을 양도하기로 한 때에도 그 이전에 임대차보증금반환채권이 제3자에 의하여 가압류 또는 압류되어 있는 경우에는 위와 같은 합의나 양도의 효력은 압류권자 등에게 대항할 수 없으므로, 신 임차인이 차임지급을 연체하는 등 새로운 채무를 부담하게 되었다고 하여 그 연체차임 등을 구 임차인에게 반환할 임대차보증금에서 공제할 수는 없다(㉢ 해설)"(대판 1998.7.14. 96다17202).

㉣ 임차권양도에 甲의 승낙이 없거나, 甲과 乙 간에 임차권양도금지특약이 있었던 경우에도 乙은 丙에게 임대인 甲의 동의를 받아줄 의무를 부담한다(대판 1986.2.25. 85다카1812).

제5관 임차권의 양도, 전대

01 임차인이 임대인의 동의를 얻어 임차물을 전대한 경우, 전차인은 전대차계약상의 차임을 감액하는 것으로 변경된 전대차계약의 내용을 임대인에게 주장할 수 있고, 그 경우 임대차종료 후 전차인이 임대인에게 반환하여야 할 차임 상당 부당이득액을 산정함에 있어서도, 부당이득 당시의 실제 차임액수를 심리하여 이를 기준으로 삼지 아니하고 약정 차임을 기준으로 삼는 경우라면, **변경된 차임을 기준으로 하여야 한다**(대판 2018.7.11. 2018다200518). [18년 최신판례, 모의 19(1)]

02 임차인이 임대인의 동의를 얻어 임차물을 전대한 경우, 전차인은 전대차계약상의 차임지급시기 전에 전대인에게 차임을 지급한 사정을 들어 임대인에게 대항하지 못하지만, 차임지급시기 이후에 지급한 차임으로는 임대인에게 대항할 수 있고, 전대차계약상의 차임지급시기 전에 전대인에게 지급한 차임이라도, 임대인의 차임청구 전에 차임지급시기가 도래한 경우에는 그 지급으로 임대인에게 대항할 수 있다(대판 2018.7.11. 2018다200518). [18년 최신판례, 모의 19(1)]

03 임차인이 임차물을 전대한 후 임대차계약이 종료되고 전차인이 임대인으로부터 목적물의 반환청구나 차임 내지 그 해당액의 지급요구를 받는 등의 이유로 임차인이 전차인으로 하여금 목적물을 사용·수익하게 할 수가 없게 되면, 임차인의 전대차계약에 기한 채무는 이행불능으로 되고 전차인은 이행불능으로 인한 계약 종료를 이유로 전대인(임차인)에게 그 이후의 차임지급 및 부당이득반환 의무를 부담하지 않는다. [19년 최신판례]

해설▶ 乙은 丙에게 무단전대를 한 경우에도 乙은 전대차계약에 기해 丙에게 차임청구를 할 수 있고, 전대차 기간이 종료한 이후에도 丙이 계속 사용수익한다면 丙을 상대로 부당이득반환청구도 할 수 있으나, 그 종기는 丙이 甲으로부터 인도청구를 받은 때까지이다. 주의할 점은 丙이 甲에게 인도청구를 받음으로써 乙에 대한 의무를 면하게 되는 것이지, 실제로 甲에게 임차목적물을 반환하는 시점에 乙에 대한 의무를 면하게 되는 것은 아니라는 점이다(대판 2019.5.30. 2019다202573).

04 임대인 甲이 자기 소유 X주택에 대해 乙과 임대차계약을 체결하고, 그 후 임차인 乙이 丙에게 전대를 하였다.

ㄱ 乙이 甲의 동의를 얻어 전대를 한 경우, 丙은 임대차종료시 甲을 상대로 부속물매수청구권을 행사할 수 있다(제647조).

ㄴ 乙이 甲의 동의를 얻어 전대를 한 경우, 甲과 乙의 합의해지에 의해 임대차가 종료하더라도 전차인 丙의 권리는 소멸되지 않는다(제631조, 제652조).

ㄷ 乙이 甲의 동의를 얻어 전대를 한 경우, 丙이 X주택을 인도받아 자신의 주민등록으로 전입신고 한 경우에는 乙의 임차권은 주택임대차보호법상의 대항력을 취득한다(대판 1994.6.24. 94다3155). [변호 15, 사시 06,09,10, 법행 04]

ㄹ 乙이 甲의 동의 없이 전대한 경우에도, 甲은 乙과의 임대차를 해지하기 전이라면 丙에게 불법점유를 이유로 한 차임상당의 손해배상청구를 할 수 없다. [변호 18, 13(3),15(2)유사, 법행 09,11]

해설▶ "임대인이 임대차계약을 해지하지 않는 한 임차인에 대해 차임채권을 가지므로, 임대차계약이 존속하는 한도에서는 양수인의 불법점유를 이유로 한 차임상당 손해배상청구나 부당이득반환청구를 할 수 없다"(대판 2008.2.28. 2006다10323).

제6관 부속물매수청구권

01

> 丙은 Y상가건물을 2001.6.1. 甲으로부터 보증금 2,000만원 월차임 100만원에 2년간 임차하기
> 로 약정하면서, "임차인은 임대인의 승인 하에 임차건물을 개축, 변조할 수 있으나 임차물 반
> 환시 임차인은 이를 원상복구하여 반환한다"는 특약을 두었다. 그 후 丙은 Y건물에서 음식점
> 을 경영하다가 임대인 甲의 동의하에 위 건물에 1개 층을 더 증축하게 되었는데, 증축된 부
> 분은 지붕·경계벽·독립된 계단 내지 엘리베이터실을 갖추고 있었고, 丙은 이를 성인오락실
> 의 용도로 사용하였다. 이에는 비용이 총 1,000만원이 들었다. 아울러 건물에의 출입로 확장
> ·정비에도 50만원이 소요되었다. 그 후 2002.4.17. 丙은 영업적자로 200만원의 차임지급을
> 연체한 상태였다. 甲은 임대차 계약을 해지하고 丙에 대하여 Y건물의 반환을 청구하였다.
>
> [건물임대차와 부속물매수청구권 리딩사례]

① **甲의 임대차 계약 해지는 적법하다.**

해설 건물 기타 공작물의 임대차에서 임차인의 차임연체액이 2기의 차임액에 달하는 때에는 임대인은 계약을 해지
할 수 있다(제640조). 2002.4.17. 당시 丙의 연체차임액이 200만원이므로 丙은 2기분의 차임을 연체하
고 있다. 따라서 甲이 이를 이유로 임대차계약을 해지한 것은 적법하며 해지의 의사표시가 있은 후 그
즉시 임대차는 종료한다.

② **임대차계약이 종료되었다 하더라도 목적물이 명도되지 않았다면 丙은 보증금이 있음을 이유
로 연체차임의 지급을 거절할 수 없다**(대판 1999.7.27. 99다24881).

③ **'임차물 반환시 임차인은 이를 원상복구하여 반환한다'는 특약은 유효하므로 丙은 건물에의
출입로 확장·정비비용을 유익비로서 상환청구 할 수 없다.** [모의 14(1),(2)유사, 변리 11]

해설 건물에의 출입로 확장·정비비용은 건물에 직접 지출한 비용은 아니나 이로 인하여 임대차 종료시에
임차건물의 객관적 가치가 증가되었다면 이러한 비용은 유익비상환청구의 대상이 된다(제626조 2항).
그런데 丙의 원상회복약정은 비용상환청구권을 포기하는 약정으로서 判例는 비용상환청구권 포기약정을 유
효하다고 본다. 따라서 丙은 유익비로서 출입로확장·정비비용의 상환을 청구할 수 없다.

④ **丙이 증축한 부분은 부속물매수청구권의 요건인 부속물의 요건을 갖추었다.**

해설 부속물매수청구권(제646조)을 행사하려면 부속물이 독립성을 가져야 하므로, 증축된 부분이 기존 건
물에 부합되는지 여부가 문제된다(제256조). 判例에 따르면 "건물이 증축된 경우에 증축부분의 기존건물
에 부합 여부는 증축부분이 기존건물에 부착된 ⅰ) 물리적 구조뿐만 아니라, ⅱ) 그 용도와 기능의 면에서 기존
건물과 독립한 경제적 효용을 가지고 거래상 별개의 소유권의 객체가 될 수 있는지의 여부 및 ⅲ) 증축하여 이
를 소유하는 자의 의사 등을 종합하여 판단하여야 한다"고 한다(대판 1994.6.10. 94다11606).
☞ 사안의 경우 증축된 1개 층은 상가건물의 사용의 편익을 위해 부속시켰다 볼 수 있고, 물리적 구조
및 용도와 기능면에서 기존 임대차 건물과는 독립성을 갖추었다. 따라서 증축된 1개 층은 부속물매수
청구권의 대상이 된다.

⑤ **丙은 甲에게 부속물매수청구권을 행사할 수 없다.** [변호 14, 사시 05, 변리 07]

해설 甲은 丙의 채무불이행(차임연체)을 이유로 임대차계약을 해지하였으므로 判例의 태도에 따르면 丙은
부속물매수청구권을 행사할 수 없다(대판 1990.1.23. 88다카7245,7252).

※ **甲·丙 간 원상회복 특약의 효력**
부속물매수청구권을 규정한 제646조는 강행규정으로서 이에 위반하는 약정으로 임차인에게 불리한
것은 무효가 된다(제652조). 따라서 甲과 丙간의 원상복구약정은 임차인의 비용상환청구권을 미리 포

기하는 취지의 특약이라고 볼 수는 있어도 부속물매수청구권배제특약은 무효이므로 당해 특약이 부속물매수청구권 행사를 배제할 수는 없다.

제7관 지상물매수청구권

01 제3자가 임대차계약의 당사자로서 토지를 임대하였다면, 토지 소유자가 임대인의 지위를 승계하였다는 등의 특별한 사정이 없는 한 임대인이 아닌 토지 소유자가 직접 지상물매수청구권의 상대방이 될 수는 없다(대판 2017.4.26. 2014다72449,72456). [최신판례, 변호 18]

02

> 甲과 乙은, 甲이 乙 소유의 X 토지를 임대차보증금 2억 원, 월 차임 1,000만 원(매월 말 지급), 임대차기간 07.10.1.부터 5년간으로 정하여 임차하면서, 甲은 X 토지 상의 창고를 철거하고 그 자리에 Y 건물을 신축하여 식당 영업을 하되 임대차가 종료한 때에는 Y 건물을 철거하여 나대지 상태로 반환하기로 약정하였다. 甲은 5억 원의 공사비를 들여 위 창고를 철거하고 Y 건물을 신축한 다음 식당을 운영해 왔으나 불경기로 영업이 잘 되지 아니하여 12.1.부터는 차임을 지급하지 못하였다. [토지임대차와 지상물매수청구권 리딩사례, 14년 사법 1차]

ㄱ 임대차계약 종료 후 Y 건물을 철거하기로 한 약정은 특별한 사정이 없는 한 무효하다.

[모의 14(1)유사, 변리 11]

해설 ※ 지상물매수청구권 포기특약의 유효성

지상물매수청구권을 규정한 제643조는 강행규정으로서 이에 위반하는 약정으로 임차인에게 불리한 것은 무효가 된다(제652조). 다만 임대차계약의 전체과정을 살펴보아 '지상물매수청구권을 포기하는 대신 임대차계약의 보증금 및 차임을 파격적으로 저렴하게 하는 등' 특약의 내용이 임차인에게 불리하지 않은 것이라면 그 특약을 무효로 볼 것은 아니다(대판 1997.4.8. 96다45443).

ㄴ 甲이 월 차임을 연체하였더라도 위 임대차계약이 해지되지 않은 상태에서 기간 만료로 종료되었다면 甲은 Y건물에 관하여 乙에게 매수청구권을 행사할 수 있다.

해설 차임의 연체가 있었으나 기간 만료로 종료되었다면 甲은 Y 건물에 관하여 乙에게 매수청구권을 행사할 수 있다(제283조, 제643조 ; 대판 1991.4.23. 90다19695).

ㄷ 만약 甲이 차임 연체 없이 위 임대차기간이 만료한 다음 乙에 대하여 건물매수청구권을 행사한다면 甲은 乙로부터 그 대금과 임대차보증금 정산금액을 지급받기까지 Y 건물의 인도를 거절할 수 있지만, 이 기간 동안 甲이 Y 건물을 사용한 경우 X 토지에 대한 차임 상당의 부당이득을 반환할 의무가 있다.

해설 甲이 Y건물을 통하여 X 토지를 점유하고 있으므로 X 토지의 차임 상당액에 해당하는 부당이득을 반환할 의무가 있다(대판 2001.6.1. 99다60535).

ㄹ 위 ㄷ.의 경우 乙이 甲에게 건물의 대금으로 지급할 금액은 위 공사비 5억 원이 아니라 매수청구권 행사 당시의 Y 건물의 시가 상당액이다. [사시 06, 법행 08, 변리 07,11]

해설 "민법 제643조 소정의 지상물매수청구권이 행사되면 임대인과 임차인 사이에서는 임차지상의 건물에 대하여 매수청구권 행사 당시의 건물시가를 대금으로 하는 매매계약이 체결된 것과 같은 효과가 발생하는 것이지, 임대인이 기존 건물의 철거비용을 포함하여 임차인이 임차지상의 건물을 신축하기 위하여 지출한 모든 비용을 보상할 의무를 부담하게 되는 것은 아니다"(대판 2002.11.13. 2002다46003).

ⓜ 乙의 특별한 의사표시가 없는 이상 甲의 연체차임에 대한 지연손해금은 계속 발생하는 것이 므로, 乙이 甲에게 반환할 임대차보증금의 액수를 산정할 때는 연체차임에 대한 지연손해금 을 공제할 수 있다(대판 2013.2.28. 2011다49608). [변호 13]

제8관 임대차 종료에 따른 부당이득반환청구 등

01 甲과 乙은 丙 소유의 토지에 관하여 건물 신축을 목적으로 한 임대차계약을 체결하고, 그 토 지 전부를 건물부지로 하여 X건물을 신축한 후, 甲과 乙이 1/2지분씩 공유하는 것으로 하여 소유권보존등기를 마쳤다. 그 후 甲, 乙은 丁과 X건물을 임대차보증금 1억 원, 월 차임 1,000 만 원, 임대차기간 2년으로 정하여 음식점 용도로 임대하는 내용의 임대차계약을 체결하였고, 丁은 甲과 乙에게 위 임대차보증금을 지급한 후 X건물을 인도받아 음식점을 운영하였는데, 기간 만료 4개월 전부터 차임을 지급하지 못하였다. 위 임대차기간이 만료되어 丁은 甲과 乙 에게 임대차보증금의 반환을 요구하였으나 이를 반환받지 못하자, 기간 만료 당일 행정관청 에 음식점에 대한 폐업신고를 하였다. 그날부터 丁은 음식점 영업용품은 그대로 두고 문을 잠근 채, 더 이상 X건물에서 음식점 영업을 하지 않았다. [사시 12 변형]

ⓖ 丁은 음식점 영업용품을 비치하여 계속 X건물을 점유하였으나, 음식점 영업을 하지 않아 실 질적인 이득을 취한 바가 없으므로, 甲과 乙에게 기간 만료 다음날부터 X건물을 인도할 때까 지 차임 상당액을 부당이득으로 반환하여야 하는 것은 아니다. [변호 12유사]

해설 丁은 문을 잠근 채, 더 이상 X건물에서 음식점 영업을 하지 않았으므로 실질적인 이득을 취한 바가 없 어 임대인 甲과 乙에게 차임 상당액을 부당이득으로 반환할 필요가 없다(대판 1992.4.14. 91다45202,45219).

ⓛ 丁은 임대차기간이 만료된 후에도 甲과 乙에게 불법점유로 인한 차임 상당액의 손해배상의 무를 부담하지 않는다.

해설 丁은 X건물의 임차인으로서 보증금의 지급을 요구하면서 동시이행의 항변권으로 건물의 반환을 거부 하고 있는바, 이는 적법한 점유이다(대판 1998.7.10. 98다15545).

ⓒ 丁의 연체차임은 X건물이 반환될 때에, 특별한 사정이 없는 한, 별도의 의사표시 없이 임대 차보증금에서 당연히 공제된다(대판 2007.8.23. 2007다21856,21863). [변호 13, 사시 07, 법행 13]

ⓔ 甲과 乙이 丁에게 부담하는 임대차보증금반환채무는 특별한 사정이 없는 한 성질상 불가분 채무이므로, 丁은 甲을 상대로 위 임대차보증금 1억 원 전부의 반환을 청구할 수 있다(대판 1998.12.8. 98다43137).

ⓜ 甲과 乙이 토지임대차계약에 따른 차임을 연체하여 丙이 적법하게 토지임대차계약을 해지한 경우, 甲과 乙은 丙에게 X건물의 매수를 청구할 수 없다(대판 2003.4.22. 2003다7685).

ⓑ 丙의 적법한 해지통고에 의하여 토지에 대한 임대차계약이 종료된 경우, 丁이 계속 X건물의 점유를 통하여 토지의 사용을 방해하고 있다면, 甲과 乙은 丙에게 토지의 차임 상당액에 해 당하는 부당이득을 반환할 의무가 있다.

해설 X건물의 임차인인 丁은 건물소유자인 임대인 甲과 乙에게 건물의 점유·사용으로 인한 부당이득반환 의무를 부담하지만, 토지소유자와의 관계에서 실제로 토지에 대한 점유자는 건물의 임차인이 아닌 건물의 소유자이므로, 토지임대인 丙은 건물소유자 甲과 乙에게 토지 사용의 부당이득반환을 청구해야지, 건물 임차인인 丁에게 토지 사용의 부당이득반환을 청구할 수 없다(대판 1994.12.9. 94다27809).

02 임대차계약 종료 후 임차인이 목적물을 계속 점유하더라도 임차인의 목적물반환의무와 임대인의 보증금반환의무는 동시이행관계에 있으므로 그 점유를 불법점유라고 할 수는 없으나, 임차인이 동시이행항변권을 상실하였는데도 목적물의 반환을 계속 거부하면서 점유하고 있다면, 적어도 과실에 의한 점유로서 불법행위를 구성한다(대판 2020.5.14. 2019다252042). [20년 최신판례]

제4절 도 급

01 토지소유자 甲은 10층 건물을 지어 달라는 계약을 건축업자 乙과 체결하면서 이에 소요되는 건축자재 일체는 乙이 조달하고 총 공사비 10억원에 공사대금은 기성고(旣成高) 비율에 따라 지급하기로 약정하였다. 乙은 건물의 골조공사를 마친 후 자신의 내부사정을 이유로 공사를 중단하였다. 그러자 甲은 계약을 해제한다고 말하고 토지와 골조를 제3자에게 매도하였다.

㉠ 수급인의 담보책임에 관한 민법 제668조에 의하면 도급인은 완성된 목적물의 하자로 인해 계약의 목적물을 달성할 수 없는 때에는 계약을 해제할 수 있으나, 사안은 목적물이 완성되지도 않았을 뿐만 아니라 완성된 경우라 하더라도 제668조 단서에 의해 완성물이 건물인 경우이므로 甲은 성취된 부분에 하자가 있더라도 해제를 할 수 없다. [사시 12, 법행 13,15, 변리 06]

㉡ 도급인 甲은 수급인 乙의 채무불이행을 이유로 계약을 해제할 수 있는바, 공사가 상당한 정도로 진척되어 그 원상회복이 중대한 사회적·경제적 손실을 초래하게 되고, 완성된 부분이 도급인 甲에게 이익이 되는 경우 그 도급계약은 미완성부분에 대해서만 실효되므로 乙은 골조부분을 그대로 인도하여야 한다(대판 1993.11.23. 93다25080). [변호 14, 사시 09, 법행 11]

㉢ 甲이 도급계약을 중도에 해제하는 경우 도급인 지급하여야 할 미완성건물에 대한 보수는 특별한 사정이 없는 한 당사자 사이에 약정한 총 공사비를 기준으로 하여 그 금액에서 수급인이 공사를 중단할 당시의 공사기성고비율에 의한 금액이 되는 것이지 수급인이 실제로 지출한 비용을 기준으로 할 것은 아니다(대판 1992.3.31. 91다42630).

㉣ 민법 제673조에서 도급인으로 하여금 자유로운 해제권을 행사할 수 있도록 하는 대신 수급인이 입은 손해를 배상하도록 규정하고 있는바, 위 규정에 의하여 甲이 계약을 해제한 경우 특별한 사정이 없는 한 도급인은 수급인에 대한 손해배상에 있어서 과실상계를 주장할 수 없다(대판 2002.5.10. 2000다37296,37302). [사시 08, 변리 09]

㉤ 만일 甲이 하자보수를 청구한다면, 기성고에 따라 공사대금을 분할하여 지급하기로 한 약정이 있더라도 하자보수의무와 동시이행관계에 있는 공사대금지급채무는 당해 하자가 발생한 부분의 기성공사대금에 한정되지 않는다. [사시 08, 법행 11, 변리 09]

> **해설** "기성고에 따라 공사대금을 분할하여 지급하기로 약정한 경우라도 특별한 사정이 없는 한 하자보수의무와 동시이행관계에 있는 공사대금지급채무는 당해 하자가 발생한 부분의 기성공사대금에 한정되는 것은 아니라고 할 것이다. 왜냐하면, 이와 달리 본다면 도급인이 하자발생사실을 모른 채 하자가 발생한 부분에 해당하는 기성공사의 대금을 지급하고 난 후 뒤늦게 하자를 발견한 경우에는 동시이행의 항변권을 행사하지 못하게 되어 공평에 반하기 때문이다"(대판 2001.9.18. 2001다9304).

비교판례 도급인의 손해배상청구와 수급인의 보수청구 사이에는 동시이행의 항변권이 준용되며 (제667조 3항), 이 경우 채무이행을 제공할 때까지 그 '손해배상의 액에 상응하는 보수의 액'에 관하여만 자기의 채무이행을 거절할 수 있을 뿐, 그 나머지 액의 보수에 관하여는 지급을 거절할 수 없다(대판 1996.6.11. 95다12798).

02 토지소유자 甲은 10층 건물을 지어 달라는 계약을 건축업자 乙과 체결하면서 이에 소요되는 건축자재 일체는 乙이 조달하고 총 공사비 10억원에 공사대금은 기성고(旣成高) 비율에 따라 지급하기로 약정하였다. 乙이 건물을 완성하였으나 건물에 심한 균열이 생겼다.

① 수급인이 자기의 노력과 출재로 완성한 건물의 소유권은 도급인과 수급인 사이의 '특약'에 의하여 달리 정하거나 기타 특별한 사정이 없는 한 수급인에게 귀속된다(대판 1990.2.13. 89다카 11401). [변호 14]

② 乙이 건물의 소유권을 취득한다면 공사대금채권을 위해 건물을 유치할 권리가 없다.

해설 수급인의 보수채권은 도급목적물과 견련성이 있는 것이므로 보수채권을 위한 유치권이 인정된다. 다만 유치권은 타물권이므로 완성물의 소유권이 도급인에게 귀속하는 경우에 수급인은 보수채권을 피담보채권으로 하여 완성물에 관하여 유치권을 행사할 수 있다(대판 1995.9.15. 95다16202). 따라서 완성물의 소유권이 수급인 乙에게 귀속된다면 공사대금채권을 위해 건물을 유치할 권리가 없다.

③ 甲은 乙에게 건물의 균열에 대하여 보수를 청구할 수 있고, 보수에 갈음하여 손해배상을 청구할 수도 있다.

해설 甲은 상당한 기간을 정하여 건물의 균열에 대한 보수를 청구할 수 있고(제667조 1항 본문), 보수에 갈음하여 손해배상을 청구할 수도 있고 또는 보수를 하더라도 전보하지 못한 손해가 있으면 그 손해의 배상도 아울러 청구할 수 있다(제667조 2항).

④ 甲이 하자의 보수에 갈음하여 손해배상을 청구한 경우 도급인의 손해배상채권과 동시이행관계에 있는 수급인의 공사대금채권은 공사잔대금채권 중 위 손해배상채권액과 동액의 금원뿐이고 그 나머지 공사잔대금채권은 위 손해배상채권과 동시이행관계에 있다고 할 수 없다(대판 1990.5.22. 90다카230). [사시 10, 법행 11,14]

⑤ 수급인의 하자담보책임은 무과실책임으로서 여기에 민법 제396조의 과실상계 규정이 준용될 수는 없으나, 하자 발생 및 그 확대에 가공한 도급인의 잘못을 참작하여 손해배상의 범위를 정할 수는 있다(대판 1999.7.13. 99다12888). [변호 14]

03 건축도급계약의 수급인이 도급인으로부터 제공받은 설계도면의 기재대로 시공한 경우, 수급인이 그 설계도면이 부적당함을 알고 도급인에게 고지하지 아니한 때를 제외하고, 그로 인하여 목적물에 하자가 생겼더라도 수급인에게 하자담보책임을 지울 수는 없다. [사시 10,11, 법행 12]

해설 제669조(동전-하자가 도급인의 제공한 재료 또는 지시에 기인한 경우의 면책) 「전2조의 규정은 목적물의 하자가 도급인이 제공한 재료의 성질 또는 도급인의 지시에 기인한 때에는 적용하지 아니한다. 그러나 수급인이 그 재료 또는 지시의 부적당함을 알고 도급인에게 고지하지 아니한 때에는 그러하지 아니하다.」 "건축도급계약의 수급인이 설계도면의 기재대로 시공한 경우, 이는 도급인의 지시에 따른 것과 같아서 수급인이 그 설계도면이 부적당함을 알고 도급인에게 고지하지 아니한 것이 아닌 이상, 그로 인하여 목적물에 하자가 생겼다 하더라도 수급인에게 하자담보책임을 지울 수는 없다"(대판 1996.5.14. 95다24975).

04 A건물이 예정된 최후의 공정까지 종료되고 그 주요 구조 부분은 약정대로 시공되었으며 도급인에게 인도되었다면, 건물의 기성 부분의 벽이나 천정에 균열 등의 하자가 발견되더라도 이는 목적물에 하자가 있는 것에 지나지 아니하므로, 도급인은 지체상금 약정에 기하여 수급인이 A건물에 대한 보수를 완료할 때까지 매일 지체상금으로 예정된 금액의 지급을 청구할 수는 없다.

[사시 12]

해설 ※ 공사 도급계약에 있어 공사의 미완성과 공사를 완성하였으나 하자가 있음에 불과한 경우의 구별기준

"공사가 도중에 중단되어 예정된 최후의 공정을 종료하지 못한 경우에는 공사가 미완성된 것으로 볼 것이지만, 공사가 당초 예정된 최후의 공정까지 일응 종료되고 그 주요 구조 부분이 약정된 대로 시공되어 사회통념상 일이 완성되었고 다만 그것이 불완전하여 보수를 하여야 할 경우에는 공사가 완성되었으나 목적물에 하자가 있는 것에 지나지 아니한다고 해석함이 상당하고, 예정된 최후의 공정을 종료하였는지 여부는 수급인의 주장이나 도급인이 실시하는 준공검사 여부에 구애됨이 없이 당해 공사 도급계약의 구체적 내용과 신의성실의 원칙에 비추어 객관적으로 판단할 수밖에 없고, 이와 같은 기준은 공사 도급계약의 수급인이 공사의 준공이라는 일의 완성을 지체한 데 대한 손해배상액의 예정으로서의 성질을 가지는 지체상금에 관한 약정에 있어서도 그대로 적용된다. 다만 당사자 사이에 건축공사의 완공 후 부실공사와 하자보수를 둘러싼 분쟁이 일어날 소지가 많음이 예상됨에 따라 그러한 분쟁을 사전에 방지할 의도로 통상의 건축공사 도급계약과는 달리 도급인의 준공검사 통과를 대금지급의 요건으로 삼음과 동시에 하자보수 공사 후 다시 합격을 받을 때까지 지체상금까지 부담하게 함으로써 공사의 완전한 이행을 담보하기 위해 지체상금의 종기를 도급인의 준공검사 통과일로 정하였다고 볼 만한 특별한 사정이 있다면 그에 따라야 할 것이다"(대판 2010.1.14. 2009다7212,7229).

05 제작물공급계약에 있어서 계약에 의하여 제작·공급하여야 할 물건이 대체물인 경우에는 매매에 관한 규정이 적용된다고 할 것이나, 물건이 특정의 주문자의 수요를 만족시키기 위한 부대체물인 경우에는 당해 물건의 공급과 함께 그 제작이 계약의 주목적이 되어 도급의 성질을 띠는 것이다(대판 1996.6.28. 94다42976). [모의 13(3)유사, 사시 08, 법행11]

06 도급인은 인도받은 목적물에 하자가 있는 경우 이를 이유로 하자의 보수나 하자의 보수에 갈음하는 손해배상을 청구하지 아니하고 막바로 보수의 지급을 거절할 수는 없다(대판 1991.12.10. 91다33056). [사시 10, 법행 11,14]

07 건축업자가 타인의 대지를 매수하여 대금을 전혀 지급하지 아니한 채 그 지상에 자기의 노력과 비용으로 건물을 건축하였다면, 채무담보를 위하여 그 건축허가 명의를 대지소유자로 하는 경우에도 건축업자는 완성 건물의 소유권을 원시적으로 취득하고, 대지소유자 명의로 건물에 대한 소유권보존등기를 마침으로써 담보목적의 범위 안에서 대지소유자에게 건물의 소유권이 이전된다(대판 2002.4.26. 2000다16350).

해설 [쟁점정리] ※ 도급계약 없이 채무자가 건물을 신축하면서 채권담보목적으로 채권자명의로 건축허가를 받은 경우(부동산 양도담보)

건축업자가 타인의 대지를 매수하여 그 대금을 지급하지 아니한 채 그 위에 자기의 노력과 재료를 들여 건물을 건축하면서 건축허가 명의를 대지소유자로 한 경우에는, 부동산등기법(제65조 1호)에 의하여 특별한 사정이 없는 한 건축허가명의인 앞으로 소유권보존등기를 할 수밖에 없는 점에 비추어 볼 때, 그 목적이 대지대금채무를 담보하기 위한 경우가 일반적이라 할 것이고, 이 경우 완성된 건물의 소유권은 일단 이를 건축한 채무자가 원시적으로 취득한 후, 채권자 명의로 소유권보존등기를 마침으로써 담보목적의 범위 내에서 채권자에게 이전된다(대판 1990.4.24. 89다카18884 ; 대판 1997.5.30. 97다8601 ; 대판 2002. 4. 26, 2000다16350 ; 이때 채권자 명의의 소유권보존등기는 실체계에 부합하여 유효하다). 따라서 채무자가 신축건물을 임대한 경우, (대항력을 갖춘) 임차인은 그 후 담보목적으로 신축건물에 보존등기를 한 채권자에 대해 임차권을 주장할 수 있다. 반면, 건축업자가 건물을 타에 분양하였으나 아직 소유권이전등기가 마쳐지지 않은 상태에서 그 후 대지

소유자 명의로 건물에 대한 소유권보존등기가 경료된 경우, 건축업자의 분양 등 '처분행위'는 대지 소유자의 담보권에 반하는 것이고, 수분양자는 대지 소유자에 대해 분양을 이유로 소유권이전등기를 구할 수 없다(대판 2002.7.12. 2002다19254).

08 수급인 乙이 도급인 甲의 지시가 부적당함을 알면서 甲에게 고지하지 아니한 경우, 甲의 지시에 기인한 완성된 건물에 중대한 하자가 있어 보수가 불가능하고 다시 건축할 수밖에 없는 경우, 도급인 甲은 수급인 乙에게 건물을 철거하고 다시 건축하는 데 드는 비용 상당액을 하자로 인한 손해배상으로 청구할 수 있다(제667조 1항, 2항 ; 대판 2016.8.18. 2014다31691).   [최신판례]

09 건물신축공사에 관한 도급계약에서 수급인이 자기의 노력과 출재로 건물을 완성하여 그 소유권이 수급인에게 귀속된 경우에는 수급인으로부터 건물신축공사 중 일부를 도급받은 하수급인도 수급인에 대하여 민법 제666조에 따른 저당권설정청구권을 가진다(대판 2016.10.27. 2014다211978).

10 민법 제666조 저당권설정청구권의 소멸시효는 민법 제163조 3호에 따라 3년의 소멸시효에 해당한다(대판 2016.10.27. 2014다211978).   [최신판례]

11 민법 제669조 본문은 완성된 목적물의 하자가 도급인이 제공한 재료의 성질 또는 도급인의 지시에 기인한 때에는 수급인의 하자담보책임에 관한 규정이 적용되지 않는다고 정하고 있다. 이 규정은 수급인의 하자담보책임에만 적용될 뿐 민법 제390조에 따른 채무불이행책임에는 적용되지 않는다(대판 2020.1.30. 2019다268252).   [20년 최신판례]

12 도급인은 하자보수비용을 민법 제667조 제2항에 따라 하자담보책임으로 인한 손해배상으로 청구할 수도 있고, 수급인에게 귀책성이 있다면 민법 제390조에 따라 채무불이행으로 인한 손해배상으로 청구할 수도 있다. 따라서 도급계약에서 완성된 목적물에 하자가 있는 경우 하자보수보증기간이 지난 경우에도 채무불이행에 의한 손해배상책임은 인정된다(대판 2020.6.11. 2020다201156).   [20년 최신판례]

13 건물신축도급계약에 있어서 수급인이 신축한 건물에 하자가 있는 경우에, 이로 인하여 도급인이 받은 정신적 고통은 하자가 보수되거나 하자보수에 갈음한 손해배상이 이루어짐으로써 회복된다고 봄이 상당하고, 도급인이 하자의 보수나 손해배상만으로는 회복될 수 없는 정신적 고통을 입었다면 이는 특별한 사정으로 인한 손해로서 수급인이 이와 같은 사정을 알았거나 알 수 있었을 경우에 한하여 정신적 고통에 대한 위자료를 인정할 수 있다(대판 1997.2.25. 96다45436).

14 공동이행방식의 공동수급체의 구성원들이 상인인 경우, 잔존 조합원들이 '연대하여' 탈퇴한 조합원에게 지분환급의무를 이행할 책임이 있다(상법 제57조 1항 ; 대판 2016.7.14. 2015다233098).   [최신판례]

15 甲은 자신 소유의 토지 위에 7층 규모의 건물을 짓기 위해 乙과 2014. 5. 15. 도급계약을 체결하였다. 도급계약의 구체적인 내용으로는 乙은 7층짜리 건물을 2015. 12. 31. 까지 완성하고, 甲은 공사대금을 1층당 3억 원 씩으로 계산하여 건물의 완공시에 인도와 동시에 총 21억 원을 지급하고, 완성된 건물은 도급인 甲의 소유로 한다는 내용이었다. 乙은 약정한 2015. 12. 31. 에 건물을 완공하고 甲에게 인도하였다. 그러나 甲은 완성된 건물의 벽과 천장에 균열 등의 하자가 있음을 발견하였다.

㉠ 하자보수에 과다한 비용이 드는 경우에도 벽과 천장에 균열이 간 것은 중요한 하자라고 본다면 甲은 乙에게 하자보수에 실제로 필요한 비용상당액을 손해배상으로 청구할 수 있다(대판 1998.3.13. 95다30345).   [모의 15(3)유사, 사시 09, 법행 07, 변리 09]

㉡ 벽과 천장에 균열이 된 것을 보수하는 하자보수비용이 건물의 완공 당시에는 3억 원이었으나, 甲이 乙에게 손해배상을 청구하는 시점에서는 3억 5천만 원으로 상승하였다. 甲은 공사대금 3억 5천만 원의 지급을 거절할 수 있다.   [변리 06]

해설 하자가 중요한 경우에는 보수에 과다한 비용이 들어가는 때에도 도급인은 수급인을 상대로 하자보수 또는 그에 갈음하는 손해의 배상을 청구할 수 있다(제667조 1항, 2항). 하자보수비는 목적물의 완성시가 아니라 하자보수 청구시 또는 손해배상 청구시를 기준으로 산정함이 상당하다(대판 1998.3.13. 95다30345). 동시이행항변권을 행사하는 경우에 있어서 상대방의 청구가 가분적인 것이면, 원칙적으로 상대방이 이행하지 않는 부분에 대한 채무에 대해서만 자신의 채무의 이행을 거절할 수 있다.
☞ 따라서 3억 5천만 원의 손해배상을 청구할 수 있고, 乙이 이행하지 않는 경우 공사대금 중 3억 5천만 만큼의 이행을 거절할 수 있다.

㉢ 甲과 乙간에 완공이 1일 지연될 때마다 乙이 300만 원씩을 지급하기로 하는 지체상금약정이 있는 경우에도 甲은 乙이 하자보수를 완료할 때까지 지체상금의 지급을 청구할 수는 없다.

해설 이행기 안에 이행을 완료하였으나 완성된 목적물에 하자가 있는 경우에는 불완전이행에 해당한다. 지체상금약정과 같은 이행지체를 이유로 한 손해배상액의 예정이 있는 경우 불완전이행을 이유로 한 손해배상을 청구하는 때에는 지체상금 약정에 따라 예정액을 청구할 수 있는 것이 아니다(대판 2010.1.28. 2009다41137,41144).

㉣ 乙의 채권자 A가 乙의 甲에 대한 공사대금채권에 대해 압류 및 전부명령을 받았고, 이 명령이 甲에게 송달된 후에 甲이 乙에 대한 하자로 인한 손해배상채권을 취득한 경우에, 甲은 손해배상채권을 자동채권으로 하여 공사대금채권과 상계할 수 있다.

해설 "제3채무자의 압류채무자에 대한 자동채권(편집자 주 : 甲의 乙에 대한 손해배상채권)이 수동채권인 피압류채권(편집자 주 : 사안의 공사대금채권)과 동시이행의 관계에 있는 경우에는, 비록 압류명령이 제3채무자에게 송달되어 압류의 효력이 생긴 후에 비로소 자동채권이 발생하였다고 하더라도 동시이행의 항변권을 주장할 수 있는 제3채무자로서는 그 채권에 의한 상계로써 압류채권자에게 대항할 수 있는 것으로서, 이 경우 자동채권이 발생한 기초가 되는 원인은 수동채권이 압류되기 전에 이미 성립하여 존재하고 있었던 것이므로 그 자동채권은 민법 제498조에 규정된 '지급을 금지하는 명령을 받은 제3채무자가 그 후에 취득한 채권'에 해당하지 않는다"(대판 2005.11.10. 2004다37676).

16 | A는 자신소유의 X토지 위에 건물을 짓기 위해 B와 2014. 1. 2. 공사비 20억 원에 도급계약을 체결하였다. A와 B는 2015. 1. 2까지 공사를 완공하기로 약정하고 만약에 공사기간이 지연 될 때에는 1일 당 공사대금의 0.1%를 지급하기로 하는 지체상금약정도 체결하였다. A는 계약 당일 계약금 2억 원을 지급하였으며 2014. 6. 15. 중도금을 지급하고 공사완공 후 목적물 인도 시에 잔대금을 지급하기로 하였다.

㉠ 약정한 2015. 1. 2.이 되더라도 건물공사가 미완성인 상태라면, B는 A를 상대로 공사잔대금의 지급을 청구할 수 없다.

해설 완성된 물건의 '인도'와 공사대금의 지급의무는 동시이행관계이지만, 일의 완성은 선이행의무이다(제665조 1항). 따라서 건물공사가 미완성인 상태에서는 B는 A를 상대로 대금의 지급을 청구할 수 없다.

ⓛ 건물이 완성된 이후 A가 건물의 하자를 발견하여 B에게 하자보수를 청구한 경우, B가 보수를 완료할 때까지 A는 그 범위 내에서 공사잔대금채무에 대한 이행지체책임을 지지 않는다.

해설 "도급계약에 있어서 완성된 목적물에 하자가 있는 때에는 도급인은 수급인에 대하여 하자의 보수를 청구할 수 있고 그 하자의 보수에 갈음하여 또는 보수와 함께 손해배상을 청구할 수 있는바, 이들 청구권은 특별한 사정이 없는 한 수급인의 공사대금 채권과 동시이행관계에 있는 것이므로, 이와 같이 도급인이 하자보수나 손해배상청구권을 보유하고 이를 행사하는 한에 있어서는 도급인의 공사대금 지급채무는 이행지체에 빠지지 아니하고, 도급인이 하자보수나 손해배상 채권을 자동채권으로 하고 수급인의 공사잔대금 채권을 수동채권으로 하여 상계의 의사표시를 한 다음날 비로소 지체에 빠진다"(대판 1996.7.12. 96다7250,7267).

ⓒ B의 지체상금발생의 시기는 특별한 사정이 없는 한 약정준공일(2015. 1. 2)이나 그 종기는 A나 B가 건물을 준공할 때까지 무한히 계속되는 것이라고 할 수 없고 B가 공사를 중단하거나 기타 해제사유가 있어 A가 이를 해제할 수 있었을 때(실제로 해제한 때가 아니고)부터 A가 다른 업자에게 의뢰하여 같은 건물을 완성할 수 있었던 시점까지로 제한되어야 하고 또 B가 책임질 수 없는 사유로 인하여 공사가 지연된 경우에는 그 기간만큼 공제되어야 하며, 그렇게 하여 산정된 지체상금액이 부당히 과다하다고 인정되는 경우에는 법원이 민법 제398조 제2항에 의하여 적당히 감액할 수 있다(대판 1989.7.25. 88다카6273). [변호 14, 법행 12, 변리 06]

ⓔ 법원이 A와 B의 지체상금약정이 부당히 과다한지를 판단하기 위해 실제 발생된 손해액을 구체적으로 심리·확정할 필요는 없다.

해설 "손해배상 예정액의 과다 여부 판단에 있어 실제의 손해액을 구체적으로 심리·확정할 필요는 없고, 다만 기록상 실제의 손해액 또는 예상 손해액을 알 수 있는 경우 그 예정액과 대비하여 보면 족하다 할 것이며, 실제의 손해액이 예정액에 미치지 못한다는 점은 그 예정액이 부당히 과다하다고 주장하는 채무자가 입증할 필요가 있다"(대판 1995.11.10. 95다33658).

제5절 여행계약

01 '여행자'는 여행을 시작하기 전에는 언제든지 계약을 해제할 수 있다. 다만, '여행자'는 상대방에게 발생한 손해를 배상하여야 한다(제674조의3). [2016.2.4.시행 개정민법]

02 부득이한 사유가 있는 경우에는 여행계약의 당사자는 과실유무와 상관없이 계약을 해지할 수 있다. 다만 과실에 의한 경우에는 상대방에게 손해를 배상해야 한다. 여행자의 과실로 인하여 계약이 해지된 경우에도 원래의 계약이 귀환운송을 포함하는 경우에는 여행주최자는 여행자를 귀환운송할 의무가 있다(제674조의4). [2016.2.4.시행 개정민법]

03 여행자는 약정한 시기에 대금을 지급하여야 하며, 그 시기의 약정이 없으면 관습에 따르고, 관습이 없으면 '여행의 종료 후' 지체 없이 지급하여야 한다(제674조의5). [2016.2.4.시행 개정민법]

04 여행에 하자가 있는 경우에는 여행자는 여행주최자에게 하자의 시정 또는 대금의 감액을 청구할 수 있다. 다만, 그 시정에 지나치게 많은 비용이 들거나 그 밖에 시정을 합리적으로 기대할 수 없는 경우에는 시정을 청구할 수 없다(제674조의6). [2016.2.4.시행 개정민법]

05 여행자는 여행에 하자가 있는 경우에는 여행주최자에게 하자 시정 또는 대금 감액을 청구할 수 있고, 여행에 중대한 하자가 있는 경우에 시정이 이루어지지 아니하거나 계약의 내용에 따른 이 행을 기대할 수 없는 경우에는 계약을 해지할 수 있다. 계약이 해지된 경우에는 여행주최자는 대금청구권을 상실한다(제674조의7). [2016.2.4.시행 개정민법]

06 여행주최자의 담보책임에 따른 여행자의 권리는 여행 기간 중에도 행사할 수 있으며, '여행 종 료일'로부터 6개월 내에 행사하여야 한다(제674조의8). [2016.2.4.시행 개정민법]

제6절 임 치

01 甲이 인터넷 뱅킹으로 乙에게 송금을 하려 하였으나 직원의 실수로 丙에게 송금이 의뢰된 경우 甲은 丙에 대하여 부당이득반환청구권을 행사해야지 수취은행에게 부당이득반환청구권을 행사 할 수 없다(대판 2007.11.29. 2007다51239). [모의 11(1)유사]

02 은행이 출금계좌의 예금주로부터 자금이체에 대한 지시를 받은 적이 없는데도 착오로 수취인의 예금계좌로 자금이체를 한 경우 수취인이 착오 입금된 금원에 대하여 예금반환청구권을 취득하 고, 이 경우 '은행'(예금주가 아님)은 그 입금기록이 완료됨과 동시에 수취인에 대하여 그 입금액 상당의 부당이득반환청구권을 취득하게 된다(대판 2012.10.25. 2010다47117). [변호 16, 사시 09,14, 법행 09,10]

03 송금의뢰인이 착오송금임을 이유로 거래은행을 통하여 혹은 수취은행에 직접 송금액의 반환을 요청하고 수취인도 송금의뢰인의 착오송금에 의하여 수취인의 계좌에 금원이 입금된 사실을 인 정하고 수취은행에 그 반환을 승낙하고 있는 경우, 수취은행이 수취인에 대한 대출채권 등을 자 동채권으로 하여 수취인의 계좌에 착오로 입금된 금원 상당의 예금채권과 상계하는 것은, 특별 한 사정이 없는 한, 송금의뢰인에 대한 관계에서 신의칙에 반하거나 상계에 관한 권리를 남용하 는 것이다(대판 2010.5.27. 2007다66088).

04 금융실명거래 및 비밀보장에 관한 법률 시행 이후 예금주 명의의 신탁이 이루어진 다음 출연자 가 사망함에 따라 금융기관이 출연자의 공동상속인들 중 전부 또는 일부에게 예금채권을 유효 하게 변제하였다면, 변제된 예금은 출연자와 예금명의자의 명의신탁약정상 예금명의자에 대한 관계에서는 출연자의 공동상속인들에게 귀속되었다고 보아야 하므로, 예금명의자는 예금을 수령 한 공동상속인들의 전부 또는 일부를 상대로 예금 상당액의 부당이득반환을 구할 수 없다(대판 2012.2.23. 2011다86720).

05 甲, 乙이 각자 분담하여 출연한 돈을 동업 이외의 특정 목적을 위하여 공동명의로 예치해 둠으 로써 그 목적이 달성되기 전에는 甲이나 乙이 단독으로 예금을 인출할 수 없도록 방지·감시하고 자 하는 목적으로 甲, 乙 공동명의로 예금을 개설한 경우, 甲에 대한 채권자 丙은 甲의 지분에 상응하는 예금채권에 대한 압류 및 추심명령 등을 얻어 이를 집행할 수 있고, 이러한 압류 등을 송달받은 은행은 丙의 압류명령 등에 기초한 단독 예금반환청구에 대하여, 甲, 乙과 약정한 공 동반환특약을 들어 그 지급을 거절할 수는 없다(대판 2005.9.9. 2003다7319). [변호 13]

06 금융실명제 아래에서는 원칙적으로 예금명의자를 예금계약상의 채권자로 보아야 하지만, 다만 출연자와 금융기관 사이에 예금명의인이 아닌 출연자에게 예금반환채권을 귀속시키기로 하는 특약이 있는 경우에는 출연자를 예금계약의 당사자로 본다. 그러나 그러한 특약은 명확한 의사 의 합치가 있는 극히 예외적인 경우로 제한되어야 하며, 묵시적 약정으로는 불가능하다(대판

2009.3.19. 전합2008다45828). [변호 16, 모의 14(2), 사시 14, 법행 10]

해설▶ 예컨대, 甲이 실질적으로 자신이 마련한 금전을 배우자인 乙을 대리하여 금융기관과 乙의 실명확인 절차를 거쳐 乙명의로 A은행과 예금계약을 체결한 경우 실질적인 출연자가 甲이고 거래인감도 甲의 것이며 비밀번호의 등록·관리를 甲이 하였다는 등의 사정이 있더라도 그것만으로 예금명의자 乙이 아닌 출연자 甲을 예금계약의 당사자로 하기로 하는 A은행과 甲 간의 약정이 체결되었다고 볼 수는 없다(전합2008다45828 사실관계).

07 예금계약은 예금자가 예금의 의사를 표시하면서 금융기관에 돈을 제공하고 금융기관이 그 의사에 따라 그 돈을 받아 확인을 하면 그로써 성립하며, 금융기관의 직원이 그 받은 돈을 금융기관에 실제로 입금하였는지 여부는 예금계약의 성립에 아무런 영향을 미치지 아니한다(대판 2005.12.23. 2003다30159). [변호 13]

제7절 조 합

01 5인이 출자하여 성립한 조합에서 甲·乙·丙 3인이 업무집행자로 선임되었다. 조합의 활동 중에 자금이 부족하게 되자 甲과 乙은 丙과의 상의 없이 조합원 丁이 출자하였던 부동산을 매각하기로 하고, 구매자를 찾아 나서 A와 매매계약을 체결하고 이전등기를 완료하였다. 사안에서 甲·乙·丙 3인의 업무집행자 중 甲과 乙이 부동산을 매각하고 이전등기를 완료한 행위는 유효하다.

해설▶ "합유물 가운데서도 조합재산의 경우 그 처분·변경에 관한 행위는 조합의 특별사무에 해당하는 업무집행으로서, 이에 대하여는 특별한 사정이 없는 한 민법 제706조 제2항이 민법 제272조에 우선하여 적용되므로, 조합재산의 처분·변경은 업무집행자가 없는 경우에는 조합원의 과반수로 결정하고, 업무집행자가 수인 있는 경우에는 그 업무집행자의 과반수로써 결정하며, 업무집행자가 1인만 있는 경우에는 그 업무집행자가 단독으로 결정한다"(대판 2010.4.29. 2007다18911).

02 동업목적의 조합체가 토지를 조합재산으로 취득하였으나 합유등기가 아닌 조합원들 명의의 공유등기를 하였다면, 그 공유등기는 조합체가 조합원들에게 각 지분에 관하여 명의신탁한 것으로 보아야 한다.

해설▶ "ⅰ) 수인이 부동산을 공동으로 매수한 경우, 매수인들 사이의 법률관계는 공유관계로서 단순한 공동매수인에 불과하여 매도인은 매수인 수인에게 그 지분에 대한 소유권이전등기의무를 부담하는 경우도 있을 수 있고(예를 들어 단순히 전매차익을 얻으려는 목적으로 부동산을 수인이 매수한 경우), 그 수인을 조합원으로 하는 조합체에서 매수한 것으로서 매도인이 소유권 전부의 이전의무를 그 조합체에 대하여 부담하는 경우도 있을 수 있다. ⅱ) 매수인들이 상호 출자하여 공동사업을 경영할 것을 목적으로 하는 조합이 조합재산으로서 부동산의 소유권을 취득하였다면 제271조 1항(이는 물권법상의 규정으로서 강행규정이고, 따라서 조합체의 구성원인 조합원들이 '공유'하는 경우에 조합체로서 물건을 소유하는 것으로 볼 수 없다)의 규정에 의하여 당연히 그 조합체의 합유물이 되고(이는 제187조에 규정된 '법률에 규정된 의한 물권의 취득'과는 아무 관계가 없다. 따라서 조합체가 부동산을 법률행위에 의하여 취득한 경우에는 물론 소유권이전등기를 요한다), 다만 그 조합체가 합유등기를 하지 아니하고 그 대신 조합원 1인의 명의로 소유권이전등기를 하였다면 이는 조합체가 그 조합원에게 명의신탁한 것(조합원들 명의로 각 지분에 관하여 공유등기를 하였다면 이는 그 조합체가 조합원들에게 각 지분에 관하여 명의신탁한 것)으로 보아야 한다(이는 부동산 실권리자명의 등기에 관한 법률에 위반되어 무효이다)"(대판 2006.4.13. 2003다25256).

03   조합으로부터 부동산을 매수하여 잔대금채무를 지고 있는 자가 조합원 중 1인에 대하여 개인채권을 가지고 있는 경우, 그 채권과 조합과의 매매계약으로 인한 잔대금채무를 서로 대등액에서 상계할 수 없다.   [사시 06,10,15, 법행 04,06, 변리 12]

> **해설▶** 조합에 대한 채무자는 그 채무와 조합원에 대한 채권으로 상계할 수는 없다(민법 제715조).

04   2인 조합에서 조합원 1인이 탈퇴하면 조합관계는 종료되지만 특별한 사정이 없는 한 조합이 해산되지 아니하고, 조합원의 합유에 속하였던 재산은 남은 조합원의 단독소유에 해당하게 되어 기존의 공동사업은 청산절차를 거치지 않고 잔존자가 계속 유지할 수 있다(대판 2006.3.9. 2004다49693).   [모의 11(2)유사, 법행 08]

> **관련판례** "조합채무는 조합원들이 조합재산에 의하여 합유적으로 부담하는 채무이고, 두 사람으로 이루어진 조합관계에 있어 그 중 1인이 탈퇴하면 탈퇴자와의 사이에 조합관계는 종료된다 할 것이나 특별한 사정이 없는 한 조합은 해산되지 아니하고, 조합원들의 합유에 속한 조합재산은 남은 조합원에게 귀속하게 되므로, 이 경우 조합채권자는 잔존 조합원에게 여전히 그 조합채무 전부에 대한 이행을 청구할 수 있다"(대판 1999.5.11. 99다1284).
>
> **참고판례** "2인 조합에서 조합원 1인이 탈퇴한 경우 조합재산의 귀속관계(=남은 조합원의 단독 소유) 및 그 조합재산이 부동산인 경우 잔존 조합원의 단독 소유로 하는 내용의 등기를 하여야 소유권 변동의 효력이 발생한다"(대판 2011.1.27. 2008다2807).

05   조합의 목적달성으로 인하여 조합이 해산되었으나 조합의 잔무로서 처리할 일이 없고 다만 잔여재산의 분배만이 남아 있을 때에는, 따로 청산절차를 밟을 필요 없이 각 조합원은 자신의 잔여재산의 분배비율의 범위 내에서 그 분배비율을 초과하여 잔여재산을 보유하고 있는 조합원에 대하여 바로 잔여재산의 분배를 청구할 수 있다(대판 2000.4.21. 99다35713).   [모의 11(2)유사, 사시 04,06]

06   민법상의 조합계약은 2인 이상이 상호 출자하여 공동으로 사업을 경영할 것을 약정하는 계약으로서 특정한 사업을 공동 경영하는 약정에 한하여 이를 조합계약이라고 할 수 있고, 공동의 목적달성이라는 정도만으로는 조합의 성립요건을 갖추었다고 할 수 없다(대판 2010.2.11. 2009다79729).

07   공동이행방식의 공동수급체와 도급인 사이에 공동수급체 개별 구성원이 지분비율에 따라 공사대금채권을 직접 취득하도록 하는 약정이 있었다면, 일부 구성원만이 실제로 공사를 수행하거나 일부 구성원이 공사대금채권에 관한 자신의 지분비율을 넘어서 공사를 수행한 경우라도, 이를 이유로 도급인에 대한 공사대금채권 자체가 그 실제의 공사비율에 따라 그에게 귀속한다고 할 수는 없다(대판 2013.2.28. 2012다107532).   [변호 17]

08   조합채권에 관하여 조합원에게 지분에 따라 분할귀속 시키기로 하는 약정을 채무자와 한 것이 있다면 조합채권은 조합원 전원의 준합유에 속하는 것이 아니라 그 약정에 따른다(대판 2013.2.28. 2012다107532).   [모의 11(2)유사, 사시 04, 법행11]

09   공동이행방식의 공동수급체는 기본적으로 민법상의 조합의 성질을 가지고, 조합채무가 특히 조합원 전원을 위하여 상행위가 되는 행위로 부담하게 되었다면 상법 제57조 제1항에 따라 조합원들이 연대책임을 부담하는 것이 원칙이겠으나, 공동수급체가 하도급계약을 체결할 때 공동수급체가 아닌 개별 구성원으로 하여금 그 지분비율에 따라 직접 하수급인에 대하여 채무를 부담하게 하는 약정을 한 경우와 같이 하도급계약의 내용에 따라서는 공동수급체의 개별 구성원이 하수급인에게 부담하는 채무가 공동수급체의 구성원 각자에게 그 지분비율에 따라 구분하여 귀속될 수도 있다(대판 2013.3.28. 2011다97898).

10 조합계약에서 개괄적으로 조합원의 지분의 양도를 인정하고 있는 경우에도 조합원이 다른 조합원 전원의 동의가 없이 그 지분의 일부를 제3자에게 양도하는 것은 허용되지 않는다(대판 2009.4.23. 2008다4247). [법행 11]

11 가압류채권자가 조합에 대한 채권자라는 이유로 조합원 중 1인만을 가압류채무자로 하여 조합 재산에 가압류집행을 할 수는 없다(대판 2015.10.29. 2012다21560). [최신판례, 변호 17]

12 특별한 사정이 없는 한 조합원 중 1인이 임의로 조합의 채무자에 대하여 출자지분의 비율에 따른 급부를 청구할 수 없는 것이므로, 조합원 중 1인의 채권자가 그 조합원 개인을 집행채무자로 하여 조합의 채권에 대하여 강제집행하는 경우, 다른 조합원으로서는 보존행위로서 제3자이의의 소를 제기하여 그 강제집행의 불허를 구할 수 있다(대판 1998.8.26. 97다4401). [모의 11(2)유사, 사시 04, 법행11]

---

13 ┌───┐
甲·乙·丙 세 사람은 각자 재산을 출연하여 자동차정비업소를 공동으로 경영하기로 하는 조합을 결성하였다. 업무집행자인 甲이 丁으로부터 조합운영자금 6,000만원을 차용하였다. 丁은 甲에 대하여 조합 채권과는 별도로 개인적으로 1억원의 대여금채권을 가지고 있다. 그런데 甲은 조합에 대한 지분 이외에는 다른 재산이 없다.

[판례연구 C-11.참고(조합채무와 조합원 개인채무)]
└───┘

① 甲이 6,000만원을 차용하는 행위는 적법·유효한 행위로 당해 조합은 丁에게 6,000만원의 조합채무를 진다. [사시 09]

해설 甲은 업무집행조합원으로서 통상사무는 업무집행조합원 각자가 단독으로 할 수 있다(제706조 3항).

② 조합운영자금 6,000만원은 조합의 채무로서 조합의 채권자 丁은 채권 전액에 관하여 전 조합원을 상대로 하여 조합재산을 집행할 수 있고, 각 조합원이 분담하는 금액에 관하여 각 조합원의 개인재산을 집행할 수도 있다. [모의 14(3)유사]

③ 조합원 甲에 대한 채권자 丁은 甲에 대한 집행권원을 얻어 甲의 개인재산에 대해 압류 및 집행할 수 있는데, 이 경우 甲의 합유지분에 대해서 압류할 수 있다. 甲의 합유지분에 대한 압류가 있는 경우에는 그 지분에 기한 장래의 이익배당 및 지분을 반환받을 권리에 대해서만 효력을 가질 뿐이다.

④ 만약 丁이 甲의 합유지분을 압류하였다면 특별한 사유가 있지 않은 한, 채권자대위권에 의하여 채무자 甲의 조합 탈퇴의 의사표시를 대위행사함으로써 지분환급청구권을 대위행사할 수 있다. [법행 09]

⑤ 丁은 甲에 대한 1억원의 대여금채권을 이유로 조합재산에 대해 강제집행할 수는 없다.

해설 ※ 丁의 甲에 대한 1억원의 대여금채권 회수방법

(1) 甲의 합유지분에 대한 권리행사

1) 甲의 합유지분에 대한 압류 가부(③번 해설)
　　조합원 개인에 대한 채권자는 조합원 개인에 대한 집행권원을 얻어 조합원 개인재산에 대해 압류 및 집행할 수 있는데, 이 경우 조합재산에 대해서는 그 조합원의 합유지분에 대해서만 압류할 수 있다. 조합원의 합유지분에 대한 압류가 있는 경우에는 그 지분에 기한 장래의 이익배당 및 지분을 반환받을 권리에 대해서만 효력을 가질 뿐이다(제714조).

2) 甲의 조합탈퇴권의 대위행사 가부(④번 해설)

민법상 조합원은 조합의 존속기간이 정해져 있는 경우 등을 제외하고는 원칙적으로 언제든지 조합에서 탈퇴할 수 있고(제716조), 조합원이 탈퇴하면 그 당시의 조합재산 상태에 따라 다른 조합원과 사이에 지분의 계산을 하여 지분환급청구권을 가지게 된다(제719조). 이와 관련하여 최근 判例에 따르면 조합원이 조합을 탈퇴할 권리는 그 성질상 조합계약의 해지권으로서 그의 일반재산을 구성하는 재산권의 일종이라 할 것이고 일신전속적 권리라고는 할 수 없다고 한다. 따라서 만약 丁이 甲의 합유지분을 압류하였다면 특별한 사유가 있지 않은 한, 채권자대위권에 의하여 채무자 甲의 조합 탈퇴의 의사표시를 대위행사함으로써 지분환급청구권을 대위행사할 수 있다(제404조 ; 대결 2007.11.30. 2005마1130).

(2) 조합재산에 대한 강제집행 가부(⑤번 해설)

조합원 개인에 대한 채권자가 조합재산에 대해 집행하는 것은 채무자의 재산이 아닌 재산을 집행하는 것이므로 허용되지 않는다고 보는 것이 타당하다. 判例도 "민법상 조합의 채권은 조합원 전원에게 합유적으로 귀속하는 것이어서 특별한 사정이 없는 한 조합원 중 1인에 대한 채권으로써 그 조합원 개인을 집행채무자로 하여 조합의 채권에 대하여 강제집행을 할 수 없다"(대판 2001.2.23. 2000다68924)고 판시하고 있다. 따라서 丁은 甲에 대한 1억원의 대여금채권을 이유로 조합재산에 대해 강제집행할 수는 없다.

제8절 교 환

01 A와 B는 A소유 임야와 B소유 대지에 대해 '교환계약'을 맺었는데, 그 후 한국토지개발공사가 (구) '공공용지의 취득 및 손실보상에 관한 특례법'에 의해 A의 임야를 협의매수하고 보상금으로 1억원, 또 B의 대지를 협의매수하고 보상금으로 1억 6,000만원을 각 지급하였다. 이에 A는 B를 상대로 대상청구권을 행사하면서 위 보상금의 차액인 6,000만원의 반환을 청구할 수 없다. 호 13]

> **해설** ※ 대상청구권 : 쌍무계약의 경우 반대급부의 이행가능성 여부(특히 교환계약에서 문제됨)

判例는 "당사자 일방이 대상청구권을 행사하려면 상대방에 대하여 반대급부를 이행할 의무가 있는바, 이 경우 당사자 일방의 반대급부도 그 전부가 이행불능이 되거나 그 일부가 이행불능이 되고 나머지 잔부의 이행만으로는 상대방의 계약목적을 달성할 수 없는 등 상대방에게 아무런 이익이 되지 않는다고 인정되는 때에는, 상대방이 당사자 일방의 대상청구를 거부하는 것이 신의칙에 반한다고 볼 만한 특별한 사정이 없는 한, 당사자 일방은 상대방에 대하여 대상청구권을 행사할 수 없다"(대판 1996.6.25. 95다6601)고 판시하고 있다.

제9절 위 임

01 당사자 일방이 부득이한 사유없이 상대방의 불리한 시기에 위임계약을 해지한 때에는 그 손해를 배상하여야 하는 것이나, 수임인이 사무처리를 완료하기 전에 위임계약을 해지한 것만으로 위임인에게 불리한 시기에 해지한 것이라고 볼 수는 없다(대판 2015.12.23. 2012다71411).

[최신판례, 모의 14(3)유사, 사시 07, 법행 11, 변리 06,11]

> **해설** [참고조문] 제689조(위임의 상호해지의 자유)

①항 위임계약은 각 당사자가 언제든지 해지할 수 있다. ②항 당사자 일방이 부득이한 사유없이 상대방의 불리한 시기에 계약을 해지한 때에는 그 손해를 배상하여야 한다.

02 수임인이 위임사무의 처리를 위하여 과실 없이 손해를 받은 때에는 위임인에 대하여 그 배상을 청구할 수 있다. [사시 07, 법행 11, 변리 13]

해설 제688조(수임인의 비용상환청구권 등) ③ 수임인이 위임사무의 처리를 위하여 과실 없이 손해를 받은 때에는 위임인에 대하여 그 배상을 청구할 수 있다.
수임인의 비용상환청구권에서는 수임인의 과실이 문제되는 것이지 위임인에게 과실이 있는지의 여부는 불문한다. 즉, 민법은 위임인의 무과실책임을 규정하고 있다.

03 소송위임계약과 관련하여 위임사무 처리 도중 '수임인의 귀책사유'로 계약이 종료된 경우에도, 위임인에게 수임인이 계약종료 당시까지 이행한 사무처리 부분에 관하여 사무처리비용을 지급할 의무가 있다(대판 2019.8.14. 2016다200538). [19년 최신판례]

해설 [참고조문] 위임은 원칙적으로 무상계약이지만 특약이 있으면 위임인은 보수지급 의무를 지고(제686조 1항), 유상의 위임에 있어서 수임인의 보수청구권은 위임사무를 완료한 후에 발생하는 것이 원칙이나, 기간으로 보수를 정한 때에는 그 기간이 경과한 후에 이를 청구할 수 있다(제686조 2항). 그러나 수임인의 귀책사유 없이 위임이 이행 중 종료한 경우에도 위임인은 이미 행해진 이행의 비율에 따라서 보수를 지급하여야 한다(제686조 3항).

제10절 화 해

01 민법상 화해계약에 있어서 분쟁의 전제 또는 기초가 된 사항에 대하여 착오를 일으킨 경우에는 계약을 취소할 수 있다. [사시 04, 법행 12, 변리 12]

해설 ※ 착오를 이유로 한 화해계약의 취소
화해는 당사자가 사실에 반한다는 것을 감수하면서 서로 양보하여 분쟁을 종료시키는 데에 목적을 두는 계약이므로, 화해의 목적인 '분쟁사항'이 사실과 다르더라도 착오를 이유로 취소하는 것은 허용되지 않는다(제733조 본문). 따라서 '분쟁 이외의 사항'에 착오가 있는 때에는, 착오를 이유로 화해계약을 취소할 수 있다(제733조 단서). 여기서 '분쟁 이외의 사항'이라 함은 분쟁의 대상이 아니라 그 분쟁의 전제 또는 기초가 된 사항으로서, 쌍방 당사자 사이에 다툼이 없어 양보의 대상이 되지 않았던 사실을 말한다(대판 1997.4.11. 95다48414).

02 의사의 치료행위 직후 환자가 사망하여 의사의 치료행위상의 과실이 있었음을 전제로 의사가 환자의 유족에게 거액의 손해배상금을 지급하기로 합의하였으나 그 후 환자의 사망원인의 의사의 치료행위와는 전혀 무관한 것으로 밝혀진 경우, 착오를 이유로 화해계약을 취소할 수 있다(대판 2001.10.12. 2001다49326). [법행 15, 변리 12]

03 화해계약이 사기로 인하여 이루어진 경우에는, 화해의 목적인 분쟁에 관한 사항에 착오가 있더라도 민법 제110조에 따라 이를 취소할 수 있다. [사시 10, 법행 09,15, 변리 12]

해설 화해계약도 법률행위로서의 계약이므로, 법률행위의 무효·취소에 관한 규정과 해제에 관한 규정이 적용된다(대판 2008.9.11. 2008다15278).

04 교통사고 피해자 본인이 가해자와 손해배상에 관하여 합의한 경우, 그 화해의 효력은 특별한 사정이 없는 한 피해자의 부모들이 가지는 위자료청구권에는 미치지 않는다(대판 1999.6.22. 99다7046).

> **비교판례** "친권자 본인이 부상을 입어 손해배상에 관하여 가해자측과 합의를 하는 경우 특별한 사정이 없는 한 미성년자인 자녀들의 고유의 위자료에 관하여도 그 친권자가 법정대리인으로서의 합의도 함께 하였다고 보는 것이 우리의 경험칙에 합당하다"(대판 1975.6.24. 74다1929).

05 채권액이 900만 원임에도 불구하고 채권자가 700만 원으로 오인하여 '채권액이 500만 원이라고 주장하는 채무자'와 채권을 600만 원으로 하는 화해계약을 한 경우에는 그 후에 채권액에 대한 착오를 이유로 취소할 수 없다. [사시 04, 법행 12, 변리 08,12]

> **해설** "화해계약의 의사표시에 착오가 있더라도 이것이 당사자의 자격이나 화해의 목적인 분쟁 이외의 사항에 관한 것이 아니고 분쟁의 대상인 법률관계 자체에 관한 것인 때에는 이를 취소할 수 없다"(대판 1989.9.12. 88다카10050).

제4장 부당이득

제1관 부당이득 일반

01 '대물변제 약정 등에 의하여 매매와 같이' 부동산의 소유권을 이전받게 되는 사람이 이미 부동산을 점유·사용하고 있는 경우 매도인은 매수인에 대하여 매수인의 점유·사용을 법률상 원인이 없는 이익이라고 하여 부당이득반환청구를 할 수 없다"(대판 2016.7.7. 2014다2662). [최신판례]

02 물건의 소유자가 '선의의 점유자'를 상대로 소유권에 기한 물건의 반환과 아울러 권원 없는 사용으로 얻은 이익의 반환을 청구하면서 물건의 반환 청구가 인용될 것을 전제로 하여 그에 관한 소송이 계속된 때 이후의 기간에 대한 사용이익의 반환을 제748조 2항에 따라 청구하는 것은 허용된다(대판 2016.7.29. 2016다220044). [최신판례]

> **해설** ※ 부당이득반환청구와 수익자의 악의 의제
> "선의의 점유자는 점유물의 과실을 취득하고(제201조 제1항), 점유자는 선의로 점유한 것으로 추정되지만(제197조 제1항), 선의의 점유자라도 본권에 관한 소에서 패소한 때에는 그 소가 제기된 때부터 악의의 점유자로 본다(제197조 제2항). 같은 취지에서 선의의 수익자가 패소한 때에는 그 소를 제기한 때부터 악의의 수익자로 간주되고(제749조 제2항), 악의의 수익자는 그 받은 이익에 이자를 붙여 반환하고 손해가 있으면 이를 배상하여야 한다(제748조 제2항). 여기에서 '패소한 때'란 점유자 또는 수익자가 종국판결에 의하여 패소 확정되는 것을 뜻하지만, 이는 악의의 점유자 또는 수익자로 보는 효과가 그때 발생한다는 것뿐이고 점유자 등의 패소판결이 확정되기 전에는 이를 전제로 하는 청구를 하지 못한다는 의미가 아니다. 그러므로 소유자가 점유자 등을 상대로 물건의 반환과 아울러 권원 없는 사용으로 얻은 이익의 반환을 청구하면서 물건의 반환 청구가 인용될 것을 전제로 하여 그에 관한 소송이 계속된 때 이후의 기간에 대한 사용이익의 반환을 청구하는 것은 허용된다"(대판 2016.7.29. 2016다220044).

03 수용대상토지의 저당권자가 물상대위권의 행사에 나아가지 아니하여 그 토지 소유자의 다른 채권자가 그 토지의 수용보상금청구권을 적법하게 압류·추심하여 저당권자가 우선변제권을 상실하였다면, 그 다른 채권자가 추심금으로 자기의 채권에 충당하는 것은 저당권자와의 관계에서 부당이득이라고 할 수 없다. [모의 12(2)유사, 사시 06, 법행 10, 변리 09,10]

해설 判例에 따르면 저당권자가 물상대위권을 행사하기 전에 저당물의 소유자(저당권설정자)가 물상대위물(금전 또는 물건)을 수령한 경우, 그 지급의무를 부담하는 제3자가 물상대위자 있음을 알고 있었더라도 그 변제는 원칙적으로 유효한 것이 되어 저당권자는 더 이상 물상대위를 행사할 수 없지만(일반채권자의 지위를 가짐에는 변동이 없다), 저당물의 소유자에 대해서는 부당이득반환청구를 할 수 있다고 한다(대판 2009.5.14. 2008다17656). 반면 채권양수인이나 압류채권자가 지급받거나 배당받은 경우에, 그의 권리취득은 종국적이고 저당권자는 그에게 부당이득의 반환을 구할 수 없다(대판 2002.10.11. 2002다33137)고 한다.

04 전세권 소멸 후 전세권자가 전세권설정자에게 전세권의 목적물을 인도한 경우, 전세권자가 전세권설정등기의 말소에 필요한 서류를 교부하거나 그 이행의 제공을 하였다면 전세권자는 전세권설정자를 상대로 전세금에 대한 이자 상당액을 부당이득으로 청구할 수 있다(대판 2002.2.5. 2001다62091). [사시 16, 변리 11]

05 부동산에 대한 취득시효가 완성되면 점유자는 소유명의자에 대하여 취득시효완성을 원인으로 한 소유권이전등기절차의 이행을 청구할 수 있고 소유명의자는 이에 응할 의무가 있으므로 점유자가 그 명의로 소유권이전등기를 경료하지 아니하여 아직 소유권을 취득하지 못하였다고 하더라도 소유명의자는 점유자에 대하여 점유로 인한 부당이득반환청구를 할 수 없다.
[변호 12유사, 사시 08,16, 법행 06,07,10]

해설 점유취득시효가 완성하면 점유자는 소유자에 대해 소유권이전등기를 청구할 수 있고 소유자는 이에 응할 의무가 있으므로, 소유자는 점유자에 대해 소유권을 행사할 지위에 있지 않다고 보는 것이 判例의 태도이다. 그래서 소유자는 점유자에 대해 그 대지에 대한 불법점유임을 이유로 그 지상건물의 철거와 대지의 인도를 청구할 수 없고(대판 1988.5.10. 87다카1979), 점유로 인한 부당이득반환청구를 할 수 없으며(대판 1993.5.25. 92다51280), 소유권의 확인을 받을 이익이 없다고 한다(대판 1995.6.9. 94다13480).

06 계약명의신탁에서 명의수탁자가 수령한 매수자금이 명의신탁약정에 기하여 지급되었다는 사실을 알았다고 하여도 그 명의신탁약정이 「부동산 실권리자명의 등기에 관한 법률」 제4조 제1항에 의하여 무효임을 알았다는 등의 사정이 부가되지 아니하는 한 명의수탁자가 「민법」 제748조 제2항에 의한 악의의 수익자라고 단정할 수 없다. [사시 16, 법행 12]

해설 제748조 2항의 '악의수익자'란 법률상 무원인을 야기하는 사정뿐만 아니라 그 법적 효과도 의식하면서 이득한 자를 말한다(대판 2010.1.28. 2009다24187,24194).

07 부당이득의 수익자가 악의라는 점에 대하여는 이를 주장하는 측에서 증명책임을 진다. 여기서 '악의'는, 민법 제749조 제2항에서 악의로 의제하는 경우 등은 별론으로 하고, 자신의 이익 보유가 법률상 원인 없는 것임을 인식하는 것을 말하고, 그 이익의 보유를 법률상 원인이 없는 것이 되도록 하는 사정, 즉 부당이득반환의무의 발생요건에 해당하는 사실이 있음을 인식하는 것만으로는 부족하다(대판 2018.4.12. 2017다229536). [18년 최신판례]

08 임대인은 임차권의 양도담보권자를 상대로 차임상당 부당이득반환청구를 할 수 없다. [18년 최신판례]

해설 "담보권자가 담보제공자 아닌 제3자 소유의 토지를 담보물로 이용하였다고 하더라도 현실적인 점유를 수반하지 아니하는 가치권의 이용만으로써는 담보권자에게 어떠한 현실적인 이익이 있었다고 할 수도 없고 또 이로 인하여 제3자의 현실적인 점유가 방해되었다고도 할 수 없다. 따라서 채무자인 임차인이 채권자인 피고를 위하여 이 사건 임대차 목적물에 관한 임차권 등을 양도담보로 제공하기로 한 경우 이 사건 임대차 목적물을 점유하면서 사용·수익한 사람은 임차인이고, 피고는 양도담보권자의 지위에 있을 뿐 이 사건 임대차 목적물을 직접적으로 사용하지 않았으므로 이러한 현실적인 점유를 수반하지 아니하는 가치권의 이용만으로써는 양도담보권자에 불과한 피고에게 어떠한 현실적인 이익이 있었다고 할 수도 없으며, 이로 인하여 임대인인 원고에게 손해가 발생하였다고 볼 수도 없다"(대판 2018.7.12. 2018다223269).

09 법령의 규정에 관한 법리가 아직 명백하게 밝혀지지 않아 해석에 다툼의 여지가 있었을 경우에는 과세관청이 그 규정을 잘못 해석하여 과세처분을 하더라도 이를 당연무효라고 할 수는 없다 (대판 2018.7.19. 전합2017다242409).　　　　　　　　　　　　　　　　　　　　　　　[18년 최신판례]

10 상계계약에서 한쪽 당사자의 채권이 불성립 또는 무효이어서 채무면제가 무효가 되면 상대방의 채무면제도 당연히 무효가 되고 이때 상대방의 채권이 유효하게 존재하였던 경우, 채무자가 채무를 이행하지 않았다고 하여 법률상 원인 없이 채무를 면하는 이익을 얻었다고 볼 수는 없고, 상대방의 채권도 불성립 또는 무효이어서 존재하지 않았던 경우라면, 채무자는 부존재하는 채무에 관하여 무효인 채무면제를 받은 것에 지나지 않으므로 채무를 이행할 의무도 없고 채무를 면하는 이익을 얻은 것도 아니다(대판 2017.12.5. 2017다225978,225985).　　　　　　　　[최신판례]

11 부당이득반환청구권과 불법행위로 인한 손해배상청구권 중 어느 하나에 관한 소를 제기하여 승소 확정판결을 받았으나 채권의 만족을 얻지 못한 경우 나머지 청구권에 관한 소를 제기할 수 있고, 따라서 손해배상청구의 소를 먼저 제기하는 바람에 과실상계에 기한 책임제한에 따라 그 승소액이 제한된 경우 인정받지 못한 부분에 대해서는 부당이득반환청구권의 행사가 허용된다 (대판 2013.9.13. 2013다45457).　　　　　　　　　　　　　　　　　　　　[최신판례, 사시 14]

12 법률상 원인 없이 취득한 것이 성질상 계속적으로 반복하여 거래되는 물품으로서 곧바로 판매되어 현금화될 수 있는 금전과 유사한 대체물인 경우, 이를 취득한 자가 소비하였는가의 여부를 묻지 않고 현존하는 것으로 추정된다(대판 2009.5.28. 2007다20440).　　　[모의 14(3),15(1)유사, 사시 06,10, 법행 06]

> 해설 ※ 제748조 1항의 현존이익의 증명책임
> 判例는 금전의 경우에는 이득의 현존을 추정하지만(대판 1987.8.18. 87다카768), 그 밖의 경우에는 이를 부정하면서 반환청구권자가 현존이익의 사실을 입증하여야 하는 것으로 본다(대판 1970.2.10. 69다2171). 그리고 최근에는, 그 취득한 것이 성질상 계속적으로 반복하여 거래되는 물품으로서 곧바로 판매되어 환가될 수 있는 금전과 유사한 대체물인 경우에도 이득이 현존하는 것으로 추정한다(위 2007다20440,20457).

13 국가는 국유재산의 무단점유자를 상대로 변상금 부과·징수권의 행사와 별도로 국유재산의 소유자로서 민사상 부당이득반환청구의 소를 제기할 수 있다(대판 2014.7.16. 전합2011다76402). 나아가 위와 같이 변상금 부과·징수권이 민사상 부당이득반환청구권과 법적 성질을 달리하는 별개의 권리인 이상 원고가 변상금 부과·징수권을 행사하였다 하더라도 이로써 민사상 부당이득반환청구권의 소멸시효가 중단된다고 할 수 없다(대판 2014.9.4. 2013다3576).　　　　　　　[최신판례, 사시 14]

14 불법행위로 인한 인신손해에 대한 손해배상소송에서 판결이 확정된 후 피해자가 판결에서 손해배상액 산정의 기초로 인정된 기대여명보다 일찍 사망한 경우, 그 판결에 기하여 지급받은 손해배상금 중 일부를 법률상 원인 없는 이득이라 하여 반환을 구하는 것은 그 판결의 기판력에 저촉되어 허용될 수 없다(대판 2009.11.12. 2009다56665).　　　　　　　　[사시 10, 법행 07, 변리 07]

15

甲은 2000. 1. 乙로부터 乙 소유의 X 건물을 1억 원에 매수하면서 계약 당일 계약금 과 중도금으로 5,000만 원을 지급함과 동시에 X 건물을 인도받고, 한 달 후 잔금과 상환으로 소유권이전등기를 넘겨받기로 약정하였다. 甲은 약정대로 돈을 지급하고 X 건물을 인도받아 후처 丙과 함께 사용·수익하였다. 그러나 乙이 중도금을 받은 직후 출국하여 연락이 되지 않아 甲은 잔금을 지급하지 못했고 乙로부터 X 건물에 관한 소유권이전등기도 넘겨받지 못한 채 2004. 5. 사망하였다. 甲의 사망 후 丙은 甲과 전처 사이에서 출생한 외동딸 丁과 상의 없이 X 건물을 단독으로 점유하여 사용·수익하고 있다.　　　　　　　　　　[사시 14]

① 甲 사망 후 丙과 丁 사이에 X 건물의 매매대금지급채무를 2분의 1씩 분담하기로 하는 상속재산 분할협의를 한 경우, 丙은 2008. 10.에 제기한 乙의 잔금지급청구에 대하여 丁과의 상속재산 분할협의의 효력으로 대항할 수 없다.　　　　　[변호 14, 모의 13(1)유사]

해설 ※ 채무의 공동상속과 상속재산분할협의, 면책적 채무인수

"금전채무와 같이 급부의 내용이 가분인 채무가 공동상속된 경우, 이는 상속개시와 동시에 당연히 법정상속분에 따라 공동상속인에게 분할되어 귀속되는 것이므로, 상속재산 분할의 대상이 될 여지가 없다"(대판 1997.6.24. 97다8809). ☞ 따라서 사안의 경우 상속인 丙과 丁 사이의 X 건물의 매매대금지급채무를 2분의 1씩 분담하기로 하는 상속재산 분할협의를 한 경우더라도 원칙적으로는 제1013조의 상속재산 협의분할이라고는 볼 수 없다. 즉 원칙적으로 상속채무는 상속분에 따라 각 상속인에게 상속되어 배우자인 丙은 5분의 3만큼, 직계비속인 丁은 5분의 2만큼 채무를 상속받게 될 것이다. 하지만 "위 분할의 협의에 따라 공동상속인 중의 1인이 법정상속분을 초과하여 채무를 부담하기로 하는 약정은 면책적 채무인수의 실질을 가진다고 할 것이어서, 채권자에 대한 관계에서 위 약정에 의하여 다른 공동상속인이 법정상속분에 따른 채무의 일부 또는 전부를 면하기 위하여는 민법 제454조의 규정에 따른 채권자의 승낙을 필요로 한다"(대판 1997.6.24. 97다8809). ☞ 사안에서 위 매매대금지급채무의 채권자 乙이 丙과 丁의 협의를 면책적 채무인수로서 승낙하지 않는 이상 위 협의의 효력은 乙에게 미치지 않으므로, 丙은 乙의 잔금지급청구에 대해 丁과의 협의를 이유로 대항할 수 없다.

② 丙과 丁은 2014. 2. 현재 乙에 대하여 X 건물에 대한 소유권이전등기청구권을 행사할 수 있으나, 乙은 그 때까지 잔금 지급에 관하여 어떠한 조치를 취하지 않았다면 잔금 지급과의 동시이행의 항변을 할 수 없다.　　　　[변호 15,16,17, 모의 13(1)유사, 사시 07,12,13, 변리 05,12]

해설 2000. 1.에 甲이 X 건물을 인도받아 점유하고 있던 것을 丙이 상속받아 계속 점유하고 있으므로 X 건물의 소유권이전등기청구권은 시효소멸하지 않아 2014. 2.에도 丙과 丁은 乙에 대해 X 건물에 대해 소유권이전등기청구권을 행사할 수 있다(대판 1976.11.6. 전합76다148). 그러나 동시이행항변권이 있다고 하여 권리행사가 불가능한 것은 아니기 때문에 2000. 2. 발생한 乙의 잔금채권은 2010. 2. 소멸시효가 완성될 것이다(대판 1991.3.22. 90다9797). 따라서 乙은 이 시효소멸한 채권을 가지고 丙과 丁에게 동시이행의 항변을 할 수 없다.

③ 만약 乙이 2011. 3. 戊에게 X 건물을 매도하여 戊 명의의 소유권이전등기를 마쳐주었다면, 丙과 丁은 특별한 사정이 없는 한 戊에 대해서는 X 건물에 대한 소유권이전등기를 청구할 수 없다. 하지만 매도인 乙에 대하여는 채무불이행을 이유로 손해배상책임(제390조)을 물을 수 있다.

해설 사안과 같이 乙이 甲의 상속인들에게 X 건물의 소유권이전등기를 넘겨주지 않은 채 이중으로 戊에게 매도하고 소유권이전등기를 마쳐주었다면 이는 부동산 이중매매의 문제가 된다.

④ 만약 X 건물이 丙 소유 토지 위에 乙이 무단 건축한 것인 경우, 丙는 2014. 2. 현재 乙에 대하여 지난 10년 간의 토지 무단 사용으로 인한 부당이득반환을 청구할 수 있다. [변호 12]

해설▶ "타인 소유의 토지 위에 권한 없이 건물을 소유하는 자는 그 자체로써 건물 부지가 된 토지를 점유하고 있는 것이므로 특별한 사정이 없는 한 법률상 원인 없이 타인의 재산으로 인하여 토지의 차임에 상당하는 이익을 얻고 이로 인하여 타인에게 동액 상당의 손해를 주고 있다"(대판 2011.7.14. 2009다76522). ☞ 따라서 丙는 자신의 토지를 무단점유하고 있는 자들에게 차임상당의 부당이득반환을 청구할 수 있다. 문제는 누가 부당이득반환청구의 상대방이 되는지 인데, 判例는 "타인 소유의 토지 위에 권한 없이 미등기 건물을 원시취득하여 소유하는 자가, 비록 그 건물에 관하여 사실상 처분권을 보유하게 된 양수인이 따로 존재하는 경우에도, 토지 차임에 상당하는 부당이득을 얻고 있다"고 보는 입장이다(대판 2011.7.14. 2009다76522).

⑤ 丁은 현재 X 건물을 무단으로 단독 점유하고 있는 丙에 대하여 건물의 인도를 청구할 수는 없으나, 자신의 상속분에 따른 임료 상당의 부당이득반환을 청구할 수는 있다.
[변호 12유사, 모의 15(1)유사, 사시 05, 변리 04,07, 법행 07]

해설▶ 상속인이 수인인 때에는 상속재산은 그 공유로 한다(제1006조). 따라서 X 건물의 지분에 대해 배우자인 丙은 5분의 3, 직계비속인 丁은 5분의 2를 상속받아 공유하게 된다. 과반수 지분의 공유자가 공유물을 배타적으로 점유하고 있는 것은 관리방법으로 적법하므로(대판 2002.5.14. 2002다9738), 소수지분권자 丁은 丙에게 건물의 인도는 청구할 수 없다. 하지만 과반수지분의 공유자 丙은 그 특정 부분의 사용·수익을 전혀 하지 못하여 손해를 입고 있는 소수지분권자 丁에게 그 지분에 상응하는 임료 상당의 부당이득을 하고 있다 할 것이므로 이를 반환할 의무가 있다(대판 2002.5.14. 2002다9738).

제2관 다수당사자간 부당이득

01 횡령한 금전을 자신의 채권자에 대한 채무변제에 사용하거나 제3자에게 증여한 경우, 원칙적으로 채권자나 수증자가 악의 또는 중과실이 아닌 한 편취행위의 피해자에 대한 관계에서 부당이득을 얻은 것이라고 볼 수 없다.
[최신판례, 변호 12,18, 모의 13(3)유사, 사시 15, 법행 10, 변리 14]

해설▶ ※ 다수당사자 사이의 부당이득─횡령한 돈에 의한 변제─

甲이 A소유의 돈을 횡령하여 자신의 채권자 B에게 변제한 경우 A가 직접 B를 상대로 甲으로부터 받은 (甲이 횡령한) 금액에 대해 부당이득의 반환을 청구할 수 있는지 문제된다.

이에 대법원은 "부당이득제도는 이득자의 재산상 이득이 법률상 원인을 결여하는 경우에 공평·정의의 이념에 근거하여 이득자에게 그 반환의무를 부담시키는 것인바, 채무자가 피해자로부터 횡령한 금전을 그대로 채권자에 대한 채무변제에 사용하는 경우 피해자의 손실과 채권자의 이득 사이에 인과관계가 있음이 명백하고, 한편 채무자가 횡령한 금전으로 자신의 채권자에 대한 채무를 변제하는 경우 채권자가 그 변제를 수령함에 있어 악의 또는 중대한 과실이 있는 경우에는 채권자의 금전 취득은 피해자에 대한 관계에 있어서 법률상 원인을 결여한 것으로 봄이 상당하나, 채권자가 그 변제를 수령함에 있어 단순히 과실이 있는 경우에는 그 변제는 유효하고 채권자의 금전 취득이 피해자에 대한 관계에 있어서 법률상 원인을 결여한 것이라고 할 수 없다"(대판 2003.6.13. 2003다8862)고 하여, 채무자(甲)가 피해자(A)로부터 횡령한 금전을 채권자(B)에 대한 채무변제에 사용한 경우, 채권자의 금전 취득이 피해자에 대한 관계에서 부당이득으로 되기 위하여 채권자의 악의·중과실이 필요하다고 보았다.

02 급부부당이득의 경우, 법률상 원인이 없다는 점에 대한 증명책임의 소재는 부당이득반환을 주장하는 자에게 있고, 침해부당이득의 경우, 이익을 보유할 정당한 권원이 있다는 점에 관한 증명책임의 소재는 부당이득반환 청구의 상대방에게 있다(대판 2018.1.24. 2017다37324). [18년 최신판례]

03 수급인이 건물의 공유자 중 1인과 도급계약을 체결하여 이에 관한 수리를 완료한 경우 도급인이 아닌 다른 공유자에 대하여는 직접 부당이득반환청구를 할 수 없다(대판 2002.8.23. 99다66564, 66571) [모의 11(1),14(1),15(2)유사, 사시 06,14,15, 법행 05,10,13, 변리 04,06,07,08]

해설▶ ※ 전용물소권 인정여부(소극)

04 甲은 乙로부터 5억원 상당의 乙소유의 기계를 임차하여 영업을 하던 중, 기계 자체의 결함으로 위 기계에 고장이 나자 수리비 3,000만원에 丙에게 수리를 맡겼다. 丙은 그 기계를 수리한 후에 수리비를 받지 않은 채 甲에게 위 기계를 인도하여 주었다. 한편, 甲의 사업이 적자를 거듭하여 乙에게 차임을 제때에 지급하지 못하자 乙은 차임연체를 이유로 임대차계약을 적법하게 해지하고 위 기계를 회수하여 갔다. 그 직후 결국 甲는 사업에 실패하여 무자력자가 되었다. [민법표준판례, 전용물소권 리딩사례, C-85a]

① 甲은 乙에게 수리비를 청구할 수 있다.

해설▶ ※ 임대인의 수선의무와 임차인의 필요비상환청구권

사안의 경우 甲과 乙 사이에 다른 특약이 없고 기계 자체의 결함으로 인하여 고장이 났기 때문에 乙은 甲이 위 기계를 사용·수익할 수 있도록 위 기계를 수리해 줄 의무를 부담한다(제623조). 그런데 甲이 스스로 丙과 도급계약을 체결하여 위 기계를 수리하였기 때문에, 甲은 乙에게 필요비상환청구권의 내용으로 위 수리비의 상환을 청구할 수 있다(제626조 1항).

② 丙은 乙에게 수리비 상당액의 부당이득반환을 청구할 수 없다.

[변호 18, 모의 11(1),14(1),15(2)유사, 사시 06,14,15, 법행 05,10,13, 변리 04,06,07,08]

해설▶ ※ 丙이 乙에게 직접 부당이득반환청구를 할 수 있는지 여부(소극)

丙은 자신의 노력으로 위 기계를 수리하였는데, 소유권자 乙이 현재 그 이익을 누리고 있음을 이유로 乙에게 직접 수리대금 상당의 부당이득반환청구를 할 수 있는지, 즉 전용물소권(轉用物訴權)이 인정되는지 문제된다(계, 일, 항). 이에 대해 判例는 "계약상의 급부가 계약의 상대방뿐만 아니라 제3자의 이익으로 된 경우에 급부를 한 계약당사자가 계약 상대방에 대하여 계약상의 반대급부를 청구할 수 있는 이외에 그 제3자에 대하여 직접 부당이득반환청구를 할 수 있다고 보면, ⅰ) 자기 책임 하에 체결된 계약에 따른 위험부담을 제3자에게 전가시키는 것이 되어 계약법의 기본원리에 반하는 결과를 초래할 뿐만 아니라, ⅱ) 채권자인 계약당사자가 채무자인 계약 상대방의 일반채권자에 비하여 우대 받는 결과가 되어 일반채권자의 이익을 해치게 되고, ⅲ) 수익자인 제3자가 계약 상대방에 대하여 가지는 항변권 등을 침해하게 되어 부당하므로, 위와 같은 경우 계약상의 급부를 한 계약당사자는 이익의 귀속 주체인 제3자에 대하여 직접 부당이득반환을 청구할 수는 없다"(대판 2002.8.23. 99다66564,66571)고 판시하여 전용물소권을 부정하는 입장에 있다. ☞ 따라서 丙은 乙에게 직접 부당이득반환청구를 할 수 없다.

③ 丙은 乙에게 제203조에 따른 비용상환을 청구할 수 없다.

해설▶ ※ 丙의 乙에 대한 제203조에 따른 비용상환청구 가부(소극)

"유효한 도급계약에 기하여 수급인이 도급인으로부터 제3자 소유 물건의 점유를 이전받아 이를 수리한 결과 그 물건의 가치가 증가한 경우, 도급인이 그 물건을 간접점유하면서 궁극적으로 자신의 계산으로 비용지출과정을 관리한 것이므로, 도급인만이 소유자에 대한 관계에 있어서 민법 제203조에 의한 비용상환청구권을 행사할 수 있는 비용지출자라고 할 것이고, 수급인은 그러한 비용지출자에 해당하지 않는다고 보아야 한다"(대판 2002.8.23. 99다66564,66571). ☞ 따라서 丙은 乙에게 제203조에 의한 비용상환청구권을 갖지 못한다.

④ 丙은 甲의 乙에 대한 필요비상환청구권을 대위행사할 수 있다.

> **해설** ※ 丙이 채권자대위권의 요건을 충족하는지 여부(적극)
>
> 채무자 甲은 현재 무자력이고, 丙의 수리대금채권은 이미 이행기가 도래하였으며, 甲은 乙에게 필요비 상환청구권을 가지고 있음에도 불구하고 아직 그 권리를 행사하지 않고 있으므로 채권자대위권의 요건을 충족하였다(제404조).

⑤ 만약 위 ④번 지문이 타당하다면, 丙은 乙에게 자신에게 필요비를 지급할 것을 청구할 수 있고, 자신의 수리비 채권과 상계함으로써 사실상 우선변제를 받을 수 있다.

> **해설** ※ 丙의 채권자대위권 행사방법
>
> 채권자대위권의 요건이 구비되면 채권자 丙은 '자기의 이름으로' 제3채무자 乙에 대해 채무자 甲에게 필요비를 지급하라고 청구하는 것이 원칙이다. 다만 금전 기타 물건의 급부를 목적으로 하는 채권과 같이 '변제의 수령'을 요하는 경우에는, 직접 채권자에게 인도 또는 지급할 것을 청구할 수 있고(대판 1962.1.11. 4294민상195), 이 경우 채권자가 수령한 것은 채무자에게 인도하여야 하지만, 그것이 채권자의 채무자에 대한 채권과 동종의 것이고 또 상계적상에 있는 것인 때에는 상계를 함으로써 사실상 우선변제를 받을 수 있다. 그러나 문제는 대위권 행사의 통지가 있기 전에 제3채무자 乙은 채무자 甲에 대하여 가지는 모든 항변으로 채권자 丙에게 대항할 수 있다는 점에 있다(제405조). 왜냐하면 사안에서 甲은 乙에게 지급하지 못한 차임이 있기 때문에 乙의 상계항변에 직면할 수 있다. 따라서 사안에서 채권자대위권의 행사가 丙의 수리대금채권에 대한 확실한 보장책이 될 수는 없다. 이에 따라 ②번 지문에서 검토한 전용물소권이 문제되는 것이다.

제3관 특수부당이득

01 공무원이 직무수행 중 '경과실'에 따른 불법행위로 타인에게 손해를 입힌 경우에, 공무원이 피해자에게 손해를 배상하였다면 이는 민법 제469조의 '제3자의 변제' 또는 민법 제744조의 '도의관념에 적합한 비채변제'에 해당하여, 공무원은 출연 없이 채무를 면하게 된 국가에 대해 국가의 피해자에 대한 손해배상책임의 범위 내에서 공무원이 변제한 금액에 대해 구상권을 취득한다(대판 2014.8.20. 2012다54478). [최신판례]

02 성매매알선 등 행위에 관하여 동업계약을 체결한 당사자 일방이 상대방에게 그 동업계약에 따라 성매매의 유인 · 권유 · 강요의 수단으로 이용되는 선불금 등 명목으로 사업자금을 제공한 경우에는 그 반환을 청구할 수 없다. [최신판례, 법행 14]

> **해설** "윤락행위 및 그것을 유인 · 강요하는 행위는 선량한 풍속 기타 사회질서에 반하므로, 윤락행위를 할 사람을 고용하면서 성매매의 유인 · 권유 · 강요의 수단으로 이용되는 선불금 등 명목으로 제공한 금품이나 그 밖의 재산상 이익 등은 불법원인급여에 해당하여 그 반환을 청구할 수 없고, 나아가 성매매의 직접적 대가로서 제공한 경제적 이익뿐만 아니라 성매매를 전제하고 지급하였거나 성매매와 관련성이 있는 경제적 이익이면 모두 불법원인급여에 해당하여 반환을 청구할 수 없다"(대판 2013.6.14. 2011다65174).

03 불법의 원인으로 재산을 급여한 사람은 불법의 원인에 가공한 상대방 수령자에 대하여 '부당이득'이나 '물권적 청구권'을 행사할 수 없고, '불법행위'에 기한 손해배상 청구권도 원칙적으로 행사할 수 없다(대판 2013.8.22. 2013다35412). [변호 16, 변리 14]

04 불법원인급여 후 급부를 이행받은 자가 별도의 약정으로 급부 그 자체 또는 그에 갈음한 대가물을 반환하기로 하는 특약은 그 반환약정 자체가 사회질서에 반하여 무효가 되지 않는 한 유효하다. [변호 13,15, 법행 14]

해설 ※ 불법원인급여의 반환약정

(1) 급여와 동시에 이루어지는 경우

수령자가 급부받을 때 만일 불법한 목적이 달성되지 않으면 반환한다고 약정하였다면 그 특약은 무효이다 (대판 1991.3.22. 91다520).

(2) 급여 이후에 사후적으로 이루어지는 경우

최근 判例는 "반환약정 자체가 사회질서에 반하여 무효가 되지 않는 한 유효하다고 할 것이고, 무효여부는 반환 약정 그 자체의 목적뿐만 아니라 당초의 불법원인급여가 이루어진 경우, 쌍방당사자의 불법성의 정도, 반 환약정의 체결과정 등 제103조 위반 여부를 판단하기 위한 제반요소를 종합적으로 고려하여 결정해야 한 다"고 한다(대판 2010.5.27. 2009다12580).

※ 임의반환

불법원인급여의 수령자가 임의로 급여된 물건이나 이에 갈음하여 다른 물건을 급여자에게 반환하는 것은 선량한 풍속 기타 사회질서에 위배되는 것은 아니다(대판 1964.10.27. 64다798,799). 제746조는 불법원인급여 자의 반환청구를 법률상 보호하지 않겠다는 것일 뿐이지 수령자의 급부 보유가 정당하다는 것은 아니기 때문이다.

05 부동산 실권리자명의 등기에 관한 법률에 의하여 무효인 명의신탁약정에 기하여 타인 명의의 등기가 마쳐졌다는 이유만으로 그것이 당연히 불법원인급여에 해당한다고 볼 수 없다(대판 2003.11.27. 2003다41722). [변호 13유사, 법행 04, 변리 11]

해설 ※ 불법원인 급여에서 '불법'의 의미

判例는 "제746조의 불법원인은 설사 법률(강행규정)의 금지함에 위반한 경우라 할지라도 그것이 선량한 풍속 기타 사회질서에 위반하지 않는 경우에는 이에 해당하지 않는다"고 판시하여 동일개념설의 입장이다(대판 1983.11.22. 83다430).

06 도박자금을 제공함으로 인하여 발생한 채권의 담보로 부동산에 관하여 근저당권설정등기가 경 료되었을 뿐이라면 위 근저당권설정등기로 근저당권자가 받을 이익은 민법 제746조에서 말하는 이익에는 해당하지 아니하므로, 그 부동산의 소유자는 위 등기의 말소를 청구할 수 있다. [변호 13,16, 모의 11(1)유사,15(2), 사시 08, 법행 10,12]

해설 ※ 불법원인 급여에서 '급여(급부)'의 의미

여기서의 급부는 급부자의 자발적 의사에 의한 재산적 가치 있는 출연을 의미한다. 그리고 급부는 '종국적' 인 것이어야 한다. 判例도 급부의 수령자가 이를 실현하려면 국가의 협력 내지 법의 보호를 기다려야 하는 경우는 제746조의 급부가 아니라고 보았다. 즉 '도박채무의 담보로 부동산에 근저당권을 설정'한 경우, 수령자가 그 이 익을 얻으려면 경매신청을 하여야 하는 별도의 조치를 요하는 점에서 그 급부는 종국적인 것이 아니어서 말소를 청구할 수 있다고 한다(대판 1995.8.11. 94다54108). 다만 '도박채무의 양도담보로 이전해 준 소유권이전 등기'는 제746조의 불법원인급여에 해당하여 그 말소를 청구할 수 없다고 하였다(대판 1989.9.29, 89다카 5994). 근저당의 경우에는 그 실행을 위해 경매절차 등 국가의 협력이 필요하다는 점에서 사적실행이 가 능한 양도담보와는 그 사정이 다르므로, 判例의 결론은 구체적 타당성이 있다.

07 명의수탁자의 매도행위가 반사회질서 위반으로 무효로 된 경우, 매도인인 명의수탁자의 불법성 이 매수인의 불법성보다 크므로, 매도인이 위 매매대금의 지급이 불법원인급여임을 이유로 그 반환을 거절하는 것은 신의칙에 위반되어 허용될 수 없다.

해설 최근 명의신탁과 관련하여 명의수탁자의 매도행위가 반사회질서 위반으로 무효로 된 경우, 매도인인 명의 수탁자의 불법성이 매수인의 불법성보다 크다고 하여 매수인의 매매대금반환청구를 인용함으로써 '불법성비 교론'을 받아들인 바 있다(대판 1993.12.10. 93다12947).

> **비교판례** 이에 반해 반사회적인 이중매매의 경우에 제1의 매수인은 매도인을 대위하여 제2의 매수인에 대해 등기의 말소를 청구할 수 있다고 하였다(대판 1983.4.26. 83다카57). 그러나 구체적인 논거는 제시하지 않았다. 즉, 반사회질서의 법률행위로 무효가 되는 경우에 있어서, 등기의 이전은 급여에 해당하고 매도인과 매수인 모두에게 불법의 원인이 있다고 보여지므로 제746조 본문이 적용된다고 할 수 있다. 따라서 매도인은 매수인의 등기의 말소를 청구할 수 없게 되고 결국 제1의 매수인은 '대위할 권리'가 없게 되어 소유권을 취득할 수 없게 되는 것이 아닌가 하는 의문이 있다.

제5장　불법행위책임

제1관 불법행위책임 일반

01 매도인이 자신의 소유 토지에 폐기물 등을 불법으로 매립하였다면 이는 매수인에 대한 관계뿐만 아니라 당해 토지를 전전 취득한 현재의 토지 소유자에 대한 관계에서도 불법행위가 성립한다(대판 2016.5.19. 전합2009다66549).　　　　　　　　　　　　　　　　　　　　　　[최신판례]

> **해설** 이때 손해배상책임의 범위는 현재의 토지 소유자가 지출하였거나 지출해야 하는 오염토양 정화비용 또는 폐기물 처리비용 상당액이다.

02 불법행위를 원인으로 한 손해배상에 있어서는 채무불이행을 원인으로 한 경우와는 달리, 그 손해가 고의 또는 중대한 과실에 의한 것이 아니고 그 배상으로 인하여 배상자의 생계에 중대한 영향을 미치게 될 경우에는 배상의무자의 청구에 의하여 법원이 배상액을 감경할 수 있다(제765조).　　　　　　　　　　　　　　　　　　　　　　　　　　　　[사시 11, 법행 06, 변리 09]

03 가해자가 피해자의 토지를 계속하여 불법점거하는 경우, 피해자가 토지의 소유권을 상실하지 아니하는 한 이로 인한 피해자의 손해배상청구권의 소멸시효기간은 나날이 발생한 새로운 각 손해를 안 날부터 별개로 진행한다(제766조 1항 ; 대판 1999.3.23. 98다30285).　　　　　　[사시 14]

04 생명침해의 불법행위로 인한 피해자 본인의 위자료 청구권과 민법 제752조에 의한 배우자 등 유족의 정신적 피해로 인한 그 고유의 위자료 청구권은 별개이므로 소멸시효 완성여부도 각각 그 권리를 행사한 때를 기준으로 판단하여야 한다(대판 2013.8.22. 2013다200568).　　　　[사시 14]

05 가해행위와 이로 인한 현실적인 손해의 발생 사이에 시간적 간격이 있는 불법행위에 기한 손해배상채권에 있어서 소멸시효의 기산점이 되는 불법행위를 안 날이라 함은 단지 관념적이고 부

동적인 상태에서 잠재하고 있던 손해에 대한 인식이 있었다는 정도만으로는 부족하고 그러한 손해가 그 후 현실화된 것을 안 날을 의미한다(대판 2001.1.19. 2000다11836).　　　　　　　　　[사시 14]

제2관 특수불법행위책임 : 기타

01　동업관계에 있는 자들이 공동으로 처리하여야 할 업무를 동업자 중 1인에게 그 업무집행을 위임하여 그로 하여금 처리하도록 한 경우, 다른 동업자는 업무집행 과정에서 발생한 사고에 대하여 사용자로서의 손해배상책임이 있다(대판 1998.4.28. 97다55164).　　　　　　[법행 11, 변리 11]

02　어떤 사업에 관하여 자기 명의의 사용을 허용한 자는 명의를 빌린 자의 사무집행에 관한 가해행위뿐만 아니라, 명의를 빌린 자의 피용자의 사무집행에 관한 가해행위에 대하여도 사용자책임을 진다.　　　　　　　　　　[변호 18, 사시 09,16, 법행 05,07,14, 변리 05,14]

> **해설** 상법 제24조의 명의대여자의 책임은 명의차용자의 피용자의 행위에까지 미치지 않는다(대판 1989.9.12. 88다카26390). 따라서 상법 제24조에 따른 변제책임은 지지 아니하나, 피용자의 가해행위가 인정된다면 불법행위책임으로서 사용자책임은 인정될 수 있다(대판 1980.8.9. 80다708).

03　사용자가 피해자에게 손해배상을 한 경우 피용자에 대하여 구상권을 행사할 수 있고, 이러한 구상권은 신의칙에 의하여 제한할 수 있다. 그러나 이는 사용자와 피용자의 공동불법행위로 사용자의 보험자가 피해자에게 손해배상금을 보험금으로 모두 지급한 후 피용자의 보험자에게 직접 구상권을 행사할 경우에는 그러하지 않다.　　　　　　　　　[19모의(1), 법행17]

> **해설** ※ 민법 제756조 3항에 따른 구상권에 대한 제한의 법리가 사용자의 보험자의 피용자의 보험자에 대한 구상권 행사에도 적용될 수 있는지 여부(소극)
> "신의칙상 상당하다고 인정되는 한도 내에서만 피용자에 대하여 손해배상을 청구하거나 구상권을 행사할 수 있고, 이러한 구상권 제한의 법리는 사용자의 보험자가 피용자에 대하여 구상권을 행사하는 경우에도 다를 바 없다. 그러나 사용자의 보험자가 피해자인 제3자에게 사용자와 피용자의 공동불법행위로 인한 손해배상금을 보험금으로 모두 지급하여 피용자의 보험자가 면책됨으로써 사용자의 보험자가 피용자의 보험자에게 부담하여야 할 부분에 대하여 직접 구상권을 행사하는 경우에는, 그와 같은 구상권의 행사는 상법 제724조 제2항에 의한 피해자의 직접청구권을 대위하는 성격을 갖는 것이어서 피용자의 보험자는 사용자의 보험자에 대하여 구상권 제한의 법리를 주장할 수 없다"(대판 2017.4.27. 2016다271226).[1]

04　공작물의 설치·보존상 하자에 의하여 직접 발생한 화재로 인한 손해배상책임뿐만 아니라 그 화재로부터 연소한 부분에 대한 손해배상책임에 관하여도 공작물의 설치·보존상 하자와 손해 사이에 상당인과관계가 있는 경우에는 민법 제758조 제1항이 적용되고, 실화가 중대한 과실로 인한 것이 아닌 한 화재로부터 연소한 부분에 대한 손해의 배상의무자는 개정 실화책임법 제3조에 의하여 손해배상액의 경감을 받을 수 있다(대판 2012.6.28. 2010다58056).　　　[변호 15, 사시 04]

05　화재가 공작물 자체의 설치·보존상의 하자에 의하여 직접 발생한 경우, 간접점유자인 건물의 소유자는 직접점유자가 손해 방지에 필요한 주의를 해태하지 아니한 경우에 한하여 공작물책임을 지게 된다(제758조 1항).　　　　　　　　　　　　　[변호 15, 사시 04]

---

1) 상법 제724조(보험자와 제3자와의 관계) ②항 : 제3자는 피보험자가 책임을 질 사고로 입은 손해에 대하여 보험금액의 한도내에서 보험자에게 직접 보상을 청구할 수 있다. 그러나, 보험자는 피보험자가 그 사고에 관하여 가지는 항변으로써 제3자에게 대항할 수 있다.

06 건물을 임대한 소유자가 건물을 적합하게 유지·관리할 의무를 위반하여 임대목적물에 설치·보존 상의 하자가 생기고 그 하자로 임차인이 손해를 입은 경우 건물의 소유자 겸 임대인이 임차인 에게 공작물책임과 수선의무 위반에 따른 채무불이행 책임을 진다(대판 2017.8.29. 2017다227103).

[19모의(1), 법무18]

> **해설** ※ 공작물의 점유자가 피해자인 경우
> 判例는 점유자인 임차인(또는 임차인의 직장동료)이 임차목적물의 하자로 인하여 연탄가스에 중독된 사안에 서, 소유자가 배상책임을 지고, 공작물의 보존에 관해 피해자에게 과실이 있다고 하더라도 과실상계의 사 유가 될 뿐이라고 한다(대판 1993.2.9. 92다31668 ; 대판 1993.11.9. 93다40560). 무과실책임을 지는 공작물 소유 자의 책임에 관하여 과실상계를 인정한 예외적인 경우이다.

07 甲이 언론사인 乙社의 인터넷 홈페이지에 게재된 진실이 아닌 기사로 인하여 명예를 침해당하 여 그 기사 작성인 乙社를 상대로 그 기사의 삭제를 청구하는 경우, 乙社가 그 기사가 진실이 라고 믿은 데 상당한 이유가 있다하더라도 甲의 청구는 받아들여질 수 있다. [모의 15(1),사시 14]

> **해설** "피고가 그 기사가 진실이라고 믿은 데 상당한 이유가 있었다는 등의 사정은 형사상 명예훼손죄나 민사상 손해배상책임을 부정하는 사유는 될지언정 기사삭제를 구하는 방해배제청구권을 저지하는 사유로는 될 수 없다"(대판 2013.3.28. 2010다60950).

08 법인은 명예를 훼손당한 경우 사죄광고를 구하는 이외에 이로 인한 위자료를 청구할 수도 있다.

[모의 12(2)유사, 사시 14]

> **해설** 判例는 법인의 명예·신용 등이 훼손된 경우에 이를 '무형의 손해'라고 칭하면서 그 배상을 위자료로 보는 점에서, 법인에게도 위자료청구권을 인정한다(대판 1996.4.12. 93다40614 등).

09 초등학교 내에서 발생한 집단 괴롭힘으로 학생이 피해를 입은 경우, 교사의 과실과 경합하여 가 해학생의 부모가 평소 가정 내에서 보호, 감독 책임을 소홀히 하였다면 공동불법행위자로서의 손해배상책임이 인정될 수 있다. [법행 07,13]

> **해설** "민법 제755조에 의하여 책임능력 없는 미성년자를 감독할 친권자 등 법정감독의무자의 보호·감독책임은 미 성년자의 생활 전반에 미치는 것이고, 법정감독의무자에 대신하여 보호·감독의무를 부담하는 교사 등의 보호·감독 책임은 학교 내에서의 학생의 모든 생활관계에 미치는 것이 아니라 학교에서의 교육활동 및 이와 밀접 불가분의 관계에 있는 생활관계에 한하며, 이와 같은 대리감독자가 있다는 사실만 가지고 곧 친권자의 법정감독책임 이 면탈된다고는 볼 수 없다"(대판 2007.4.26. 2005다24318).

10

> 甲은 자기 소유의 오토바이를 운전하고 가다가 횡단보도 상에서 과실로 乙을 충격하여 상해 를 입혔다. 甲은 사건 당시 17년 9개월 남짓된 고등학교 3학년에 재학 중인 학생으로서 오토 바이를 운전할 수 있는 원동기장치자전거 운전면허를 가지고 있었다. 다만 甲은 당시까지 오 토바이 운전으로 인한 사고가 없었으며 甲에게는 편모인 丙이 있었다(단, 자동차손해배상보장 법의 논의는 논외로 한다).

① 甲은 미성년자이나 책임능력이 있으므로 제750조의 불법행위책임을 진다.

> **해설** 判例의 경향은 대체로 만 12세까지는 책임능력을 부인하고, 만 15세 이상의 미성년자에게는 책임능력 을 인정하나 만 13~14세인 자에 대하여는 경우에 따라 달리 판단한다.

② 乙은 丙에게 민법 제755조의 감독자책임을 구할 수는 없다.

③ 丙의 감독의무 위반이 있고 乙의 손해가 丙의 의무위반과 상당인과관계가 있음이 인정된다 면 감독의무자 丙은 일반불법행위자로서 손해배상책임이 있다. [모의 12(2)유사, 사시 05, 법행 13]

④ 위 ③에서 감독의무자의 과실과 손해발생과의 상당인과관계를 피해자가 모두 입증하여야 한다.

해설 ※ 책임능력 있는 미성년자의 감독의무자의 손해배상책임

94년 전원합의체판결을 통하여 견해를 통일하여 ㉠ 제755조는 미성년자가 책임능력이 없는 때에 한해 감독의무자가 보충적으로 책임을 지는 것을 규율하는 규정이며 ㉡ 따라서 책임능력 있는 미성년자의 감독의무자의 과실과 발생된 손해가 상당인과관계에 있으면 감독의무자는 제750조에 의한 일반불법행위책임을 지지만, 이때에는 피해자가 친권자의 과실과 손해발생과의 상당인과관계를 모두 입증하여야만 한다고 판시하고 있다(대판 1994.2.28. 전합93다13605). 判例의 경우 책임능력 있는 미성년자가 부모와 동거하는 중에 무면허로 화물차(오토바이)를 운전하다가 사고를 낸 사안의 경우는 부모의 감독의무 위반에 대한 과실을 인정하였으나(대판 1997.3.28. 96다15374 ; 대판 1999.7.13. 99다19957), 미성년자가 운전면허를 취득하고 있었고 무사고경력의 경우는 과실을 부정하였다(대판 1994.2.28. 전합93다13605).

⑤ 丙에게 친권자로서의 감독의무를 현저히 해태한 과실이 인정된다면, 甲의 불법행위에 대하여 丙은 일반불법행위자로서 甲과 공동불법행위책임을 진다(대판 1991.4.9. 90다18500).

11 | 乙은 교통사고로 다리부근에 경미한 골절상을 입었는바, 개인병원 전문의인 甲에게 수술을 받게 되었다. 그러나 수술을 하면 드물지만 척추기능에 중대한 장애가 있을 수 있음에도 불구하고 甲은 이것에 대한 설명도 없이 수술에 대한 乙의 승낙을 받아 수술을 하였다. 수술결과 다리의 골절상은 부분적으로 치료되었으나 완치되지는 않았고 乙은 수술후유증으로 척추기능에 중대한 장애가 나타나게 되었다. 다만 이러한 중대한 장애는 乙의 선천적인 특이체질이 한 원인이 되었다.

① 乙의 수술후유증이 드물게 발생하는 것이라 하더라도 甲은 설명의무가 있다.

해설 의사의 설명의무는 수술 등 침습을 가하는 과정 및 그 후에 나쁜 결과 발생의 개연성이 있는 의료행위를 하는 경우와 같이 환자에게 자기결정에 의한 선택이 요구되는 때에 한해 인정되나(대판 1995.1.20. 94다3421 등), 그 후유증이나 부작용이 당해 치료행위에 전형적으로 발생하는 위험이거나 회복할 수 없는 중대한 것인 경우에는 그 발생 가능성의 희소성에도 불구하고 설명의 대상이 된다(대판 1996.4.12. 95다56095 등). 다만 응급환자의 경우처럼 특별한 사정이 있거나, 당해 의료행위로 인하여 예상되는 위험이 아니거나, 당시의 의료수준에 비추어 예견할 수 없는 위험에 대해서는 설명의무가 면제된다(대판 1999.9.3. 99다10479 등).

② 乙이 甲의 설명의무 위반을 이유로 위자료만을 청구하는 경우에는 의사의 설명결여로 선택의 기회를 상실하였다는 사실만을 입증함으로써 족하고, 설명을 받았더라면 사망 등의 결과는 생기지 않았을 것이라는 관계까지 입증할 필요는 없다(대판 2002.10.25. 2002다48443 참고).

③ 乙이 甲의 설명의무 위반을 이유로 척추기능 장애로 인한 손해를 청구하기 위해서는 그 중대한 결과와 의사의 설명의무 위반 내지 승낙취득 과정에서의 잘못과의 사이에 상당인과관계가 존재해야 하며, 그때의 설명의무 위반은 구체적 치료과정에서 요구되는 의사의 주의의무 위반과 동일시할 정도의 것이어야 한다(대판 2004.10.28. 2002다45185).

④ 乙의 선천적인 특이체질은 乙의 귀책사유와 무관한 것이라고 할지라도, 甲의 손해배상액을 정함에 있어서 과실상계사유로 참작할 수 있다(대판 2000.1.21. 98다50586). [사시 04,05,08, 법행 14]

⑤ 교통사고와 甲의 의료사고가 각기 독립하여 불법행위의 요건을 갖추고 있으면서 객관적으로 관련되고 공동하여 위법하게 피해자에게 손해를 가한 것으로 인정되면 공동불법행위가 성립한다.

> **해설** "교통사고로 인하여 상해를 입은 피해자가 치료를 받던 중 치료를 하던 의사의 과실로 인한 의료사고로 증상이 악화되거나 새로운 증상이 생겨 손해가 확대된 경우, 의사에게 중대한 과실이 있다는 등의 특별한 사정이 없는 한 확대된 손해와 교통사고 사이에도 상당인과관계가 있고, 이 경우 교통사고와 의료사고가 각기 독립하여 불법행위의 요건을 갖추고 있으면서 객관적으로 관련되고 공동하여 위법하게 피해자에게 손해를 가한 것으로 인정되면 공동불법행위가 성립한다"(대판 1998.11.24. 98다32045).

제3관 특수불법행위책임 : 공동불법행위

01 공동불법행위책임에서 공동의 행위는 '불법행위 자체'를 공동으로 하거나 교사·방조하는 경우는 물론 횡령행위로 인한 장물을 취득하는 등 피해의 발생에 공동으로 관련되어 있어도 인정될 수 있다(대판 2013.4.11. 2012다44969). [최신판례, 사시 14유사]

02 甲이 인감도장에 乙 은행 예금계좌의 비밀번호를 표시하여 놓았고 丙에게 비밀번호를 알려주면서 예금인출 심부름을 시킨 적이 있는데, 丁이 丙 등과 공모하여 甲의 주민등록증 등을 위조하고 戊로 하여금 甲을 사칭하도록 하여 甲 명의의 예금통장을 재발급받아 인감을 변경한 후 예금을 인출한 경우, 甲의 행위가 丁 등의 사기행위와 객관적으로 관련 공동되어 乙 은행에 대하여 제760조 3항의 공동불법행위를 구성한다고 볼 수는 없다(대판 2015.6.24. 2014다231224). [최신판례]

03 공동불법행위에 있어 과실에 의한 방조도 가능하며, 이 경우의 과실의 내용은 불법행위에 도움을 주지 않아야 할 주의의무가 있음을 전제로 하여 이 의무에 위반하는 것을 말한다(대판 2016.5.12. 2015다234985 등). [최신판례, 법행 11,14]

04 2인 이상의 공동불법행위로 인하여 호의동승한 사람이 피해를 입은 경우, 동승자가 입은 손해에 대한 배상액을 산정함에 있어서는 먼저 호의동승으로 인한 감액 비율을 참작하여 공동불법행위자들이 동승자에 대하여 배상하여야 할 수액을 정하여야 한다. 그리고 그 당연한 귀결로서 위와 같은 책임제한은 동승 차량 운전자뿐만 아니라 상대방 차량 운전자와 그 보험자에게도 적용된다. [최신판례, 변호 15,16,17유사, 모의 12(2),(3)유사]

> **해설** ※ 공동불법행위에 있어 호의동승으로 인한 책임제한이 미치는 범위
> **[사실관계]** A가 운전하던 차량과 B가 운전하던 차량이 두 운전자의 공동과실로 사고가 발생하였고, 그로 인해 B가 운전하던 차량에 타고 있던 C가 사망하였다. 이 때 B와 C는 연인 사이였고 두 사람은 벚꽃구경을 가던 길이었다. 이에 동승차량의 운행목적, 피해자와의 인적 관계, 동승경위 등에 비추어 볼 때 C의 사망에 대해 동승차량 운전자 B에게 전적인 책임을 지우는 것은 신의칙이나 형평의 원칙상 불합리하므로 '호의동승으로 인한 책임제한'을 인정할 수 있는데, 이러한 책임제한이 다른 공동불법행위자인 A에게도 미치는지가 문제되었다. 이에 원심은 호의동승에 의한 책임제한은 인적, 내부적 관계에 기한 것인 만큼 상대적 효력만을 인정하여 부정하였으나 대법원은 위 지문과 같이 긍정하였다(대판 2014.3.27. 2012다87263).

05 > 고용주인 甲의 공사현장에서 근로자 乙의 업무상 부주의로 인하여 다른 근로자 丙이 크게 부상당하였다. 이에 丙은 甲과 乙을 상대로 불법행위책임에 기한 손해배상을 청구하였다. 심리 결과 甲의 관리감독상의 잘못도 인정되어 甲과 乙은 공동불법행위책임을 지며 그 과실비율은 甲: 40%, 乙: 60%로 인정되었다. 그리고 丙의 과실은 없고, 丙의 손해액은 1억 원으로 인정되었다(손해액은 휴업기간 중의 일실이익이며, 기타 손해 및 지연손해금은 고려하지 않는다).
> [14년 사법 1차]

㉠ 甲이 丙에 대하여 이행기가 도래한 대여금 채권을 가지고 있다면 甲은 그 채권으로 丙의 甲에 대한 손해배상채권을 상계할 수 있다. [사시 07,14, 법행 04,05,08, 변리 05,06,10,14]

해설 본 사안의 불법행위가 근로자 乙의 고의가 아닌 업무상 부주의에 의해 일어난바, 고의의 불법행위에 인한 손해배상채권에 대한 상계금지(제496조)를 중과실의 불법행위에 인한 손해배상채권에까지 유추 또는 확장 적용하여야 할 필요성이 있다고 할 수 없다(대판 1994.8.12. 93다52808). 피용자 乙은 丙에 대한 손해배상채권을 수동채권으로 하여 상계할 수 있으므로 사용자인 甲도 자신의 기한이 도래한 대여금 채권을 자동채권으로 하고 丙에 대한 손해배상채권을 수동채권으로 하여 상계할 수 있다.

㉡ 丙이 乙의 채무를 면제해 준 경우에도 甲은 여전히 손해배상채무 전체에 대해 책임을 진다.

해설 피용자의 업무집행중의 불법행위책임(제750조)과 사용자배상책임(제756조)은 부진정연대채무의 관계에 있다(대판 1975.12.23. 75다1193). 이러한 부진정연대채무에서는 변제, 대물변제, 공탁, 상계 등 목적 도달 사유 외에는 전부 상대효로 보므로 채무면제도 당연히 상대효를 가질 뿐이다(대판 2006.1.27. 2005다19378). 따라서 채권자가 불법행위자인 부진정연대채무자 일인에게만 면제해 준 경우 면제받은 자만 면책이 되므로 채권자는 다른 채무자들에게는 채무전액을 청구할 수 있다.

㉢ 甲이 丙에게 위 손해액 중 7,000만 원을 지급하였고 丙이 甲에 대하여 잔액 3,000만 원을 면제해 주었더라도, 甲은 乙에 대하여 3,000만 원을 구상할 수 있다. [변호 13,모의 12(2),(3)유사]

해설 부진정연대채무자의 구상관계에 관하여 判例는 "부진정연대채무자 중 1인이 자기의 부담 부분 이상을 변제하여 공동의 면책을 얻게 하였을 때에는 다른 부진정연대채무자에게 그 부담 부분의 비율에 따라 구상권을 행사할 수 있다"라는 입장이다(대판 2006.1.27. 2005다19378).
☞ 사안에서 40%의 과실비율을 가지는 甲이 丙에게 7,000만 원을 지급하였다면 甲은 乙에게 3,000만 원에 대한 구상권을 행사할 수 있다. 甲이 3,000만 원을 면제받은 부분에 대하여는 ㉡번 지문 해설에서 살펴본 바와 같이 면제의 절대효가 인정되지 않으므로 乙에게 영향을 미치지 않을 것이다.

㉣ 만약 丙의 과실이 20% 인정되고 丙이 근로기준법상 휴업보상금으로 2,000만 원을 지급받았다면 甲은 6,000만 원의 배상책임을 진다. [변호 13유사, 사시 04,09, 변리 04,08,09,12]

해설 먼저 근로기준법상의 휴업보상금은 乙과 丙의 불법행위로 인하여 생긴 손해를 통해 얻은 이익으로써 상당인과관계가 인정되므로 그 이익은 공제되어야 한다. 그리고 判例는 과실상계 후 그 이익을 공제해야 한다는 입장이다(대판 2010.2.25. 2009다87621). 이러한 입장에 따른다면 1억 원에 대해 20% 과실상계를 한 나머지 8,000만 원에 대하여 휴업보상금 2,000만 원을 공제하여야 하므로 결과적으로 甲은 8,000만 원에서 2,000만원을 뺀 6,000만 원에 대하여 배상책임을 질 것이다.

06 피해자 丙에 대한 공동불법행위자인 甲과 乙 사이의 구상권에 관한 설명이다. [16년 사법 1차]

㉠ 민간인 甲의 차와 공무원 乙의 차가 충돌하여 乙의 차에 타고 있던 공무수행 중인 군인 丙이 다친 경우, 甲은 자신의 과실비율에 따른 부담부분에 대해서만 배상책임을 진다. [사시 05,16]

해설 "공동불법행위자 등이 부진정연대채무자로서 각자 피해자의 손해 전부를 배상할 의무를 부담하는 공동불법행위의 일반적인 경우와 달리 예외적으로 민간인은 피해 군인 등에 대하여 그 손해 중 국가 등이 민간인에 대한 구상의무를 부담한다면 그 내부적인 관계에서 부담하여야 할 부분을 제외한 나머지 자신의 부담 부분에 한하여 손해배상의무를 부담하고, 한편 국가 등에 대하여는 그 귀책부분의 구상을 청구할 수 없다고 해석함이 상당하다 할 것이고, 이러한 해석이 손해의 공평·타당한 부담을 그 지도원리로 하는 손해배상제도의 이상에도 맞는다 할 것이다"(대판 2001.2.15. 전합96다42420).

ⓛ 乙이 丙에게 손해배상금 전액을 변제한 후 甲에 대해 갖는 구상권의 소멸시효는 乙이 丙에게 손해배상금을 지급한 때로부터 10년으로 보아야 한다. [모의 13(1)유사, 사시 07,16, 법행 05,14]

ⓒ 甲이 乙에 대해 구상권을 취득한 이후 丙의 乙에 대한 손해배상청구권이 시효로 소멸하더라도 그러한 사정만으로 甲의 乙에 대한 구상권은 소멸하지 않는다. [사시 16]

해설 "피해자에게 손해배상을 한 공동불법행위자의 다른 공동불법행위자에 대한 구상권은 피해자의 다른 공동불법행위자에 대한 손해배상채권과는 그 발생 원인과 법적 성질을 달리하는 별개의 독립한 권리이므로, 공동불법행위자가 다른 공동불법행위자에 대한 구상권을 취득한 이후에 피해자의 그 다른 공동불법행위자에 대한 손해배상채권이 시효로 소멸되었다고 하여 그러한 사정만으로 이미 취득한 구상권이 소멸된다고 할 수 없다(ⓒ. 지문). 공동불법행위자의 다른 공동불법행위자에 대한 구상권의 소멸시효는 그 구상권이 발생한 시점, 즉 구상권자가 공동면책행위를 한 때로부터 기산하여야 할 것이고, 그 기간도 일반 채권과 같이 10년으로 보아야 한다(ⓛ. 지문)"(대판 1996.3.26. 96다3791).

ⓔ 甲의 보증인인 丁이 甲을 위하여 丙에게 손해배상금 전액을 변제한 경우, 丁은 乙의 과실 비율에 따른 부담부분에 대해서 구상권을 행사할 수 있다. [변호 15, 사시 09,15,16]

해설 "어느 부진정연대채무자를 위하여 보증인이 된 자가 채무를 이행한 경우에는 다른 부진정연대채무자에 대하여도 직접 구상권을 취득하게 되고, 그와 같은 구상권을 확보하기 위하여 채권자를 대위하여 채권자의 다른 부진정연대채무자에 대한 채권 및 그 담보에 관한 권리를 구상권의 범위 내에서 행사할 수 있다"(대판 2010.5.27. 2009다85861).

제4관 과실상계

01 과실상계의 과실은 손해배상책임을 근거지우는 과실만큼 엄격할 필요는 없고 '신의칙상 공동생활상 요구되는 약한 부주의'를 의미한다거나, 법적인 주의의무를 전제로 하지 않는 '신의칙상 요구되는 결과회피의무'를 의미한다(대판 1999.9.21. 99다31667 등).

02 피해자와 '신분상 및 생활관계상 일체'를 이루는 관계에 있는 자의 과실을 피해자의 과실로 보아 손해배상액을 산정함에 있어서 참작하자는 '피해자측 과실이론'은 손해의 공평한 부담을 실현하기 위해 인정된다(대판 1993.11.23. 93다25127 등). [사시 04, 변리 04]

03 배상의무자가 피해자의 과실에 관하여 주장하지 않는 경우에도 법원은 '직권으로' 과실상계를 판단할 수 있다(대판 1996.10.25. 96다30113). [변호 13, 사시 04,09, 법행 08, 변리 08]

04 표현대리가 성립한 경우의 본인에 대한 이행청구에는 과실상계법리가 (유추)적용되지 않는다.
[변호 12,13, 모의 12(3),15(1)유사 사시 06,08,12, 법행 05,10,12 변리 04,08]

해설 과실상계는 본래 채무불이행 내지 불법행위로 인한 손해배상책임에 대해 인정되는 것이고, 채무내용에 따른 본래의 급부의 이행을 구하는 경우에 적용될 것이 아니다(대판 1996.5.10. 96다8468).

05 불법행위로 인한 손해의 발생 또는 확대에 관하여 피해자에게도 과실이 있는 때에는 가해자의 손해배상의 범위를 정함에 있어 당연히 이를 참작하여야 하고, 가해행위가 사기, 횡령, 배임 등의 영득행위인 경우 등 과실상계를 인정하게 되면 가해자로 하여금 불법행위로 인한 이익을 최종적으로 보유하게 하여 공평의 이념이나 신의칙에 반하는 결과를 가져오는 경우에만 예외적으로 과실상계가 허용되지 않는다(대판 2013.9.26. 전합2012다13637, 2012다1146). [변리 14]

06 불법행위로 인한 피해자가 일반적으로 용인될 수 있는 수술을 받으면 노동능력 상실 정도를 감소시킬 수 있는 데도 피해자가 수술을 받지 않은 경우, 또는 법적 조치를 취했으면 손해의 확대를 막을 수 있었음에도 피해자가 그러한 조치를 취하지 않은 경우, 과실상계 규정을 유추적용할 수 있다.

> 해설 ※ 손해경감조치의무
> 불법행위로 인한 피해자가 일반적으로 용인될 수 있는 수술을 받으면 노동능력 상실 정도를 감소시킬 수 있는 데도 수술을 받지 않은 경우(대판 1992.9.25. 91다45929 등), 또는 법적 조치를 취했으면 손해의 확대를 막을 수 있었음에도 그러한 조치를 취하지 않은 경우(대판 2003.7.25. 2003다22912), 判例는 특히 이 경우 불법행위의 피해자에게는 그로 인한 손해의 '확대'를 방지하거나 감경하기 위하여 노력하여야 할 '손해경감조치의무'가 있다는 개념을 사용하여 과실상계 규정을 '유추적용'한다. 다만 判例는 이 경우 확대된 손해부분이 아닌 전체손해를 대상으로 하여 과실상계를 한다(대판 1978.10.10. 78다1224 참고).

21.6.1.~22.7.15. 채권각론 최신판례

1 제3자를 위한 계약에서, 제3자가 민법 제539조 제2항에 따라 수익의 의사표시를 함으로써 제3자에게 권리가 확정적으로 귀속된 경우에는, 요약자와 낙약자의 합의에 의하여 제3자의 권리를 변경·소멸시킬 수 있음을 미리 유보하였거나 제3자의 동의가 있는 경우가 아니면 계약의 당사자인 요약자와 낙약자는 제3자의 권리를 변경·소멸시키지 못하고(민법 제541조), 만일 계약의 당사자가 제3자의 권리를 임의로 변경·소멸시키는 행위를 한 경우 이는 제3자에 대하여 효력이 없다.
대판 2022.1.14. 2021다271183

2 계속적 계약에 해당하는 계약의 효력을 소멸시킬 때에는 다른 특별한 사정이 없는 한 소멸에 따른 효과를 장래에 향하여 발생시키는 민법 제550조의 '해지'만 가능할 뿐 민법 제548조에서 정한 '해제'를 할 수는 없다.
대판 2022.3.11. 2020다29743

3 제548조 2항의 '금전'의 경우와 균형상 해제에 따른 원상회복의무로서 반환할 물건에는 그 '받은 날'부터 '임료상당의 사용이익'이 을 가산하여 반환하여야 한다(제548조 2항 유추해석). 이 때 매매목적물을 통해 영업을 하였더라도 원상회복으로 반환해야 할 부당이득은 '영업이익'이 아닌 '임료상당의 사용이익'이어야 한다.
대판 2021.7.8. 2020다290804

4 민법 제556조 제1항 제1호는 "수증자가 증여자에 대하여 증여자 또는 그 배우자나 직계혈족에 대한 범죄행위가 있는 때에는 증여자는 그 증여를 해제할 수 있다."고 규정하고 있는데, 여기에서 '범죄행위'는 수증자가 증여자에게 감사의 마음을 가져야 함에도 불구하고 증여자가 배은망덕하다고 느낄 정도로 둘 사이의 신뢰관계를 중대하게 침해하여 수증자에게 증여의 효과를 그대로 유지시키는 것이 사회통념상 허용되지 아니할 정도의 범죄를 저지르는 것을 말하며, 반드시 수증자가 그 범죄행위로 형사처벌을 받을 필요는 없다.
대판 2022.3.11. 2017다207475,2017다207482

5 주택의 공동임차인 중 1인이라도 주택임대차보호법 제3조 제1항에서 정한 대항력 요건을 갖추게 되면 그 대항력은 임대차 전체에 미치므로, 임차 건물이 양도되는 경우 특별한 사정이 없는 한 공동임차인에 대한 보증금반환채무 전부가 임대인 지위를 승계한 양수인에게 이전되고 양도인의 채무는 소멸하는 바, 이러한 법리는 계약당사자 사이에 공동임차인의 임대차보증금 지분을 별도로 정한 경우에도 마찬가지이다. 22년 법행 유사
대판 2021.10.28. 2021다238650

6   임차인이 임대차계약 토지상에 건립한 건물을 불법으로 증축한 결과 매수청구권을 행사한 건물의 절반 이상이 임대차계약의 목적 토지가 아닌 토지를 무단으로 침범하여 건립된 것이라면, 임차인의 건물매수청구권 행사는 인용될 수 없다.   대판 2021.12.10. 2021다260671

7   조합의 일부 조합원이 당초 약정한 출자의무를 이행하고 있지 않은 상태에서 조합이 해산되어 잔여업무가 남아 있지 않고 잔여재산의 분배 절차만이 남은 경우, 이행되지 아니한 출자금 채권을 추심하거나 청산절차를 거치지 않고도 각 조합원은 자신이 실제로 출자한 가액 비율의 범위 내에서 출자가액 비율을 초과하여 잔여재산을 보유하고 있는 조합원에 대하여 잔여재산의 분배 절차를 진행할 수 있으나, 이러한 기준에 따라 잔여재산분배 절차를 진행하는 경우, 다른 조합원들이 출자의무를 이행하지 아니한 조합원에게 출자의무의 이행을 청구할 수는 없다.
                        대판 2022.2.17. 2016다278579,278586

7-1   A와 B로 구성된 이 사건 조합은 B가 약정한 출자의무 중 일부를 이행하지 않은 상태에서 해산되었다. 이후 A와 B가 서로 상대방을 상대로 수익금 반환 및 잔여재산분배를 구하는 경우, B의 미이행 출자 부분 상당액을 A의 B에 대한 손해배상채권으로 인정하여 이 사건 조합의 '잔여재산'에 포함시킬 수는 없다.   대판 2022.2.17. 2016다278579,278586

8   조합채무는 모든 조합원에게 합유적으로 귀속되므로, 조합원 중 1인이 조합채무를 면책시킨 경우 그 조합원은 다른 조합원에 대하여 민법 제425조 제1항에 따라 구상권을 행사할 수 있다. 이러한 구상권은 조합의 해산이나 청산 시에 손실을 부담하는 것과 별개의 문제이므로 반드시 잔여재산분배 절차에서 행사해야 하는 것은 아니다.   대판 2022.5.26. 2022다211416

9   조합에서 조합원의 제명은 정당한 사유가 있는 때에 한하여 다른 조합원의 일치로써 결정한다 (제718조 1항). 여기에서 '정당한 사유가 있는 때'란 특정 조합원이 동업계약에서 정한 의무를 이행하지 않거나 조합업무를 집행하면서 부정행위를 한 경우와 같이 특정 조합원에게 명백한 귀책사유가 있는 경우는 물론이고, 이에 이르지 않더라도 특정 조합원으로 말미암아 조합원들 사이에 반목·불화로 대립이 발생하고 신뢰관계가 근본적으로 훼손되어 특정 조합원이 계속 조합원의 지위를 유지하도록 한다면 조합의 원만한 공동운영을 기대할 수 없는 경우도 포함한다.
22년 법행   대판 2021.10.28. 2017다200702

10   당사자들이 분쟁을 인식하지 못한 상태에서 일방 당사자가 이행해야 할 채무액에 관하여 협의하였다거나 일방 당사자의 채무이행에 대해 상대방 당사자가 이의를 제기하지 않았다는 사정만으로 묵시적 화해계약의 성립을 인정할 수 없다. 22법행   대판 2021.9.9. 2016다203933
判例는 "당사자들이 분쟁을 인식하지 못한 상태에서 일방 당사자가 이행해야 할 채무액에 관하여 협의하였다거나 일방 당사자의 채무이행에 대해 상대방 당사자가 이의를 제기하지 않았다는 사정만으로 묵시적 화해계약의 성립을 인정할 수 없다"(대판 2021.9.9. 2016다203933)고 하는 등 당사자 합의를 엄격하게 해석한다(화해가 성립한 후에는 목적이 된 사항에 관하여 나중에 다툴 수 없는 것이 원칙이므로).

11   잔고가 마이너스 상태인 종합통장자동대출의 약정계좌로 착오 송금된 금원에 대하여 계좌소유자가 아닌 수취은행을 상대로 부당이득반환을 구할 수는 없다.   대판 2022.6.30. 2016다237974

12   근저당권부 채권양도에서 이전등기만 마치고 대항요건을 갖추지 못한 양수인이 배당받은 경우 '채무자'가 부당이득반환청구를 할 수는 없다.   대판 2021.12.16. 2021다215701
"후순위 근저당권과 함께 그 피담보채권을 양수하였지만 채권양도의 대항요건을 갖추지 못한 양수인이 선순위 근저당권자가 신청한 경매절차에서 배당을 받은 경우에, 채무자가 양수인을 상대로 채권양도의 대항요건 미비를 이유로 배당이의절차에서 다툼으로써 양수인이 배당을 받지 못하게 되더라도, 그 후순위 근저당권이 경매개시결정등기 전에 등기되어 매각으로 소멸하는 이상 채무자에 대한 관계에서 양도인이 민사집행법 제148조 제4호에 따라 배당요구 없이 당연히 배당을 받는 근저당권자에 해당한다고 볼 수 있으므로, 채무자에게는 위 배당으로 인하여 손해가 발생하였다고 할 수 없다"(대판 2021.12.16. 2021다215701)

13 불법행위의 성립요건으로서 위법성은 법률을 위반한 경우에 한정되지 않고 전체 법질서의 관점에서 사회통념상 위법하다고 판단되는 경우도 포함할 수 있는 탄력적인 개념이며, 관련 행위 전체를 일체로 보아 판단하여 결정해야만 하는 것은 아니고, 문제가 되는 행위마다 개별적·상대적으로 판단하여야 한다.
대판 2021.6.30. 2019다268061

14 제3자 甲이 丙에 대해 채무를 지고 있는 乙에게 자신 명의의 계좌를 제공하여 乙로 하여금 자금을 입금하도록 함으로써 책임재산을 감소케 한 행위는 丙의 채권을 침해하는 불법행위에 해당하고, 손해배상액은 불법행위 당시를 기준으로 산정해야 하며, 불법행위 성립 이후에 발생한 乙의 파산선고 등의 사정은 손해배상액 산정에 영향을 미치지 못한다.
대판 2022.5.26. 2017다229338

15 비양육친은 이혼 후에도 자녀의 양육비용을 분담할 의무가 있지만, 이것만으로 비양육친이 일반적, 일상적으로 자녀를 지도하고 조언하는 등 보호·감독할 의무를 진다고 할 수 없고, 비양육친이 미성년자의 부모라는 사정만으로 미성년 자녀에 대하여 제755조의 감독의무를 부담한다고 볼 수 없다.
대판 2022.4.14. 2020다240021

15-1 비양육친의 감독의무를 인정할 수 있는 특별한 사정이 있는 경우에는, 비양육친도 제755조의 감독의무 위반으로 인한 손해배상책임을 질 수 있다.
대판 2022.4.14. 2020다240021

16 타인을 사용하여 어느 사무에 종사하게 한 자는 피용자가 그 사무집행에 관하여 제3자에게 가한 손해를 배상할 책임이 있는바, 여기에서 '사무집행에 관하여'란 피용자의 불법행위가 객관적으로 사용자의 사업활동, 사무집행행위 또는 그와 관련된 것이라고 보일 때에는 <u>행위자의 주관적 사정을 고려하지 않고</u> 사무집행에 관하여 한 행위로 본다는 것이다.
대판 2021.9.16. 2021다219529

17 금융기관 직원이 타인과 공동으로 고객의 예금을 무단인출하고 해당 예금에 대한 이자가 지급되지 않아 소멸시효가 중단되지 않는 사이에 예금자가 이러한 사정을 알지 못한 채 권리를 행사하지 않아서 예금채권의 소멸시효가 완성된 경우, 금융기관 직원의 위법행위와 예금채권의 시효소멸로 인한 손해 사이에는 상당인과관계가 인정된다.
대판 2022.2.28. 2020다268265

18 의사가 환자에게 의사를 결정함에 충분한 시간을 주지 않고 의료행위에 관한 설명을 한 다음 곧바로 의료행위로 나아간다면 이는 환자가 의료행위에 응할 것인지 선택할 기회를 침해한 것으로서 의사의 설명의무가 이행되었다고 볼 수 없다.
대판 2022.1.27. 2021다265010

19 자동차 사고로 승객이 부상한 경우, 자동차손해배상 보장법 제3조에 따라 운행자는 승객의 부상이 고의 또는 자살행위로 인한 것임을 주장·증명하지 못하는 한 운전상의 과실 유무와 상관없이 승객의 부상에 따른 손해배상책임을 진다.
대판 2021.11.11. 2021다257705
자동차손해배상 보장법 제3조는 '자기를 위하여 자동차를 운행하는 자는 그 운행으로 다른 사람을 사망하게 하거나 부상하게 한 경우에는 그 손해를 배상할 책임을 진다. 다만 승객이 고의나 자살행위로 사망하거나 부상한 경우에는 그러하지 아니하다.'라고 규정하고 있다.

★ 낙약자의 항변

① 낙약자는 '기본관계에 기한 항변'(동시이행의 항변권, 위험부담, 제3자를 위한 계약의 무효, 취소, 해제 등)으로 수익자에게 대항할 수 있다(제542조). 이 때 수익자가 민법상의 제3자 보호규정(제107조 2항 내지 제110조 3항, 제548조 1항 단서 등)에서 말하는 제3자에 해당하느냐와 관련하여 ㉠ 기존에 判例는 "제3자를 위한 계약에서의 제3자가 계약해제시 보호되는 제548조 제1항 단서의 제3자에 해당하지 않음은 물론"(대판 2005.7.22. 2005다7566)이라는 입장이었고, 통설도 수익의 의사표시를 한 것만으로는 실질적으로 새로운 이해관계를 맺은 것으로 볼 수 없다는 입장이었다. ㉡ 그러나 최근 判例는 "제3자를 위한 계약에서도 낙약자와 요약자 사이의 법률관계(기본관계)에 기초하여 수익자가 요약자와 원인관계(대가관계)를 맺음으로써 해제 전에 새로운 이해관계를 갖고 그에 따라 등기, 인도 등을 마쳐 권리를 취득하였다면, 수익자는 제548조 1항 단서에서 말하는 계약해제의 소급효가 제한되는 제3자에 해당한다"(대판 2021.8.19. 2018다244976)[2]고 판시하고 있어 논란이 되고 있다.

[판례평석] 결론적으로 대상판결은 일응의 인상과 달리 종래 판결과 모순되지 않는다. 원칙적으로 수익자는 계약당사자가 아니므로 해제 시에도 원상회복과 부당이득반환청구의 직접적 상대방이 되지 않는다. 따라서 특별한 이유가 없는 한 제3자에 해당하는지조차 판단할 이유가 없다(종래 판결의 태도). 수익자라는 이유만으로 곧바로 제3자가 되는 것도 아니지만, 제3자에 해당하지 않는다고 하더라도 원상회복으로서 부당이득반환의 직접 의무가 없기 때문이다. 다만 채무자가 원상회복의 일환으로 물권적 청구권을 행사하면 수익자가 그 상대방이 될 가능성은 있다. 이때 수익자가 제3자에 해당하는지 판단할 필요가 있고, 만일 제3자가 아니라면 물권적 청구권에 의한 반환 가능성도 열려 있다고 할 것이다(황승종 변호사, 법조신문 21년 10월 25일자).

② 낙약자는 대가관계에 기한 항변으로 수익자에게 대항하지 못한다.

---

2) [사실관계] 원고(낙약자)가 제3자를 위한 계약인 이 사건 함포납품계약에 따라 피고 승계인수인(수익자; 담당관서 방위사업청)에 함포를 인도한 다음 위 계약이 요약자의 대금미지급을 이유로 해제되었다고 주장하면서 방위사업청을 상대로 인도한 함포의 반환을 구하는 사건에서, 방위사업청이 민법 제548조 제1항 단서에 따라 계약해제의 소급효가 제한되는 제3자에 해당하므로 원고가 소유권에 기한 물권적 청구권을 행사하여 인도한 함포의 반환을 구할 수 없다고 판단하여 상고기각한 사례

제 5 편

친족상속법

제1장	친족법

제1절 총 설
제2절 가 족

01 성전환자에 해당함이 명백한 사람이라도 현재 혼인 중에 있거나 미성년자인 자녀를 둔 경우에는 성별정정은 허용되지 않는다. 다만 과거 혼인한 경험이 있거나 성년인 자녀를 둔 경우에는 **가능하다**(대결 2011.9.2. 전합2009스117). [사시 12,16, 법행 12 유사]

> **참고판례** "전환된 성을 그 사람의 성이라고 보더라도 다른 사람들과의 신분관계에 중대한 변동을 초래하거나 사회에 부정적인 영향을 주지 아니하여 사회적으로 허용된다고 볼 수 있다면, 이러한 여러 사정을 종합적으로 고려하여 사람의 성에 대한 평가 기준에 비추어 사회통념상 신체적으로 전환된 성을 갖추고 있다고 인정될 수 있는 경우가 있다 할 것이며, 이와 같은 성전환자는 출생시와는 달리 전환된 성이 법률적으로도 그 성전환자의 성이라고 평가받을 수 있을 것이다"(대판 2006.6.22. 전합 2004스42).

제3절 혼 인

제1관 약혼

01

> 법학전문대학원 1학년생인 A와 B는 연인사이인데, A와 B는 법학전문대학원을 졸업하고 변호사시험에 합격하면 결혼한다는 조건부 약혼을 하였다. 약혼을 하면서 A는 B에게 300여만 원 상당의 가방을 약혼예물로 선물하였다.

ㄱ 약혼에는 선량한 풍속이나 기타 사회질서에 위반되는 것이 아닌 한 조건이나 기한을 붙일 수 있으므로, A와 B 사이의 약혼은 효력이 있다.

ㄴ (약혼이 유효하다고 할 때) 방학 중 여행을 떠난 A가 1년이 넘도록 생사가 불명한 경우 B는 A와의 약혼을 해제할 수 있고, 이 경우 A의 부모 등에게 약혼해제의 의사표시를 하여야 하는 것은 아니다. [법행 05]

> **해설** 약혼 후 1년 이상 생사가 불명한 경우에는 제804조 7호에 따른 약혼해제사유가 있는 경우가 된다. 약혼의 해제는 상대방에 대한 의사표시로 하는 것이 원칙이지만(제805조 본문), 상대방에 대하여 의사표시를 할 수 없는 때에는 그 해제의 원인 있음을 안 때에 해제된 것으로 보므로(제805조 단서) B가 A의 부모 등에게 약혼 해제의 의사표시를 하여야 하는 것은 아니다.

ㄷ 위 'ㄴ'에서 약혼해제에는 A의 귀책이 없고, 적법하게 약혼이 해제된 경우, 생환한 A는 B에게 약혼예물의 반환을 청구할 수 있다. [모의 13(3), 사시 05, 변리 04, 법행 06]

> **해설** ※ 약혼예물의 수수의 법적성격
> 약혼예물의 수수는 약혼의 성립을 증명하는 증거이자 동시에 '혼인의 불성립을 해제조건'으로 하는 증여라는 것이 통설 및 判例의 입장이므로 약혼이 해제된 이상 귀책 없는 A는 B에게 약혼예물의 반환을 청구할 수 있다.

> **비교판례** "약혼예물의 수수는 혼인불성립을 해제조건으로 하는 증여와 유사한 성질의 것이기는 하나, 약혼의 해제에 관하여 과실이 있는 유책자로서는 그가 제공한 약혼예물은 이를 적극적으로 반환을 청구할 권리가 없다"(대판 1976.12.28. 76므41).

ⓔ (약혼이 유효하다고 할 때) A의 B에 대한 폭력 때문에 B가 A와의 약혼을 해제한 경우 B는 A에게 재산상·정신상 손해에 대하여 배상을 청구할 수 있다. 그러나 B가 이러한 손해배상청구권을 제3자에게 양도하는 것은 원칙적으로 불가능하다.

해설 제806조(약혼해제와 손해배상청구권) ①항 약혼을 해제한 때에는 당사자 일방은 과실 있는 상대방에 대하여 이로 인한 손해의 배상을 청구할 수 있다. ②항 전항의 경우에는 재산상 손해외에 정신상 고통에 대하여도 손해배상의 책임이 있다. ③항 정신상 고통에 대한 배상청구권은 양도 또는 승계하지 못한다. 그러나 당사자 간에 이미 그 배상에 관한 계약이 성립되거나 소를 제기한 후에는 그러하지 아니하다.

ⓜ A가 이미 결혼하여 고향에 법률상 배우자 C가 있다면 위 약혼은 무효이다. [법행 05]

해설 중혼은 취소사유지만 배우자 있는 자가 한 약혼은 무효가 된다(대판 1965.7.6. 65므12).

ⓗ A와 B가 결혼식을 올리고 신혼여행을 다녀왔는데(아직 혼인신고 전), B가 아무런 이유도 없이 공항에서 자신의 부모님 댁으로 가버려서 A와 B 사이의 관계가 파탄이 나게 된 경우 A는 B에게 사실혼의 부당파기에 준하여 정신적 손해배상을 청구할 수 있다. [법행 05]

해설 ※ 결혼식 후 사실혼으로 성립되기 이전 단계에서 일방에 의해 파탄된 경우(대판 1998.12.8. 98므961)

ⓢ A와 B가 혼인하여 혼인기간이 상당기간 지속된 후라면 B의 귀책사유로 혼인이 해소된 경우에도 A는 B에게 약혼예물에 대한 반환을 청구할 수 없다. [모의 13(3), 사시 05, 변리 04, 법행 06]

해설 ※ 혼인이 상당 기간 지속된 후 파탄된 때에는 약혼예물의 반환청구 불가
"약혼예물의 성격을 '혼인의 불성립'을 해제조건으로 하는 증여로 보는 이상 일단 부부관계가 성립하고 그 혼인이 상당 기간 지속된 이상 후일 혼인이 해소되어도 그 반환을 구할 수는 없는 것이며, 이는 혼인의 파탄의 원인이 그 예물의 수령자에게 있는 경우에도 마찬가지이다" [대판 1996.5.14. 96다5506 ; 이는 이혼(혼인의 파탄)에 대한 유책에 관하여 위자료지급의무를 부담하는 것과는 별개의 문제이다]
다만 예외적으로 예물의 수령자측이 혼인 당초부터 성실히 혼인을 계속할 의사가 없고 그로 인하여 혼인의 파국을 초래하였다고 인정되는 등 특별한 사정이 있는 경우에는 신의칙 내지 형평의 원칙에 비추어 혼인 불성립의 경우에 준하여 예물반환의무를 인정함이 상당하다(대판 1996.5.14. 96다5506 등).

제2관 혼인의 무효와 취소

01 외국인 乙이 甲과의 사이에 참다운 부부관계를 설정하려는 의사 없이 단지 한국에 입국하여 취업하기 위한 방편으로 혼인신고하고 한 달 동안 甲과 혼인생활을 함에 있어서 대부분의 기간 동안 취업을 위해 가출하여 甲과 떨어져 지낸 경우, 甲과 乙 사이의 혼인은 무효이다. [사시 16]

해설 甲과 乙사이에는 법률상의 부부라는 신분관계를 설정할 의사는 있었다고 하더라도 그 혼인은 당사자 간에 혼인의 합의가 없는 것이어서 민법 제815조 제1호에 따라 무효이다"(대판 2010.6.10. 2010므574).

02 당사자 간의 혼인합의가 없어 무효인 혼인신고의 추인에는 소급효가 있다(대판 1965.12.28. 65므61).

해설 ※ 그 외에 신분행위에서의 소급효

소급효가 있는 경우	이혼의 취소(판례), 인지의 취소(제861조), 상속재산의 분할(제1015조), 상속의 포기(제1042조)
소급효가 없는 경우	혼인의 취소(제824조)

03 배우자의 성염색체 이상과 불임 등의 문제는 민법 제816조 제2호에서 정한 혼인취소 사유로서 '부부생활을 계속할 수 없는 악질 기타 중대한 사유'에 해당하지 않는다(대판 2015.2.26. 2014므4734,4741). [최신판례]

04 아동성폭력범죄 등의 피해를 당해 임신을 하고 출산을 하였으나 자녀와의 관계가 단절되고 상당한 기간 양육이나 교류 등이 이루어지지 않은 경우, 출산 경력을 고지하지 않은 것은 민법 제816조 제3호에서 정한 혼인취소사유에 해당하지 않는다(대판 2016.2.18. 2015므654,661). [최신판례]

05 乙과 혼인한 甲의 사망으로 乙이 甲의 재산을 상속받은 후 甲·乙사이의 혼인이 사기·강박에 의해 이루어진 것으로서 취소된 경우에도, 乙이 취득한 상속재산은 법률상 원인 없이 취득한 것이라고 볼 수 없다(제824조). [사시 16]

해설 ※ 혼인취소의 비소급효(장래효)

06
> 甲남은 乙녀와 결혼하고 혼인신고를 한 후 부부생활을 시작하였다. 그러나 乙녀는 결혼 전부터 사귀어 온 B와 결혼 후에도 계속 내연관계를 맺었고, 결국 집을 나가 B와 다시 혼인신고를 하고 동거하기 시작하였다. 甲남도 乙녀가 집을 나가자 A와 내연관계를 맺어 동거하고 사실상 부부의 관계에까지 이르게 되었다. 甲남은 그 후 사망하였고, A는 임의로 혼인신고를 한다.

㉠ 乙과 B의 혼인관계는 중혼적 사실혼이 아니라 중혼이다.

㉡ 甲과 A사이의 혼인은 무효이므로, A는 甲의 참칭상속인이다.

해설 사안의 경우 A는 甲이 사망한 후에 임의로 혼인신고를 하였으므로 이러한 혼인신고는 무효이다. 따라서 A는 甲의 배우자가 되지 못하여 상속권이 발생하지 않는다(제815조 참조). 그럼에도 무효인 혼인신고에 근거하여 甲의 배우자로 재산을 이전받았다면 A는 '상속을 원인으로 하여 점유하고 있는 자'에 해당한다. 따라서 A는 참칭상속인에 해당한다.

㉢ 乙이 甲남과 유효한 혼인을 한 후 다시 B와 혼인을 하였다고 하여도 甲 및 B와의 혼인관계는 여전히 유효하다. 그러나 乙은 A에게 상속회복청구권을 행사할 수 없다.

해설 중혼은 혼인취소사유로 다룬다(제818조). 따라서 혼인이 취소되기 전까지는 전혼과 후혼 모두 유효한 것으로 다루어진다(통설). 그러나 乙이 이제 와서 자기와 甲 사이의 혼인신고가 유효한 것이었다고 내세워 A와 甲의 혼인이 무효의 것이라고 주장함은 두 사람 간의 혼인관계가 모두 유효하다고 주장하는 것이 되어 권리남용에 해당한다(대판 1983.4.12. 82므64 ; 대판 1987.4.28. 86므130).

㉣ 당사자 및 그 배우자, 직계혈족(개정 전 직계존속), 4촌 이내의 방계혈족 또는 검사는 제810조(중혼의 금지)를 위반한 혼인의 취소를 청구할 수 있다. 2012.2.10.시행 개정법

제2관 혼인의 효과

01 '비록 부부가 아직 이혼하지 아니하였지만' 부부공동생활이 파탄되어 실체가 더 이상 존재하지 아니하게 되고 객관적으로 회복할 수 없는 정도에 이른 경우에는 제3자가 부부의 일방과 성적인 행위를 하더라도 배우자에 대하여 손해배상책임을 부담하는 것은 아니다(대판 2014.11.2. 전합 2011므2997).   [최신판례, 변호 17, 법행 15]

02 제3자가 부부의 일방과 부정행위를 함으로써 혼인의 본질에 해당하는 부부공동생활을 침해하거나 유지를 방해하고 그에 대한 배우자로서의 권리를 침해하여 배우자에게 정신적 고통을 가하는 행위는 원칙적으로 불법행위를 구성하며, 부부의 일방과 제3자가 부담하는 불법행위책임은 공동불법행위책임으로서 부진정연대채무관계에 있다(대판 2015.5.29. 2013므2441).   [최신판례]

03 제826조 제1항은 부부간의 부양·협조의무의 근거를, 제833조는 위 부양·협조의무 이행의 구체적인 기준을 제시한 조항으로 제833조에 의한 생활비용청구가 제826조와는 무관한 별개의 청구원인에 기한 청구라고 볼 수는 없다(대결 2017.8.25. 2014스26).   [최신판례]

04 부부간의 계약은 혼인 중 언제든지 부부의 일방이 이를 취소할 수 있다는 규정(민법 제828조)은 삭제되었다.   [사시 16]

05 甲이 乙과 약혼 후 자신의 부동산을 乙 명의로 명의신탁등기를 하고 나서 乙과 혼인을 했다면, 조세포탈 등을 목적으로 하지 않는 한 그 명의신탁등기는 당사자가 '혼인한 때'(등기가 이루어진 때가 아님)로부터 유효하다(대판 2002.10.25. 2002다23840).   [사시 14]

제3관 이혼의 효과

01 성년에 이르는 연령이 20세에서 19세로 변경된 민법 시행 이전에 이혼에 따른 장래의 양육비 지급을 명하는 재판이 확정되었으나, 법 시행 당시 사건본인이 성년에 도달하지 않은 경우, 양육비 지급의 종료 시점은 사건본인이 19세에 이르기 전날이다(대결 2016.4.22. 2016으2).   [최신판례]

02 이혼으로 인한 재산분할청구권은 이혼이 성립한 때에 그 법적 효과로서 발생하는 것이지만 협의 또는 심판에 의하여 구체적 내용이 형성되기까지는 그 범위 및 내용이 불명확하기 때문에 구체적으로 권리가 발생하였다고 할 수 없다. 따라서 분할의무자는 그 금전지급의무에 관하여 '판결이나 심판이 확정된 다음날'부터 이행지체책임을 지고, 그 지연손해금의 이율에 관하여는 소송촉진 등에 관한 특례법이 정한 연 15%의 이율도 적용되지 아니한다(대판 2014.9.4. 2012므1656).

03 이혼을 청구하는 배우자의 유책성을 상쇄할 정도로 상대방 배우자 및 자녀에 대한 보호와 배려가 이루어진 경우이거나, 혼인생활의 파탄에 대한 유책성이 그 이혼청구를 배척해야 할 정도로 남아 있지 아니한 특별한 사정이 있는 경우에는 예외적으로 유책배우자의 이혼청구를 허용할 수 있다.   [최신판례]

해설 ※ 유책배우자의 이혼청구를 허용할 수 있는지 여부(원칙적 소극)

"대법원은 일찍부터 재판상 이혼원인에 관한 민법 제840조는 원칙적으로 유책주의를 채택하고 있는 것으로 해석하여 왔다. 그리하여 민법 제840조 제1호 내지 제5호의 이혼사유가 있는 것으로 인정되는 경우라 할지라도 전체적으로 보아 그 이혼사유를 일으킨 배우자보다도 상대방 배우자에게 혼인파탄의 주된 책임이 있는 경우에는 그 상대방 배우자는 그러한 이혼사유를 들어 이혼청구를 할 수 없다고 하였다. 또한 민법 제840조 제6호의 이혼사유에 관하여도 혼인생활의 파탄에 주된 책임이 있는 배우자는 그 파탄을 사유로 하여 이혼을 청구할 수 없는 것이 원칙임을 확인하고 있다. 그러나 위와 같은 예외에 해당하는 경우에는 유책배우자의 이혼청구를 허용하고 있다(대판 2015.9.15. 전합2013므568).

04 혼인기간 중 총 10여 차례에 이를 정도로 협의이혼 절차 또는 이혼소송 절차를 신청 내지 청구 하였다가 취하하는 행위를 반복하는 등 더 이상 혼인관계를 유지하는 것이 무의미하고, 오히려 미성년 자녀의 복지를 해한다고 판단되는 경우 유책배우자의 이혼 청구를 예외적으로 허용할 수 있다.
[20년 최신판례]

해설 ※ 유책배우자의 이혼청구를 허용할 수 있는 예외적 경우
대법원은 " ① 원고와 피고는 혼인기간 중 총 10여차례에 이를 정도로 협의이혼 절차 또는 이혼소송 절차를 신청 내지 청구하였다가 취하하는 행위를 반복하는 등 더 이상 부부간의 문제를 상호 원만하게 해결할 수 없는 상황에 이르러 정상적인 부부관계의 회복이 불가능한 것으로 보이는 점, ② 원고와 피고 사이의 분쟁이 부부의 문제를 넘어 사건 본인들의 정서에 악영향을 주는 등 사건본인들의 복리를 심각하게 저해하고 잇는 것으로 보이는 점, ③ 결국 상호간에 애정이나 존중 등이 없는 형식적인 혼인관계를 유지하는 것은 원고와 피고 사이의 문제를 해결하기보다 새로운 문제의 원인이 되거나 동일한 문제가 계속 되어 쌍방에게 크나큰 고통이 될 수 밖에 없어 보이는 점 등 여러 사정들을 종합하면, 유책배우자인 원고의 피고에 대한 이혼청구를 허용하여도 혼인과 가족제도를 형해화할 우려가 없고, 사회의 도덕관 윤리관에도 반하지 아니한다고 판단하여 유책배우자인 원고의 이혼청구를 인용하였는바, 이러한 원심의 판단이 타당하다" 고 하여 상고기각한 사례이다(대판 2020.11.12. 2020므11818).

05 당사자가 이혼이 성립하기 전에 이혼소송과 병합하여 재산분할의 청구를 한 경우에, 아직 발생하지 아니하였고 구체적 내용이 형성되지 아니한 재산분할청구권을 미리 양도하는 것은 성질상 허용되지 아니하며, 법원이 이혼과 동시에 재산분할로서 금전의 지급을 명하는 판결이 확정된 이후부터 채권 양도의 대상이 될 수 있다(대판 2017.9.21. 2015다62186).
[최신판례]

06 甲이 乙과 협의이혼을 합의하는 과정에서 쌍방의 협력으로 형성된 재산액이나 쌍방의 기여도, 분할방법 등에 관하여 진지한 논의 없이 甲이 일방적으로 재산분할청구권을 포기하기로 약정은 성질상 허용되지 아니하는 '재산분할청구권의 사전포기'에 불과할 뿐이므로 쉽사리 '재산분할에 관한 협의'로서의 '포기약정'이라고 보아서는 아니 된다(대결 2016.1.25. 2015스451).
[변호 18유사]

07 乙녀의 남편 甲이 의식불명의 식물인간 상태에 빠져 금치산선고를 받고, 채 1년도 되지 않아서 乙녀가 甲의 후배와 간통을 하였다. 이 경우 그 사실을 알게 된 甲의 후견인이자 甲의 父인 A는 금치산자 甲의 이혼의사를 '객관적'으로 추정할 수 있는 경우에는 의사무능력 상태에 있는 甲을 대리하여 乙녀를 상대로 재판상 이혼을 청구할 수 있다(대판 2010.4.29. 2009므639).
[변호 17]

08 甲과 乙이 협의이혼을 하였는데, 협의에 의하여 미성년인 자 丙의 친권자는 甲으로, 양육권자는 乙로 분리하여 정하는 것도 가능하다.

해설 "민법 제837조, 제909조 4항 등이 부부의 이혼 후 그 자의 친권자와 그 양육에 관한 사항을 각기 다른 조항에서 규정하고 있는 점 등에 비추어 보면"(대판 2012.4.13. 2011므4719).

09 재판상 이혼의 경우 부모 모두를 자녀의 공동양육자로 지정하는 것은 공동양육을 위한 여건이 갖추어졌다고 볼 수 있는 경우에만 가능하다(대판 2020.5.14. 2018므15534).
[20년 최신판례]

10 재판상 이혼 시 친권자와 양육자로 지정된 부모의 일방은 상대방에게 양육비를 청구할 수 있고, 이 경우 가정법원으로서는 자녀의 양육비 중 양육자가 부담해야 할 양육비를 제외하고 상대방이 분담해야 할 적정 금액의 양육비만을 결정하는 것이 타당하다(대판 2020.5.14. 2019므15302).

[20년 최신판례]

11 재산분할 협의를 한 후 협의이혼 성립일까지의 기간 동안 재산분할 대상인 채무의 일부가 변제된 경우, 원칙적으로 변제된 금액은 채무액에서 공제되어야 한다(대판 2006.9.14. 2005다74900).

[사시 14,15 법행 15]

12 이혼 당시 부부 일방이 아직 재직 중이어서 실제 퇴직급여를 수령하지 않았더라도 이혼소송의 사실심 변론종결시에 이미 잠재적으로 존재하여 그 경제적 가치의 현실적 평가가 가능한 재산인 퇴직급여채권은 재산분할의 대상에 포함시킬 수 있다(대판 2014.7.16. 전합2012므288).   [변호 15,18]

13 혼인생활 중 쌍방의 협력으로 취득한 부동산에 관하여 부부의 일방이 부담하는 임대차보증금반환채무는 특별한 사정이 없는 한 혼인 중 재산의 형성에 수반한 채무로서 재산분할의 대상이 된다(대판 2011.3.10. 2010므4699,4705,4712).   [사시 14, 법행 11,13,15]

14 부부의 일방이 혼인 중 제3자에게 공동재산의 형성에 수반하여 부담하게 된 채무가 있어 총 재산가액에서 위 채무액을 공제하면 남는 금액이 없는 경우에도 상대방의 재산분할청구는 받아들여질 수 있다(대판 2013.6.20. 전합2010므4071).   [사시 14, 법행 11,13,15]

15 재판상 이혼에 따른 재산분할에 있어 분할의 대상이 되는 재산과 그 액수는 이혼소송의 사실심 변론종결일을 기준으로 하여 정하는 것이 원칙이지만, 혼인관계가 파탄된 이후 변론종결일 사이에 생긴 재산관계의 변동이 부부 중 일방에 의한 후발적 사정에 의한 것으로서 혼인 중 공동으로 형성한 재산관계와 무관하다는 등 특별한 사정이 있는 경우에는 그 변동된 재산은 재산분할 대상에서 제외하여야 할 것이다(대판 2013.11.28. 2013므1455).

16 당사자가 재산분할 소송 중에 일부 재산에 관한 분할방법에 대한 합의를 하였다고 하더라도, 법원으로서는 당사자가 합의한 대로 분할을 하여야 하는 것은 아니다(대판 2013.7.12. 2011므1116).

[모의 14(1)]

17 이혼으로 인한 재산분할청구권은 구체적 내용이 형성되기까지는 그 범위 및 내용이 불명확하기 때문에 구체적으로 권리가 발생하였다고 할 수 없으므로 협의 또는 심판에 의하여 구체화되지 않은 재산분할청구권은 채무자의 책임재산에 해당하지 아니하고, 이를 포기하는 행위 또한 채권자취소권의 대상이 될 수 없다(대판 2013.10.11. 2013다7936).   [최신판례, 변호 15, 법행 15]

18 국민연금법 제64조에 규정된 '이혼배우자의 분할연금 수급권'은 민법상 재산분할청구권과는 구별되는 것으로 국민연금법에 따라 이혼배우자가 국민연금공단으로부터 직접 수령할 수 있는 이혼배우자의 고유한 권리이다(대판 2019.6.13. 2018두65088).   [19년 최신판례]

19 甲男이 그의 처인 乙女를 상대로 이혼의 소를 제기하면서, 乙女의 주소를 알고 있음에도 소재불명이라 하여 법원으로부터 공시송달의 허가를 받아 乙女의 불출석을 기화로 법원으로부터 이혼판결을 받고 그 판결이 확정되었다. 그 후 甲男은 丙女와 혼인신고를 마치고 그들 사이에서 1명의 자녀를 출산하였다. 나중에 이러한 사실을 안 乙女는 법원에 재심을 청구하였고, 법원은 위 이혼판결을 취소하고 甲男의 乙女에 대한 이혼청구를 기각하는 판결을 선고하였으며 그 판결이 확정되었다.   [06년 사법 1차]

   ㉠ 현재 甲男과 丙女 사이의 혼인관계가 유지되고 있으나, 재심에 의하여 甲男과 乙女 사이의 이혼판결이 취소되면 乙女는 자신과 甲男과의 혼인관계를 주장할 수 있다.

해설 "재심청구에 의하여 그 취소심판이 확정되었다면 甲남과 丙녀 사이의 혼인은 민법 제810조가 금하는 중혼에 해당하고"(대판 1991.5.28. 89므211).

ⓛ 재심에 의하여 甲男과 乙女 사이의 이혼판결이 취소되었으므로 甲男과 丙女 사이의 혼인은 중혼에 해당되어 취소사유가 된다(대판 1985.9.10. 85므35).

ⓒ 甲男과 丙女 사이의 혼인취소의 소송계속중 甲男과 丙女 사이에 자녀의 양육에 관한 사항의 협의가 이루어지지 않으면 법원은 '당사자의 청구 또는 직권으로' 위 자녀의 양육에 필요한 사항을 정할 수 있다.

해설 혼인 취소시 이혼시의 양육책임에 대한 제837조를 준용한다(제824조의2).

ⓓ 甲男과 丙女 사이의 혼인이 취소되더라도 甲男과 丙女 사이에서 출생한 자녀는 혼인 중의 출생자로서의 지위를 잃지 않는다.

[모의 14(1), 법행 12]

해설 혼인취소판결이 확정되면 혼인은 장래에 향하여 해소되며, 소급효가 인정되지 않는다(제824조). 따라서 혼인에 의하여 출생한 子는 혼인 중의 출생자로서의 지위를 잃지 않는다.

ⓜ 재심에 의하여 甲男과 乙女 사이의 이혼판결이 취소된 후, 乙女가 甲男과 丙女 사이의 혼인의 취소를 구하는 소를 제기하여 그 소송이 계속중이더라도, 丙女는 甲男을 상대로 재판상 이혼을 청구할 수 있다.

[사시 04]

해설 "아직 그 혼인취소의 확정판결이 없는 한 법률상의 부부라 할 것이어서 재판상 이혼의 청구도 가능하다"(대판 1991.12.10. 91므344).

ⓗ 재심에 의하여 甲男과 乙女 사이의 이혼판결이 취소된 후, 甲男과 丙女 사이의 혼인의 취소를 구하는 소송이 계속중인 동안 甲男이 사망하면, 乙女와 丙女 모두 甲男의 상속인이 된다.

[사시 08유사]

해설 甲남과 乙녀의 혼인이 중혼임을 이유로 취소되기 전에 甲남의 사망으로 상속이 개시되면 전혼과 후혼이 모두 유효한 상태이므로 전혼의 배우자 乙녀와 후혼의 배우자 丙녀 모두가 배우자로서의 상속권을 가지는 것이 된다(제1003조 1항). 또한 나중에 중혼이 취소되더라도 혼인취소는 소급효가 없기 때문에(제824조), 判例는 중혼배우자의 상속이 소급하여 무효가 되지 않는다고 한다(대판 1996.12.23. 95다48308)

20 재판상 이혼의 경우에 당사자의 청구가 없다 하더라도 법원은 직권으로 미성년자인 자녀에 대한 친권자 및 양육자를 정하여야 하며, 따라서 법원이 이혼 판결을 선고하면서 미성년자인 자녀에 대한 친권자 및 양육자를 정하지 아니하였다면 재판의 누락이 있다(대판 2015.6.23. 2013므2397).

[모의 15(3)]

21 부부 사이인 甲남과 乙녀는 닭꼬치 사업을 공동으로 운영하여 X주택을 구입하고 이를 甲 명의로 이전등기를 해 두었다. 乙은 丙으로부터 200만원에 가구를 구입하고 대금의 일부인 80만원을 지불하면서 가구를 인도 받았으나, 잔대금 120만원을 지불하지 않고 있었다. 한편 甲의 간통사실이 들통나면서 甲과 乙은 자주 다투었고, 결국 그 후 甲은 乙과 이혼하고 丁과 결혼하겠다고 하며 丁과 동거생활을 하였다.

① 부부의 일방이 혼인 중에 자기 명의로 취득한 재산은 명의자의 특유재산으로 추정되고(제830

조 1항), **일반적으로 금전적 대가 지급, 공동채무 부담 등 '유형적 기여'가 있어야 특유재산의 추정을 번복할 사유가 되며, 단순히 협력이 있었다거나 결혼생활에 내조의 공이 있었다는 것만으로는 이에 해당하지 않는다**(대판 1986.9.9. 85다카1337,1338). [변호 13]

> **비교판례** 이와 구별해야 할 判例로 "민법 제839조의2에 규정된 재산분할 제도는 부부가 혼인 중에 취득한 실질적인 공동재산을 청산 분배하는 것을 주된 목적으로 하는 것이므로 부부가 협의에 의하여 이혼할 때 雙方의 협력으로 이룩한 재산이 있는 한, 처가 가사노동을 분담하는 등으로 내조를 함으로써 부의 재산의 유지 또는 증가에 기여하였다면 쌍방의 협력으로 이룩된 재산은 재산분할의 대상이 된다"(대결 1993.5.11. 93스6)고 보아 혼인관계를 유지하면서 특유재산의 추정을 번복하기 위한 요건과 이혼을 하면서 재산분할을 청구하기 위한 요건에 차이를 두고 있다(즉, 특유재산추정법리와 관련해서는 공유의 인정범위를 매우 좁게 보는 반면 재산분할청구에서는 보다 넓게 파악하고 있다).

② **X주택은 甲남의 특유재산이라는 추정이 번복된다.**

해설 X주택은 甲과 乙이 사업을 공동으로 운영하는 등 공동의 노력에 의하여 형성한 재산으로 乙의 유형적 기여가 있었으므로 특유재산의 추정은 번복되어 내부적으로 쌍방의 공유라고 보아야 한다.

③ **甲명의로 된 X주택은 乙의 지분에 관하여 명의신탁된 것으로 볼 수 있고, 이는 원칙적으로 부동산실명법에 위반되지 않는다**[부동산실명법 제8조 2호 ; 제8조 2호의 '배우자'는 법률상의 배우자에 한정된다(대판 1999.5.14. 99두35)].

④ **만약 甲이 X주택을 乙의 동의 없이 A에게 처분하였다면 A는 소유권을 유효하게 취득한다.**

해설 ※ 부부일방의 명의로 되어 있지만 실질적으로 부부의 공동재산에 속하는 재산의 법률관계
X주택이 공동소유이더라도 乙의 지분은 명의자 甲에게 명의신탁된 것이므로 제3자와의 관계에서는 명의자 甲의 단독소유로 다루어진다. 따라서 A는 甲의 배임행위에 적극 가담하는 등의 특별한 사정이 없는 한 선악을 불문하고 X주택의 소유권을 유효하게 취득한다.

⑤ **甲과 乙이 법적으로 이혼하기 전에 丁이 甲과의 사실상 혼인관계의 해소를 원인으로 재산분할을 청구하는 경우, 甲과 乙의 혼인관계가 사실상 이혼상태였다면 丁의 재산분할청구는 허용된다.** [사시 15]

해설 ※ 중혼적 사실혼 배우자의 사실혼 해소에 따른 재산분할청구권
判例는 ㉠ 부부재산의 청산의 의미를 갖는 재산분할에 관한 규정은 부부의 생활공동체라는 실질에 비추어 인정되는 것이므로 사실혼관계에도 원칙적으로 준용 또는 유추적용할 수 있다(대판 1995.3.10. 94므1379)고 한다. ㉡ 그러나 "법률상 배우자 있는 자는 그 법률혼 관계가 사실상 이혼상태라는 등의 특별한 사정이 없는 한 사실혼 관계에 있는 상대방에게 그와의 사실혼 해소를 이유로 재산분할을 청구함은 허용되지 않는다"(대결 1995.7.3. 94스30)고 하여 원칙적으로 재산분할청구권을 부정하는 태도를 보이고 있다. ㉢ 또한 "법률상의 혼인을 한 부부의 어느 한쪽이 집을 나가 장기간(20년) 돌아오지 아니하고 있는 상태에서, 부부의 다른 한쪽이 제3자와 혼인의 의사로 실질적인 혼인생활을 하고 있다고 하더라도, 특별한 사정이 없는 한, 이를 사실혼으로 인정하여 법률혼에 준하는 보호를 허여할 수는 없다"(대판 1995.9.26. 94므1638)고 하여 '사실상의 이혼상태'의 인정기준에 관하여서도 엄격하게 이해하고 있다.

---

22 | 위 사례에서 乙은 혼인을 계속할 의사가 없음에도 甲과 丁이 결혼하는 것을 방해하고자 甲의 이혼요구를 계속해서 거절하였다. 이에 甲은 이혼소송을 제기하였다.

① **甲의 이혼청구권은 인정된다.**

해설▶ 判例는 유책배우자의 이혼청구를 배척하는 것이 기본입장이나, ⅰ) 상대방도 이혼의 반소를 제기하여 이혼의
사가 있는 경우나(대판 1987.12.8. 87므44), ⅱ) 상대방도 혼인을 계속할 의사가 없음이 객관적으로 명백한데도
오기나 보복적 감정에서 이혼에 응하지 아니하고 있을 뿐이라는 등 특별한 사정이 있는 경우는 예외적으
로 유책배우자의 이혼청구권이 인정된다(대판 1969.12.9. 69므31)고 한다.

☞ 사안에서 乙은 혼인을 계속할 의사가 없음에도 甲과 丁이 결혼하는 것을 방해하고자 甲의 이혼요구
를 계속해서 거절하고 있는 것은 이혼의사가 있으면서도 오기나 보복적 감정에 의해 형식적으로 이혼
을 거부하는 것으로 유책배우자 甲의 이혼청구는 허용된다.

② **만약 甲의 이혼청구권이 인정된다면, 甲은 이혼시 재산분할을 청구할 수 있다.**

해설▶ "혼인 중에 부부가 협력하여 이룩한 재산이 있는 경우에는 혼인관계의 파탄에 대하여 책임이 있는 배
우자라도 재산의 분할을 청구할 수 있다"(대판 1993.5.11. 93스6).

③ **이혼에 있어서 재산분할은 부부가 혼인 중에 가지고 있었던 실질상의 공동재산을 청산하여
분배함과 동시에 이혼 후에 상대방의 생활유지에 이바지하는 데 있지만, 분할자의 유책행위
에 의하여 이혼함으로 인하여 입게 되는 정신적 손해(위자료)를 배상하기 위한 급부로서의
성질까지 포함하여 분할할 수도 있다**(대판 2001.5.8. 2000다58804).

④ **가구구입으로 인해 발생한 잔대금채무 120만원은 일상가사로 인한 채무로서 혼인 중에는 통
상의 연대채무보다 더욱 밀접한 연대책임을 지지만, 이혼 후에는 보통의 연대채무로 변경되
어 존속한다.**

해설▶ 일상가사로 인한 연대책임은 통상의 연대채무보다 더욱 밀접한 부담관계가 있다. 따라서 부부는 완전히
동일한 내용의 채무를 병존적으로 부담하고, 부담부분에 관한 연대채무의 규정(제418조 2항, 제419
조, 제421조)은 적용이 없다. 한편 연대책임은 혼인 해소 후에도 존속하지만, 혼인공동생활이 종료한
경우 부부 사이의 연대채무도 변화하여 보통의 연대채무로 변경되어 존속한다(제413조, 제414조).

23 사실혼 관계에 있는 부부 일방이 혼인 중 공동재산의 형성에 수반하여 채무를 부담하였다가 사
실혼이 종료된 후 그 채무를 변제한 경우 변제된 채무는 특별한 사정이 없는 한 청산 대상이
된다(대판 2021.5.27. 2020므15841). [21년 최신판례]

제4절 부모와 자

제1관 친생자 추정, 친생자 추정 관련 소송

01 개정민법은 구민법과 달리 '혼인이 성립한 날부터 200일 후에 출생한 자녀는 혼인 중에 임신한
것으로 추정한다'는 규정과 '혼인관계가 종료된 날부터 300일 이내에 출생한 자녀는 혼인 중에
임신한 것으로 추정한다'는 규정을 구분하여 규정하였다. 2018.2.1.시행 개정민법

해설▶ 구민법은 "혼인성립의 날로부터 200일 후 또는 혼인관계 종료의 날로부터 300일 내에 출생한 자는 혼인
중에 포태한 것으로 추정한다"(제844조 2항)고 규정하였으나 헌법재판소는 "혼인 종료 후 300일 이내에
출생한 자를 전남편의 친생자로 추정하는 민법 제844조 제2항 중 "혼인관계종료의 날로부터 300일 내에
출생한 자"에 관한 부분(이하 '심판대상조항'이라 한다)이 母가 가정생활과 신분관계에서 누려야 할 인격권,
혼인과 가족생활에 관한 기본권을 침해"(헌재 2015.4.30. 2013헌마623)한다고 하여 잠정적용을 명하는 헌법불

합치결정을 하였다.

☞ 이에 개정민법은 2항(혼인이 성립한 날부터 200일 후에 출생한 자녀는 혼인 중에 임신한 것으로 추정한다)과 3
항(혼인관계가 종료된 날부터 300일 이내에 출생한 자녀는 혼인 중에 임신한 것으로 추정한다)을 구분하여 규정하
였다. 따라서 구법상 친생추정이 경합하는 경우(출산이 전혼 종료 후 300일 내이지만 후혼 성립 후 200일 이후인
경우)에는 父를 정하는 소에 의해 해결하였으나(제845조), 신법에서는 친생부인의 허가를 받거나(제854조의2),
生父가 인지의 허가를 받아(제855조의2) '제844조 3항'(제844조의 2항이 아님)의 추정이 미치지 못하도록 하였다.
즉, 이 경우 전혼 배우자의 자녀로 추정되는 것(제844조 3항)을 상대적으로 구민법보다 쉽게 번복할 수 있도록 있
도록 하였다.

02 개정 민법은 출산이 전혼 종료 후 300일 내이지만 후혼 성립 후 200일 이후인 경우, 父를 정하
는 소에 의해 해결할 것이 아니라, 친생부인의 허가를 받거나 生父가 인지의 허가를 받아 '혼인
관계가 종료된 날부터 300일 이내에 출생한 자녀는 혼인 중에 임신한 것으로 추정한다'는 제
844조 3항(제844조 2항이 아님)의 추정이 미치지 못하도록 하였다.   2018.2.1.시행 개정민법

03 혼인관계가 종료된 날부터 300일 이내에 출생한 자녀가 있는 경우 어머니 또는 어머니의 전(前)
남편은 가정법원에 친생부인의 허가를 청구할 수 있고, 생부(生父)는 제844조 제3항의 경우에
가정법원에 인지의 허가를 청구할 수 있다. 다만, 혼인 중의 자녀로 출생신고가 된 경우에는 그
러하지 아니하다.   2018.2.1.시행 개정민법

04 아내가 혼인 중 남편이 아닌 제3자의 정자를 제공받아 인공수정으로 자녀를 출산한 경우에도
친생추정 규정을 적용하여 인공수정으로 출생한 자녀가 남편의 자녀로 추정된다(대판 2019.10.23. 전
합2016므2510).   [19년 최신판례]

05
> 대학시절부터 사랑하는 사이였던 甲·乙은 2002년 1월 곧 결혼하기로 하고 사실혼관계를 맺
> 어 사실혼부부로서 생활하였는데 갑작스런 甲의 독일 1년 근무발령에 따라 혼인을 미루어 오
> 다 2003년 2월 혼인신고와 동시에 결혼식을 올리고 생활하였다. 그런데 2003년 6월 乙은 A
> 를 출산하였고 이를 의아하게 여긴 甲이 혈액형조사를 하였는바, 혈액형이 배치되는 것으로
> 나타났다(甲: O형, 乙: A형, A: AB형). 사실을 조사해 본 甲은, A는 乙이 자신의 독일체류 중
> 情을 통했던 丙의 아이임을 알게 되었다.   [민법표준판례, 핵심사례 E-1]

㉠ 사실혼을 유지하다가 혼인신고를 한 후 자녀가 출생한 경우 혼인신고일이 아닌 사실혼 성립
의 날부터 200일 후에 출산하였다면 친생자추정을 받는다.

해설 친생자추정의 기준이 되는 제844조 2항의 '혼인성립의 날'이란 본래 혼인신고를 한 날을 의미하나, 다
수설 및 判例는 사실혼을 거쳐 법률혼으로 가는 실제의 관행을 고려하여 사실혼 성립의 날도 포함하는
것으로 해석한다(대판 1963.6.13. 63다228).

㉡ A가 甲의 子로 친생자 신고된 경우, 甲의 독일체류 중 포태된 것임이 객관적으로 명백하면
친생자추정이 미치지 않으므로 甲은 친생부인의 소가 아닌 친자관계부존재확인의 소에 의해
서도 친자관계를 부인할 수 있다.   [모의 13(3)]

해설 ※ 친생자 추정의 제한(친생자 추정이 미치지 않는 자)
혼인 중의 출생자라 할지라도 사안과 같이 장기해외체류 등 妻가 夫의 子를 포태할 수 없는 것이 객관
적으로 명백한 사정이 있는 경우에는 夫의 친생자로서의 추정이 미치지 않는다고 보아야 한다. 다만
구체적인 범위에서 학설의 대립이 있는바, 현재의 判例는 妻가 夫의 子를 포태할 수 없는 것이 객관적으로
명백한 사정이 있는 경우에는 夫의 친생자로서의 추정이 미치지 않는다는 외관설의 입장이다(대판 1983.7.12.

전합82므59). 다만 夫와 子가 혈액형이 배치된 경우 등에 대하여는 판단한 적이 없다.

ⓒ 甲이 乙·丙과 상의한 끝에 A를 친자식처럼 기르기로 하고 친생자신고를 한 경우, 甲과 A 간에는 유효한 양친자관계가 성립한다.

> **해설** ※ 허위친생자 신고의 입양신고로서의 효력 인정 여부
> ⅰ) 甲은 성년자이며 양자인 A가 양친의 존속이거나 연장자가 아님은 분명하고, 생후 몇 개월 되지 아니한 A의 법정대리인인 乙과 丙의 승낙이 있었으며, 甲이 乙과 공동으로 입양을 하였으므로 甲과 A 간에는 입양의 실질적 요건이 충족된다. ⅱ) 입양의사로 입양신고 대신 허위친생자신고를 한 것은 입양신고로서의 요건을 갖추었다(대판 1977.7.26. 전합77다492).

ⓔ ㄷ.에서 허위친생자출생신고가 입양신고로서 입양의 효력이 발생하면 甲·乙과 A 사이의 친생자관계부존재확인의 소는 확인의 이익이 없어 부적법하다.

> **해설** 파양에 의하여 양친자관계를 해소할 필요가 있는 등의 특별한 사정이 없는 한, 확인의 이익이 없다(대판 1994.5.24. 전합93므119).

ⓜ 甲이 乙의 동의 없이 제3자 B를 甲과 乙의 양자로 하기로 하고 친생자출생신고를 하였다면 乙과 B 사이의 입양은 무효이나, 甲과 B 사이의 입양은 취소가 이루어지지 않는 한 입양은 유효하게 존속한다. [사시 04유사]

> **해설** 입양이 개인간의 법률행위임에 비추어 보면 부부의 공동입양이라고 하여도 부부 각자에 대하여 별개의 입양행위가 존재하여 부부 각자와 양자 사이에 각각 양친자관계가 성립한다(대판 1998.5.26. 97므25).

06 민법 제777조 소정의 친족은 특단의 사정이 없는 한, 그와 같은 신분관계를 가졌다는 사실만으로써 당연히 친자관계존부 확인의 소를 제기할 소송상의 이익이 있는 것은 아니다.
  [20년 법행, 20년 최신판례]

> **해설** "구 인사소송법 등의 폐지와 가사소송법의 제정·시행, 호주제 폐지 등 가족제도의 변화, 신분관계 소송의 특수성, 가족관계 구성의 다양화와 그에 대한 당사자 의사의 존중, 법적 친생자관계의 성립이나 해소를 목적으로 하는 다른 소송절차와의 균형 등을 고려할 때, 민법 제777조에서 정한 친족이라는 사실만으로 당연히 친생자관계존부확인의 소를 제기할 수 있다고 한 종전 대법원 판례는 더 이상 유지될 수 없게 되었다고 보아야 한다"(대판 2020.6.18. 전합2015므0000).

07 양부(乙)가 양모(甲)와 양자(丙)를 상대로 친생자관계 부존재확인을 구한 경우에도, 甲과 丙 사이에는 개별적인 입양의 실질적 요건이 모두 갖추어져 있고, 甲에게 乙과 공동으로 양부모가 되는 것이 아니라면 단독으로는 양모도 되지 않았을 것이란 의사가 없었을 것이라고 볼 특별한 사정도 찾아볼 수 없다면, 甲과 丙 사이에는 양친자관계가 성립되었고, 그 양친자관계를 해소할 필요가 있는 등 특별한 사정이 없는 한 친생자관계부존재확인청구는 허용될 수 없다(대판 2018.5.15. 2014므4963). [18년 최신판례]

08 (父) 乙이 丙을 입양의 의사로 친생자출생신고를 한 것이 아니라는 취지로 자(子) 甲이 다툰 사안에서, 민법 제884조 제3호가 규정하는 '사기 또는 강박으로 인하여 입양의 의사표시를 한 때'의 입양취소는 그 성질상 그 입양의 의사를 표시한 자에 한하여 원고 적격이 있고, 사기를 안 날 또는 강박을 면한 날로부터 3월을 경과한 때에는 그 취소를 청구하지 못하며, 입양의 취소의

효력은 기왕에 소급하지 않는바, 그 원인 사유 및 효력 등에 있어서 친생자관계존부확인의 소와는 구별되는 것이므로, 甲이 입양의 취소를 구하는 의미에서 친생자관계부존재확인을 구할 수는 없다(대판 2010.3.11. 2009므4099).

09 제3자가 친자 쌍방을 상대로 제기한 친생자관계 부존재확인소송 계속 중 친자 중 어느 한편이 사망한 경우, 생존한 사람만 피고가 되고, 사망한 사람의 상속인이나 검사가 절차를 수계할 수 없다. 이 경우 사망한 사람에 대한 소송은 종료된다.　　　　　　　　　　[18년 최신판례]

해설 "민법 제865조의 규정에 의하여 이해관계 있는 제3자가 친생자관계 부존재확인을 청구하는 경우 친자 쌍방이 다 생존하고 있는 경우는 친자 쌍방을 피고로 삼아야 하고, 친자 중 어느 한편이 사망하였을 때에는 생존자만을 피고로 삼아야 하며, 친자가 모두 사망하였을 경우에는 검사를 상대로 소를 제기할 수 있다. 친생자관계존부 확인소송은 소송물이 일신전속적인 것이므로, 제3자가 친자 쌍방을 상대로 제기한 친생자관계 부존재확인소송이 계속되던 중 친자 중 어느 한편이 사망하였을 때에는 생존한 사람만 피고가 되고, 사망한 사람의 상속인이나 검사가 절차를 수계할 수 없다. 이 경우 사망한 사람에 대한 소송은 종료된다"(대판 2018.5.15. 2014므4963).

10 민법 제846조, 제847조 제1항에서 정한 친생부인의 소의 원고적격이 있는 '부(婦), 처(妻)'는 子의 생모에 한정되고, 여기에 친생부인이 주장되는 대상자의 법률상 부(父)와 '재혼한 처(妻)'는 포함되지 않는다(대판 2014.12.11. 2013므4591).　　　　　　　　　　[최신판례]

제2관 (친)양자

01 친양자가 될 사람이 만 13세 미만인 경우에는 법정대리인이 그를 갈음하여 입양을 승낙한다.　　　　　　　　　　2013.7.1.시행 개정법

해설 개정 전 '미성년후견인이 입양을 승낙하는 경우에는 가정법원의 허가를 받아야 한다'는 민법 제869조 단서는 2013. 7. 1.부터 시행되는 개정민법으로 삭제되었다.

02 양부모와 미성년인 양자는 협의하여 파양할 수 없다.　　　　　　　　　　2013.7.1.시행 개정법

해설 **제898조(협의상 파양)** 양부모와 양자는 협의하여 파양할 수 있다. 다만, 양자가 미성년자 또는 피성년후견인인 경우에는 그러하지 아니하다.

03 부모가 '3년 이상' 자녀에 대한 부양의무를 이행하지 아니한 경우 양자가 될 미성년자의 부모가 동의를 거부하더라도 가정법원이 입양의 허가를 할 수 있다.　　　　　　　　　　2013.7.1.시행 개정법

해설 **제870조(미성년자 입양에 대한 부모의 동의)** ① 양자가 될 미성년자는 부모의 동의를 받아야 한다. 다만, 다음 각 호의 어느 하나에 해당하는 경우에는 그러하지 아니하다.
1. 부모가 제869조 제1항에 따른 동의를 하거나 같은 조 제2항에 따른 승낙을 한 경우,　2. 부모가 친권상실의 선고를 받은 경우,　　3. 부모의 소재를 알 수 없는 등의 사유로 동의를 받을 수 없는 경우
② 가정법원은 다음 각 호의 어느 하나에 해당하는 사유가 있는 경우에는 부모가 동의를 거부하더라도 제867조 제1항에 따른 입양의 허가를 할 수 있다. 이 경우 가정법원은 부모를 심문하여야 한다.

1. 부모가 3년 이상 자녀에 대한 부양의무를 이행하지 아니한 경우
2. 부모가 자녀를 학대 또는 유기하거나 그 밖에 자녀의 복리를 현저히 해친 경우
③ 제1항에 따른 동의는 제867조 제1항에 따른 입양의 허가가 있기 전까지 철회할 수 있다.

04 친양자로 될 자는 미성년자여야 한다(개정 전 만 15세 미만). 2013.7.1.시행 개정법

해설 2013. 7. 1.부터 시행되는 개정민법에서는 친양자 입양의 연령제한을 완화하여 친양자가 될 사람이 미성년자이면 친양자 입양을 할 수 있도록 하였다.

제908조의2(친양자 입양의 요건 등) ① 친양자를 입양하려는 사람은 다음 각 호의 요건을 갖추어 가정법원에 친양자 입양을 청구하여야 한다.

1. 3년 이상 혼인 중인 부부로서 공동으로 입양할 것. 다만, 1년 이상 혼인 중인 부부의 한쪽이 그 배우자의 친생자를 친양자로 하는 경우에는 그러하지 아니하다.
2. 친양자가 될 사람이 미성년자일 것

05 甲男과 乙녀는 재혼을 하였고 乙과 丁 사이에 출생한 丙을 친양자로 입양한 경우, 甲과 乙이 이혼한 경우라도 甲과 丙 사이의 법정혈족관계가 유지된다.

해설 ※ 양부모의 이혼

공동입양을 한 양부모가 이혼을 한 경우에도 양친자관계에는 영향이 없다. 만약, 문제와 달리 甲男과 丙의 관계가 아니라 乙녀와 丙의 관계를 물어볼 경우에도 정답은 똑같다. 判例는 "부부공동입양제가 되어 처도 부와 마찬가지로 입양당사자가 되기 때문에 양부모가 이혼하였다고 하여 양모를 양부와 다르게 취급하여 양모자관계만 소멸한다고 볼 수는 없는 것이다"(대판 2001.5.24. 전합2000므1493)고 하여 양부자뿐만 아니라 양모자관계도 유지된다는 것이 判例의 입장이다.

제3관 친권 및 후견

01

甲男은 乙女의 지나친 신앙생활을 이유로 재판상 이혼을 청구하였고, 가정법원에서 조정이 성립하여 이혼하게 되었다. 甲男과 乙女의 재(子)인 丙에 대하여 친권 및 양육권은 乙女에게 귀속되었다. 이후 당시 신생아인 丙은 A병원으로부터 심장질환의 진단을 받고, 치료를 받기 시작하였다. A병원은 수술 및 이에 부득이하게 수반되는 또 다른 치료행위의 필요성을 설명하고, 친권자인 乙女에게 동의를 구하였으나, 乙女는 종교적 신념을 이유로 이를 거부하였다.
16년 사법 1차, 2015.10.16.시행 개정법

㉠ 지방자치단체의 장은 가정법원에 친권자의 동의를 갈음하는 재판을 청구하여 丙의 치료가 가능하도록 할 수 있는 조치를 취할 수 있다. 이는 일정한 행위의 동의를 갈음하는 재판일 뿐 친권자의 친권을 상실 또는 정지시키는 것이 아니다. 따라서 이 경우에도 제924조에 따른 친권의 상실 또는 일시정지의 선고가 없는 한, 친권자인 乙이 갖는 丙에 대한 거소지정권 또는 인도청구권의 행사가 제한되지 않는다.

해설 제922조의2(친권자의 동의에 갈음하는 재판)

가정법원은 친권자의 동의가 필요한 경우에 친권자가 정당한 이유없이 동의하지 아니함으로써 자녀의 생명, 신체 또는 재산에 중대한 손해가 발생할 위험이 있는 경우에는 자녀, 자녀의 친족, 검사 또는 지방자치단체의 장의 청구에 의하여 친권자의 동의를 갈음하는 재판을 할 수 있다.

㉡ 乙의 수술 동의 거부행위를 이유로 乙의 친권에 대한 가정법원의 일시 정지선고가 있으면 2년의 범위 내에서 정하여진 기간 동안 乙의 친권 전부가 포괄적으로 정지되며, 자녀의 복리

를 위해 필요한 경우에는 가정법원이 자녀, 자녀의 친족, 검사, 지방자치단체의 장, 미성년후 견인 또는 미성년후견감독인의 청구에 의하여 2년의 범위에서 그 기간을 한 차례만 연장할 수 있다(제924조 3항 ; 가정법원이 직권으로 연장할 수 없다).

ⓒ 가정법원이 乙의 친권 중 丙의 수술에 관한 권한행사 제한을 명하는 경우, 친권이 제한되었 더라도 乙은 丙의 수술과 관련하여 치료비 지급의무가 있다.

> **해설** 제924조의2의 '신상에 관한 결정'이란 피후견인의 프라이버시와 자기결정권이 중요시되는 신체적·정신 적 복리에 관한 사항으로 거주, 이전, 주거, 의학적 치료 등이 포함될 수 있다(법무부, 2013년 개정민법해 설, p.112 참고). 지문의 경우 丙의 수술에 관한 결정은 신상에 관한 결정이고 이에 대한 친권의 일부제 한은 그 범위에서만 제한될 뿐이므로 수술에 관한 권한 외에 수술비에 관한 의무에 대해서는 여전히 친권자로서 의무를 부담한다.

ⓔ 乙의 수술 동의 거부행위를 이유로 가정법원이 乙의 친권을 일시 정지 또는 일부 제한한 경우, 甲은 乙의 친권의 일시 정지 또는 일부 제한을 안 날로부터 1개월, 乙의 친권이 일시 정지 또는 일부 제한된 날로부터 6개월 이내에 가정법원에 본인을 친권자로 지정할 것을 청 구할 수 있고(제927조의2 1항, 제909조의2 1항), 위 기간 내에 위와 같은 청구가 없는 때에는 가정 법원은 직권으로 미성년후견인을 선임할 수 있다(제909조의2 3항).

02 민법 제924조 제1항에 따른 친권 상실 청구가 있으면 가정법원은 민법 제925조의2의 판단 기준 을 참작하여 친권 상실사유에는 해당하지 않지만 자녀의 복리를 위하여 친권의 일부 제한이 필 요하다고 볼 경우 청구취지에 구속되지 않고 친권의 일부 제한을 선고할 수 있다(대결 2018.5.25. 2018스520). [18년 최신판례]

03 성년후견인과 달리 미성년후견인은 한 명으로 하여야 한다(제930조 제1항). [변호 18, 사시 14]

04 한정후견개시심판 청구가 제기된 후 그 심판이 확정되기 전에 후견계약이 등기된 경우에도 가 정법원은 본인의 이익을 위하여 특별히 필요하다고 인정할 때에는 한정후견개시심판을 할 수 있다. 이 때 본인의 이익을 위하여 특별히 필요한 때란 후견계약에 따른 후견이 본인의 보호에 충분하지 아니하여 법정후견에 의한 보호가 필요하다고 인정되는 경우를 말한다(대결 2017.6.1. 2017스515). [최신판례]

05 후견계약이 등기된 경우 본인의 이익을 위한 특별한 필요성이 인정되어 민법 제9조 제1항 등에 서 정한 법정후견 청구권자, 임의후견인이나 임의후견감독인의 청구에 따라 법정후견 심판을 한 경우 후견계약은 임의후견감독인의 선임과 관계없이 본인이 성년후견 또는 한정후견 개시의 심 판을 받은 때 종료한다. [21년 최신판례]

> **해설** "민법 제959조의20 제1항 전문은 후견계약이 등기된 경우에는 본인의 이익을 위하여 특별히 필요한 때에 만 법정후견 심판을 할 수 있다고 정하고 있을 뿐이고 임의후견감독인이 선임되어 있을 것을 요구하고 있 지 않다. 또한 법정후견 청구권자로 '임의후견인 또는 임의후견감독인'을 정한 것은 임의후견에서 법정후 견으로 원활하게 이행할 수 있도록 민법 제9조 제1항, 제12조 제1항, 제14조의2 제1항에서 정한 법정후견 청구권자 외에 임의후견인 또는 임의후견감독인을 추가한 것이다. 민법 제959조의20 제1항 후문은 '이 경 우 후견계약은 성년후견 또는 한정후견 개시의 심판을 받은 때 종료된다.'고 정하고 있고, '이 경우'는 같 은 항 전문에 따라 법정후견 심판을 한 경우를 가리킨다. 이러한 규정의 문언, 체제와 목적 등에 비추어 보면, 후견계약이 등기된 경우 본인의 이익을 위한 특별한 필요성이 인정되어 민법 제9조 제1항 등에서 정한 법정 후견 청구권자, 임의후견인이나 임의후견감독인의 청구에 따라 법정후견 심판을 한 경우 후견계약은 임의후견감독 인의 선임과 관계없이 본인이 성년후견 또는 한정후견 개시의 심판을 받은 때 종료한다고 보아야 한다." (대결 2021.7.15. 2020으547).

06 성년후견이나 한정후견 개시의 청구가 있는 경우 가정법원은 청구 취지와 원인, 본인의 의사, 성년후견제도와 한정후견제도의 목적 등을 고려하여 어느 쪽의 보호를 주는 것이 적절한지를 결정하고, 그에 따라 필요하다고 판단하는 절차를 결정해야 한다. 따라서 한정후견의 개시를 청구한 사건에서 의사의 감정결과 등에 비추어 성년후견 개시의 요건을 충족하고 본인도 성년후견의 개시를 희망한다면 법원이 성년후견을 개시할 수 있고, 성년후견 개시를 청구하고 있더라도 필요하다면 한정후견을 개시할 수 있다(대결 2021.6.10. 2020스596). [21년 최신판례]

07 성년의 자녀도 예외적으로 생활부조로서 생활필요비에 해당하는 부양료를 부모에게 청구할 수 있으나, 특별한 사정이 없는 한 통상적인 생활필요비라고 보기 어려운 유학비용의 충당을 위해 성년의 자녀가 부모를 상대로 부양료를 청구할 수는 없다(대결 2017.8.25. 2017스5). [최신판례]

08 결혼한 성년의 子를 부양한 부모는 子의 배우자에 대해 부양료 구상 청구를 할 수 있다. 이 때 피부양자의 배우자가 상환하여야 할 과거 부양료의 액수는 부부 일방이 타방 배우자에게 부담하여야 할 부양의무에 한정된다. [변호 17, 사시 15]

해설 ※ 피부양자 부모의 피부양자 배우자에 대한 부양료 구상 청구

(1) 배우자의 부양의무와 부모의 부양의무의 우선순위

"부부간의 상호부양의무(제826조 1항)는 혼인관계의 본질적 의무로서 부양을 받을 자의 생활을 부양의무자의 생활과 같은 정도로 보장하여 부부공동생활의 유지를 가능하게 하는 것을 내용으로 하는 제1차 부양의무이고, 반면 부모가 성년의 자녀에 대하여 직계혈족으로서 부양의무(제974조 제1호, 제975조)는 부양의무자가 자기의 사회적 지위에 상응하는 생활을 하면서 생활에 여유가 있음을 전제로 하여 부양을 받을 자가 자력 또는 근로에 의하여 생활을 유지할 수 없는 경우에 한하여 그의 생활을 지원하는 것을 내용으로 하는 제2차 부양의무이다. 이러한 제1차 부양의무와 제2차 부양의무는 의무이행의 정도뿐만 아니라 의무이행의 순위도 의미하는 것이므로, 제2차 부양의무자는 제1차 부양의무자보다 후순위로 부양의무를 부담한다. 따라서 제1차 부양의무자와 제2차 부양의무자가 동시에 존재하는 경우에 제1차 부양의무자는 특별한 사정이 없는 한 제2차 부양의무자에 우선하여 부양의무를 부담하므로, 제2차 부양의무자가 부양받을 자를 부양한 경우에는 소요된 비용을 제1차 부양의무자에 대하여 상환청구할 수 있다"(대판 2012.12.27. 2011다96932).

(2) 구상의 범위

"다만 부부의 일방이 제1차 부양의무자로서 제2차 부양의무자인 상대방의 친족에게 상환하여야 할 과거 부양료의 액수는 부부 일방이 타방 배우자에게 부담하여야 할 부양의무에 한정된다고 할 것인바, ⅰ) 부양의무자인 부부의 일방에 대한 부양의무 이행청구에도 불구하고 배우자가 부양의무를 이행하지 아니함으로써 이행지체에 빠진 후의 것이거나, ⅱ) 그렇지 않은 경우에는 부양의무의 성질이나 형평의 관념상 이를 허용해야 할 특별한 사정이 있는 경우에 한하여 이행청구 이전의 과거 부양료를 지급하여야 한다"

09 민법 제826조 1항에 규정된 부부간의 상호부양의무는 부부의 일방에게 부양을 받을 필요가 생겼을 때 당연히 발생하는 것이기는 하지만, 과거의 부양료에 관하여는 부양을 받을 자가 부양의무자에게 부양의무의 이행을 청구하였음에도 불구하고 부양의무자가 부양의무를 이행하지 아니함으로써 '이행지체에 빠진 이후의 것'에 대하여만 부양료의 지급을 청구할 수 있을 뿐, 부양의무자가 부양의무의 이행을 청구받기 이전의 부양료의 지급은 청구할 수 없다. [변호 13, 사시 15]

10 부부간의 상호부양의무는 제1차 부양의무이고, 부모가 성년의 자녀에 대하여 부담하는 직계혈족으로서의 부양의무는 제2차 부양의무이다. [최신판례]

11 민법 제775조 제2항에 의하면 부부의 일방이 사망한 경우에 혼인으로 인하여 발생한 그 직계혈족과 생존한 상대방 사이의 인척관계는 일단 그대로 유지되다가 상대방이 재혼한 때에 비로소 종료하게 되어 있으므로 부부의 일방이 사망하여도 그 부모 등 직계혈족과 생존한 상대방 사이

의 친족관계는 그대로 유지되나, 그들 사이의 관계는 제974조 제1호의 '직계혈족 및 그 배우자간'에 해당한다고 볼 수 없다. [사시 15]

해설 ※ 부부 일방의 부모 등 그 직계혈족과 상대방 사이에 직계혈족이 사망하고 생존한 상대방이 재혼하지 않은 경우에 부양의무가 인정되는 경우

"배우자관계는 혼인의 성립에 의하여 발생하여 당사자 일방의 사망, 혼인의 무효·취소, 이혼으로 인하여 소멸하는 것이므로, 그 부모의 직계혈족인 부부 일방이 사망함으로써 그와 생존한 상대방 사이의 배우자관계가 소멸하였기 때문이다. 따라서 부부 일방의 부모 등 그 직계혈족과 상대방 사이에서는, 직계혈족(남편)이 생존해 있다면 민법 제974조 제1호에 의하여 생계를 같이 하는지와 관계없이 부양의무가 인정되지만, 직계혈족(남편)이 사망하면 생존한 상대방이 재혼하지 않았더라도 (사망한 부부 일방의 부모와 생존한 상대방 사이는 기타 친족간에 해당하므로) 민법 제974조 제3호에 의하여 생계를 같이 하는 경우에 한하여 부양의무가 인정된다"(대결 2013.8.30. 2013스96).

[구체적 예] 배우자 甲이 사망하였지만 재혼하지 않은 乙은 甲의 직계존속이 자기의 자력 또는 근로에 의하여 생활을 유지할 수 없는 경우, 생계를 같이 하는 경우에 한하여 부양의무가 인정된다.

제2장 상속법

제1절 상 속

제1관 상속회복청구권, 상속재산분할청구권

01 甲에게는 딸 乙과 동생 A가 있고, 또한 乙은 丙과 혼인하여 丁을 출산하였다. 그런데, 甲·乙·丁은 1985.9.20. 괌으로 향하는 비행기를 타고 가던 중 추락하여 사망하였는데 누가 먼저 사망하였는지에 관하여 확증은 없어서 모두 동시에 사망한 것으로 추정이 되었다. 당시 甲에게는 X부동산이 있었으나 X부동산에 대하여 상속등기가 이루어지지 않고 있던 중 2000.1.10. 호적부에 A 자신이 단독상속인으로 기재되어 있음을 보고 자신이 甲의 단독상속인이라 믿고 자신의 명의로 상속을 원인으로 하는 이전등기를 경료하였다. 그리고 A는 2000.11.5. B와 X부동산에 대한 매매계약을 체결하여 2001.1.20. B앞으로 소유권이전등기를 경료하여 주었다. 이러한 사실을 뒤늦게 알게 된 丙은 2001.6.25. 자신이 甲을 대습상속하여 X부동산을 단독으로 상속하였음을 이유로, B를 상대로 X부동산에 대한 소유권이전등기의 말소를 청구하였다.

[민법표준판례, 핵심사례 E-2]

① **丙의 청구는 상속회복청구에 해당한다.**

[모의 14(1), 시시 11유사]

해설 ※ 丙의 청구가 제999조 2항의 제척기간의 적용을 받는지 여부(상속회복청구권의 법적 성질)

判例는 "참칭상속인 또는 자기들만이 재산상속을 하였다는 일부 공동상속인들을 상대로 그 소유권 또는 지분권이 귀속되었다는 주장이 상속을 원인으로 하는 것인 이상 그 청구원인 여하에 불구하고 민법 제999조의 단기 제척기간의 적용을 받는 상속회복의 소로 보아야 한다"(대판 1991.12.24. 전합90다5740)라고 판시하였는바, 일반적으로 집합권리설(개별적 청구권설)을 취하고 있는 것으로 해석되고 있다. ☞ 사안의 경우 丙의 청구원인은 비록 소유권에 기한 물권적 청구권이나 상속을 원인으로 소유권을 주장하고 있으므로 '실질적으로 상속회복청구권'에 해당하여 제999조 2항의 단기의 제척기간에 걸린다고 보아야

한다(①.번 지문). 사안에서 丙의 청구는 비록 상속이 개시된 날부터는 10년이 경과되었으나, 2002년 1월 14일 개정된 민법에 의하면 상속권의 침해행위가 있은 날인 2000.1.10.로부터 아직 10년이 경과되지 않았으므로 丙의 청구에 제척기간 도과의 위법은 없다(③.번 지문).

② 丙의 청구는 참칭상속인으로부터 목적물을 취득한 제3자에 대한 청구이지만 이 또한 상속회복청구에 해당한다.
[모의 14(3), 사시 11유사]

해설 ※ 참칭상속인으로부터 목적물을 취득한 제3자에 대한 청구도 상속회복청구에 해당하는지 여부
"상속회복청구의 단기의 제척기간이 참칭상속인에만 적용되고 참칭상속인으로부터 양수한 제3자에게는 인정되지 않는다면 거래관계의 조기안정을 의도하는 단기의 제척기간이 무의미하게 될 수 있으므로, 참칭상속인으로부터 권리를 이전받은 제3자와 참칭상속인의 상속인도 상속회복청구의 상대방이 된다"(대판 1981.1.27. 전합79다854).

③ 만약 丙의 청구가 상속회복청구에 해당한다면 제999조 2항의 제척기간이 도과되지 않았다.

④ 丙은 乙을 피대습자로 하여 대습상속을 한다.
[사시 12,14]

해설 ※ 동시사망의 추정과 대습상속
동시사망의 경우에도 대습상속이 인정된다(대판 2001.3.9. 99다13157). 즉, "대습자는 피대습자가 상속개시 전에 사망한 경우에는 대습상속을 하고, 피대습자가 상속개시 후에 사망한 경우에는 피대습자를 거쳐 피상속인의 재산을 본위상속을 하므로 두 경우 모두 상속을 하는데, 만일 피대습자가 피상속인의 사망, 즉 상속개시와 동시에 사망한 것으로 추정되는 경우에만 그 직계비속 또는 배우자가 본위상속과 대습상속의 어느 쪽도 하지 못하게 된다면 동시사망 추정 이외의 경우에 비하여 현저히 불공평하고 불합리한 것이라 할 것"(대판 2001.3.9. 99다13157)이라고 하여 동시사망의 경우에도 대습상속이 인정된다고 한다.

02
> 부인을 사별한 A는 얼마 후 시름시름 앓다 1997년 5월 5일 부동산을 남기고 사망했다. 남은 두 아들 B와 C는 곧바로 상속을 원인으로 각 지분 비율로 지분이전등기를 하였다. 그러나 뜻밖에도 A에게는 혼인 외의 子 D가 있었고, D는 검사를 상대로 인지청구의 소를 제기해 2000년 5월 1일 승소해 판결이 확정되었다. D는 그 후 2003년 2월 2일 B와 C를 상대로 지분이전등기말소의 소를 제기했다.

㉠ D는 인지의 재판이 확정되면 B, C와 공동상속인이 되어 1/3의 상속분을 가진다.

해설 ※ 인지의 소급효
인지는 그 자의 출생시에 소급하여 효력이 생긴다(제860조 본문). 따라서 D는 출생시에 소급하여 A의 친생자가 되고 B, C와 공동상속인이 되어 1/3의 상속분을 가진다.

㉡ D가 참가하지 않은 B·C의 상속재산 분할은 유효하고, D는 자신의 상속분에 상당한 가액의 지급을 청구할 권리가 있을 뿐이지 재분할을 청구할 수는 없다(제1014조)
[사시 05, 법행 12유사]

해설 ※ 공동상속인의 분할과 D의 재분할청구의 가능성
상속개시 후에 인지에 의하여 공동상속인이 된 자가 상속재산의 분할을 청구할 경우에 다른 공동상속인이 이미 분할 기타 처분을 한 때에는 그 상속분에 상당한 가액의 지급을 청구할 권리가 있을 뿐이지 재분할을 청구할 수는 없다(제1014조 참조). 따라서 D가 B와 C를 상대로 지분이전등기말소의 소를 제기한 것은 인용될 수 없다.

ⓒ D가 민법 제1014조에 의해 상속분상당가액반환을 구하는 경우 상속회복청구권의 단기제척기
간이 적용되므로 인지판결이 확정된 2000.5.1.로부터 3년 내에 청구하여야 한다.

[변호 14, 사시 13, 법행 08,10,15]

해설 ※ 피인지자 D의 가액청구권

ⅰ) D는 삿인 A가 사망한 후 인지청구의 소를 제기하여 2000년 5월 1일 인지확정판결을 받았고, ⅱ)
A의 두 아들 B와 C는 곧바로 공동상속재산을 협의분할 하였으며, ⅲ) 인지판결은 2000년 5월 1일에
확정되었으므로 이때부터 D는 상속권 침해를 알았다고 할 것이다(대판 2007.7.26. 2006므2757,2764).
따라서 침해를 안날로부터 3년의 기간은 준수되었으며, 침해행위가 있는 날로부터 10년이 경과되지도
않았다. 따라서 D의 지분이전등기말소의 소는 인정될 수 없으며, 그 상속분(1/3)의 상당한 가액의 지급만을 청
구할 수 있다.

ⓓ 위 ㄷ.에서 가액산정의 기준시는 사실심 변론종결 당시의 시가를 기준으로 산정하여야 한다.

[사시 06, 08]

해설 제1014조에 따라 가액반환을 청구하는 경우 상속재산의 가액은 현실지급시 또는 소송으로 청구하는
경우 사실심 변론종결 당시의 시가를 기준으로 산정하여야 한다(대판 2002.11.26. 2002므1398).

ⓔ 위 ㄷ.에서 그 가액의 범위는 부당이득반환의 범위에 관한 민법규정을 유추적용할 수 없고,
B와 C가 분할 당시 피인지자 D의 존재를 알았는지의 여부에 의하여 그 지급할 가액의 범위
가 달라지는 것도 아니다(대판 1993.8.24. 93다12). [모의 13(2)유사, 사시 10]

ⓕ D에 대한 인지 전에 B와 C가 부동산의 임료를 얻은 경우 이는 D가 민법 제1014조에 의한
상속분상당가액지급청구시 그 가액산정 대상에 포함된다고 할 수 없다. [변호 16, 모의 15(2)유사]

해설 "인지 전에 공동상속인들에 의해 이미 분할되거나 처분된 상속재산은 이를 분할받은 공동상속인이나
공동상속인들의 처분행위에 의해 이를 양수한 자에게 그 소유권이 확정적으로 귀속되는 것이며, 그 후
그 상속재산으로부터 발생하는 과실은 상속개시 당시 존재하지 않았던 것이어서 이를 상속재산에 해당한다 할
수 없고, 결국 민법 제1014조에 의한 상속분상당가액지급청구에 있어 상속재산으로부터 발생한 과실은 그 가
액산정 대상에 포함된다고 할 수 없다"(대판 2007.7.26. 2006므2757,2764).

03 초등학교 교사였던 피상속인 甲이 생전에 한국교직원공제회에 예치해 두었던 퇴직생활급여금은
甲이 사망 전에 배우자인 丙을 급여 수급권자로 지정함에 따라 丙이 독자적으로 수령할 권한이
있는 고유재산이므로 상속재산의 범위에 포함되지 않는다(대판 2019.6.13. 2018두65088). [19년 최신판례]

04 상속재산분할심판에서 상속재산 과실을 고려하지 않은 채, 분할의 대상이 된 상속재산 중 특정
상속재산을 상속인 중 1인의 단독소유로 하고 그의 구체적 상속분과 특정 상속재산의 가액과의
차액을 현금으로 정산하는 방법으로 상속재산을 분할한 경우에도, 공동상속인들은 수증재산과
기여분 등을 참작하여 상속개시 당시를 기준으로 산정되는 '구체적 상속분'의 비율에 따라 상속
재산 과실을 취득한다. [18년 최신판례]

해설 "상속개시 후 상속재산분할이 완료되기 전까지 상속재산으로부터 발생하는 과실(이하 '상속재산 과실'이
라 한다)은 상속개시 당시에는 존재하지 않았던 것이다. 상속재산분할심판에서 이러한 상속재산 과실을
고려하지 않은 채, 분할의 대상이 된 상속재산 중 특정 상속재산을 상속인 중 1인의 단독소유로 하고 그의
구체적 상속분과 특정 상속재산의 가액과의 차액을 현금으로 정산하는 방법(이른바 대상분할의 방법)으로
상속재산을 분할한 경우, 그 특정 상속재산을 분할받은 상속인은 민법 제1015조 본문에 따라 상속개시된 때에 소급
하여 이를 단독소유한 것으로 보게 되지만, 상속재산 과실까지도 소급하여 상속인이 단독으로 차지하게 된다고 볼
수는 없다. 이러한 경우 상속재산 과실은 특별한 사정이 없는 한, 공동상속인들이 수증재산과 기여분 등을 참작하

여 상속개시 당시를 기준으로 산정되는 '구체적 상속분'의 비율에 따라, 이를 취득한다고 보는 것이 타당하다"(대판 2018.8.30. 2015다27132,27149).

> **[비교판례]** ※ 상속재산분할 후의 피인지자 등의 청구의 내용 : 제1014조
> 피인지자 등은 제1014조에 의해 그의 상속분에 상당하는 가액을 청구할 수 있는데, 여기서의 상속분은 적극재산만에 대한 것을 의미한다. 가액은 피인지자 등에게 현실로 지급하는 때[소송에서라면 상속재산을 실제처분한 가액 또는 처분한 때의 시가가 아니라 사실심 변론종결시의 시가를 의미한다(대판 1993.8.24. 93다12)]의 시가로 평가하고, 이에 대한 자기 상속분을 산출한 후 이것을 각 공동상속인에게 안분한 것이다. 상속재산의 과실은 제1014조에 따른 상속분 상당 가액청구에서 가액산정의 대상에 포함되지 않으며, 따라서 이에 대한 부당이득반환청구는 허용되지 않는다(대판 2007.7.26. 2006므2757,2764).

05 甲녀가 乙과 혼인하여 丙을 출산한 다음, 乙과 이혼하고 丁과 사실혼 관계를 유지하면서 己를 출산하였는데, 甲의 사망 후 丙이 甲이 소유하던 부동산에 관하여 단독으로 상속등기를 마친 다음 戊에게 매도한 경우, 己와 甲 사이에 친생자관계가 존재함을 확인하는 판결이 丙의 부동산 처분 이후에 확정되었다 하더라도, 민법 제1014조를 근거로 己는 丙이 한 상속재산에 대한 처분의 효력을 부인하지 못한다고 볼 수 없다. [18년 최신판례]

[해설] "혼인 외의 출생자와 생모 사이에는 생모의 인지나 출생신고를 기다리지 아니하고 자의 출생으로 당연히 법률상의 친자관계가 생기고, 가족관계등록부의 기재나 법원의 친생자관계존재확인판결이 있어야만 이를 인정할 수 있는 것이 아니다(대판 1992.7.10. 92누3199). 따라서 인지를 요하지 아니하는 모자관계에는 인지의 소급효 제한에 관한 민법 제860조 단서가 적용 또는 유추적용되지 아니하며, 상속개시 후의 인지 또는 재판의 확정에 의하여 공동상속인이 된 자의 가액지급청구권을 규정한 민법 제1014조를 근거로 자가 모의 다른 공동상속인이 한 상속재산에 대한 분할 또는 처분의 효력을 부인하지 못한다고 볼 수도 없다. 이는 비록 다른 공동상속인이 이미 상속재산을 분할 또는 처분한 이후에 그 모자관계가 친생자관계존재확인판결의 확정 등으로 비로소 명백히 밝혀졌다 하더라도 마찬가지이다"(대판 2018.6.19. 2018다1049).
☞ 甲녀가 己의 생모인 경우이므로 제860조 단서가 적용 또는 유추적용되지 아니하며, 제1014조 역시 적용되지 않는 경우이다.

06 상속재산인 부동산의 분할 귀속을 내용으로 하는 상속재산분할심판이 확정된 후 그 상속재산분할심판에 따른 등기가 이루어지기 전에 상속재산분할심판이 있었음을 알지 못한 채 상속재산분할의 효력과 양립하지 않는 법률상 이해관계를 갖고 등기를 마친 제3자에 대해서 상속재산분할의 효력을 주장할 수 없고, 제3자의 악의에 대한 주장, 증명책임은 상속재산분할심판의 효력을 주장하는 자에게 있다(대판 2020.8.13. 2019다249312). [20년 최신판례]

07 인지의 소의 확정판결에 의하여 일단 부와 자 사이에 친자관계가 창설된 이상, 재심의 소로 다투는 것은 별론으로 하고, 확정판결에 반하여 친생자관계부존재확인의 소로써 당사자 사이에 친자관계가 존재하지 않는다고 다툴 수는 없다(대판 2015.6.11. 2014므8217). [최신판례]

08 상속결격사유가 발생한 이후에 결격된 자가 피상속인에게서 직접 증여를 받은 경우, 그 수익은 상속인의 지위에서 받은 것이 아니어서 원칙적으로 상속분의 선급으로 볼 수 없다. 따라서 결격된 자의 수익은 특별한 사정이 없는 한 제1008조의 특별수익에 해당하지 않는다(대결 2015.7.17. 2014스206,207). [최신판례]

09 피상속인 甲이 사망하기 이전에 甲의 자녀들 중 乙 등이 먼저 사망하였는데, 甲이 乙 사망 전에 乙의 자녀인 丙에게 임야를 증여한 경우, 이는 상속인의 지위에서 받은 것이 아니므로 상속분의 선급으로 볼 수 없어 특별수익에 해당하지 않는다"(대판 2014.5.29. 2012다31802). [사시 15, 법행 15]

10 가분채권은 상속재산분할의 대상이 될 수 없으나, 공동상속인들 중에 특별수익이 존재하거나 기여분이 인정되는 경우는 예외적으로 상속재산분할의 대상이 될 수 있다.　　　　　[최신판례]

해설 ※ **가분채권이 상속재산분할의 대상이 될 수 있는지**(한정 적극)

"금전채권과 같이 급부의 내용이 가분인 채권은 공동상속되는 경우 상속개시와 동시에 당연히 법정상속분에 따라 공동상속인들에게 분할되어 귀속되므로 상속재산분할의 대상이 될 수 없는 것이 원칙이다(대결 2006.7.24. 2005스83 결정 등 참조). 그러나 가분채권을 일률적으로 상속재산분할의 대상에서 제외하면 부당한 결과가 발생할 수 있다. 예를 들어 공동상속인들 중에 초과특별수익자가 있는 경우 초과특별수익자는 초과분을 반환하지 아니하면서도 가분채권은 법정상속분대로 상속받게 되는 부당한 결과가 나타난다. 그 외에도 특별수익이 존재하거나 기여분이 인정되어 구체적인 상속분이 법정상속분과 달라질 수 있는 상황에서 상속재산으로 가분채권만이 있는 경우에는 모든 상속재산이 법정상속분에 따라 승계되므로 수증재산과 기여분을 참작한 구체적 상속분에 따라 상속을 받도록 함으로써 공동상속인들 사이의 공평을 도모하려는 민법 제1008조, 제1008조의2의 취지에 어긋나게 된다. 따라서 이와 같은 특별한 사정이 있는 때는 상속재산분할을 통하여 공동상속인들 사이에 형평을 기할 필요가 있으므로 가분채권도 예외적으로 상속재산분할의 대상이 될 수 있다고 봄이 타당하다"(대결 2016.5.4. 2014스122).

> 비교판례 ※ **가분채무가 상속재산분할의 대상이 될 수 있는지**
>
> "금전채무와 같이 급부의 내용이 가분인 채무가 공동상속된 경우, 이는 상속 개시와 동시에 당연히 법정상속분에 따라 공동상속인에게 분할되어 귀속되는 것이므로, 상속재산 분할의 대상이 될 여지가 없다. 따라서 상속재산 분할의 대상이 될 수 없는 상속채무에 관하여 공동상속인들 사이에 분할의 협의가 있는 경우라면 이러한 협의는 민법 제1013조에서 말하는 상속재산의 협의분할에 해당하는 것은 아니지만, 위 분할의 협의에 따라 공동상속인 중의 1인이 법정상속분을 초과하여 채무를 부담하기로 하는 약정은 '면책적 채무인수'의 실질을 가진다고 할 것이어서, 채권자에 대한 관계에서 위 약정에 의하여 다른 공동상속인이 법정상속분에 따른 채무의 일부 또는 전부를 면하기 위하여는 민법 제454조의 규정에 따른 '채권자의 승낙'을 필요로 하고, 여기에 상속재산 분할의 소급효를 규정하고 있는 민법 제1015조가 적용될 여지는 전혀 없다"(대판 1997.6.24. 97다8809).

11 진정상속인 甲이 참칭상속인 乙의 최초 침해행위가 있은 날로부터 10년의 제척기간이 경과하기 전에 乙에 대한 상속회복청구 소송에서 승소의 확정판결을 받았더라도, 위 제척기간이 경과한 후에는 乙로부터 상속재산을 양수한 제3자를 상대로 상속회복청구의 소를 제기하여 상속재산에 관한 등기의 말소를 구할 수 없다(대판 2006.9.8. 2006다26694).　　[최신판례, 모의 12(3)유사, 사시 10,12,14]

> 비교판례 "제999조의 제척기간의 준수 여부는 상속회복청구의 상대방별로 각각 판단하여야 할 것이어서, '진정한 상속인이 참칭상속인으로부터 상속재산에 관한 권리를 취득한 제3자를 상대로 제척기간 내에 상속회복청구의 소를 제기한 이상' 그 제3자에 대하여는 제999조에서 정하는 상속회복청구권의 기간이 준수되었으므로, 참칭상속인에 대하여 그 기간 내에 상속회복청구권을 행사한 일이 없다고 하더라도 그것이 진정한 상속인의 제3자에 대한 권리행사에 장애가 될 수는 없다"(대판 2009.10.15. 2009다42321).

12 공동상속인은 상속재산의 분할에 관하여 공동상속인 사이에 협의가 성립되지 아니하거나 협의할 수 없는 경우에 가사소송법이 정하는 바에 따라 가정법원에 상속재산분할심판을 청구할 수 있을 뿐이고, 상속재산에 속하는 개별 재산에 관하여 민법 제268조의 규정에 따라 공유물분할청구의 소를 제기하는 것은 허용되지 않는다(대판 2015.8.13. 2015다18367).　　　[최신판례]

13 피상속인인 남한주민으로부터 상속을 받지 못한 북한주민의 경우에도, 상속권이 침해된 날부터 10년이 경과하면 민법 제999조 제2항에 따라 상속회복청구권이 소멸한다(대판 2016.10.19. 전합2014다46648).　　　[최신판례]

14

> A건물과 나대지 B토지를 소유하던 X가 2006.2.3. 사망하여 장남 甲과 차남 乙이 공동상속하였다. 그 후 甲은 A건물을 丙에게 매도하였으나 아직 소유권이전등기를 해주지 않고 있는 동안, 2006.2.10. 乙과 상속재산분할협의를 한 끝에 甲은 시가 10억원 상당의 B토지를, 乙은 시가 5억원 상당의 A건물을 취득하기로 합의하였다. 그리하여 B토지에 관하여는 甲 단독명의로, A건물에 관하여는 乙 단독명의로 각 상속등기를 마쳤다.

① 2006.2.10. 甲과 乙 사이에 상속재산의 협의분할이 이루어짐으로써 공동상속인 중 1인이 고유의 상속분을 초과하는 재산을 취득하게 되면 이는 '상속개시 당시에 피상속인'으로부터 승계받은 것으로 보아야 한다(대판 1989.9.12. 88다카5836).

② 상속재산분할의 소급효는 제3자의 권리를 해하지 못하는 바, 아직 소유권이전등기를 마치지 아니한 丙은 위 제3자에 해당하지 아니한다.   [사시 09,10]

③ 甲이 이미 A건물을 丙에게 매도한 것을 알면서도 乙이 甲의 배임행위에 적극가담한 경우라면 상속재산분할은 민법 제103조 소정의 반사회질서의 법률행위에 해당하고, '매도인의 법정상속분', 즉 A건물에 대한 甲의 상속지분에 한하여 무효가 된다.

해설▶ "공동상속인 중 1인이 제3자에게 상속 부동산을 매도한 뒤 그 앞으로 소유권이전등기가 경료되기 전에 그 매도인과 다른 공동상속인들 간에 그 부동산을 매도인 외의 다른 상속인 1인의 소유로 하는 내용의 상속재산 협의분할이 이루어져 그 앞으로 소유권이전등기를 한 경우에, 그 상속재산 협의분할은 상속개시된 때에 소급하여 효력이 발생하고 등기를 경료하지 아니한 제3자는 민법 제1015조 단서 소정의 소급효가 제한되는 제3자에 해당하지 아니하는바, 이 경우 상속재산 협의분할로 부동산을 단독으로 상속한 자가 협의분할 이전에 공동상속인 중 1인이 그 부동산을 제3자에게 매도한 사실을 알면서도 상속재산 협의분할을 하였을 뿐 아니라, 그 매도인의 배임행위(또는 배신행위)를 유인, 교사하거나 이에 협력하는 등 적극적으로 가담한 경우에는 그 상속재산 협의분할 중 그 매도인의 법정상속분에 관한 부분은 민법 제103조 소정의 반사회질서의 법률행위에 해당한다"(대판 1996.4.26. 95다54426,54433).

④ 만약 ③이 타당하다면 丙은 甲을 대위하여 A건물 중 甲의 상속분(1/2)에 해당하는 부분에 대한 경정등기 후 지분등기를 자신 앞으로 경료할 수 있다.

해설▶ 현행 부동산 등기법상 일부지분의 말소등기가 허용되지 않기 때문에 判例에 따르면 甲은 乙 단독명의로 되어 있는 A건물의 소유권등기명의를 자신의 지분권(1/2)을 근거로 甲·乙의 공유의 등기명의로 경정할 것을 乙에게 청구할 수 있다고 한다(대판 1995.5.9. 94다38403). 그러나 이는 경정 전후의 등기의 동일성이 유지되지 않는 점에서 문제가 있으므로(즉 원칙적으로 경정등기는 경전 전후의 등기의 동일성을 요하는 한계 내에서 행해져야 한다), 甲은 乙에게 1/2 지분에 대한 진정명의회복을 원인으로 한 소유권이전등기를 청구할 수 있다고 봄이 타당하다(제214조)(통설). 이러한 甲의 乙에 대한 권리를 丙은 대위할 수 있다(제404조).

⑤ 만약 ③이 타당하다면 丙은 甲에게 乙의 상속분에 관하여 일부타인권리매매로 인한 담보책임을 물을 수 있다.

해설▶ 공동상속의 경우 상속재산은 분할되기까지는 공동상속인의 공유에 속하므로 상속인 중 1인은 단독으로 개개의 상속재산을 처분할 수 없고 다만 자신의 상속분을 처분할 수 있을 뿐이다. 따라서 甲·丙 간의 A건물 매매계약 중 乙의 상속분(1/2지분)에 해당하는 부분은 일부타인권리의 매매에 해당한다. 상속재산분할의 소급효(제1015조)에 의하여 A건물의 소유권은 상속개시시부터 乙이 단독으로 소유권을 취득한 것이 되므로 丙이 소급효에 대항할 수 있는 '제3자'에 해당하지 않는 이상 甲에 대하여 매도인의 담보책임을 추궁(제572조)할 수 있을 뿐 상속재산분할의 효력을 다툴 수는 없다.

15 甲이 사망하여 상속인으로 자녀인 乙, 丙, 丁, 戊가 있었다. 그 후 戊가 사망하고 戊에게는 배우자 A 및 미성년의 자녀 B, C, D가 있다. 그 후 甲소유 X부동산에 대해 乙, 丙, 丁 그리고 A가 B, C, D의 법정대리인으로서 이들을 대리하여 합의를 통해 丁과 B, C, D가 각 1/4씩 상속받기로 상속재산분할협의를 한 다음 그 협의에 따라 상속을 원인으로 丁과 B, C, D에게 각 1/4지분등기를 한 후 B, C, D의 지분에 대하여 丁 앞으로 매매를 원인으로 소유권이전등기가 경료되었다.

㉠ 만약 乙이 상속재산분할협의가 무효라는 이유로 丁을 상대로 자신의 상속분에 해당하는 1/4지분등기의 말소등기를 청구하는 것은 상속회복청구권의 행사이다. [모의 15(3)유사, 사시 14 ,법행 12,14]

㉡ 상속재산분할협의에 참가한 乙이 그 분할의 무효를 주장하는 것은 신의칙(금반언)에 해당하지 않는다. [변호 17]

해설 " ㉠ 공동상속인 중 1인이 협의분할에 의한 상속을 원인으로 하여 상속부동산에 관한 소유권이전등기를 마친 경우에, 협의분할이 다른 공동상속인의 동의 없이 이루어진 것이어서 무효라는 이유로 다른 공동상속인이 위 등기의 말소를 청구하는 소는 상속회복청구의 소에 해당한다. ㉡ 강행법규를 위반한 자가 스스로 강행법규에 위배된 약정의 무효를 주장하는 것이 신의칙에 위반되는 권리의 행사라는 이유로 그 주장을 배척한다면, 이는 오히려 강행법규에 의하여 배제하려는 결과를 실현시키는 셈이 되어 입법 취지를 완전히 몰각하게 되므로 달리 특별한 사정이 없는 한 위와 같은 주장은 신의칙에 반하는 것이라고 할 수 없다"(대판 2011.3.10. 2007다17482).

㉢ A가 B, C, D의 법정대리인으로서 한 상속재산분할협의는 무효이다.

㉣ 상속재산분할협의가 무효라면 A와 B, C, D사이에서만 무효인 것이 아니라 乙, 丙, 丁을 포함한 전원에 대한 관계에서 무효이다.

해설 " ㉢ 상속재산에 대하여 소유의 범위를 정하는 내용의 공동상속재산 분할협의는 그 행위의 객관적 성질상 상속인 상호간 이해의 대립이 생길 우려가 없다고 볼만한 특별한 사정이 없는 한 민법 제921조의 이해상반되는 행위에 해당한다. 그리고 피상속인의 사망으로 인하여 1차 상속이 개시되고 그 1차 상속인 중 1인이 다시 사망하여 2차 상속이 개시된 후 1차 상속의 상속인들과 2차 상속의 상속인들이 1차 상속의 상속재산에 관하여 분할협의를 하는 경우에 2차 상속인 중에 수인의 미성년자가 있다면 이들 미성년자 각자마다 특별대리인을 선임하여 각 특별대리인이 각 미성년자를 대리하여 상속재산 분할협의를 하여야 하고, 만약 2차 상속의 공동상속인인 친권자가 수인의 미성년자 법정대리인으로서 상속재산 분할협의를 한다면 이는 민법 제921조에 위배되는 것이며, ㉣ 이러한 대리행위에 의하여 성립된 상속재산 분할협의는 피대리자 전원에 의한 추인이 없는 한 전체가 무효이다"(대판 2011.3.10. 2007다17482).

제2관 상속의 승인과 포기

01 한정승인에 따른 청산절차가 종료되지 않은 경우에도 상속재산분할청구가 가능하다.　　[사시 15]

> **해설** "상속재산분할청구 절차를 통하여 분할의 대상이 되는 상속재산의 범위를 한꺼번에 확정하는 것이 상속채권자의 보호나 청산절차의 신속한 진행을 위하여 필요하다는 점 등을 고려하면, 한정승인에 따른 청산절차가 종료되지 않은 경우에도 상속재산분할청구가 가능하다"(대결 2014.7.25. 2011스226).

02 상속의 한정승인이나 포기는 가정법원에 신고를 하여 가정법원의 심판을 받아야 하며, 그 심판은 당사자가 이를 고지받음으로써 효력이 발생하므로, '상속포기 신고 후 가정법원의 수리심판이 있기 전'에 상속인이 상속재산에 대한 처분행위를 한 경우에는, 상속 포기의 효력 발생 전에 처분행위를 한 것에 해당하므로 민법 제1026조 제1호에 따라 상속의 단순승인을 한 것으로 보아야 한다(대판 2016.12.29. 2013다73520).　　[최신판례]

03 피상속인 A의 상속인 B(A의 처), C(A의 자녀)가 상속을 포기하여 A의 모(母) D가 차순위 상속인으로 재산을 상속하고, 이후 D가 사망하여 B, C가 대습상속을 받은 경우 B, C가 종전에 한 상속포기의 효력이 대습상속의 포기에까지 미치는 것은 아니다. 이는 D에게 위 상속재산 외에 고유재산이 없는 경우에도 그러하다(대판 2017.1.12. 2014다39824).　　[최신판례]

04 상속인인 배우자와 자녀들이 상속포기를 한 후 피상속인의 직계존속이 사망하여 대습상속이 개시되었으나 대습상속인이 한정승인이나 상속포기를 하지 않은 경우, 단순승인을 한 것으로 간주되므로 종전 피상속인의 채권자는 대습상속인을 상대로 채무의 이행을 청구할 수 있다(대판 2017.1.12. 2014다39824).　　[최신판례]

05 민법 제1034조 제1항에 따라 배당변제를 받을 수 있는 '한정승인자가 알고 있는 채권자'에 해당하는지 여부는 한정승인자가 채권신고의 최고를 하는 시점이 아니라 배당변제를 하는 시점을 기준으로 판단하여야 한다(대판 2018.11.9. 2015다75308).　　[18년 최신판례]

> **해설** "따라서 한정승인자가 채권신고의 최고를 하는 시점에는 알지 못했더라도 그 이후 실제로 배당변제를 하기 전까지 알게 된 채권자가 있다면 그 채권자는 민법 제1034조 제1항에 따라 배당변제를 받을 수 있는 '한정승인자가 알고 있는 채권자'에 해당한다(대판 2018.11.9. 2015다75308).

06 甲의 단독상속인인 乙은 甲이 2010. 2. 1. 사망하자 적법하게 한정승인 신고를 하여 2010. 4. 30. 수리되었으며, 乙은 2010. 5. 31. 유일한 상속재산인 X부동산에 대해 상속을 원인으로 하는 소유권이전등기를 마쳤다. 乙은 丙에 대해 상속개시 전부터 3억 원의 금전채무를 부담하고 있었는데, 위와 같이 상속등기를 마친 후 丙에 대한 위 채무를 담보하기 위하여 X부동산에 대해 근저당권설정등기(채권최고액 3억 원)를 마쳐 주었다. 한편 丁은 甲의 생전에 甲에게 3억 원을 대3여하였으나 전혀 받지 못하였고 乙은 이러한 사실을 알고 있었다. 丁이 2011. 9.경 X부동산에 대한 강제경매를 신청하여 3억 원에 매각되었는데, 丙은 위 근저당권에 기하여 청구채권 3억 원의 배당을 요구하였다(비용·이자 등은 고려하지 말 것).　　[사시 12]

　㉠ 상속인 乙이 한정승인을 한 경우이므로 상속채권자 丁은 상속인 乙의 고유재산에는 강제집행을 할 수 없고, 상속재산인 X에만 강제집행을 할 수 있다.

　㉡ 위 경매절차에서 丙, 丁 이외에 다른 이해관계인이 없다면, X부동산의 매각대금 3억 원 중에서 근저당권자인 丙이 먼저 3억 원 전액을 배당받고 상속채권자 丁은 배당받지 못한다.

해설 "[다수의견] 법원이 한정승인신고를 수리하게 되면 피상속인의 채무에 대한 상속인의 책임은 상속재산으로 한정되고, 그 결과 상속채권자는 특별한 사정이 없는 한 상속인의 고유재산에 대하여 강제집행을 할 수 없다. 그런데 민법은 한정승인을 한 상속인(이하 '한정승인자'라 한다)에 관하여 그가 상속재산을 은닉하거나 부정소비한 경우 단순승인을 한 것으로 간주하는 것(제1026조 제3호) 외에는 상속재산의 처분행위 자체를 직접적으로 제한하는 규정을 두고 있지 않기 때문에, 한정승인으로 발생하는 위와 같은 책임제한 효과로 인하여 한정승인자의 상속재산 처분행위가 당연히 제한된다고 할 수는 없다. 또한 민법은 한정승인자가 상속재산으로 상속채권자 등에게 변제하는 절차는 규정하고 있으나(제1032조 이하), 한정승인만으로 상속채권자에게 상속재산에 관하여 한정승인자로부터 물권을 취득한 제3자에 대하여 우선적 지위를 부여하는 규정은 두고 있지 않으며, 민법 제1045조 이하의 재산분리 제도와 달리 한정승인이 이루어진 상속재산임을 등기하여 제3자에 대항할 수 있게 하는 규정도 마련하고 있지 않다. 따라서 한정승인자로부터 상속재산에 관하여 저당권 등의 담보권을 취득한 사람과 상속채권자 사이의 우열관계는 민법상의 일반원칙에 따라야 하고, 상속채권자가 한정승인의 사유만으로 우선적 지위를 주장할 수는 없다. 그리고 이러한 이치는 한정승인자가 그 저당권 등의 피담보채무를 상속개시 전부터 부담하고 있었다고 하여 달리 볼 것이 아니다"(대판 2010.3.18. 전합2007다77781).

07 상속인이 미성년인 경우 제1019조 3항이나 그 소급 적용에 관해 민법 부칙에서 정한 '상속채무 초과사실을 안 날' 등을 판단할 때에는 법정대리인의 인식을 기준으로 해야 하므로, 법정대리인의 인식을 기준으로 하여 특별한정승인이 불가능하다면, 상속인이 성년에 이른 뒤에 본인 스스로의 인식을 기준으로 새롭게 특별한정승인을 할 수는 없다(대판 2020.11.19. 전합2019다232918).

[20년 최신판례]

08 민법 제1019조 제3항이 신설된 후 상속인이 단순승인을 하거나 단순승인한 것으로 간주된 후에 한정승인 신고를 하고 가정법원이 특별한정승인의 요건을 갖추었다는 취지에서 수리심판을 하였다면 상속인이 특별한정승인을 한 것으로 보아야 한다(대판 2021.2.25. 2017다289651). [21년 최신판례]

제2절 유언 및 유류분

01 유언자가 주소를 자서하지 않았다면 자필증서에 의한 유언으로서 효력이 부정되는바, 이는 유언자의 특정에 지장이 없다하더라도 마찬가지이다(제1066조 ; 대판 2014.9.26. 2012다71688).

[최신판례, 모의 13(3)유사, 사시 15]

02 유언집행자가 수인인 경우 수인의 유언집행자에게 유증의무 이행을 구하는 소송은 유언집행자 전원을 피고로 하는 고유필수적 공동소송이다(대판 2012.5.24. 2010다50809). [변호 18]

03 유류분반환청구권자가 1977. 12. 31. 법률 제3051호로 개정된 민법(1979. 1. 1. 시행) 시행 전에 피상속인으로부터 증여받은 재산은 유류분반환청구에서 특별수익으로 공제되어야 한다(대판 2018.7.12. 2017다278422). [18년 최신판례]

04 상속인이 유증 또는 증여행위가 무효임을 주장하여 상속 내지는 법정상속분에 기초한 반환을 주장하는 경우에는 유류분반환청구권을 행사한 것으로 볼 수 없다. [최신판례]

해설 "상속인이 유증 또는 증여행위가 무효임을 주장하여 상속 내지는 법정상속분에 기초한 반환을 주장하는 경우에는 그와 양립할 수 없는 유류분반환청구권을 행사한 것으로 볼 수 없지만, 상속인이 유증 또는 증여행위의 효력을 명확히 다투지 아니하고 수유자 또는 수증자에 대하여 재산분배나 반환을 청구하는 경우에는 유류분반환의 방법에 의할 수밖에 없으므로 비록 유류분 반환을 명시적으로 주장하지 않더라도 그 청구 속에는 유류분반환청구권을 행사하는 의사표시가 포함되어 있다고 해석함이 타당한 경우가 많다"(대판 2012.5.24. 2010다50809).

05 유류분반환청구에서 수인의 공동상속인이 유증받은 재산의 총 가액이 유류분권리자의 유류분 부족액을 초과하는 경우에는 유류분 부족액의 범위 내에서 각자의 '수유재산'을 반환하면 되는 것이지 이를 놓아두고 '수증재산'을 반환할 것은 아니다. [최신판례]

> **해설** "증여 또는 유증을 받은 재산 등의 가액이 자기 고유의 유류분액을 초과하는 수인의 공동상속인이 유류분권리자에게 반환하여야 할 재산과 범위를 정할 때에, 수인의 공동상속인이 유증받은 재산의 총 가액이 유류분권리자의 유류분 부족액을 초과하는 경우에는 유류분 부족액의 범위 내에서 각자의 '수유재산'을 반환하면 되는 것이지 이를 놓아두고 '수증재산'을 반환할 것은 아니다(제1116조 참조 ; 필자주). 이 경우 수인의 공동상속인이 유류분권리자의 유류분 부족액을 각자의 수유재산으로 반환할 때 분담하여야 할 액은 각자 증여 또는 유증을 받은 재산 등의 가액이 자기 고유의 유류분액을 초과하는 가액의 비율에 따라 안분하여 정하되, 그 중 어느 공동상속인의 수유재산의 가액이 그의 분담액에 미치지 못하여 분담액 부족분이 발생하더라도 이를 그의 수증재산으로 반환할 것이 아니라, 자신의 수유재산의 가액이 자신의 분담액을 초과하는 다른 공동상속인들이 위 분담액 부족분을 위 비율에 따라 다시 안분하여 그들의 수유재산으로 반환하여야 한다. 나아가 어느 공동상속인 1인이 수개의 재산을 유증받아 각 수유재산으로 유류분권리자에게 반환하여야 할 분담액을 반환하는 경우, 반환하여야 할 각 수유재산의 범위는 특별한 사정이 없는 한 민법 제1115조 제2항을 유추적용하여 각 수유재산의 가액에 비례하여 안분하는 방법으로 정함이 타당하다"(대판 2013.3.14. 2010다42624).

06 유류분반환청구에서 어느 공동상속인 1인이 수개의 재산을 유증받아 '각 수유재산'으로 유류분권리자에게 반환하여야 할 분담액을 반환하는 경우, 반환하여야 할 각 수유재산의 범위는 특별한 사정이 없는 한 민법 제1115조 제2항을 유추적용하여 '각 수유재산의 가액에 비례'하여 안분하는 방법으로 정함이 타당하다(위 2010다42624판결). [최신판례]

07 유증의 목적물이 유언자의 사망 당시에 제3자의 권리의 목적인 경우, 그와 같은 제3자의 권리는 특별한 사정이 없는 한 유증의 목적물이 수증자에게 귀속된 후에도 그대로 존속한다(대판 2018.7.26. 2017다289040). [18년 최신판례]

08 유언집행자가 유언자의 사망 전에 먼저 사망한 경우와 같이 유언의 효력 발생 이전에 지정된 유언집행자가 그 자격을 상실한 경우에는 '지정된 유언집행자가 없는 때'에 해당하므로, 특별한 사정이 없는 한 제1095조가 적용되어 상속인이 유언집행자가 된다. 이러한 경우 상속인이 존재함에도 불구하고 법원이 제1096조 제1항에 따라 유언집행자를 선임할 수는 없다(대판 2018.3.29. 2014스73). [18년 최신판례]

09 유류분반환청구권을 행사함으로써 발생하는 목적물의 이전등기청구권 등은 유류분반환청구권과는 다른 권리이므로, 그 이전등기청구권 등에 대하여는 민법 제1117조 소정의 유류분반환청구권에 대한 소멸시효가 적용될 여지가 없고, 그 권리의 성질과 내용 등에 따라 별도로 소멸시효의 적용 여부와 기간 등을 판단하여야 한다(대판 2015.11.12. 2011다55092,55108).

21.6.1.~22.7.15. 친족상속법 최신판례

1 유족급여수급권을 주장하는 사람이 검사를 상대방으로 하여 과거의 사실상혼인관계에 관한 존부 확인의 소를 제기하는 경우, 확인의 이익이 인정된다. 대판 2022.3.31. 2019므10581

2 이혼에 따른 미성년 자녀의 양육에 있어 한국어 소통능력이 부족한 외국인보다는 대한민국 국민인 상대방에게 양육되는 것이 더 적합할 것이라는 추상적이고 막연한 판단으로 해당 외국인 배우자가 미성년 자녀의 양육자로 지정되기에 부적합하다고 평가하는 것은 옳지 않다. 대판 2021.9.30. 2021므12320,12337

3 혼인무효 사건은 '가사소송사건'으로서 자백에 관한 민사소송법의 규정이 적용되지 않고 '법원이 직권'으로 사실조사 및 필요한 증거조사를 하여야 하는바, 일방 배우자가 상대방 배우자를 상대로 혼인신고 당시에 진정한 혼인의사가 없었다는 사유를 주장하면서 혼인무효 확인의 소를 제기하는 경우, 가정법원으로서는 직권조사를 통해 혼인의사의 부존재가 합리적·객관적 근거에 의하여 뒷받침되는지 판단하여야 한다. 대판 2021.12.10. 2019므11584,11591

3-1 민법은 혼인성립 이전의 단계에서 성립 요건의 흠결로 혼인이 유효하게 성립하지 않은 혼인무효(민법 제815조)와 혼인이 성립한 후 발생한 사유로 혼인이 해소되는 이혼(민법 제840조)을 구분하여 규정하고 있다. 또한 혼인무효는 이혼의 경우에 비하여 가족관계등록부의 처리 방식이 다르고, 이혼과 달리 혼인무효의 소가 제기되지 않은 상태에서도 유족급여나 상속과 관련된 소송에서 선결문제로 주장할 수 있어 유리한 효과가 부여된다. 대판 2021.12.10. 2019므11584, 2019므11591
判例의 입장인 '당연무효설'에 따르면 혼인무효확인판결을 받지 않더라도 이해관계인은 다른 소송에서 선결문제로 혼인무효를 주장하는 것이 가능하다. 따라서 이혼과 달리 혼인무효의 소가 제기되지 않은 상태에서도 유족급여나 상속과 관련된 소송에서 선결문제로 주장할 수 있어 유리한 효과가 부여된다.

4 쌍방에게 전형적인 유책사유는 없으나 쌍방 간의 오랜 다툼과 갈등, 별거 등으로 인하여 현재 혼인관계는 파탄된 것으로 보이는 경우 법원은 그 중 일방이 제기한 이혼청구를 인용할 수 있다. 대판 2022.6.16. 2019므14477

5 가정법원은 원칙적으로 부모와 자녀의 면접교섭을 허용하되, 면접교섭이 자녀의 복리를 침해하는 특별한 사정이 있는 경우에 한하여 당사자의 청구 또는 직권에 의하여 면접교섭을 배제할 수 있다. 대결 2021.12.16. 2017스628

6 이혼시 재산분할 여부와 그 액수 및 방법은 원칙적으로 당사자의 협의에 의해 결정하고(제839조의2 1항, 제843조), 협의가 성립하지 않거나 불가능한 때에는 당사자의 청구에 의해 가정법원이 결정한다(제839조의2 2항). 이는 '가사비송사건'으로 이미 이루어진 재산분할에 관한 약정의 이행을 구하는 민사청구와는 구별되며(대판 2021.6.24. 2018다243089), 일방 당사자가 특정한 방법으로 재산분할을 청구하더라도 법원은 이에 구속되지 않고 타당하다고 인정되는 방법에 따라 재산분할을 명할 수 있다(대판 2021.6.10. 2021므10898).

7 민법 제781조 제6항에 따른 자의 성·본 변경허가 심판을 할 때 가정법원은 청구인의 주장에 구애되지 않고 직권으로 탐지한 자료에 따라 '성·본 변경이 청구된 자녀의 복리에 적합한지'를 최우선적으로 고려하여 후견적 입장에서 허가 여부를 판단하여야 한다. 대결 2022.3.31. 2021스3

8   혼인 외 출생자의 경우 모자관계는 인지를 요하지 아니하고 법률상의 친자관계가 인정될 수 있지만, 부자관계는 부의 인지에 의하여서만 발생하는 것이므로, 부가 사망한 경우에는 그 사망을 안 날로부터 2년 이내에 검사를 상대로 인지청구의 소를 제기하여야 하고, 친생자관계존재확인을 구하는 소는 허용될 수 없다.   대판 2021.12.30. 2017므14817

8-1   혼인 외 출생자는 검사를 상대로 사망한 부와 사이에 친생자관계존재확인을 구할 수 없다.
대판 2021.12.30. 2017므14817

8-2   생모나 친족 등 이해관계인은 혼인 외 출생자를 상대로 혼인 외 출생자와 사망한 부 사이의 친생자관계존재확인을 구할 수 없다.   대판 2021.12.30. 2017므14817

9   조부모도 손자녀를 입양할 수 있다.   대결 2021.12.23. 전합2018스5

조부모와 손자녀 사이에는 이미 혈족관계가 존재하지만 부모·자녀 관계에 있는 것은 아니다. 민법은 입양의 요건으로 동의와 허가 등에 관하여 규정하고 있을 뿐이고 존속을 제외하고는 혈족의 입양을 금지하고 있지 않다(민법 제877조 참조). 따라서 '조부모가 손자녀를 입양'할 수 있다(대결 2021.12.23. 전합2018스5 : 이러한 다수의견에 대하여는 친생부모가 생존하는 경우 조부모의 손자녀 입양은 엄격한 기준에 따라 허가 여부를 판단하여야 하고, 그러한 기준에 따르면 입양을 불허해야 한다는 반대의견이 있었다).

10   본인에 대해 한정후견개시심판 청구가 제기된 후 그 심판이 확정되기 전에 후견계약이 등기된 경우에는 원칙적으로 후견계약을 우선하도록 하여야 한다. 18년 3차모의   대결 2021.7.15. 2020으547

10-1   본인에 대해 한정후견개시심판 청구가 제기된 후 그 심판이 확정되기 전에 후견계약이 등기된 경우에도 가정법원은 본인의 이익을 위하여 특별히 필요하다고 인정할 때에는 한정후견개시심판을 할 수 있다. 19년 법무   대결 2021.7.15. 2020으547

10-2   후견계약의 등기에 불구하고 한정후견 등의 심판을 할 수 있는 '본인의 이익을 위하여 특별히 필요한 때'란 후견계약에 따른 후견이 본인의 보호에 충분하지 아니하여 법정후견에 의한 보호가 필요하다고 인정되는 경우를 말한다.   대결 2021.7.15. 2020으547

10-3   후견계약이 등기된 경우 본인의 이익을 위한 특별한 필요성이 인정되어 민법 제9조 제1항 등에서 정한 법정후견 청구권자, 임의후견인이나 임의후견감독인의 청구에 따라 법정후견 심판을 한 경우 후견계약은 임의후견감독인의 선임과 관계없이 본인이 성년후견 또는 한정후견 개시의 심판을 받은 때 종료한다.   대결 2021.7.15. 2020으547

11   상속인은 상속관계가 '확정'되지 않은 동안에도 잠정적으로나마 피상속인의 재산을 당연 취득하고 상속재산을 관리할 의무가 있으므로, 상속채권자는 그 기간 동안 상속인을 상대로 상속재산에 관한 가압류 결정을 받아 이를 집행할 수 있고, 그 후 상속인이 상속포기로 인하여 상속인의 지위를 소급하여 상실한다고 하더라도 이미 발생한 가압류의 효력에 영향을 미치지 않는다.
22년 법행   대판 2021.9.15. 2021다224446

상속인은 상속포기를 할 때까지는 그 '고유재산에 대하는 것과 동일한 주의'로 상속재산을 관리하여야 한다(제1022조). 아울러 상속을 포기한 자는 그 포기로 인하여 상속인이 된 자가 상속재산을 관리할 수 있을 때까지 그 고유재산에 대하는 것과 동일한 주의로 그 재산의 관리를 '계속'하여야 한다(제1044조).

★ 친생자 추정의 제한(친생자 추정이 미치지 않는 자)

(1) 문제점

혼인 중의 출생자라 할지라도 妻가 夫의 子를 포태할 수 없는 것이 객관적으로 명백한 사정이 있는 경우에는 夫의 친생자로서의 추정이 미치지 않는다고 보아야 한다. 예를 들어 夫가 행방불명 또는 생사불명인 경우, 夫가 장기간 수감·입원·외국체류 등으로 부재중인 경우, 혼인관계가 파탄되어 사실상 이혼상태로 별거 중인 경우, 夫와 子간에 명백한 인종의 차이가 있는 경우이다. 즉, 이러한 경우에는 친생자 추정이 미치지 않는다는 점에 대해서는 다툼이 없다. 다만 구체적인 범위에서 학설의 대립이 있는바, 특히 **夫와 子의 혈액형이 배치되거나 夫가 생식불능인 경우**가 문제된다.

(2) 판 례[3]

① 처음에는 친생자 추정이 미치는 포태기간을 호적에 의하여 획일적·형식적으로 정하여야 한다는 입장이었으나(대판 1968.2.27. 67므34), ㉠ 현재의 判例는 妻가 夫의 子를 포태할 수 없는 것이 객관적으로 명백한 사정이 있는 경우에는 夫의 친생자로서의 추정이 미치지 않는다는 외관설의 입장이다(대판 1983.7.12. 전합82므59). 따라서 예컨대 처가 가출하여 부와 별거한지 약 2년 2개월 후에 자를 출산하였다면 제844조의 추정이 미치지 아니하여 부는 친생부인의 소에 의하지 않고 친자관계부존재확인소송을 제기할 수 있다(전합82므59 사실관계).
㉡ 즉, 제844조 1항의 친생추정은 반증을 허용하지 않는 강한 추정이므로, 이러한 예외적인 사유가 없는 한 누구라도 그 자가 부의 친생자가 아님을 주장할 수 없다(대판 2021.9.9. 2021므13293).
[판례검토] 가정의 평화를 유지한다는 친생자추정 및 부인제도의 취지에 비추어 비록 혈연진실주의에 반하더라도 포태기간 중의 동서(同棲)의 결여라는 외관상 객관적으로 명백한 사실이 존재하는 경우가 아니라면, 夫에 의한 포태가능성이 없음(가령 夫의 생식불능 또는 夫와 子의 혈액형의 상위와 같은 부부의 개인적인 내부사정)을 이유로 가령 친생자관계존부확인의 소에 의하여 친생을 부인할 수는 없다. 따라서 외관설이 타당하다.

② 아울러 최근 전원합의체 판결은 ㉠ 아내가 혼인 중 남편이 아닌 제3자의 정자를 제공받아 인공수정으로 자녀를 출산한 경우에도 친생추정 규정을 적용하여 인공수정으로 출생한 자녀가 남편의 자녀로 추정되며, ㉡ 인공수정에 동의한 남편이 나중에 이를 번복하고 친생부인의 소를 제기하는 것은 원칙적으로 허용되지 않는다고 보았다. ㉢ 또한 같은 취지에서 혼인 중 아내가 임신하여 출산한 자녀가 남편과 혈연관계가 없다는 점이 밝혀졌더라도 친생추정이 미친다고 보아 부자관계를 단절시킬 수 있는 기간을 제한시켰다(대판 2019.10.23. 전합2016므2510 : 11회 선택형).

③ 이처럼 '혈연관계 유무'나 그에 대한 인식은 친생부인의 소를 이유 있게 하는 근거 또는 제소기간의 기산점 기준으로서 친생부인의 소를 통해 친생추정을 번복할 수 있도록 하는 사유이다. 이를 넘어서 '처음부터 친생추정이 미치지 않도록 하는 사유로서 친생부인의 소를 제기할 필요조차 없도록 하는 요소가 될 수는 없다.' 즉, 혈연관계가 없다는 점을 친생추정이 미치지 않는 전제사실로 보는 것은 원고적격과 제소기간의 제한을 두고 있는 친생부인의 소의 존재를 무의미하게 만드는 것으로 현행 민법의 해석상 받아들이기 어렵다(대판 2021.9.9. 2021므13293).

---

3) [학설] 친생추정의 한계에 관한 학설은 ① 외관상 동거의 결여가 객관적으로 명백한 경우에 한한다는 외관설(다수설), ② 夫의 생식불능 등 부자관계가 있을 수 없음이 증명되면 된다는 혈연설, ③ 동거의 결여라는 객관적 사정이 없더라도 이미 가정이 붕괴되었다면 원칙적으로 혈연진실주의를 우선하여 친생추정이 미치지 않는다는 절충설로 나뉘어 있다.

유류분

Ⅰ. 서 설

1. 의 의

유류분제도란 피상속인의 상속인 중 일정한 근친자에게 법정상속분에 대한 일정비율의 상속재산을 확보하여 주는 제도를 말한다. 이는 유류분을 침해하는 정도의 피상속인의 생전증여나 유증을 제한하여 상속인에게 최소한의 권리를 확보하기 위한 것이다.

결국 상속인 또는 제3자에 의한 상속권 침해시 상속회복청구권을 행사할 수 있고, 피상속인에 의한 상속권의 침해시는 유류분반환청구권을 행사할 수 있다.

2. 성 질

(1) 반환청구권

유류분권이 존재하더라도 이에 의하여 유류분을 침해하는 증여나 유언 자체를 막을 수는 없고, 그러한 증여나 유증이 당연무효가 되는 것도 아니다. 즉 상속개시 후에 비로소 유류분반환청구가 가능할 뿐이다. 따라서 상속개시 전에는 일종의 기대권으로서 추상적이고 잠재적인 권리에 불과하다.

(2) 유류분권의 포기

유류분권은 사전포기는 불가하고 사후포기만 가능하다(통설). 유류분권을 포기하더라도 상속포기를 하지 않는 한 상속인의 지위는 잃지 않는다. 유류분권을 포기하면 처음부터 그 유류분권리자는 없었던 것으로 하여 유류분액을 다시 산정해야 한다.

Ⅱ. 유류분권

1. 유류분권자

유류분권리자는 법정상속인, 즉 직계비속 · 배우자 · 직계존속 · 형제자매이다(제1112조). 태아도 살아서 출생하면 유류분권을 갖는다. 대습상속인도 피대습자의 상속분의 범위 내에서 유류분권을 갖는다(제1118조, 제1001조, 제1010조). 상속 결격 · 포기자는 유류분권도 없다.

2. 유류분의 비율

피상속인의 직계비속, 배우자는 그 법정상속분의 1/2이고(제1112조 1호, 2호), 피상속인의 직계존속, 형제자매는 그 법정상속분의 1/3이다(제1112조 3호, 4호).

3. 유류분액 산정의 기초가 되는 재산(제1113조 1항)

유류분 산정의 기초가 되는 재산 = 상속개시시 적극재산의 가액 + 생전증여재산의 가액(1년 내의 생전증여액 + 1년 전의 쌍방 악의의 생전증여액 + 공동상속인에게 한 생전증여) - 채무전액

(1) 피상속인이 상속개시시에 가진 재산의 가액

① 상속재산은 적극재산만을 의미한다. 상속재산에는 유증 재산이 포함되고 유증 규정이 준용되는 사인증여도 포함된다(대판 2001.11.30. 2001다6947).

② 유류분반환청구권자가 유류분 제도 시행(1979. 1. 1. 시행) 전에 피상속인으로부터 재산을 증여받아 이행이 완료된 경우, 그 재산은 유류분 산정을 위한 기초재산에는 포함되지 않으나 유류분반환청구권자의 유류분 부족액 산정시 특별수익으로 공제되어야 한다(대판 2018.7.12. 2017다278422).

(2) 증여재산

1) 상속개시전의 1년간 증여

① 증여계약이 체결된 때를 기준(증여계약의 이행시가 아님)으로 상속개시전의 1년간 증여는 모두 산입된다(제1114조 본문). 判例는 상속개시 전에 이미 증여계약이 이행되어 소유권이 수증자에게 이전된 재산을 의미한다고 한다. 증여계약이 이행되지 아니하여 소유권이 피상속인에게 남아 있는 상태에서 상속이 개시된 재산은 당연히 '피상속인의 상속개시시에 있어서 가진 재산'에 포함되기 때문이라고 한다(대판 1996.8.20. 96다13682).

② "피상속인으로부터 특별수익인 생전 증여를 받은 '공동상속인이 상속을 포기한 경우'에는 민법 제1114조가 적용되므로, 그 증여가 상속개시 전 1년간에 행한 것이거나 당사자 쌍방이 유류분권리자에 손해를 가할 것을 알고 한 경우에만 유류분 산정을 위한 기초재산에 산입된다고 보아야 한다. 상속포기자는 처음부터 상속인이 아니었던 것이 되므로, 상속포기자에게는 민법 제1008조(특별수익)가 적용될 여지가 없기 때문이다. 이러한 법리는 피대습인이 대습원인의 발생 이전에 피상속인으로부터 생전 증여로 특별수익을 받은 이후 '대습상속인이 피상속인에 대한 대습상속을 포기한 경우'에도 그대로 적용된다"(대판 2022.3.17. 2020다267620).

2) 상속개시 1년 이전의 증여

① 당사자 쌍방이 유류분권리자에 손해를 가할 것을 알고 증여를 한 때에는 상속개시 1년 이전의 증여라도 반환을 청구할 수 있다(제1114조 후단). 이때 쌍방의 가해의 인식은 '증여당시'를 기준으로 판단하여야 한다(대판 2012.5.24. 2010다50809).

② 공동상속인에 있어서는 상속 개시 1년 전에 증여받은 것이라도 모두 산입대상이 된다(대판 1996.2.9. 95다17885 : 8회,10회 선택형). 이러한 '특별수익'은 상속재산을 선급받은 것이므로 공동상속인간의 공평한 분배를 위하여 산입되어야 한다. 다만, 피상속인으로부터 생전 증여를 받은 상속인이 피상속인을 특별히 부양하였거나 피상속인의 재산의 유지 또는 증가에 특별히 기여하였고, 피상속인의 생전 증여에 상속인의 특별한 부양 내지 기여에 대한 대가의 의미가 포함되어 있는 경우와 같이 상속인이 증여받은 재산을 상속분의 선급으로 취급한다면 오히려 공동상속인들 사이의 실질적인 형평을 해치는 결과가 초래되는 경우에는 그러한 한도 내에서 생전 증여를 특별수익에서 제외할 수 있다(대판 2022.3.17. 2021다230083,2021다230090).

③ 判例는 피상속인이 공동상속인 중 1인에게 '무상으로 상속분을 양도'한 것도 유류분에 관한 민법 제1008조의 증여(특별수익)에 해당하므로, 그 상속분은 피상속인의 사망으로 인한 상속에서 유류분 산정을 위한 기초재산에 산입된다고 한다(대판 2017.1.15. 2016다210498). 위와 같은 법리는 상속재산 분할협의의 실질적 내용이 어느 공동상속인이 다른 공동상속인에게 자신의 상속분을 무상으로 양도하는 것과 같은 때에도 마찬가지로 적용된다. 따라서 '상속재산 분할협의에 따라 무상으로 양도된 것으로 볼 수 있는 상속분'은 양도인의 사망으로 인한 상속에서 유류분 산정을 위한 기초재산에 포함된다(대판 2021.8.19. 2017다230338).

(3) 공제되어야 할 채무

① 여기서 채무란 상속채무를 말한다. 상속재산에 관한 비용, 유언집행에 관한 비용, 상속세 및 상속재산의 관리·보존을 위한 소송비용(대판 2015.5.14. 2012다21720) 등은 공제되어야 할 채무에 포함되지 않는다.

② "유언자가 자신의 재산 전부 또는 전 재산의 비율적 일부가 아니라 일부 재산을 특정하여 유증한 '특정유증'의 경우에는, 유증 목적인 재산은 일단 상속재산으로서 상속인에게 귀속되고 유증을 받은 자는 유증의무자에 대하여 유증을 이행할 것을 청구할 수 있는 '채권'을 취득하게 된다. 유언자가 임차권 또는 근저당권이 설정된 목적물을 특정유증하면서 유증을 받은 자가 그 임대차보증금 반환채무 또는 피담보채무를 인수할 것을 부담으로 정한 경우에도 상속인이 상속개시 시에 유증 목적물과 그에 관한 임대차보증금반환채무 또는 피담보채무를 상속하므로 이를 전제로 유류분 산정의 기초가 되는 재산액을 확정하여 유류분액을 산정하여야 한다"(대판 2022.1.27. 2017다265884).

(4) 평가액 산정 기준시

① 유류분액을 산정함에 있어 반환의무자가 증여받은 재산의 시가는 상속개시 당시를 기준으로 산정해야 하고(대판 1996.2.9. 95다17885), 당해 반환의무자에 대하여 반환해야 할 재산의 범위를 확정한 다음 그 원물반환이 불가능하여 가액반환을 명하는 경우에는 그 가액은 사실심 변론종결시를 기준으로 산정해야 한다(대판 2005.6.23. 2004다51887 : 6회,10회 선택형).

② 判例에 따르면 "증여받은 재산이 금전일 경우에는 그 증여받은 금액을 상속개시 당시의 화폐가치로 환산하여 이를 증여재산의 가액으로 봄이 상당하고, 그러한 화폐가치의 환산은 증여 당시부터 상속개시 당시까지 사이의 물가변동률을 반영하는 방법으로 산정하는 것이 합리적"이라고 하며 (대판 2009.7.23. 2006다28126 : 6회 선택형), "증여 이후 수증자나 수증자에게서 증여재산을 양수한 사람이 자기 비용으로 증여재산의 성상(性狀) 등을 변경하여 상속개시 당시 가액이 증가되어 있는 경우, 변경된 성상 등을 기준으로 상속개시 당시의 가액을 산정하면 유류분권리자에게 부당한 이익을 주게 되므로, 이러한 경우에는 그와 같은 변경을 고려하지 않고 증여 당시의 성상 등을 기준으로 상속개시 당시의 가액을 산정하여야 한다"고 한다(대판 2015.11.12. 2010다104768).

Ⅲ. 유류분반환청구권

1. 법적 성질

(1) 문제점

유류분권리자가 유류분 반환의 의사표시를 하는 경우 목적물의 소유권귀속 및 전득자에게도 반환청구가 가능한지와 관련하여 그 법적성질이 문제된다.

(2) 판 례

청구권설[4]과 형성권설(물권적 효과설)[5]의 대립이 있으나, 判例는 "유류분반환청구권의 행사에 의하여

---

4) [청구권설]은 유류분반환청구권을 행사하더라도 피상속인이 행한 유증 또는 증여는 유효하고, 유류분권리자에게 이미 이행된 경우 채권적인 반환청구권이 인정되고, 미이행된 부분에 대하여는 이행거절권이 발생한다고 보는 견해인바, 청구권설에 의하면 전득자는 소유권을 취득하고, 유류분권리자는 제3자 이의의 소를 제기할 수 없으며, 거래안전이 보호된다.

5) [형성권설]은 유류분반환청구권은 유증, 증여의 효력을 소급적으로 소멸시키는 형성권으로 유류분반환청구에 의하여 목

반환되어야 할 유증 또는 증여의 목적이 된 재산이 타인에게 양도된 경우 그 양수인이 양도 당시 유류분권리자를 해함을 안 때에는 양수인에 대하여도 그 재산의 반환을 청구할 수 있다"(대판 2002.4.26. 2000다8878 : 10회 선택형)고 판시하여 제3자에 대한 반환청구권을 인정하고 있는 것으로 보아 형성권설을 따르고 있는 것으로 보인다.[6]

2. 유류분반환청구권의 범위

유류분권리자가 피상속인의 제1114조에 규정된 증여 및 유증으로 인하여 그 '유류분에 부족이 생긴 때'에는 부족한 한도에서 그 재산의 반환을 청구할 수 있다(제1115조 1항).

(1) 유류분액

유류분 산정의 기초가 되는 재산 × 유류분율

(2) 상속으로 인해 취득한 이익

① "유류분제도의 입법 취지와 민법 제1008조의 내용 등에 비추어 보면, 공동상속인 중 특별수익을 받은 유류분권리자의 유류분 부족액을 산정할 때에는 유류분액에서 특별수익액과 순상속분액을 공제하여야 하고, 이때 공제할 순상속분액은 당해 유류분권리자의 특별수익을 고려한 구체적인 상속분에 기초하여 산정하여야 한다"(대판 2021.8.19. 2017다235791). 이때 "유류분권리자의 구체적인 상속분보다 유류분권리자가 부담하는 상속채무가 더 많은 경우, 그 초과분을 유류분액에 가산하여 유류분 부족액을 산정하여야 한다"(대판 2022.1.27. 2017다265884).

② 그리고 判例에 따르면 "금전채무와 같이 급부의 내용이 가분인 채무가 공동상속된 경우, 이는 상속개시와 동시에 당연히 공동상속인들에게 법정상속분에 따라 상속된 것으로 봄이 타당하므로, 법정상속분 상당의 금전채무는 유류분권리자의 유류분 부족액을 산정할 때 고려하여야 할 것이나, 공동상속인 중 1인이 자신의 법정상속분 상당의 상속채무 분담액을 초과하여 유류분권리자의 상속채무 분담액까지 변제한 경우에는 유류분권리자를 상대로 별도로 구상권을 행사하여 지급받거나 상계를 하는 등의 방법으로 만족을 얻는 것은 별론으로 하고, 그러한 사정을 유류분권리자의 유류분 부족액 산정시 고려할 것은 아니다"라고 한다(대판 2013.3.14. 2010다42624 : 6회,8회 선택형).

(3) 유류분 침해액

유류분 침해액 = 유류분액(유류분 산정의 기초가 되는 재산 × 유류분율) − 상속으로 인해 취득한 이익

3. 유류분반환청구권의 행사

(1) 청구권자

유류분반환청구권은 귀속상 일신전속권으로 볼 수 없으므로, 유류분권자 뿐만 아니라 유류분권의 승계인도 행사할 수 있다. 다만 判例에 따르면 유류분반환청구권은 행사상 일신전속권으로서 채권자대위권의 목적이 될 수 없다고 한다(대판 2010.5.27. 2009다93992).

적물에 대한 권리가 당연히 유류분권리자에게 복귀한다는 견해인바. 형성권설에 의하면 유류분권리자는 증여나 유증이 이미 이행되었을 때에는 물권적 청구권에 기한 목적물반환을 청구할 수 있고, 아직 이행되지 아니한 경우에는 상대방의 이행청구를 거절할 수 있다. 따라서 전득자는 소유권을 취득하지 못하고, 유류분권리자는 제3자이의의 소를 제기할 수 있으며, 유류분권리자가 두텁게 보호된다.

6) [검토] 유류분권리자의 보호라는 유류분제도의 취지에 비추어 형성권설을 따르되, 구체적인 경우 거래안전을 위하여 선의의 전득자는 보호하는 내용으로 수정해석하는 것이 타당하다.

(2) 상대방

수증자, 수유자 및 그 포괄승계인이다. 判例는 악의의 특정승계인을 포함시킨다(대판 2002.4.26. 2000다8878).

(3) 행사방법

재판상 또는 재판 외의 방법으로 행사할 수 있다. 判例는 "그 의사표시는 침해를 받은 유증 또는 증여행위를 지정하여 이에 대한 반환청구의 의사를 표시하면 그것으로 족하며, 그로 인하여 생긴 목적물의 이전등기청구권이나 인도청구권 등을 행사하는 것과는 달리 그 목적물을 구체적으로 특정하여야 하는 것은 아니고, 민법 제1117조에 정한 소멸시효의 진행도 그 의사표시로 중단된다"(대판 2002.4.26. 2000다8878 : 6회 선택형)고 한다.

(4) 행사순서

1) 유증 우선 반환청구

증여에 대하여는 유증을 반환받은 후가 아니면 청구할 수 없다(제1116조).

2) 수유자 또는 수증자가 수인인 경우

유증 및 증여를 받은 자가 수인인 때에는 각자가 얻은 가액에 비례하여 반환하여야 한다(제1115조 2항). 이는 수인의 '수유자'에 대해 각자의 수유가액에 비례하여 반환을 청구하고 그것으로써도 유류분에 부족한 때에 한하여 그 부족한 한도 내에서 수인의 '수증자'에 대해 각자의 수증가액에 비례하여 반환을 청구하여야 한다는 것을 의미한다.

3) 수유자 또는 수증자 중에 공동상속인이 있는 경우

① 判例는 "유류분권리자가 유류분반환청구를 하는 경우에 증여 또는 유증을 받은 다른 공동상속인이 수인일 때에는, 민법이 정한 유류분 제도의 목적과 같은법 제1115조 제2항의 규정취지에 비추어 다른 공동상속인들 중 증여 또는 유증을 받은 재산의 가액이 자기 고유의 유류분액을 초과하는 상속인을 상대로 하여 그 유류분액을 초과한 금액의 비율에 따라 반환청구를 할 수 있다고 보아야 할 것이고, 공동상속인과 공동상속인이 아닌 제3자가 있는 경우에는 그 제3자에게는 유류분이라는 것이 없으므로 공동상속인은 자기 고유의 유류분액을 초과한 금액을 기준으로 하여, 제3자는 그 수증가액을 기준으로 하여 각 그 금액의 비율에 따라 반환청구를 할 수 있다고 하여야 한다"(대판 2006.11.10. 2006다46346)는 입장이다.

② 判例는 유류분반환청구에서 수인의 공동상속인이 유증받은 재산의 총 가액이 유류분권리자의 유류분 부족액을 초과하는 경우에는 유류분 부족액의 범위 내에서 각자의 '수유재산'을 반환하면 되는 것이지 이를 놓아두고 '수증재산'을 반환할 것은 아니라고 한다(아래 2010다42624판결 참고).

> **[관련판례] ❋ 수유재산과 수증재산 사이의 반환순서**
> "증여 또는 유증을 받은 재산 등의 가액이 자기 고유의 유류분액을 초과하는 수인의 공동상속인이 유류분권리자에게 반환하여야 할 재산과 범위를 정할 때에, 수인의 공동상속인이 유증받은 재산의 총 가액이 유류분권리자의 유류분 부족액을 초과하는 경우에는 유류분 부족액의 범위 내에서 각자의 '수유재산'을 반환하면 되는 것이지 이를 놓아두고 '수증재산'을 반환할 것은 아니다(제1116조 참조 ; 필자주). 이 경우 수인의 공동상속인이 유류분권리자의 유류분 부족액을 각자의 수유재산으로 반환할 때 분담하여야 할 액은 각자 증여 또는 유증을 받은 재산 등의 가액이 자기 고유의 유류분액을 초과하는 가액의 비율에 따라 안분하여 정하되, 그 중 어느 공동상속인의 수유재산의 가액이 그의 분담액에 미치지 못하여 분담액 부족분이 발생하더라도 이를 그의 수증재산으로 반환할 것이 아니라, 자신의 수유재산의 가액이 자신의 분담액을 초과하는 다른 공동상속인들이 위 분담액 부족분을 위 비율에 따라 다시 안분하여 그들의 수유재산으로 반환하여야 한다. 나아가 어느 공동상속인 1인이 수개의 재산을 유증받아 각 수유재산으로 유류분권리자에게 반환하여야 할 분담액을 반환하는 경우, 반환하여야 할 각 수유재산의 범위는 특별한 사정이 없는 한 민법 제1115조 제2항을 유추적용하여 각 수유재산의 가액에 비례하여 안분하는 방법으로 정함이 타당하다"(대판 2013.3.14. 2010다42624).

3) 공동상속인 1인이 특별수익으로서 여러 부동산을 증여받은 경우

"어느 공동상속인 1인이 특별수익으로서 여러 부동산을 증여받아 그 증여재산으로 유류분권리자에게 유류분 부족액을 반환하는 경우 반환해야 할 증여재산의 범위는 특별한 사정이 없는 한 민법 제1115조 제2항을 유추적용하여 증여재산의 가액에 비례하여 안분하는 방법으로 정함이 타당하다. 따라서 유류분반환 의무자는 증여받은 모든 부동산에 대하여 각각 일정 지분을 반환해야 하는데, 그 지분은 모두 증여재산의 상속개시 당시 총가액에 대한 유류분 부족액의 비율이 된다.

다만 증여 이후 수증자나 수증자로부터 증여재산을 양수받은 사람이 자기의 비용으로 증여재산의 성상(性狀) 등을 변경하여 상속개시 당시 그 가액이 증가되어 있는 경우, 유류분 부족액을 산정할 때 기준이 되는 증여재산의 가액에 관해서는 위와 같이 변경된 성상 등을 기준으로 증여재산의 상속개시 당시 가액을 산정하면 유류분권리자에게 부당한 이익을 주게 되므로, 그와 같은 변경이 있기 전 증여 당시의 성상 등을 기준으로 상속개시 당시 가액을 산정해야 한다.

반면 유류분 부족액 확정 후 증여재산별로 반환 지분을 산정할 때 기준이 되는 증여재산의 총가액에 관해서는 상속개시 당시의 성상 등을 기준으로 상속개시 당시의 가액을 산정함이 타당하다. 이 단계에서는 현재 존재하는 증여재산에 관한 반환 지분의 범위를 정하는 것이므로 이와 같이 산정하지 않을 경우 유류분권리자에게 증여재산 중 성상 등이 변경된 부분까지도 반환되는 셈이 되어 유류분권리자에게 부당한 이익을 주게 되기 때문이다"(대판 2022.2.10. 2020다250783).[7]

(5) 반환방법

1) 원칙적 원물반환

① "민법은 유류분의 반환방법에 관하여 별도의 규정을 두지 않는바, 반환의무자는 통상적으로 증여 또는 유증대상인 재산 그 자체를 반환하면 될 것이다(제1115조 1항 참조, 예컨대 수증자 또는 수유자가 아직 목적물을 소유하고 있거나, 목적물을 양수한 제3자가 악의인 경우). 만약 원물반환이 불가능한 경우(예컨대 수증자 또는 수유자가 선의의 제3자에게 양도한 경우)에는 그 가액 상당액을 반환할 수밖에 없다. 특히 원물반환의 경우 목적물이 부동산인 때에는 유류분이 비율로 정해져 있으므로 공유지분의 이전등기를 청구하는 형태가 될 것이다"(대판 2013.3.14. 2010다42624).

② 이와 관련하여 "증여나 유증 후 그 목적물에 관하여 제3자가 저당권이나 지상권 등의 권리를 취득한 경우에는 원물반환이 불가능하거나 현저히 곤란하므로, 반환의무자가 목적물을 저당권 등의 제한이 없는 상태로 회복하여 이전해 줄 수 있다는 등의 예외적인 사정이 없는 한 유류분권리자는 반환의무자를 상대로 원물반환 대신 그 가액의 반환을 구할 수 있다. 그러나 그렇다고 해서 유류분권리자가 스스로 위험이나 불이익을 감수하면서 원물반환을 구하는 것까지 허용되지 않는다고 볼 것은 아니므로, 그 경우에도 법원은 유류분권리자가 청구하는 방법에 따라 원물반환을 명하여야 한다"(대판 2022.2.10. 2020다250783).

③ 그리고 "원물반환이 가능하더라도 유류분권리자와 반환의무자 사이에 가액으로 이를 반환하기로 협의가 이루어지거나 유류분권리자의 가액반환청구에 대하여 반환의무자가 이를 다투지 않은 경우에는 법원은 가액반환을 명할 수 있지만, 유류분권리자의 가액반환청구에 대하여 반환의무자가 원물반환을 주장하며 가액반환에 반대하는 의사를 표시한 경우에는 반환의무자의 의사에 반하여 원물반환이 가능한 재산에 대하여 가액반환을 명할 수 없다"(대판 2013.3.14. 2010다42624 : 8회,10회 선택형).

---

7) [사실관계] 유류분권리자로 자녀 A와 B가 있고, 피상속인이 자녀 A에게만 10억 원의 부동산을 증여하고, 자녀 A가 자신의 비용으로 성상을 변경하여 그 가액이 20억 원이 되었으며, 상속재산과 상속채무는 없고, 자녀 B가 자녀 A를 상대로 유류분반환을 청구하는 경우(모든 가액은 상속개시시로 산정된 것임), ① 자녀 A의 유류분 부족액은 '10억 원 × 1/4 = 2억 5,000만 원'이라고 산정해야 하고 ② 자녀 B가 반환해야 할 부동산 지분은 '2억 5,000만 원 / 20억 원 = 2.5/20 지분'이라고 산정해야 한다.

2) 예외적 가액반환

유류분액을 산정함에 있어 반환의무자가 증여받은 재산의 시가는 '상속개시 당시를 기준'으로 산정해야 하고(대판 1996.2.9. 95다17885), 당해 반환의무자에 대하여 반환해야 할 재산의 범위를 확정한 다음 그 원물반환이 불가능하여 가액반환을 명하는 경우에는 그 가액은 '사실심 변론종결시'를 기준으로 산정해야 한다(대판 2005.6.23. 2004다51887).

(5) 반환청구권 행사의 효과

① 유류분반환청구권의 행사로 인하여 생기는 원물반환의무 또는 가액반환의무는 이행기한의 정함이 없는 채무이므로, 반환의무자는 '상속개시일부터가 아니라' 그 의무에 대한 '이행청구를 받은 때'에 비로소 지체책임을 진다(대판 2013.3.14. 2010다42624).

② 반환의무자가 유증을 받은 부동산을 임대하여 차임 상당의 수익을 얻은 경우, 그 반환의무자의 선의 내지 악의에 따라 과실의 수취 여부가 달라진다(아래 2010다42624판결).

> **[관련판례]** * 유류분권리자의 유류분반환청구권 행사에 의하여 그의 유류분을 침해하는 증여 또는 유증이 소급적으로 실효된 경우, 반환의무자가 부당이득으로 반환하여야 하는 목적물 사용이익의 범위
>
> "유류분권리자가 반환의무자를 상대로 유류분반환청구권을 행사하는 경우 그의 유류분을 침해하는 증여 또는 유증은 소급적으로 효력을 상실하므로, 반환의무자는 유류분권리자의 유류분을 침해하는 범위 내에서 그와 같이 실효된 증여 또는 유증의 목적물을 사용·수익할 권리를 상실하게 되고, 유류분권리자의 목적물에 대한 사용·수익권은 상속개시의 시점에 소급하여 반환의무자에 의하여 침해당한 것이 된다. 그러나 민법 제201조 제1항은 '선의의 점유자는 점유물의 과실을 취득한다.'고 규정하고 있고, 점유자는 민법 제197조에 의하여 선의로 점유한 것으로 추정되므로, 반환의무자가 악의의 점유자라는 사정이 증명되지 않는 한 반환의무자는 목적물에 대하여 과실수취권이 있다고 할 것이어서 유류분권리자에게 목적물의 사용이익 중 유류분권리자에게 귀속되었어야 할 부분을 부당이득으로 반환할 의무가 없다. 다만 민법 제197조 제2항은 '선의의 점유자라도 본권에 관한 소에 패소한 때에는 그 소가 제기된 때로부터 악의의 점유자로 본다.'고 규정하고 있고, 민법 제201조 제2항은 '악의의 점유자는 수취한 과실을 반환하여야 하며 소비하였거나 과실로 인하여 훼손 또는 수취하지 못한 경우에는 그 과실의 대가를 보상하여야 한다.'고 규정하고 있으므로, 반환의무자가 악의의 점유자라는 점이 증명된 경우에는 악의의 점유자로 인정된 시점부터, 그렇지 않다고 하더라도 본권에 관한 소에서 종국판결에 의하여 패소로 확정된 경우에는 소가 제기된 때로부터 악의의 점유자로 의제되어 각 그때부터 유류분권리자에게 목적물의 사용이익 중 유류분권리자에게 귀속되었어야 할 부분을 부당이득으로 반환할 의무가 있다"(대판 2013.3.14. 2010다42624).

Ⅳ. 유류분반환청구권의 소멸

① 유류분반환청구권은 유류분권리자가 상속의 개시와 반환하여야 할 증여 또는 유증을 한 사실을 안 때로부터 1년내 에 하지 아니하면 시효에 의하여 소멸하고, 상속이 개시(증여한 때가 아님)한 때로부터 10년을 경과한 때도 같다(제1117조). 이러한 법리는 상속재산의 증여에 따른 소유권이전등기가 이루어지지 아니한 경우에도 마찬가지이다(대판 2008.7.10. 2007다9719).

② 특히 判例는 상속의 개시와 반환해야 할 증여 또는 유증을 한 사실을 안 때란, 상속개시와 유증·증여의 사실을 알 뿐만 아니라 그 사실이 유류분을 침해하여 반환청구를 할 수 있게 됨을 안 때라고 본다(대판 2001.9.14. 2000다66430,66447). 그리고 判例는 민법 제1117조의 규정내용 및 형식에 비추어 볼 때 같은 법조 전단의 1년의 기간은 물론 같은 법조 후단의 10년의 기간도 그 성질은 소멸시효 기간이라고 한다(대판 1993.4.13. 92다3595).

③ 또한 유류분반환청구권을 행사함으로써 발생하는 목적물의 이전등기청구권 등은 유류분반환청구권과는 다른 권리이므로, 그 이전등기청구권 등에 대하여는 민법 제1117조 소정의 유류분반환청구권에 대한 소멸시효가 적용될 여지가 없고, 그 권리의 성질과 내용 등에 따라 별도로 소멸시효의 적용 여부와 기간 등을 판단하여야 한다(대판 2015.11.12. 2011다55092,55108 : 10회 선택형)고 한다.

판 례 색 인

[헌법재판소 판결]